A HISTORY OF WESTERN THOUGHT

Gunnar Skirbekk & Nils Gilje

西方哲学史

从古希腊到当下

| 修订版 |

[挪] 奎纳尔·希尔贝克　尼尔斯·吉列尔 —— 著
童世骏　郁振华　刘进 —— 译

上海译文出版社

本书的出版得到以下基金会的资助，特此致谢：
Meltzer Fund at the University of Bergen，Norway

目录

导 论

为什么要研究哲学？一个简单的回答是：我们之所以研究哲学，是因为在我们随身携带的精神行装中，就已经包括了哲学——不管我们是不是已经知道了这一点——所以，我们最好还是对它多一些了解！

为说明这一点，我们可以用下面这个悖论作为例子。有些人相信他们不应该夺取人类性命。但同时他们又相信他们应当保卫他们的国家。那么当战争爆发时，他们该做什么呢？如果参军，他们将与“不得杀害他人”的规则发生冲突。这个悖论有没有一个解答？比方说，是不是其中一个规则比另一个规则更基本——如果是这样的话，那是为什么？这些人还必须问，特定情境下的军事行动在多大程度上将拯救生命；他们必须对自己的各种规则作彻底检验。对这些问题，我们追究得越深入，我们的工作就越富有哲学意味。

以这种问题和回答的形式出现的种种哲学预设，在日常生活中随处可见，而不管我们是否意识到它们的存在。领悟这些预设，借助于这些预设而进行思维，这不仅涉及某种个人性质的东西（我们设法使自己变得更好），而且涉及某种*普遍*的东西——我们是在尽可能寻求一些称得上真理的洞见。如果我们这样行事，我们就是以哲学的方式行事了。既然如此，我们就可以从别人已经想过的东西、已经做过的事情那里获得教益。这就是为什么我们应该“研习哲学”。

我们还可以问：哲学可以教给我们什么？今天，凡我们能*认识*的东西，难道不都是由科学教给我们的吗？即使科学无法为规范和价值提供理由，我们也可以通过诉诸法律来解决这些规范性问题。比方说，我们的社会已经取缔了种族歧视——这样的话，还有什么留给哲学来做呢？

但假如有一个社会还把种族歧视当作合法的事情，假如我们生活在这样一个社会里，我们是不是还必须尊重这样的歧视呢？如果我们不愿意这样做，我们或许可以诉诸禁止种族歧视的国际人权决议。但我们如何来说服那些拒绝人权决议的人呢？我们或许还可以在寻求辩护的道路上再往前走一步：我们可以诉诸宗教信念，或者一些我们认为不言自明的基本的正义原则。但我们如何才能说服那些具有不同宗教信念的人，或那些把其他原则当作不言自明的人呢？

为寻找一个可能的答案，我们可以先做以下的反思。*知道什么*和*相信自己知道什么*，这两者是不同的；它们之间的区别，相当于这样两种情况的区别：一是拥有充足的理由去主张某事是真的、对的，一是并没有这样的理由来做这样的主张。这样，在多大程度上我们可以知道某些规范是具有普遍约束力这个问题，就成了我们是否拥有充分理由来主张这些规范之普遍性的问题。但这样一些理由并不是单属个人的：一个理由假如是有效的，那就是对每个人都有效的，而且不管它是由谁来表述的，都具有同等的效力。一个使我们有权利声称拥有知识的理由，因而就是一个在批判性检验和相反论据面前站得稳的理由。只有那些经受住持有不同观点的人的自由而公开检验的主张，才称得上是有效的主张。“一个合理的主张会是什么”，有关这个问题的一个看法，我们由此可以得到一点了解了；在这个看法中，就可能包括着一些哲学的（伦理的）问题。

人们通常把“*是什么*”的问题和“*应当如何*”的问题区别开来，并且说科学是对“是什么”的描述和说明，但它无法解释为什么“应当如此”。这个区别听起来好像满有道理：科学（比方说）可以描述我们是如何学习的，但不告诉我们为什么应当学习。也就是说，科学可以向我们回答这样一个问题：如果我们想要达到一个特定目标（比方说，以尽可能好的成绩通过考试），我们为什么要学习一些东西。我们还可以解释，为什么如果想要得到某份工作，我们就应当参加那场考试。但是，这些“应当”的问题包含着一些相对的目标，这些目标对于其他目标来说是手段；而我们为什么应该选择这个手段——目标系列中的那个最终目标，却无法由科学来提供答案。

但是，通过澄清实际情况是怎么样的，也就是说，通过说明推动我们的动机是什么、我们的行动的后果是什么、存在着哪些可以选择的方案，科学仍然可以对我们的态度和行动产生重要影响。而且，科学可以搞清楚，人们通过他们的言行表明他们相信什么是对的、好的，因而揭示规范在社会中是怎样发生作用的。但从所有这些有关规范的事实，并不能推出结论说某些规范就是具有普遍的约束力的。

因此，当（比方说）人类学家在描述一个社会中的规范的时候，他们的意思是这些规范在这个社会中是“有约束力”的。但这并不是说这些规范对于我们是有约束力的，因为我们生活在一个不同的社会中；这也不是说，这些规范就因为生活在那个社会中的人们相信是有约束力的而真的就是有正当理由的（比方说，用人作为求雨的祭品）。举个例子说，有一个社会实行将生理或心理不健全的婴儿遗弃的做法，我们可以对这个社会的规范作出**理解**，但不认可这些规范是正当有效的。承认某些规范在发生作用，就好像它们具有约束力一样，与认可这些规范是普遍有效的，不是同一回事。

我们将不对这些问题作进一步讨论，否则我们就是在导论中写整部教科书了。我们只希望表明这样一点：我们日常生活中的种种规范性问题，可以把我们引向各个不同学科部门，也可以把我们引向哲学。这样做的目的，是表明从事哲学的研习是有意义的。

关于科学和哲学的关系这个复杂的问题，我们想补充一个简短的评论：科学的成果，是由构成有关科学项目之基础的种种概念预设和方法论预设所共同决定的。为说明这一点的实际意义，我们可以来看一个具体问题，比方说建造一个水电站；这个问题既可以从经济的角度来分析，也可以从生态的角度来分析；既可以从技术的角度来分析，也可以从社会学的角度来分析——或者，也可以从不同的群体的角度来分析。这些不同的角度照亮了所研究问题的不同方面，就此而言，单单一个角度是无法告诉我们有关那个问题的全部真相的。要理解“实际情况究竟如何”，不管是建造一个水电站，还是对学校系统作集中管理，我们都必须熟悉有关问题的不同角度。如果我们把这种对不同角度的分析称作一种哲学反思，我们就可以说，当我们面对不同学科提出的问题的时候，这样的哲学反思是恰当的——在一个因为专业化而原子化的文明中，它有助于我们维持某种总体视野。

上面我们设法表明哲学问题是如何产生的。当我们在这个导论中这样做的时候，我们是受了我们自己对哲学中心问题之特点的理解的引导。其他作者可能会强调其他一些问题、其他一些思维方式。这一点很重要，因为本书的框架就是由我们前面所指出的东西所构成的：本书是一本强调自然权利的问题、强调科学和科学合理性的扩展的欧洲哲学史概论。这张地毯上有许多丝线，但这两条是迄今为止最长、最重要的。

与其他哲学史介绍相比，我们设法避免一些众所周知的陷阱。一部哲学史著作总是带着作者的学术视角、背景知识、研究领域和文化取向的印迹。因此，每一种历史叙述都代表了先前思想的一个*视角*。不可避免地，人们会强调历史的多样性当中自己觉得相关的、重要的东西。没有人有能力通过中立的眼镜来阅读马基雅弗利、马克思和海德格尔。作者如果认为自己能够从一种永恒的视角出发或者从上帝的眼光出发写一部哲学史或任何其他历史叙述，那是一种幻想。这是哲学史家的命运，不管他们愿意还是不愿意。历史学家不是吹牛大王，不可能把自己拉出自己的学术和文化环境之外。

以往的哲学家们也声称自己说出了真理。他们不仅对他们自己的时代、也对我们的时代提出了挑战。要重视柏拉图和亚里士多德，我们就必须对他们所说的东西采取一个立场。这样做的前提，是我们有能力建立一种使我们有可能把自己的观点与他们的观点相对质的对话。一种从事哲学思考的哲学史之所以不同于一种对过去思想的二手重构，其缘由就在这里。

在建立与过去哲学家对话的同时，我们还设法在他们自己预设的基础上对他们进行理解。对于所说出的那些话，我们既希望去倾听，也希望去回应。

但在有些领域中，本书区别于现行的一些哲学通史。人们通常都承认，现代开端之际的科学革命对通行的世界观形成了挑战，提出了新的认识论问题和伦理学问题。因此在所有哲学通史书中我们都看到对哥白尼、开普勒和牛顿的讨论。我们同意这种观点。但我们也认为，人文科学的兴起和社会科学当中的革命也提出了类似的问题。传统教科书一般仅限于讨论古典自然科学对我们的世界观、我们的人类观的影响，本书则再往前走一步。与达尔文、弗洛伊德、涂尔干和韦伯的名字相联系的那些科学，都提出了具有重要意义的哲学挑战。因此，在本书中，读者将发现我们对人文科学、社会科学和心理分析作了相当详细的讨论。

对一个哲学文本，你是可以用不同方式来阅读的。在阅读本书之前，记住这一点是很有帮助的，不管你决定是从一开始就阅读哲学文本，还是等读完了本书再读哲学文本。这些方式包括：

1. 首先，设法理解*所说的内容*。这里有必要强调原始文本的重要性。但为了把握哲学问题，阅读教科书的评论常常会有所帮助。在阅读原始文本时，重要的是要把任何原始文本都看作是它所从属的文本整体的一部分，并且从来自思想史的一个较广视角出发来看待这个文本。
2. 但是这个文本也来自一个*社会*，这个社会既对这个文本产生影响，或许也受到该文本的影响。因此在一个历史语境中看待这个文本是有好处的。这也可以包括社会学分析和心理学分析。比方说，研究家庭背景、社会地位或政治利益可能如何下意识地影响了作者及其同时代人。
3. 但是一份哲学文本的主要目的是表达以这种或那种方式为*真*的某种东西。要把握住这些文本中的这个哲学核心，就必须追问在多大程度上事情确实就如它们所说的那样。这要求与文本进行某种形式的对话：你提出自己的观点，与文本中的观点和论据进行对质。在这种对话中，被承认有分量的，只是最好的论据。哲学家们不满足于发现黑格尔说了什么，也不满足于设法发现黑格尔的思想是如何受到他那个时代的社会的影响的；哲学家们还希望知道，他的思想是不是有效、在多大程度上有效。

哲学的主要任务是提问，这件事情必须靠我们自己来做，但别人可以在我们提问的过程中提供一些帮助。在一本书的末尾——甚至在一本书的开头——找到那种“终极”回答，这种可能是不存在的。但是，正如老子曾经说过的：“千里之行，始于足下。”

第一章
前苏格拉底哲学，附带浏览古代印度思想和古代中国思想

第一节　古希腊城邦——共同体中的人

就“哲学”这个词的最广意义来说，它可以在所有文明中找到。但是有一些文明，比方说古代印度、古代中国和古代希腊的文明，那儿的哲学要发展得更系统一些。在这些文明中，哲学思想被付之于书写形式。这样，我们生活在今天的人们就可以更好地了解他们的思想。有了书写形式，哲学家们就能用一种与那些基于口头语言的文明所不同的方式，来记录和交流他们的思想。写下来的东西，保存的时间会长久一些。人们有可能回过头去看看某些表述，以便提出一些问题，澄清其中的真意。分析和批评就这样以焕然一新的方式呈现出它们的可能性了。

一部哲学简史总要作一些选择。在本哲学史中，我们将从古希腊哲学家出发对直到今天为止的哲学进行追溯。总体上说，我们的选择所包括的范围，将是欧洲最中心地区的上层阶级男性——女性很少，下层阶级的人很少，文化边缘地区的人也很少。标准版本的历史就是这样。我们的任务将是去理解哲学家们说了什么，去发现他们传给我们的见解是否仍然有价值。我们的出发点将是希腊，公元前6世纪的希腊。

在着手研究古希腊哲学之前，有必要先看一下这种哲学在其中问世的那个社会。我们只要强调一下这个社会的一些核心特征就够了：希腊城邦（希腊语：*polis*）在许多方面与我们现在的国家形式很不一样。别的不说，它是一种小型社会，不管是就其人口规模而言，还是就其地理面积而言，它都很小。比方说，雅典的城市在公元前5世纪拥有的人口大约为30万。我们可以假定，这个数目中，大约10万人是奴隶。如果我们进一步减去妇女和儿童，剩下的是大约4万名自由民身份的雅典（男）人。[1]只有他们才拥有政治权利。

雅典城邦之间，常常在地理上被山丘和海洋隔离开来。构成一个城邦的，通常是城市本身再加上毗邻的地区。农业是重要的活动，连同工艺和贸易。从毗邻的地区到城里去，常常不超过一天的旅程。希腊城邦是一种紧密型共同体。这个事实对政治状况和政治理论都有影响。曾有一段时期雅典实行直接民主制，所有雅典自由民均可以参与。各种政治理想都带上人们之间休戚与共这种相同的特点：政治领域中平等的人们之间的和谐、法治和自由。在雅典，自由的含义是在一个共同的法律之下团结生活。缺乏自由是指生活在一种无法无天的状况之中，或者说受暴君统治。解决问题的途径，被认为应该是在法治之下的和谐而自由的社会中公开和理性的争论。

和谐与秩序——既是自然中的，也是社会中的——的观念，可以笼统地说是希腊哲学中的根本性观念，从公元前5世纪的第一批哲学家到亚里士多德时期，都是这样。还可以进一步说，柏拉图和亚里士多德的政治理论中都有一个根本概念："共同体中的人"，而不是孤立的个人，也不是高悬在个人之上的普遍的法律或国家。比方说，人类并不被看作是具有"天赋权利"的；权利是与个人在社会中所具有的功能或角色相联系的。道德的德性（希腊语：*arete*）首先不是被理解为按照某些普遍的道德规则生活，而是理解为符合作为一个人类的目的；也就是说，找到一个人在社会中的位置。柏拉图和亚里士多德是在希腊城邦的框架中从事著述的：以奴隶制为例，这个制度对他们来说，就像雇主和雇员的制度对于我们来说一样，是天经地义的事情。

希腊城邦在政治上常常彼此独立，尽管在经济上它们依赖于一定程度的合作以确保得到自己无法提供的东西。这种情况与地理条件有关。大约在公元前9世纪的时候有一个移民时期，在那以后城邦大为扩张。每个城市本身周围的地区常常相当贫瘠，人口增长的速度超过了城邦所能承受的程度。从公元前8世纪开始，希腊移民开始对毗邻的地区（比如意大利南部）进行殖民。贸易的发展导致了度量衡的标准化，并且开始铸造钱币。社会差别开始出现。原先是直接的物物交换，比方说羊皮换谷物，而现在则开始用羊皮换取钱币，但对钱币的确切价值，农民们并不总是很清楚。而且，如果一个人没有东西去交换，他可以借贷钱币去购买谷物：那时候已经有贷款和贷款的利息了，甚至用新的贷款来偿付原来的贷款。有些人发财致富，而其他许多人则债台高筑。在公元前7世纪，这些社会矛盾导致了社会动荡。在这种情况下人们提出了经济正义的要求。通常是一个强人（希腊语：*tyrannos*）攫取政权以解决经济危机。但这些集权统治者常常成为我们今天所理解的“暴君”——他们随心所欲地进行统治。这就引起政治上的不满。到了公元前6世纪，居民们开始要求法律和平等。雅典民主（公元前5世纪）的发展，部分是由这种不满所造成的。

泰勒斯

生平 我们关于第一批希腊哲学家及其学说的了解相当缺乏。我们所掌握的确切信息不多，他们的著作大部分已经散失。因此我们的介绍是以种种猜测和种种重构的努力作为基础的。我们确实知道的是：泰勒斯（Thales）公元前5世纪生活在希腊殖民地米利都，大概在公元前624年至前546年之间。之所以这么认为，是因为希罗多德的这样一个说法：泰勒斯正确地预测了一次据认为发生在公元前585年的日食。其他一些传说告诉我们，泰勒斯曾经到过埃及，这在希腊人当中是不同寻常的。还有一种说法，说泰勒斯测量过一座金字塔的高度，其办法是在一天中当他影子的长度等于他身体长度的时候测量这座金字塔的影子。

说泰勒斯预测了一次日食，表明他懂天文学。这种知识可能来自巴比伦。据说泰勒斯还了解几何学这个由希腊人发展起来的数学分支。数学中存在着一些普遍假设，它们为希腊人提供了一个理论和理论性检验的概念：

说数学陈述是真的，与说有关具体事件的陈述是真的大不一样。这为不借助于可感知证据进行的论辩和演绎推理打开了门户。据说泰勒斯还参与米利都的政治生活；他的几何知识和天文学知识有助于改进航运设施；他是最早用日晷精确报时的人；最后，据说他因为预见会有干旱而投机橄榄油发了财。

对泰勒斯的著述我们没有多少好说，因为我们在这方面缺乏第一手资料。因此我们必须考察其他作者所说的关于他的东西。在《形而上学》中，亚里士多德说泰勒斯首创了一种寻求万物本原和归宿的哲学。亚里士多德还说泰勒斯相信这种本原或来源是水。但我们不太清楚泰勒斯这话的意思是什么，假如他真这样说过的话。在做了这个保留之后，我们来设法重构“泰勒斯的哲学”。

希腊哲学可以追溯到泰勒斯，他生活在伊奥尼亚的殖民地米利都，大约与梭伦同时代。柏拉图和亚里士多德生活在公元前4世纪的雅典，也就是在与斯巴达的战争中，雅典民主制失败之后。我们将对直到智者学派为止的希腊哲学的主要特征提供一个解释，重点放在变化的问题和多样性中的统一的问题。

据说泰勒斯声称“万物是水”。而且，据说哲学就是从这里开始的。对于不那么了解哲学的一般读者来说，再没有比这句话更前景不妙的出发点了：“还有比这更胡说的吗？”但是，让我们先不对泰勒斯作仓促判断吧：说一个人居然会真的主张*万物是水*——比方说，主张这本书、这堵墙就和水龙头里的水一样是水，这是不合理的。那么，泰勒斯这话会有什么意思呢？

在我们开始诠释泰勒斯之前，先让我们回顾一些在阅读哲学时最好记住的事情：哲学的答案常常显得或者是不重要的，或者是没道理的。如果在一本哲学概论中我们一一研究不同的答案——比方说20到30个思想体系的不同答案——的话，哲学就可能既显得稀奇古怪，又显得不着边际。当然，要理解一个答案，我们必须知道它针对的是什么问题。我们必须知道，这个答案如果有理由或论据支持的话，那是些什么理由或论据。为了说明白些，我们可以做以下区分：当我们学习物理学的时候，我们不必经常地澄清有什么问题和论据在支撑着种种答案。学习物理学，很大程度上就是去熟悉构成该学科之基础的那些问题和论据。当学生们熟悉了这些问题和论据之后，他们就可以学习这些问题的答案了。这些就是教科书所介绍的答案。但是哲学不像这样。在哲学中，问题和论据各种各样。正因为如此，我们每次都要设法把握一位特定的哲学家所问的问题以及他或她用来支持这个或那个答案的论据。只有在这个时候，我们才将开始理解那些答案。

但是，在物理学中我们还知道能够怎样运用结果或答案。它们提供给我们以控制自然的某些方面（比方说，通过建造桥梁）的手段。但一个哲学的答案能派什么用场呢？当然，如果是一个政治理论的话，我们当然可以把它用作一个改革社会的模型。但要说到我们能够“运用”一个哲学答案，就很少有那么简单了。一般来说，哲学答案的重要性不在于它们能够被“运用”，而在于它们可以使我们对事情理解得更好。不管怎么样，我们可以谈论的不同的答案会具有不同的蕴意。对哲学问题提供什么样的答案，是可以有实际影响的。比方说，一种政治理论将具有什么不同的蕴意，取决于我们是把个人还是社会当作最为重要的东西。因此，有必要意识到一种哲学答案会具有什么样的蕴意。

因此，我们必须意识到的东西有四点：

1. 问题
2. 论据
3. 答案
4. 蕴意

其中最不重要的是答案，至少在如下意义上可以这么说：答案只有根据其他因素才是有意义的。

在这种意义上，听到泰勒斯坚持主张“万物是水”，我们并没有学到多少东西。从字面上说，这种主张是荒谬的。但是我们可以通过对问题、论据和蕴意进行重构而设法猜测这个主张的意思是什么。我们可以想象，泰勒斯是在问这样一个问题：在变化的过程中，保持不变的是什么东西？多样性之中的统一性是什么？我们似乎可以合理地相信：泰勒斯假定发生着变化，而在所有的变化中存在着一种不变的元素，因而成为宇宙的“积木”。这种“不变的元素”笼统地叫作“始基”（*urstoff*），也就是世界由以构成的

“原料”（希腊语：*arche*，一译“原理”）。

泰勒斯，像其他所有人一样，看到许多事物产生于水、复归于水：水蒸发为气，水转变为冰；鱼儿在水中产生，又在水中消失，就像其他实体（盐、蜜）消解为水一样。此外，我们还看到水对于生命是必不可少的。这样一些简单的观察，可能导致了泰勒斯断言水是一切变化和流转中的根本元素和不变元素。

这样一些问题和观察使我们有理由相信（用现代的术语来说），泰勒斯想到的是水的两种状态：通常的液态的水和某种变态中的水——也就是说气态的水和固态的水，比如冰、蒸汽、鱼儿、泥土、树木——以及不处于水的原态的所有东西。因此，水的存在，部分是作为未曾分化的始基（普通的水），部分是作为分化了的物体（其他所有东西）。

这样，宇宙的构成和事物的转变可以被解释为一个永恒的循环——从水到其他物体、从其他物体又到水。这是对泰勒斯的一个诠释。做一些别的诠释也是可能的。

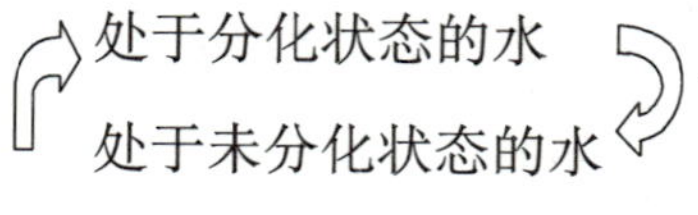

上面的话的意思并不是说泰勒斯实际上先是明确表述问题，然后寻找论据，然后找到一个答案。我们用不着去确定哪个出现的时间最早。我们设法做的仅仅是在泰勒斯的哲学中试图重构出一种可能的融贯。但如果我们要坚持这种诠释的话，我们可以说以下的话：

1. 泰勒斯追问什么是宇宙的最根本的建筑材料。实体（构成基础的东西）[2]代表的是变化中的不变元素和多样中的统一性。实体的问题后来成为希腊哲学的主要问题之一。
2. 泰勒斯对变化如何发生的问题作出了一个间接的回答：始基（水）从一种状态变成另一种状态。变化的问题也成为希腊哲学的一个基本问题。

泰勒斯的问题和论据既是哲学的，同样也是科学的。因此他既是一名哲学家，也是一名科学家。那么，与“哲学”相对而言的“科学”是什么呢？大致地说，哲学可以区别于四种其他活动：创造性写作、实验科学、形式科学和神学。不管一个哲学家与这些领域中的任何一种可能有多么密切的联系，我们都可以说哲学在以下方面与众不同：与创造性的写作不同，哲学应该做出谈得上真假（在这种或那种意义上）的断定。哲学不像实验科学（如物理学和心理学）那样依赖于实验。与形式科学（比如逻辑学和数学）相反，哲学必须对它自己的预设（原则）进行反思，并设法对这些预设进行讨论并论证它们的合法性。与神学相反，哲学并没有固定的一套出于宗教的理由而无法放弃的预设（比如基于启示的教条），尽管哲学总是有某种预设的。

泰勒斯在一定程度上也把他的论证建立在经验基础之上，就此而言，有理由称他为一名科学家。但既然他好像是在问包括整个自然界的问题，也就有理由称他为一名哲学家。希腊人在那时候几乎不分什么哲学和科学。这个区分产生于现代，而不是泰勒斯的时代。直到17世纪末，我们还发现牛顿把物理学说成是自然哲学（*philosophia naturalis*）。但是不管我们说泰勒斯是一位物理学家还是一位哲学家，在他的答案和他的论据之间显然是有一个不一致的。从某种意义上说，那答案对于那些论据来说是“太大”了。从我们提到的那些论据来说，泰勒斯所主张的要多于他有正当理由主张的。论据和主张之间的这种不一致，在最早一批希腊自然哲学家那里是普遍存在的。

即使我们要选择一种合理的诠释，据说是由泰勒斯所做的那些基本上正确的观察，也并不把他引向那个答案。但是泰勒斯的自然哲学的重要性仍然是极高的。如果万物都是各种形式的水，那么所发生、所变化的万物就必定都可以通过适用于水的规律得到说明。水无论如何都不是神秘的东西。它是可感知的、熟悉的，是我们看见、感知和使用的东西。水和它的各种活动方式是我们完全把握的。我们这时打交道的是可观察的现象。从事后来看，我们可以说这种哲学为科学研究铺平了道路：研究者可以设定水将如何活动的假说，然后看看这些假说是否成立。换句话说，从事后看，我们可以说实验科学研究是有基础的。

这意味着，**每样事物**，宇宙间的万事万物，都是可以为人类思想所理解的。具有革命性的正是这一观点。万物就像水一样也是可理解的。宇宙——哪怕是最远的角落，都是可以用人类思想来穿破的。用否定的语言来说就是，没有任何东西是神秘的、不可理解的。不可理解的神或魔都没有任何余地了。这是人类理智征服宇宙之旅的发令枪声。

这就是我们之所以称泰勒斯为第一个哲学家或科学家的缘故。随着他，思想从 *mythos* 进步到了 *logos*，从神话思维进步到了逻辑思维。他打破了神话传统，也打破了与直接感觉印象的短视的联系。这当然是一种简化。从 *mythos* 到 *logos* 的转化，并不是在历史上某一时刻——也就是在古希腊哲学那里——所发生的一个不可逆转的事件。无论在历史中，还是在每个人的生活中，神话的东西和逻辑的东西都是连续地交织在一起的，在许多方面，从 *mythos* 到 *logos* 的转换都是每个时代、每个人要不断重复面临的任务。而且，许多人主张神话不仅仅是一种必须被克服的所谓原始的思维形式，而且——如果正确地理解的话——代表了一种真正的理解形式。

当我们说泰勒斯是最早的科学家、说科学是由希腊人奠基的时候，我们的意思并不是说泰勒斯或其他古希腊哲人所掌握的彼此无关的事实要多于巴比伦或埃及的博学之士。关键是希腊人设法提出一个合理论证的概念，以及把理论理解为论证的媒介的概念：理论要求获得普遍真理，而这种真理在公共的检验中经得起相反论据的考验。他们所寻找的这种洞见不仅仅是一堆孤立的知识碎片，这些碎片常常在神话框架中也能找到。希腊人所要寻找的是受到普遍论证（就如毕达哥拉斯定理那里）支持的、范围广泛的、有条有理的理论。

我们将不对泰勒斯作更详细的讨论。有可能他并没有真正摆脱神话思维。他或许把水看作是活的，充满着神祇。而且，泰勒斯（据我们所知）并没有区别力和物质。自然（希腊语：*physis*）是自我运动和活生生的。就我们所知道的而言，他也没有区别灵魂和物质。对于泰勒斯来说，自然可能是一个相当广泛的概念，或许对应于我们的“存在”的概念。我们可以对泰勒斯的思考作这样的简单概括：

前提：变化是存在的。

1. 问题：所有变化当中的不变的元素是什么？

2. 论据：对水的观察。

3. 答案：水是所有变化中的不变的元素。

4. 蕴意：万物是可以理解的。

我们曾提到，那个答案——“水是所有变化中的不变的元素”——并不能从那问题和论据中逻辑地得出。在这方面，在米利都的泰勒斯同时代之人提出了一个批评。

阿那克西曼德和阿那克西米尼

生平 阿那克西曼德(Anaximander)和阿那克西米尼(Anaximenes)都是米利都人。阿那克西曼德大概生活在公元前610年到前546年之间，与泰勒斯同时代，但比他年轻一些。阿那克西米尼可能生活在大约公元前585年到前525年之间。被认为是阿那克西曼德写的著作只有一个残篇留下来，其他则都是别人——比如大约两百年以后的亚里士多德——所做的评论。阿那克西米尼只留下三份简短的残篇，其中一篇可能还是伪作。

阿那克西曼德和阿那克西米尼两人好像都是从泰勒斯的前提出发，并提出同样的问题。但是阿那克西曼德并不觉得有任何说服力很强的理由来主张水是不变的元素［始基］。如果水转变成土、土又转变成水，如果水转变成气、气又转变成水，等等，那就意味着任何事物都转变为任何事物，而说水或土或气或任何别的东西是始基，就成为一件逻辑上任意的事情了。阿那克西曼德针对泰勒斯的答案所提出的，或许就是这种类型的反对意见。

阿那克西曼德自己所选择的主张，是说始基是*apeiron*，不定者，它是空间上和时间上都没有边界的。在这种意义上它避免了上面提到的反对意见。但从我们的角度来看，阿那克西曼德似乎“损失”了某种东西：*apeiron* 并不像水那样是可观察的东西。阿那克西曼德用某种非感性的东西来说明感性的现象、对象及其变化。从实验科学的角度来说这是一个损失。但这个反对意见可以说是一种年代倒错，因为阿那克西曼德并不试图提出一种我们所理解的那种经验科学。对阿那克西曼德来说，更重要的可能是找到一个反对泰勒斯的理论论据。在这个意义上，阿那克西曼德从字面上理解泰勒斯的普遍的、理论性的主张，恰恰是通过表明有可能与泰勒斯进行论辩而认定他为“第一位哲学家”。

米利都的第三位自然哲学家，阿那克西米尼，则关注泰勒斯的答案中的另一个弱点。水从自己的未分化的状态转变为它的种种分化的状态，这是怎么发生的？就我们所知，泰勒斯并没有回答这个问题。阿那克西米尼断言，气是始基，它通过冷却而转变为水，又通过进一步的冷却而转变为冰和土。（从冰跳跃到其他固体，是早期希腊哲学家那里非常典型的由个别向一般的概括的一个例子。）气被加热的时候它就稀释了，变成了火。我们于是就有了某种关于转变的物理学理论。气的“聚集状态”是由温度和密度决定的。我们注意到，后来被称为四元素的四种实体，阿那克西米尼都提到了：土、气、火和水。

泰勒斯、阿那克西曼德和阿那克西米尼被叫做米利都学派的自然哲学家。他们构成了第一代希腊哲学家。我们将看到，他们之后的哲学家们以一种逻辑的方式追随着他们的思想。

赫拉克利特、巴门尼德和芝诺

生平　赫拉克利特（Heraclitus）是离米利都不远的爱菲斯人。他生活在大约公元前500年，泰勒斯之后大约80年。流传至今的一些有关赫拉克利特的传说大概没有任何历史基础。但不管怎样我们还是可以从现存的一些残篇中对赫拉克利特有大概的了解：他好像是一位不为世人所理解的愤世嫉俗的隐居哲学家。因此，据说赫拉克利特曾声称多数人的意见和立场就像“儿戏”（残篇58；D：70[3]）。那些不明事理的人，根据残篇2（D：34）所说，就像聋子，“人在场而又不在场”。此外，当他说“驴子宁愿要草料不要黄金”（残篇71；D：9）的时候，他所指的好像也是“大众”的判断。赫拉克利特不为人理解不一定是仅仅由于大众的判断不良。作为哲学家，赫拉克利特被人送了个“晦涩者”的绰号；他常常用晦涩但意味深长的隐喻方式表达自己的观点。米利都的自然哲学家们明确地设法远离神话的东西；而赫拉克利特则相反，常常用近乎神话的形式表达思想。我们在米利都人那里所看到的对于科学的重视，在赫拉克利特那里却找不到。他也不像巴门尼德和爱利亚学派那样使用合乎逻辑的、明确定义的概念。赫拉克利特运用直觉和想象——他的言论就像是传神谕者的声音。赫拉克利特说(残篇 33；D：93)："那位在德尔斐发神谶的大神不说话，也不掩饰，只是暗示。"当他说这话的时候，他或许就是在指自己。据说赫拉克利特把他的著述保存在爱菲斯的阿特米斯神庙中。不管怎么样，他的著作有 126 个残篇被保存下来，加上 13 个可能是伪作的残篇。

赫拉克利特的著作中还提到其他的哲学家。哲学家不再是仅仅关注现象；他们也对其他哲学家就哲学话题所说的话表明自己的立场。一个哲学传统建立起来了，它包含着种种内部的争辩和评论。

赫拉克利特和巴门尼德属于第二代希腊哲学家。第一位哲学家是泰勒斯，他"睁开双眼"，看见了自然(*physis*)。而围绕赫拉克利特和巴门尼德的，不仅仅有自然界，而且有第一代哲学家们的种种理论。关于所有变化中的不变元素的内在对话，从泰勒斯和阿那克西曼德就开始了。但赫拉克利特和巴门尼德开启了一场关于一些基本预设的争论。

我们说过，第一批自然哲学家假定发生着变化。对他们来说，这是一个前提，一个预设。从这个预设出发，他们追问贯穿所有变化的不变的元素是什么。第二代哲学家似乎是对这个前提提出质问：变化存在着吗？他们把第一代的预设当作其反思的对象。对这个问题，赫拉克利特和巴门尼德显然给出了两个截然对立的回答。赫拉克利特说万物都处于不断的变化或流动之中；巴门尼德则说没有任何东西是在变化的状态之中的！像前面出现的情况一样，这些答案初看起来也是毫无意义的，但这恰恰不是他们要说的。

声称万物毫无例外地都处于不变的流动状态之中，是一种逻辑上不可能的主张，因为如果语言要成为可能，我们就得指向对象、辨认对象才行(它们至少持续一段时间)。没有语言，我们就无法作出"万物都处于流动状态之中"的主张。但是，赫拉克利特实际上并不是说万物都处于流动状态之中。他说的是：

1. 万物处于流动状态之中，[4]但是

2. 变化是根据一种不变的规律(*logos*)发生的，[5]并且

3．这种规律包含了对立面的相互作用，[6]

4．但是这种对立面相互作用的方式，作为一个整体创造出了和谐。[7]

我们可以用自己的一个例子来这样诠释赫拉克利特：万物都根据不同力量之间对立的规律而处于一个不变的流动状态之中。例如，一座房子是一个东西，一个处于流动状态之中的东西。但是在许多年间，在立的力量和破的力量之间，占上风的是立的力量。只要这种局面持续着，房屋就站立着。但是不同力量之间的平衡是不断变化的。有一天破的力量将占上风。房子将倒塌：重力和腐朽将征服相反的力量。换句话说，赫拉克利特并不是否认事物可以持续相当长时间。但在所有有生有灭的对象背后并支持着这些对象的基本原则是不同力量之间的相互作用，而这些力量之间的平衡是根据规律或 *logos* 而发生变化的。作为其基础的实体并不是始基，而是 *logos*（逻各斯）。逻各斯是多样性中的隐蔽的统一性。

即使我们拥有的赫拉克利特的残篇要多于米利都学派，他仍然是比较难以诠释的，因为他是用诗一般的意象来说话的。比方说，赫拉克利特谈论火（希腊语：*pyr*）。他是像米利都学派一样谈论始基，还是把火这个词当作变化的比喻，喻为熊熊的烈火呢？两种诠释都有可能。

在某处，赫拉克利特说（残篇 40；D：90）："一切事物都换成火，火也换成一切事物，正像货物换成黄金，黄金换成货物一样。"如果我们把火理解为一种原始实体，那么有可能猜测在自然哲学和经济学之间存在着一种联系：作为贯穿于万物变化中的共同成分的始基的概念，与货币的概念相联系，作为货币的黄金是所有商品的共同的变换点，在这个点上不同的商品交织在一起，因为它们隶属于共同的标准。

赫拉克利特被人们诠释为替战争作辩护，因为他说（残篇 83；D：53）："战争是万物之父，也是万物之王。"如果做更小心的解读的话，这句话涉及赫拉克利特关于不同交替力量之间的紧张关系的那个一般命题：战争或冲突（希腊语：*polemos*）指的是这种宇宙论紧张关系；正是这种紧张关系构成了万物之"父"，也就是说，万物的基本原则。

赫拉克利特谈到，由于一团包容世界的火，世界每隔一定时间就消失和重新出现。这个日日更新的火和世界的循环，后来在斯多葛学派的著作中重新出现。

生平 巴门尼德(Parmenides)是赫拉克利特的同时代人，公元前500年前后在哲学上很活跃。他住在南意大利的希腊殖民地爱利亚。据说巴门尼德在他的家乡是一个德高望重的人，他积极参加公共事务和政治事务，包括立法。巴门尼德写了一首几乎完整地流传下来的哲学诗篇。我们还拥有像柏拉图的《巴门尼德篇》这样的第二手材料。

作为赫拉克利特的明显的对立面，巴门尼德并不是无条件地说“没有任何东西是处于变化状态之中的”。巴门尼德声称，变化在逻辑上是不可能的。我们或许可以把他的论证作如下的重构：

A (i) 凡所是[存在]的，是[存在]着。

凡所不是[存在]的，不是[存在]。

(ii) 凡所是[存在]的，可以被思想。

凡所不是[存在]的，无法被思想。

B 变化这个观念蕴含着某物的进入是[存在]的状态，以及某物不再具有是[存在]的状态；比方说，一个苹果从绿的变成红的。绿这种颜色消失了，变成“非是[非存在]”。这表明变化预设了非是[非存在]，也就是无法被思想的东西。我们因此无法用思想来把握变化。因此，变化是逻辑上不可能的。

当然，巴门尼德和我们一样清楚地知道，我们的感官知觉到各种各样的变化。因此他提出了一个两难：理性说变化在逻辑上不可能，而我们的感觉则告诉我们变化是存在的。我们该怎么办？巴门尼德作为典型的希腊人，以理性的方式告诉我们必须相信理性：理性是正确的；我们的感觉在欺骗我们。

反对意见说，这是精神失常的说法。这种反对意见在巴门尼德在世时就已经有人提出了。据说，一个反对巴门尼德学说的人在有人提出这个主张的时候，站起来来回走动。但是，我们还是要看一下蕴意。到那时为止人类历史上还从未有过像这样完全依赖于逻辑的思路，哪怕是他们的感觉的证据也无法动摇他们的事情。在这个意义上巴门尼德是第一个理性主义者。[8]巴门尼德有意将其理性论辩进行到底，这意味着他是对逻辑推理的发展作出实质性贡献的第一批人之一。

这样，巴门尼德在理性和感觉之间建立了一个不可调和的分野。这种分野可以用下列图示加以表达：

$$\frac{\text{理性}}{\text{感觉}}=\frac{\text{是[存在]}}{\text{非是[非存在]}}=\frac{\text{静止}}{\text{变化}}=\frac{\text{统一性}}{\text{多样性}}$$

换句话说，理性承认实在是静止的，是一个统一体。感觉仅仅告诉我们一个处于变化状态、具有多样性的非实在。这种分野，或*二元论*，[9]一再出现于一些希腊哲学家（比如柏拉图）中。但是与其他二元论者相比，巴门尼德对感觉和可感对象尤其忽视，以至于好像感觉所呈现的任何事物都被认为是缺乏实在性的。可感对象*不是[存在]*！如果对巴门尼德的这个诠释是正确的话，我们几乎可以说他是*一元论*的一个代表：所是[存在]的，是一种类型的东西，而不是多种类型的东西，而这种实在只能通过理性被把握。

爱利亚的芝诺（Zeno from Elea）是巴门尼德的学生，他设法为巴门尼德关于变化是逻辑上不可能的学说进行辩护，其办法是表明相反的学说——认为变化是可能的——会导致逻辑悖论。芝诺设法用阿基里斯和乌龟的故事来表明这样一种悖论：

阿基里斯和乌龟在赛跑。他们同时出发（时间 t_0），但是乌龟的起跑点在空间上稍微靠前一些。假定阿基里斯跑的速度比乌龟的速度快 50 倍。当阿基里斯在时刻 t_1 到达乌龟在 t_0 起跑的地方时，乌龟已经又往前跑了阿基里斯在时间 t_0 和时间 t_1 之间跑完的距离的 1/50。当阿基里斯在时间 t_2 到达乌龟在 t_1 到达的地点的时候，乌龟已经又往前爬了一段，相当于阿基里斯在 t_1 与 t_2 之间所跑的距离的 1/50。如此等等。乌龟对于阿基里斯的领先距离在迅速减少，但每次阿基里斯到达乌龟在前一个时刻到达的那一点的时候，乌龟都总是已经稍稍领先了一点；因此，阿基里斯将永远也赶不上乌龟。[10]

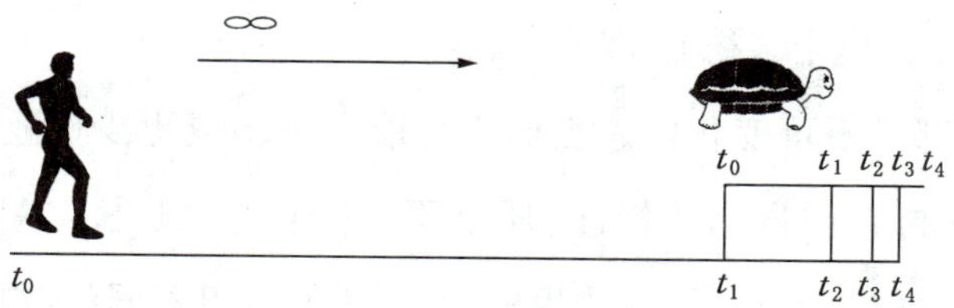

据说巴门尼德与毕达哥拉斯有接触，后者的哲学立场接近于巴门尼德的理性主义。

居间的立场：恩培多克勒和阿那克萨戈拉

生平　恩培多克勒(Empedocles)可能生活在公元前492年到前432年。据信他曾经住在西西里的阿克拉加，并且据说在他的家乡参加为民主政府而进行的斗争。根据人们提到他的口吻来判断，他既是一位自然哲学家，也是一位先知。

我们拥有恩培多克勒著作的约150个残篇，再加上来自其他方面的材料。

赫拉克利特和巴门尼德之后的人们继承的问题是什么？这些第三代希腊哲学家必须应对的是这样一个父辈(赫拉克利特和巴门尼德)，他们似乎既主张万物处于流动状态之中，又主张变化是不可能的。一种合理的反应是说这两种说法都错了；真理处于两者之间：某些事物处于流动状态之中，而其他事物则处于静止状态之中。这就是恩培多克勒和阿那克萨戈拉这两位属于这年轻一代的哲学家的反应。换句话说，他们把自己的任务看作是在赫拉克利特和巴门尼德之间进行协调，这就是为什么他们被称作居间的哲学家的缘故。

恩培多克勒考虑四元素(或不可变化的原始实体)——火、气、水和土，再加上两种力量——起分裂作用的力量(恨)和起统一作用的力量(爱)。恩培多克勒在两点上区别于米利都学派：

1. 存在着四种不可变化的、原始的元素(而不是一种，参见泰勒斯和德谟克利特)。
2. 除了原始的实体之外还存在着一些力量(变化和力量不是内在于原

始实体的；参见亚里士多德）。

四元素在质和量上都是不可变化的。它们不可能有更多或更少（量上不可变化）。四元素永远保持它们自己的特性（质上不可变化）。但是，不同量的四元素有可能彼此结合（借助于起统一作用的力量），创造出不同的物体出来。当不同量的这些元素结合成一个恰当的“团块”的时候，像房屋、树木等的物体就产生出来了。当这些元素被起分裂作用的力量彼此拉开的时候，这些物体就分解了。

如果对恩培多克勒作大胆诠释的话，我们或许可以这样来表达：想象一下有这样一个厨房，四个抽屉里装着不同的原料——面粉、盐、糖和麦片，它们的量总是不变的，这些原料的属性从不变化，即使当它们混合起来的时候。当我们把不同量的四种原料混合起来的时候，各种“糕饼”就做出来了。糕饼后来可能重新消解为它们各自的成分。我们所做的诠释到此为止。

因此，恩培多克勒设法创造了一个既包括变化也包括不可变化的东西的模型：代表变化的产生而又消亡的是“糕饼”。代表不可变化的东西则是四种元素的数量和属性。

生平 阿那克萨戈拉（Anaxagoras）据说生活在大约公元前498年到前428年。他早年在科拉佐梅纳城度过，长大以后去了雅典，在那里他处于公共生活的中心。比方说，他与伯利克里有交往。但当阿那克萨戈拉的离经叛道观点与传统信仰发生冲突时，他不得不离开雅典。除了其他观点之外，他还主张太阳并不是神祇，而是一团炽热的火球。我们有阿那克萨戈拉著作的22个残篇。

阿那克萨戈拉的思路与恩培多克勒差不多。但他提出元素是“无数的”：为什么只有四种呢？我们怎么能把所发现的各种不同属性都追溯到仅仅四种原始实体呢？假如属性是“无数的”，元素也必定是“无数的”。再用一下我们的厨房比喻，我们可以说阿那克萨戈拉基本上把“抽屉”的数量扩展到包括无数的原料。但他对变化的解释原则上与恩培多克勒相同。

然而阿那克萨戈拉只考虑一种力量：“心灵”（希腊语：*nous*）。他似乎认为这种心灵或力量驱动变化朝向一个目标（希腊语：*telos*）。自然界这样就成为目的性的、有目的的。

这两位居间的哲学家，恩培多克勒和阿那克萨戈拉，之所以令人感兴趣，是因为他们告诉我们，自然哲学是如何朝着德谟克利特及其原子论学说发展的。

德谟克利特

生平　德谟克利特（Democritus）可能生活在公元前460年到前370年，因而是比柏拉图（公元前427—前347）的年龄稍长的同时代人。德谟克利特来自色雷斯的阿布德拉。他据信曾经到过雅典，甚至还去过东方和埃及。或许这些旅行是专为了学习和研究而进行的。德谟克利特似乎是一位知识广博的人。他受过很好的教育，涉足当时多数科学分支。一些特定残篇的题目就足以显示德谟克利特的兴趣范围了："论幸福"，"论死后的生命"，"论世界秩序和思维规则"，"论节奏与和谐"，"论诗"，"论农业"，"论数学"，"论正确的语言和含糊的语词"，"论和谐的字母和不和谐的字母"，等等。虽然我们有200到300个德谟克利特的残篇，这仍只是他的大量著述的较小部分。我们的诠释因此将是重构，尽管我们也拥有一些关于德谟克利特的二手材料。

德谟克利特的原子论是一种天才的创造，确切地说是因为它相当简单。只存在着一种始基：不可分割的微小粒子。它们在空虚中运动，它们的运动仅受机械方面的规定。换句话说，德谟克利特把丰富和复杂的自然界追溯到一个巨大的"弹子游戏"，在这个游戏中无限数量的极小物质粒子在虚空中来回运动，其中所有的位置移动均由所发生的冲撞所决定。对于德谟克利特来说，虚空，非存在，是存在——也就是原子的运动——的一个前提条件。这对巴门尼德及其爱利亚的门徒而言是一种突破。

问题	答案
（什么）	1．不可分割的微小粒子（原子）
	2．虚空
（如何）	3．机械决定论

这些原子被认为是物理上不可分割的(希腊语：*atomos*)。它们的属性仅仅是量上的，也就是我们可以用物理概念来描述的属性，比方说广延、形状和重量，而不是像颜色、滋味、气味和疼痛这样的质。原子极小，以至于无法被知觉到。因此我们谈论的是对可感对象（一幢房屋、岩石、鱼儿，等等）的解释，因为原则上我们对这些事物无法感知，而只能加以理智理解。所有的原子都属于同一种质料。它们在形状和大小方面彼此不同。但每个特定的原子的形状和大小是恒定的。因为不同的原子有不同的形状，有些原子可以轻易地结合起来，有些则不容易结合起来。不同原子“结成一块”的时候，物体就形成了，因为机械的碰撞会造成原子组合成群，又因为相互碰撞的原子会结合在一起。当构成物体的原子彼此离开的时候，这些物体就消解了。这些原子运动没有一个是由神圣的理性或人类的理性所决定的；它们都是机械地发生的，就像弹子的运动一样。我们的诠释到此为止。

这里我们看到，希腊自然哲学的内在发展是如何导致一个对于实体和变化的第一流的解释模型形成的。这个模型与近代的化学理论惊人地相似。

但是，既然希腊人并不从事实验以确认像这样的理论——指望他们运用实验方式几乎是一种年代倒错——所以，人们把原子论与其他可能的理论放在一起，看作是种种自然理论之一。许多人倾向于亚里士多德的自然哲学而不是德谟克利特的自然哲学，因此就并不是出人意料的事情。毕竟亚里士多德谈论的是我们可以观察到的事情——土、水、气和火——而德谟克利特则谈论无人能感觉得到的东西。但是，即使亚里士多德直到文艺复兴为止一直具有更大的影响，但在文艺复兴期间，在古典物理学的建立中发挥重要作用的，却是经由伊壁鸠鲁和卢克莱修发展的德谟克利特的理论。

但是，这样一个优美的模型必须为它的原则的简单性和经济性付出代价。有许多现象是难以用这样一个模型来加以说明的。我们毫无疑问经验到的那些质的属性，比如花的颜色和气味，或者对我们的同伴的愤慨和同情，它能说明吗？如果凡是*存在*的东西都是量上的东西的话，我们怎么可能经验到这样的东西呢？德谟克利特提出一个感官知觉理论，设法以此来解释为什么世界显得比原子的属性所允许的更“富有色彩”。他或许认为，所有物体都发射出一种居间的原子。当这些原子与感官中的原子相遇时，就产生出一些我们觉得是属于这些物体的属性的特殊结果。它们似乎具有颜色、滋味和气味，但它们本身并不具有这些属性；这些属性是我们加上去的。物体本身只具有像广延、形状和密度这样的属性，而不具有颜色、气味或温暖这样的属性。物体自身内在具有的属性和由我们的感觉归之于这些物体的属性之间的这种区别，后来在近代哲学中发挥了重要作用。[11]但是我们可以提这样一个问题：我们怎么可能知觉到物体亦即原子实际上并不具有的一些属性，而与此同时我们也不过是原子而已？这是否也同样是一种从量的属性到质的属性的跳跃？如果我们坚持一个前后一致的原子理论——认为只有原子的量的属性存在着——的话，这种跳跃是我们无法给出说明的。

如果我们撇开这种异议的话，我们可以看到原子论作为一种认知理论还是很有魅力的：它只包括原子——被感知的物体中的原子，飞离该物体的居间原子，以及接收这些居间者的感官中的原子。感觉上的差错，比方说，可以被解释为出于感官中的原子的秩序混乱，或者是因为居间原子彼此相撞并向感官原子发送错误信息。但我们仍有一些重要的理论问题。我们怎么可能**知道**我们接收到的感性印象实际上是我们周围的对象的确切表象？这个模型并不允许我们一方面看看居间原子，另一方面看看对象，以发现居间原子是不是在表象那个对象的实际状况。就我们的感觉而言，我们也不能保证居间原子是按照恰当的秩序到达我们的感官；我们靠自己的感觉也无法把居间原子中的信息和我们的感觉器官中所发现的原子的信息区分开来。简单地说，从我们自己的感觉出发，我们似乎并无能力**知道**，除了我们正在经验到一个特定的感觉印象之外，我们还在经验到什么。

那也就是说，如果我们对于周围事物的认识仅仅建立在感觉的基础之上，我们就会碰到这种情况。但是原子太小了，无法被知觉到。我们是用我们的理性才认识它们的。这个关于我们对外部对象之感性知觉的认识论理论，似乎预设了这样一点：这个理论本身是产生于理性，而不是通过我们的感官的。

到现在为止我们已经追寻了最早的希腊哲学中的一些重要线索，它包括三到四代哲学家，从大约公元前600年到前450年(但德谟克利特一直活到公元前370年)。

第一代	泰勒斯
	(阿那克西曼德——阿那克西米尼)
第二代	赫拉克利特　　巴门尼德
第三代	恩培多克勒
	阿那克萨戈拉
	德谟克利特

毕达哥拉斯学派

早期希腊哲学还有一个重要学派，那就是毕达哥拉斯学派(the Pythagoreans)。这个学派的成员从大约公元前540年起生活在南部意大利的希腊殖民地。从某种意义上我们可以说毕达哥拉斯学派所问的是有关实体、自然的根本元素和变化的老问题。但是毕达哥拉斯学派的回答不同于米利都学派、居间的哲学家和德谟克利特。对于毕达哥拉斯学派来说，基本的观念不是物质元素，而是结构和形式，或*数学关系*。毕达哥拉斯学派主张自然之门可以用数学来“打开”：

1. 对和声学的研究表明，在数学和像音乐这样非物质的东西之间也有一种对应。
2. 毕达哥拉斯定理表明，数学也是可以运用于物质事物的。
3. 所谓天体的圆周运动，意味着这些物体也是服从数学的。

因此，毕达哥拉斯学派相信，数学结构是所有事物的基础(是实体)。还有另外一些论据：事物会毁坏，但数学概念却不会毁坏。因此，数学是自然中的*不变者*。而且数学知识是确定的知识，因为它的主题是不变的。此外，数学知识之所以是确定的，还因为数学定理是逻辑上被证明的。这样，毕达哥拉斯学派是在双重意义上的理性主义者：

1. 他们提出以数学证明的形式出现的理性论据。
2. 他们相信实在是在“基于”所有感性现象之上的数学形式当中发

现，因此我们是通过理性（拉丁语：*ratio*）而不是感官而获得关于实在的知识的。

在这种意义上，毕达哥拉斯学派似乎相信他们发现了解开宇宙之谜的钥匙。但是，虽然毕达哥拉斯学派可以恰当地被称为理性主义者，他们却把数学理解为某种通过理性而**指向理性之外**、通往某种神秘之物的东西。他们是与像普罗提诺那样的新柏拉图主义者一样的理性主义的神秘主义者。这样，在毕达哥拉斯学派那里，我们发现宗教神秘主义与以数学为基础的理性主义肩并肩地存在着。

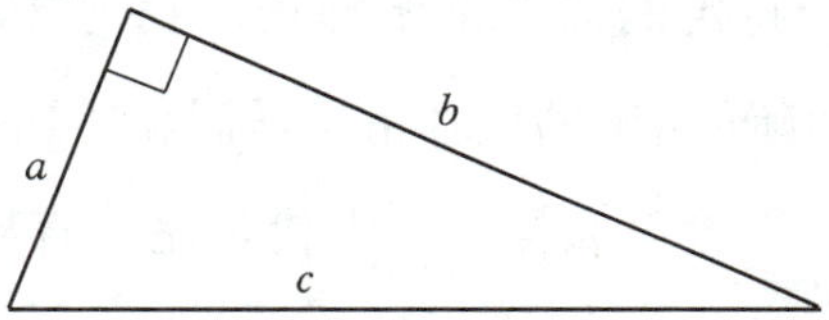

$c^2 = a^2 + b^2$
毕达哥拉斯定理

像巴门尼德一样，毕达哥拉斯学派最后也对世界持一种二元论的观点：

$$\frac{\text{数学}}{\text{感觉}} = \frac{\text{确定知识}}{\text{不确定的知识}} = \frac{\text{实在（实存者）}}{\text{非实在者}} = \frac{\text{永恒者}}{\text{可变者}}$$

毕达哥拉斯学派后来成为柏拉图的灵感来源之一；再后来，在文艺复兴时期，他们和德谟克利特一起在启发实验自然科学方面发挥了重要作用。关键之点是这样一个思想：实在是可以用数学的语言来考虑的。实在并不是我们通过感官而经验到的具有多样的质的东西；它是可以测量、可以用数目和数学公式来表达的东西。这种观点可以被看作是一种理想化，因为它强调的是世界的可测量的数学的方面，而不是人类所经验到的世界。但正是这种对数学概念和数学模型的"理想化"的观点，通过确立经典力学和天文学，为文艺复兴时期的科学和技术发展铺平了道路（参见第七章）。

从政治上说，毕达哥拉斯学派似乎支持了对社会的一种等级划分。这里我们可以做一个一般的评论。那些在需要长年训练和特殊智力能力或道德能力的学科中出类拔萃的哲学家们，常常说社会秩序应该具有等级形式：那些有洞见的人应当占统治地位，并且获得治理社会的荣誉和特权。在毕达哥拉斯学派那里，我们还看到一种要求禁欲生活方式的伦理学。与这种伦理学相联系的，是一种身心之间的区别，一种对灵魂转世的信念。

第二节　古代印度思想和古代中国思想之一瞥

印度哲学的背景

印度和欧洲在古代有一些零星的接触——提一下亚历山大大帝在公元前327年对印度的侵略就足够了；尽管如此，东方对西方有哪些思想影响——或反过来西方对东方有哪些思想影响——我们却所知甚少。我们知道希腊人受到东方人的重要激励，但要确定一个特定的印度来源却难以找到文献依据。通过波斯人传来的印度学说可能影响了希腊的俄耳甫斯学派和毕达哥拉斯学派；但这在哲学史上还没有定论。不管怎么样，从古代末尾一直到18世纪中叶，欧洲和印度的哲学和宗教传统相对来说确实是彼此独立地发展的。直到浪漫时期，印度思想才为较多的欧洲人所知。我们对印度哲学的描绘仍然带着浪漫时期对印度的热情的特征，尤其是德国哲学家阿瑟·叔本华（Arthur Schopenhauer，1788—1860）和弗里德里希·尼采（Friedrich Nietzsche，1844—1900）对这种热情的表达。

有人会问，谈论印度的和中国的*哲学*到底有没有道理。“哲学”这个词来自希腊，表示一种起源于古希腊的思想活动。在印度和中国，有什么东西是与古典希腊哲学相对应的吗？比方说，我们有没有理由谈论在印度思想史上从*mythos*（神话）到*logos*（逻各斯）的转化呢？要给出一个毫不含糊的回答是困难的。或许这种提问方式本身就是过分欧洲中心论了；人们可以反驳说，要讨论印度思想，我们必须根据印度思想自身的前提，而不是根据希腊哲学所确定的标准。

我们有理由假定，在印度思想和中国思想中都有一些问题是值得我们注意的。我们在这些传统中也发现有一种在许多方面令人想起希腊哲学史的“内在逻辑”和讨论。但是，我们应该补充说，印度哲学显示了许多我们在西方哲学中无法以同样方式找到的特征。显然，印度哲学并不像我们习惯做的那样对哲学和宗教作清楚的区分。神话和逻各斯之间的区分，言论和行为之间的区分，印度人和欧洲人是以不同方式作出的。印度教经典《薄伽梵歌》是这种差异的一个例子，可以用来纠正实践中把哲学和宗教区分得过于严格的方式："说理论（数论派）和实践（瑜伽派）判然有别，／那是浅见者而非智慧者的见解。／全身心投入其中之一吧，／你将获得双重的成果。"[12]

要理解哲学在印度文化中的作用，我们必须熟悉它的历史前提和文化前提。本书只可能提供一个初步的介绍。想要更好地了解印度哲学的人，应该去查更专门的评论。

在公元前 14 世纪和 12 世纪之间，印度河谷（在今天的巴基斯坦境内）的古老文明受到了据说来自喀尔巴阡山脉和乌拉尔山脉之间地区的一些民族的攻击。这些民族称自己为 *Arya*（"高贵的"），这就是人们谈论"雅利安人对印度的侵略"的来由。人们曾经广泛相信雅利安民族在文化上高于"当地的"德拉威人。到了 20 世纪 20 年代，这种说法被证明是成问题的，因为那时发现了印度河文明；这个文明是一个先进的都市文化，它位于印度河沿岸，在雅利安人入侵之前就已经存在了。

印度文化和社会仍然带着雅利安人和德拉威人之间最初冲突的痕迹，尽管经历了千百年的同化。其原因之一是种姓制度可能是由雅利安征服者引进的。有很多证据表明，最初在浅肤色的"雅利安人"和深肤色的"当地人"之间存在着差别。后来社会被分为四个种姓：三个雅利安种姓——婆罗门或吠陀的祭司，武士和贵族，工匠和农夫，以及一个较低种姓。长时间内不同种族之间发生过重要的整合。新的种姓被引入，非雅利安人被接纳进较高种姓。这些过程一直持续至今。

宗教把移民统一起来。这体现在公元前 1200 年至前 800 年被称作《吠陀》的最古老的梵文经典之中。《吠陀》可以说是传达了古代雅利安人的世界观。神祇常常与种种自然力量相联系，就像在希腊神话、挪威神话和斯拉夫神话中一样。这种世界观的特征是宇宙与混沌之间的永恒战斗。在这场战斗中，神祇的胜利并不是一劳永逸地得到保证的。他们在与混沌的战斗中需要人的帮助。祭祀和正确施行的仪式有助于维持宇宙秩序。很难把《吠陀》称作哲学。它描绘的是一个神秘的世界。如果我们在印度精神生活中寻求从神话到逻各斯的转变，它应该出现在《奥义书》中，它是时间上更靠后、包括内容更多的一组文本，时间在公元前800年至前300年之间。《奥义书》对《吠陀》的世界观做了批判的反思。它们可能表达了对雅利安文化某些方面的抗议。晚近的研究似乎表明有一些来自非雅利安方面的影响。这个问题很复杂，必须留待宗教史专家来解决。但是说《奥义书》宣扬一种新的宗教和形而上学学说，这是没有疑问的。《吠陀》主要包括的是诗篇，而《奥义书》则包括一些论据。

《奥义书》

《奥义书》这个词涉及智者与其学生之间的教学关系。提供在这种情况下所传达之内容的哲学文本，被称为一份“奥义书”。因此，可以说《奥义书》与柏拉图的对话相似。

《奥义书》的中心议题之一，是出生和死亡的永恒“圆舞”的观念。这就是所谓转世学说。生和死的永世循环被称为“轮回”。以这种方式获得再生的是作为个体的最内部的“自我”（*atman*）。在印度哲学中，关于这种 *atman* 该如何理解，有详细的讨论。《奥义书》的有些部分似乎假定自我是一种恒久的实体（参见前苏格拉底哲学），可以与有意识的“我”或“自我”相区别。这一点是有争议的；但是，我们将看到，佛对《奥义书》的批判是以这种预设作为基础的。《奥义书》的另一个中心假定是说 *atman*（自我）是与 *Brahman*（婆罗门）相同一的。*Brahman* 这个词很难恰当地翻译。或许这个词可以被译成“绝对的、无所不包的或神圣的”。这样的话，说 *atman* 就是 *Brahman*，可以是这样的意思：自我是与绝对或神圣的东西相同一的。我们也可以在西方神秘主义传统中辨认出这样的观点，认为个人或他们的灵魂可以与上帝合一（*unio mystica*）。在印度哲学和西方哲学神秘主义（如中世纪后期约翰内斯·埃克哈特［Johannes Eckhart］——更有名的名字是埃克哈特大师［Meister Eckhart］——所代表的）中，这种合一预设了一种苦行的生活风格。《奥义书》的哲学家们背对这个世界，追求着如何以苦行的方式逃离它。真理并不“在那儿之外”，也不在文本中或在自然中。它就在你心内。你必须学会“发现你自身”。我们可能对神秘主义有所了解，但这与具有神秘洞见不是同一回事。这种洞见只可能亲身获得，只可能通过亲自的努力而获得。在印度，这种神秘智慧只归祭司——也就是婆罗门——所有。

有关 *atman* 和 *Brahman* 的上述命题可以做这样的诠释，即自我变得等同于绝对了。只有在这个条件之下个人才能再生。在印度哲学中，生命和死亡的“圆舞”是人要从中解脱出来的东西。全部印度哲学都追求救赎(*moksha*)，即从永恒的生死循环中解脱出来。这种救赎的观念不仅在《奥义书》中，而且在佛教哲学中都占据优越地位。因此我们将更仔细地考察一下为什么印度哲学那么强调从这个循环解放出来。它无疑是与那种哲学对行动的看法联系在一起的；说得更具体一些，它与 *karma*(业)的学说有关。决定我们是再生为一个婆罗门还是再生为一只蜥蜴——几百万扫兴程度不一而论的可能性中的两种——的，是我们的行动。

“业”在印度哲学中被认为是一个关键概念。“业”的意思是行动。所有印度哲学都围绕行动的问题。哲学的两个向度——道德的和形而上的，两者在现代西方哲学中通常被分离开来——都因为所谓“业”的思维方式而得到开启。这是因为“业”是与对转世和再生的信念和**道德因果性**的观念密切相连的。所谓道德因果性，我们的意思是宇宙中弥漫着正义：我们生活于其中的世界，是人人均可得到其该得的那一份的世界，也是在来世有可能上升到更好状态的世界。换句话说，善有善报，恶有恶报。世上所有遭遇和不幸均是每个个人的行动的结果。但什么是善的、什么是恶的，很大程度上取决于一个人实际的种姓地位。《奥义书》因此可以说是将种姓制度合法化了：人们都“该当”其目前的种姓，那是因为，每个人的种姓地位都是其先前行动的结果。

“业”的概念在西方思想中并不是没有。有些谚语就表达了这个概念，比如：“每人的未来都由自己手造”或“自己铺床，自己睡觉”。但是，在西方思想中，道德因果性与转世无关。这是印度特有的现象。

因此，在印度哲学中，道德行动是与生—死—生—死的循环连在一起的。对转世学说的许多西方诠释，尤其在新世纪[13]思维的范畴之中——把这种学说说成是一种有关一个人的许多世生命或永恒生命的一种积极信息。与此相应地，尼采的万物“永世轮回”理论被看作是可用来代替基督教人生观的一种积极选择(参见第十九章，超人、权力意志和永世轮回)。或许在我们心目中，再生成了一个福音，因为我们可以一再地重做生命的游戏，我们有机会获得无数次来世生命，而死亡的刺痛则烟消云散。这些想法是与印度思维方式格格不入的。在印度哲学中，行动和激情是大问题。转世论说，我们来世的存在方式将是我们此生的行为和激情的反映。有一个比喻，那就是一路吞食和消化任何东西的毛虫，它很能说明问题：那些像毛虫那样贪婪的人们将在来世变成一只毛虫。毛虫所象征的，是我们不停地消费的无法餍足的贪欲——这正是典型的西方式的欲望！摆脱这样的行动和欲望，是至关重要的。

我们怎样才能摆脱欲望、获得对“业”的控制呢？在《薄伽梵歌》——印度哲学的最重要来源之一——的一篇短文中，火是一种核心的象征：我们的欲望必须在知识之火中化为灰烬。这可以通过苦行和瑜伽发生。那些设法摆脱了“业”的人获得了最后的拯救(*moksha* 解脱)。但这个目标对于我们中的多数人来说是不可企及的。我们无法打破生死循环，我们面临着以千百万种形式再生的危险。但即便我们不可能都成为圣人，我们也有充分理由在此生尽自己的最大努力：根据“业”的哲学，那些行善和求善的人们将在来世成为较好的生物，或将上升到高一级的种姓。因此，“业”的学说，转世的观念，以及种姓制度，形成了印度哲学中相当大部分的一个融贯单元。在这个框架中，道德和社会制度彼此为对方提供支持。

佛教哲学

佛教这种新的宗教和新的哲学，大约在希腊的前苏格拉底哲学出现的时候形成于印度。本书所说的“佛教哲学”，指的是那些可以追溯到这种宗教的印度创始人乔达摩·悉达多(Siddhartha Gautama，公元前 563—前 483)的那些信仰和哲学立场。我们无法在这里讨论后来在其他文化(如东亚)中发展起来的佛教的其他形式。

就像印度的其他许多圣人一样，乔达摩·悉达多离家别妻，作为苦行的智者云游四方。经过多年苦修，他仍然觉得自己对人生的根本问题蒙昧无知（*avidya* 无明）。于是他决定放弃苦修，回归普通的沉思式的生活方式。过了一段时期，乔达摩终于有了一种新的教义。他终于找到了正道。他成了“佛”（觉悟者）。

在公元前5世纪，印度的精神生活仍然带着吠陀传统的特征，而《奥义书》已经在印度思想中占据重要地位。佛陀的新学说与旧的吠陀文献和所有形式的仪式、法式都截然对立，而与此同时它也可以说是对《奥义书》各部分的一种批判性校正。具有矛盾意味的是，佛陀对思辨性的与宗教性的思想很不以为然。现代一些评论者因此把佛陀刻画为一个“经验论者”和“怀疑论者”，这当然有年代倒错的危险。那些或许可以认为是出自佛陀的文本，也并没有为后来对他的那种崇拜准备条件。因此从某种意义上说，把佛教刻画为某种“无神论”宗教，也就是一种没有系统化神学或有关神的学说的宗教，倒是正确的。

与《奥义书》的许多篇章一样，这个新教义的目的是个人解放或拯救。佛陀把这个目标描述为 *nirvana*（涅槃）——这个术语在许多方面对应于其他传统中的 *moksha*（解脱）这个术语。凡是想要经验到涅槃的人，都必须学会摆脱任何把他束缚于这个世界的东西，包括哲学和宗教学说。佛陀有一个绝妙的筏子之喻，用它来说明他的意思：一个人必须过一条危险的河。他收集树枝，将它们绑在一起造了一个坚实的、可将他载至对岸的筏子。当他安全过河之后，他对自己说：这个筏子实在是太好太有用了。我将用头顶着它，把它带走。这样，这个人就带着这个他不再用得着的筏子继续他的旅行。这个故事的寓意是，这新的教义就像一个筏子。它的目的是过河，是到达涅槃，而不是一直带着它走。有关哲学之目的的类似例子，在哲学史的不同时期都曾出现过：哲学是一个重要工具，而不只是某种“珍藏”之物。

佛陀的学说既是难懂的，也是深刻的。这里我们只能对他的“四谛”要义说个大概：

“苦谛”，也就是有关痛苦的真理：生是受苦；老是受苦；病是受苦；

亡是受苦；悲哀、怨恨、痛苦、忧伤和绝望是痛苦；与不快乐的事情相联系是痛苦；与快乐的事情相分离是痛苦；得不到想要得到的东西是痛苦——简言之，五种执着的总和都是痛苦。

“集谛”，也就是有关痛苦的根源的真理：这根源就是导致与贪欲相连的重生和再世的那种热望。它此时热衷于此处、彼时热衷于彼处，也就是追求感觉快乐；它还包括对存在和变动的热望，以及对于非存在（自我毁灭）的渴望。

“灭谛”，也就是有关痛苦的断灭的真理：它是对那渴望本身的完全断灭，放弃这种渴望、拒绝这种渴望，从这种渴望当中解救出来、分离开来。

“道谛”，也就是关于通往断灭痛苦之路的真理：那也就是“八正道”，亦即正见、正思、正语、正业、正命、正精进、正念、正定。

四谛说在阿瑟·叔本华那里获得了一种悲观主义的解释。西方哲学家中系统地关注东方智慧的，叔本华是第一人。叔本华就像佛陀一样把人生的苦难和生存的空虚作为出发点：弥漫着万物的，是一种愚蠢的、盲目的和无法餍足的生存需要。这就是我们的生存充满着焦虑和痛苦的原因。不满和痛苦是基本经验；欲望只是一种当对生命的永恒渴望暂时熄灭时所产生的一种幻觉。摆脱生命的苦难只能通过否定生命意志而获得。两人的解决方案处在同一个方向：佛陀希望平息追求或渴望，叔本华想要平息**生命意志**，从而不再有任何行动的动机。那种最后救赎的、一切欲望都鸦雀无声的、心灵宁静的状态，叔本华称之为涅槃。叔本华对四谛说的介绍可能过分悲观了；他这种诠释的有所澄清，可能并不及它的有所遮蔽。

叔本华的学生弗里德里希·尼采赋予佛教以一副欧洲面孔。佛教的理想在尼采看来是把人与“善”和“恶”分离开来。这是佛教同痛苦斗争所做的主要贡献。在尼采的哲学中，佛教成为反对柏拉图式的形而上学和基督教的斗争中的盟友：“佛陀反对十字架。”[14] 叔本华和尼采对佛教的理解在多大程度上是恰当的，这还是一个有争议的问题。

佛教中另一个有争议问题是自我学说。佛陀的一个基本观念是世界必须被看作是过程，而不是事物或实体。因此，我们不能谈论一个永久的自我或

"我"；自我不可能是一个心理实体，构成个人的基础。我们所经验到的仅仅是每一时刻构成我们人格的转瞬即逝、倏然而往的意识状态。

现代的评论者在这里看到了佛陀与像大卫·休谟(David Hume，1711—1776)这样的经验主义者之间的相似之处。休谟对精神实体的观念做了类似的批评(参见第十二章)，但他并不了解佛陀。在19世纪末，尼采成为对实体性思维的类似批评的代言人。这令人惊讶地成为前现代的哲学和后现代的哲学的交汇处。

《薄伽梵歌》

《薄伽梵歌》(上天之歌)是史诗《摩诃婆罗多》的一部分。今天它被看作是印度教——现代印度的主要宗教——的基本文献。《薄伽梵歌》的作者不详，它可能创作于公元前200年左右。文本的形式是阿朱那与其战车的御者克利须那[15]之间的对话。在这对话中，克利须那现身为毗湿奴，也就是宇宙之主，是上帝本身。

对西方读者来说，《薄伽梵歌》提出了许多诠释方面的问题。在一百多页的篇幅中，它对印度的道德观和实在观中的一些中心问题进行了考察。最基本的思想似乎是：恰当的见解为不受欲望和厌恶束缚的行动提供了基础。欲望和厌恶是人的真正敌人。阿朱那要追求的不是赢得权力和名声，而是要维持宇宙的正义秩序。要不要在其中出力，全靠个人自己："尽己之责(*dharma* 法)，虽然无功，也胜于履行他人之责；宁为一己之责而死，他人之责危乎险哉。"[16]这段话并没有表达任何普遍主义的责任伦理。种姓制度是宇宙秩序的不可瓦解部分。因此，个人的责任是受他所属的种姓决定的。

《薄伽梵歌》的中心内容是对*解放*所做的一种印度教诠释。它一再强调解放的前提是对人的行动的控制："当一个人的全部事情既无动机也无欲望时——当他的功业焚毁于智慧之火时——智者们才称他为有学问者。"[17]圣雄甘地(Mahatma Gandhi，1869—1948)在诠释《薄伽梵歌》时，着重强调必须焚毁于智慧之火中的就是暴力行动。甘地对《薄伽梵歌》的诠释，是把它当作一份对我们今天依然适用的指导生活的永恒文本。

孔子

希腊哲学是城邦(*polis*)生活的产物。所有希腊哲学家毫无例外地都参与作为自主政治单元的城邦。在城墙之内，有专门的地方供人进行哲学讨论和其他重要的思想文化活动。城邦还为政治交流和讨论提供一块公共空间，因此使得在自由而平等的公民之间发生的那种新的政治实践形式成为可能。柏拉图的学园（Academy），亚里士多德的吕克昂学府（Lyceum），两者都享有重大的学术自由和自治；这样一些常设的学术机构的发展，就是由此而获得基础的。这样的发展在印度和中国都没有。中国的城市不是一个古希腊意义上的城邦。它不是一个可以与其他国家缔约的自治实体。

中国的城市是中央集权的行政的组成部分。中国文明总的来说是以人类行为规范作为取向，它是一种取向于传统的*经书文化*，而不是一种*公共话语文化*。希腊人对思辨的系统的哲学的兴趣，印度人对解放和拯救的兴趣，在这里都没有多少。中国文明更多的是实践的和实用的取向。

中国的哲人们常常出身于“贫寒贵族”之家，他们不得不谋职于庞大帝国朝廷中建立的那些行政机构。许多中国大思想家来自这个阶级。他们几乎毫无例外地是饱学的文官，已经获得了一个官僚体制的认可(有时甚至是接受了这个体制的教育)——与我们今天的哲学教授相差无几！孔丘或孔夫子就是从这样一种环境中出来的。

孔子(公元前551—前479)生活的年代大致相当于佛陀、泰勒斯和毕达哥拉斯的年代。孔子自己写的东西没有流传下来；但他思想的核心方面被记录在《论语》这本孔子与他学生的对话(问答)语录集当中了。这些对话的主题是社会伦理问题，其核心是正确的行为。这部著作向我们描绘的孔子，是一位强烈依恋传统的思想家：通过仔细学习传统，个人可以理解他们的责任是什么。在改良那时混乱的社会秩序的种种努力中，传统也成为一个规范。研习古典文本在孔子学说中具有核心地位，因此也是很自然的事情。主导的态度是*适应世界*，而不像在印度哲学中那样是逃离世界。

孔子对自然哲学和宗教哲学没有多少兴趣。他像苏格拉底一样把个人作为关注点。这种态度在下面这段话中得到了精炼的表达：“厩焚。子退朝，曰‘伤人乎？’不问马。”（《论语·乡党》）概括正确行为标准的是仁这个概念。孔子用来谈论仁的话，令人想起《圣经》中的登山宝训：“子贡问曰：‘有一言而可以终身行之者乎？’子曰：‘其恕乎！己所不欲，勿施于人。’”（《论语·颜渊》）在孔子的学说中，爱邻人的观念常常被称为“恕道”：我们寄希望于别人的，应当成为我们自己对他人的行为的试金石。

孔子关于仁和恕的教导不应该作严格的普遍主义的诠释。他捍卫一种直接的社会等级分类。个人的义务因此是与其社会地位联系在一起的。好的生活，在孔子看来，是在“五伦”中实现的：君臣、父子、夫妇、长幼、朋友。每方均有其义务。以下句子是关于君对臣的关系的精辟表述：“君子之德风，小人之德草。草上之风，必偃。”（《论语·颜渊》）这句话还可以被理解为是对那个理则的运用。在这个语境中，它的意思或许是：作为臣民的个人应该问自己，假如我是君主的话，我希望我的臣民是怎样行动的？如果答案是他们应该臣服，那就意味着这个理则是与传统的上下尊卑关系相一致的。

孔子没有提出一个系统的哲学。最主要的是他提出了有关人伦关系的有益建议，提出了一种独特的智慧学说。他一生中吸引了大批学生。直到今天为止，这种实用取向的“儒家”在中国文化和社会中起着重要作用。即使在现代中国，以句子、格言和短文的形式来提出实践哲学，也并不是罕见的事情（参见《毛主席语录》）。

孔子的伦理思想被孟子（约公元前371—前289）所发展。他像孔子一样相信人是本性善良的，而这种善可以通过教育而进一步发展。像这个时期的其他许多中国哲学家一样，孟子生活在一些诸侯的朝廷中，在那里他在仁和义这两个主要德行方面给诸侯以引导。

道家哲学

儒家提出的哲学是有现实根基和政治基础的，而道家的特点则是神秘主义和整体论思想。通常认为老子是中国文化生活中道家倾向的最大代表，尽管我们可以提到另一位极有影响的道家思想家，那就是庄子（生于公元前

369)。对老子的生平我们几乎一无所知，除了他被认为是比孔子年龄稍长的同时代人。据信他寻求一种隐居生活，回避名利。老子的名字与著名的《道德经》不可分割地联系在一起，尽管这是不是他亲自写的尚有疑问。它可能是由他的学生们记录下来的。

《道德经》被认为是道家哲学的主要经典。这个文本不容易理解，诠释起来有许多问题。老子像赫拉克利特一样经常被看作是“令人困惑的”、“深不可测的”。《道德经》最好被刻画为是对中国自然哲学或存在哲学的一个贡献。就此而言，它与儒家的实践取向的哲学判然有别。

对老子来说，最根本的观念是“道”。道被认为是“无状之状”、“无物之象”、“独立而不改”、“周行而不殆”。这样一些名目只能暗示道是什么。严格地说来，语言是不恰当的，因为道是无法用概念加以定义的。但是，老子对于道的反思与我们在希腊自然哲学家那里所熟悉的那种类型的问题和答案似乎有许多相似之处。阿那克西曼德相信始基是 *apeiron*，也就是不确定者和无限者。在道和不定者之间无疑存在着某种家族相似。像阿那克西曼德一样，老子也主张道是先于天地而生的，道是万物的源起和复归。他用一个比喻来说明道可以被看作是“天地母”，是天下万物的出发点。我们或许可以把道理解为万有之有，是作为存在着的一切事物的基础的、无形无象的原始力量。但在另一个地方，老子说“有生于无”。这里他的意思可能是如果要避免把道当作一个对象或某种存在之物的话，就必须把作为原始力量或“有”的道描述为“无”。当然，这样的诠释充满着大量不确定性。但是如果这样的诠释是合理的，我们可以说老子是以与前苏格拉底自然哲学家相同的方式来接近实体的问题的。

老子对宇宙正义的看法与早期希腊哲学的类似之处相当明显。他似乎相信，在我们的存在中有一种基本的正义原则：物极必反。“祸兮福之所倚，福兮祸之所伏”。当某物被推向极点，它就转变为它的反面。过多的幸福会转向不幸。极端的不幸会转向幸福。因此，当某物越过它的极限的时候，当狂妄发生时，似乎有某种力量在进行干预，恢复应该出现或将要出现的秩序。赫拉克利特有类似的思想。在残篇 44 中他说：“太阳不越出它的限度；

否则那些爱林尼神——正义之神的女使——就会把它找出来。”因此，老子和赫拉克利特似乎都预设了一个确保有序存在的宇宙正义原则。

不难理解，“混沌”的老子会与儒家实用的社会伦理格言发生冲突。他明确反对儒家的教育传统，据说他还认为，与其让百姓多有知识，还不如让他们无知无识；太多的教育只会迷乱人心。

思考题

1. 智者学派以前的希腊哲学家的思想特点是什么？
2. 在泰勒斯的水是万物本原的命题中，我们可以假定有哪些问题和论据被预设着？
3. 这个理论所具有的蕴意(结果)是什么？我们可以怎样来论证说哲学从泰勒斯开始？
4. “赫拉克利特说万物处于变化状态，而巴门尼德则主张相反的观点。”对这个说法进行讨论，并对它持一种批判的立场。
5. 请描述德谟克利特的原子论。讨论这种理论与毕达哥拉斯的实在观的关系。

进一步阅读的建议

原始文献

The Art and Thought of Heraclitus: An Edition of the Fragments with Translation and Commentary, edited by Charles H. Kahn, Cambridge, 1989.

The Presocratic Philosophers: A Critical History with a Selection of Texts, edited by G. S. Kirk and J. E. Raven, and M. Schofield, Cambridge, 1983.

Hindu Scriptures, translated by R. C. Zaehner, London, 1968.

《论语》，北京，1994。

二手文献

Barnes, Jonathan, *The Presocratic Philosophers*, revised edition, London, 1982.

Heidegger, Martin, *Early Greek Thinking*, translated by David Farrell Krell and Frank A. Capuzzi, New York, 1975.

原著选读

赫拉克利特

（选自《古希腊罗马哲学》，北京大学哲学系外国哲学史教研室编译，商务印书馆 1982 年版）

2．（D2）因此应当遵从那人人共有的东西。可是“逻各斯”虽是人人共有的，多数人却不加理会地生活着，好像他们有一种独特的智慧似的。

51．（D50）如果你不听从我本人而听从我的“逻各斯”，承认一切是一，那就是智慧的。

54．（D53）战争是万物之父，也是万物之王。它使一些人成为神，使一些人成为人，使一些人成为奴隶，使一些人成为自由人。

92．（D90）一切事物都换成火，火也换成一切事物，正像货物换成黄金，黄金换成货物一样。

97．（D94）太阳不越出它的限度；否则那些爱林尼神——正义之神的女使——就会把它找出来。

127．（D123）自然喜欢躲藏起来。

注释

[1] 雅典有三个群体：奴隶，雅典人，生活在雅典的外邦人。雅典公民身份是世袭的，移居雅典的外邦人并不自动地成为雅典公民，即使他们（或他们的父母）是生在雅典的。雅典妇女像奴隶和移民一样被排除在政治之外。

[2] 实体（拉丁语为 *substantia*）：作为基础的东西（希腊语：*hypo-keimenon*）。

[3] 见《古希腊罗马哲学》，北京大学哲学系外国哲学史教研室编译，商务印书馆，1982年，第25页。

[4] 参见残篇51（D：91）：“人不能两次跨进同一条河流，也不能在同一状况下两次接触到意见变灭的东西，因为变化得剧烈和迅速，所以它分散又团聚，接近又分离。”

[5] 参见残篇37（D：30）：“这个世界对一切存在物都是同一的，它不是任何神所创造的，也不是任何人所创造的；它过去、现在和未来永远是一团永恒的活火，在一定的分寸上燃烧，在一定的分寸上熄灭。”

[6] 参见残篇75（D：8）：“互相排斥的东西结合在一起，不同的音调造成最美的和谐；一切都是斗争所产生的。”以及残篇78（D：51）：“他们不了解如何相反者相成；对立造成和谐，如弓与六弦琴。”

[7] 因此在赫拉克利特的思想中有某种“辩证的”东西，使人联想起黑格尔和马克思：历史是由对立面的相互作用推动的。

[8] 理性主义者是指那种依赖于理性论据或理性的人（来源于拉丁语 *ratio*）。

[9] 二元论：一种基于两个原则的立场，与一元论——一种基于一个原则的立场——相对立。

[10] 这个悖论对于希腊思想来说是具有典型意义的：瞬间速度（在一个数学点上的运动的概念）被认为是不可能的。因此，有些问题是不可能得到讨论的。

[11] 参见我们在洛克和贝克莱那里发现的第一性质和第二性质理论。

[12]《薄伽梵歌》，第5卷，第4节。

[13] 一种出现于20世纪80年代的文化现象，强调身心统一，崇尚神秘主义、坐禅、占星术和整体主义医学。——译者

[14] F. Nietzsche, *Werke*, Vol. IV, Berlin, 1972, p. 362.

[15] 克利须那是《薄伽梵歌》的主角。

[16]《薄伽梵歌》，第3卷，第35节。

[17] 同上书，第4卷，第19节。

第二章
智者派和苏格拉底

第一节　智者派

古希腊哲学家们提出的第一个问题是关于 *physis*、自然或宇宙的。古希腊哲学的第一阶段，从公元前 600 年到前 450 年，我们可以称之为“宇宙论时期”。但在公元前 450 年左右——那时雅典出现了民主制——情况发生了变化，这一变化部分是由于早期古希腊哲学的内部发展，部分由政治条件造成。

我们先从早期古希腊哲学的内在发展说起。想象一下，如果我们是生活在那个时期的学哲学的人，那我们就处于这种情形：我们身后是 150 年的哲学传统。在这一传统中有许多各异的哲学立场；它们中有些相互矛盾，却全部都声称自己正确。但其中必然有些是错误的！因为这些思想体系中最多只有一个正确。面对传统，有这样的想法很正常。在古希腊哲学的发展中也确实出现了这种想法。

当有哲学家宣称水是本原，而其他的哲学家宣称无定是本原，或气是本原，或火是本原，或原子是本原时，人们逐渐产生了怀疑，这可以理解。有的哲学家说本原是四个，有的又说本原是无限多个。这些答案中最多只有一个正确。但其他答案又错在哪里？人们关心的问题从自然界转到了人类思想自身。什么是获取确定知识的条件？

我们从对宇宙狂妄的和无事实根据的沉思中转向了对知识和知识理论的怀疑论的批评；从“本体论”（ontology）（即“是论”［theory of being］；希腊语：*onto*，意为“是”，*logos*，意为“理论”）[1]转向“认识论”（epistemology）（即“知识论”［theory of knowledge］；希腊语：*episteme*，意为“知识”）。人们不再简单去观察事物，然后下断言。人类自身本性成了怀疑对象。思想被拉回到自身。人类开始“反思”。[2]

公元前450年前后，人自身成为关注的中心，由此进入了“人类中心论时期”（希腊语：*anthropos*，意为“人”）。与认识论转变一起的，还有我们向人自身的转变，转向人类中心论时期：伦理-政治问题[3]在这时被迫切提出。此时人对自身而言成了问题本身，他不仅是一个思考者，而且也是一个行动者。

向伦理-政治问题的这一转变与古希腊社会的政治变化有关：殖民地的开拓使希腊人接触到具有不同习惯和风俗的异族人。此时许多人不需要通过伦理-政治的讨论也会经历相似的问题。[4]希腊人开始提出这样的伦理-政治问题，这表现了他们的非同一般。惟独他们能对他们自己而不是其他民族的文化产生怀疑；并以一种清晰和客观的方式来讨论问题。

尽管与异族人的照面是由政治环境造成的，但理性争辩能力却是150年希腊哲学传统留下的遗产。在公元前450年，希腊人已经学会以清晰和有序的方式来讨论难题。就如最早的古希腊哲学家提出变中是否有不变元素，多中是否有一的问题一样，此时古希腊人要问的是，在一切各异的风俗习惯中，能否找到一个普遍有效的道德和政治理念。从形式上看，问题是相同的。但回答各异。一些人相信普遍有效的道德或政治理念是由神或自然赋予的。另一些人认为道德是每个社会或每个人创造出来的，因此不存在普遍有效的道德或政治理念。尤其是到了人类中心论时期的结束期（即公元前400），声称道德只具有相对性的观点成为普遍现象，在某种意义上即认为对道德或政治理念的问题，除了每个人自己的看法外，不存在什么公认的标准：道德上的差异就如同人的口味和快乐一样的不同。这种观点常常引起统治者的反感，因为他们认为这会危及社会的基础。智者派（希腊语：

sophistes，意为“智者”）引出了这场争论。我们进一步来看看智者派所起的作用。

雅典的直接民主制更像一个紧密结合的共同体，而不像现代组织那样成员间的联系是局部和外在的。雅典民主制不仅是个新生事物，而且也证明了在某些特定条件下实行一种有限的直接民主是有可能的。例如，直接民主需要高水平的普及教育。如果每个人都要参与社会管理，那么必须有一个好的普及教育体系。智者派承担了启蒙人民的教学任务。他们教授那些参与政治生活所必需的科目，如论辩术、修辞学、市政学(civics)和人性知识等。而自然哲学不在其内。智者派同时是教师、撰稿人和知识分子：他们传授给人们知识和文化；首先是传授给那些政治上积极和付得起学费的人。[5]他们也参与一定程度的研究工作，研究认识论和伦理-政治问题。尽管智者派不是一个单一的派别，但我们仍然可以说，许多后期的智者派在认识论问题上转向了怀疑论(认为我们无法获得确定知识)，在伦理-政治问题上转向了相对主义(认为不存在普遍有效的道德或伦理)。[6]

智者派中许多人都宣称，所谓的正当(right)和正义(just)仅仅是一种独断传统的表达或是独断统治者强迫人民接受的。没有什么**确实**是正当的。我们所谓的正当就是强权。有强权才有公理。或者我们可以说，公理只是大多数弱者想被得到承认而已。一些智者派成员还认为，我们所说的好的道德也只是隐约表达了人们的喜好。既然不同人喜欢不同的东西，那么也可以用不同的方式来定义道德。不存在真正的普遍有效的道德，有的只是不同个人的爱憎感情。

由于持这种相对主义的观点，智者派逐渐丧失了公众的支持。他们以教人论辩和说服术来获取报酬。由于不同的委托人在许多事上有不同的利益要求，因此智者派就如出庭律师那样，必须为支持或反对的不同理由进行辩护。委托人的目的是为赢得诉讼，不是为得到正确答案。因此智者派传授的技巧就得符合这个目的。结果，智者派常常传授一些辩论的诡计和骗术，而不是理性辩论的技艺。因此，他们容易沦为诡辩家，也就是我们现在使用的“诡辩派”一词的含义。

高尔吉亚

生平 高尔吉亚(Gorgias, 约公元前483—约前374), 出生于西西里岛, 伯罗奔尼撒战争期间来到雅典。他以擅长演说出名。他的一些著作残篇保留了下来, 另外的来源在柏拉图的对话《高尔吉亚》篇中。此外, 后期怀疑论的塞克斯都·恩披里柯(Sextuse Empiricus)提到高尔吉亚的著作《论非存在, 或论自然》。

高尔吉亚起初打算研究宇宙论, 但据说在他接触到爱利亚派哲学后, 就成为哲学怀疑论者。在他的著作《论非存在, 或论自然》中, 他根据运动和变化的自相矛盾性(参照阿基里斯和乌龟的例子), 否认了知识的可能性。如果存在不是从非存在中派生出来, 如果一切变化和运动都从非存在中派生出来, 并且如果一切现象从变化和运动中派生出来的话, 那么在这个意义上就是说, 任何现象不存在。高尔吉亚进一步提出三个命题:

1. 无物存在;
2. 如果有物存在, 也不可知;
3. 即使可知, 也不能把这样的知识告诉别人。

这究竟是高尔吉亚的本意, 还是他仅仅把这些命题作为练习辩论的起点, 以此说明修辞学如何能说服人们接受最荒谬的主张呢, 对此人们的看法有争议。但是也许高尔吉亚摆脱了爱利亚派对存在、非存在、变化以及我们对变化的认识能力的看法, 得出了哲学是完全自相矛盾的结论。根据这一解释, 这三条极端的命题恰好部分证明了哲学是无意义的思想。这样高尔吉亚就把修辞术的运用仅仅当作说服的手段, 因为他不再相信能获得真知。以此观点, 理性讨论和理性确信也都不存在, 剩下的只有说服术。

在高尔吉亚看来, 修辞学是作为一种说服术而不是作为辩论和理性确信的方法被传授的。对他来说, 劝说最重要的目的是让听者改变他们的观点和态度。简单点, 我们可以说, 高尔吉亚并不想让听众接受任何东西和让他们在得到真知后改变观点。他的兴趣不在于区分对与错、有效和无效, 而在于影响听者。修辞学基本上变成了一种操纵方法, 不再是一种能让参与者彼此信服于最好论据的讨论。

色拉叙马霍斯

生平 色拉叙马霍斯(Thrasymachus，约生于公元前470)，与苏格拉底同时代。我们有一些他著作的残篇，此外，柏拉图的《理想国》中也提到他的思想。

色拉叙马霍斯以他的权利和正义观为人所知：正义(right)所满足的是最强者的利益。正义就是强权。与此相反的权利观和正义观都是愚蠢的天真表达。因此，色拉叙马霍斯彻底反对建立普遍的权利，他把存在的正义理解为是最强者利益的表达，他的这些观点出现在《理想国》的第一卷中。

普罗泰哥拉

生平 普罗泰哥拉(Protagoras，约公元前481—约前411)，出生于色雷斯的阿布德拉。他曾在几个希腊城邦讲学，特别是西西里和意大利大陆，是一位著名的老师。在雅典，他接触了许多人，其中就有伯利克里和欧里庇得斯。柏拉图的对话录中有《普罗泰哥拉篇》。普罗泰哥拉留下一些著作，如《论神》和《论真理与反驳》等。

我们可以把普罗泰哥拉的“人是万物尺度”的命题解释为一个认识论命题：事物不以它们本来的面目向人们显现，在任何时候都只显现其某些方面或特性。例如，木匠手中的铁锤是敲钉子的工具。这个铁锤或好用或不好用，或轻或重，对物理学家来说，摆在观察台上的铁锤是一个物理客体，不是看它好用不好用，而是看它的特定分子结构，以及如重量、伸缩性等物理特性。对商人来说，柜台里的铁锤只是个有特定价格和利润、好卖不好卖的商品。这是目前我们对此命题的解释。

如果我们对普罗泰哥拉命题的解释是正确的话，那他的命题就表述为：就显现在人们面前的事物一直被人在特定时候身处的环境或职责所决定而言，人是万物的尺度。这个观点暗含一种认识论的*视角主义*(perspectivism)：在任何时候我们的知识都以视角(perspective)为条件，在视角的基础上建立知识。这种视角主义暗含一种认识论的*多元论*：观察事物的方式是多样的。也代表了一种*相对主义*：我们对事物的认识取决于我们的活动或情境——认识相对于我们的情境。

但这是否意味我们就无法区分对错呢？以下情况并不符合我们对这一命题的表述：两个木匠常常能发现最适合敲钉子的铁锤，假定他们有完全相似的手和臂力等条件。而两个科学家也很容易对铁锤的重量、伸缩性等方面的特性达成一致看法。换句话说，这种与不同情境和职业相关的视角主义（多元主义、相对主义）并不意味着取消对错之分。作为木匠，我们可以正确或错误地谈论铁锤；同样科学家和商人等也能这么做。当我们在一个特殊情境中讨论一个物体，如铁锤，只要我们所说的是在此情境中显现的这个物体，那我们说的就是对的。

但如果物体只是从特定视角显现的话，那当我们从一个视角转向另一个视角时，我们又如何知道谈论的是同一把铁锤呢？有人会说，不同的视角事实上是相互混合的：木匠不仅是木匠，他也有家庭角色，如父亲、儿子或兄弟，也与那些建筑材料的供应商或他的买主有生意往来。不同视角在重叠和流转变化着；因此我们能从不同方面认识同一物体，如铁锤。

对此我们如何回答呢？刚才我们是否说视角主义本身的正确性取决于特定视角？如果是，那么我们所说的正确性就是相对的。这是向怀疑论靠拢。如果不是，那么我们就是把视角主义局限在我们对事物的认识上：一旦出现理论反思，我们就无法继续假定视角主义了。

我们已对普罗泰哥拉的命题进行了开放性的解释。但他的一个残篇还隐含着想把视角主义从对事物的认识扩展到理论讨论上的思想："每个问题都有两个互相对立的方面。"普罗泰哥拉的这个命题是说事实上人们各持己见，不想弄清对错呢，还是说在所有问题上都可能形成两个同样为真却又互相对立的命题——同一意义上的真，涉及的也是同一问题呢？第一种看法不是哲学上的问题；它只是对事实稍显武断的陈述："人们意见相左。"但第二个看法是哲学问题。说在一个特定场合存在两个在同一意义上为真却又互相对立的主张，这是什么意思？这一命题对自身适用吗？如果适用，那么就可能产生一个与这个命题矛盾但同样为真的命题。但这样一来，原来的命题还为真吗？这就离怀疑论的自我消解不远了。

普罗泰哥拉还说过："至于神，我既无法真切感受他们是否存在，也不知道他们长什么样子；有许多东西是我们认识不了的，问题是晦涩的，人生是短促的。"这个残篇同样表明人的认识有限。我们无法知道神是否存在或长什么样子。但这个残篇在提出对人的认识能力的怀疑时，并没有想到要使得该残篇本身——也就是说残篇中所表述的怀疑——也受到怀疑。

我们已经把人是万物尺度的命题解释为这样一个命题：在任何时候，事物显现的方式都取决于人类自身所处的情境。而我们能不断出入于这些情境。但是，要是视角由社会地位或经济上占统治的阶级来决定，使在不同基本视角之间的转换变得像从一个阶级转到另一个阶级那样困难的话，那这个命题就变成一个揭示社会交往困难的社会学命题。如果不同团体或阶级的人无法互相理解，那政治领域的开放交流也就无法出现。此外，如果社会团体间的基本利益冲突的话，那么有的只是充满冲突和缺乏相互理解的政治。只有当社会基本利益的冲突和理解的冲突随社会阶级一起消除后，作为理性讨论和治理的政治才会出现。

我们再次看到，从普罗泰哥拉的命题中可以得出不同的理论。这些解释是否合理，我们在此不作评判，只是试图找到一些可能有的有趣的认识论或政治观点的解释。

举例说，假如我们要改变前面的解释——以阶级差别为基础的社会学命题，其办法是用国家、民族或时代来代替阶级，那么结论就是，每一国家（每一民族、每一时代）以自己的方式理解事物。这样，不同国家间、民族间或代际间的交往就成问题了。

如果我们说，基本的视角以年龄、性别或种族为基础，那就会碰到关于代际差别，两性间缺乏理解，或不同种族间、男女间、老少间、黑人与白人间无法交流的各种学说。"哦，东方就是东方，西方就是西方，两者永不会碰到一起"（吉卜林[J. R. Kipling]语）。[7]

需要指出的是，到目前为止，我们讨论的都是群体而非个人。我们已经说过，事物以不同的方式向不同职业群、不同社会阶级、不同国家、不同年龄群、不同性别和不同种族显现。同样，我们也可以把普罗泰哥拉的"人是万物尺度”的命题理解为是个人根据他们的经验和处境把自己的印象加在事物上。个人是万物的尺度。

我们注意到，幸福者和不幸者、妄想者和狂喜者，各有各的世界。我们知道，这种说法作为心理学命题，在一定程度上是正确的。但要是把这个命题说得更极端一点，声称所有被感觉到的知识都取决于个人的不同推测，那我们又一次遇到了观点的自相矛盾：是否这个观点本身也仅仅是个人观点的表达呢?

至此，我们把人是万物尺度的命题看作一个认识论命题，一个关于事物如何在人们面前显现的问题。但我们还可以把这个命题解释为规范性的命题：人是万物的尺度，从某种意义说也就意味着现象的价值或意义是相对人而言的。举例说，事物本身无所谓善恶，善恶是相对个人或群体的。

普罗泰哥拉认为我们无法认识诸神的论据有两个：神在人的感觉之外和人生的短促。第一个论据不是说神不存在，而是说人无法感知它——这隐含的意思是说感觉是人类经验的基础。而柏拉图主义者对此进行批判。第二个论据似乎是说，假如人生能长久一点的话，那我们对神就能知道得更多一点——就此而言，这个理由既承认神的存在，也承认我们对神的认识会随着生命的延长而增多。

主张一个观点总有与之对立观点的存在，不只是被解释为对不加怀疑地接受现有规范的间接批评：不管伦理规范还是政治规范，除了现有规范外，还有同样受人支持的其他可替代规范。这个论据还可以用来支持传统：传统规范与其他规范一样良好。如果把不可知论解释成反对把基本的伦理-政治规范建立在神意基础上，那么与之相反的观点也可被解释为反对把伦理-政治规范直接建立在流行的传统上。

对“人是万物尺度”这一命题的一种解释认为社会是评判规范问题的最终标准。这种观点认为，价值和规范只对植根于其间的社会有效，而对其他社会不适用。就一套规范和价值只在一个社会中有效，而在其他社会中又是另一套规范和价值起作用而言，这既是一种相对主义的也是一种绝对主义的观点。我们下棋时，必须遵循下棋的规则。但当我们玩纸牌游戏时，遵循的是不同的纸牌规则。在雅典有一套有效的具体规则的同时，也存在另外一套或许与雅典规则相冲突、但对波斯有效的规则。

在这里，我们面临两种基本的法律观。一种法律观认为，有效法(valid law)是在任何时候都真实存在的法律，或称实证法(positive law)。另一种法律观认为，有效法与实证法不同；有效法诉诸的是自然法理念。在后面的争论中，我们会论及法律实证主义和自然权利论哲学之间的对立。我们将会看到，苏格拉底和柏拉图从一种特定的自然法观念，对出现在智者派中的实证论倾向进行批判。问题在于，人类是否能超越传统，以某种方式获得普遍规范和真知。

智者派提出了关于伦理学、社会科学和认识论的许多问题。对这些问题，我们一直用一些关键术语如相对主义与绝对主义，权利与权力，利己主义与利他主义，个人与社会，理智与情感等表示。我们将会看到，苏格拉底和柏拉图参加了对智者派的争论。柏拉图的理念论就是试图对是否存在一个普遍伦理-政治秩序的问题给出一个肯定性回答：从这个意义上说，理念论驳斥了智者派的伦理-政治怀疑论的观点。

年　代	时期／人物	主　题	哲学风格
公元前600年	宇宙论时期(从泰勒斯到这一时期的哲学家)	外部世界(自然界)	武　断
公元前450年	人类中心论时期(智者派)	内部世界(知识，伦理学)	怀　疑
公元前400年	体系化时期(柏拉图和亚里士多德)	外部世界和内部世界	较平衡

泰勒斯	(公元前624—前546)
阿那克西曼德	(约公元前610—约前546)
阿那克西米尼	(约公元前585—约前525)
毕达哥拉斯	(约公元前580—约前500)
赫拉克利特	(约公元前500)
巴门尼德	(约公元前500)
恩培多克勒	(约公元前492—前432)

阿那克萨戈拉	（约公元前498—约前428）
德谟克利特	（约公元前460—约前370）
高尔吉亚	（约公元前483—约前374）
色拉叙马霍斯	（约公元前470—前410？）
普罗泰哥拉	（约公元前481—约前411）
苏格拉底	（约公元前470—约前399）
柏拉图	（约公元前427—约前347）
亚里士多德	（公元前384—前322）

第二节 苏格拉底

生平 苏格拉底（Socrates）生于公元前470年前后，死于公元前399年。作为哲学家，他活跃在我们称为人类中心论的时期（公元前450—前400）。他与智者派生活在同一时代。是首位雅典哲学家，并在雅典度过一生。他不是贵族出身；他的父亲是石匠，母亲是接生婆。他有一个妻子（珊提珀［Xantippe］）和三个孩子。通过柏拉图《对话录》，苏格拉底成为对西方精神产生最重大影响和鼓舞的人物之一。他的道德力量、正义、简朴的生活、机智、直言不讳和幽默都使他与众不同。但尽管有这些品质，雅典公民仍对他在街上和集市上的提问感到不悦。与智者派一样，苏格拉底也被指控腐蚀青年和危害社会，最后还被判服毒自杀。他本人并无著作留下；我们对他"学说"（要是他确实有的话）的了解来自其他人写他的著作：主要来自柏拉图的对话录。这样就很难确切知道苏格拉底的真实思想，也很难把苏格拉底和柏拉图的思想区分开。为此，我们将结合柏拉图的学说来解释苏格拉底的哲学。

与智者派一样，苏格拉底感兴趣的主要不是自然哲学，而是认识论——借助对话澄清概念（下定义）——和伦理-政治问题。在伦理-政治问题上，苏格拉底把驳斥智者派的怀疑论作为自己的任务：他承认有普遍的善和正当的价值规范存在。我们也许可以把苏格拉底伦理学的基本原则概括为：美德和知识的统一。一个确切知道什么是善的人也会去行善。同时他也就获得了幸福。

希腊语中表示“美德”的词是*arete*(卓越)，这主要不是一种狭义的、道德意义的美德，即不去作恶。相反，*arete*意味着一个人在社会中实现他的真正潜能。因此是积极美德，而非消极美德。*Arete*的根本含义，与英语中的virtue(美德)一词相似，与优秀的观念有关，这种优秀无论是指道德的优秀还是指一个人尽可能好地履行被赋予的职能或角色的优秀。拥有*arete*的人会以恰当的方式实现他/她的职能。教师的优秀体现在教得好，铁匠的优秀体现在能制作出好的工具。而人的美德在于能尽其所能，即实现人之为人的真正潜能。

在苏格拉底看来，美德即知识(希腊语：*episteme*)。但他对知识的理解相当复杂，既包括对人自身的知识，也包括对人所处情境的知识。但是，苏格拉底的特点在于，他不是通过经验，而主要是通过概念的分析和澄清一些关于人自身和社会的已有的模糊概念，如正义、勇敢、美德和好的生活等来获取此类知识。但光有知识还不够。美德还在于行为正当。它包含了对目的或价值的知识，这些知识是我们无法通过经验科学或形式科学获得的。换句话说，我们必须洞见善(希腊语：*to agathon*)，洞见规范和价值，或是获得规范性的洞见。但即使这样仍不够。知识还必须是关于人的知识；必须洞见到真正的自己，而不是他/她口头所说的那样。[8]

由此我们把知识分为三类：

1. 有关是什么的事实知识
2. 对应当是什么的规范性洞见
3. 对真正自我的洞见

这一粗略的三分法需要做某种限定：因为苏格拉底既然把知识看作是通过概念澄清来认识自己——通过澄清和纠正既有的成见，来认识作为人类一员和社会成员的自己，那么上面列出的三类知识就将被全部包含在这个认识中。但如果坚持上述分类，那我们可以说第二类知识是苏格拉底用来回应智者派的：他认为普遍的善是存在的！而且我们能洞见它。在苏格拉底看来，通过对话，通过诸如正义、勇敢、德性、真理、现实等概念的分析，我们能洞见到确定不变的事物。借助概念分析，我们能获得有关情境和应当做什么的真理。这一方法，同时适用于对真实事态的知识和对价值目标的洞见，洞见到什么是正当和善，什么是我们应当做的。

我们现在还不清楚，苏格拉底的意思是否说的是，我们仅仅依靠理性和澄清概念，就能完全洞见善(美德)。他有时还提到朝他说话的内心的声音。他称之为 *daimon*(神灵)。这是希腊语中对一个干预自然和人类生活的非人格化神的称呼。这似乎表明，苏格拉底最终想将伦理学不仅建立在理性基础上，而且建立在人可以通过直觉洞见而分享的神灵意象的基础上。或许苏格拉底从来只是说他听从的是良知。但为什么良知之音能使他达到普遍道德呢，这仍是个有趣的问题。

即使苏格拉底得不出一个确定的哲学答案，但他仍在努力寻求答案，仍在赋予道德一个特定的认识论基础：为了行善，我们必须知道什么是善。在苏格拉底看来，善是个普遍性概念。行善要求我们必须知道这些普遍的伦理概念所代表的含义。因此，对诸如善、幸福、美德等这些普遍概念进行概念分析，对道德行为来说是很重要的。评价一个具体行为，是以这些普遍的伦理概念为根据。这些概念的普遍性必须既能确保对普遍事物而不只是对偶然特殊事物的真知，又能确保对所有人都有效的客观道德。

苏格拉底向人们提问并试图使他们考虑自身情境和反思指导他们言行的基本观点。我们可以说苏格拉底想“唤醒”人们。这一做法与第三类知识有关：如同精神病医生一样，苏格拉底不想人们只是重复那些他们听到的却不经消化的东西。在苏格拉底的富有挑战性的助产术的引导下，谈话的目的是让被问者形成属于自己的个人知识。我们将看到，后来的存在主义者(如克尔恺郭尔)也试图这样做。[9]

对于苏格拉底来说具有关键意义的是，通过谈话，个人能亲身意识到论题的本质。通过亲身认识到一个观点的真理，个人也就得到了属于他/她自己的观点。这儿，我们遇到了苏格拉底对智者派的一个主要批评。我们不应该先入为主地参与讨论，并利用争论去说服他人。在讨论中，每个人都应该试图对论题本身有更多的了解。每个人的观点要符合他在任何时候都认为是正确的东西。由此，苏格拉底区分了好的和坏的两种确信，区分了建立在对结论的支持理由理解基础上的信服和对理由缺乏理解情况下的被说服。可以说这种区分也正是通过修辞术获得的说服和通过理性获得的信服之间的区分。

就说服而言，我们有的只是缺乏洞见的信仰或拙劣地建立起来的试图去说服别人接受的意见(希腊语：*doxa*)。用的手段是说服术：即消极意义上的修辞学。我们试图找到最好的技巧去说服对手，而不讨论论题的正确性。宣传就是个明显例子：我们通过说服他人接受特定观点来得到权力。而就信服而言，我们进行公开争论，争论的目的是为了增长知识(希腊语：*episteme*)。在对话中，所有参与者都互相合作，尽可能使讨论的主题变明晰。目的是尽可能好地呈现和说明主题。这样人与人之间的交流是平等的，共同去追求真知。我们不是用强迫或欺骗的方法去说服弱者或头脑简单的人；相反，共同努力使双方互相确信，目的在于双方都获得更好的洞见。这种对话促进了双方认识的提高。[10]

但苏格拉底本人仅仅是个对话者，使人信服者吗？有人会说，苏格拉底也利用修辞术——也试图通过言语和论证的技巧去“说服”他人。

在参与者缺乏理性和不平等的情况下——讨论者的智力受教育程度的限制——或在声望和物质利益受到威胁的情况下，要进行自由讨论是非常困难的。无疑，论证常常是这种样子的。在这种情况下，关键问题是去创造自由和理性讨论所需的各种条件。激怒、突如其来的震惊和修辞性的说服都能起到一些作用。就像交流中断或无法完全建立的时候，精神治疗师会用一些神经性的药物或其他方法诱导病人进行自愿交流一样，在对话中，我们也可设想利用“说服”手段产生一个理性“信服”的情境。因此我们必须区分两种不同方法：一种是用说服和其他操作方法达到一个自由和理性的情境，一种是用这些方法去压迫和控制他人。假如说在古代雅典交往同样无法建立，而苏格拉底却要用说服法去建立恰当交往的条件，那么他遇到如此强烈地反对就不足为奇了。[11]那些把苏格拉底的交谈解释为冗言或累赘的人，也将会认识到，苏格拉底发现，对自由和理性讨论来说，情境常常过于含糊。结果他用对话形式和修辞方法，试图建立一个共同的参照系，在这个基础上，参与者之间最终能够形成自由、辩证的思想过程。事实上，柏拉图通过场景描述来写对话录，而不直接断言的写作方式，也显示了苏格拉底的这种方法。为了让双方甚至更多人能对论题进行恰当的交流，人们必须建立一个共同的参照系，使他们尽可能清楚地把握论题的具体内容。在平常的散文中，无法确定读者是否能理解作者的参照系。也许对话的形式更容易为读者和作者创造一个共同的参照系的基础。这意味着对话比注释和独白更可取。我们知道，苏格拉底自己没写任何东西，却经常与人进行交谈。据说柏拉图也认为写说明性的散文是靠不住的。

现在我们又回到了前面的第一个命题，即在某种意义上，美德即知识，并可以通过学习获得。这个命题也说明了第二个命题：正当的知识必然导致正当的行为。[12]如果我们讨论的知识是我们所要“担保”的，那么这个命题就可以理解了。如果你洞见到正当，那你就是正义的人。因此，根据定义，一个知道善的人不同时去行善是不可思议的。如果你起初洞见善，并获得对情境的正确认识和对善的正确洞见，那么从逻辑上讲，你必然会行善。或者更确切地说：行善证明了你自己确实获得真知。但第三个命题：正当行为必然导致幸福，却仍令人困惑。苏格拉底是正义的人，行正义的事，结果却被判了死刑，这能说是幸福吗？因而这清楚地表明，苏格拉底所用的幸福（希腊语：*eudaimonia*）一词包含了比欲望更多的东西。肉体的折磨和死亡不能阻碍苏格拉底获得幸福。对苏格拉底来说，幸福接近于心灵平静，良知和自尊。幸福与人的完善和特性有关。一个人作为人而优秀，而且作为一个完整的人而优秀，那才是幸福。因此，幸福、人格完整与德性是联系在一起的，就如同幸福与德性和对善和善行的洞见相连一样。其他发生的任何事都与幸福的程度无关。在这里，苏格拉底的伦理学使我们想起了斯多葛学派。

柏拉图对话把苏格拉底表现为一个好奇的哲学家：他在交谈中试图发展我们提问的能力。我们应该认识到我们是容易犯错的，而且我们对很多事都不了解。从这个意义上说，我们应该认识自己的无知。在以后的体系中，这种洞见被称为 *docta ignorantia*，有学问的无知（参照奥古斯丁和库萨的尼古拉斯［Nicholas of Cusa，1401—1464］）。从这个意义说，当我们“自知自己无知”时，我们就更容易接受他人可能有的更新更好的回答。通过他的哲学对话，苏格拉底不仅成为寻找普遍有效性回答的先驱，而且也开启了一种哲学观，一种把哲学看作是承认我们可错性的自我批评和开放性对话的看法。

思考题

1. 智者派把古希腊哲学带入了一个新时期。请描述在这个时期所产生的哲学问题，以及智者派的成员是如何看待这些问题的？
2. 智者派经常被认为是认识论和伦理-政治问题上的相对主义者。如何理解这句话？
3. 普罗泰哥拉说："人是万物的尺度。"请给出对这个命题的几种解释。
4. 苏格拉底寻找何种方法来达到对善的洞见？他如何看待善的洞见、善行和幸福之间的关系？从哪些方面可以批评这个观点，而柏拉图的理念论为什么被看作是追随了苏格拉底承认普遍有效道德存在的信条？

进一步阅读的建议

原始文献

Gorgias, translated by B. Jowett, Oxford, 1892.

The Symposium, translated by B. Jowett, Oxford, 1892.

二手文献

Jaeger, W., *Paideia. The Ideals of Greek Culture*, New York, 1965.

Kerferd, G. B., *The Sophistic Movement*, London, 1981.

Zauker, Paul, *The Mask of Socrates: The Image of the Intellectual in Antiquity*, translated by Alan Shapiro, Berkeley, 1995.

注释

[1] 这里的"being"，"onto-"等，也经常被译成"存在"。事实上，是否保留"本体论"的译法，是把它改译为"存在论"，还是该译成"是论"，学术界有不同的意见。——译者

[2] 后来，在17世纪及以后，英国经验主义者也建立了类似的转变：从稳固的体系(笛卡儿、斯宾诺莎)转向对知识的怀疑性批判(洛克、休谟)。

[3] 我们用"伦理-政治"这一复合词，目的是为了强调在城邦中伦理和政治规则是联系在一起的。比较亚里士多德和马基雅弗利(第八章)思想的不同。

[4] 周游世界的希腊探险者和冒险家遇到一些新奇的外来文化，对正在动摇的本国文化和传

统明显失去了信心，因此促使他们开始提出基本的伦理—政治问题。

[5] 智者派是收费教学的；因此他们起初是从讲学中获取财富。

[6] 起始于智者派的道德争论指向了我们后面将面对的许多问题。例如，道德和法律原则的证明问题：如果我们想通过演绎法证明一个道德规范，那必须有一个更高的道德规范作为证明的起点。这样我们就能证明道德规范了，但必须通过一个本身不可证明的更高的规范。而如果我们想证明这个更高的规范，又会遇到同样的问题，以此类推。

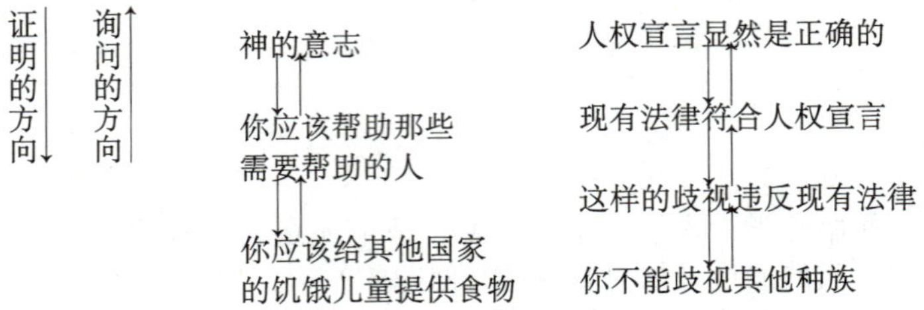

换句话说，这种“为什么”能一直问下去吗？这个逻辑出发点不仅对规范的演绎论证适用，还适用于所有演绎论证。进一步说，道德和法律原则无法通过感觉或观察来证明，感觉和观察只能证明描述性或说明性的命题：“约翰有一头红发”这一命题，只要看看约翰本人就能证明对错。但像“约翰应该出差”这样的命题无法通过看某物来证明对错。换言之，只用形式科学（演绎）和经验科学（感觉／观察）的方法还不够。伦理-政治问题还需要其他论证方法。但由此也带来消极结果，即许多智者派逐渐声称道德和法律原则仅仅相对于不同个人或社会而有效，这一点也就可以理解了。

[7] 但我们不得不问，说每一群体或种族以自己的方式理解世界，这种理论本身是不是由一个具体民族或种族的视角决定的？如果不同民族和种族看待世界的方式各异的话，那我们如何检验这种理论的有效性？我们如何知道检验的标准？理论依据是什么？况且，首要的问题是，我们所说的民族或种族是什么意思？

[8] 心理分析中也有类似的区别。一般说，假如病人光是重复心理学家说的话而没有真正体验过的话，那对他几乎没有什么帮助。

[9] 参照第十八章。这个“一个人身上体现的个人知识”的观点，对教学法很重要。教师必须考虑教授的内容。而对于文学或哲学而言，学习这些学科的目的不仅是学习著作的内容，更重要的是去洞察不同著作所呈现的生活和世界观。因此有两种极端的教学法就不适用于这些学科：

1. 权威主义的方法，这种方法把学生看作由教师塑造的黏土。教师捏得越紧，塑造出来的学生越好！但这种方法既不能提供学生可以亲身体会的知识，也无法提供反思的视角。
2. 自由主义的方法，这种方法把学生看作一棵树——教师给它浇水和营养，但不干涉它的成长。然而人靠自身无法让2000年的文化传统“生长”进他们体内。
3. 剩下的就是苏格拉底的教学法了：对话，进行共同的哲学思考，在这个过程中，学生和教师都进行着学习，其办法是“通过讨论而探索”，探索到关于一个问题的更深的洞见。讨论要从学生的角度出发，这样就能获得一个学生能够亲身体会的反思性的洞见。这一洞见不是“敲打”或“设计”出来的。它也不会自动产生出来。洞见是通过关于一个问题的对话而获得的。

[10] 说服和信服之间的区分也使我们把真实的权威和虚假的权威区分开。享有真正权威的人有最好的见识，并能以自由、相互反思的方式使人信服。我们假设所有参与讨论者都能平等地表达自己观点和有平等参与对话的机会。相反，只通过修辞术或其他外在手段说服他人的人，是虚假的权威者。

[11] 苏格拉底在谈话中，通过指出观念的自我矛盾和含糊，“解构”了应答者已有的实在观。他认为他的应答者有关社会和道德的概念都站不住脚或不充分。所以有必要进行理论研究。但有些人对他从事的整个事业都表示鄙弃：不仅因为它所做的那些揭示对某些人造成了不快，而且更是因为统治者认为瓦解现有流行的意见会危及国家：人们的

意见哪怕在事实上缺乏任何基础，但从功能上讲，仍是对社会适用的——我们可以用现代术语说，一句半真半假的话，一句口号，也可能对社会有用。

[12] 苏格拉底是心理学意义上的**理性主义者**：也就是说，他相信理性优于意志/感觉，因为理性最先认识善，而意志/感觉则是用来达到理性所指的东西。与此对立的**意志论**则认为意志/感觉优于理性——我们先**意愿**某物（我们称为善的东西），然后理性寻找获得此物的**手段**（以及对意愿此物的辩护或合理化）。

第三章
柏拉图——理念论和理想国

生平 柏拉图公元前427年左右生于雅典，卒于公元前347年。他出身贵族家庭，他的母亲是雅典立法者梭伦的后裔。柏拉图起初打算继承家族传统而从政，但后来情况发生了变化。在与斯巴达的战争中，雅典民主制失利，随即“三十僭主”上台执政。“三十僭主”转而又被新的代议制政府取代——正是这个政府在公元前399年处死了苏格拉底。或许就是这件事使柏拉图开始厌恶雅典的政治和它的滥用无度，转而对政治的重建产生兴趣。他继续着苏格拉底的工作，继续从理论上反驳智者派的相对主义，把相对主义看作是政治衰败的表现。柏拉图着手建立健全政治制度所需的原则，详细阐述了理想国的思想。由此，柏拉图从对现实政治的思考转向了对什么是政治和政治应当是什么的反思。

柏拉图曾三度想实现他的政治理想。做这些努力是在他在西西里岛遇到锡拉库萨[1]的僭主狄奥尼修斯一世和后来遇到他的儿子狄奥尼修斯二世后。但每次努力都失败了；曾经有一次，他还差点在雅典实践了他的部分理想。后来他旅行到意大利南部，在那儿遇到毕达哥拉斯学派的学者，后者看来对他产生了影响。以下是柏拉图和毕达哥拉斯学派的一些主要的共同观点：

1. 视数学为万物的本质

2. 宇宙二元论——真实（理念）世界和由影子组成的可见世界

3. 灵魂的轮回和不朽

4. 对理论科学感兴趣

5. 宗教神秘主义和道德禁欲主义

公元前388年左右，柏拉图在雅典创立了一所学校，称为学园(Academy)。之所以称学园，因为学校地处一片树林，这片树林以英雄阿卡得摩斯(Academus)的名字命名。雅典的这所学园不仅教授哲学，还教几何学、天文学、地理学、动物学和植物学。此外，政治教育是主要课程。每天还进行体操训练。教学以讲座和讨论为主。学园历时900多年，直到公元529年被查士丁尼一世下令关闭。我们从前苏格拉底时期的哲学家那里得到的都只是些尚存的残篇，但却拥有将近30篇柏拉图写的篇幅不等的对话和一些书信。此外，还有一些研究柏拉图思想的二手材料，特别是亚里士多德对他的评论。要查明柏拉图的思想，困难不在于现存著作不足，而在于对话写作的方式。柏拉图自己几乎不出现在对话中，对话中也不假设结论性的命题和观点。此外，还有可能是因为他在写作过程中思想前后发生了变化。我们把柏拉图的著作分为三个阶段：

1. 早期阶段，"苏格拉底"对话；
2. 成熟期的对话，包括《理想国》；
3. 后期的对话，包括《法律篇》。

对于传达自己意思的困难，柏拉图做了如下说明："因为哲学不像其他知识分支那样可以进行注释，只有通过对主题的大量探讨和共同的生活经历后，才会突然间灵光一闪。"[2]柏拉图不认为普通读者能轻易把握他的真实思想。通往哲学洞见的道路漫长而艰苦，需要我们花费时间进行研究，并需要与其他追求真理的人进行合作和讨论。但即便如此，我们也不会像课堂上获取知识那样自动获得真理。真理的出现，就如同灵魂中灵光一闪。如果我们重视柏拉图的话，那他的话将改变我们对问题的进路和对在洞见和智慧中获取进步的期望值。因此，后面几页教科书似的概述完全是非柏拉图式的！但尽管如此，这样的概述应该能帮助人们踏上智慧之路。在柏拉图看来，这条路需要耐心和辛勤工作，而且永无止境；这是属于我们自己的生活。我们发现的真理无法和不同道的人分享。我们只有走上这条路，才能接近真理。

第一节　知识和存在

理念和知识

苏格拉底认为，通过对人类和社会已有的概念，如美德、正义、知识和善的概念的细察和澄清，我们就能获得客观知识。例如，通过概念分析我们能查明真正的正义和善是什么。如果我们要决定一个行为是否为善，就必须把这个行为与原型或规范作比较，即与善作比较。如果行为与原型符合，那它就为善。通过对诸如善和正义这些普遍概念的定义，我们就把握住了普遍的、不变的事物。但我们把握住的这个**事物**是什么？它客观存在吗？我们把它当作外在于我们而独立存在的物体呢，还是内在于我们的思想对象呢？由苏格拉底的概念分析和对普遍伦理规范存在的主张引发了这些问题。

也许苏格拉底并不太清楚该如何从哲学上说明普遍的伦理-政治规范的存在；而柏拉图以他的**善的理念论**（希腊语：*eidos*，意为“理念”）试图解决这个问题：理念论可以被看作是对客观伦理学的基本捍卫。柏拉图进一步发展了苏格拉底对智者派的相对主义的批评。

但柏拉图自己是否真的赞同“柏拉图的理念论”呢，这值得怀疑。事实上他提出过一些反对理念论的有力论据。也许柏拉图更像新柏拉图主义者，如奥古斯丁，而不是柏拉图主义者。重要的是记住柏拉图的著作经历了如下的发展：早期阶段，柏拉图紧随苏格拉底（在苏格拉底对话中）——用概念分析和概念洞见的方法；中期阶段，他试图说明理念的独立存在——理念论（在《理想国》中）；后期阶段，为了解决概念和共相问题，他详细阐述了辩证的认识论（在《巴门尼德篇》中）。

在《巴门尼德篇》中，柏拉图讨论了对盛行的理念论的批评，批评针对理念的定义和对事物如何分有理念的问题上。对于理念定义问题，当年轻的苏格拉底被问及是否存在一和多（以及其他数学概念）的理念时，他的回答是完全肯定的。当被问及对美、善和相应的概念是否也有理念时，苏格拉底的回答仍然完全肯定。当进一步问，人类、火和水也有理念吗？苏格拉底的回答仍是肯定的，但稍显迟疑。再进一步问，头发和泥土也有自己的理念吗？苏格拉底则认为它们没有理念。换句话说，什么事物有理念，什么事物没有理念，是不确定的——缺乏划分标准，看上去好像是有价值的现象有理念，无价值的东西没有理念。巴门尼德认为这个观点说明年轻的苏格拉底还受到公众意见的影响，没有形成自己独立的思想。[3]

在《巴门尼德篇》中，柏拉图根据不同假设(即一是有，或一是无)，继续对“一”的概念进行辩证检验，把一与其他，一与自身，一与多联系起来。如何解释这部分对话，成为对柏拉图研究的一个基本问题。有人论证说[4]，在这部分对话中，柏拉图展现了他哲学中最重要的部分：即思想的辩证过程，这一过程引向思维的边界，那里是所有事物出现的原初之源，我们无法讨论和表达它；然后理念如同从源头射出的一道光，转身蜿蜒向“下”，经过原则论和科学理论，在那里不同理念以不同程度相互结合，一直到光线消失在多样和混乱的感觉中。这意味着柏拉图是新柏拉图主义的神秘主义者，借助的是新柏拉图主义阐释的辩证理性(见普罗提诺 Plotinus)的观点。根据这个观点，对理念论的传统解释就像龟式洞察法：“从下面”，从事物和感知世界，通过抽象“朝上”看见光线和原初之源的。这样，与已提及的相反论证相一致的来自顶端的光线就得不到认可了。只有先摆脱分析理性，我们才能获得鹰式的洞察法，从原初之源通过理念世界“朝下”看见感知世界——理念世界不是一套由外部引起的实体化的普遍概念，而是从本源射出，通向感知世界的光线。在这里，柏拉图超越了先前对理念论解释中的唯心论的二分法，转而主张流溢说，我们在新柏拉图主义的哲学和神学中也能找到此种理论。

然而，也可以根据宇宙论时期的本体论学说来解释理念论，因而引向“何物存在”这个问题。一些人认为存在的是一些特定的物质。但另一些人，如毕达哥拉斯认为，存在的是结构或形式。在理念论中，柏拉图认为理念是第一实在(实体)。为了理解理念论，我们先从日常生活入手。假如我们用铁锹掘沟，有人问我们在与什么打交道，我们的回答会是“沟”或“铁锹和泥土”。但如果有人在数学课上问我们在与什么打交道，回答马上就变得困难了。我们可以说“与笔和纸”或“与粉笔和黑板”。但这些回答都不太好，因为我们上英语课或艺术课时，也是这么回答的。但上数学课和上语法课不是“同一回事”。它们的主题不同。那数学的主题是什么？可以说是概念体系。这使我们走上了理念论之路：理念论说，除了我们感官所感知的事物(如粉笔、墨水、纸、黑板等)外，还有我们理解但无法用感官感知的事物，即概念，如圆、三角形等。

但是我们那么有把握说这些数学理念确定存在吗？不是只有黑板上的粉笔字才存在吗，这些理念怎么会存在呢？当我们在课间擦去黑板上的字，这些数学理念不就消失了吗？但这似乎不合情理。或者数学只存在于我们内心？但如果这样，为什么30个学生在数学课上能学习同一内容，如勾股定理，尽管学生的接受能力有快有慢？数学不只是存在于我们内心，它必定是我们所有人能指向、能思考的对象。数学真理是普遍有效的，也就是说适用于每个人。因此它们与主体无关。

这些简单的问题和论证使我们大致接近了柏拉图的理念论：理念，如圆或三角形，是无法用我们的感官把握的；它们只能通过理性理解。我们感官所感知到的个别圆和三角形，是相应理念的易消失的表象。与这些可变的理念表象相比，理念本身是普遍不变的。它们不存在于我们的思想中，它们客观存在；且普遍有效。为了理解理念论，我们再次运用了提问和论证的方法。理念论中蕴涵的一个意思是：如果宇宙被分成两部分，也就是说，如果有两种存在形式——我们感官所感知的事物和理念——那么我们就为建立普遍有效的伦理学提供了基础。根据理念的形式，我们已经说明了客观的善的存在如何可能。

理念和善

在前面段落中，我们通过对数学的特别观察而已经提出了一个本体论问题——何物存在。但我们也可以从其他方面入手来理解柏拉图的理念论。如果我们问“什么是善行？”，不难给出一个实例，说救一个掉进冰湖快要淹死的人，这样的行为是善行。那行为善在什么地方？是你冲向冰上，还是拿个梯子架在冰上，或是收起梯子呢？我们无法指出或看见善。它不是我们能用感官感知的事物。但我们仍能确切知道这个行为是善的。这是为什么？因为根据柏拉图的观点，我们已经有了一个关于善行的理念，这个理念使我们能把这个行为理解为善的。

我们也许会问：什么是概念？我们将看到，这是一个有争议的哲学问题(参见第六章，共相的问题)。在这里我们简要地说：当我们谈到约翰的马，我们谈论的是一匹可以指出的个别马，是时空中可感知的现象。相反，如果我们一般性地谈论马，那可以说谈论的是马这个概念。对这个概念，不同语言有不同的叫法：*Pferd*，*hest*，*cheval*，*hestur* 等。柏拉图坚持认为概念——如马这个概念，或我们用 *Pferd*，*hest* 等指称的意思——是独立存在的，个别对象置于这些概念之下。这里说的个别对象是马这个种的样本。柏拉图把这样理解的概念称为理念。如果谈论的是名叫黑美人和秘书处的马，那我们清楚地知道谈论的是什么，就是黑美人和秘书处这两匹马。我们能够指出和触摸到。但对于马这个概念，我们无法在马厩或牧场中找到、指出、看见和触摸。如果我们用意义理论说，语句只有在指称存在的事物时才有意义[5]，那么马这个词必然指称某物。既然我们无法用感官感知这一“事物”，那它一定是不可感知的事物，也就是马的理念。因此，马的理念必然存在，即使我们无法在时空中感知它。

这些论证使理念论看上去合理。它们表明，世界以两种根本不同的方式分为两部分，理念的部分和我们用感官感知的事物的部分：

理念
———
可感事物

这种二元论非常接近巴门尼德和毕达哥拉斯学派的思想。对我们来说，这种本体论划分很重要，因为它有助于说明普遍的伦理-政治规范是如何可能的：善——伦理-政治规范——存在于理念形式中。如果我们坚持对理念的通常解释，那我们可以说，理念不存在于时空，既不产生也不会消失。它们是恒久不变的。黑美人这匹马会出生、成长和死亡，但马的理念是同一个。这意味着作为理念的善同样是不变的，不管人们是否遵循它，认识它。换句话说，柏拉图认为他借此表明道德和政治有稳固的基础，这个基础完全独立于人们的各种意见和习俗。因此理念论可以说为伦理-政治的规范和价值确保了一个绝对和普遍有效的基础。在后面我们还会看到其他一些试图说明绝对和普遍有效的规范如何可能的理论，如康德的理论。这一直是个哲学中反复出现的问题。[6]

从理念论的观点，我们得出如下两分法：

$$\frac{\text{理念}}{\text{可感事物}}=\frac{\text{不变之物（伦理-政治的善）}}{\text{可变之物（各种习俗和意见）}}$$

爱和教育

柏拉图不认为理念世界和可感世界处于同等地位，他认为理念世界更有价值：理念是理想。正是这个观点，使柏拉图哲学给予了人们极大精神鼓舞，如对浪漫主义时期的诗人。[7]既然理念是理想，那我们就应该努力去获得它们。柏拉图认为对这些理想的渴望是植根于我们内心的。这就是柏拉图式的爱（*Eros*）：对真、善、美不断的渴望。

因此，对人类来说，可感世界和理念世界之间不存在固定的、不可逾越的障碍。人们生活在两个世界间的内在张力中：在可感世界中人们知道一些行为要好于另一些行为。在可感世界中闪现的善的理念使我们能够获得对善的理念的暂时、不完全的洞见。当我们能更清楚地洞见善的理念时，我们也就更能区分可感世界的善恶了。同时，当我们试图更好地理解在可感世界遇到的善恶时，我们也就更能设想善的理念了。这样在设想理念（理论）和经验感觉世界（实践）中，有一个不断交替（辩证）的认识过程。这一认识过程可以同时提高我们对善的理念和对善的生活的洞见。

这样，哲学变得既普遍——就它与永恒的理念相关而言——又具体——就它与我们生活情境相关而言。哲学同时是知识和教育。这是一个不间断的教育过程，上朝理念（光线），下朝可感事物（影子世界）。因此，我们不能像通常认为的那样，简单声称柏拉图是为真理而寻求真理。真理的获得，部分是通过对理念和对此时此刻生活情境之间的来回洞见；一个对理念已获得充足洞见的人会转而用这一洞见去照亮生活。不要以为哲学家只是如居室隐士般对理念冥思苦想；他们也用这一洞见去指导社会。

对理念论的一些批评

理念独立于时空存在，无法用时空谓词去描述它们，就如同无法用颜色去描述数字 7 的概念一样。相反，时空中的可感事物却以不同方式分有了理念。正是通过空间中可感的圆，我们回忆起圆的理念。但如果我们所理解的理念与我们感官所感知的事物截然不同，那么就根本不能用适用于时空和变化的谓词来描述它们，这样就很难说明时空中变化的可感知事物是如何分有理念了。这使我们碰到了理念论的一个基本问题。在这里我们不打算继续批评理念论。因为我们提到过，柏拉图本人就是第一位批评者。我们只是指出两个批评意见：

1. 像“正义”和“罪恶”这样的词项指称着理念，但是理念也是理想，所以我们就会面临这样的谬论：说“罪恶”是这样一例词项；那么，“罪恶”一词也应该指称一个罪恶理念。可另一方面，罪恶不是理想，因此一个罪恶理念是不可能存在的。
2. 理念是不变的，可感事物是可变的。理念论把可感事物看作理念的摹本。但变化的可感事物如何能成为不变理念的摹本呢？我们会不会碰到一个逻辑问题呢？如果理念和感性世界这两个领域被定义为截然对立的话，那么又怎么能想象它们是互相联系的呢？

理念和整体

我们提过，对理念的洞见和对此刻生活情境的洞见之间在教育上的动态的相互作用，这说明柏拉图并没有在逻辑上对理念世界和感知世界作绝对区分。进一步说，柏拉图也没有宣称理念和理念之间像天上星星那样互相孤立。理念之间相互联系，构成一个统一体。如柏拉图在《理想国》中，讨论过什么是正义行为的问题。对话中提到被称为正义的各种意见和行为。但在柏拉图看来，这些不同的现象和影像(images)之所以都能被称为正义，一定是因为它们分有了同一个理念，即正义的理念。正是这个理念，才使我们有可能在不同的正义样本中进行讨论。但在柏拉图看来，这也意味着我们不能孤立地去理解正义的理念。正义的理念指向自身之外；一方面，指向智慧、勇敢和节制的美德，因为这三者的和谐才构成正义；另一方面指向善的理念。

理念和理念之间就是这样交织在一起的，所以我们无法获得对单一理念的真知。洞见理念就是洞见它们之间的联系，洞见理念的整体。说得过分一点，真知就是关于“一切”的知识。但是对整体的这种洞见，对所有理念内在关系的洞见，人类几乎无法获得。我们得到的整体是不完全的，或更确切说，是不完全和暂时的，因为对理念的洞见，一方面需要不断在现象和理念间上下穿行，另一方面需要不断超越一些特定理念而朝向其他理念——因此理念的整体是永远无法达到的。根据这个解释，我们可以说善的理念（大写的一的理念）不是代表诸多理念中的一个，而是代表理念之间的内在关系本身。这种关系恰好是实在的基础，是支撑我们感官所揭示的具体现象的基本样式。这一不断超越的整体论或辩证法，被看作柏拉图哲学的核心。[8]

几个类比

在《理想国》中，柏拉图提出三个比喻来阐明理念论，这三个比喻是：“太阳之喻”、“线段之喻”和“洞穴囚徒之喻”。简要说，太阳之喻象征太阳可以比作善的理念：太阳对可感世界的关系，就好比善的理念对可知世界的关系。太阳，如同善的理念一样，在它的世界中是至高无上的。如同太阳给予光明一样，善的理念给予真理。同样，如同眼睛是我们看见太阳的感官，理性赋予了我们洞见善的理念的能力。但是眼睛，或是看见的能力，并不等同于太阳，就如理性不等于善的理念一样。太阳使万物包括它自己为我们所见，同样，善的理念也使所有理念包括它自己为我们的理性所理解。此外，善的理念不仅是我们理解的前提，也是其他理念存在的前提——就如太阳不仅是我们能看见事物的前提，而且也是事物存在的前提一样。

线段之喻（见图表）象征我们的认识能力分不同的层次。首先我们区分对可感事物的知识（BC）和对可知事物的知识（AC）。但在对可感事物的知识中，我们又区分了猜测（BD——对影子、影像或摹本的知识）和信念（DC——对产生这些影像或摹本的事物的知识）。相应地，在可知事物的知识中，也可区分仔细推理（CE——对假定前提的知识）和洞见（EA——对原型的知识，心灵不需要影像支持能纯粹通过理念来思考）。简言之，我们在可感知识的领域区分了猜测(BD)和信念(DC)，相应地在理念世界的知识领域中区分了仔细推理(CE)和洞见(EA)。

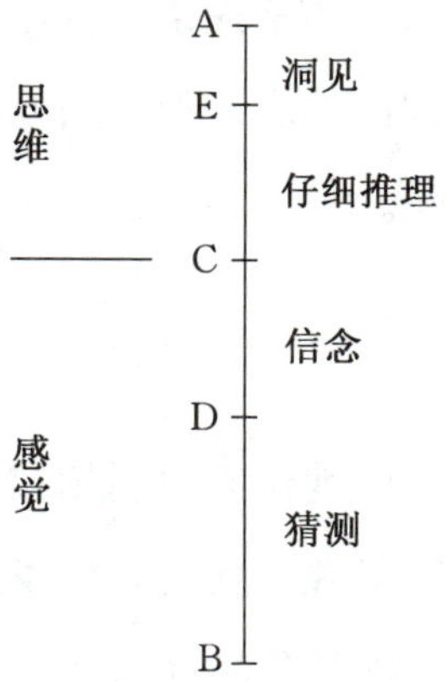

洞穴囚徒之喻也想说明我们对可感世界的知识和对理念洞见之间的关系。在洞穴中，囚徒手脚被绑，背对洞口，只能看到洞穴的后壁；在他们身后有把火，在火与囚徒之间，各种物体被从这边运送到那边，从而在囚徒面朝的洞壁上投射移动的影子。囚徒认为这些移动的影子就是实在。如果有个囚徒获得自由，能转身看见投射出这些影子的物体时，他才发现他以前认为实在的东西只不过是真实物体的影像。如果这个囚徒进而再走出洞穴，朝向日光，瞥见太阳的话，那他会大为震惊，当他回到洞穴去告诉其他人他所看见的东西，只能看到洞壁上移动影子的其他囚徒却不相信他的话。这个比喻说明了理念论的主要观点。

与线段之喻联系起来看，洞穴囚徒之喻说明我们如何能在知识等级中，从猜测上升到洞见——从影子世界上升到白天的光线——最后看见太阳自身。因此柏拉图的理念论不仅仅是本体论，即关于存在的理论；而且也是认识论，即关于知识的理论：可感事物和我们的大部分意见都是易变和不完善的。我们对它们的知识也是不完善的。只有对理念的知识(*episteme*)是客观的，因为理念自身完美不变。但是通过反思我们的感觉经验和语言表述，我们可以触及这一客观知识，因为理念以某种方式存在于我们的表达和感知事物的“背后”。例如，正义行为的理念存在于各种善行和各种正义行为观的“背后”。所以我们能从现实可感的各种不完美的圆的背后认识到圆的理念；也能从对正义行为的各种表述背后认识到正义行为的理念。因此对我们日常语言的概念分析不只是语言学上的：对我们共同的日常语言的概念分析引导我们去洞见理念。此外，作为获得可感世界知识的前提条件，概念和可感事物之间是相通的，因为概念和可感事物有共同的理念来源。因此，是理念使我们获得了对可感现象的哪怕是不完美的知识。

理念论和人的角色

我们同样可以通过考察人在理念世界和感知世界的地位来说明柏拉图的知识论。我们可以这样来表述。柏拉图提出一个个体灵魂如何与理念发生接触的哲学问题。这个问题是柏拉图（隐喻似的？）说到人有前世和来生时提出的。灵魂，真正的人，在人的肉体出生前就存在，在肉体消亡后也依然存在。人既是理念世界的产物，也是感知世界的产物：人的灵魂属于理念世界，肉体属于感知世界。因此，既有灵魂又有肉体的人就栖居在这两个世界中。但在柏拉图看来，人的真实部分在于灵魂。我们所说的生活是指灵魂化身为肉体而存在的时期。从这个意义说，灵魂"跳水"进入感知世界，这就是所谓的出生。它以肉体形式呈现，但一段时间后它又从肉体中释放出来回到理念世界，也就是所谓的死亡。灵魂在"水下"的时间就是所谓的生活。柏拉图的知识论可以说就建立在这种人类观基础上：在人的前世，灵魂居住在理念世界，它能直接看到理念。但是，当灵魂以肉体形式呈现时（出生），它就忘记了先前所知的一切。但是在生活过程中，它又回忆起以前所知道的东西。看见现实中不完美的圆能唤醒早期它对圆的理念的洞见。因此，所有的学习，从生到死，都是一个再认识的过程。当我们看见感知世界中不完美和易消失的圆时，就会回忆起圆的理念。学习就是重新发现，重新认出藏在可感事物"背后"的理念。

但这种再认识并不容易。因为并不是所有的灵魂都能回忆起可变的感知事物背后的理念。许多人都陷于认识论的黑暗中。他们无法冲破未经证实的意见和表面的感觉经验（*doxa*），无法到达真实的知识。在这一尘世生活中，只有极少数人能察觉到可感现象背后的理念。因此，柏拉图是个悲观论者，因为他认为对理念的清晰洞见需要良好的才能和艰苦的训练：只有经过挑选的少数人才能接近真理。

第二节　柏拉图的《理想国》和善

教育和社会分层

苏格拉底说，在某种意义上美德即知识，而且美德可以通过某种方式习得。我们可以通过与人交谈和启发他们思考，促使他们变得有德性；由此人们也会追求正当的行为，并获得幸福。柏拉图对苏格拉底的这个命题进行补充，他把正当的知识看作是关于善的理念的知识。但柏拉图不像苏格拉底那样相信人们能获得关于美德的知识。这也是从理念论中得出的结论：因为理念是很难被理解的。要获得对理念的知识需要具备良好的理智能力和训练培养。因此大多数人无法获得对理念的充足洞见，也就无法靠自己主动地去拥有美德和过幸福的善的生活。结果，必然是那些能洞见理念并且有德性的少数人引导其他大多数人走上正确之路。

对人们知善能力的这种怀疑，也可以看作是柏拉图对他所经历的雅典民主制瓦解的一种反应，这些经历包括同胞情谊的破碎，智者派对传统的批判和苏格拉底被民主派处以死刑。他变成一位反民主派：他认为人民不能自我领导。他们没有充足的美德和才能。必须由“专家”执政并确保团结和忠诚。因此，雅典民主的基石之一是相信人民的能力，而柏拉图把自己置于这种信念的对立面。

概要地说，柏拉图认为在一个健康的城邦中，权力应该掌握在胜任者手中，不是掌握在人民手中，或是无能和不公正的专制统治者手中。通过建立一个普遍的教育体系，使每个人有同等学习的机会和在城邦中各司其职，各尽所能，就能实现这个理想。

柏拉图在《理想国》中用了很大篇幅来说明他的理想教育体系。有如下一些主要观点：教育属国家管辖之事，要平等对待所有儿童，不管他们的出身和性别。所有学生在 10 岁到 20 岁都接受相同教育，主要科目是体操[9]、音乐和宗教。对年轻人来说，学习的目标是有一个强壮和协调性好的身体，对美的鉴赏力和具有服从、自我牺牲和忠诚的素养。到他们 20 岁时，挑选其中最优秀的学生学习其他科目(特别是数学)，一直学到 30 岁。然后再次进行挑选，让其中最优秀者再学习 5 年哲学，直到 35 岁。然后让他们在世间学习管理实际事务，学 15 年时间。在他们 50 岁时——经过 40 年的完整学习、训练和经验后——这些精心挑选的最优秀者就成为国家的领袖。现在他们已经获得了对善的理念、对事实知识和实践经验的洞见。因此在柏拉图看来，这些人绝对有能力和美德。他们就被授予了统治社会其他人的权力。

在第一次选拔中淘汰下来的人成为工匠、体力劳动者和商人。第二次选拔中淘汰下来的人成为管理者和士兵。因此，从教育体系中产生出三个社会阶级。第一个阶级是统治者，他们有能力和权威，第二个阶级是参与管理和军事防御的人，第三个阶级是生产社会所需产品的人：(1)统治者，(2)管理者／士兵，(3)生产者。这里假设了人是不同的。教育体系的功能是仔细区分不同种类的人，并将其置于社会中属于他们的位置上。柏拉图隐喻地说，一些人是金子做的，一些是银子做的，还有些人是铁和铜做的。

柏拉图还比较了三个阶级的三种社会职能和三种美德：

阶级／职业	职能	美德
统治者(哲学家)	统治	智慧
管理者(武士)	管理	勇敢
生产者(劳动者)	生产	节制

柏拉图认为人的天赋不一样。不是每个人都能当政治领导者。他认为国家的教育和培养能保证每个男人和女人在社会中找到适合自己的位置，在社会中发挥他们最能胜任的职能。有智慧天赋的人统治国家、勇敢的人保卫国家、节制的人生产食物和其他社会所需物品。当每个人都从事最适合自己的工作，并且所有社会职能都能得到最好发挥时(在柏拉图看来)，社会就是合乎正义的：上面提到的三种美德和谐相处，就产生了正义的美德。正义是与

共同体相关的美德；它是指其他三种美德的和谐相处：

1．智慧
2．勇敢 } 正义
3．节制

值得注意的是，这个理想社会不只是出于理论和道德需要的考虑。一个正义的社会也是一个满足相互需要的社会：智慧者思考，勇敢者防御，节制者生产。既然不同的人有不同的能力(美德)和不同的社会职能，那就互为补充，每个人都参与提供自然需要物，柏拉图认为这些需要物是城邦自然所需。在这里我们看到了劳动分工论和阶级划分论的萌芽。柏拉图不仅把劳动和贸易分工论包含在理论中，把它们看成是由社会本性或统治权力决定的，而且还试图证明劳动分工和阶级划分是以效率和能力为依据的。可以这样说：柏拉图把效率作为劳动分工的根据：如果每个人各自去生产他所需的每件东西，如食物、鞋子、衣服、住房等，那效率极低。专业化对所有人都有利。一个人固定于一个职业——如当鞋匠、泥水匠、雕刻家、管理者等——比他同时从事不同职业更能发挥作用。专业化能使人臻于完美。原则上，如果所有人的能力都相同，那没有分工也会产生相同的结果。但既然人们的能力和资质各不相同，那劳动专业化就很重要，它能使每个人从事他/她最适合的工作。职业分化关系到交易。鞋匠用鞋与农民交换食物，农民用粮食与鞋匠交换鞋。各个职业群体相互依赖。我们已经提过，柏拉图指出了三种主要的职业群——生产者、管理者和统治者，每个群体中又包含了从事不同工作的次一级群体。把劳动划分成相互依存的不同职业，能产生较高效率。从这个意义上，我们必须说，社会中所有必需的工作都同等重要。但柏拉图却又认为一些工作和职业性质上比另一些更优越。思考高于管理，管理又高于生产。这些性质不同的工作是根据个人能力的高低划分的，因此个人的能力也相应地具有质上的差别。在一个良好社会中，每个人从事着他最胜任的工作，这意味高等工作和高等能力相符，中等工作和中等能力相符。一个人在社会中所处的位置差别是以禀赋差别为基础的。对柏拉图来说，社会差别既以道德为依据，也以能力为依据。各阶级间和他们职能之间的和谐相处，是正义国家的特点。因此，劳动分工和社会分层预设了最重要的政治美德：正义。

权力和能力

有人会认为，到此柏拉图已绘就了他的模型：一个权力和能力相一致的理想社会。这个社会像是一座“千钧系于一线”的金字塔，这条线就是存在于统治者和善的理念之间的无形纽带。既然对善的理念的洞见固守于统治者内心，那么这根纽带是破坏不了的。[10]从这个意义说，即使柏拉图在理论上解决了他所引入的权力和能力的关系问题，但他仍不能确定这个教育体系和抚养儿童的体系是否能完全保证杜绝小集团主义和利己主义。再加上人民的不胜任，柏拉图认为这些恰恰是他那个时代衰败的雅典民主制的内在危险因素。他的医治方法是对其中的两个较高阶级，即拥有政治权力的两个阶级，废除他们的私有财产和家庭生活。他的考虑如下：财富和家庭生活是自利的根源，自利会与共同利益冲突。家庭生活使它的成员“私有化”，财富则是妒忌和冲突的根源。这两者都会削弱社会中的共同体感。[11]

柏拉图更愿意把经济学看作一个政治问题：物品的分配不均，贫富差距的悬殊，会威胁社会的稳定。此外，享有经济利益的政治家的行为会违背共同利益。柏拉图认为应该用各种方式来维持城邦；如：胜任的统治者（通过教育方式），对共同体的忠诚（通过取消私人财产或统治者家庭的方式），自足（通过人口和领土保持平衡的方式）和防御力量。[12]

对柏拉图来说，正如大多数希腊人一样，*polis* 和 *oikos* 是两个基本概念：城邦和家庭。共同体中过善的生活的基础是，在生命周期和自然限制内，维持着和谐持久的共同家庭生活。因此合理持家很重要。[13]此外，城邦要有一个不多不少的人口数；在《法律篇》中，柏拉图提出 5040 个（户）公民和足以养活他们的领土是最恰当的。就这点看，柏拉图不仅出于政治的考虑，也出于生态上的考虑——如果我们用现代术语说的话。政治的指导方向是要控制生产，而不是相反[14]；导致人口超出可支撑水平的变化或增长都不被容许。当然，生物学上的增长还是要有的，其表现是收成的增加；人类的增长也是要有的，其形式是善的生活的更好实现。柏拉图整个政治哲学的目标终究是让每个人都得到成长——按照他所诠释的那种方式——也就是说，在一个由职业分工和社会阶级组成的城邦中，每个人与同伴稳定和谐地相处，过着善的生活。[15]

因此，在柏拉图看来，利己主义不仅是一种道德上的错误，它还完全误解了成为一个人意味着什么。利己主义者不明白自我利益和共同利益其实是相同的；社会并不是外在于自足的个人的，相反，个人总是共同体中的成员。利己者就像一个认为只要把脚放入花盆他就会像树一样成长的疯子(这是我们的比喻)。他完全误解了人存在的意义。从另一方面看，利己主义和利他主义的对立预设了个人与社会之间的对立，而这恰恰是柏拉图所反对的：把个人和社会看作两个自足的要素是错误的；人和社会是牢牢地交织在一起的。因此在柏拉图看来，假定把个人欲望和个人对社会的义务分离开来，也是一种错误。一个人欲求的东西和良好社会需要的东西是同一个东西：那就是根据恰当的职业分工，每个人在自己岗位上发挥出最好的才能，满足自己的真实需要。那些抱怨理想国中自由过少的人们，是误解了他们自己的善的含义；自由是指自由地去实现人们自己的生活的自由，而一个人只有在社会中才能实现自我生活。那些抱怨柏拉图的理论侵犯基本人权的人也没有理解到，权利并不是人可以独立于社会而拥有的某种东西，像牙齿或头发那样。权利与人在社会中的角色和职能联系在一起。

但柏拉图的思想中难道就没有令人不快的威权主义吗？如果从字面意义理解，并从当代视角看的话，那么在某种意义也许可以说有。威权主义的思想表现之一，是在柏拉图对培养胜任公民所需的教育体系的规定之中。他不允许人们对国家理论的前提进行讨论。前提是预先假定好的，人们没有理性讨论它们的机会。自由和批判性反思也都被禁止。但是若要为柏拉图作辩护的话，我们可以说他可能从来没有想去建立这样一个理想国家，即使在锡拉库萨也不曾有过——这只是个理想，一个乌托邦。况且，也不能肯定柏拉图是否像我们这里所暗示的那样不愿意讨论自己的哲学。相反，柏拉图的对话录证明了他有能力也愿意反思他自己的思想。因此，柏拉图并不太像我们暗指的那种威权主义者。

很难将柏拉图与我们今天的政治意识形态联系起来[16]，或将他与共产主义或法西斯主义扯在一起。用不着说，把柏拉图的理想国当作是社会主义式的，这是牵强附会的，如果我们所根据的是对这个词最合理的解释的话。更有可能的是称柏拉图为保守派，就他是“已有秩序的支持者”而言。但这也仅仅是字面上的定义，因为柏拉图想保留的是希腊城邦国家，并不是诸如贵族或资本主义的利益。但即使就希腊城邦国家而言，也很难说柏拉图是保守派。因为他不是不加批评地赞美传统。相反他批评传统，还问什么是值得我们保留、什么是有可能保留的。从这个意义上说，柏拉图是激进派；也就是说，“一位想在理性批评的基础上改变已有秩序的人”。但这也只是形式上的定义。具体情况下这种激进主义意味着什么，取决于已有的秩序和合理性的标准是什么。

或许可以确切地说柏拉图是政治右派中的激进派(*rechtsradikal*)：他把理性置于传统之上(激进派)，但又认为多数传统经得起检验，因而传统是合理的(“极右翼”)。但这么贴标签也会产生混淆。*Rechtsradikal* 一词被用于指两次世界大战之间德国的特定政治倾向；但是理性和传统在希特勒的柏林的含义是不同于在柏拉图的雅典的含义的。

柏拉图在他的《法律篇》和《政治篇》中，更多考虑了实现理想所遇到的困难。这时他提倡“次优国家”。他允许每个人拥有私人财产和过家庭生活的权利。他允许社会受法律的治理。他还说，最好的方案，也就是最好的政体，是君主制(能者管理)和民主制(公众管理)的结合。这些修正接近亚里士多德的观点，因为亚里士多德强调的是可能的东西，也就是有可能被实现的东西，而不只是理想的东西，像柏拉图在《理想国》里那样。

男子和妇女

柏拉图对妇女在理想国中地位的看法，有助于澄清他对生物的东西和文化的东西之间、私人(*oikos*)和公众(*polis*)之间关系的看法。柏拉图提倡广泛的男女平等。这点很值得引起注意，因为在柏拉图的那个时代，妇女在希腊社会中的地位是很低下的。柏拉图持这种平等观，因为他认为男女的生理差别与每个人在社会中所能胜任的工作无关：妇女生育孩子并不能证明以性别差别为依据的劳动分工，即让妇女从事家务，只让男子履行公众义务[17]的分工的合理性。正是在这个基础上，柏拉图被看作是对妇女权利的早期捍卫者。他反对当时的习俗，主张男孩女孩有受教育的平等权，职业分配的平等权，参与社会交往的平等权，以及享有法律和政治的平等权。但是，这并不必然说明柏拉图与现代哲学家(从洛克到密尔，参见第十一章和第十三章)在同一意义上提倡普遍的个人权利。对柏拉图来说，这些权利是与个人在社会中的位置联系在一起的。

在柏拉图看来，人类首先是精神存在物，但也是理智和政治的存在物。在他的人类观中，生物的东西并不占中心地位。因此，他不赞同根据生理差别来划分劳动和阶级。这说明了他的观点的激进性质。为什么妇女就不能和男子一样履行公共义务呢？但不应该过多强调柏拉图提倡平等权利的这一面。在其他地方，柏拉图也表达了他那个时代常见的对妇女的轻蔑。[18]

就柏拉图讨论两性时的这种观点不同而言，有人论证说柏拉图事实上是害怕妇女和她们拥有的领域(即生儿育女、照看后代)。这里，在生殖和社会化的领域中，自然和私人生活占统治地位。这个领域超出了理性控制的范围。这也就是为什么柏拉图要控制这个领域，全面实行公共生活，实际上取消私人生活的原因。没有私人财产，没有一夫一妻的关系，也没有父母与子女的亲情关系。一切都是公共和共有的。至于说柏拉图是个女性主义者，就他赋予男女在社会中的同等地位而言，这种说法没错，但他这样做的目的恰恰是为了消灭妇女的传统领域。实际上，柏拉图压制妇女是因为他害怕妇女，把妇女看成是一股不可控制的力量，也害怕她们在私人领域中享有的生育孩子和抚养未成年人的能力。在柏拉图性别观的这些解释中，哪些解释得最好，我们不想作出评判。但至少有一点可以确定，柏拉图把公共生活置于私人生活之上，就如同他把理智和教育置于人的生物性上一样。

第三节　艺术的伦理责任

柏拉图的对话使他成了文学中的一位经典作者。他不仅是个哲学家，也是个诗人，是个天才作家。柏拉图一直以来都是许多艺术家和诗人（尤其在浪漫时期）的灵感来源。他不仅被看作是一位研究纯粹形式的哲学家，一位数学哲学家，以及以宗教态度对待生活、研究精神力量的哲学家，也被看作是一个研究诗歌（Muses）和艺术的哲学家。[19]可是，柏拉图在他的政治哲学中对艺术和艺术家持非常怀疑的态度。他提出在理想国中建立严格的艺术审查制度，并驱逐那些不符合或无法符合这个制度的艺术家。他的言行矛盾吗？对柏拉图来说，在艺术的模棱两可角色背后是什么？给出的理由有很多。但在这里，如在其他地方一样，这里也有一些诠释上的问题；在作了这个保留之后，我们可以作如下分析。

首先值得注意的是，柏拉图并没有在真、善、美——或科学、道德和艺术之间作明确区分——这种区分从启蒙运动以来就一直是现代的一个常见现象。在现代，我们能找到如参见英译本 *L'art pour L'art* 即“为艺术而艺术”的口号，因为艺术被看作区别和独立于道德关怀和政治关怀的。从现代观点看，说艺术只应该根据艺术的标准来评价，不应该根据善或真，有用或有害来评价，这话有道理。艺术作品即使不能提升道德或真理，也可以成为伟大的艺术。但是对柏拉图来说，这种真、善、美之间严格区分是不合理的。相反，他认为理念之间相互联系：善和美的理念交织在一起。美指向善，善也指向美。艺术不能脱离道德。伦理学和美学[20]不能分开。一方面，这意味着艺术家对社会的重要性，但另一方面，也意味着柏拉图不承认艺术是道德中立的。

还有一个与理念论联系在一起的观点也影响了柏拉图对艺术的看法。根据理念论，理念代表真实的存在。而感觉世界的事物是以某种方式对理念的反映。也就是说，当一个画家画画，比如画头鹿时，从某种意义说，他或她画的是摹本的摹本。首先，我们有个鹿的理念，然后我们看到感知世界的许多鹿，最后我们画了其中的一头可感的鹿。因此，艺术是第二级，甚至是第三级的；它是摹本的摹本。从这个意义说，艺术的地位不高，它只是对真理的感知。柏拉图认为，艺术的本质是复制和摹仿。可感事物是理念的摹本，而艺术作品又是可感事物的摹本。理念是可感事物的原型，也是复制可感事物的艺术品的原型。因此艺术家应该努力复制理念。根据柏拉图的哲学，这个要求是必然的。这样作为摹仿（希腊语：*mimesis*）的艺术理论就与寻求真理的要求联系起来；先是寻求可感的实在，再是寻求理想的实在，也就是柏拉图所说的真正的实在。但人类在一生的教育过程中，总是不断地来回于感知世界的感觉经验和对理念的洞见中。艺术家也是如此。所以，在柏拉图看来，可以想象，艺术家也可能不只受可感事物的激发，而直接被理念激发。这样艺术家就成为传递理念的媒介。但是在柏拉图看来，艺术家领悟的东西是含糊不清的，因为他们没有受到哲学家的理智指导，有灵感的艺术家也无法对所见作出恰当解释。他们会损坏或篡改理念。所以必须靠哲学家去监督艺术家，尽管艺术家能直接从理念那里得到灵感启发。

在《理想国》中，柏拉图详细指明了不同艺术家应该从事的工作。如诗人——虽然充满魅力，但因为远离真理——就必须受到有洞见者的管理："我们必须坚信，只有歌颂神明和赞美好人的颂诗才允许进入我们城邦。"[21]但这个"质量把关"不只适用于与语言有关的艺术，还适用于如音乐和唱歌等许多直接通向灵魂的艺术形式（照柏拉图的说法）。因此，柏拉图既反对那种会点燃人们难以控制的激情的音乐，也反对那种使人昏昏欲睡的音乐。音乐和其他艺术一样，都是用来培养灵魂和提高道德品质的。与诗一样，音乐也必须能提高对理念的洞见，包括对正义理念的洞见，而不是去混淆或庸俗化我们的思想和情感。

柏拉图是一个特别强调统一的哲学家。他强调的是辩证综合，而不是区分和差别。统一和结合优于分离。因此他是一个"整体论者"。也因为他没有对不同的领域和工作进行区分，所以他不能容纳这些领域所能够提供的自由。

思考题

1. 请讨论柏拉图的理念论。请说明对理念的洞见和对可感现象的知识之间的区别。
2. “柏拉图的理念论为伦理-政治规范和价值提供了一个普遍有效的基础”。请讨论这个主张的根据是什么。
3. 请讨论柏拉图的理念论和他的国家学说之间的联系。

进一步阅读的建议

原始文献

Ion, translated by Benjamin Jowett, Oxford, 1892.
Crito, translated by Benjamin Jowett, Oxford, 1892.
Phaedo, translated by Benjamin Jowett, Oxford, 1892.
The Republic, translated by Benjamin Jowett, Oxford, 1892.

二手文献

Barder, E., *Greek Political Theory*, London, 1970.
Kraut, Richard (ed.), *The Cambridge Companion to Plato*, Cambridge, 1992.
Taylor, A. E., *Plato, the Man and his Work*, 5th edition, London, 1948.

原著选读

柏拉图：《理想国》
（选自《理想国》，郭斌和、张竹明译，商务印书馆 1986 年版）

第五卷

苏：除非哲学家成为我们这些国家的国王，或者我们目前称之为国王和统治者的那些人物，能严肃认真地追求智慧，使政治权力与聪明才智合而为一；那些得此失彼，不能兼有的庸庸碌碌之徒，必须排除出去。否则的话，我亲爱的格劳孔，对国家甚至我想对全人类都将祸害无穷，永无宁日。我们前面描述的那种法律体制，都只能是海客谈瀛，永远只能是空中楼阁而已。这就是我一再踌躇不肯说出来的缘故，因为我知道，一说出来人们就会说我是在发怪论。因为一般人不容易认识到：除了这个办法之外，其他的办法是不可能给个人给公众以幸福的。

第六卷

苏：你知道，当事物的颜色不再被白天的阳光所照耀而只被夜晚的微光所照的时候，你用眼睛去看它们，你的眼睛就会很模糊，差不多像瞎的一样，就好像你的眼睛里根本没有清楚的视觉一样。

格：的确是这样。

苏：但是我想，当你的眼睛朝太阳所照耀的东西看的时候，你的眼睛就会看得很清楚，同是这双眼睛，却显得有了视觉。

格：是的。

苏：人的灵魂就好像眼睛一样。当它注视被真理与实在所照耀的对象时，它便能知道它们了解它们，显然是有了理智。但是，当它转而去看那暗淡的生灭世界时，它便只有意见了，模糊起来了，只有变动不定的意见了，又显得好像是没有理智了。

格：是这样。

苏：好了，现在你必须承认，这个给予知识的对象以真理给予知识的主体以认识能力的东西，就是善的理念。它乃是知识和认识中的真理的原因。真理和知识都是美的，但善的理念比这两者更美——你承认这一点是不会错的。正如我们前面的比喻可以把光和视觉看成好像太阳而不就是太阳一样，在这里我们也可以把真理和知识看成好像善，但是却不能把它们看成就是善。善是更可敬得多的。

格：如果善是知识和真理的源泉，又在美的方面超过这二者，那么你所说的是一种多么美不可言的东西啊！你当然不可能是想说它是快乐吧？

苏：我决没有这个意思。还是请你再这样来研讨一下这个比喻吧！

格：怎么研讨？

苏：我想你会说，太阳不仅使看见的对象能被看见，并且还使它们产生、成长和得到营养，虽然太阳本身不是产生。

格：当然不是。

格：我懂得你的意思了；但是懂得不完全，因为你所描述的这个过程在我看来不是一件简单的事情。不过无论如何我总算懂得了，你的意思是要把辩证法所研究的可知的实在和那些把假设当作原理的所谓技术的对象区别开来，认为前者比后者更实在；虽然研究技术的人（在从假设出发研究时）也不得不用理智而不用感觉，但是由于他们的研究是从假设而不上升到绝对原理的，因此你不认为他们具有真正的理性，虽然这些对象在和绝对原理联系起来时是可知的。我想你会把几何学和研究这类学问的人的心理状态叫做理智而不叫做理性，把理智看成是介乎理性和意见之间的东西的。

苏：你很懂得我的意思了。现在你得承认，相应于这四个部分有四种灵魂状态：相当于最高一部分的是理性，相当于第二部分的是理智，相当于第三部分的是信念，相当于最后一部分的是想象。请你把它们按比例排列起来，给予每一个以和各部分相当程度的真实性。

格：我懂你的意思，也同意你的意见，并且愿意按照你的意见把它们排列起来。

第七卷

苏：接下来让我们把受过教育的人与没受过教育的人的本质比作下述情形。让我们想象一个洞穴式的地下室，它有一长长通道通向外面，可让和洞穴一样宽的一缕亮光照进来。有一些人从小就住在这洞穴里，头颈和腿脚都绑着，不能走动也不能转头，只能向前看着洞穴后壁。让我们再想象在他们背后远处高些的地方有东西燃烧着发出火光。在火光和这些被囚禁者之间，在洞外上面有一条路。沿着路边已筑有一道矮墙。矮墙的作用像傀儡戏演员在自己和观众之间设的一道屏障，他们把木偶举到屏障上头去表演。

格：我看见了。

苏：接下来让我们想象有一些人拿着各种器物举过墙头，从墙后面走过，有的还举着用木料、石料或其他材料制作的假人和假兽。而这些过路人，你可以料到有的在说话，有的不在说话。

格：你说的是一个奇特的比喻和一些奇特的囚徒。

苏：不，他们是一些和我们一样的人。你且说说看，你认为这些囚徒除了火光投射到他们对面洞壁上的阴影而外，他们还能看到自己的或同伴们的什么呢?

格：如果他们一辈子头颈被限制了不能转动，他们又怎样能看到别的什么呢?

苏：那么，后面路上人举着过去的东西，除了它们的阴影而外，囚徒们能看到它们别的什么吗?

格：当然不能。

苏：那么，如果囚徒们能彼此交谈，你不认为，他们会断定，他们在讲自己所看到的阴影时是在讲真物本身吗?

格：必定如此。

苏：又，如果一个过路人发出声音，引起囚徒对面洞壁的回声，你不认为，囚徒们会断定，这是他们对面洞壁上移动的阴影发出的吗?

格：他们一定会这样断定的。

苏：因此无疑，这种人不会想到，上述事物除阴影而外还有什么别的实在。

格：无疑的。

苏：那么，请设想一下，如果他们被解除禁锢，矫正迷误，你认为这时他们会怎样呢?如果真的发生如下的事情：其中有一人被解除了桎梏，被迫突然站了起来，转头环视，走动，抬头看望火光，你认为这时他会怎样呢?他在做这些动作时会感觉痛苦的，并且，由于眼花缭乱，他无法看见那些他原来只看见其阴影的实物。如果有人告诉他，说他过去惯常看到的全然是虚假，如今他由于被扭向了比较真实的器物，比较地接近了实在，所见比较真实了，你认为他听了这话会说些什么呢?如果再有人把墙头上过去的每一器物指给他看，并且逼他说出那是些什么，你不认为，这时他会不知说什么是好，并且认为他过去所看到的阴影比现在所看到的实物更真实吗?

格：更真实得多呀!

苏：如果他被迫看火光本身，他的眼睛会感到痛苦，他会转身走开，仍旧逃向那些他能够看清而且确实认为比人家所指示的实物还更清楚更实在的影像的。不是吗?

格：会这样的。

苏：再说，如果有人硬拉他走上一条陡峭崎岖的坡道，直到把他拉出洞穴见到了外面的阳光，不让他中途退回去，他会觉得这样被强迫着走很痛苦，并且感到恼火；当他来到阳光下时，他会觉得眼前金星乱蹦金蛇乱窜，以致无法看见任何一个现在被称为真实的事物的。你不认为会这样吗?

格：噢，的确不是一下子就能看得见的。

苏：因此我认为，要他能在洞穴外面的高处看得见东西，大概需要有一个逐渐习惯的过程。首先大概看阴影是最容易，其次要数看人和其他东西在水中的倒影容易，再次是看东西本身；经过这些之后他大概会觉得在夜里观察天象和天空本身，看月光和星光，比白天看太阳和太阳光容易。

格：当然啰。

苏：这样一来，我认为，他大概终于就能直接观看太阳本身，看见它的真相了，就可以不必通过水中的倒影或影像，或任何其他媒介中显示出的影像看它了，就可以在它本来的地方就其本身看见其本相了。

格：这是一定的。

苏：接着他大概对此已经可以得出结论了：造成四季交替和年岁周期，主宰可见世界一切事物的正是这个太阳，它也就是他们过去通过某种曲折看见的所有那些事物的原因。

格：显然，他大概会接着得出这样的结论。

苏：如果他回想自己当初的穴居、那个时候的智力水平，以及禁锢中的伙伴们，你不认为，他会庆幸自己的这一变迁，而替伙伴们遗憾吗？

格：确实会的。

苏：如果囚徒们之间曾有过某种选举，也有人在其中赢得过尊荣，而那些敏于辨别而且最能记住过往影像的惯常次序，因而最能预言后面还有什么影像会跟上来的人还得到过奖励，你认为这个既已解放了的人他会再热衷于这种奖赏吗？对那些受到囚徒们尊重并成了他们领袖的人，他会心怀嫉妒，和他们争夺那里的权力地位吗？或者，还是会像荷马所说的那样，他宁愿活在人世上做一个穷人的奴隶，受苦受难，也不愿和囚徒们有共同意见，再过他们那种生活呢？

格：我想，他会宁愿忍受任何苦楚也不愿再过囚徒生活的。

苏：如果他又回到地穴中坐在他原来的位置上，你认为会怎么样呢？他由于突然地离开阳光走进地穴，他的眼睛不会因黑暗而变得什么也看不见吗？

格：一定是这样的。

苏：这时他的视力还很模糊，还没来得及习惯于黑暗——再习惯于黑暗所需的时间也不会是很短的。如果有人趁这时就要他和那些始终禁锢在地穴中的人们较量一下“评价影像”，他不会遭到笑话吗？人家不会说他到上面去走了一趟，回来眼睛就坏了，不会说甚至连起一个往上去的念头都是不值得的吗？要是把那个打算释放他们并把他们带到上面去的人逮住杀掉是可以的话，他们不会杀掉他吗？

格：他们一定会的。

苏：亲爱的格劳孔，现在我们必须把这个比喻整个儿地应用到前面讲过的事情上去，把地穴囚室比喻成可见世界，把火光比喻成太阳的能力。如果你把从地穴到上面世界并在上面看见东西的上升过程和灵魂上升到可知世界的上升过程联想起来，你就领会对了我的这一解释了，既然你急于要听我的解释。至于这一解释本身是不是对，这是只有神知道的。但是无论如何，我觉得，在可知世界中最后看见的，而且是要花很大的努力才能最后看见的东西乃是善的理念。我们一旦看见了它，就必定能得出下述结论：它的确就是一切事物中一切正确者和美者的原因，就是可见世界中创造光和光源者，在理念世界中它本身就是真理和理性的决定性源泉；任何人凡能在私人生活或公共生活中行事合乎理性的，必定是看见了善的理念的。

格：就我所能了解的而言，我都同意。

注释

[1] 西西里岛的东南岸港市。——译者

[2] *The Seventh Letter*(《第七封信》)，J. Harward 翻译，Cambridge，1952，p. 341。

[3] 第二个问题就是所谓分有问题。如果理念和事物都是空间范畴，那到底是每一个分有理念的事物分有理念的*一部分*，还是理念把自身一部分“给予”每一事物呢，这样我们就碰到荒谬的结果：在前者中，事物没有分有整个理念，分有的只是理念的一部分；在后者中，由于理念多次分有到不同事物中去，理念的同一性丧失。那么在柏拉图考虑了这些反证后，会永久放弃理念论吗?

[4] 例如，挪威柏拉图研究专家，Egil A. Wyller(1925—　)。参见他的 *Platon's Parmenides：in seinem Zusammenhang mit Symposion und Politeia：Interpretation zur Platonischen Henologie*(《柏拉图的〈巴门尼德篇〉》)，Oslo，1960。

[5] 当然这是个很有争议的命题。像“或者”和“也许”这些重要词指称什么呢?

[6] 柏拉图认为道德的基础是“理念世界”，这种看法在某种程度上接近于流行的看法。如果你问那些不研究哲学的人，为什么我们不应该过另一种生活，许多人会回答说“因为另一种生活*就是*错误的”，“*确实存在着*某些确定的道德规范”。例如，如果我们问及在纽伦堡对纳粹战犯的定罪是否合理时，很多人都会说判决公正，因为存在适用于一切时间和地方的确定的道德规范。几乎没有人会接受这样的观点：审判不合理，因为伦理和政治原则具有相对性，随不同的习俗惯例、不同社会的不同法律而各不相同。如果那些认为纽伦堡审判是客观正确的人回答更精致的话，那肯定许多人会说出类似柏拉图的观点：存在规范，而且规范独立于时空存在。除可感事物外，还存在伦理-政治规范。

[7] 参见挪威诗人 Henrik Wergeland 写的“Napoleon”(“拿破仑”)，收入于 *Henrik Wergeland：Poems*，translated by Jethro Bithell，Oslo，1960，p. 8。

我们是神灵留在泥土里的种子
灵魂展现，如蝴蝶破蛹而出
凸显神灵的力量
盘旋上升，越飞越高
奔向神灵
直至上帝

[8] 从这个观点可以推论出，柏拉图*反对*把对现象的研究建立在严格学术分工(如对心理学、社会学、政治学、经济学、伦理学等的划分)的基础上：真实的洞见最终是“跨学科”的。

[9] 来自 *gymnos*——“naked”，参见 *gymnasium*(健身)。此外柏拉图没有具体指明教育的内容。我们不能从现代意义上的公共教育体系来理解柏拉图的计划。

[10] 因为柏拉图假定了普遍有效和固定不变的人类行为规范(即理念)的存在，所以我们可以说自然权利的概念(参见第五章)是植根于他的思想。同时，重要的是记住，柏拉图主要思考的是希腊城邦，不是国际共同体。相应的评说也适用于亚里士多德。

[11] 参见 E. Barker 的 *Greek Political Theory*(《希腊政治理论》)，London，1970，p. 239ff。这本书声称柏拉图引入了“共产主义”思想。但这个词用得不恰当。就财产在某种程度的*共有*(*common*)——拉丁语 *communis*——英语“共产主义”(communism)一词由此而来——来说，我们确实可以说柏拉图有共产主义的思想。以这个意义，我们还能说早期基督教里也有共产主义思想。但今天“共产主义”一词通常是与马克思主义联系在一起的，马克思主义的共产主义认为政治权力来自对生产方式的经济统治，而柏拉图在理想国中描述的是一个统治者不拥有任何财产的社会。也就是说，在柏拉图讲的较高阶级中财产共有，但这个共有的财产似乎更多地是指消费资料(商品和家庭成员)，而不是生产

资料(土地、工具、船只等)。

[12] 柏拉图在《法律篇》中，比在《理想国》中采取了一些更温和的观点。他没有坚持应该对两个较高阶级废除私有财产和家庭生活的观点：根据人的本性，要求人们财产共有和在国家管理下轮换性伙伴，尤其是由此带来的父母与子女关系的解除，几乎不可能实现——尽管柏拉图仍认为这是最好的办法。

[13] *Oiko-logi*，希腊语：*oikos*，意为“家庭”，*logos*，意为“明智、理性”。生态学一词是19世纪创立的新词。

[14] 对柏拉图来说，按指数增加的思想是荒谬的，这种假定(自以为是，*hubris*)会引起自然的失衡(无序，*chaos*)。

[15] 偶尔有人把柏拉图的城邦国家称为共产主义国家，那会引起语词混乱。也有人称他的国家为“法西斯主义的”：国家高于个人。但这种刻画仍然是一种歪曲。近来我们的确看到了个人主义与集体主义的区别，前者宣称个人是一切，国家是虚构，后者认为国家是一切，个人是虚构。但在古希腊城邦中，我们通常既不具备“个人”，也不具备与个人相区别的“国家”。在柏拉图看来，城邦是一个道德共同体，好公民是指能在社会中履行他们恰当职能的人。因此集体主义/个人主义(以及自由主义/法西斯主义)的划分不适用于柏拉图的城邦。

[16] 但柏拉图不是反民主派吗？他把所有权力都交给专家，并让人民接受专家的统治。这没错。但要补充一点，柏拉图理想国中的“专家”不同于我们现在社会中的专家。我们的专家是凭借他们对某一特殊领域的真知成为专家的，这些知识建立在概念和方法论的前提基础上。我们的专家不精通“善”。他们不告诉我们应该做什么，应该对社会和人类生活抱有什么样的目标。他们只告诉我们，如果我们想达到这样或那样的目标，我们需要做什么。在我们应该具有什么样的目标上，专家不比其他人能多给我们一点建议。因此，在我们社会中，我们不把专业知识作为论证民主制的依据。专家，只作为专家，没有资格去评说事情应当如何。因此，人民，普通人，有足够权利去参与政治，参与决定我们应该拥有什么样的社会。但是不可能以这种方式在柏拉图所设想的理想社会中为民主制作辩护。因为他在理想国中说的“专家”同时是精通目标和价值的专家。他们毕竟对善的理念有最好的洞见，并且因为有这样的洞见，他们也成了最有美德的人。如果柏拉图所说的这种专家是存在的，并且不可能人人都成为这种专家的话，那么很难从理论上证明民主制是理想的政体形式。这样，那种不同意柏拉图是反民主派的看法就成问题了。但是，我们可以提出异议说，柏拉图在专家和人民之间所作的区分——一方面是那些有完全能力的人，既知道事物如何又知道应该如何的人，另一方面是那些没有能力的人——只是一个假设。真正的问题是，既没有人对事实、价值或观点无所不知，也没有人对此一无所知。因此，人民政体与少数胜任者统治的政体之间关系如何，这个问题非常复杂。但是，有人会说，至少可以说柏拉图提出的要求不切实际。对他提出的要求，人们很难去做或愿意去做。但什么又是人民真正想要的呢？人民口头上说的与他们“真正想要”的往往不一致。可柏拉图怎么知道人民“真正想要”什么呢？难道人民真正想要的是实际无法获得的东西，如为社会而活，一部分人没有家庭和私有财产吗？柏拉图也许会说，他的教育体系能保证每个人在社会中都能找到他/她的恰当位置；即每个人应该做适合他/她能力的事，并各尽所能。理想社会中的工作因此不超越每个人的能力之外。相反，在其中每个人都能发挥他最好的能力。我们真正想要的是以最好方式实现我们的才能。什么是最好的方式，取决于善的理念。除了善的理念，其他都不能决定我们应当做什么。正是善的理念——这个惟一不变的理念——决定了什么是善，持随意可变意见的人无法洞见善的理念，也就无法决定什么是善。因此，人们真正想要的是他/她有能力做并应当做的事。这样在理论上就解决了自我利益和共同利益的矛盾。

[17] 这里要感谢 Seyla Benhabib 和 Linda Nicholson 的文章“Politische Philosophie und die Frauenfrage”(“政治哲学和妇女问题”)，发表在 *Handbuch der politischen Philosophie*, 1, Fetscher and H. Münkle, Münich, 1987。

[18] 参见 *Timaios*(《蒂迈欧篇》)42a，其中把男性说成是优等的性别，或见 *The Republic*(《理想国》)395，548b，和 *The Laws*(《法律篇》)781a-b，其中他警告说，女人是危害社会的罪恶之源。

[19] “缪斯”指九个希腊女神。“缪斯”代表艺术和科学：其中，Clio——克利俄(掌管历史)，Euterpe——欧忒耳珀(掌管抒情诗)，Thalia——塔利亚(掌管喜剧)，Melpomene——墨尔波墨涅(掌管悲剧)，Terpsichore——特耳西科瑞(掌管舞蹈)，Erato——埃拉托(掌管爱情诗)，Polyhymnia——波吕许谟尼亚(掌管颂歌)，Urania——乌拉尼亚(掌管天文)，Calliope——卡利俄珀(掌管英雄诗)

[20] 美学一词来自希腊语 *aisthétikos*，来自 *asitanesthai*，“感觉”(知觉)的意思。

[21] *The Republic*(《理想国》)607a。

第四章 亚里士多德——自然秩序和作为“政治动物”的人

生平 公元前384年，亚里士多德出生在马其顿沿岸的斯塔伊拉的爱奥尼亚城。他的父亲是马其顿国王的御医。也许是父亲的职业在激发他对生物学的兴趣方面起了作用。总的说来，他的许多思想都受到生物学的影响，就像柏拉图的思想受到数学影响一样。

在17或18岁时，亚里士多德来到雅典，成为柏拉图学园的学生。他在那里生活了大约20年，直到公元前347年柏拉图去世。与柏拉图的相处，对亚里士多德成为哲学家产生了巨大影响，尽管他最终与柏拉图哲学分道扬镳，形成了自己的哲学。他的哲学可以说在许多方面都与柏拉图讲授的观点对立，不仅针对柏拉图的理念论，也针对他的政治学说：因为从某种意义上说，柏拉图是往上趋向理念，亚里士多德则朝向众多的特殊现象。柏拉图试图建立一个永久完美的理想国理论，而亚里士多德却从考察已有的国家形式入手，试图在这些国家中找到能够实现的最好形式。但我们不应过分强调两人思想的区别，而忽视他们之间的相似性。柏拉图死后，亚里士多德游学各方。他还专门研究了水生生物。作为一个描述性的生物学家，他学会进行观察和分类(不是实验——实验方法在文艺复兴时期才正式出现)。

亚里士多德担任了几年马其顿国的年轻王子即后来的亚历山大大帝的家庭教师。但他们是否互相对对方的思想产生过影响，并不太清楚。亚里士多德主要关心的是城邦国家，而不是去构建一个包含希腊和波斯的庞大帝国的理念。

亚历山大执政后，亚里士多德回到雅典，创立了自己的吕克昂学府(公元前335)。[1]学校持续了860多年，比现在所有的欧洲大学都历史悠久。亚里士多德在吕克昂建立了一座图书馆和世界上第一座自然历史博物馆。还在那里经常组织一些小组进行各种各样的研究；如在年轻助手的帮助下，他搜集了158个希腊城邦国家政体的分类记载。可惜我们得到的只是这项浩大工作中有关雅典建制发展史的一小部分。在吕克昂开设的课程包括哲学、历史、公民学、自然科学(生物学)、修辞学、文学和诗学。现存的亚里士多德的著作大都来自他的学术讲稿。公元前323年亚历山大一死，雅典人就因亚里士多德在马其顿的那段经历而攻击他，迫使他离开了雅典。他于次年去世，终年62岁(公元前322)。

亚里士多德的很多著作都被保留下来了，但也有很多佚失了。他的著作大多由他的学生编辑而成。到中世纪末，亚里士多德的著作被整理成卷，分门别类，成为欧洲各种教育中心的必读材料。但真正的亚里士多德本人是一个不断探索的哲学家，并不是一个守着完整封闭的思想体系、提供一切答案的人。

第一节　理念或实体

柏拉图和亚里士多德

亚里士多德和柏拉图都认为，人只有在共同体中才能过有意义的生活；他们所说的共同体都是指希腊城邦。但是，理念论理性主义的柏拉图与批判的常识哲学家亚里士多德，在社会观上也存在明显分歧：柏拉图以诉诸理性的要求批评实际状况；他认为政治的任务是使实际状况更接近理想的状况。相反，亚里士多德从已有国家形式入手；对他来说，理性是划分和评价已有国家形式的手段。这意味着柏拉图要在超越已有的秩序中追求崭新的秩序，而亚里士多德却是从已有秩序中寻求最好的秩序。他的思想更具现实性，因为更适合当时城邦的政治状况。

当然，这里对柏拉图和亚里士多德的思想特征概括得很简单。但仍可以说明他们的纯哲学理论和政治理论上的一些特定区别。然而，关注他们之间的区别不能抹杀他们之间也存在很多共同点的事实。柏拉图与亚里士多德之间的传承关系与这个事实有关：亚里士多德的论证是针对柏拉图的思想而进行——就是说，亚里士多德不只是提出新的观点，他还列出种种论据来反对柏拉图的观点。我们不去评判究竟谁的思想更好，但可以说亚里士多德是对柏拉图思想的一种理性继承。例如，亚里士多德，如柏拉图一样，也批评了所谓柏拉图主义理念论。

实体和属性

根据先前的教科书诠释，柏拉图说只有理念才是*真正*存在的，而亚里士多德却声称独立存在的是个别事物，或用亚里士多德主义的术语说是“实体”。埃菲尔铁塔、邻居家的马、这支铅笔，都是个别事物，是亚里士多德意义上的实体：它们独立存在。相反，埃菲尔铁塔的高度、邻居家马的金黄颜色、铅笔的六角形状，都是一些属性，这些属性不能独立于塔、马和铅笔存在。实体具有属性，而属性作为实体的属性才存在；离开实体，属性无法独立存在。我们看见不同的黄色物体，谈论“黄色”这个属性。同样也可以看到和谈论其他的物体和属性。但在亚里士多德看来，黄色这个属性不是独立存在的理念。它只存在于黄色的各种事物中，且因为有黄色事物的存在而存在。[2]同样，我们看见黑美人、秘书处、扳机和叫做其他名字的各种各样的马，并把它们称为马。这样我们就撇开了每匹个别的马的个体偶然性，只注意它们作为马的特征。它们是金色还是褐色、是瘦是胖、脾气温顺还是桀骜不驯，都不重要。在我们考虑马的本质时，这些都是非本质属性。但另外有一些属性，是马之为马的特有属性，如马是哺乳动物，有四蹄等。这些属性可称为本质属性：它们体现了马的实体的特征。根据*本质属性*和*非本质属性*的这种区分，我们可以形成*种的概念*(a concept of species)；例如马这个种的概念，就是由马的本质属性构成的。

因此，亚里士多德声称只有实体是实际存在的，属性和种只是相对存在，相对于它们存在于实体(个别事物)中或与实体相关而言。

$$\frac{\text{棕色的门}}{\text{棕色}}=\frac{\text{个别事物(实体)}}{\text{属性和种}}=\frac{\text{独立存在}}{\text{相对存在}}$$

这样，亚里士多德把理念拉回到个别事物的层次上：属性和种存在着，但只存在于个别事物中。[3]

我们可以如下概要地解释柏拉图和亚里士多德之间的关系。柏拉图和亚里士多德都认为，概念语词(属性名称，如“红”、“圆”等，和种的名称，如“马”、“人”等)指称存在的事物。但柏拉图认为，这些“事物”是藏在可感现象背后的理念：我们能正确说出，这是一张椅子，它是蓝色的；但在我们看这张椅子之前，必然已经拥有了椅子和蓝色的理念。正是这些理念使我们能看到理念所呈现的如椅子和蓝色的现象。亚里士多德则认为这些“事物”是存在于可感现象中的形式。但我们不能光从字面上理解这句话。在亚里士多德看来，借助理性，我们能感知共相或形式。撇开黑美人这匹马的独特性，我能够想象马的普遍形式。我看到的是黑美人这匹马，但真正存在于黑美人“中”的马的形式只能通过对感觉和个别事物的抽象才能明确知道。

对柏拉图来说，感觉经验是不完善的知识。真正的知识在于对理念的洞见。而对理念的洞见意味着要深入到藏在感觉世界“背后”的理念世界中去。而在亚里士多德看来，感觉经验更为实在。他认为，最终存在的只有个别事物(实体)。但我们能借助理性，在这些事物中抽象出普遍形式。通过抽象过程，我们认识到事物中存在的普遍形式。换句话说，相比柏拉图，亚里士多德认为感觉经验和理性具有一种更同等的地位。[4]在后面涉及共相的争论中(第六章)，我们还会回到柏拉图主义和亚里士多德主义之间的这一差别。

第二节　本体论和认识论

一些基本概念

关于存在的基本形式的哲学理论，如理念论和实体与属性论，称为本体论(“关于存在[是]的理论”)。关于知识的基本形式的哲学理论称为认识论

（“关于知识的理论”）。对亚里士多德来说，获取知识的第一步是用我们的感官来经验个别事物；第二步是从偶然性中抽象出本质和共相。这样在定义中就把握了事物的本质和共相，如对马这个种的定义。一旦我们有了对一个种的本质属性的定义，我们也就获得了较高认识，因为我们的知识的主题是不变和本质的东西。因此，亚里士多德把知识的获取过程看成一个从感觉经验到本质洞见的过程；一个朝向对本质和共相事物定义的抽象过程。尽管亚里士多德声称只有个别事物或实体是独立存在的（他在本体论中的主张），但他同时认为我们寻求的知识应该是关于普遍本质属性的知识（他在认识论中的主张）。我们从对殊相的洞见转向对共相和本质的洞见后，就可以运用这个洞见进行有效的逻辑推理，获得其他真命题：如果我们知道马是哺乳动物，黑美人是匹马，那么我们可以推导出黑美人是哺乳动物的命题。众所周知，亚里士多德系统阐述了有关这种蕴含是否有效的所谓三段论的问题。[5]

除了对个别事物的感知形式的认识和对与实体相关的本质的洞见外，亚里士多德还诉诸实践智慧。他提到对尚未证明却确定无疑的基本原则的洞见。在后面一节（知识和实践）中我们再来讨论这些知识形式，现在先让我们再具体考察一下亚里士多德所寻求的对本质的洞见。对本质的洞见并不就是对种的定义的洞见。要理解一个现象，我们必须知道这一现象的原因是什么。而亚里士多德所理解的*原因*（拉丁语：*causa*）一词含义要比我们通常对这个词的理解广泛。在亚里士多德的本体论中，使事物成其为事物的基本属性和基本原因以如下关键词表达：

1. 实体
2. 形式/质料
3. 四因
4. 现实/潜能；变化
5. 神学

四因说

每一个别事物（实体）都由*形式*和*质料*构成。一块土有它特定的形式，土本身就是质料。陶匠可以把这块土制成陶罐，这样这块(具有形式和质料的)土就变成了新的个别事物，此时有了更精致的形式。使土变成陶罐的是特定形式，这个形式与个别质料即土联系在一起。形式告诉我们陶罐是一样什么东西，质料告诉我们陶罐是用什么做的。但陶罐不能自我形成，它是陶匠制作出来的。在陶匠制作前，他已经有了对陶罐样子的特定理念，使之能符合实现陶罐的目的，如防止水倒出来的目的。陶匠通过对合适原材料的加工，就做出一只陶罐。我们可以用这个简单例子说明亚里士多德的四因说。陶罐是由四因或四条原则共同决定的。

1. 做成的陶罐代表整个创作过程所指向的目的：目的因(*causa finalis*)。这是目的论原则，即认为变化的过程受目的(希腊语：*telos*)指导。
2. 在创作过程中，陶匠对原材料的加工是驱动力或是动源：动力因(*causa efficiens*)。这是因果原则，也就是说创作过程取决于外在的机械力。
3. 构成陶罐的质料：是质料因或质料原则(*causa materialis*)。质料原则是由构成事物的质料组成。这一原则对应于质料(上面提到的)。
4. 最后我们得到一块土/陶罐在任何时候都具有的(各种)形式。这是形式因或形式原则(*causa formalis*)。形式原则由事物获得的属性组成。这一原则对应于形式(上面提到的)。

这四“因”(原则)说以不同方式成为后来哲学争论的一个主题，并始终是讨论的前提。形式原则(形式因)学说贯穿在对柏拉图理念的争论、中世纪对共相的争论以及今天对唯名论和唯实论的争论中。

此外，对动力因和目的因之间关系的讨论也很热烈。文艺复兴时期，许多人都拒斥目的论原则(目的因)，而在现代，我们继续对社会科学和人文科学的目的论解释和因果论解释之间的关系展开争论。

质料的概念提出了许多问题。我们可以讨论作为材料的质料，如土、石头或木头。同一块材料，如木头，可以制成各种事物，如椅脚或斧头柄。同一块材料也有不同的形式，这取决于木匠想把它制成什么。但我们也可以设想两条恰好一模一样的椅腿。它们具有相同的形式。形式或属性是普遍的。生产出的大批针，所有针看上去都相同。它们有相同的属性——形状、尺寸、颜色等。但它们又是不同的个体单元——它们不是同一枚针——因为每一枚针都有自己的质料。正是因为每枚针都拥有属于自己的质料，所以它们才成为众多的个别事物，而不是同一枚针，并能一枚枚并排占据不同的空间；而从来不会几枚针共同占据同一空间。从这个意义说，质料使事物个体化，即让事物成为某一特定事物。质料（*materia secunda*）是事物个体化的原则。但质料在被赋予形式前是什么呢？我们能讨论或思考无形式的质料吗？这种意义上的原始质料（*materia prima*）概念有问题。此外，在亚里士多德传统中，经常把质料与雌性相联，而形式或构造经常与雄性相联。

在这里，我们已经用工匠或手艺人的例子说明了四原则（或四因）说。这也符合亚里士多德本人的思想。因为他的思想也经常建立在各种手艺的创作过程的基础上。但同时，他还常以生物学为依据。理论上说，四因说适用于一切事物。说到通过生命运动再生的有机体——如玫瑰花和猫，在一定意义上我们可以说目的因和动力因存在于事物自身。它们自身内部拥有目的和推动力，不需要诸如陶工那样的外在作用者。在这里我们有了自然和人造物（文化）的区分。与人工产品不同，自然物自身就具有四原则。但自然界的事物并不都是有机体或人造物。还有一些无生命的自然物，如石头和水，它们既不受生长规律的制约，也不受人类目的或形式上的干预。因此在这里谈论目的因就更成问题。

变化和宇宙论

亚里士多德的“自然”运动和“强制”运动的理论说明了与无机自然界——即非人造的无生命物有关的目的因的概念。值得注意的是，亚里士多德界定了四类变化：

1. 实体性的变化，指一个实体（事物）的产生和消灭，如一匹马的出生和死亡。
2. 性质上的变化，指一个实体（事物）变化了特性，如一片叶子由绿变黄。

3. 数量上的变化，指一个实体(事物)增加(或减少)了特性，如一只猫变得滚圆笨重，或瘦小轻盈。

4. 位置上的变化，指一个实体(事物)改变了空间位置，如一块石头掉落地上或一支箭射向靶子。

“自然”和“强制”运动学说属于最后一类变化。起初一切事物都有四种元素——火，气，水和土组成——前两种元素在上面(火比气重)，后两种元素在下面(土比水重)。不同事物都由这四种元素按不同比例构成。这样，含土量最多的事物自然在下面。含水量最多的事物自然会覆盖这些“富含土元素”的事物。那些含火量最多的事物会向更高方向运动，而含气量最多的事物置于含火量最多的事物下面。这意味着个别事物以四元素的比例多少“找到它自然的位置”，用亚里士多德的这一理论可以说明落体运动。这样目的因就能解释落体运动了。为了把四因都用上，我们可以说，事物的自然位置是目的因，它的重量是动力因，通向自然位置之路的是形式因，组成事物质料的是质料因。当我们水平方向射箭时，箭首先作水平运动，然后逐渐下落，成一定角度落在地上。箭从弦上发出后并不直接落地，它受外力推动运动，沿一定方向飞行而不像“自然运动”那样垂直落地。因此箭“被迫”以它不曾有过的方向飞行。这就是亚里士多德的强制运动说。在文艺复兴时期，人们开始以另外方式解释落体现象。自然运动和强制运动，连同目的因的概念一起受到了批判和摒弃。(参见伽利略)

在天文学上，亚里士多德区分了宇宙的天界和地界两个领域。自然运动和强制运动说适用于宇宙中最接近地球(“sublunary”，月下的)的领域。恒星和行星属于天界，它们做匀速圆周运动。这里有三个基本的天文学前提假设：

1. 宇宙被分为天界和地界两个领域，每个领域有各自的运动法则。

2. 天界的运动轨迹是圆周形。

3. 天体呈匀速圆周运动。

此外，宇宙被认为是有边界的。

所有这些假设都包含在所谓的托勒密世界观中（参见第五章，天文学），这些假设一直在天文学中占统治地位，直到新时期出现的与之对立的观点站稳脚跟后，人们才抛弃了这些假设。新力学理论（伽利略和牛顿）推翻了亚里士多德对地球表层运动的理解，新天文学理论（哥白尼，开普勒和牛顿）推翻了亚里士多德对天界性质的理解：根据新理论，整个宇宙受相同法则的支配，各种天体以不同速度呈椭圆形运动（在一个无边无际的宇宙中）。

现实-潜能和分级的有机世界观

亚里士多德对形式和质料的区分与他对现实和潜在的区分紧密相联：此时此刻（现实）的一粒松树种子只是一粒种子，但它自身存在着成为一棵树的自然能力（潜能）。在树的成长中，种子自身具有的能力得到实现。这样潜能就变为现实。亚里士多德将这个生物学特点普遍化为适用于所有事物的通则：一切个别事物都混合了潜能和现实性，而一切事物都想使潜能变为现实。因此，亚里士多德对变化给出生物学的解释，而不是米利都派哲学家和原子论者所给出的力学解释：在亚里士多德看来，变化是潜能的现实化。以这一变化概念，亚里士多德也就避开了成问题的非存在的概念。变化不是存在与非存在之间的来回变动。创作不是从无到有（拉丁语：*ex nihilo*）。基于生物学发展和创造性制作的变化概念是对已有能力的实现。可能性就是潜能。

从这个关于现实和潜能关系的理论中，我们可以说亚里士多德同柏拉图一样，也认为实在（the real）不等同于现实既定的事物。在他看来，实在是一个趋向现实化的过程。但纯粹现实是个例外，它是个没有潜能的实在，因此也不需要现实化。实在是个不断深化的过程。我们考察实在不能只局限于统计和综合现实既定的事实上，还应该去寻求潜能的现实化的活动过程。从这个观点看，哲学应该从实在，真正存在的洞见出发去批判已有的现实。亚里士多德以这种方法，提出了一个有等级的宇宙观：

↑
纯现实
人类
动物
植物
无机物(石头，泥土)
纯潜能(纯质料)

处在等级表底端的是无生命物(石头，泥土等)。往上一级是植物，在亚里士多德看来，植物比无生命事物具有更高级的存在形式：植物有营养繁殖的灵魂(希腊语：*psyche*，意为“灵魂，生命原则”)，它们繁殖和消化吸收营养。在植物的上面是各种动物，它们不仅具有繁殖和营养功能，而且还有感觉的灵魂——它们有感觉和运动的灵魂——它们会运动(奔跑、游泳、飞翔)。最后是人类，人类不仅有营养繁殖的灵魂、感觉和“运动”的灵魂，而且还有理性的能力。理性(广义的)是人类特有的“灵魂”。人是理性动物[6]。理性是*人的形式*，改变了动物的形式——繁殖、营养、感觉和运动的能力——以致动物的这些形式成为人的特有形式即理性(希腊语：*nous*)的质料。尽管人也是动物(拥有动物所拥有的一切能力)，但是动物的属性被理性超越和升华了。[7]

人类是具有质料的最高生物。在这个宇宙等级的顶端，亚里士多德设想了一个首要原则，即神，神是纯粹的现实，没有潜能，因而也没有变化。神存在于自身。因此，亚里士多德的形而上学最终到达*神学*的顶端，研究最高存在者。这里所谓的神不是人格化的神：亚里士多德把最高存在者看作是*不动的推动者*，是引起运动的根源。这个最高原则是纯粹活动，不拥有潜能。但正因为如此，它恰恰是其他一切事物的最终目的(希腊语：*telos*)。不动的推动者是万物趋向的对象(每一事物以它自己的方式和限度)。在宇宙等级中最低层次是纯粹质料(潜能)；纯粹质料概念代表了“边界”的概念，严格地说，我们无法设想它，因为它不具有现实性(现实属性)。在亚里士多德的宇宙等级中，每一个别事物都倾向于以最好的方式实现自己的潜能。万事万物都有“向上”的渴望。每一事物的目的(*telos*)就是实现它的能力。从这个意义说，事物潜能的现实化就是目的。每一事物身上都渴望实现自己的能力，并通过变化使潜能现实化。但是每个种(species)在宇宙中都有既定位置(参见第十九章，达尔文)。这一世界观对后世产生了重大影响，在13世纪被一些基督教哲学家如托马斯·阿奎那等人采纳。

第三节　亚里士多德和生态学

亚里士多德哲学的一大特点是经常从**有生命**的自然界出发，而不像德谟克利特那样从无机自然界出发。这里我们可以在两种解释中进行选择：一种解释是从生物学领域取得概念，另一种是从对无机物的研究取得概念。德谟克利特试图用力学、无机概念和法则来解释万物——这是一种台球模式——但很难用这个模式解释生物现象和社会现象。我们可以说，亚里士多德试图用生物学、有机的范畴解释万物——这是一种有机模式。因此，亚里士多德坚持认为一切事物，包括石头和空气，都有它们的“自然位置”，每件事物都找寻它的自然目的。[8]我们还可以说，亚里士多德从行动概念入手，而德谟克利特相反从事件概念入手。事件本质上是我们通过观察探究已发生的事情，探究的目的常常是确立事情的因果联系。行动则是社会现象，以行动者的意图为前提——即行动者或多或少总是知道他/她正在做什么。亚里士多德的原因说特别适用于有目的的行动。但这一理论不太适合纯粹的自然事件。另一方面，像德谟克利特这样从事件出发的哲学家，也很难恰当解释社会现象，也就是那些与行动、意图、主体和主体间性有关的现象。[9]在亚里士多德看来，自然哲学[10]是以某种方式描述我们所经验到的自然。他构想了如土、水、气和火这样一些基本要素以及如上/下这样一些经验到的关于自然的普遍概念。[11]或许我们应该说，亚里士多德是根据生态学而非物理学来界定自然哲学的。对他来说，存在各种不同的种和生命原则，每一个都有自己的自然功能和不伤害他者的界限。根据德谟克利特的机械论世界观，引起高级生命形式灭绝的生态危机不会破坏事物的基本秩序：因为一个由物质原子组成的宇宙，只具有量的特性，并且只在空间机械运动。这样一个世界基本上不受生态危机的影响。德谟克利特用来理解宇宙的范畴与生态学无关，因此，从实践观点看，德谟克利特的观点不太恰当。

仅仅在机械原子论上补充一些如人类价值和质的经验的主体范畴也无法理解生态学维度的含义，[12]因为生态系统中的生态危机还涉及地球上其他物种的毁灭性变化，即使人类不存在的话。医学上对疾病和健康的区分在某种意义上是以生命体为基础的，只靠物理学无法进行这种区分。我们所需要的自然哲学是包含生态学的自然哲学。但既然人类是生态平衡的一分子，那么这一自然哲学也就必须把人和自然都包含进来。

在早期古希腊哲学家中，我们发现了一种整体的自然（*physis*）观，其中人类被看作是自然体系的一部分。古希腊自然哲学家告诉人们作为整体的自然界的相互作用，从这个意义说，那时候的自然哲学是生态哲学。自然是功能的总和，其中每一事物根据自身目的发挥功能。超出自己的自然功能就是自以为是（*hubris*），这会导致无序（*chaos*）。在自然界和社会中都和谐一致地实现每一事物处于其自然位置的自然属性，才是正当的。在自然的有限范围内，不同生命的形式和环境之间相互积极作用就组成 *cosmos*，也就是作为有限的和谐整体的宇宙。

这使我们想起今天污染对水、空气和土地的影响，而我们的能源最终来自太阳光。而对亚里士多德和其他古希腊自然哲学家来说，火、气、水和土都是基本要素。

在亚里士多德看来，每一事物都有它自然的位置。污染是种“错置”：事物被放到它们并不属于的位置上，因而也就是它们不应当所处的位置上。在德谟克利特原子论的宇宙中，不存在此种意义的污染。

对照德谟克利特，亚里士多德运用了一些成对概念，如上/下，干/湿，热/冷：沙漠、苔原和热带雨林之间的区别具有重要的生态学意义。但是在机械论世界观看来，这些区别不是本质上的差别。同样情况也适用于生命体和非生命体的区分以及生物间不同生命原则的区分：植物有的是营养和繁殖功能；动物除此之外还有运动和感觉的功能；人类还有理性的功能。因此，生态学似乎超越了伽利略和牛顿的那种机械原子论的自然观，而指向亚里士多德和其他古希腊哲学家的那种自然哲学。

第四节 知识和实践

几种知识形式

作为一个辩证论者，柏拉图看到不同的知识形式和它们的问题之间的联系，因此没有把理念论和国家学说、伦理学、美学等明显区分开。而亚里士多德作为一个分析论者，则寻找不同学科间的差别。他区分了理论科学、实践科学和创制的科学（分别对应于 *theoria*，*praxis* 和 *poiesis*），理论科学相关于认识（*episteme*），实践科学相关于实践智慧（*phronesis*），创制的科学相关于技艺或技巧（*techne*）。理论科学的目的是确定真理。亚里士多德思考了三门理论科学，即自然哲学、数学和形而上学。自然哲学是确定可感变化的事物。数学是确定不变的数量的性质。形而上学是确定不变的独立存在的形式。在此意义上，他在这里谈论的抽象程度由低到高，从自然哲学经过数学到达形而上学。实践科学的目的是通过获得性的伦理能力导向明智行动。这种伦理能力（*phronesis*）只能通过生活在不同社会情境中的成年人的个体经验获得，他们知道如何去认识这些情境和应对它们。这种经验不同于感觉经验。它是一种人们为了获得评价社会事件的能力都必须经历的经验。因此，在很大程度上我们可以把它称为"默会知识"，意指这种知识不能光靠语词交流，而要靠人们自己去参与和体验这些情境才能获得。有趣的是，亚里士多德把伦理学和政治学都归为"实践"科学。政治学是实践科学，意味着亚里士多德没有把政治仅仅看做是权力之争，如自马基雅弗利开始的现实政治（*Realpolitik*）所主张的那样。对亚里士多德来说，政治涉及的是人们之间文明开放的交往，其中人们彼此影响和熏陶，并找到公平有效的方法去解决问题。

亚里士多德强调获得伦理能力的重要性。在本书后面几章中，我们会看到一些伦理学家把伦理学限定在对普遍伦理原则的辩护上（如康德的绝对命令），另一些把伦理学看作是功利最大化（如边沁这样的功利主义者）。但亚里士多德用实践这个概念表明，他还认识到获得公平的伦理判断能力的必要性，这包括培养人与人之间的交往，超出我们对规范的理论辩护或批判。

创制的科学的目的是生产某物，具有创造性(*poetic*)。这一生产可以采取艺术创作的形式；所以诗和修辞学都包括在内；但也可以采用技艺生产的形式，所以亚里士多德想到了各种各样的技艺。

最后，值得注意的是，作为逻辑学的创始人，亚里士多德把逻辑学归为一门工具(希腊语：*organon*)，它贯穿于一切科学中，但本身不是一门与其他学科相并列的独立科学。我们可以这样说：亚里士多德把语言作为研究的对象，并发现了语言的内在结构：逻辑上正确的演绎(证明)。既然语言是所有科学的组成部分，那么对逻辑上正确的演绎的研究也就是对某种为所有科学所共有的东西的研究。

在理论学科中，亚里士多德特别感兴趣的是绝对可靠的知识。这些知识之所以是绝对可靠的，是因为这些命题所主张的内容必然是真的。他在其本体论中的各种实体的本质属性里寻找这种知识。因此重要的是能表达这种可靠的知识(对实体的普遍属性的知识)，并能通过有效论证*推断出*同样可靠的*其他命题*。作为*论辩理论*或*证明理论*的逻辑学，在亚里士多德那里恰好起到这样的作用：通过合乎逻辑的有效推理，我们能从一些正确可靠的命题中推断出另一些同样正确可靠的命题。逻辑学确保了这种推断的正确。亚里士多德分析了合乎逻辑的有效推论或*三段论*，这包括两个前提和一个结论，结论是逻辑上必然地从前提中推导出来的。这儿有个例子：

前提1：所有人都会死。

前提2：苏格拉底是人。

结论：苏格拉底会死。

在三段论中有三项(“人”，“会死”和“苏格拉底”)，每个前提包含两项，结论也包含两项。两个前提中共有的项(中项)在结论中不出现。再加上一些如“所有”、“有些”，或“没有(人)”的词，我们就有了不同形式的三段论，其中一些有效，一些无效。首先来看两个有效的推理：

前提1：所有的M都是P。

前提2：所有的S都是M。

结论：所有的 S 都是 P。

前提 1：没有任何 M 是 P。

前提 2：所有 S 都是 M。

结论：没有任何 S 是 P。

我们可以用集合关系来说明这两个推理(传统称为逻辑里第一个格的第一个式 Barbara——此处的三段都是全称肯定，即 AAA 的形式，以及第一个格的第二个式 Celarent——此处的三段是全称否定、全称肯定与全称否定即 EAE 形式)。

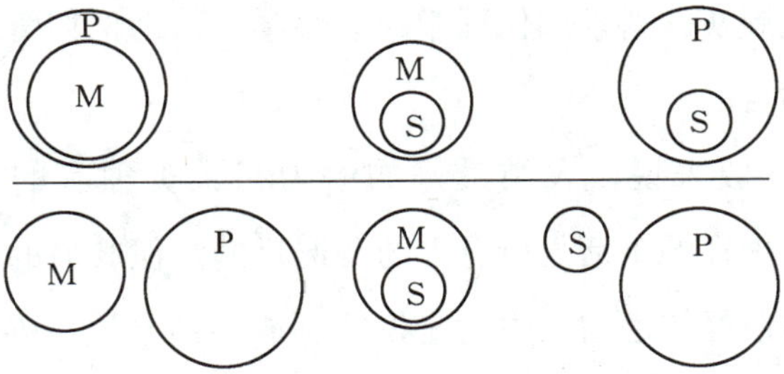

无效推理的例子如下：

前提 1：一些 M 是 P。

前提 2：一些 S 是 M。

结论：一些 S 是 P。

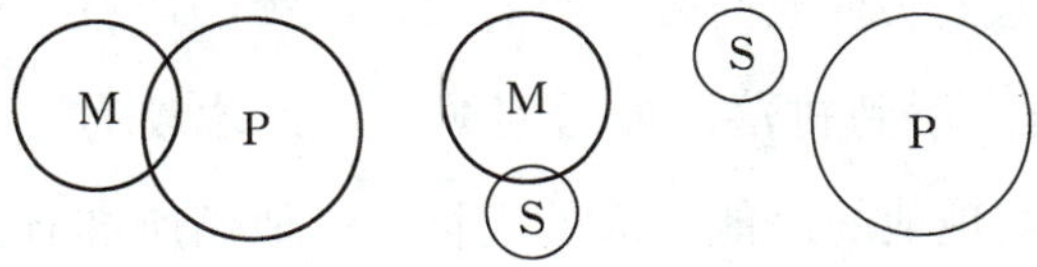

也可能有这样的情况：我们的推理有效，但得出的结论却是错误的。以下例子是，前提之一错误，推理(Celarent)有效，但结论错误。

前提 1：没有任何鸟有羽毛。

前提 2：所有乌鸦都是鸟。

结论：没有任何乌鸦有羽毛。

只有当两个前提都为真时，我们才能保证有效的推理得出正确的结论——这里我们必须区分推理的有效性和前提的正确性问题。（如果我们不去考察三段论的所有前提是否站得住脚，那就无法增加它的逻辑性。）

亚里士多德认为，所有正确的逻辑推论都以不可证明的原则为前提，如矛盾律：即一个事物不能以同样方式同时具有或不具有某个属性。在亚里士多德看来，这是不可证明的第一原则，却是理性运用语言必不可少的。

人类学和社会学

婴儿，如同一粒种子，具有可实现的天生潜力。但人类不像植物那样“成长”。人类是理性存在物。人类自己也许会无法实现其最好的潜力，但种子不会。所以人类需要发展实践科学如伦理学与政治学，帮助他们管理生活，去达到实现最好潜力的目的。

在亚里士多德看来，一般来说，人类最好的潜力与人类独有的“灵魂”，即理性联系在一起：理性的生活是所有人的普遍目的。但我们的目的是在所处的社会中实现我们最好的潜力，也就是说找到我们的气质(*ethos*)，找到我们在共同体中的位置，这一能最好实现我们个人潜力的位置。这就是美德(*arete*)。

因为我们既不像上帝那样无所不知，也不像动植物那样全然无知，所以我们会犯错误：“我应该能在自己能力范围内有所成就，但却没有做到。”这是一个反复出现的悲剧性的主题，但属于人类生活，不属于上帝或动物。

亚里士多德还提到，人们为了实现他们最好的潜力，必须经历三个递进的社会化阶段：必须先经家庭，后到村落，最后到城邦，人才成为一个全面发展的人。只有这样人才能实现他的潜能。人的天性——他们所拥有的潜力(潜能)——首先通过三种社会群体显现出来(现实化)。

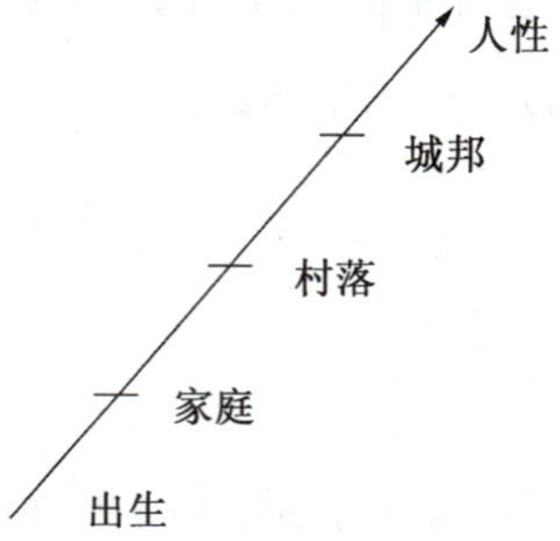

人们日益增加的需要，从基本需要（家庭）到复杂需要（城邦）得到满足的过程，也是人性的不断实现过程。换句话说，人的本性在原始的野蛮生活中并不显现。只有当人文明化后，本性才开始显现。需要指出的是，对亚里士多德来说，这里讲的人主要指男人。我们将会看到，在亚里士多德看来，女人主要与家庭和当地环境联系在一起。她们在那些地方最好实现她们的潜力。亚里士多德还进一步区分了自由自主的人——最佳意义上的人——和天生为奴隶的人：城邦中的奴隶经常被雇来从事体力劳动，这种生活，对亚里士多德来说，比希腊自由民的生活低等。他还认为那些被奴役的人天生就是奴隶。对他来说，奴隶的奴役劳动与奴隶的个人特性之间有相互关系。从这两方面看，奴隶的地位比希腊自由民低。以这种方式，亚里士多德把奴隶和女人都置于自由民之下：两者都是在家从事家务劳动（*oikos*），不是在市集（*agora*）中过公共生活；而且根据他们的特性，奴隶和女人天生就比出现在城邦公共领域中的自由民地位低等。当我们说人在城邦中实现他的天性时，要记住的是，对亚里士多德来说，这句话不适用于女人和奴隶。

因此共同体、社会，不是外在于人的。共同体是人能去实现他们最好能力的必要条件。换句话说，基本概念是共同体中的人，而不是脱离社会的个人，也不是脱离个人的社会（城邦）。城邦而非个人是自足的。人作为城邦生活的行动者、社会的人，实现了自我。因此，亚里士多德把人看成“政治动物”（希腊语：*zoon politikon*）。但同时，他认为柏拉图过分强调了人是共同体的一部分。亚里士多德说，“国家的性质是一个群体，人组成的群体。”[13]也就是说，无论在理论还是政治实践上，我们都不能把国家标准化；我们不能强求一个比自然共同体更大的共同体。我们说过，人所特有的生命原则是理性，广义上的理性。人们必须首先生活在共同体中才能实现他们的理性能力。理性的完美实现预设了一个良好城邦的存在。逻各斯（*logos*）和城邦（*polis*）是相互关联的。那些无理性和逻辑能力、过着非理性生活的人，或是那些在与他人的相处中不运用人的特有“灵魂”的人都无法体现人性，而只有那些在理性的社会共同体中生活的人才能体现。

有些人说，善的生活究竟在于从事理论活动，还是在理性的政治共同体中生活，这个问题亚里士多德没有讲清楚。但在谈到理性的政治共同体和必要的生产劳动的关系时，亚里士多德很清楚地认为前者对人有价值，本身就是目的；而后者及伴随来的愉悦，不能代表善的生活，自身无价值。因此从事生产劳动的人，不管他们是不是奴隶，都不能最好地实现人的生活。亚里士多德时代的阶级差别被描绘成从事体力劳动与从事理智和政治活动的人的差别。亚里士多德认为人的塑造过程，“人性化”过程，主要产生于理智和政治活动中，不产生于体力劳动中。[14]

亚里士多德和柏拉图对人和社会看法的不同，很清楚地体现在他们对女人的看法上。柏拉图明显区分了私人领域和公共领域，并倾向于取消私人领域，将国家变成一个财产和孩子共有的大家庭。亚里士多德则认为家庭和国家履行着不同功能。家庭是一个满足基本需要，如营养、繁殖和抚养儿童的组织。而国家使男性公民能够在政治和智力上实现自我。从私人领域向公共领域的转变有积极作用。人除了在私人领域的家庭中社会化外，还进一步联合为村落，最后生活在城邦的公共领域中。因此私人领域和公共领域之间没有对立，相反有内在联系。不应该取消家庭。相反，家庭是人社会化和交往的基本组织。与此相应，亚里士多德也不能接受柏拉图对生物学的人和文化上的人的明显区分。在亚里士多德看来，人既是精神存在物，同时也拥有所有动物的生命原则。

因此，亚里士多德比柏拉图更接近当时的流行观点。他接受了男人优于女人的传统看法，甚至还用生物学的论据来证明。亚里士多德认为，男人的精子提供孩子的形式，而女人的卵子只提供质料。亚里士多德对他的形式和质料概念的独特运用是可能的，因为那个时候人们还不知道孩子的基因特性是同时来自精子和卵子两方面的。很长一段时间人们都认为男人的精子赋予了胚胎形式。（但是在古代也有与之对立的生殖理论，柏拉图就曾一度认为女人和男人具有同等属性。）[15]亚里士多德还认为，根据体温高的生物比体温低的生物优越的流行看法，女人的体温要比男人低。因此，女人比男人低等。

善的生活

在伦理学上，亚里士多德也有一些不同于柏拉图的观点。我们已经提到，亚里士多德批评柏拉图把理念看作独立存在的事物。这个批评也适用于对善的理念。在亚里士多德看来，善作为人类生活的目的，不是独立于人存在的。善存在于人类生活中。他认为，善是幸福或福祉（希腊语：*eudaimonia*），明确要求人们经历社会化的三个阶段，在共同体中实现他们最好的潜力，这样每一个人在社会中都能找到他/她的位置，也就是变得有德性。亚里士多德认为，理论活动尤其能带来幸福，特别对那些拥有善的理论能力的人来说。但是，不同的人拥有不同能力和潜力。因此，对每个人来说，善的生活并不只有一种。亚里士多德进一步认为，如果我们遭受肉体的严重折磨（痛苦），那也不会幸福。这里他切断了与柏拉图（苏格拉底）的联系，后者似乎认为快乐和痛苦都与幸福无关。

存在主义者经常持一种英雄主义的生活观："非此即彼"，"要么成为完整的自己，要么就变为碎片"（易卜生，《布朗德》，第一幕）。也就是：全部精力集中于某种能力，充分实现它——即使以牺牲其他能力为代价。但在亚里士多德看来，希腊人的善的生活是和谐的。每一种能力，智力、运动、政治、个性、艺术的能力，都按照每个人的禀赋以适中方式培养和实现。他还赞许以中道来和谐实现所有好的能力。因此，勇敢是一种美德，因为勇敢是懦弱和鲁莽之间的中道。

友谊（希腊语：*philia*），亚里士多德说，是一种不可或缺的美德。友谊包含相互间公开的善意。因此，友谊代表一种人际间的相互态度。举例说"我们爱钱"，但钱不会爱我们。我们会在不认识对方和在对方不知情的情况下暗恋上某人。但是友谊却要求互相认识和了解。友谊需要时间去发展、交往。交往既是友谊的目的也是友谊的前提。友谊自身就是目的。如果把友谊作为获得其他事物的手段，那就歪曲了友谊的本义。友谊的形成——在友谊的关系中人变得有德性——超出了对评价行动的规范的辩护。它的主要任务是发展我们的能力，获得正确行动选择所必需的态度。这意味我们必须获得道德感。对规范和价值的理论知识不等同于这一实践智慧（希腊语：

phronesis）本身。实践智慧来自伦理能力，是在经验丰富者指导下通过个人经验所获得的伦理能力。实践智慧提供了一种必要的洞察，以此来合理评价我们身处的不同（常常是含糊不清的）情况。对每一场合的合理评价，只能通过这种思想的实践形式获得。所谓的中道指向这种获得性的伦理能力，以此区分具体情境的合理与不合理。

正义的社会

与柏拉图一样，亚里士多德也关注正义概念。他区分了基于现有权利的正义和基于平等原则的正义。基于现有权利的正义包括社会中各种明显和暗含的正义观。这涵盖了现存法律和法律传统以及可接受的各种合法的传统。基于平等原则的正义建立在同样情况应同样对待的信念上。这要求行为前后一致：如果我们对同样情况不同样对待的话，那我们的行为就前后不一致，因此也就非理性和不公正。正义原则中蕴涵了“自然权利”的要素：自然权利是普遍有效的，超出了现有的法律规定（参见第五章，斯多葛学派）。

基于平等原则，亚里士多德又区分了两类正义：交易平等的正义和分配平等的正义。交易平等是通过经济领域的市场实现的。公平交易在于一个人的付出与所得相等（参见第十三章，经济自由主义中的平等理念以及公平的市场交易价值）。当一个人损害或伤害了另一个人，我们在法律上就要恢复平等。公平的补偿是对受损害的那部分进行补偿。公平的惩罚是给予多占者同等数量而非性质上的惩罚。亚里士多德不同意“以眼还眼，以牙还牙”的原则。

一个秩序良好的社会不仅承认经济增长和法律统治，还建立了分配权利和义务、社会利益和负担的制度安排。分配物是什么？分配给谁？分配物可能是税收和费用，物质利益和法律权力，投票权，或是军事义务。这里很明显地说，平等分配这些东西才是公平的：平等，就什么意义而言？“按努力分配”还是“按需要分配”？或是根据权力，财富或德性分配？还是每人一份（“一人一票”）呢？亚里士多德既主张分配上的平等原则（每人一份），又主张分配上的等级原则(就专门职能和角色而言的平等)。

亚里士多德区分了实践科学和创制的科学，并把伦理学(道德学说)和政治学(国家学说)归为实践科学。我们可以说，对亚里士多德而言，实践是一种本身是目的的行为，而创制这一行为的目的不同于行为本身(较好的新事物由行为创造)。[17]换句话说，孩子们做游戏符合(近似)实践的概念，而参加选举的候选人为了拉选票坐在退休者家里喝咖啡体现(近似)创制的概念。如果我们为了利益交朋友，那就歪曲了友谊本身，把本身为目的的友谊当作获取其他目的的手段。我们的很多行为都以不同程度和比例体现了实践和创制的概念。

亚里士多德把政治学和伦理学看作实践性而非创制性，这意味着他把政治学与伦理学看作是目的本身的行为：目的是进行合理的社会交往，人们在共同体中讨论问题。国家的疆域或人口都不能太大，以便人们能互相认识和讨论共同的问题。社会也不能过于复杂，复杂到使一个人无法知道他在做什么；也就是说，不能让人们的行为迷失在众多行为交织在一起的复杂晦涩的社会中，以致人们看不到自己行为的后果。但同时有一点很清楚，即使在亚里士多德时代的城邦中，政治也很难是纯粹的实践。当城邦中的公民试图解决他们所讨论的问题时，他们不得不同意那些或多或少把人和事当作获取其他事物之手段的行为；也就是创制的行为。例如，决定用劳力把几桶葡萄酒装上船，然后由奴隶把船划到黑海海岸，在那里用葡萄酒交换谷物的行为。[18]

亚里士多德根据他在城邦中的生活经验，把政治学和伦理学主要看作合理、自由的交往，看作实践；而把修辞学和诗学看作是感化人的创制(也创造新事物)。他的国家学说或政治学都不包含政治操纵或经验社会学的思想。对亚里士多德来说，作为一门科学，政治学主要是一门规范的和分类的政治科学，内容如下：

1．收集不同城邦的信息，并进行分类。

2．指出能给公民带来最好生活的规则和生活方式。

亚里士多德指导他的小组搜集了158个希腊城邦的材料，并按如下图表分类：

君主统治	贵族统治	有限民主制
僭主统治	寡头统治	极端民主制[19]
一人统治	少数人统治	多数人统治

亚里士多德讨论了其中最好的形式，并强调政治的稳定：必须听取民众的意见；做不到这点，国家就会不稳定。并且必须依法治国；做不到这点，国家就会不安全，公民会堕落，会屈从于统治者的任意专断。因此，我们必须要有一个由法律治理的社会，允许人们在其中发表自己的观点。与柏拉图不同，亚里士多德进一步认为，公众意见能够表达令人信服、深思熟虑的洞见。在柏拉图看来，"专家"拥有值得拥有的一切洞见。公众意见居于次要地位。亚里士多德则认为一个"好的僭主"统治政体永远取代不了一个由法律治理的社会。服从他人是不自由，是被奴役，让他人决定我们应该有的"气质"（*ethos*）。但是过一种有德性和有尊严的生活必须要我们自己去实现自己的生活，不能像动物那样受他人的"训练"。如果我们生活在共同法律之下，那我们能——在法律范围内——在社会中安全地实现我们的能力。在亚里士多德看来，一个由法律治理的政体，是人们能以最好方式实现他们能力的条件。因此，他认为公众意见必须得到倾听，国家必须依法治理。在这两点上，他的观点都不同于柏拉图《理想国》中的理想国家。但即使对亚里士多德来说，法律也不具有普遍性：法律是已建立的习俗和规则，只适用于希腊的自由民。奴隶和野蛮人不包括在内，因为法律不具有普遍适用性。[20]

我们已经提过，在许多问题中，亚里士多德讨论了平等问题：人数方面的平等导致民主制，由人民来统治。财产方面的平等导致富豪政治，由富人统治。这里亚里士多德看到了相互冲突的权力需要。那么什么样的需要才公平呢？需要和需要之间如何加以权衡？在亚里士多德看来，财产带来责任，有利于国家。财产隐含（经常如此）体现了有价值的能力。理想地说，应该最多考虑智慧和美德，但是智慧和美德很难被衡量。相反，财产的多少可以被衡量。但是还必须考虑公众意见，大多数人的意见。可以在多数人中发现好的洞见，而如果把多数人排除在外的话，那政体就会不稳固。亚里士多德说，一切因素都应该考虑到。财产、教育、出生、交往和人数——在权力分配中，每一个因素算上“一份”。

在广泛讨论后，亚里士多德的结论是，有限民主是我们所期望的最好国家政体。这一国家由法律治理，而且是“混合政体”：在量(人数)上实行民主制原则，质上实行贵族制原则。政治的基础是法律，从而每个人都是自由的，所以大多数公民都有发言权——是多数人，而不是所有人。这样，亚里士多德又一次避免了极端。应该让“中等阶级”统治。既不是富人也不是穷人统治。多数人为国家提供广泛的人民基础，同时少数人确保城邦的透明度。这一政体形式能在公众意见和明智管理之间达到最好的平衡。对亚里士多德来说，重要的在于这是最可行的政体形式。他不怎么赞成柏拉图不切实际的理想国家。[21]

第五节　艺术——摹仿和净化

亚里士多德以他的四因(或四原则)说，区分了自然物和人造物。自身拥有所有四因，包括动力(作用)因和目的因的事物(实体)是自然物。典型例子如种子，种子在正常生成条件下应该长成树，无需人类的介入，人类既不提供动力因也不提供目的因。相反，需要人类介入变化过程，提供动力因和目的因的事物是人造物。典型例子如一块变成陶罐的黏土。

人造物与人类的创作活动有关。这些活动有两类，一类是获取一些自然界并不提供但有利于人类福祉的事物，如工具生产；另一类是摹仿自然，创作出自然的摹本，如一张纯种马的图片；也就是说，虽没有用，但使我们愉悦的艺术作品。这两类活动都包含在希腊语的艺术(*techne*)一词的意思中。在亚里士多德看来，后一类活动有两种特点。一是适合复制或摹仿，一是自身产生独立于有用性的愉悦性。有用是对他物有好处，而这种“他物”具有内在善。但是艺术本身是善的。对亚里士多德来说，艺术的本质是自身产生愉悦的摹仿。

亚里士多德把艺术看作复制(或摹仿)的基本思想来自柏拉图。但因为亚里士多德重新解释了理念论，所以他的艺术是摹仿(和认知)的思想也不同于柏拉图。在他看来，“形式”存在于个别事物之中。因此，可感事物在他那里比在柏拉图那里具有更高地位(与形式相关)。作为可感事物摹本的艺术对亚里士多德来说，比对柏拉图更有价值。同时，亚里士多德对指导社会和过德性生活的洞见持更民主的看法。因此，他对不同艺术形式的评价更为肯定(认识论和政治意义上)。

亚里士多德比柏拉图更精于辨别分析。例如，他区分了 *theoria*[理论科学](形而上学，数学，自然哲学)，*praxis*[实践科学](伦理学，政治学)和 *poiesis*[创制科学](创制活动的目的不同于活动本身(参见 *techne*))。这更大程度地区分不同活动，并让每一活动更具“自主性”(从自身前提出发)。例如，和柏拉图相比，亚里士多德更大程度地把美学首先评价为美学本身。艺术是摹本的看法与这样一种观点有关，即人天性有一种从学习和感知中获得和体验快乐的欲望。美学一词来自希腊文的 *aisthanesthai*，意为“感知”。对实在的摹仿教导我们以专门的方式去感知事物。例如，我们看到事物崭新的一面；或者对已经看过的事物有了新的体验；或者认出看过或体验过的事物。“生产者”(艺术家)和“消费者”(体验艺术作品的人)都能获得愉悦的美感，因为体验本身是善的(不仅仅对他物有用)。但是艺术家不只去摹仿现实存在的事物。他们还能摹仿应然之物。例如，诗人可以描写好人和坏人，英雄和罪犯。因此，同样在亚里士多德这里也有一个从美学向伦理学的过渡。在他看来，艺术同样有道德上的功能：它具有纯化或净化作用。归根到底，艺术的功能是 *catharsis*，即纯化和净化人的情感。

艺术是净化的思想与希腊文化内在的和谐观联系在一起：宇宙(*cosmos*)(我们今天 cosmetics[化妆品]一词的词根)，本质上是和谐美丽的。丑陋和邪恶都是不和谐，失衡。因此，疾病被理解为体液的失调。如果我们血质(*sanguis*)过多，就会乐观。粘液质(*phlegma*)过多，就会暴躁。黑胆汁(*melaina chole*)过多，就会忧郁。因此放血是一种合适的疗法。打破自然的和谐平衡表现出人的一种自以为是，会受到上帝的惩罚。良好的社会是内在和谐的社会，也就是自足和自我管理的社会。简单地说，它不超出自然所规定的范围。善的生活是使我们所拥有的能力和谐实现的生活。由此我们成为有德性的人。我们应该平衡地去实现我们的潜能。恰恰因为这一点，我们必须避免一些过激的方法，如以损害他人的方式发展自己，或超出自己的自然能力和潜力，或滥用自然给予的资源。这里有很明显的生态学含义。指数式增长就是一种典型的破坏自然的愚蠢行为。

根据这些观点，亚里士多德把艺术的功能归为再造精神平衡。我们通过体验艺术作品，如音乐和戏剧，重新找回和谐安宁，最终使精神升华。这里对艺术有两种解释：

1. 艺术的净化作用在于它能使我们“释放情绪”。[22]通过体验戏剧中的英雄、恶棍和崇高情感，我们释放出被压抑和控制不住的情感，这样就恢复和谐，并重新开始过依照“中道”理想的生活。这是一种治疗式的解释，依据的是体液论的治疗法：那些情感过于强烈的人能通过艺术释放情感，也就是经历一种精神上的放血术。那些情感脆弱的人也可以通过艺术获得充足的情感。
2. 艺术的净化作用在于我们作为人，能通过艺术得到提升和教化。这种观点认为我们并不需要去清除我们的情感(如精神放血术那样)，而是通过体验，使精神升华。我们渴望个性的独特发展。

在亚里士多德看来，对那些体验艺术作品的人来说，艺术是一种善(或目的)。对艺术家来说，创作过程同样是一种内在之善；但同时，创作过程又是为了获得产品，获得艺术作品。因此，创作过程又被一个不同于过程本身的目的所决定。在这方面，当然要提一下亚里士多德对修辞学的看法，即把它当作一个吸引人倾听的手段。在这里，一般说，亚里士多德对修辞学，如对艺术一样，比柏拉图持一种更肯定的态度。在他看来，修辞学在公众争论中占有一席之地。[23]

思考题

1. 请说明柏拉图的理念论和亚里士多德的实体论，并讨论两者的关系。讨论它们的异同点。

2．请说明亚里士多德的存在论和知识论，并比较柏拉图在这方面的思想。
3．我们在亚里士多德哲学中碰到形式和质料、潜在和现实的概念。请说明这些概念的含义及它们在亚里士多德哲学中的作用。举例说明。
4．请比较亚里士多德和德谟克利特的自然观。在什么意义上可以说亚里士多德持一种生态学的自然观?
5．请讨论亚里士多德的存在论和伦理学之间的关系。
6．请论述柏拉图和亚里士多德的女性观，并说明这些观点与他们各自哲学的基本概念有什么联系。

进一步阅读的建议

原始文献

The Nichomachean Ethics
Posterior Analytics
Metaphysics
Rhetoric
De Anima

These texts are found in *The Complete Works of Aristotle*, revised Oxford translation (2 vols), edited by Jonathan Barnes, Princeton, NJ, 1984.

二手文献

Barker, E., *The Political Thought of Plato and Aristotle*, London, 1906.

Jaeger, W., *Aristotle. Fundamentals of the History of His Development*, London, 1967.

Lear, J., *Aristotle: The Desire to Understand*, Cambridge, 1988.

原著选读

亚里士多德：《形而上学》

（选自《形而上学》，吴寿彭译，商务印书馆 1959 年版）

卷十三　章四

……意式论的拥护者是因追求事物的真实而引到意式上的，他们接受了赫拉克利特的教义，将一切可感觉事物描写为“永在消逝之中”，于是认识或思想若需要有一对象，这惟有求之于可感觉事物以外的其他永恒实是。万物既如流水般没有一瞬的止息，欲求于此有所认识是不可能的。当时苏格拉底专心于伦理道德的析辩，他最先提出了有关伦理诸品德的普遍定义问题。早先的自然学家德谟克利特只在物理学上为热与冷作了些浮浅的界说，于定义问题仅偶有所接触；至于毕达哥拉斯学派在以前研究过少数事物——例如机会，道德或婚姻——的定义，他们尽将这些事物联结于数。这是自然的，苏格拉底竭诚于综合辩证，他以“这是什么”为一切论理（综合论法）的起点，进而探求事物之怎是；因为直到这时期，人们还没有具备这样的对勘能力，可不必凭依本体知识而揣测诸对反，并研询诸对反之是否属于同一学术；两件大事尽可归之于苏格拉底——归纳思辨与普遍定义，两者均有关一切学术的基础。但苏格拉底并没有使普遍性或定义与事物相分离，可是他们（意式论者）却予以分离而使之独立，这个就是他们所称为意式的一类事物。凭大略相同的论点，这当然会引致这样的结论，一切普遍地讲述的事物都得有意式……

亚里士多德：《政治学》

（选自《政治学》，吴寿彭译，商务印书馆1965年版）

1252 a 1：我们见到每一个城邦（城市）各是某一种类的社会团体，一切社会团体的建立，其目的总是为了完成某些善业——所有人类的每一种行为，在他们看来，其本意总是在求取其一善果。既然一切社会团体都以善业为目的，那么我们也可以说社会团体中最高而包含最广的一种，它所求的善业也一定是最高而最广的：这种至高而广涵的社会团体就是所谓“城邦”，即政治社团（城市社团）。

1252b 10：由于男女同主奴这两种关系的结合，首先就组成“家庭”。希西沃图的名句的确是真切的，他说：

“先营家室，以安其妻，爱畜牧牛，以曳其犁。”

这里次于妻室所说到的牛，在劳苦家庭中就相当于奴隶。家庭就成为人类满足日常生活需要而建立的社会基本形式；因此嘉隆达斯对组成一个家庭的人们，称之为“食厨伴侣”，克里特的厄庇米尼特又称之为“刍槽伴侣”，其次一种形式的团体——为了适应更广大的生活需要而由若干家庭联合组成的初级形式——便是“村坊”。

1252b 28：等到由若干村坊组合而为“城市（城邦）”，社会就进化到高级而完备的境界，在这种社会团体以内，人类的生活可以获得完全的自给自足；我们也可以这样说：城邦的长成出于人类“生活”的发展，而其实际的存在却是为了“优良的生活”。早期各级社会团体都是自然地生长起来的，一切城邦既然都是这一生长过程的完成，也该是自然的产物。这又是社会团体发展的终点。无论是一个人或一匹马或一个家庭，当它生长完成以后，我们就见到了它的自然本性；每一自然事物生长的目的就在显明其本性[我们在城邦这个终点也见到了社会的本性]。又事物的终点，或其极因，必然达到至善，那么，现在这个完全自足的城邦正该是[自然所趋向的]至善的社会团体了。

由此可以明白城邦出于自然的演化，而人类自然是趋向于城邦生活的动物（人类在本性上，也正是一个政治动物）。凡人由于本性或由于偶然而不归属于任何城邦的，他如果不是一个鄙夫，那就是一位超人……

作为动物而论，人类为什么比蜂类或其他群居动物所结合的团体达到更高的政治组织，原因也是明显的。照我们的理论，自然不造无用的事物；而在各种动物中，独有人类具备言语的机能。声音可以表白悲欢，一般动物都具有发声的机能：它们凭这种机能可将各自的哀乐互相传达。至于一事物的是否有利或有害，以及事物的是否合乎正义或不合正义，这就得凭借言语来为之说明。人类所不同于其他动物的特性就在他对善恶和是否合乎正义以及其他类似观念的辨认[这些都由言语为之互相传达]，而家庭和城邦的结合正是这类义理的结合。

1261a 10：建立公妻的社会自然要发生许多纠纷，其中，有两个主要的症结。苏格拉底认为必须建立这种社会的目的[是要消除私心，保证城邦的大公(统一)，但他]所根据的理由实际上都是不充分的。又，他为了要达到他的目的而采取的手段，虽然在他所设想的城邦中好像是必需的，实际上却是不可施行的；关于立论的根据以及这些理想如何才得实现，他并未作出应有的详细说明。苏格拉底在政治上所立的前提，可以概括成这样的原则："整个城邦的一切应该尽可能地求其划一，愈一致愈好。"可是一个尽量趋向整体化(划一)的城邦最后一定不成其为一个城邦。城邦的本质就是许多分子的集合，倘使以"单一"为归趋，即它将先成为一个家庭，继而成为一个个人；就单一论，则显然家庭胜于城邦，个人又胜于家庭。这样的划一化既然就是城邦本质的消亡，那么，即使这是可能的，我们也不应该求其实现。

1265a 1：至于《法律篇》则以法律为主题，关于政体就说得不多。这里，他原来说要另外设计一种比较切实而易于为现存各邦采用的政体，可是，思绪的发展曼衍而无涯际，因此后篇中的政体又往往追踪着前篇的玄想。除了公妇和公产这两者而外，他所拟前后两种城邦的政治结构大体相同，教育也相同：两邦的公民不操贱业，不亲杂务，赋有人生充分的自由；两邦都有会餐制度。仅有的分别是在一邦中妇女业得参加到会餐的餐桌上来，而战士的人数则已增加到5 000人，但在前一理想国中战士原定以1 000人为度。

所有苏格拉底对话(柏拉图各篇文章)都是新鲜的，优雅而富于创见，具有高明沉着的研究精神，但万物不能达到尽善和全美。[这里也是有缺憾的，]例如所拟5 000闲人，这个数目就应该仔细审量一番。这样巨大的人数都得受他人的给养，才能维持其从政从军的闲暇，加上与之相适应的妇女和婢仆以及其他附属人众，这又得有几倍的5 000，供应这样巨大的人数，城邦的土地面积就须像巴比伦或与之相仿的地区了。作为理想，固然人人可以各抒所见；但完全不可能实现的理想，这就近乎妄诞了。

注释

[1] 参见*Lycée*，法语意为中学。

[2] 举例说，亚里士多德运用了如下论证：如果绿的理念是所有绿色事物共有的，那我们就有两种对立的选择：第一种选择，我们可以说绿的理念本身是绿色的，但这样绿的理念同时又成为自身的一个要素。那我们要问，难道不存在为绿色的绿的理念和个别绿色事物所共有的第三种事物吗？(我们可以对这个第三种事物再问相同的问题：这称为"第三者论证"。)第二种选择，我们可以说绿的理念不是绿色的，那这样说绿的理念为所有绿色事物所共有就没有什么意义了。

[3] 亚里士多德的这个区分起初看来好像很简单，也很容易理解。但一旦我们仔细看的话，就变得复杂了。例如，我们会问：如果把相对存在的所有属性去除的话，那留在独立存在的具体物体中的是什么东西？

[4] 在亚里士多德看来，知识起源于感觉经验。但是通过对感觉经验的反思，如对不同的马的感觉经验的反思，人们能认识到存在于个体马之中的马的形式。通过对形式的进一步反思，就有可能形成哲学的知识。我们可以说，亚里士多德把各种理论科学看成是对日常经验的程度不等的抽象：在生活世界中，我们能获得对有形事物的直接的感觉经验。物理学抽取掉个别有形事物的特殊性和偶然性：物理学研究的对象不是此时此刻

的这块石头，而是作为自然物体、有一定重量和位移的石头。数学进一步抽取掉事物的物质属性，使事物只以几何形式或数学价值(数字)呈现。最后，经过再次抽象，我们达到形而上学，关注的是彻底普遍化的原则和属性。因此，可以说亚里士多德是从感觉经验通过抽象往“上”获得普遍性，相反，在某种意义上，柏拉图是从“上”往“下”朝向感觉世界，对理念的辩证洞见确定无疑(最初先获得洞见)。然后通过数学、物理学和人文科学往“下”朝向越来越可变的物体，对它们的洞见也越来越暂时和不确定(因此，对柏拉图来说，没有人出生于理念世界。我们一生中都不得不在“上”“下”[即理念世界和可感世界——译者]间徘徊，为了尽可能好地洞见到理念)。

[5] 这一亚里士多德主义的知识论强调由归纳推理得出对本质的定义，而从定义出发又可进行演绎推理，在16世纪和17世纪的新经验学科的发展时期，这一理论受到了猛烈的批评。

[6] 我们可以把以营养和繁殖、感觉知觉和作用力(effort)以及理性为根据对植物、动物和人类的划分，与柏拉图对生产者、“管理者”和思想者的三分法作比较。

[7] 从这我们可以继续讨论对现象的过高描述或过低描述。把人类的特性赋予动物，这是对动物的过高描述。如在历险记和寓言中，讲到狐狸和熊在互相交谈。言语是一种人所拥有的生命理性原则的能力，动物不具备这种能力。因此对动物的这种拟人化描写并不真实。但如果我们认为人只具有动物特性的话，那是对人的过低描述。这样描述的人一定程度是真实的——因为人同样拥有动物拥有的一切生命原则——但是，从质上讲，描述得不够充分。万物有灵论——把精神属性赋予石头和树——就是一种过高描述，但在我们社会中并不常见。而把人类仅仅看作是低于人类生命原则的生命原则(“自然主义的降级”)却是我们生活中常见的过低描述的类型(认为“人类”仅仅是“生理有机物”)。但什么才是对人正确的描述呢？这仍然是个有争议的问题。

[8] 从我们的概念术语看，这一描述对植物和动物都很适用，但对无生命事物就不太适用。因此，亚里士多德和德谟克利特代表了两种对立的一元论自然哲学。

[9] 理论家首先出现在文艺复兴时期，他们从自然科学角度来解释事件，很难去说明实在的各个社会方面。自从19世纪社会科学正式形成后，我们就一直处在行动和事件之间的张力中，这与社会科学所研究的基本问题有关。

[10] 这一自然哲学被称为“物理学”，即关于物理 *physis*(“自然”nature)。因为亚里士多德讨论第一哲学的著作被后人编排在自然哲学(“物理学”)之后，所以第一哲学被称为形而上学(*meta ta physica*“物理学之后”)。

[11] 我们可以说，亚里士多德的自然哲学来自他想去理解人们所经验的自然的兴趣，这与现代科学家不同，现代科学家感兴趣的是去控制自然——对他们来说，实验的假设-演绎法和抽象的数学概念才是正确的研究方法。

[12] 机械自然观不仅会丢失一些质的“剩余物”，如人类的感觉特性和价值，而且还强调人对自然现象的控制能力。笛卡儿对思想物和广延物的划分类似于二元论社会观：利益计算的主导者和原材料。无论原材料是动物、石头还是人的肉体，它们都是计算主体的客体，计算者根据理性利用和控制客体。

[13] *Politics*(《政治学》)1261a，10ff。

[14] 这个观点与黑格尔和马克思的观点对立，他们都宣称认为历史上是劳动形成人，使人“人性化”：“主人”是必需的，但只是起促进作用；而“仆人”通过劳动获得知识和洞见，通过劳动创造历史，塑造人本身。当然，很难根据这一点比较亚里士多德与黑格尔、马克思的观点，因为亚里士多德生活在历史发展的初期，而黑格尔和马克思晚于亚里士多德，并能反思历史。在后面我们将看到，黑格尔和马克思也借用了人类最初通过社会发展形成自身的说法，但把发展看作历史的发展，即经过许多代才产生的发展，而不仅仅是个人自身的发展。

[15] 见 Anne Dickason，“Anatomy and Destiny：The Role of Biology in Plato's Views of Women”(“解剖学和命运：柏拉图女性观中的生物学角色”)，收入于 Carol C. Gould and Marx W. Wartofsky(eds)，*Women and Philosophy*，New York，1976，pp. 45—53。

[17] 创制同样意味创造新事物。因此，诗是一种创制，不是实践。

[18] 根据实践和创制的区分，随着社会变化形式的不同，政治观也不同。也许我们可以这样

粗略勾画：随着从城邦向希腊化帝国的过渡，由于在这个专制的庞大国家中缺乏政治权利，人们形成了一种特定的非政治化和不关心政治的态度。但是在文艺复兴时期后，当国王重建了封建贵族统治，引入绝对君主制后，这又带来了把政治看作是 *Realpolitik*［现实政治］的看法，即把政治看作是操纵这样的政治观（马基雅弗利）；也就是亚里士多德意义上的创制。后来，进入工业化后，社会变得越来越错综复杂：在美国，黄金的发现可以引起伦敦的失业。社会对其成员来说，不再是一目了然的。需要专家来说明人们行动的含义：结果，出现了经验社会学（孔德）。但是随着官僚化和操纵的日益增加，相应地，实践，自身有意义的合理交往占据了更重要的地位。亚里士多德对实践和创制的区分，在一个完全不同于希腊城邦的社会中又再度流行起来。

［19］Democracy［民主］：人民统治；plutocracy［富豪政治］：掌握经济权的人统治；oligarchy［寡头政治］：一小部分掌握所有权力的人统治；monarchy［君主制］：一人统治。

［20］在法律不具有普遍性这方面，亚里士多德并没有提到自然权利。但另一方面，他提出人际关系间有特定的被客观认为最好的规范。因此，他认为正义，——这一为法律和同等对待所刻画的品质——是有效的基本原则。如果我们强调说亚里士多德承认普遍有效的伦理-政治原则存在的话，那么我们也可以说自然权利理论确实源自亚里士多德（如同柏拉图一样）。

［21］值得注意的是，亚里士多德认为，富人为少数，穷人为多数是既定的事实。从亚里士多德当时所处的现实出发，设想富人占多数穷人占少数这种理论可能性意思不是很大。亚里士多德认为贫富差距过大不仅在道德上应受到谴责，而且在政治上也存在危险（造成不稳定的条件）。与柏拉图一样，亚里士多德也认为国家的主要目的是伦理上的：过善的生活。

［22］来自希腊语 *katharizo*，意为“自我净化”。

［23］参见修辞学在大学传统中的地位（第六章）。

第五章
后期古典时期

第一节　确保个体幸福

从希腊城邦到希腊化帝国

柏拉图主张社会可以是理性研究的对象，可以受到英明领袖的影响。亚里士多德主张社会取决于自由的、道德上平等的社会成员之间的关系，社会必须由法律治理，政府必须基于自由讨论而不仅仅基于强力。作为一个理想，这些观点即使在希腊城邦被同化进希腊化帝国之后也保存了下来，尽管在这种同化之后，实现这些理想更为困难了。亚里士多德和柏拉图懂得，他们所提倡的那种政府预设了一个相对较小的社会。亚里士多德认为，城邦或 *polis* 必须是大小得当的：不能小得依赖于别人，也不能大得其居民互不相识、大型集会中讨论难以进行。我们知道，柏拉图(在《法律篇》中)主张城邦应该有 5 040 个(户)公民。柏拉图和亚里士多德都认为这种城邦应该是一个独立单位。但是具体的一个个希腊城邦却是彼此依赖的，也是依赖于周围世界的。在公元前 4 世纪末，我们看到了一种新型国家的形成：希腊化帝国。从城邦向帝国的这种过渡包含着建制和思想两个层次上的一些变化。

在整个希腊化帝国时期，从公元前 300 年到公元 400 年，国家在地理和人口上都很庞大，包括一些在文化、宗教和语言上差异很大的民族。人人能够参与的地方共同体受到了削弱，即使在希腊化时期和罗马时期城市都还拥有一定程度的内部自治，能够不时地维护自己的政治地位。结果就产生了一些庞大的、权力集中在中央机构的国家，不管其政体是君主制的还是共和制的。为了把没有天然团结力的诸民族群体所构成的这种民族复合体凝聚起来，君王常常被描绘成神圣的，用这项政策来加强国家的中央权威。相对自主的小型国家的解体、权力集中的倾向，意味着人民在政治上越来越无能为力。除了所有政治上相对无能为力的*自由的*男人之外，还有更加无能为力的*妇女*和*奴隶*。

新的格局：个体的人和普遍的法则

希腊化-罗马时期所写的东西，大部分已经佚失。本章的介绍是一种假设性的重构。在做了这个保留之后，我们或许可以说，早期希腊化时期人民的这种政治无能为力状况在思想层面上得到了反映，表现为这样一种普遍倾向：回避对社会进行哲学思辨——我们能有所作为的事情是如此之少！——而集中于一件事情：一个人怎样才能确保他或她自己的幸福？比方说，不管伊壁鸠鲁主义和斯多葛学派的差别有多大，不管这两个学派之内有多少变种，为简化起见我们都可以说，这两种在许多方面占据了希腊化-罗马时期主导地位的哲学，都集中考虑如何确保个体的幸福这一问题。答案各有不同，但基本问题本质上同属一个。

作为一个一般假设，我们可以说，那时有一个从关心共同体中的人向关心孤立的、私人的个体的普遍转向。简单地说，在希腊城邦，人们一般被看作是社会的有机部分。每个人都应该在参与各种公共活动中找到自己的位置并实现自我。每个人的天性和价值因此都与共同体相连。而当城邦衰落、希腊化-罗马时期开始时，我们却同时遭遇了这样两个观念：

1. 一种普遍法则的观念，它对一切人类都有效并且体现在每个个人之中。
2. 一个私人的个体的观念，这个个人自身就具有基本价值、独立于他的特定的成长经历和社会地位。

这当然是一种简化。在一些前苏格拉底的哲学家那里，我们已经发现一种把个人看作自足的倾向，而与此同时，我们也发现这样一种观点的一些线索，即认为存在着一些适用于每个人的普遍的规范和原则。但是，做出以下假定仍然是饶有兴趣的：特殊个人的概念和实在性，大致是与普遍国家的概念和实在性大致同时产生的。与城邦相联系的“共同体中的人”的古典希腊观念，失去了根基。一方面是特殊的个人，另一方面是一个帝国——一方面是个人的德性和幸福，另一方面是对于任何地方的任何人都有效的普遍法则的概念。在殊相和共相之间似乎存在着一种二分法：

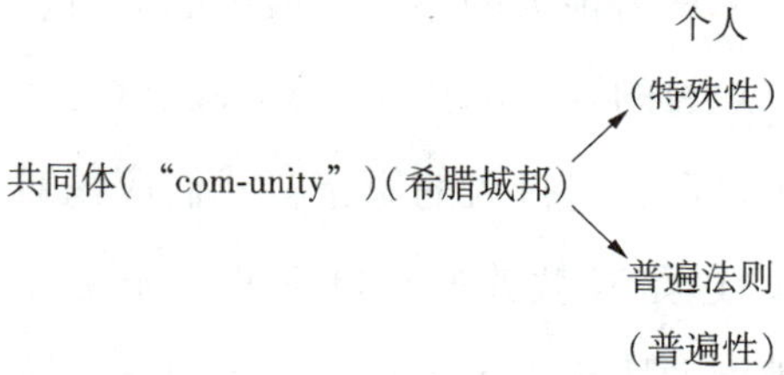

对多数希腊人来说，法律仅仅适用于地方共同体中的人们。但是作为把人类看作是个人的观点的一种辩证对应物，此时出现了一种把法律当作不分国家、不分社会地位人人适用的普遍法则的观点。这是自然权利的概念的根源之一：存在着一种高于一切现存法律的、适用于每个人的普遍的、规范性的法则。其结果是，一切人原则上都服从于相同的法则，而一个社会中的现存法律则必须诉诸这种普遍的、自然的法则。

在讨论 18 世纪自由主义的时候，我们将回过头来讨论个人的概念。现在我们只要指出这一点就足够了：一方面是从共同体中的人向个人和普遍法则的转变，另一方面是政治介入的失去、独一无二的人格和共同法律之下的私人幸福的理想的形成，这两个方面的出现是不谋而合的事情。希腊的伦理学和政治学的统一性被打破，重点转向私人意义上的伦理方面，而政治则退居幕后。只有罗马的斯多葛学派重视政治。但在那时，政治（*politics*）带上了与柏拉图和亚里士多德那里不同的意义：它主要指变成了统治一个帝国的一般的法律原则，而不是调节一个城邦（*polis*）的地方共同体中的公共活动的理性讨论。

第二节　伊壁鸠鲁主义——确保个人安康

“伊壁鸠鲁主义”这个词来自伊壁鸠鲁(Epicurus，公元前341—前271)。他的学校称为“花园”，以其宜人而精致的环境而著名。他的学校还接受妇女和奴隶，这在古代是很不同寻常的。

伊壁鸠鲁主义对如何确保每个人的幸福这个问题是这样回答的：享受生活，但要深思熟虑。也就是说，美好生活是一种康宁的生活，是一种没有痛苦和受难的生活。要在我们的生活中获得最大的康宁、最小的痛苦，我们必须精打细算。比如，我是现在寻求短暂的强烈的快乐、冒着以后受苦的风险呢，还是现在延迟快乐、寄希望于以后获得持久的康宁？我们应该对各种可选择的方案权衡得失。换句话说，这是有教养的、自觉的快乐主义的领域！去寻求快乐，但这是经过深思熟虑的快乐。干脆点说，不要介入政治或其他包含忧虑和风险的事情。相反，生活在一个无忧患之虞的圈子里，在那里你可以安心地、静心地享受奶酪和美酒。因此，伊壁鸠鲁主义者并不是盲目沉溺于不道德的放纵生活中的纵欲主义者。相反，伊壁鸠鲁建议在生活中谨言慎行，因为只有处于我们支配之中的快乐才确保幸福。我们可以把伊壁鸠鲁的人生哲学概括为以下两点：

1. 存在着的惟一的善是快乐。

2. 要确保最大的快乐，我们必须只享受我们能够支配的快乐。

一种把快乐(希腊语：*hedoné*)当作最高的(惟一的)善的学说，叫做“快乐主义”；也就是说，快乐的哲学。我们可以说伊壁鸠鲁主义是受谨慎和深思熟虑影响的快乐主义。首先，伊壁鸠鲁不把快乐看作是一时的感性肉欲；伊壁鸠鲁主义者强调那些更精致、更稳定的快乐形式，比如友谊、文采。如果我们想要确保我们的私人幸福，我们应该追求这些更确定更精致的快乐。

同时，伊壁鸠鲁主义轻视政治活动，认为它可能引起的烦恼很多，可能引起的确定的快乐却很少。伊壁鸠鲁主义不把国家或社会看作是具有自在价值的东西。[1]具有自在价值的只有快乐——而快乐则必然是个人的快乐。国家和社会，只有当它们促进个人的快乐、防止个人的痛苦的时候，才是善的。法律和惯例的价值仅仅在于作为促进个人利益的手段。[2]使人们不违反法律的，是对于惩罚的恐惧；也就是说，是对痛苦的恐惧。任何事情都以个人快乐为基础。良好的道德或良好的法律制度是使个人快乐最大化的东西。除此之外，正当和道德就没有基础。（但是谁来决定十份他人幸福的分量重于我的不幸？我如何对不同种类的幸福进行比较？[3]）

我们在伊壁鸠鲁主义那里所看到的自然哲学，很大程度上好像对应于德谟克利特的唯物主义的原子论。这种自然哲学在一定意义上支持这种人生哲学：既然万物都是物质的，包括灵魂和那些不那么相干的神祇；那么，我们就不应该让自己为宗教训诫所吓倒。

与伊壁鸠鲁学说不同的是这样一种极端快乐主义，它说肉体快乐和享受是生活中惟一重要的事情。对于一切物品和劳务相对来说都伸手可及的人们、对于那些稳稳当当地拥有快乐和享受超脱需求和痛苦的余额的人们，这种观点可能是有吸引力的。但是对于古代的多数人来说，这样一种理论可能轻而易举地产生致命的结果：如果多数人设法对痛苦和快乐之间的关系“精打细算”的话，那么平均的结果可能是小于零的。痛苦的总量很可能超越快乐的总量。根据极端的快乐主义，这样一种生活是不值得过的。因此，公元前3世纪的快乐主义哲学家赫格西亚(Hegesias)劝人自杀，并不仅仅是一种怪僻心理。

第三节　斯多葛学派——确保个人幸福

斯多葛学派的主要观点

斯多葛学派通常比伊壁鸠鲁学派更怀疑我们有能力控制外在的善。因此斯多葛学派建议人人都独立于外部因素。如果我们想要确保我们的幸福，我们必须学会尽可能独立于这些无法控制的外部事物，学会生活于我们能够控制的内在自我之中。斯多葛学派声称幸福实际上并不依赖于任何外在的善。他们采取与苏格拉底和柏拉图同样的立场：一个人幸福的惟一条件是他或她过一种有德性的生活，而美德是以知识为基础的。斯多葛学派完全前后一致地坚持这个立场。有德性地生活是一个人惟一的善。不去过一种有德性的生活则是惟一的恶。任何其他事情，就幸福地生活这个问题而言，归根结底都是不相干的、不重要的。生命、健康和富裕——或死亡、疾病、痛苦和贫困——不可能影响智慧而有德性的人的幸福。我们看到的人们的外部境遇之间的那些差别，并不表明他们是幸福的还是不幸的。我们在生活中是遭遇不幸，还是取得外在的成功、获得荣誉和承认，都无关紧要。我们是富还是穷，是主人还是奴隶，也没有关系。关键的区别在于有智慧有德性的人与那些不那么有智慧和德性的人们之间。前者是幸福的。后者则不幸福。知识、美德和幸福与内在生活相联系，是独立于所有外部境况的。

一个人要能够对各种各样的命运无动于衷，要靠什么样的洞见和德性才行呢？斯多葛学派说，美德就是依照理性、依照逻各斯而生活。逻各斯是宇宙的主导原则，如赫拉克利特说的。他们把这个原则也称作神、圣火或命运。人们可以向逻各斯敞开自己，使其灵魂符合宇宙的和谐秩序。最重要的洞见，可能是意识到万物都具有明智的秩序，对种种事件加以干预是既不可能也不可取的。万物都受逻各斯或神的引导。人的任务是学会对所发生的一切事情都愉快地接受。“你所碰到的一切事情，你都应该坦然接受，就好像它是你本来希望发生的那样。因为，如果你知道万物都是根据上帝的意志而发生的话，你就会渴望它发生。”说这句话的是塞内加，一位罗马的斯多葛学派成员。[4]这样，斯多葛学派倡导禁欲道德以面对外部世界，倡导教育以增强内在的品格力量。在命运的判决面前，一个人应该显示出斯多葛式的平静或冷淡(冷漠)。

斯多葛学派在我们如何确保自己的幸福这个问题上所持的这个立场，有可能受到这样的驳斥：支配“内在”领域或许与支配许多外在境况同样困难。这个反驳当然是有分量的。但与此同时，我们应当记住，控制自然(疾病、歉收等等)的能力在希腊化-罗马时期是相对较小的。如果对我们来说切除一个阑尾比控制我们的愤怒更容易的话，在古代情形则正好相反。因此，斯多葛学派劝人控制有可能控制的事情，也就是他们的心灵，这并不是完全不切实际的。对应于从共同体中的人向私人的个体的转化，心灵被理解为某种内向的东西，与自然界和社会世界都分离开来。这在某种意义上说是非希腊式的：伦理现在与政治相分离了。每个人都要独立于社会和环境而修养自身。我们看到的是与社会相分离的私人的道德的观念。伊壁鸠鲁主义或许从未有许多人追随其后。但斯多葛学派却从者如云、影响广大，尤其在罗马时期。斯多葛学派中的伦理思想和法律思想都影响了中世纪哲学。但斯多葛学派并不是一个同质的运动。在它当中发生的一个根本发展，是从希腊斯多葛学派发展为罗马斯多葛学派。

犬儒学派

犬儒学派是古代的所谓苏格拉底学派中的一个。其名称提醒我们注意苏格拉底（以及智者学派）与希腊化-罗马时期的哲学倾向之间的某种联系。

犬儒学派可能代表了缺钱少财的人们。犬儒学派不是激发这些人去进行徒劳的反抗，而是鼓励他们去学会在没有他们本来就不会有的那些物品的情况下，如何做到怡然自得。犬儒们从社会抽身而出，过着一种简单的、半原始的生活——他们认为这是一种自然的生活方式（与亚里士多德主义对人性的理解截然相反）。因此，犬儒（西诺帕的）第欧根尼（Diogenes，公元前404—前324）住在一个木桶里，赞美天然的东西，而鄙视人为的东西。如果说精致的快乐主义纯粹是逃避主义，个人的快乐主义（赫格西亚）倡导一种抹煞自我的意识形态；那么，犬儒派则教导境遇不利者要满足于他们所拥有的东西，即使他们几乎是一无所有。

希腊-希腊化时期的斯多葛学派

在希腊-希腊化斯多葛学派——芝诺（Zenon，约公元前326—约前264）、克利安西（Cleanthes，公元前331—前233）和克里希普斯（Chrysippos，公元前278—前204）——那里，我们看到一种“中产阶级”的关注：强调责任和品格，而不仅仅是禁欲主义地从世界抽身而出。此外，斯多葛学派开始表述一种适用于所有人的自然法。斯多葛学派在越来越成为上层阶级的意识形态以后又有进一步变化：斯多葛学派对责任和品格的重视、对普遍法则的相信，这些对罗马上层阶级有吸引力，后者最后把斯多葛学派转变为一种国家意识形态。与此同时，下层阶级的犬儒主义的弃世特征受到压制，而一种以责任与坚强和负责的品格的培育为基础的支持国家的道德则占了上风。起初的遁世只留下一丝痕迹：对内在的和私人的东西与外在的和公共的东西之间的区分。斯多葛学派在私下里写下他们最内在的思想（哲学家马可·奥勒留），而同时公开地履行他们对社会的责任（皇帝马可·奥勒留）。

罗马的斯多葛学派

在罗马的斯多葛学派——西塞罗（Cicero，公元前106—前43）、塞内加（Seneca，公元前4—公元65）、爱比克泰德（Epictetus，公元50—138）和马可·奥勒留（Marcus Aurelius，公元121—180）那里，早期的禁欲主义的、个人主义的遁世，转变为遁世和政治责任之间的一种紧张。在罗马的斯多葛学派那里，我们可以寻觅到我们先前假定的那些希腊政治概念的变化。大致来说，这意味着一个人不再被认为是一个群体的有机部分，而被认为是普遍法典和政府体制之下的一个个人。原则上所有个人在任何时候、任何地方都适用的法律之下都是彼此平等的。这里我们遇见了最发达形态的*自然法*概念。

个人的世界是宇宙的一部分，同样，个人的理性也是普遍理性的一部分。与此相应地，人类法是适用于整个宇宙的永恒法的诸个方面。我们之所以原则上可以把那些符合永恒法的社会法律与那些不符合永恒法的社会法律区别开来，就是因为这个缘故。这样我们就可以区别开这样两种法律，有些法律是由于其符合永恒法而有效的，有些法律之所以主张是有效的，则仅仅是因为它们存在着，而并不是根据普遍的、自然的法则而有效的。人类理性——它的各种形式的基础都在于共同的世界理性——是给定的东西，是某种存在着的东西。这是自然法理论中的关键之处：法律的-政治的法则的基础在于一个普遍的自然法则。[5]法律的基础并不是某种由个人或团体所创造的东西，好像是有权有势决定什么是法律、什么是正当一样（“强权即公理”）。有效的法则是存在着的。因为它们存在着，所以我们可以去发现它们、说明它们，并公布我们所发现的东西。但我们无法发明法则。法律的基础因此就被提高到人类的任意的愿望之上。它也被提高到多样的实际存在的、部分冲突的法规之上。法律的基础因此就不是相对的。因为所有个人都分享普遍的理性和共同的法律，所有的人根本上都是相似的。自然法适用于各处的所有人。斯多葛学派对法权的看法的基本特征很大程度上被罗马政治家和法学家所采纳，包括折衷主义者西塞罗，他的著作在往后数百年间被人经常阅读。有些智者主张，普遍有效的法权或道德是不存在的，法律只是相对的，斯多葛学派与这种观点保持距离。同样，他们也反对伊壁鸠鲁学派的观点，即法律之为有效的，仅仅在于它们有利于实现人们的个人欲望的看法。在拒绝相对主义和主张存在着普遍有效的法权这一点上，斯多葛学派与柏拉图和亚里士多德是观点一致的。但在法律的来源、法律原则如何得到辩护这一点上，斯多葛的诠释不同于亚里士多德的诠释。根据亚里士多德，基本的法律原则是与人类社会——首先是城邦——联系在一起的。在这里，这些基本原则一定程度上是潜在地存在于现实之中的。通过收集有关各种不同城邦的法律条文的信息，并对这种信息进行系统整理，我们可以找出最好的社会规则。我们用这种方法发现一个良好社会中存在着什么法律规范。通过与这些规范相比较，我们可以辨认出现存的法规中坏的东西，我们可以制定新的法律。比方说，根据亚里士多德，国家的财富应该更和谐地分配：人们之间的大幅度差距会引起社会矛盾。一定程度的公民平等是必要的，如果一个社会要保持健康的话。因此，法规的一个重要目标是创造一种适当平衡的财富分配。这意味着亚里士多德倡导对社会差别的某种平等化，尽管他决不支持完全的平等。他所承认的东西中包括奴隶制和阶级区分，而且他批评民主派的过于简单的平等观。与亚里士多德不同，斯多葛学派的法律观的出发点不是城邦和共同体中的人，而是普遍理性，它呈现在每个个人身上：在每个人当中存在着一团“圣火”——理性的别名——的火花。对斯多葛学派来说，这是一个人的真实本性，是共同的人性。斯多葛学派从这种普遍的理性中引出自然法来。这种共同本性、普遍理性，用西塞罗的话来说，是法律的源泉。

一个人不像在亚里士多德那里首先是一个社会存在，而是一个拥有普遍逻各斯之火花的个体。这使得人类有可能去创建社会，去制定法规，去颁布法律。那些最有能力制定正义法律的人们是最有智慧的。在他们身上，理性以最纯粹的形式出现。“完善的法律要到智者的灵魂之中去找，”西塞罗说。[6]在西塞罗那里，我们看到斯多葛学派的自然法观念——它主张存在着高于一切既定的可变的法律制度的、不变的、普遍的法规——也可以被用来为现存法律辩护。因此他声称罗马原有的“父老权利”基本上表达了这种普遍法则。根据西塞罗的看法，现存的法律和现存的不平等就得到了自然法的辩护。这使我们注意自然法理论中的一些原则上含糊不清的东西：它可以被用来批判现存法律，也可以被用来为现存法律辩护。它的作用既可以是社会中的保守力量，也可以是社会中的新生力量(参见第六章，教会—国家的关系)。

但斯多葛学派的自然法难道不是主张所有人类之间的根本平等吗？我们怎么可以与此同时接受现存的种种差别呢？答案部分地存在于斯多葛学派的平等观里的某些模棱两可之中：人人都参与共同的逻各斯，在这种意义上所有人都是平等的；但与此同时，一个人是富裕还是贫穷，是国王还是奴隶，这与一种善的、幸福的生活是基本上不相干的。因此，主要的目的并不是去干预世界以便对它加以改变。主要的目标是我们要以完全的平静去接受命运的全部判决。换句话说，看不清楚根本的平等会受到实际的社会差别的影响，看不清楚根本的平等会要求将平等实现于物质的政治的领域。对作为政治家的西塞罗来说，答案可能还要到现实政治的条件中去找：尽管人类是根本平等的，但现存社会只是通过差别而运作的。差别是不可避免的。这样，西塞罗不觉得法律有必要确保对财产的合理分配。在西塞罗看来，基本的原则是不伤害别人——比如偷窃财产，以及要信守我们的诺言。这样，他非常强调财产所有权要得到保护，契约要得到遵守。

通过西塞罗的著作，尤其是他的《论法律》、《论责任》和《论国家》，斯多葛学派对罗马的法律思想产生了重要影响。“真正的法是符合自然的正当理由；它是普遍适用的、不变的和永恒的；它以其命令召唤责任，借助于禁令而避免坏事……我们无法通过元老院或人民而摆脱这种法律……罗马和雅典并没有不同的法律，现在和将来并没有不同的法律，只有一个永恒的不变的法律对所有民族、所有时代都有效……任何不服从的人都在逃离自己、否定他的人性，并由于这个事实本身他将受到严厉惩罚，即使他逃脱了通常所认为的惩罚。”[7]

内在的、不可违反的个人权利的观念，与永恒的普遍的法的观念是联系在一起的。这样的思想与拥有不同民族的罗马帝国相当契合：这样一些观念为某种程度的宽容提供了基础——如果不总是一种现实的话，至少是作为一个理想。

在一定意义上，罗马的斯多葛学派有一种对于集体责任的普遍理解，而这在希腊人那里基本上是阙如的。斯多葛学派提倡一种世界主义的团结和人性。所有的人们被认为都参与了一种宇宙-逻辑的和道德的整体，他们对此具有一种宗教的信仰。但是，这样一种世界主义的博爱的理想，也可以被诠释为一种在理论上克服罗马帝国的缺少密切关系的状况的努力：从伯利恒到罗马相距千里，从个人到皇帝也相距千里。为克服这种距离，斯多葛学派在个人和宇宙之间建立起和谐。他们谈论那种既在上帝之中也在人类之中的火焰，这火焰因此确保人的博爱。

斯多葛学派还谈论一团隔一段时间——比如在哈米吉多顿(世界末日善恶决战的战场)——就毁灭万物的火焰，在此之后世界就重新开始，但这新世界重复先前世界中发生的事情。这种世界持续到一团新火将它吞噬为止；这个过程重复自身，不断有新世界，也不断有新火焰。斯多葛学派因此对世界历史持一种**循环的**观点。世界并不是线性地行进——或者向上、或者向下——而是**循环地**行进。任何事物都像四季那样重复自身。这些关于火的宇宙论观念的作用可能是为斯多葛的人生哲学作辩护。如果万物都重复自己，就无法来改善这个世界。我们只能尽可能好地忍受。一个人是皇帝，另一个人是奴隶，我们对此均无能为力。我们只能尽可能有尊严地扮演分配给我们的角色。因此，这样一种循环的历史哲学可以是宿命论的、反革命的。但这并不严格地如此。如果这个循环包括这样的观念——我们在某一时刻进行反抗或从事社会改良——又会怎样呢？在有些罗马斯多葛学派成员中，至少是有一丝社会改良的愿望的。犬儒派干脆认为，人们虽然是平等的，但对此什么办法也没有；与犬儒派相反，这些斯多葛学派成员认为，每个人原则上都是法律面前彼此平等的，但并非在实际上彼此平等：平等现在并不存在，但它是一个目的。人法和仁政是用来实现该理想的手段，假如这在一定程度上是可行的话。

自然法和罗马国家的法律显然并不是同一，在这里也存在着社会批判的一粒种子。在字面上普遍的东西（帝国的法律）和理想中普遍的东西（自然法）之间的这种二分，成为皇帝和教皇之间的区别的理论基础，如我们后面将看到的那样。作为一门独立学科的法理学，可以说就是由罗马的法学家们所创立的，而这些法学家的倾向总的来说接近于斯多葛学派。

我们前面提到的所有思潮，有时被称为“苏格拉底学派”，因为它们以各自的方式继承了苏格拉底的遗产。他们分享同一个苏格拉底式的观点，即美德就是幸福，而且美德在某种意义上说是可以学会的。如果我们坚持我们前面指出的那种诠释，并说这些思潮都设法回答一个人的幸福如何确保这个问题的话，那么我们或许能得出结论说，这些人生哲学中没有任何一个是有一个令人满意的答案的。他们的答案有些预设了物质财富，而在古代，富裕的人相对很少。所有的答案都反映了这样一个共同观点，即人们并不总是能够逃脱不幸的：即使最坚定的斯多葛学派者，也并不总是有办法在遭受痛苦的致死的疾病的时候感到幸福。在这种意义上，这些学说中没有一个是能够确保一个人的幸福的。这也是古代后期颇得支持的结论：人为了人所创立的种种人生哲学学说，无法实现他们所许诺的东西。那么如何确保幸福？其答案近在咫尺：那就是通过超自然的手段，亦即通过宗教。在古代末期前后，宗教的追求日益高涨。

第四节　新柏拉图主义

新柏拉图主义设法满足希腊化时期所出现的那种宗教追求。新柏拉图主义把个人放在一个较大的宇宙图景之中，把恶描绘为一种缺失，一种非存在，把身体（物质）看作是非存在，把灵魂看作是存在。其目标是把灵魂从它的肉身框架（身体）中解放出来，这样个人灵魂就可以体验与世界灵魂的无所不包的合一。生活在埃及的亚历山大港的普罗提诺（Plotinus，公元 205—270）提出对柏拉图主义作一种偏离二元论的理念论的诠释，而把宇宙设想为一个由光明和黑暗所构成的等级关系。宇宙的核心据说是不可表达的“太一”，它是我们通过自己的理性能够接近但无法描述的：它是宇宙的最终基础。它将存在投射到万有，像光源一样以这样的方式照亮周围：光线随着它从光源辐射出去而逐渐减弱，直至消失在黑暗之中。这个辐射（或流射）学说意味着作为精神性最终基础的存在是最有力量、是持有万物的力量中心，而物质则被设想为非存在。因此这是一个等级结构，从非物质的不可言传的终极基础（太一），往下到越来越物质的可朽的现象。人类通过其精神本性可以寻求接近这种终极基础。但作为一种肉体存在的人分享了物质的非存在。因此在灵和肉之间有一种紧张。但人类可以寻求接近这终极基础。其目标是灵魂与来自太一（终极基础）的光的力量合二为一。这种合一无法用命题来表达。因此这是一种不可言传的合一，一种神秘的合一（*unio mystica*）。

新柏拉图主义把注意力集中于超自然的力量。但它毕竟是一种**学说**，而不是一种**生活**——即使新柏拉图主义被人体验为一种具体的实在。但只有在基督教那里，由于其关于一个活生生的人格化的神和一个救赎天堂的信息，大批人的宗教追求才找到满意的答案。在 4 世纪，基督教成为罗马帝国的官方宗教。古代渐行渐远，基督教的中世纪则站在门口了。

第五节　怀疑论

古代的怀疑论，比如皮浪（Pyrrho，公元前 360—前 270）、卡尔尼亚德斯（Carneades，公元前 213—前 128）和塞克斯都·恩披里柯（Sextus Empiricus，公元 200），主要关心认识论问题；一般来说，他们倾向于对认识论上的真和正当的问题采取一种谨慎的或消极的观点。这样他们便属于希腊智者学派的认识论传统——就好像伊壁鸠鲁主义者与斯多葛学派采纳和进一步发展了苏格拉底的道德哲学传统一样。

但是，在认识论的意义上，怀疑论是一种含糊的概念。[8]比方说，区别这样两类怀疑论者可能是有帮助的：一类怀疑论者直接或间接地主张我们无法认识任何东西(参见我们对高尔吉亚的诠释)，一类怀疑论者并不主张我们无法认识任何东西，而主张不停地探索而不采取一个立场(希腊语：*sceptikos*，意为“探究者”)。我们将概要地介绍对来自希腊化时期的怀疑主义的一些重要的怀疑论论证的现代诠释。

“感官并不提供给我们确定的知识”

一个人从世界上的对象所得到的感觉印象不仅依赖于对象，而且依赖于那对象与具有那感觉经验的人的关系(比如距离)、感官的状况，以及具有那感觉经验的人的一般状况(那人是醒着还是睡着，是头脑清晰还是喝醉了酒，等等)。[9]

我们承认这些问题，因为我们的感官有时候“欺骗我们”，比如在各种情绪状况、各种视角和距离、各种形式的介质条件，如水、雾、蒸汽等等。所有这些都影响我们的感觉印象。而且，在诸个体之间还有各种知觉差异；对一个个体是甜的冷的，对另一个个体可能未必如此。

古代怀疑论者强调我们永远也不可能从这些困难中摆脱出来：它们原则上适用于我们对外部对象的所有经验。不可能有通往对象的中立的通道让我们摆脱这些困难与知觉到这些对象的实际状况。或者，换句话说，没有任何权威担保说一个感觉印象忠实地反映现实，说它确实符合上述对象。

多数人通常同意说他们对所给定的事物具有类似的感觉印象，在怀疑论者看来，这并没有解决那些认识论问题：我们没有担保说每个人都没有出错。而且，要知道人们说他们正在知觉到同样对象的时候他们是不是指的同样的事物，这常常是很困难的。

劝人在观察中要不偏不倚，这固然很好。但是这并不使我们走得远些，因为它并不触及那些基本的困难，即使这样一种不偏不倚的态度在实践中是有好处的。根据这种怀疑论论证，基本的认识论困难是一种感觉印象永远是以各种不同的方式影响结果的诸种因素的结果，而不仅仅是来自对象的一种纯粹而未受影响的信号。换句话说，人类要认识一个对象的真实本性是无能为力的。我们没有办法去获得那种能使我们摆脱这个两难的知识。真实的感觉印象和虚假的感觉印象之间的区别因此是成问题的；也就是说，感官并不把我们引导到真实的确定的知识。

有必要指出，怀疑论者好像并没有用这个论证来表示，我们在自己的日常生活中也应当忽视感官所告诉的一切。要生存，我们就必须在实践中重视我们的感觉印象。怀疑论者认为我们应当拒绝的是这样一种信念，即认为我们的感官给我们以有关世界的确定的知识。盐的味道是咸的（对多数人来说）和火是灼人的（对几乎所有人来说）这样的观察把我们引向一种主观的确定性，但这并不给我们以权利就一个对象之真实本性作任何主张。

“归纳不是一个有效的推理”

归纳是这样一种推理，它从一个有关某一种类之*有限*数目的事例中的属性的陈述，推论出这种属性适用于这个种类的*全部*事例：“观察迄今为止的45 987例骡子全部都是灰-棕色的；因此，所有骡子都是灰-棕色的。”但是这不是一个很有说服力的推理，因为并没有担保说一种其他颜色的骡子将来不会出现。因此，归纳导致的结论，其强度可能超过所得到的担保。也就是说，归纳不是一种有效的推理。

“演绎并不产生新知识”

演绎是这样一种推理，它从一组给定的陈述（前提）出发，借助于确定的规则，推论出一个特定的陈述。如果所给定的陈述是真的，如果演绎规则是有效的，那么所推出的那个陈述就是真的。如果我们知道所有人类都能说话，并且知道苏格拉底是一个人，我们就能得出结论说苏格拉底能说话。但这并不把我们引向新的知识。演绎说不出任何相对于已经蕴含在前提之中的东西而言的新东西。在这种意义上，演绎是缺乏新意或同语反复的。或换一种说法，如果我们能支持说所有人类都说话这个主张的话，我们一开始就必须确认所有人类，包括苏格拉底在内，真的都能说话。如果我们能够支持这样一个全称陈述（“所有人类都能说话”）的话，我们就已经把苏格拉底包括在内了。因此，在所推论出的那个主张（“苏格拉底能说话”）中，没有任何新的东西。

“演绎不能证明它们的前提”

所有演绎都把其自身的前提（以及演绎规则）当作不成问题的。所证明的总是那个推论出来的陈述，而不是那些前提。当然，这样一个前提原则上可以作为一个新的三段论推理的演绎而加以证明。但这样一来，就有一些新的前提作为这种演绎的组成部分，这些前提本身在这个演绎中是未经证明的。

这意味着，我们这里有一个“三难”：我们或者进行一个证明前提的无限过程（“无穷倒退”），或者进入一个逻辑循环（“恶性循环”），或者在一个逻辑上任意的地方打破证明（“抉择主义”）。对演绎结论来说不存在其他的可能。因此，归根结底没有任何基本原则是可以用演绎的方式来证明的。[10]

“互相冲突的意见具有同样好的理由”

此外，像毕达哥拉斯一样，古代的怀疑论者认为我们的一些涉及范围更广的意见，比如那些关于政治问题和社会问题的意见，具有这样的特点：相互冲突的观点却具有同样好的论据加以支持和反驳。一个意见与另一个意见同样有根有据。意见部分地是各种习惯和习俗（传统）的表达，而不是真实洞见的表达。

总之，我们可以说怀疑论的批判指向感觉经验，指向归纳和演绎的有效性，其意思是说，我们无法对外部事物或普遍原则（普遍主张或预设）具有确定的知识。这些批判走得多远，不同的怀疑论者有不同的情况。被认为是怀疑论创始者的皮浪认为，对知识之可能性的反对是无所不包的，以至于惟一站得住脚的立场是避免采取任何立场。其他一些人，像卡尔尼亚德斯，则更重视澄清不同程度的洞见。

怀疑论者说知识是不可能的，这个极端主张是自挖墙脚的。这样一个立场显然是不自洽的。极端的怀疑论者因此是自相矛盾的，是站不住脚的。所以，在诠释怀疑论时的一个重要问题，是他们实际上主张的到底是什么：他们怀疑的范围在多大程度上是无所不包的、绝对的？在什么意义上它采取了一个声称是真的却未经证明的陈述的形式？

或许我们可以对怀疑论者的观点作这样的诠释：出于实践的理由，他们是根据他们的感觉印象和通行意见而生活的，但对于这些意见和印象的可能的真理性，他们却不采取一个立场，就好像有些学生，他们在学习一些课程，但他们却不问写在那儿的东西是不是真的。因此，怀疑论的观点是：当我们对各种陈述是否为真避免采取一个立场时，我们是对的。怀疑的人对一个观点是真还是假既不肯定也不否定。他们只满足于观察而不作出判断。

当其他哲学家断定某物的时候，怀疑论者对这种断定加以否定，这并不意味着他们作了别的断定。他们满足于表明，主张这个问题上的真的、确定的知识，是成问题的。他们设法表明，对该问题作任何断定都是成问题的——而他们自己并不对该问题采取一个立场。但避免采取一个立场这个洞见怀疑论者是从哪里得来的，这个问题仍然存在。这是不是一个真的、有效的洞见呢？

如何对怀疑论者与这个问题的联系作最好的说明，对此我们且撇开不论，但他们似乎认为，他们关于人类生活是有重要的话要说的。比方说，如果宗教信念导致了焦虑和不安，怀疑论者就劝告说，对这样的事情我们无法确定地知道任何东西，因此我们不应该再操心这些事情。一种怀疑的态度因此应该给一个人以心灵的安宁。斯多葛学派通过摆脱外部需要找到了一条通往幸福和心灵安宁的道路，伊壁鸠鲁学派通过深思熟虑的快乐找到了同样的东西，同样，怀疑论者寻求摆脱信仰，摆脱形而上学的和宗教的信念：既然我们基本上不知道任何东西，因此任何东西都是同样有效的，没有任何东西应该搅乱我们的心灵安宁。

皮浪采取一种更为激进的怀疑论立场——我们无法知道任何东西；而卡尔尼亚德斯，则提出这样一种怀疑论，它是一个有关知识之程度的学说，或有关或然的东西的学说，即一种带有某种经验论色彩的“或然主义”。虽然卡尔尼亚德斯认为我们缺少用来确定一个命题之为真的标准，但他认为我们仍然可以对一个陈述的命题内容的或然性作出评价。比方说，当我们拥有许多不同的但彼此融洽的感觉印象来支持我们对一个现象的看法的时候，我们接受这种感觉的理由就要强于接受那些相互冲突的感觉印象。我们拥有的相互融洽的感觉印象越多，我们的整个观点的或然性就越高。相应地，不同观察者的印象之间的融洽，也将使一种观点比在不同观察者具有相互冲突的印象的情况下具有较高的或然性。

随着相互融洽的印象——一个观察者的和不同观察者的印象——的数量越来越多，复合而成的图景就将显得或然性越来越高——尽管我们无法相信这个观点给出了一幅有关世界的真实图景。在实践中，这仍然是足够的，就如一位法官对若干证据如何相互融洽的状况进行评价，因而为作出一个判决提供一个充分的基础：即使我们没有找到真理，我们还是能够对一个判决的依据进行评价。

从这种强调或然性的温和的怀疑论出发，可以比较方便地达到这样一种明智的行为：系统地搜集新的信息，对所搜集的材料中的和谐与不一致进行系统分析。从这里到经验的研究只有一步之遥。但卡尔尼亚德斯好像并不想走得那么远；他的建议不过是对给定的信息进行检验。希望或认为有必要系统地搜集新的信息，这样的念头好像没有在他的头脑中出现过。但在卡尔尼亚德斯那里，我们仍然看到他是在强调，根据经验和自洽性而不断检验陈述的或然性是非常重要的。我们用来改善实用知识的手段就在这里，即使事物的真实本质不为我们所知。

我们提到，古代的怀疑论的根基在于智者学派。在此之后，怀疑论出现在不同环境之中，比如在中世纪初的神学家兼哲学家奥古斯丁、近代之初的唯理论者笛卡儿、经验论者洛克和休谟那里。

第六节 古代的科学和其他学科

我们提到过，哲学和科学的分界线在古代并不是固定不变的。到现在为止我们强调的基本上是哲学的贡献。但在本节我们将强调在这个时期某些核心的科学分支的建立和发展。出于实际考虑我们只能对这些科学提供简短的考察。

历史编纂学

在思辨的宇宙论传统——它倾向于寻求不变之物——中，我们看到有历史学家希罗多德(Herodotus，公元前484—前425)和修昔底德(Thucydides，公元前460—前400)。他们对经验的强调更甚于对思辨的强调，并把可变者当作研究的对象。

希罗多德和修昔底德研究那些根据其时间和地点来界定的事件，与通常没有时间定位和地理定位的神话事件(“很久很久以前……”)相反。希罗多德和修昔底德为过去的暂时性事件寻找相对可以证明的原理，比如心理因素和国家间权力之争。当然，神祇也进入希罗多德所作的描绘之中，尤其是以命运的形式，作为我们在谈论历史事件时必须考虑在内的不可预见的东西。

在所有这一切中，希罗多德和修昔底德都属于那种向着科学的思维方式的转向。与多数希腊自然哲学家相反，他们把暂时的东西和可变的东西看作是一个有价值的研究领域，因此成为强化经验的、科学的理想方面的核心人物。他们强调观察和对现存的、可变的实在的描述，而反对就所有变化背后的不可变之物作理性的、但常常是站不住脚的思辨。

医 学

考虑到前苏格拉底的自然哲学家的思辨，我们可以说希波克拉底(Hippocrates，公元前460—前375)是在提倡一种医学中的经验科学的理想，就好像希罗多德和修昔底德在历史编纂中所主张的立场一样：强调观察和实践经验，而不是强调思辨。因此，希波克拉底属于古代的一种注重事实的、以经验为基础的倾向。今天希波克拉底最为人所知的是他提出了以他命名的医学伦理规范，即希波克拉底誓词：

> 仰赖医神阿波罗·埃斯克雷彼斯及天地诸神为证，鄙人敬谨宣誓愿以自身能力及判断力所及，遵守此约。凡授我艺者敬之如父母，作为终身同业伴侣，彼有急需我接济之。视彼儿女，犹我兄弟，如欲受业，当免费并无条件传授之。凡我所知无论口授书传俱传之吾子，吾师之子及发誓遵守此约之生徒，此外不传与他人。
>
> 我愿尽余之能力与判断力所及，遵守为病家谋利益之信条，并检柬一切堕落及害人行为，我不得将危害药品给予他人，并不作该项之指导，虽有人请求亦不与之。尤不为妇人施堕胎手术。我愿以此纯洁与神圣之精神，终身执行我职务。凡患结石者，我不施手术，此则有待于专家为之。
>
> 无论至于何处，遇男或女、贵人及奴婢，我之惟一目的，为病家谋幸福，并检点吾身，不作各种害人及恶劣行为，尤不作诱奸之事。凡我所见所闻，无论有无业务关系，我认为应守秘密者，我愿保守秘密。尚使我严守上述誓言时，请求神祇让我生命与医术能得无上光荣，我苟违誓，天地鬼神实共亟之。[11]

这份誓词已经成了一个经典文本。它显示了对医生和患者之间、医生和社会之间的关系的一种反思的、道德的观点。而且，它还显示了希波克拉底所代表的那种医学实践中的谨慎精神：医生不应该操起刀来马上就动手术。对希波克拉底来说，一个医生首先应该是一个开方施药的医师，而不应该是猛烈干预的人。在此背后的是这样一个观点：应该与自然合作，而不应该与自然为敌。目标是通过刺激自然自身的过程来恢复自然的平衡与和谐。如果这对我们今天看来过于消极了，那么我们可能有必要作两点澄清。首先，由于消毒和技术设备等因素，外科手术在古代比在今天要危险得多。其次，希波克拉底对自然持一种与亚里士多德类似的观点。万物都寻求其自身的位置，而包括心灵和肉体两个方面的人类所寻求的就是健康。也就是说，他们寻求对自然功能和自然能力的调节，以及和谐的平衡。在此过程中医生能做的是充当一个在饮食和生活方式方面的顾问，而不仅仅是医师，因为要保持良好状态的是“整个”人。

希腊外科医生从事解剖，甚至活体解剖（在死囚身上），由此来改进他们的解剖学知识和生理学知识：使他们能够更详细地描绘内部器官，发现器官之间的功能关系；比方说，把眼睛、视觉神经和中枢神经系统连接起来的关系。如果我们不仅要描绘各种疾病的进程，不仅要结合外部症状的观察进行药物实验，而且要解释事情是如何发生的，这样的知识是必不可少的。

盖仑（Galen，公元130—200）是希波克拉底的一个追随者，也是一位亚里士多德主义者。他也强调自然事物追求着和谐，医生要小心翼翼地在这个过程中提供帮助。盖仑反对那种把物质性的原子看作是自然的基本元素的理论。在他看来，这样一种观点误解了生命的过程。因此，他拒绝以德谟克利特和伊壁鸠鲁的自然理论为基础的那个医疗概念。盖仑后来享有盛名，直到文艺复兴时期结束之前他一直是医学方面的一个权威。

在盖仑的时代，人们认为身体的物理状态受各种体液的平衡关系的支配。根据这个观点，他设法用这种关系的不平衡来对各种气质作理论的解释：多血质的人有太多的血（拉丁语：*sanguis*），粘液质的人有太多的粘液（希腊语：*phlegma*），胆汁质的人有太多的黄胆汁（希腊语：*chole*），忧郁质的人有太多的黑胆汁（希腊语：*melaina chole*）。这里我们看到的是关于平衡与和谐的典型的希腊观点。

法学

从智者和苏格拉底、一直到柏拉图和亚里士多德，以及整个斯多葛学派，法律思考都居中心地位。这适用于有关法律之来源和辩护的一些基本的理论问题：法律有一个普遍有效并且有约束力的基础呢，还是法律最终只是强力和传统的表现？我们已经追溯了从色拉叙马霍斯和苏格拉底到斯多葛学派的自然法理论的这场争论。后面我们将进一步关注这种讨论的延续，经过中世纪的基督教神学一直到现代对此问题的各种研究方式。

属于对法律的进一步理论思考的有像在伊壁鸠鲁主义那里的对效用计算的汇编；这种方法讨论的是法律决定的种种效果。这是一个后来在功利主义传统中由边沁和密尔这样的思想家所研究的问题，这些思想家渐渐设法获得社会洞见以用来判断法律是否发挥其应有的功能。此外，在古代对法律的理论反思中，还有对什么样的条件导致社会衰落的各种讨论，通常是以受有关成长、发展、成熟、衰退和解体的生物学启发的理论的形式。例如，在亚里士多德和柏拉图那里我们就找到这些关于衰落和没落的理论。这些作者提供了关于有些社会中的发展的种种观察，以及关于应该采纳什么样的法律和其他步骤来影响这个过程的经典讨论。

值得记住的是希腊人是如何介入政治领域和法律领域的。同样值得记住的是许多一流的罗马的斯多葛学派者是政治家，拥有对于法律制度的第一手知识：马可·奥勒留是皇帝，塞内加是元老院议员，西塞罗是许多层次上的政治家。罗马法后来成了欧洲法律的基础。罗马法之所以如此发达，不仅仅是因为它的理论遗产，而且是因为罗马人设法为具有许多不同民族群体和文化群体的整个帝国创造了一个公共的法律制度。要为这样一个多样的社会创造一个共同的法律制度（而不主张文化归顺），我们就必须提高抽象的层次，提出可以成为每个人的公分母的普遍规则。

因此，我们可以说，法学发展成了一门职业化的、规范性的诠释学（希腊语：*hermeneuein*，意为“诠释”）；也就是说，一群职业人员被训练来根据普遍的、规范的法律和规则来判决具体案子。这样，教育不仅仅涉及有关成文法的知识（一个好的社会是如何建立的），而且涉及承认一个新案例为一特定种类的案例（它受一特定法律的支配）所必需的实践判断。亚里士多德在讨论伦理学和政治学时所提到的就是这种实践智慧；也就是说，一种根据继承下来的、政治上得到许可的法律观点来诠释法律的能力。

数 学

从毕达哥拉斯到柏拉图，我们已经看到数学的思维方式在哲学中是怎样具有核心意义的。对柏拉图的理念及其存在的反思，可以很正当地被看作是对一些基本的数学问题的反思。这个争论从这些希腊哲学家开始，延续到中世纪关于共相的争论，一直到我们的时代。客观知识、有效演绎和证明的问题也是数学中的基本问题。

希腊数学家们，比如毕达哥拉斯，提出了一个对他们的陈述进行“证明”的概念，也就是这样一个数学证明的概念，构成这种证明的是从自明的公理出发的逻辑上正确的演绎。通过提出这个概念，他们就是为了使人重视数学的形式方面和演算方面。一个公理-演绎系统，是由公理、演绎规则（推理规则）和借助于这些公理和规则而获得的被证明了的陈述（定理）所构成。

大约公元前300年生活在亚历山大港的欧几里得（Euclid）写了一本数学教科书，其理论基础直到近来一直是这门学科中根本性的内容。牛顿在他的物理学中运用了这个体系，笛卡儿和其他哲学家用这个推理体系作为严格思维的模型。

物理学和化学

我们已经看到，早期自然哲学家们是如何提出一些导致了机械论的原子论（德谟克利特和伊壁鸠鲁）的概念的，而原子论在后来对文艺复兴时期的实验的和用数学表述的自然科学的确立中产生了很大影响。但是在古代，这个理论在多数人看来是过于思辨了。它所谈论的毕竟是我们无法知觉的东西。因此，公认的观点是亚里士多德的自然观；这个观点的主要优点，在于它对我们所经验到的自然界的描述性视角，在于它那重视物种和环境之间相互作用（在一个非进化论的语境中）的生态论视角。

因此，希腊人为后来在现代经验自然科学之确立中起关键作用的许多概念提供了基础。现在回过头来看，我们可以说他们缺乏实验的方法。但这种说法不完全正确。比方说，阿基米德（Archimedes，公元前287—前212）的确是做了科学实验的。他出生在西西里的希腊城市锡拉库萨，但在亚历山大港学习。他尤其以液体的浮力原则而著名。有意思的是，阿基米德与此同时兼任技术发明家或工程师。智力工作和实践工作之间的如此密切的关系，在古代是非同寻常的，因为在那时体力劳动——它大部分建立在奴隶制的基础上——是被人看不起的。阿基米德还是一位伟大的数学家，他在那个领域的成就大概比作为一个物理学家更领先。或许他是一位比欧几里得更重要的数学家，阿基米德的工作实际上是建立在欧几里得的工作的基础上。当罗马军队在公元前212年攻占锡拉库萨时，阿基米德正埋头思考他在沙盘上画的一些几何图形。当几个罗马士兵走来时，他愤怒地斥责他们说：“别踩在我的图形上！”这些士兵的答复，是把他给杀了。

天文学

天文学的研究，从希腊自然哲学一开始就进行了。我们提到过泰勒斯预言了一次日食。我们还提到过毕达哥拉斯赋予天体间和谐的那种意义。在亚里士多德那里，我们看到一个充分发达的世界观念，其中，诸天以其球体和独一无二的规律而拱悬于万物之上。“天上的东西”是在“地上的东西”之上的，不仅在空间上是这样，在性质上也是这样。这里我们看到的是观察和思辨的一种混合。但在借助于恒星和行星来确定航行方向的航海者、关心测时和历法的人以及占星术士那里，天文学还有很强的实用利益的成分。

大约晚于基督100年之后生活在亚历山大港的托勒密(Ptolemy)，将当时可以得到的大量天文学知识——其基础是对地球、恒星和行星的一种亚里士多德主义看法——加以系统化和完善化。也就是说，他提出了一种**地心说的**世界观。这个宇宙模型把地球当作中心，从地到天包括质上不同的等级结构；到中世纪以后哥白尼和开普勒出现为止，这个宇宙模型一直占统治地位。

但值得指出的是，日心模型在古代已经有人提出了。生活在公元前大约270年的阿里斯塔克(Aristarchus)提出地球是一个球体，围绕太阳旋转。这个理论遭受的命运与德谟克利特的原子论一样：在它自己的年代，它被认为是过于思辨了。它似乎是与我们对于围绕我们旋转的恒星和行星以及一个不动的地球所具有的直接经验相矛盾。不接受日心说还有理论上的理由：亚里士多德主义在那时具有强有力地位，它教导说，主张地球在运动是毫无意义的，因为万物的自然运动都是相对于地球而进行的。因此，当哥白尼开始与地心说世界观进行斗争时，对亚里士多德主义同时提出质问也是必不可少的。最后，中世纪的基督教神学后来卷入了争论，因为教会相信地心说是

《圣经》的观点。因此，文艺复兴时期关于天文学的争论尤其激烈，因为它威胁了既定的宗教信念。

语文学

希腊人从他们对早期作品的热烈讨论中形成了诠释文本或诠释学的非凡能力。这样，亚里士多德在他自己的诠释中经常提到早先的哲学家们。渐渐地，随着时间的流逝，对古典文本进行编辑、分类和阐释的需要增加了。这发生在亚历山大港，在那里建立了一个大规模图书馆。像亚里士多德的著作这样的文本被人编辑，语文学阐释得到发展。亚历山大港成为一个教育中心。

大约生活在公元前25年—公元45年的犹太哲学家斐洛(Philo)，是那些设法在各种传统和语言之间——尤其是在希腊哲学和希伯来《旧约》之间——进行沟通的人之一。我们后面(第六章)将看到，基督教神学是如何产生于沟通希腊哲学和基督教对《圣经》的诠释以及伊斯兰对《古兰经》的注释的需要的。值得指出的，那时通行的不仅有希腊语，而且还有拉丁语、希伯来语，最后还有阿拉伯语。从古代一直到中世纪，这些都是用于教育的语言。当大学在中世纪建立起来的时候，用于教育的语言在西方是拉丁语，在南方是阿拉伯语，在东方是希腊语。作为古代语文学活动的一部分，我们还可以提及语法领域的一些进展。此外，修辞学方面也有成就，尤其是亚里士多德的工作。

古代的女科学家

妇女在古代被排除在哲学和科学活动之外，除了少数例外，比如伊壁鸠鲁学派。但在亚历山大港的学术中心，却出了一位著名的女科学家，名叫希帕蒂亚(Hypatia，公元370—415)。她是一位精通数学和天文学的柏拉图主义哲学家。以其学识和其他智力活动而著名的她，在一个暴乱时期去图书馆的路上被人杀害。对于亚历山大港作为一个学术中心来说，因而对古代的整个精神生活来说，这是一个转折点的标志。原有的建制处于颓败之中，学者们开始流落他乡。古代，或旧时代，过渡到我们后来学会叫做中世纪的那个时期，也就是说：处于旧时代和新时代之间的时期。

思考题

1. 请说明伊壁鸠鲁和斯多葛学派的基本道德概念。对这两派道德哲学进行比较，指出它们的相似点和不同点。
2. 怀疑派讨论了哪些问题？我们能怀疑一切吗？
3. 请说明新柏拉图主义（普罗提诺）的主要思想。

进一步阅读的建议

原始文献

Marcus Aurelius, *Meditations*, Ware, 1997.

Marcus Tullius Cicero, *Selected Letters*, Oxford, 1925.

二手文献

Barker, E., *Social and Political Thought: From Alexander to Constanine*, Oxford, 1956.

Brehier, Émile, *The Philosophy of Plotinus*, Chicago, 1978.

Gerson, Lloyd P. (ed.), *The Cambridge Companion to Plotinus*, Cambridge, 1996.

Næss, Arne, *Scepticism*, Oslo, 1969.

原著选读

塞内加：《幸福而短促的人生——塞内加道德书简》

（选自《幸福而短促的人生——塞内加道德书简》，赵又春、张建军译，上海三联书店 1989 年版）

……不要让死亡的思想来烦扰你，一旦我们摆脱了对于死亡的恐惧，就什么都不可怕了。每种疾病都是在三个方面使人心烦意乱：害怕死亡、肉体痛苦和快乐中断。关于第一个方面，我已经说得够多了，但还想说一点，那就是对死亡的害怕是由自然事实引起的，而不是根源于疾病。疾病实际上给了许多人以富有希望的新生，他们都曾经有过死亡的经验。你一定会死，那不是因为你身体有病，而是因为你活着。你的疾病痊愈以后，死亡的结局仍然在等待着你。恢复健康，这使你逃避的是某种疾患，而不是死亡。

注释

[1] 自在价值（value in itself）："autotelic"，希腊语：*auto*，意为"自身"；*telos*，意为

“目的”。

[2] 法律和惯例具有“外在目的的”价值；也就是说，它们之所以具有价值，*telos*，是因为被当作达到其他某个作为目的本身的东西的手段。

[3] 在18世纪末，功利主义者杰里米·边沁提出一个方法来评价各种不同的快乐。我们在第十三章讨论边沁时将回过头来讨论这个问题。

[4] *Quaestiones naturals* Ⅲ, praefatio.

[5] 中译本中的“法律”、“法则”、“规律”都是根据不同语境对同一个词 law 的翻译。为了同时表明中文的“法律”和“规律”这两层意思——在英文中“自然法”和“自然规律”常常是用同一个词表达的——译文通常采用“法则”这个词。——译者

[6] *De legibus*, Ⅱ, 5.

[7] Cicero, *De re publica*, translated by C. W. Keyes(Loeb Classical Library, Cambridge, MA, 1928), Bk Ⅲ, xxii.

[8] 参见 Arne Næss (*Scepticism*, Oslo, 1969, pp. 2—7)。Næss 从古代怀疑论内部的讨论出发，把那些陈述并捍卫一种怀疑论立场的人称为“学园派”，把那些不做这样的主张但继续其哲学探讨的怀疑论者称作“怀疑派”。Næss 对皮浪的讨论(依据塞克斯都·恩披里柯)是对后一意义上的怀疑论的讨论。

[9] 我们在德谟克利特(以及毕达哥拉斯)那里看到相应的论证：一个人对外部对象的感觉经验之发生，是通过居间原子从对象出发向人的感觉器官发射。但是因为我们对外部事物的所有认识均依赖于发生于感觉器官中的感觉印象，所以我们无法保证感觉印象提供了关于外部对象的精确报告。当然，来自对象的印象和感觉器官的状态，这两者都是感觉器官中的感觉印象所依赖的。

[10] 但这难道不是一个值得注意的陈述吗？参见反思的(自我指涉的)论辩(第十四章，先验知识，第二十四章，汉娜·阿伦特)。

[11] 希波克拉底誓词，美国医学联合会出版。中译文引自北京大学医学部的网页《国内外医学伦理学经典文献》(http://www.bjmu.edu.cn/xueyuan/shelunli/2.htm)。

第六章
中世纪

第一节　基督教和哲学

罗马帝国在公元4世纪陷于四分五裂。公元400年前夕，基督教成了它的主导宗教。5世纪，日耳曼部落大举入侵，西罗马帝国奄奄一息。古代时期告终而中世纪时期开始。[1]我们将先看看基督教成为罗马帝国的占统治地位的宗教之后所发生的一些变化。然后我们将看一下从罗马帝国到中世纪社会的过渡时期所发生的一些变化。我们说过，希腊化-罗马时期的社会状况可能导致了某种政治懈怠和对理论哲学的兴趣索然。哲学尤其转向关注个人的伦理问题。但是在古代后期，人们感到这种人生哲学是不够的，许多人开始寻求一种*宗教*的回答。新柏拉图主义，在某种程度上还有后期斯多葛学派，就表达了这种复苏了的宗教追求。基督教的生长遇上了合适的土壤。

基督教的感召是面向*每*个人的。它向每个人都宣示*希望*。每个人都有希望，而不管政治上怎么无能为力、物质上怎么苦难重重，也不管品行怎么不良、性格怎么软弱。我们的生活是一个激动人心的历史过程的一部分，在这个过程的终点，我们可以期待此世生活的苦难和不公会受到补偿。最重要的，是有一位天父，他能够将仁慈和拯救一视同仁地施派给有罪的人和虔诚的人。

对第一批基督徒来说，与希腊士人的遭遇是在以下情况下发生的。这些士人受到希腊哲学和希腊化时期的哲学的教育，他们所生活于其中的概念世界与《圣经》的概念世界截然不同。基督徒们该如何回应这些士人？他们应该设法把《圣经》“翻译”成这些士人的语言，以便使这些士人转信基督教呢，还是应该将整个哲学贬斥为异教徒的愚妄，并也用《圣经》的语言对这些士人讲话？

因此，这里有两种不同的策略。用今天的话来说，第一种策略可以称作“天主教的”（信仰加上传统）。这种策略承认哲学传统也是由上帝创造的。基督徒因此也应该对这个传统作正面的回应，而不能惧怕借助于哲学来表达基督教信仰。我们可以把第二种策略称为“新教的”（惟有信仰）：它主张，基督教的真理是在《圣经》中，而且只有在《圣经》中才能找到的，而这个真理切不可被像希腊哲学那样的异教传统所玷污。后来的情况表明，第一种策略更为有效，其结果就是一种基督教神学，它设法借助于希腊哲学和希腊化时期哲学来使《圣经》启示为人所理解。这样，基督教神学问世的形式是护教学；也就是说，是面对当时非基督徒士人的种种反对而为基督教所进行的辩护。最初出现的主要是基督教与新柏拉图主义的综合，虽然晚期斯多葛学派也起了作用。这个神学综合在大约公元300年到1200年期间占主导地位，覆盖了中世纪的大部分时期。在13世纪，亚里士多德被西基督教世界重新发现，因而出现了基督教与亚里士多德主义的综合。这个神学综合后来成为罗马天主教会的主导哲学。

在中世纪，哲学和神学是声称导向真实洞见的学问的两个主要分支。我们今天所说的自然科学，在中世纪后期之前的欧洲文化中几乎是不存在的。在这个时期，信仰和理性的关系因而就很自然地成为一个中心问题。哲学和神学这两个学科必须找到一个相对于对方的位置：哪些问题属于哲学，哪些问题属于神学？哲学和神学在中世纪的密切关系，常常被说成似乎是神学把哲学紧紧拴住了；也就是说，哲学似乎是“受害者”。但是我们完全也可以反过来说，说是希腊和希腊化时期的哲学破坏了神学（基督教）：神学学说（教义），比方说三位一体说和灵魂高于肉体说，是用一种适合于希腊化时期

（新柏拉图主义）哲学家的语言提出的。但是即使在人们停止用这种新柏拉图主义进行思考之后，神学仍然受这种哲学术语的约束。因此，神学和哲学之间这种共存的结果，倒是神学"深受其害"了。

我们的任务不是去确定谁"征服了"谁。相反，需要警惕的倒是对命运的历史判决作道德化评价，因为那样的话我们会很容易忽视事件之中的历史"必然性"。我们能够提出的毋宁是这样一个问题：基督教带入哲学环境和思想环境的新观点是什么？简单地说，有如下一些新概念：

1. 一种人类中心论的人类观
2. 一种线性的历史观
3. 一种把上帝当作一个位格和一个造物主的上帝观

希腊哲学家们多数把人类看作天地中诸多造物中的一种；人当然是一种高级的造物，但仍然不具有独一无二的地位。岩石、泥土、草木、鸟兽、人类和神祇——所有这些东西，都存在于同一个有限的宇宙之中。在基督教中，情况就不同了：上帝是一个存在于这个世界之外的位格，而这个世界——存在着岩石、草木、鸟兽和人类的世界——则是上帝为了人类能够被拯救起见而创造出来的。宇宙相对于人和上帝来说是次要的。宇宙万物所围绕的中心，是人类在地球上为获得拯救而进行的斗争。

拯救和原罪的观念之站住脚跟，是以希腊传统的一些道德观念作为代价的，比如美德和好的生活的实现。而且，拯救是对每个人而言的。人类具有比任何其他创造物高出无限倍的价值，而且全部人类在原则上具有同样高的价值。这同时意味着，斯多葛派的自然法和普世博爱与平等的观念，是与基督教观念不约而同的：存在着一条普遍有效的法则，也就是上帝之言，而全部人类之所以是平等的，是因为他们都是上帝按照上帝的形象创造出来的。

无论是从宇宙论的角度来说，还是从价值论的角度来说，人类都处于中心的地位。与此同时，具有根本意义的是历史，而不是自然。而历史也不像在斯多葛学派那里是循环的，而是线性的。历史向前行进着：创世、人的堕落、基督的诞生、他的生活和复活、罪和拯救之间的斗争，所有一切都预示着末日审判的到来。

第二节　教皇和国王——一国两主

从公元400年延续到1500年的中世纪，并不是以同一的、稳定的社会制度作为特征的。地理上也可以有巨大差异。但我们还是可以笼统地说，中世纪主要的治理制度是各种形式的封建制度。所谓封建制度，指的是这样一个社会，其中国王（或皇帝）和贵族之间的关系是以一种相互达成契约的形式而出现的，根据这种契约，国王授予贵族（他的封臣）以封地，而贵族则反过来保证向国王提供武力支持和赋税。在封臣和农民之间也有一种契约，根据这种契约，封臣要保护他封地上的人民，而人民则反过来向封臣提供其部分收获。

这种封建制度下形成的王国可强可弱。但在公元1000年前后，总的趋势是逐步加强国家的势力，尽管国王和他的封臣之间的力量平衡是可以转换的。但到了中世纪末，多数情况下占据优势的是国王：结果出现的是一些集权的国家；到了17世纪，这些国家中所有的法律权力都集中在国王手中，国王变成了绝对君主。

基督教成为主导宗教以后，出现了一些对中世纪政治生活和政治思想具有根本影响的政治变化。两个权威，世俗的和教会的，彼此交织在一起。从4世纪到中世纪末，这两个权威逐渐发展，它们之间的关系变动不定。在下文我们将不讨论这个历史发展的各个阶段，而仅仅在与这两个互相竞争的权威的历史比较的联系中讨论一些理论要点。

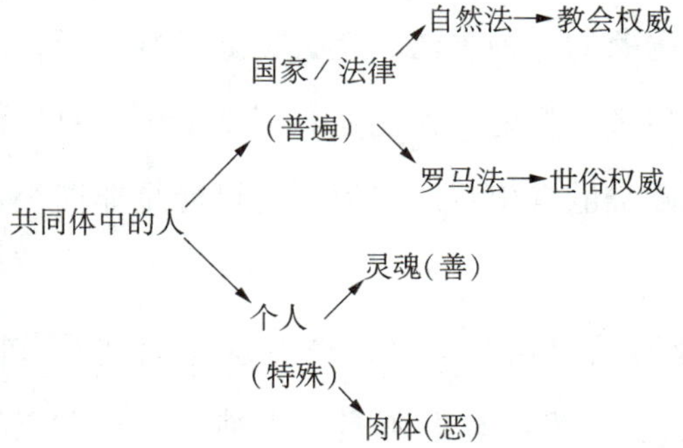

我们说过，在从希腊城邦向希腊化-罗马帝国过渡的时期中，出现了个人（殊相）和国家/法律（共相）之间的一种二分；在共相中，则出现了自然法和现行的帝国法律之间的二分。后一种二分可以被诠释为对现行法律进行辩护的一种努力。根据一种通常的观点，为了对一个道德规范（N_2）进行辩护，我们应该有一个更为根本的规范（N_1），用作引出前一规范（N_2）的逻辑演绎的前提：

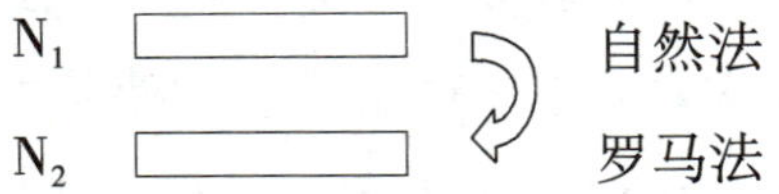

因而，为了辩护主张普遍有效性的现行法律（N_2），我们可以诉诸一条绝对的法律（N_1），它处于那些现行法律之外，而后者则是它的一个表达。这样一来，自然法就可以为现行罗马法律进行辩护了。但这种辩护是一把双刃剑，因为自然法也可以被用来抨击现行法律。声称自己是自然法之正当诠释者的人们，可以谴责现行法律是对自然法的违反。换句话说，重要的问题是：谁是自然法的合法诠释者？[2]

只要罗马皇帝们拥有所有权力，包括诠释自然法的权力，一切都不成问题。但当这些统治者们承认基督教会是自然法的诠释者时，一个重大变化发生了。皇帝不是维持自己的人格神圣性，因而也不是维持其诠释法律的权利，而居然把这种诠释委托给另一个权威，教皇和教会。只要教会与国家相安无事，从国家的角度来说，情况就还差强人意。但恰恰是因为教会——作为一个相对独立的建制——被授权对基本的伦理问题和宗教问题进行裁决，才造成了教会权力和世俗权力之间潜在冲突的局面。

这样一来，说教会是屈从于国家的这种看法，就必须加以修正了。既然教会是获得授权的伦理诠释者和宗教诠释者，人民就有了某个论坛对世俗统治者进行一种合法的批判。对于欧洲的自由观念来说，这可能是非同小可的事情。

诚然，教会更多的是教人要服从世俗统治者。毕竟这是明文写着的："在上有权柄者，人人当顺服他，因为没有权柄不是出于神的。凡掌权的都是神所命的。所以抗拒掌权的就是抗拒神的命；抗拒的必自取刑罚。”（《罗马书》13:1—2）这种要人们服从当时统治者的劝训，可以看作是早期基督徒解决其面临的一个策略的（以及神学的）两难的方案。他们是否应该避开有关社会的问题，而把他们所有的信任都交付给来世？如果这样，基督教就会很容易发展出一些无政府主义的特征，导致与统治者的冲突。或者说，基督徒应该支持一种妥协，也就是说教会在神灵事务上是自主的，而在世俗事务上则是恭顺的？在杰拉西乌斯（Gelasius）有关两种权力（或权威）的教义中，我们看到的是后一种策略。中世纪国家与教会的共存，就是以这种教义作为基础的。

但是，教会要人服从世俗统治者的这种诉求，是具有双重含义的，因为教会如果发现世俗权威不符合伦理标准和宗教标准，是可以撤销这种诉求的。重要的是，作为一个相对独立的权威力量，教会时常拥有为这样的制裁所需要的政治权力。从理论上讲，国家和教会是要彼此合作的。但既然它们是拥有同一批臣民的相对独立的权威力量，人民有时很难对教皇和皇帝两边讨好，在这种情况下他们的效忠就无法统一。而且，从实际上来说，要把世俗权力和教会权力截然分开，也是不可能的：即使是那些具有神灵权力的人，也得有一些经济实力作为其使命的基础才行。他们必须拥有一定数量的世俗权力。而那些执掌世俗权力的人们，也必须拥有某些神灵权威。

基督教成了一个由两大权威——国家（*regnum*）和教会（*sacerdotium*）——所统治的社会中的主导宗教。每个社会成员都臣服于这两个权威，并保持双重效忠。但是这两个权威之间的关系，却充满着冲突。教皇杰拉西乌斯一世（5 世纪末）面对拜占庭帝国的对抗而捍卫他的地位，因此，当他宣布两个权力（*potestates*）都是上帝的权力、因而都是同等合法的时候，他实际上是在捍卫教会。这两个权威力量还被认为具有不同的任务：教会的任务是有关灵魂的，国家的任务是有关尘世的。而且这两个权力还应该相互帮助对方。在公元 800—900 年间，教会和国家两方面的代表都接受此说。但是此说一致被证明更多只是理论上的，而不是实际上的。对这种双“剑”说，可以作各种诠释。这个学说原来是这样的模糊不清，我们很难因此而责怪杰拉西乌斯。这种含糊性的根源在于当时的实际情况，这种情况是没有任何学说可以改变得了的，即使那个学说的目的是要通过回答神灵权力和世俗权力的界限应该落在何处，而使得两者的并存成为可能，并使这种并存具有合法性。

施行圣礼、宣示福音是有关灵魂的任务。但这些神灵活动的前提是有某种权利去支配财产，比方说修道院和教堂。也就是说，神灵权力必须拥有一定规模的世俗权力。另一方面，从事世俗政治，是根据某些价值而进行活动。如果神灵权力包括了支配道德和价值的权威，那么介入世俗政治而不干预神灵领域，是不可能的。

第三节　奥古斯丁：信仰与理性

生平　奥古斯丁(Augustine)在公元354年生于北非的塔加斯特。他母亲是基督徒，父亲则不是。年轻时奥古斯丁在塔加斯特过着狂放不羁的生活。他先是参加当时一个叫做摩尼教的民间宗教运动，根据其教义，宇宙中善与恶截然对峙，人具有两个灵魂，一个是光明的、善良的，而另一个则是黑暗的、罪恶的。人的行动产生于这两个灵魂之间的冲突。奥古斯丁在这种学说中看到了他自己：世界上的罪恶由此得到了解释。

但是奥古斯丁与摩尼教的契合为时不长。它的教义并没有引向他所寻求的道德的生活。他在理智方面也感到不满。他那时受到怀疑论的吸引，但怀疑论在奥古斯丁看来也是无法接受的。于是他转向新柏拉图主义(普罗提诺)。奥古斯丁认为在新柏拉图主义那里他找到了对恶的问题的一个满意答案。新柏拉图主义把精神的东西看作是实在的东西，这一点很合他的心意。他在柏拉图和普罗提诺那里找到了理智上的安宁。

但是奥古斯丁自己的体验与新柏拉图主义对理性的信念——正确的洞见导致正确的行动——发生了冲突。奥古斯丁实际上意识到，他无法按照他认为正确的方式生活。与此同时，他认为基督徒过的生活比他的更合乎道德，尽管在理论上他们要弱一些。奥古斯丁开始感到基督教提供的拯救学说更优越，尽管在理论上他不喜欢基督教。在此时刻，奥古斯丁前往米兰担任修辞学教师，在米兰他为安布罗西乌斯的布道所吸引。大约30岁的时候，奥古斯丁皈依了基督教。他回到北非，在那里担任一名主教。他的余生奉献给了教会的圣职。奥古斯丁卒于公元430年，与蛮族征服西罗马帝国大致同时。

奥古斯丁写了许多著作，都是拉丁文的。我们将只提及最有名的四部。在《反学园派》中，奥古斯丁设法拒绝怀疑论，以此来面对他作为怀疑论者的那段过去。在《论意志自由》中，他讨论罪恶和意志自由的问题。在《忏悔录》中，奥古斯丁描述了他自己灵魂当中所发生的种种斗争。该书显示的是以希腊为代表的早期古代时期到以基督教为代表的晚期古代时期的发展：在我们面前的，不是一位头脑清醒、合乎理智的希腊公民，而是一个非同寻常的人格，他苦苦经受着灵与肉之间的内在斗争，在这场斗争中，激情显得是一种比理性更为强大的力量。在《上帝之城》中，奥古斯丁阐发了他的历史理论，也就是他的两个“都城”的学说，一个是尘世之城，一个是上帝之城。

哲学和神学

奥古斯丁生活的时代，基督教已经成为占统治地位的宗教，罗马帝国已经分裂，日耳曼部族的入侵即将摧毁西罗马帝国。尽管罗马帝国面临毁灭，教会机构却相当发达。这些机构逐渐承担起将拉丁世界和希腊世界的文化遗产长久保存的使命。此外，随着皇帝权势的衰退，教会与拜占庭和条顿诸侯一起被赋予某些政治责任。这样，基督教神学家也成了政治思想家。

奥古斯丁的脱颖而出，是作为沟通古代时期和紧随其后的基督教时代的最早一批神学家之一：他把基督教和新柏拉图主义综合起来。因此，在奥古斯丁那里，我们遇到一些前面提到过的基督教新概念：处于中心的人类，作为线性发展的历史，一个从虚无中创造出宇宙的位格化上帝。在奥古斯丁那里，这些概念与古代时期的哲学结合在一起。奥古斯丁不仅认为人是万物的中心，因为上帝是为了人而创造万物的，因为按照上帝模样而创造并注定将得到拯救的人是造物之灵；而且——由于对怀疑论的拒绝——认为最可靠的知识是关于人的内在存在的知识。（对我们内在生活的）反省导致比感觉经验更确定的洞见。人的内在存在具有认识论上的优先性。其论据是：主体和对象通过反省而“重合”，而感觉经验，因为主体和对象是不同的，永远是不确定的。对奥古斯丁来说，内在存在与其说是一块宁静的合理性的领地，不如说是一块各种感情和各种意志冲动的战场。内在存在是各种非理性冲动、罪、过和对拯救之渴望的场所。但奥古斯丁并不像斯多葛学派那样相信我们通过自己的力量就可以支配这个内在生命：我们需要神的恩惠和“超人的”救助。奥古斯丁固然主张我们是有自由意志的，但他同时也强调，我们完全受上帝前定的拯救计划的支配。

此外，奥古斯丁还赞同新柏拉图主义对灵魂和肉体之间关系的这样一个看法：灵魂代表的是人之中的神性。肉体是罪恶之根。我们必须尽可能地把自己从肉体中解放出来，专注于灵魂，专注于内在存在，只有这样我们才能接近宇宙万物的精神之源，那就是上帝。但是，对于基督徒奥古斯丁来说，另外又出现了原罪的观念：灵魂也是受罪的(直接)影响的。

奥古斯丁把上帝和魔鬼的斗争诠释为每个人之内的一场斗争，他在历史层面上也看到了同样的斗争：上帝之城(*civitas Dei*)和尘世之城(*civitas terrena*)之间的对立。就好像每个个体生活都是拯救和原罪之间的斗争一样，历史也是一场良善国家和邪恶国家之间的斗争。

奥古斯丁的上帝之城和尘世之城的学说并不是作为一种政治理论而得到明确界定的，这首先是因为奥古斯丁进行的是神学思考而不是政治思考。他相对来说不那么关心特定的政治制度如何实现的问题。在作了这个保留之后，我们仍然可以说，奥古斯丁所描述的两个“国度”之间的这种斗争，可能是受了他自己的政治境况的影响：人们指控基督徒造成了帝国的衰落，奥古斯丁必须反击这样一种指控。根据一种诠释，奥古斯丁或许是认为教会在一定意义上代表了神圣“国度”，而帝国则代表了尘世“国度”，尽管他对此语焉不详。但奥古斯丁并不把尘世国度看作是某种偶然的、不必要的事情。相反，因为每个人的腐败本性(堕落)，一个强大的尘世国家对于控制人类罪恶来说是必不可少的。因此，只要善和恶之间的历史冲突持续着——也就是说，只要处在从堕落到审判日的时间之内——尘世国度就是一种必要的恶。

这种尘世国度观不同于亚里士多德主义和托马斯主义对人与社会的关系的看法，即把人看作本性是社会存在的观点。我们也看到，奥古斯丁的国家观也不同于柏拉图主义的观点，即把国家看作是为了完善生活的伦理教育者的观点。柏拉图追求的是理想，奥古斯丁则要对付有关控制恶的大量问题。

对奥古斯丁来说，在政治和道德/宗教之间、君主(政治家)和教士之间，是不存在截然区别的：政治具有直接的道德功能。它是一种控制道德之恶的权威手段。也就是说，这是奥古斯丁对于堕落以后的国家和政治的看法的一种简化。在原罪出现在世界上之前，人类都是平等的；奥古斯丁假定人类在那个时候是天生的社会存在。但是原罪使得一种有组织的国家体制——连同对暴力的使用和统治者与臣民之间的权威划分——成为必要，既作为惩罚，也作为一种安全措施。但即使没有原罪，社会也仍然有必要具有某种程度的秩序，因而具有某种形式的政府，但是强制则将是不必要的。在有罪的状况下，统治者由上帝指派来维持秩序；因此，他们的权威并不是来自人民的。这样一种国家的统治者是上帝的人，公民有义务服从这些统治者，就像服从上帝一样。

但是一种邪恶的国家如何能纠正人当中的邪恶呢？良善国家就是在这个地方出现的：[3]教会作为一个组织对于灵魂的拯救是必要的，其途径既是对灵魂的道德教育和宗教教育，也是对尘世国度及其纠正性措施的密切监督。整个这个观点在以后一些时代成为一种核心教义：教会对于拯救是必不可少的。这时候的帝国成了一个基督教国家，也就是说，它的全部成员都同时臣服于皇帝和教皇。

我们在前面看到，认识论问题对于智者和苏格拉底、柏拉图和亚里士多德都是非常重要的。在古代后期，认识论对于怀疑论者来说尤其具有核心意义。随着基督教的兴起，认识论问题的领域拓宽了：除了早先有关我们能够认识什么的那些问题之外，我们还有一些关于我们可以在宗教的意义上信仰什么的问题，也就是关于宗教信仰和世俗智慧之间关系、基督教启示和希腊思想之间关系的问题。就像我们在本章前面提到的那样，这是基督教神学的出发点：有些基督徒认为《圣经》信仰和希腊思想是本质上不同的东西。基督徒因此不应该借助于哲学和理性来为基督教信仰进行辩护和理解。德尔图良(Tertullian，公元160—222)是这种对哲学的不恭态度的代表。“因其荒谬我才信仰”(*credo quia absurdum*)这个说法表达了他的观点。那就是说，信仰是独立于理性的。如果理性要主张信仰是无意义的，那个主张因此就将是与信仰无关的。这代表了宗教（基督教）信仰和世俗智慧之间关系的一种极端立场。

另一种立场是要开拓信仰和理性的某种共同领域。早期神学家当中这种立场的通常表达是这样一个观点：信仰具有认识论意义上的“道路权”：如果在信仰和思想之间产生了冲突，信仰就是正确的。这是从奥古斯丁到托马斯·阿奎那的多数基督教神学家的基本立场。但在这后一个立场中，仍然会有一些重点的不同。一种观点认为，信仰的优先性是指只有借助于信仰，思想才有可能：“为了理解我才信仰”。这意味着若没有启示和信仰的话，人们就会对生活的本质方面茫然不见。奥古斯丁也持有这种观点。另一种观点则认为，信仰诚然是具有优先性的，但仅仅是在以信仰形式出现的最近的基督启示方面：[4]在很大程度上，信仰和理性是独立的，并且拥有平等的地位。它们具有一些独一无二的方面，也有一些共同的方面，但是在它们共同的领域里，信仰和理性之间存在着和谐。

驳斥怀疑论

怀疑论者曾经断言，确定的知识是我们不可企及的（参见第五章）。但奥古斯丁认为他恰恰可以通过表明确定的知识是可能的而驳斥怀疑论的主张。这里，我们将指出奥古斯丁相信可以找到确定知识的四个领域：

1. 即使我们的感官欺骗我们，即使我们说我们经验的每个东西都是可怀疑的，我们仍然不能怀疑我们的怀疑，因而不能怀疑我们的存在。既然我在怀疑，那么，我，作为一个怀疑者，就必然是存在的。因此我们就有了一个不可驳斥的真理，它是超出任何可能的怀疑的：进行怀疑的一个人是存在的。由此可见在这个领域是有确定知识的。既然确定知识被表明是存在的，怀疑论就被驳倒了。怀疑论还可以有一些这个论证并不驳倒的更温和形式，这里我们把这一点撇开不论。奥古斯丁的思路使我们想起大约 1 200 年以后笛卡儿的著名表述：我思故我在（*cogito*，*ergo sum*）（参见第九章）。主体有关自我的直接确定性被看作确定性知识的一个基础，这是奥古斯丁思想的一个“现代”特征。

2．当我们把怀疑尽可能地扩展的时候，留给我们的洞见不仅仅是“我存在”，而且是“我愿望”、“我思维”、“我感觉”、“我知道”。简言之，留给我们的是有关我们作为认知性存在的一些不可怀疑的认识：当进行认知的自我主张意识到它自己的精神状态的时候，这是一种确定的洞见。当我愿望的时候，当我爱的时候，当我怀疑的时候，以及当我对所有这一切(我存在、我爱、我怀疑)有所认识的时候，我能够以完备的确定性来主张我是具有确定知识的。这样，奥古斯丁认为，怀疑论是可以通过对我们的内在状态的洞见而加以驳斥的。内省，与有关外部事物和事件的感觉经验相对立的内省，把我们导向确定的知识。

这里我们会提出异议说，怀疑论者或许并没有否定关于我们目前精神状态的当下陈述是能够合理地表达确定知识的——只要我们在使用语言来表达我们如此经验的东西的时候不犯任何错误的话。问题是，这样一些当下的陈述是否可以在过了一段时间之后、在被经验的状态消逝之后被知道是真的。奥古斯丁似乎认为，有关我们自己内在状态的陈述代表了某种知识，即使过了一段时间，即使经验状态过去了以后。这意味着，关于我们自己，我们是可以有当下知识之外的确定知识。但在这样的情况下，我们不得不信任我们的记忆，而记忆是可错的；我们还必须信任原则上总有可能让我们上当的语言表达。但是，奥古斯丁确信，他可以表明，内省确实给与我们以超出当下经验之外的确定知识，或至少，内省给与我们的有关我们内在生活的洞见，比感觉经验给与我们的有关外部事件的东西更为确定。

3．奥古斯丁认为他可以找到确定知识并驳斥怀疑论的第三个领域是数学。比方说，我们承认 3+3＝6 这个陈述是确定知识。数学代表了一些无法怀疑的真理。在数学中，我们有一些必然的、不变的真理，与我们通过自己的欺骗性感官所得知的东西相反。

4．最后，奥古斯丁主张确定的逻辑原则是无法怀疑的。怀疑论者也用这些原则来提出他们的观点。比方说，怀疑论者假定了知识是无法在同一时刻、在同样意义上既确定又不确定的。这意味着怀疑论者预设了所谓矛盾律（参见第四章，亚里士多德，知识和实践）。在多大程度上怀疑论者必须预设这样的原则的真理，或者把思想建立在作为假说的这些原则基础上，我们在这里对此不下结论。奥古斯丁至少是用这个论证来反对他那个时代的怀疑论，来表明即使在这个领域，也存在着确定的知识。

借助于这些论证，奥古斯丁设法表明在自我反思和内省、数学和逻辑原则方面确定的知识是可能的，并由此来驳斥怀疑论。不仅如此，他还借助于这些论证来确定内在生活和逻辑形式高于感官和外部世界的认识论上的优先性。这导致了奥古斯丁哲学的一个基本特征，也就是它与新柏拉图主义思想的密切联系（第五章）：个人灵魂及其精神生活比外部可感事物更高级、更高贵，而地位更高的是我们借助于自己的思想而“看出”的纯粹的数学形式和逻辑形式。换句话说，我们对之具有最确定知识的东西——我们的内在生活和纯粹形式——也就是宇宙中最本质、最实在的东西。认识论和本体论（关于知识的学说和关于存在的学说）就是这样彼此融为一体的。进一步说，对奥古斯丁来说，作为一个基督徒，对有关我们内在生活和纯粹形式的确定知识的论证，同时也代表了对作为最高存在——亦即上帝——的永恒真理的信仰的世俗支持。因此，我们就有了一个基督教版本的新柏拉图主义。这就是奥古斯丁哲学的核心。

作为一个基督教的新柏拉图主义者的奥古斯丁

对新柏拉图主义者普罗提诺来说，宇宙是一个无时间性的创造过程的表现，或从不可言说的太一出发的存在之流射，因而可以按照离开太一的距离把宇宙安排为不同的存在等级。这种流射最终消失在虚无——也就是物质——之中。

奥古斯丁对新柏拉图主义和基督教信仰作了一个综合。太一被诠释为基督教的上帝。经由基督生命和《圣经》的启示，则代表了上帝之存在和上帝之计划向人的宣示。基督徒通过基督的启示，以及它们对这种启示的信仰而在某种程度上得以接近对于普罗提诺来说是不可言说的太一。基督徒得以瞥见其中源头的那道光，是由信仰提供的。这样，信仰在最高处获得了对于世俗智慧的认识论的优先性，同时也使世俗智慧豁然敞亮(*credo ut intelligam*，“为了理解我才信仰”)。

新柏拉图主义把太一和世界之间的关系看作是有些静态的、非位格的。在这里，支配一切的永恒法则是非位格的。有智慧的人借助于*unio mystica*(神秘合一)而获得的对太一的洞见，在所有时代都可以由那些有力量把自己提升到如此高度的人们所实现。这种最高的洞见因此是不受历史条件规定的。对于作为基督徒的奥古斯丁来说，启示由于基督的诞生和教导而扎根于历史之中。人在信仰中与上帝合一，因而是受历史条件规定的。这也适用于上帝对宇宙的创造；创世有其最初的源头，创世也将到达终点。宇宙的存在根本上是历史地变动不居的。此外，基督教的上帝也不是一个非位格的原则，而是一个活生生的位格神，人类可以爱之畏之，人类可以向其祈祷并亲身回应。宇宙的法则不是非位格的；它们是一个创造万物并主宰万物的位格意志的表现。这样，不仅仅变化和历史性作为宇宙的基本特征而出现，而且人的内在精神生活也引起人们注意，宇宙的源头因此本质上被理解为一个意志——人们通过上帝之言的启示——也就是通过基督和《圣经》——只能部分地认出来的那种意志。这里，我们还遇见了一个犹太-基督教的创世观念，因为上帝被说成是从无中创造了宇宙(*creatio ex nihilo*)。这是对变化这个老问题的一种极端看法。

新柏拉图主义者把宇宙看作是太一的一种永恒流射，因而宇宙实际上是太一，因而这种流射在作为虚无的物质中失去自己。但基督教的宇宙观则不是这样。根据奥古斯丁，上帝是从无当中创造了精神宇宙和物质宇宙的独立的精神力量。这意味着万物并不都是在同一个层次上的，创造者和被创造者是彼此分离的。泛神论就这样被排除掉了。

因为上帝和世界被这样分离开来了，奥古斯丁就无法接受与上帝神秘合一的观念，也就是人类在一种心醉神迷的状态中能够与太一合而为一的观念。上帝，以其独立的至高权能，永远也不可能与世界合为一体。人类在信仰中与上帝建立的伙伴关系，是两个位格之间的关系；它并不意味着人类灵魂进入了世界精神。另一方面，奥古斯丁也赞同这样一种观点，即我们与上帝的接触，是通过我们的内在生活。作为按照上帝模样创造出来的精神存在，我们通过信仰而与上帝建立起内在的伙伴关系。在奥古斯丁看来，上帝之出现于我们的内在生活之中，这一点是信徒通过内省而知道的，即使上帝始终是我们庸常的理性所无法企及的。“从无当中创造”的原则，也意味着肉体或物质不仅仅是其存在消失在虚无之中的流射。对奥古斯丁来说，物理的和可感觉的事物是一个被创造的实在。邪恶因此就不仅仅存在于我们对物质的东西的迷恋之中。在奥古斯丁看来，道德的恶首先是一种对意志的误用，而不是一种存在的缺乏。但是奥古斯丁设法把形而上学的恶理解为存在的丧失，这种想法与新柏拉图主义的思想一致。

这样，奥古斯丁在新柏拉图主义的基本概念中所造成的这些变化，包含着这些概念的用法和思想的氛围的变化。像创世、位格、意志、爱、罪、拯救这些概念，是作为形而上学的基本概念而出现的。从宇宙论上来说具有重要意义的不是自然，也不是纯粹理念，而是上帝和人之间的关系，一种具有位格性质的关系。这样，随着基督教的出现，人进入了宇宙的中心地位。不仅人成了一种高贵的创造物，而且宇宙也基本上是为了人、为了人把其生命奉献给造物者的目的和法则而创造出来的。这在原则上适用于所有人类，因为所有人都是按照上帝的模样创造出来的。而对上帝的这种奉献也是一种多变的关系，在这种关系中，意志和信仰、激情和罪，以及爱、罚和拯救都起一定作用。[5]

在奥古斯丁那里，人类之间的关系，不论是现实中的还是理想中的，都用这些概念来表示其特征。居于核心地位的是感情和意志、罪和罚。在这方面，男子和妇女处于一种很有意思的紧张关系之中：在奥古斯丁的新柏拉图主义的基本观点之中，精神的东西是高于肉体的东西的。男女之间的精神之爱因此是高贵的。但男女之间的肉体之爱，则要低级一些。

知识和意志

意志在奥古斯丁的哲学中扮演重要角色。它被看作是我们的精神生活中的一种决定性因素。理性和知识当然是有作用的，比方说在做出选择方面，但意志仍然优先于理性。奥古斯丁对于意志的强调，以及他对于感情的强调，意味着他主张一种我们可以称之为存在主义信仰观的观点，与理智主义的信仰观相反：信仰并不是仅仅接受某物为真；它是热情地、急切地断定某物为真(参见第十八章，克尔恺郭尔，主观性即真理)。

与此同时，奥古斯丁对于意志的强调也包含着他与希腊人常持有的意志观的对立，后者把意志看作是参与达到理性已经承认为善的东西的一种力量。希腊人一般地来说都持有一种理智主义的人类观(认为理性优先于意志)，而奥古斯丁则持有一种意志主义的人类观(认为意志优先于理性)。根据这种意志主义的观点，并且与通常的基督教思想相吻合，奥古斯丁还主张感情起一种决定性的作用。他认为，在人类生活中，感情的作用事实上要比有些士人所认为的大些；不仅如此，许多感情还是在伦理上有价值的。从这个背景出发，他攻击斯多葛学派的不动心态度，认为一个好人(一个好基督徒)应该有爱和同情、羞耻和悔恨的感情。好人首先是充满着爱、充满着对上帝和他人的爱的人——不仅仅是友爱的善意，而且是炽热真诚的爱。奥古斯丁对意志的看法，对什么是伦理上正确的选择这个问题的看法，也与他对于人的自由意志、原罪和罪恶问题的哲学-神学观点相联系。

从一开始，奥古斯丁就认为他可以把绝对的自由意志归诸人类：我们的行动很大程度上依赖于我们自己的意志。我们可以意欲寻求上帝、听从上帝，我们也可以有意地不追随上帝；也就是说，我们可以选择罪。只是通过自由选择，我们才可能有罪。罪恶这样就产生于人的自由意志，产生于人对意志的有意的误用。除此之外，奥古斯丁还认为有些形式的罪恶是“存在”——也就是新柏拉图主义意义上的“善”——的绝对缺失的表现。换言之，人类是自由的，只是因为他们自由地选择了罪恶他们才有可能犯罪。但为什么人类要自由地选择有罪？为什么上帝要创造一些能够通过其意志行为而犯罪的人类呢？

但后来，奥古斯丁提出了一个几乎截然相反的学说：意志的自由仅仅被归诸第一个人，也就是亚当。亚当可以自由地选择犯罪还是不犯罪。但既然他选择了犯罪，人性就深受其害，包括整个人类。所有其他的人类都无法避免犯罪。选择和自由好像不再出现。既然所有人类都不得不犯罪，而且实际上确实犯罪，奥古斯丁也认为所有人都理应受到永恒的天谴。但是上帝由于其恩典仍然允许少数人避免天谴。既然每个人都是有罪的，那么选择哪些人得救就不是根据他们自己的功德和美德。既然我们本质上都同等的有罪，那么这种选择就是任意的。多数人将受天谴，而任意选出的少数人则将受永恒的天佑。此外，奥古斯丁还主张这整个过程都是上帝预先计划好的。这是奥古斯丁的前定论的核心。所发生的任何事情都是由上帝前定了的。

一方面，一切都已经为上帝预先知道。另一方面，人类是自由行动的。这不是一个矛盾吗？上帝预先知道了人类行动，但他们却仍然是自由的，奥古斯丁说。他提出，有两种时间角度。我们生活在“非永恒的”时间里。而上帝则超越这种时间观，因为他在创造宇宙的同时创造了时间。从这个视角来看，说上帝预知人类行动，并不是说他在一种非永恒的参照系之中的先前一刻知觉到即将发生的行动将是什么。说上帝预先知道一个人类行动，是指他超越非永恒的时间，因而与时间同时存在。这样，上帝的先知先见并不预先决定人类行动——就好像我们在记得过去的一个行动时，我们不能被说成是决定了这个行动。上帝预先知道万物，是通过看到万物发生，因为他自己是在时间之外的，但他并不对万物做出决定，就好像我们在记得一个过去的行动时并不对之加以决定一样。

这些概念都很难懂。有些人会认为，它们是与奥古斯丁在别处关于自由意志所说的话相矛盾的。应该指出的是，奥古斯丁是在与摩尼教徒进行一场神学争论的时候提出这些观点的。或许在这场争论的白热阶段，奥古斯丁说的话比通常情况下他会说的话要过头一些。但是要理解这些观点，一般来说可以联系奥古斯丁自己的这样一种体验：人与罪的战斗是无望的，惟有上帝的恩典才是惟一的希望。

从基督教的视角来看，前定的观点必定仍然是显得很成问题的。[6] 如果预先已经决定了谁将得救、谁将遭天谴，为什么上帝要在历史人物基督那里道成肉身呢？如果是这样的话，谁是基督到来所要拯救的呢？这样的话，基督的道成肉身、基督的全部功业和受难——也就是说基督教的核心本身——难道不是基本上多余的吗？会不会是这样：所有这一切都恰恰表明，凡俗的智慧无法把握基督教的信仰真理？或许其寓意是：如果我们借助于我们的理性就能够理解上帝的作为的话，启示和基督教就会是对我们来说没有必要的了。

有关基于信仰而接受的基督教真理与庸常知识之间的关系，奥古斯丁的看法是：某些启示的真理可以被理性所把握，而其他真理则超越我们的理解；与此同时，任何基于信仰而接受的真理，最终都不可能与理性发生冲突——如果理性被正确理解的话。在奥古斯丁认为我们可以理解的那些启示的真理中，包括着有关上帝之存在和人类灵魂之不死的真理。

第四节　共相的问题，以及经院学派

所谓“共相问题”(the problem of universals)，指的是对普遍概念，共相是否存在，如果存在又以何种形式存在的中世纪之争。但这场讨论并不唯独中世纪才有。共相问题中的一些基本问题可以在柏拉图主义与亚里士多德主义的争论中找到，而其在当前的冲突就与过去一样。

下面两个术语在这场争论中被普遍使用：1)共相(复数为 universalia，单数为 universale)表示普遍概念，也就是说，像棕色的、圆的等等这样的属性，以及像人类、马等等这样的物种；2)殊相(复数为 particularia，单数为 particulare)表示特殊的对象，也就是说，这扇棕色的门，这只圆形的灯等等。柏拉图的理念与共相密切相关(但柏拉图的理念不仅是普遍概念，而且是理想)。而且，在柏拉图的哲学中，殊相是感觉经验的世界中易朽的对象。但在亚里士多德那里，殊相对应于实体，也就是独立存在的特殊对象，而共相则对应于实体的普遍形式。

在共相问题上的不同观点，取决于我们对以下问题的回答：在多大程度上共相存在着：那些主张*共相*是*实在*的人，被称为“实在论者”[7](或“概念实在论者”)。那些主张共相并不实际存在、而仅仅是*名称*(拉丁语：

nomina)的人，被称为“唯名论者”。这是两个极端立场。这两个立场还有许多变种，还有一些立场是介于两者之间的。

柏拉图式的实在论

柏拉图主张理念(共相)拥有最高的、最实在的存在形式，因此它们的存在既独立于我们的理解，也同有没有可感的现象反映这些理念无关。这种观点是*极端的实在论*(柏拉图式的实在论)：根据这种极端的实在论，“正义”的共相的存在，是与我们是否理解什么是正义、正义的社会是否存在无关的。换句话说，共相拥有一种完全独立的存在：如果一场原子灾难将人和物洗劫一空，共相仍将存在。在中世纪，这种极端实在论的特点经常用这样一句话来表示：*universalia ante res*，也就是说，共相先于对象而存在。“先于”(*ante*)这个短语表明，共相是独立于对象而存在的，因为事物，包括人类，是上帝从他的思想(共相)中创造出来的。

亚里士多德式的实在论

亚里士多德主张，形式(共相)存在于特殊事物(殊相)之中。通过殊相，借助于思想，我们能够认识到共相，但共相并不独立于事物而存在：根据亚里士多德，与一个正义的人和一个正义的社会能否找到这个问题无关的普遍的“正义”，是不存在的。正义并不拥有一种独立的存在，而仅仅存在于正义的社会和正义的个人*之中*。这种立场也是一种实在论，因为共相也被认为是存在着的，是实在的。但在这里，共相并不被说成是具有一种高于殊相的存在形式；而且，共相的存在不被说成是完全独立于殊相的。在中世纪，这个立场的特点通常用这样一个说法表示：*universalia in rebus*，也就是说，共相存在于对象之中。“圆”的共相(形式)存在于人类之前，并且将存在于人类消失之后，但“圆”的共相的存在依赖于圆的对象的存在。

还有一些思想家，他们主张共相(比如正义)既不存在于对象之中，也非独立于对象，而认为共相仅仅是一些名称，人们出于实用目的用它们来指称彼此相像的一些对象。我们不是把所有马的专有名称列出来，而谈论

“马”；也就是说，我们使用一个共同的名称，一个共相。这种唯名论的特点通常用这样一个说法来表示：*universalia post res*，亦即共相存在于对象之后。也就是说，我们先是知道了特殊对象，然后才赋予共同名称(共相)，如果这样做是实用的话。唯名论者可以说，概念存在于个人的意识之中，但不是作为任何独立于个人意识的东西。

在我们提到的那些观点之间，有许多过渡性立场。在中世纪，比方说，有些人主张共相从上帝的视角来看是 *ante res*(先于对象的)，因为上帝从他自己的思想中创造了这些对象。但是从实际存在的对象来看，共相是 *in rebus*(在对象之中的)；同时，从人类认识——这里它被理解为一个开始于对特殊对象之感觉经验的过程——的角度来看，共相是 *post res*(后于对象的)。托马斯·阿奎那可以被认为是持有这样一种观点，因此是对各种观点的调和性的综合。

我们这里提到的是对共相之辩中的那个基本问题的不同回答。前面我们概述了柏拉图和亚里士多德那里的一些论证，我们提到过，不同的回答是如何具有不同的蕴意的：比方说，实在论使得有可能主张存在着一种理性可以把握的客观的道德。而且，在中世纪，许多哲学家都认为实在论与基督教神学最为协调。有些时候，唯名论被看作是异端。

我们将看到，关于信仰和理性的观点——天主教和新教对这种关系的看法基本上是不同的——是与共相之辩中采取的立场联系在一起的。在中世纪早期的哲学中，实在论占主导地位。在托马斯·阿奎那那里，在中世纪鼎盛时期(1250)，我们看到的是一种温和的实在论：共相存在于上帝的思想中(*ante res*)，存在于特殊对象中(*in rebus*)，以及作为人类思想中的抽象(*post res*)。但在中世纪后期，唯名论发展起来，比如在奥卡姆的威廉那里，后来是在马丁·路德那里。

中世纪的哲学，也就是通常所谓“经院哲学”——也就是在学院里学习的哲学——大致可分为三个时期：

1. 早期经院哲学通常被确定为从奥古斯丁(公元400年前后)到1200年前后。这个时期在许多方面可以用奥古斯丁的思想以及对他产生影响的新柏拉图主义的思想来加以刻画。这个时期的著名人物是爱尔兰僧侣约翰·斯格特·埃里金纳(John Scotus Erigena)(9世纪);坎特伯雷的安瑟伦(Anselm of Canterbury，1033—1109)，其出名是因为他的所谓上帝存在的本体论证明[8](见本章，上帝与世界);以及持怀疑论立场的、思想开通的法国人彼得·阿伯拉尔(Peter Abelard，1079—1142)，他的贡献尤其在于对经院哲学家讨论哲学问题的典型方法的形成所起的作用上。

2. 经院哲学的鼎盛时期是从1200年前后一直到14世纪初期。这是宏大体系和综合的时代，主要人物有大阿尔伯特(Albertus Magnus或Albert the Great，卒于1280)，他的学生托马斯·阿奎那，以及阿奎那的主要哲学论敌约翰·邓斯·司各脱(John Duns Scotus，卒于1308)。

3. 后期经院哲学从14世纪初持续到文艺复兴时期。后期经院哲学的主要哲学家是英格兰人奥卡姆的威廉(William of Ockham)，他宣布信仰和理性是根本不同的，他捍卫唯名论，并转向经验的东西，因此他预示了新时代哲学的降临。

从神学上说，共相的问题是一场有关信仰与知识之间关系的争论。因为在从德尔图良到路德的传统中，基督教唯名论者强调信仰和启示是独一无二的，是理性无法领悟的。在唯名论者看来，如果理性能够通过上帝之言和信仰领悟启示所教导我们的东西，道成肉身的全部意义就被削弱了。基督教实在论者对此却有不同看法。这样，受新柏拉图主义影响的基督徒之所以提出要借理性之助来接近上帝(万有之源)，仅仅是因为我们心灵的概念是符合实在的东西的。这预设了在共相问题上的所谓实在论立场中所形成的那种本体论(关于存在的理论)和认识论(关于认识的理论)。

在许多基督徒看来，原罪说(人作为一个物种继承了一种有罪的本性)、圣餐式(面包和酒成了基督的圣体和圣血)、三位一体说(上帝同时既是一个位格，也是三个位格：圣父、圣子和圣灵)以及神人和合说(基督能救赎人类的罪恶，因而使人人获得拯救），都是从概念实在论的角度最容易理解的信仰真理。

第五节 托马斯·阿奎那——调和与综合

生平 托马斯·阿奎那(Thomas Aquinas)生于1225年，出生地是离那不勒斯不远的阿奎诺城。他先在蒙特·卡西诺的本笃会修道院，后来在那不勒斯大学学习，此后不顾其父亲的反对加入新成立的多明我修会。大约20岁时，他去巴黎学习，在那里遇见大阿尔伯特，后来去科隆在他指导下学习，然后又回到巴黎。阿奎那一生的主要活动是游学于各学术中心，撰写了大量著作，虽然他死时(1274)才刚到50岁。死后仅49年，他于1323年被追封为圣者。1879年，他的哲学被罗马天主教会采纳。

阿奎那最著名的著作可能是《神学大全》，以及《反异教大全》。前者是为学校所用而写的，后者则用来为基督教传教士提供帮助。除了这些范围广泛但匆匆完成的论著之外，他还写了一系列具有哲学和神学内容的文本：对《圣经》的注释，《君王论》，《答辩诸问》(讨论罪恶、真理、灵魂和其他问题)。

法律和正义

亚里士多德的大部分著作在西基督教地区长期不为人所知。1200年前后，亚里士多德被重新发现。教会的态度起初是敌对的：亚里士多德那时是一个异教徒。在1210年，亚里士多德主义在巴黎大学被禁止传授。但人们很快发现亚里士多德是取缔不了的，托马斯·阿奎那创立了基督教与亚里士多德主义的一个神学综合。这个综合后来被证明是极为重要的，以至于罗马天主教会最终把托马斯主义采纳为它的首选哲学。

亚里士多德主义的多数概念重新出现于阿奎那的哲学中，但它们在基督教框架中作了重新诠释。阿奎那把亚里士多德“基督化”了。亚里士多德的第一因被换成了基督教的上帝。但阿奎那在对法律的思考方面也把自己区别于亚里士多德。阿奎那生活于封建社会而不是城邦国家。既然我们已经讨论过亚里士多德，我们将先指出阿奎那在信仰与理性的关系方面、在法律方面的一些独特观点。

托马斯主义对上帝和亚里士多德主义的综合的特点是**调和**：对上帝和世界的调和，对信仰和理性的调和。在共相问题上，阿奎那接受一种温和的（亚里士多德主义的）概念实在论：概念存在着，但仅仅存在于对象之中。我们的知识开始于感觉印象，但我们通过抽象在对象当中认出普遍原则（*universalia*）。对阿奎那来说这具有神学的蕴意：借助于我们的自然理性我们可以认出宇宙的许多原则，包括宇宙由那个更高存在所创造的证据（阿奎那的几个关于上帝之存在的证明）。换言之，理性和启示（信仰）是重合的。

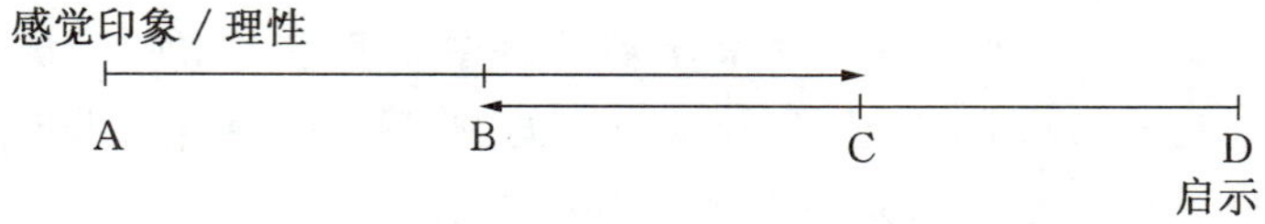

有些基督教真理是无法用理性来把握的（C—D，比方说上帝的本质）。但理性可以把我们引向上帝。对于有些真理（B—C），我们既可以具有理性所领悟的洞见，也可以具有信仰所领悟的洞见（根据阿奎那，这包括对于上帝之存在的洞见）。

就像对亚里士多德一样，宇宙对阿奎那是具有等级秩序的，但区别是亚里士多德的第一因被换成了一个位格神。

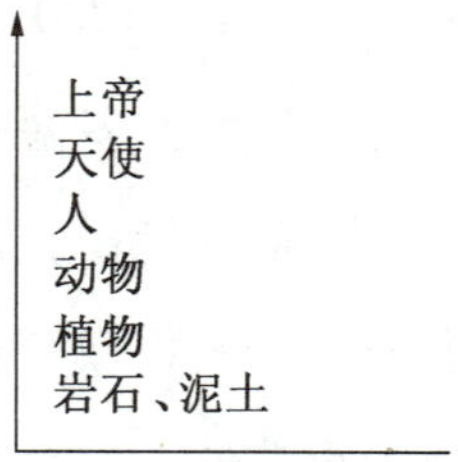

像亚里士多德一样，阿奎那认为人是一种社会性的造物。人类生活在社会中，是他们有能力实现自身的一个条件。政治因而是使得人类属性得以实现的自然活动。这意味着政治科学很大程度上是独立于启示的：即使是异教徒，很大程度上也能够过一种良善的生活。这里我们又看到了希腊思想和基督教思想之间的一种调和。人类确实是可以在没有启示的情况下过一种有德性的幸福的生活。政治家的任务是为这种实现准备道路，不管政治家（王侯)是不是基督徒。但在德性和幸福之外，还有那个终极目标：拯救。鼓励追求这个目标则是教士的任务。这样，政治家的任务就与教士的任务自然地重合了，因为一种文明的生活(德性和幸福)是拯救的基础。政治-社会阶段具有了对于宗教阶段的某种独立，而与此同时，政治-伦理阶段是朝着宗教阶段前进的第一步。

亚里士多德把城邦看作是人类自我实现的最后阶段。对生活在基督教封建社会的阿奎那来说，最终目标是在来世的永恒拯救，而最高的社会环境则是法治的基督教社会。对亚里士多德来说，德性是通过积极参与市民生活而在一个地方的、排他的社会中自我实现。对阿奎那来说，德性是通过在一个稳定的和无所不包的社会等级制度中的有道德的生活方式而自我实现的，这个制度受法律治理，但其中只有一些人积极参与政治活动——少数治人，多数则治于人。

对阿奎那来说，**法律是理性的命令**，它是统治者为了臣民们——他们受这法律的支配，这法律就是向他们颁布的——的共同利益而颁布的。这样，法律具有规范的意义。阿奎那讨论了彼此联系的不同法律：永恒法是表达上帝对所有造物之旨意的理性的命令。既然万物都服从上帝的旨意，那么万物也都服从永恒法。但理性的造物之服从永恒法比其他造物更明确。理性的造物本身是上帝旨意的一部分；他们既规范自己，也规范其他造物。他们之参与永恒理性，是因为他们自身就自然地实行正确行动、追求正确目标。永恒法在理性造物中的这种实现就是自然法。理性造物能运用其理性或 *lumen naturale*(“理性之光”)而辨别善恶，就是因此之故。换句话说，我们通过理性反思而认识到自然法则。这是一种属于所有理性存在的能力，基督徒和异教徒都包括在内。阿奎那这样就认为我们可以独立于启示而辨认善恶。他认为这些法则是某种明显的东西、某种客观存在的东西、普遍有效的东西。自然法对于所有人都是同一个的。因此，阿奎那提出了一个神学版本的自然法理论。

基督徒高于非基督徒之处，在于通过启示而认识神法。但神法基本上适用于拯救。就过一种善的生活必须做什么这个问题而言，非基督徒也可以通过对自然法的理性认识而具有充分知识。这里我们又看到了调和：政治-伦理生活具有相对独立性，而万物说到底是服从神圣秩序的。

那些把意志看作上帝之本质的神学家，把善看作是上帝在任何时候所意欲的东西。这样，如果我们不知道上帝的意志，我们就无法知道什么是善。如果上帝曾经是这样愿望的，他本来也可以颁布不同的善的标准。知道上帝意志的那些基督徒因而就在关于善的洞见方面具有一个独一无二的地位。认识到善，与其说是一个理性反思的问题，不如说是一个正确信仰的问题；也就是说，它是启示和恩典的结果。而对阿奎那来说，上帝则首先是理性的，他意欲的是理性的和善的事情。上帝不可能意欲恶。他之所以意欲善的东西，是因为它是善的；并不是善之为善仅因为上帝意欲如此(这个问题的一个推广，是上帝的全能的问题，以及至善全能的上帝与恶的关系)。

人法对阿奎那来说是一个社会中生效着的法律。他区别了实践的理性和理论的理性。两种形式的理性都建立在未经证明的原则之上，比如在亚里士多德的矛盾律那里。但理论理性符合自然中的事物以获得知识，而实践理性则涉及人类行为的规则和规范。对理论理性来说，给与我们知识的是对象，而实践理性则规定我们的行为应该是怎样的。既然我们的积极生活的条件并不是普遍的必然的，而是个体性的、任意性的，那么作出实践判断的能力就应该是实践理性的组成部分。别的任何东西都不需要，在阿奎那看来。换句话说，对于手头的问题，必须采用合适的方法。因此我们对不同情况有不同方法。并不是所有方法都一定是同样严格的。这样，阿奎那提出，要对伦理和政治问题上的恰当标准持一种灵活的看法。

因此，对阿奎那来说，理性在普遍法则和人类行为之间起沟通作用(参见斯多葛学派)。借助于我们的理性我们自愿地服从法律。因此，只有理性的存在才服从法律；并且，严格地来说，只有那些理性的存在才能够实现理性。当有人违反了法律的时候，统治者对权力和惩罚的行使是必要的。违法之徒必须被强迫回到守法行为上去，这样他们才不会伤害他们自己或其他人。避免伤害是法律的一个根本目的。但除此之外是对善的生活的积极实现。这里起引导作用的是美德，而不是法律。除了智慧、勇气、节制和正义这些主德之外，阿奎那引用基督教的美德：信仰、希望和仁爱。如同我们已经指出的那样，对阿奎那来说拯救是终极美德，是法律-道德向度的一种延伸。

阿奎那对国家和教会之间关系的看法表明，他是一位温和的教权支持者：他认为教会高于国家，教皇可以将暴君逐出教会。但与此同时，阿奎那接受杰拉西乌斯的两种权力论，而且认为教会的道德优势不应该发展为法律优势。而且，作为一个亚里士多德主义者，他还认为社会是自然地给定的；在国家事务方面不需要教会领导。但与此同时，在社会(理性)和基督教(信仰)之间，并没有绝对的区别——精神使命和世俗使命在一定程度上融为一体了。

本体论

阿奎那寻求在信仰和理性之间的综合，其形式是基督教启示和希腊哲学，尤其是亚里士多德主义的调和。但这种综合也包括来自通过奥古斯丁而传过来的新柏拉图主义的影响。而来自亚里士多德的遗产，则通过像阿威罗伊这样的阿拉伯哲学家(参见本章，阿拉伯哲学和科学)而到达阿奎那。

存在（*esse*）与存在者（*ens*）

托马斯主义哲学可以刻画为一种关于有的哲学，关于存在（existence）的哲学——不仅是人的存在，而且是一般意义上的实体的存在。“存在”（拉丁语：*esse*）在阿奎那那里具有根本的地位。[9]托马斯主义本质上是一种“本体论”（ontology），一种关于存在的理论。托马斯哲学中的这个根本概念，*esse*，并不直接与上帝合一。归根结底，我们用我们的心灵能领悟的，是这个根本的 *esse*。除了所存在的东西之外，我们无法想象任何东西。那么，这个*esse*，这个存在，蕴含着什么呢？首先，我们可以说每个存在着的具体事物，是一个存在之物，一个 *ens*，比如这本书、这棵树、这张椅子、这个人等等。*Esse* 代表“存在的性质”（*is-ness*），它对于所有存在之物都是共同的。我们可以说，*esse* 是使得一个存在之物成为一个存在之物的东西。

它是诸多存在之存在。存在因此本身是一个“无物”(no-thing),并不是与其他存在物并列的一个存在物,而是为所有存在物——就其都存在而言——所特有的东西。存在(*esse*)这样就比任何特定存在(*ens*)更为根本。

但是在阿奎那看来,我们可以通过思想而在特殊的存在现象中并通过这种现象来领悟存在。但是用我们的思想来穿透存在,以便认识上帝或存在的意义,是不可能的。通过思想我们可以探及存在,作为某种没有边界、没有瑕疵的东西,作为无限的、完美的东西,但我们无法通过思想来领悟这意味着什么。这样,存在就标志着人类认识的限度。能够被思想的每个事物,包括思想自身,都是由存在决定的。这样,存在代表了哲学之大谜;*存在*着某物,这就是存在的神秘之所在。

接着,如果我们把注意力转向各种不同的存在事物和现象的话,我们可以首先提到阿奎那在一物之存在和该物之所是之间所作的区别,在存在(*existentia*)和本质(*essentia*)之间所作的区别。一物之可以被决定的东西,可以被限定、被概念上理解的、因而可以被界定的东西,是该物的本质——是它的“所是”。但它存在着这个事实、它的存在,只可能被直接地、直觉地领悟;它是无法被解释、无法作进一步界定的。

范畴

在关于各种事物、关于它们的存在方式(比方说某些事物是圆的,其他是平的,另一些是光滑的,等等)可以提出的许多界定之中,有些界定是适用于一切事物和现象的,是适用于一切存在物的。这样一些普遍的界定被称为范畴。我们有(比方说)质、量、关系、行动、激情这些范畴,以及时间、空间和秩序(对外部事物而言)。[10]

现实(*actus*)与可能(*potentia*)

在这些为所有存在物所共有的基本特征中,有 *actus* 和 *potentia*——一对令人想起亚里士多德的现实和潜能的概念。对阿奎那来说,就像对亚里士多德一样,这对概念表示宇宙中的一个纵深向度:在每个造物中,都存在着显然是实在的东西(现实的)和潜在着的东西(可现实化的)之间的动态互动。当潜在的可能性被现实化的时候，变化就发生了。在有生命之物中，比如在植物、动物和人类中，变化的要求可能是由内部推动的，而在无机物中，像石头、泥土和水，变化则是由外部条件引起的。变化的概念因此是与现实和可能的学说连在一起的，就像在亚里士多德那里一样。而且对阿奎那来说，就像对亚里士多德一样，宇宙是根据现实和可能的不同层次而排除等级序列的。从上帝作为 *actus purus*（纯现实）开始，所有的潜能都至上而下地现实化，一直到 *materia prima*（原始质料），它代表了没有现实化的纯潜能的概念（见本章，上帝与世界）。[11]

原因

活动和能力的学说，也就是变化的学说，也是与关于四因或四个原则（也是亚里士多德那里的概念）联系在一起的：*质料*，或某物之由以做成的东西；*形式*，即质料之具有的特征；*动力因*，它通过外部影响（因果地）塑造质料；*目的*，它给与该过程以一个指导或目的。

形式和质料

特殊存在（*ens*）一方面处于潜能和现实之间的紧张之中，在这个关系中变化起媒介作用、四因形成它的基础，另一方面还有一个形式和质料之间的区别（比方说形状和材料）。就如在亚里士多德那里，这也提供了所有存在物的等级序列的一个基础（见本章，法律和正义）——根据这些存在物所现实化的是什么形式：无机物、植物、动物、人类和天使——从较低的到较高的，从纯潜能到纯现实，从没有形式的纯质料到没有质料的纯形式。纯现实（*actus purus*）将它所拥有的全部潜能都现实化，因而无法再有变化。这样，纯现实就是永恒如一的。对阿奎那来说，这指向上帝的方向。这向他表明，相信上帝存在着是合理的；但这并不给与我们有关上帝之本质的洞见。

以上是一些与亚里士多德的概念相似的概念。但它们与新柏拉图主义及其等级制的世界观——在其中原初之源是存在之泉，它在流射着，并逐渐地走向黑暗和非存在——也有明显的对应。但是，如果说亚里士多德和阿奎那在一定意义上是从底部出发，一步一步朝上走的话，新柏拉图主义者则可以说是从原初之源(上帝、理念)出发，从那儿朝下走的。前者设法从可感知的现象出发来澄清最高原则。后者则设法从最高根据出发来澄清可知觉的现象。

这个差异恰好说明了这两类哲学——新柏拉图主义和亚里士多德主义——之间的基本差异。这种差异反映在对于共相的不同看法上：激进的概念实在论(柏拉图主义)把思想看作是能通过领悟作为万有之特征的共相而迅速渗透宇宙之本质的，而温和的概念实在论(亚里士多德主义)则更谨慎一些，从特殊现象中的形式进到更为普遍的特征。

灵魂和肉体

在等级的世界观中，最低的存在是无机物(岩石、泥土、空气等等)。它们没有内在的活动和有机的整体。它们因此是消极的，只受外部压力(作为动力因)的改变。植物位于无机物之上，因为植物有其内在的活动和有机结构。它们可以通过其自身的动力(目的因)而变化。接着是动物，与植物相比它们有更大程度的内在活动和更高程度的有机结构。结果是，高级动物能主动地追求一个目标(比如在狐狸追逐兔子的时候)。在人那里，个体活动是最自由的，有机结构是最先进的。人类能够自由地独立地既确定目标，又主动追求这些目标。

对阿奎那来说，人类是最高的物质存在。一个人同时兼具灵魂和肉体。这与新柏拉图主义的看法相反，后者把肉体看作是灵魂的非实在的外衣，而灵魂则被看作是真正的人类。这也意味着，婚姻之内的以生殖为其目标的肉体之爱，在阿奎那那里是具有积极地位的，从而与奥古斯丁的观点相反。对肉身的这种积极看法，与我们在笛卡儿那里看到的灵肉之间的截然区分，也大相径庭。

托马斯主义还主张灵魂是一体的、不可分的，而且它不随着肉体的死亡而消失。灵魂是不死的。说到底，人类灵魂持有一种相对于肉体而独立的地位。对阿奎那来说，人类灵魂具有两个主要功能，亦即认知和意志。意志被理解为是一个追随认知的产生活动的力量。认知领悟善的东西，把它当作目标，而意志然后则启动行动以达到目标。认知因此是主要的成分，而意志则最好被理解为一种依赖于它面前树立的目标的冲动。因此，托马斯主义对人类及其行为的看法代表了一种形式的唯智主义：理性优先于意志。相反的立场，也就是意志主义，则主张意志优先于理性（参见本章，知识和意志）。

认识论

阿奎那把关于知识的理论纳入他的整个哲学之中。在后来的唯理论者（如笛卡儿）和经验论者（如洛克）把认识论置于中心之前，这在许多方面是一种惯例。托马斯主义的知识观可以被刻画为实在论的，因为它假定我们是能够获得关于世界的知识的。他的观点因此与认识论的怀疑论相对立。阿奎那还进一步主张，我们获得知识是通过感觉经验，以及对我们所经验到的东西的反思。这与强调通往对理念之洞见的独立通道的柏拉图主义的观点相反，也与强调认知主体在根本上塑造了来自外部世界的感觉印象的康德主义观点相对立。换句话说，阿奎那主张知识开始于感觉经验。任何事物，如果不先存在于感官之中，就不会存在于理智之中。感觉经验适用于特殊的具体的现象。借助于感觉经验，我们获得对这些可感现象的直接印象。我们并不创造这些对象。从对于可感现象的感觉印象出发，我们然后可以借助于我们的理智而辨认出不同现象中的共同特征，并明确表达出概念来。

这里我们又碰到了共相之争——阿奎那在这场争论中持温和的实在论立场——的那些基本问题。但值得指出的是，他的立场可以沿唯名论的方向来诠释和勾勒：如果我们说不仅认知开始于对特殊事物的感觉经验，而且特殊事物（殊相）——对阿奎那来说——是本体论上最重要的，而概念（共相）仅仅是人类对特殊事物的抽象，那么我们最后就得到了唯名论。这恰恰是托马斯主义和经院哲学高潮之后出现的诠释，比如在奥卡姆的威廉那里。但是对阿奎那的合理诠释是温和的实在论的：虽然认知开始于对特殊事物的感觉经验，这并不意味着直接感觉经验比理智对概念的认识有更高的地位。所有人士都开始于对特殊事物的感觉经验，但我们从此引出的普遍概念并不因此要被理解为人类创造的纯粹抽象。撇开这些概念是否从感觉经验的背景得来不论，它们可以说具有一种独立的本体论地位。阿奎那主张，它们*存在*于对象之中，我们通过思想所认识到的仅仅是表现在对象之中的概念。时间上被事后认识到的东西，在本体论等级或认识论地位上并不等而下之。共相独立地存在于对象之中，通过认识到共相，我们获得对实在的基本特征的洞见。

对阿奎那来说，特殊对象（殊相）和它们所包括的形式或概念（共相）是由上帝创造的。就像感觉经验和思想都是上帝给予的认知能力一样，事物和概念的来源都在于上帝。温和的实在论——它包含对殊相和共相的某种拉平和协调——这样就在基督教神学中找到了基础；也就是说，在上帝作为一个既借助于殊相也借助于共相的造物主的观念中找到了基础。进一步说，这意味着上帝在一定意义上确保了我们的认识和外部世界之间的符合。我们的感官能力之所以被创造出来，是因为我们可以藉此认识我们周围的感性之物。我们的认识能力之所以被创造出来，是因为我们藉此认识我们周围的普遍形式。上帝，作为造物主，这里成了可靠知识之为可能的担保者。上帝因此被理解为一个理性的、善的神，而不是一种或者会欺骗我们、或者会非理性地行事的“邪恶精灵”（参见第九章，笛卡儿——有条理的怀疑……）。

对阿奎那的科学观，我们可以根据已经提到的内容来加以澄清：所有人类知识均建立在对特殊事物的感觉经验基础之上。但特殊事物具有我们可以用思想来分辨开来的两个方面，也就是形式和质料。质料是运动和变化的一个条件。而且，正是质料才使得特殊事物个体化，也就是使两个事物虽然具有同样形式但仍不相同，因为每个事物的质料都占据一个另一事物之质料不可能同时占有的空间。当我们辨认出有关对象的某个东西时，我们所认出的是形式。形式是使该物具有可辨认性的东西。形式是该物的结构和外表；形式使得有可能用该物之所是——圆的还是椭圆的，绿的还是黄的等等——来刻画它。

在阿奎那看来，对于外部的物质事物之知识的获得，是当我们忽视某物以便注意别物的时候。知识使得有必要抽象掉某物。通过各种程度的这种抽象，产生了各门科学，比如自然哲学、数学和形而上学。

在自然哲学中，我们研究物质事物，比如树木、马匹和桌子。但是我们的研究主题才使得这些事物成为一棵树、一匹马、一张桌子，也就是它们的形式或本质，而不是使它们成为这个特定的树、这张特定的桌子，或这匹特定的马。换言之，我们的眼光超越那具有个体化作用的东西。但我们不把质料抽象掉，因为正是质料使得对象具有可知觉性，因为自然哲学寻求认识其本质的就是可感事物。因此，在自然哲学中，我们把质料抽象掉是作为一种个体化原则，而不是作为使得感觉经验成为可能的东西。我们之所以寻求一个事物的本质，是因为这个事物是可感知的，而不是作为一个特定的、独特的东西。

在数学中，质料不仅作为个体化因子，而且作为使感觉经验成为可能的东西而被抽象掉。数学家研究一物的可测量性质和结构。这匹马的个体化方面和它是一可感知对象这个事实，这两者都被抽象掉了。它们对于数学家是引不起兴趣的。数学家的兴趣仅仅在于纯粹的量的集合和关系。

在形而上学中，我们遇到的是第三层次，也是最极端层次的抽象。这里我们也从简单的可感知的事物出发。但我们不仅把个体化的方面和可感知的方面抽象掉，而且把量的属性抽象掉。在形而上学中，引人兴趣的仅仅是事物的 *esse*，也就是它的存在——它存在着这个事实；进一步说，还有与*esse*相联系的基本形式，也就是范畴。

在阿奎那看来，这三种理论科学就是这样产生的——其例子是自然哲学、数学和形而上学。这些科学的对象之出现，是通过抽象掉可感的特殊的事物。理论科学并没有它们自己的对象——作为独立的、存在着的本质或理念的对象。理论科学的对象存在于物质对象之中。阿奎那的认识论及其科学观因此是与他的经验取向的视角相联系的，也是与他的温和的概念实在论相联系的。

人类学和道德哲学

阿奎那的人类学和道德哲学，像他的本体论和认识论一样，具有明显的亚里士多德主义特征。与新柏拉图主义的传统（比方说奥古斯丁）相反，阿奎那认为世俗的社会生活，就像肉体及其功能一样，是某种中性的、基本上积极的东西。从神学上说，这意味着这些东西也被看作是由上帝创造的。就像阿奎那认为人能够在基督教启示和信仰之外自然地认识到创造的诸多重要方面一样，他也认为人在基督教之外可以过一种良善的社会生活，并且在很大程度上获得有关生活的伦理规范的知识。我们是由上帝创造的，因此我们有能力在基督之言和启示之外有所认识。我们有我们的 *lumen naturale* 或自然之光。而且，我们可以在基督之言之外、独立于基督教的训诫而过一种合理的社会生活。这样，阿奎那并不赞同奥古斯丁的唯意志主义的、悲观主义的人类观。

既然阿奎那很大程度上把他的思想建立在亚里士多德的基础上，托马斯主义的人性学说的重要方面就成为纯粹的哲学理论，而没有基督教或《圣经》的成分。世俗智慧和基督教信仰之间的这种区分对阿奎那来说不是一个障碍，而相反构成了他对于哲学和基督教之间关系的看法中的一个要点。阿奎那道德哲学中的一个主要观点是认为人类具有他们可以用各种方式来实现（现实化）的能力（潜能）。善的行动是在最大程度上实现最佳人性的那些人类特有能力的行动。

在他关于人性本质的看法中，阿奎那也追随亚里士多德主义的观点：人既是理性的存在，也是灵性的存在。善的行动因此尤其是实现这些理性的灵性的能力的行动。但阿奎那像亚里士多德一样并不拒绝人是一种世俗的造物的观念，或不同的人有各种不同能力的观念。结果是，我们面前有若干种生活方式；比方说，静观的生活和活动的生活。但是撇开我们基于我们的能力和立场进行什么选择不论，阿奎那像亚里士多德一样建议说，要适可而止。极端的东西不是自然的东西，不是建立在善的基础之上的。

阿奎那的道德哲学的基础是这样一个观念：行动是具有目的的。我们追求某种目标。这个目标首先是实现我们的为人类所独有的能力。我们的任务是在我们恰好所处的境况之中实现这些能力在我们自己身上的变种。理性作为这种目标取向的生活方式的一个帮助，是我们可以依赖的。目标主要是要成为理性的，但与此同时，实现这个目标的手段是借助于理性。这种实现之发生，是当我们受实践智慧的教育的时候，是当成熟的人们就各种情形中所要求做的是什么、哪些行动是恰当的给我们指导的时候。人有能力进行目标取向的行动，这对阿奎那来说是不成问题的：理性优先于意志。我们是按照理性认为是善的东西来行动的。我们追求的是理性所指出的那些目标。

阿奎那承认有普遍的道德规范或法则。存在着不变的有普遍约束力的道德原则。人们可能对这些法则和原则作不同理解，但这并不证明它们是相对的，而只表明我们领悟它们的能力是可错的。阿奎那因此是自然权利传统的一个代表。从哲学上说，这是他的亚里士多德主义视角的一个结果。从神学上说，这是他的上帝观的一个结果：创造了我们的上帝所欲求的是善。善不是相对于上帝的意志的，相反，是上帝把善当作意欲的对象。与此对立的是路德的意志主义的上帝观。但阿奎那并不认为世俗理性和过一种世俗生活的能力对我们就足够了。人的最高目标是拯救，而拯救所需要的则超越过一种被社会和道德所认可的生活的要求。这是因为，拯救还需要启示和信仰。之所以需要信仰，是为了向我们澄明拯救的目标，而信仰和训练之所以需要，则是为了帮助我们获得这最高的目标。[12]

这里我们看到托马斯主义的人类学和道德观中的一大转折：从我们可以称作亚里士多德主义-基督教的立场转向基督教特有的立场。我们的意思是，阿奎那认为亚里士多德主义基本上是与基督教相融洽的，但与此同时，他又强调基督教的终极目标超越了亚里士多德主义。这意味着道德并不是独立于宗教的。在阿奎那看来，即使非基督徒也能够找到正确的道德规范，并且过一种真正道德的生活。这是因为他们是由上帝创造的，被赋有理性和过一种理性的社会生活的种种能力。但是他们无法获得拯救，因为拯救预设了基督教启示。

阿奎那在伦理学方面对世俗的东西的正面看法，也反映在他的国家观和社会观上：人是一种社会存在。他把国家和社会，连同像家庭、职业和等级这样的结构，都看作是做一个人的自然方面。阿奎那并不像奥古斯丁那样把国家看作是必要的训诫工具。世俗国家及其各种建制就其本身而言就是善的、理性的。但是国家不应该成为一个自在目标。当然，世俗国家及其建制有可能衰落、以各种方式腐化变质。

上帝与世界

多数经院哲学家认为，对上帝的存在是有可能作出理性论证的。这些论证常常被称为“上帝之存在的证明”。这里“证明”一词有可能引起误解。它们并不是演绎证明意义上的证明(参见第七章，方法之争)。此外，演绎证明并不能证明它们自己的前提，证明这些前提要么导致无穷倒退，要么导致恶性循环，要么导致演绎之链的任意中断。它们也不是像在实验科学中的证明，那是指经验的确认。这里所要讨论的证明是哲学的证明。它们的目的是要证明感觉经验指向它自身之外，指向我们可以称为上帝的东西。

还应当指出，我们谈论的是对我们有关上帝之存在——上帝存在着这一点——的信仰的辩护，而不是对上帝是怎样的这一点的知识。就上帝之本质或属性而言，阿奎那认为这个问题我们只有通过启示和信仰而不是庸常的理性才能回答。最后，值得指出的是，这些对于上帝之存在的证明对于基督信徒来说并不是决定性的。启示和信仰才是建立一种与上帝的关系的恰当手段。但这些论证是有用的，尤其是在与非信徒的争论中。

显然，在我们把这些上帝存在之证明当作一种理性论辩来谈论的时候，什么东西被当作充足的、有说服力的理由，将因各种不同的基本哲学观点而各不相同。因此，新柏拉图主义者、托马斯主义者、怀疑论者以及路德的追随者，都具有不同的基本观点，对什么是这方面的充足理由这个问题都有不同回答。我们可以更详细地说：新柏拉图主义实际上并不使用这些上帝存在之证明，因为他们实际上把那个原初之源，也就是上帝，当作出发点，然后才下降到世界。对新柏拉图主义来说，倒是这个世界的存在才是需要证明的！唯名论者(路德的追随者)实际上也不需要上帝存在之证明，因为他们认为理性不可能上升到高于可感的特殊事物之上的地位；在此之外只存在信仰和启示，因此不存在对上帝之存在的理性证明。只有广义的亚里士多德主义才承认上帝存在的证明，因为他们赋予理性以超越可感的特殊事物之上的作用领域(概念实在论)，也因为他们从底部出发，也就是从可感的特殊事物出发，然后才由此上升(温和的概念实在论)。

在下面的讨论中，我们将先考虑安瑟伦所表述的上帝存在之本体论论证。随后我们将看一下那“五法”——由阿奎那所表述的上帝存在的五个证明。

安瑟伦对上帝存在的本体论论证

安瑟伦对上帝之存在的论证大致是这样的：我们关于上帝的观念是一种关于完满之物(最高存在)的观念。我们无法想象一种更高的完满之物。独立的存在比相对的存在(比如在想象中)更完满。这样，上帝，作为最高的完满之物，必定是独立存在的。这个论证的要点是：完满之物的观念本身是完满的，而完满之物必定存在着，因为没有存在的完满之物不如具有存在的完满之物来得完满(参见第九章，笛卡儿——有条理的怀疑……)。

这个所谓上帝存在之本体论证明在安瑟伦有生之年就已经受到了批评。(后来批评它的人当中包括康德，他在他的哲学的基础上批评从上帝的概念出发证明上帝之存在的所有企图。)这种批评的部分内容是：我们不能从上帝的概念引出上帝的存在。这里可能有某种唯名论的色彩。比方说，批评者论证道，完满之物的概念不必是完满的，就好像棕色这个概念本身不必是棕色的一样。对那些说我们不能从某物的观念引出该物的存在的反对者，安瑟伦可以用有关非物质现象的一些概念实在论论据来反驳。如果我们具有一个关于毕达哥拉斯定理的清楚观念，根据概念实在论，我们就知道那定理是存在着的。而上帝是非物质的。因此引入以物质现象之观念为基础的论据是文不对题的，但引入有关非物质现象的观念——比如数学概念——的论据，则是相干的。这样，正反两方面的论证必须根据不同的哲学基本立场来加以评价。这同时表明，神学讨论在何种意义上是需要哲学教养的，即使在那些我们认为哲学没有能力回答宗教问题的场合。

阿奎那对上帝存在的宇宙论论证

阿奎那的所谓宇宙论论证大致是这样的：宇宙包含着变化。种子变成树木，儿童变成大人，等等。但是现象之中的每个这样的变化都指向这特定变化之外的某个东西，指向作为这种变化之起源的某个东西。这样，变化中的每个现象都指向引起该变化的另一个现象。关键是，一个变化不能同时是它自己的原因。必须有另一个现象来引起变化。这样，我们可以从那正在变化的东西，转向作为这个变化之原因的某物，并进一步从这个原因转向它的原因，如此等等。这样，我们将可能一直往前行进，并且一直往后逆溯。一个具体例子，是在时间上从儿童开始回溯到双亲。但我们无法想象这种从被动者到推动者的回溯可以无穷地持续下去。必定存在着一个最初的阶段。任何别的东西都是不可思议的。因而必定存在着一个本身并不是被引起的第一原因，而那就是所有变化和所有运动的起源。这种第一原因是第一推动者，阿奎那说，我们把这叫做上帝。值得注意的是它并不是说第一原因就是上帝，而是说这就是“我们所谓上帝”。因此这个思路的目的是要表明主张上帝存在是合理的，但这个论证并不是要表明上帝除了是第一因之外还是什么。

对这个上帝存在之论证人们提出了若干个反驳：其中之一是矛头针对其前提，即任何变化之物都必然从另外一个东西那里接受一个推动。事物难道不能自己变化吗？这把我们引向对一个事物是什么、它与变化的力量之间有什么关系的讨论。阿奎那的观点建立在现实和潜能以及四因说的基础之上。另一个反驳是说，因为我们无法想象一个无穷倒退而主张必须有一个第一因，并不具有理性的说服力。宇宙难道不能没有一个出发点、因而在此意义上是无限的吗？最后，还有人主张，被表明为可能的，并不是基督教上帝的存在，而至多是一个第一因的存在，这个第一因不必定是一个位格，更不一定就是基督教的上帝。我们需要其他理由才能主张第一因与基督教的上帝是同一的。阿奎那自己的表述表明，他意识到这个困难，因此并不企图把这个论证引申得太远。

阿奎那对上帝存在的因果性论证

因果论证与宇宙论论证相一致，但尤其建立在原因和结果的关系上面：一个原因的每个结果都向后指向这个原因，而这个原因又向后指向一个在先的原因，如此等等。对于上帝之存在的第一个宇宙论论证建立在活动和潜力的学说之上，建立在广义理解的变化的所谓原因之上，而对于上帝之存在的这个因果论证则建立在原因和结果之间的特别的直接的关系之上。

阿奎那的基于必然性的上帝存在之论证

基于必然性的上帝存在之论证大致如下：地上万物基本上都在以下意义上是偶然的，即它的存在并不是必然的。与现在的情况不同的情况也曾经完全是可能的。与现在存在的事情和现象不同的东西，也完全可能是曾经存在过的。这适用于事物、事件和个人。你或我的存在并不是必然的。纽约和伦敦的存在也不是必然的。但如果每个东西都是偶然的，却是不可思议的。这样，必定有某些东西是必然的。在阿奎那看来，这就是“我们所谓上帝”。

阿奎那的基于最高程度之完满和最高程度之存在的观念的对上帝存在的论证

阿奎那对上帝存在的这个论证大致如下：我们看到所有存在的东西都有或高或低的完满程度，或大或小的存在程度。因此，我们可以想象一个存在和完满的等级顺序。这个等级序列超越俗世的东西而指向完满的、作为绝对存在的东西——而阿奎那认为，这就是“我们所谓上帝”。这个论证思路建立在我们前面提到过的阿奎那的等级的世界观上面。

阿奎那对上帝存在的目的论论证

阿奎那的所谓对于上帝存在的目的论（或自然-目的论）论证大致如下：我们在自然界（*physis*）经验到秩序，因此我们回溯到它背后的一个目的（*telos*）。宇宙在我们看来是秩序井然的、结构良好的。世界中的这个秩序及其许多微妙联系，指向一个根本上是合理的和良好的秩序，而这也显示出创造了这个设计并将其实现在宇宙之中的一个理性精神——根据阿奎那，这个“从事设计的”精神，就是“我们所谓上帝”。

这个论证思路的基础是有关终极因或目的的学说。在主张机械论世界观——这种世界观拒绝这样一些目的论原因——的人们那里，终极因的概念是有待讨论的东西。

恶的问题

如果上帝是万物之因，那么他是否也是恶之因呢？我们在最后将简单提一下阿奎那对恶的问题的一些论证。

我们称为恶的有些东西，必定是因为我们生活在一个有限的宇宙之中的缘故。于是，事物必定是在空间和时间上有限度的。事物并不永久持续，而是有可能毁坏的——包括人在内。这些限度，以及它们所包含的恶，因此是必然的，即便是在最完满的宇宙中。它们因此是不能归之于上帝的意志的。[13]

我们以为是恶的东西，许多只是从我们有限的立场来看才显得如此。从一个更大的视角来看，这种表面的恶将不再存在。但仍然有一些恶是实在的、由上帝引起的。这是上帝在惩罚我们的罪过的时候所导致的恶。但是这种恶也不主要由上帝引起，而相反主要是由人类的罪过引起的。人的罪过，这种真正的罪恶，并不来自上帝，而来自人的自由行动。当然是上帝给了人类以自由意志，让人类选择是正直地生活还是去犯罪过。但是对自由意志的实际的滥用，却并不是由上帝引起的。这种罪恶之为罪恶，恰恰是在非存在——作为善和上帝的缺乏——的意义上的。这种非存在并不存在，因此并没有原因，哪怕这原因是上帝。

第六节　帕多瓦的马西略和奥卡姆的威廉——从综合到怀疑论

托马斯主义的综合——它把信仰和理性、教会和国家调和起来——是中世纪盛期(13 世纪)的思想的顶峰。这是一个相对稳定的社会，尽管有地区上的分裂，但文化和宗教上是统一的——一个 *universitas hominum* 或人类共同体，尽管有封建等级制。存在着一种以人为中心的共同的基督教文化。但值得指出的是，人被看作是社会的组成部分，并且以上帝作为其存在的理由。在中世纪盛期，教皇和教会的权力达到了巅峰。在教皇和皇帝之间的斗争中，教皇赢得了胜利。

在教皇英诺森三世、格列高利九世和英诺森四世（1198—1254）在位期间，教廷达到了它的世俗权力的顶峰。这些教皇在与皇帝奥托九世和腓特烈二世的冲突中都很走运；他们获得了绝对权威，包括对任命和签约的监督、战与和的表态、对孤寡的照顾和监督、指导对异端的迫害和没收其财产的权利，以及在出现针对教会和社会秩序的反叛时进行干预的权利。但是，这个教廷占据优势的“人类共同体”并不会长治久安。在1300年前后，我们发现法国的教士们的行动更像法国人而不是教皇的仆人。对自己国家的效忠要强于对教皇的虔诚。民族国家（这里也就是法国）成了一种比普遍的基督教博爱更强有力的政治实体，甚至在教士中间也是这样。

组织良好的民族国家的崛起，导致了国王和贵族之间的充满紧张的合作，这种紧张在意识形态上反映为绝对主义和立宪主义之间的冲突。因此，君臣关系的问题受到更严格的审视：如果国王具有绝对权力，他的臣民必须显示绝对服从。那么，反抗一个不正义的暴政的统治者难道就永远是不正当的？同样，对绝对主义的和立宪的权力提供合法性论证的问题也出现了：国王因为上帝的恩典而具有绝对权力吗？国民议会由于它们的代议性质是否对权力具有合法的主张？从某种意义上说这些是传统的问题，但它们此时在更大程度上成为争论的主题。在14世纪，意识形态冲突的核心是君臣关系问题，以及教皇与所有其他基督徒的关系问题。国王（或教皇）应当具有绝对权力呢，还是权力应该在于传统的、代议的议事会手中，并服从古代的法律和习俗？

帕多瓦的马西略（Marsilius of Padua，1275/1280—1342），《保卫和平者》的作者，是一位从亚里士多德主义立场出发反对教皇的人。但此外马西略还持有一些预示了宗教改革和新教的观点。像托马斯·阿奎那一样，马西略主张社会是自足的；也就是说，它不需要神学的或形而上学的辩护。对阿奎那来说，信仰和理性处在和谐之中，就好像圣俗两界的关系一样；因此，这种自足的社会的基础仍然在于上帝。但是，马西略主张社会是独立于教会的。

马西略对政治和宗教、国家和教会的彻底两分，是与他对于信仰和理性的唯名论观点联系在一起的。他拒绝托马斯主义对基督教真理和理性主义的

(世俗的)真理的调和，而主张在信仰的真理和理性的真理之间存在着一种彻底的区别：理性(像社会一样)在它自己的领域是自足的。信仰的基础是启示(比方说《圣经》的启示)，并且适用于来世而不是政治。马西略并不拒绝宗教(基督教)。无神论基本上是18世纪法国人的发明！但是在他那里，宗教基本上成了某种超理性的东西，并且被托付给来世，成为某种私人的非政治的东西。就此而言，马西略使得宗教“内在化”了。宗教于是成了一个“私人的”问题，而教会在他的理论中几乎成了一个自愿性的非政治的组织。[14]

根据马西略，所有的社会活动都应当处于国家的控制之下。他把教士看作是一个社会群体。他们不应该拥有国家允许以外的权利或特权。不应该有任何特殊的教会法律(教廷法)；教士，就像教皇一样，应该由社会来任命和免职。在宗教领域，没有任何宗教的启示真理难懂得以致非得由某些特别权威的人来解释不可。信仰和理性是分离的。《圣经》因此是宗教洞见的惟一来源。因而没有理由给教皇的话比给予其他基督徒的话以更大的信任。结论是，在马西略看来，应该成立教廷会议，用来决定信仰的问题。

这样，马西略的思想中既有世俗化的方面，也有新教的方面：*世俗化*的方面表现在他强调社会中的那些自然的——生物的功能和有用的功能，而贬低宗教的和伦理的目标；新教的方面表现在他认定宗教是私人的事情，在信仰和理性之间划出截然界限。与此同时，马西略作为一个意志主义者，对意志要比对合理性更强调。但是，就像第一批宗教改革家一样，马西略仍然只设想*单一*的普遍的基督教信仰。

奥卡姆的威廉(1285—1349)是一位方济各会教徒，他反对教皇的“绝对君主制”，而从政治保守的立场出发捍卫中世纪的立宪主义。在哲学上，他是一个唯名论者和意志主义者。从思想史的角度来说，他是马丁·路德和新教的一个先驱。

阿奎那是一个概念实在论者。概念和原则*存在*于宇宙之中。通过对这些概念和原则的反思，我们可以获得像宇宙的起源(上帝作为造物主)这样的问题的真实洞见。奥卡姆是一个*概念唯名论者*：存在于我们意识之外(心外)

的仅有的东西是可感知的事物（物理的殊相）。概念只作为特殊的现象（精神的殊相）存在于我们的心灵之中。我们可以就可感知的、精神的殊相进行推理。因此对共相的神学思辨是没有基础的。神学以及我们与上帝的关系首先建立在《圣经》和我们对其中所写内容的信仰的基础之上。唯名论这样便导致在理性和信仰之间的某种区分。形而上学和思辨神学在一定意义上被排除掉了。这意味着精神活动被导向实验科学的方向而远离哲学的方向。向着实验科学的这种转向，后面我们还将讨论。

既然启示（《圣经》）是基督教信仰的惟一来源，以教皇作为绝对统治者的教会等级制就很难加以辩护了：一般来说，与神学教育相比，阅读圣书的能力和基督教的信仰的分布要更为民主一些。因此奥卡姆反对那种说教皇应该在宗教问题上有最后发言权的观点。他提出建立议事会来限制和评议教皇的权力。但是他也承认议事会是可能出错的。但奥卡姆还是没有成为一个怀疑论者——16、17 世纪在法国这是一种常见的发展。他认为来自代议的议事会的开明批评是将导致真理的。他好像并不怀疑真理是单一的。

第七节　马丁·路德——意志主义和唯名论：惟有信仰

在 16 世纪，罗马天主教会正式分裂。即使那些改革家起初只希望改革天主教会，他们在神学上的独创性和政治关系也导致了一场将教会的传统观、信仰观和拯救观头足颠倒的革命。从神学上说，马丁 · 路德（Martin Luther，1483—1546）反对传统和教皇，倡导《圣经》和个人信仰。因此，个人更加孤立地面对上帝，不再靠传统和教会的调解。与此同时，改革运动对传统的拯救观采取了批判的立场。激进的清教教派拒绝借助于教士和圣礼的拯救，把它看作是巫术和迷信。这样，宗教改革参与了那个将巫术排除出世界的历史过程（参见第二十一章，马克斯 · 韦伯论世界的去魅化）。

在神学问题上，路德追随现代的道路（*via moderna*），也就是奥卡姆的威廉的唯名论，但以一种不同的方式。实际上，这意味着对中世纪哲学关于一种理性的、秩序井然的宇宙的看法持某种批判的态度。在路德的哲学思想中，要像在托马斯主义传统中那样找到亚里士多德主义的人类学的痕迹也是困难的。路德的悲观主义的人类学前有奥古斯丁作为先驱，后有霍布斯、尼采和弗洛伊德作为来者。与奥卡姆一致，路德置信仰于理性之上。有关信仰的问题人们应该知道的东西，都存在于《圣经》之中。基督徒不需要教会的教父们、教廷议事会和教皇来告诉他们要信仰什么。路德也不信任对《圣经》的寓意诠释或哲学诠释。因此他忽视了自己的《圣经》诠释的预设（参见他对"《圣经》作为惟一的权威"的看法）。我们真正有必要知道的惟一的事情是上帝向人显示自己，而人是上帝的恩典的消极接受者。信仰使我们建立同上帝的没有中介的、直接的接触。对路德来说，惟有信仰（*sola fide*）是人的辩护手段："记住刚才所说，亦即，惟有信仰，而不是功德，才称义、才解放、才拯救。"[15]另一方面，路德主张受信仰引导的理性可以成为神学的侍女。但是，当理性把自己确立为信仰之条目的独立于信仰的法官的时候，它就是魔鬼的工作。这样的自负是不可原谅的，必须清除干净，其办法是迫使理性把那些从哲学的角度来看显得是错误的和荒谬的东西当作真理来接受。因此，理性不能成为伦理规范的基础。这样，路德的信仰主义轻而易举地成了非理性主义。

路德的神学也具有一种有趣的意志主义特征（"意志主义"这个词来自拉丁语的 *voluntas* 一词，意为"意志"）。当上帝在善和恶之间、对和错之间划出一条界线的时候，他是作为一种无上意志的行动而这样做的。对和善之所以是对和善，并不是因为上帝受一种道德标准的束缚，而是上帝意欲它们成为对的和善的。他原则上可以用另一种方式划这条分界线（上帝的全能）。在路德看来，他是上帝，我们因此是不能把一条规则或尺度运用于他的意志的，因为他的意志是万物的尺度："他所意欲的是对的，不是因为他现在或者过去有义务这样意欲；而相反，因为他是这样意欲的，所发生的才必定是对的。"[16]我们不能把规则和规范置于上帝的意志之上。如果我们这样做的话，我们是把另一个造物主置于这个造物主之上（参见格劳修斯对这种意志主义的批评，参见第八章）。

这样，路德的思想看来与奥卡姆的唯名论和伦理学-神学的意志主义混合在一起：从唯名论的角度出发，路德得以驳斥那种认为存在着上帝也必须服从的伦理原则的观点。意志主义也把基督教伦理学的根基建立在上帝的抉择主义的意志之中。[17]上帝于是被理解为一个不受约束的、绝对的最高权威。在政治语境中，我们在托马斯·霍布斯对绝对君主制的辩护中也看到这个论证。在一定意义上我们可以说，世界和道德标准对路德来说都是偶然的——它们原则上可以不同于现在的样子。

路德的政治思想的焦点，是宗教权力和世俗权力之间的关系。从形式上说，路德在这里所论证的是后来成为现代政教分离的东西；在实际上，教会在与国家的关系方面承受了某种权威失落。对路德来说，我们这里有两个政权，它们都是上帝创建的，但具有不同的功能。世俗政权的建立，是为了维持社会中的公义和秩序。这个政权运用的是剑（“国家的剑是要鲜血淋淋的”）。宗教政权运用的则是言语，诉诸臣民和统治者两方面的良心。

世俗政权的学说与路德的悲观主义人类学相联系：人实际上是一头必须用锁链和绳索束缚的猛兽。[18]一个没有世俗政权的社会，因此将乱成一片，将是人对人的战争（参见第八章，霍布斯）。因为我们是有罪的、邪恶的，上帝用法律和剑来制服我们，这样我们就不会轻易作恶。对路德来说，人类不像对亚里士多德和托马斯·阿奎那来说那样是社会动物和政治动物。中世纪的和谐与综合确定无疑地分崩离析了。

路德的两个政权论蕴含着内在的人和外在的人之间的重要区分。世俗政权仅限于外在行动。它管辖生命、财产和世俗的东西，但它无法对内在的人订立法则。这里，惟有上帝才是主宰。这样，内在的人并不属于世俗的权力领域。因此，异端不能用剑来制止。武器必须是上帝之言：“异端是一件属灵之事，你无法用铁将其击碎，用火将其焚毁，用水将其淹没。这里有效的惟有上帝之言。”[19]原则上这允许在法哲学中对内在态度和外在行动作重要区分。这里我们也看到在道德和法律之间的一种区分的轮廓。世俗权力可以惩罚的只是外在行动，而不是内在思想。过了不久，这个思想就产生了实践结果。

既然世俗权力是由上帝创立的，反叛国家同时也就是反叛上帝。叛乱者成了上帝的敌人。因此，在路德看来，当国家挥舞剑的时候，它也是在“侍奉上帝”。这样，在公民和诸侯的冲突(德国的1524—1525年农民战争)中，路德猛烈抨击农民：“对人民你必须握拳回答，直到鲜血从他们的鼻子淌下。”[20]既然路德认为国家是一种由上帝创造的权威，他就能承认世俗政权的首脑作为上帝的“行刑者和绞刑吏”[21]的合法性。从路德的时代和政治-神学传统来看，这样一种辩护是可以理解的。但是从近来的德国历史来看，这种不加疑问的服从统治者的原则，结果是一个很成问题的遗产。

路德的严酷还表现在他的反犹著作中(比方说，“论犹太人及其谎言”[1543])。除了别的观点，这里他还声称基督徒的责任就是烧毁犹太教会堂，拆掉犹太人住宅，并迫使犹太青年做苦工。从20世纪的反犹主义和纳粹主义来看，这些文本有一些不愉快的联想，尤其是因为它们可以非常轻而易举地被用于纳粹的宣传。但是，要在路德和希特勒之间勾画出一条直接的线索，仍然是不合情理的。另一方面，显然并不是路德的全部思想今天都是有用的——不管是神学方面的，还是政治方面的。

第八节　大学传统

最早的欧洲大学的起源，可以追溯到中世纪。大学是何时建立的，这常常是说不清楚的，因为材料有限，也因为大学这个概念本身在中世纪是含糊不清的。比方说，有人主张巴黎大学是柏拉图学园的继续，后者经罗马转移到了巴黎。从历史上来说，这当然是不大可能的，但其中仍然有一个真理的颗粒：12世纪末出现在欧洲的各所大学，是以古代的教育制度为某种根基的。这些大学采纳了希腊-罗马的适合一个自由人去学习的文科七艺的观念。它们可以被分成两组：第一组叫做*trivium*或三艺，包括语法、修辞和逻辑。这里我们看到的是古代被认为是做一名演讲者和政治家所必需的那些学科。第二组叫做*quadrivium*或四艺，包括几何、算术、天文和音乐。这些学科是柏拉图和毕达哥拉斯都在他们的教育体系中赋予中心地位的学科。在许多方面我们可以说，古代的人文学科或*artes liberales*，尤其是三艺，构成了中世纪大学传统的基础。

古代和中世纪之间的这种连续性并不总是那么明显。18世纪和19世纪的历史学家们经常认为，古代的文化在中世纪早期消失了，直到文艺复兴才重新出现。今天这幅图景更复杂一些。我们知道，中世纪有三个精神传统，它们相对来说彼此独立，但都以各自方式吸取了古代遗产。这三个传统是：拜占庭、拉丁寺院、阿拉伯文化中心。在整个中世纪，东边是位于拜占庭的讲希腊语的学术中心（君士坦丁堡直到1453年才沦陷于土耳其之手）。在西欧，古代智慧的一部分“冬眠”于寺院之中。在一定意义上说，只有基督教和教会才在罗马帝国覆灭以后存活了下来。阅读和书写的技艺只有在教会机构中才保存下来。从6世纪开始，寺院是西方的男女们研究文献、接受教育的主要来源。在一个具有不同语言和不同民族的分裂的欧洲，教会是惟一有能力保存一个共同的欧洲文化的统一而集中的建制。

这种寺院文化是一个讲拉丁语的文化。希腊语言迅速被弃而不用。这样，了解希腊科学及其方法论视角的钥匙就丢失了。另一方面，阿拉伯文化却保存了古代的学术。最重要的著作很早就被译成了阿拉伯语。讲拉丁语的欧洲人是通过10世纪——尤其在科尔多瓦——与伊斯兰文化的接触，才重新大规模地了解科学文献的。

这样，在西欧，古代的一部分学术被保存在寺院里面。希腊和罗马的修辞学和逻辑学的残片因此被保存下来，作为一种新内容的框架。僧侣、教士和传教士们研究修辞学，以《圣经》为教科书，人文学科依然是精神之基础。这些“黑暗”世纪也并非没有开明学者，诸如图尔的格列高利（Gregory of Tours，公元538—594）、尊者比德（the Venerable Bede，公元673—735），以及塞维利亚的伊西多尔（Isidore of Seville，公元560—636）。在人文学科领域，注意力主要集中在第一组学科（trivium——“三艺”）。第二组的那些学科，所谓“四艺”，在早期中世纪不占据中心地位。古代的科学研究在僧侣们看来也没有多大意义。只是到了欧洲的学术活动在社会层面上与国家和都市文化的发展整合为一体的时候，古代的学术才又具有意义。这一点可以在卡洛林王朝的文艺复兴（公元800）中看出踪迹：卡洛林的强大帝国缺乏一个高效的行政结构，这使得有必要建立一个新的教育体系。结果，寺院学校和教堂学校建立起来了，最初的一批大学就是由此而产生出来的。

在许多方面，大学是12 世纪末社会方面和精神方面的一个新创造。在这个体系中，*universitas* 这个词指的是学生公会或教师公会。 *Universitas* 这个词的现代用法最初流行于15 世纪。第一批大学有一个共同特征： 它们都坐落在大大小小的城市里。乡间的寺院学校无法赶得上“教育爆炸”。没有一所中世纪大学是在乡间发展起来的。只有城市才具有容纳日益增加的学生的能力。

在最早的一批大学中，我们已经看到一种专业化的努力。在意大利的萨莱诺和法国的蒙彼利埃，学生们专攻医学。意大利的博洛尼亚成为早期的法学中心。阿尔卑斯山脉以北，法国的沙特尔(Chartres)的教堂学会成为一个人文学科研究中心。在12 世纪末，巴黎作为一个神学研究的重要中心脱颖而出。牛津大学在很早就以科学研究而知名。这些学术机构很快获得国际地位。他们招收来自全欧洲的学生，把他们培养成医生、律师和神学家。在一定意义上说，构成大学成功的基础的，是它们给社会带来的好处。以(比方说)法律为专业的 *studium generale*(通学)，满足了社会需要。国家和教会两者都迫切需要合格的律师。

专业化也导致一些学生必须上另一所大学以补充他们的教育。如果一个人为了日后成为一名主教而在巴黎上学，那么除了神学之外，他还需要学习法律和教规方面的知识。为此他必须去博洛尼亚。巡回学生，或“行者”，是中世纪社会的一个重要特征。他们数月甚至数年地长途跋涉，风餐露宿。

大学很快在都市景观中占据中心地位。1200 年前后，巴黎据说已有五万人口。其中 1/10 是大学生。这样大的人群既是社会躁动的根源，也是地主和商人重要的收入来源。学生和其余人口的关系因此也不总是相安无事的。暴力并不罕见。经过许多年的学生造反和罢课之后，1231 年的教皇敕书《学问之母》——巴黎大学的“大宪章”——标志着一个决定性的转折点。该敕书说，大学有权利制定它自己的规章、规则、课程设置和标准学位。与此同时，不同大学颁发的毕业证书被认为具有同等效力，或至少是“可换算的”。大学终于被承认为一个法人，一个具有自主性的建制：它有权在没有外在干预的情况下决定教育的内容和形式。这样，大学逐渐获得教学的自由，独立于教会和国家。它有自己的特权和自治权。大学建制发生了一个重要进展。

到了13世纪，大学已经划分为四个学院：神学院、法学院、医学院和文学院(其中传授的是文科七艺)。前面三者构成“高级”学院。文学院是预科教育和通识教育的学院。所有学院均得从文学院读起。他们必须在该学院读若干年，以便能够在其他几个学院之一学习。这样一个长时期的预科学习看上去可能是过长了。但我们必须记住，中世纪的大学学习开始于十四五岁，所以他们可能是需要一些通识教育的!

大学分为若干个学院这一点已经表明，数学和科学学科在中世纪大学是难以找到一席之地的。难以定位的似乎首先是四艺学科。13世纪的学习课程很少提供像数学、几何和天文这样的学科。但是在这里应当注意，有些大学在16世纪就已经有学者只从事研究科学而没有教学义务。在牛津和巴黎，罗伯特·格罗塞特(Robert Grosseteste，1175—1253)和罗杰·培根(Roger Bacon，1215—1294)在光学上取得重要进步。又比如，在14世纪，数学在牛津的默顿学院取得中心地位。数学的一个类似复兴发生在14世纪中期的巴黎，为首的是尼古拉斯·奥雷姆(Nicholas Oresme，1320—1382)。

中世纪大学的一个重要特征是正式答辩。在这里人们磨砺自己的逻辑工具，学会欣赏好的论据。这样的讨论和争辩经常受到彼得·阿伯拉尔的逻辑论辩形式(《是与否》)的启发。除了讲课(*lectio*)之外，答辩(*disputatio*)是中世纪教育制度和教育法中的重要成分(即使我们今天，博士候选人也必须经历长而艰难的答辩)。答辩的题目可以是很别出心裁的：“一个生来就有两个头的怪物，应该被作为一个人还是两个人接受洗礼?”

在一所中世纪大学学习，首先是一件文本研究的事情。比方说，学医主要是对希腊的、拉丁的和阿拉伯的权威的文本进行研究。我们有来自博洛尼亚的一份四年制医学课程的介绍。每天有四门课。第一年专门学习阿拉伯哲学家阿维森纳(Avicenna，阿拉伯名 Ibn-Sinâ，公元 980—1037)和他的医学教科书。第二、第三年专门学习盖仑、希波克拉底和阿威罗伊(Averroës，阿拉伯名 Ibn-Rushd，1126—1198)。第四年主要用于复习课程。人类尸体解剖 1300 年左右首次在博洛尼亚进行。在 1396 年，法国国王给予位于蒙彼利埃的大学以解剖尸体的特许状。在蒙彼利埃，学医的学生们还必须上一所医院，观察和动手做手术。亲自观察被认为是极为重要的，因为外科手术涉及的首先是大胆。有一次，当教师在打孔时(在头盖骨上动手术)，一个学生因为看到大脑的律动而晕了过去。该教师的评论对医学新生来说可能是很有意思的："因此，我的忠告是： 在没看过施行的手术之前，任何人都不应该去做手术。"

中世纪大学中并非没有学生民主。在许多地方，大学生们比我们现在还有更大的势力和影响。在博洛尼亚，比方说，有一些学生公会，校长和教授是由它们来选择和辞退的。讲师如果讲课迟到，如果偏离教学大纲，如果跳过课文的困难段落，学生就可以对他罚款。如果学生拒绝上一位讲师的课，这位讲师就失业了。学生在该大学之所以拥有强有力的地位，是因为学生们都来自富裕家庭，并支付了讲师的薪水。博洛尼亚城在 1350 年左右最早开始支付讲师的薪水。

中世纪的大学传统是一个由男人们形成的传统。妇女们对中世纪社会的精神生活有多少贡献，我们所知甚少，尽管她们在寺院和医院里占据了中心地位。近来的研究表明，在中世纪，有些妇女在哲学和神学上相当出色。这里我们可以谈论"隐蔽的女性传统"。或许其中最有名的是宾根的希尔德加德(Hildegard of Bingen，1098—1179)，她在德国的宾根附近创建了一个修道院。她写了几本书，包括《认识主道》。她发起了上帝之概念的女性化。同样，诺维奇的朱利安(Julian of Norwich，出生于 1340)说上帝是"我母"。

中世纪大学的思想冲突很多围绕着唯名论和实在论。在 14 世纪，唯名论在大学中取得重要地位，各种阻止其扩展的企图均以失败告终。唯名论成了哲学中的"现代之路"。传统的实在论成了"古代之路"。现代之路在神学上通向路德，在哲学上通向英国经验论。

第九节　阿拉伯哲学和科学

在罗马帝国崩溃和 12、13 世纪文化大复兴之间的时期中，希腊的哲学和科学遗产大部分在西方佚失了。但是，在黑暗世纪，希腊哲学和科学在阿拉伯-伊斯兰文化圈保存着。同时有必要强调的是，阿拉伯人并不是希腊文化和科学的消极接受者。比较正确的说法是，他们积极地掌握希腊文化的遗产，并创造性地将其推进。这种掌握成了一种新的科学传统的来源，这种科学传统后来支配了直到 16 世纪和 17 世纪的科学革命为止的精神活动。

即使阿拉伯王朝征服了先前由罗马人控制的一些地区，在埃及或叙利亚、伊拉克和伊朗却并没有出现精神生活的中断。在叙利亚、伊朗和其他地区，希腊的哲学传统和科学传统被活生生地保存着。在这里，亚里士多德和其他希腊哲学家的著作很早就被翻译成古叙利亚语。但是文化传递的大突破发生在巴格达的阿巴斯王朝的哈里发们那里。哈伦·拉西德(Harun al-Rashid，公元 786—809)在位期间，标志着阿拉伯世界第一次全面的希腊文化复兴。它的开端是一个庞大的翻译规划。许多工作是基督徒以古叙利亚语作为其文化语言而完成的。拉西德积极支持学者们学习希腊语和翻译希腊的哲学和科学著作。他还派遣特使去西方购买希腊手稿。

翻译工作的一个重要部分是扩展阿拉伯词汇和发展与希腊概念相对应的哲学概念和科学概念。侯奈因·伊本·易司哈克(Hunayn ibn Ishaq，公元 808—873)在这个过程中起了重要作用。希腊文化的重要部分被吸收进这个更加丰富的语言——除了修辞、诗学、戏剧和历史，对这些阿拉伯人兴趣不大。他们的兴趣集中在哲学(亚里士多德、柏拉图和新柏拉图主义)、医学、光学、数学、天文学和像炼金术和巫术这样的秘术学科。到了 9 世纪末，巴格达已确立为一个阿拉伯学术中心。阿拉伯人掌握的不只是希腊文化。在东方，他们与伊朗、印度和中国都有重要接触。早在 9 世纪，数学家花拉子密(Al-Khwarizmi，公元约 780—约 850)就在算术计算中使用印度数码(所谓阿拉伯数字)了。

翻译和文化沟通的重要使命导致了新的图书馆的建立，它通常与清真寺和 *madrasah*（伊斯兰学校）相连。在 10 世纪和 11 世纪，整个阿拉伯世界已经有几百个图书馆，拥有大量的藏书。在它的顶峰时期，巴格达的图书馆据说收藏了 100 000 册手稿。相比之下，索邦（巴黎）在 14 世纪有2 000 册手稿，大约与同时期罗马的梵蒂冈图书馆的藏书相当。还可以提到，阿拉伯人在 8 世纪从中国人那里学会怎样造纸。在 10 世纪，纸的使用已经推广到使得纸莎草渐渐不再用来书写了。纸张的生产在欧洲最早是在大约 1150 年，而且，很能说明问题的是，充当先驱的是生活在西班牙的阿拉伯人。

阿拉伯人对科学发展的最重要贡献是在医学、天文学和光学领域。阿拉伯医生和哲学家阿布·巴卡尔·阿尔-拉齐（Abu Bakr al-Razi，通常称为拉齐，公元 865—925），据说是最早研究像麻疹、水痘这样的儿童疾病的。拉齐写了几本教科书，它们流传广泛，不仅仅在阿拉伯人中间，而且在西方。他的著作在 17 世纪被翻译成拉丁文。

伊本-西拿或阿维森纳继续了拉齐的工作。作为一名医生，阿维森纳受盖仑影响很大（参见第五章，古代的科学……）。他的主要著作《医典》是对希腊医学和阿拉伯医学的精华的庞大综合。16 世纪在欧洲各大学它被用作医学教育的一本基本教科书。[22] 阿维森纳还是一位重要的哲学家。像许多基督教神学家一样，他设法用亚里士多德的概念和后来的希腊形而上学（新柏拉图主义）来表述伊斯兰的真理。对阿维森纳来说，上帝是第一因，或创造者。被创造的世界应该被理解为来自上帝的一系列流射：神圣之光的流射创造了人类灵魂，而人类生命应该是一场回到光也就是上帝的旅行。阿维森纳哲学中关键的观点是他的物质观。与柏拉图和亚里士多德相一致，阿维森纳似乎拒绝说上帝从虚无中创造物质的观点：来自神圣之光的流射充溢着物质，但不创造物质。这是早期伊斯兰哲学内部异常激烈冲突的开端。阿维森纳的新柏拉图主义在一些著作中受到伟大的伊斯兰神秘主义者和神学家之一阿尔-加扎利（Al-Ghazali，1058—1111）的批判。后者的要点是，哲学家们的上帝并不是《古兰经》的上帝。当哲学与《古兰经》发生冲突的时候，哲学应当让位。如我们所知，类似的冲突大致在同一时候也发生在基督教世界。

迎接来自阿尔-加扎利的挑战的，是伊本·路西德(Ibn-Rushd)，也叫阿威罗伊。在西方，他常常被认为是最有影响的思想家。阿威罗伊出生在西班牙的科尔多瓦，在当时的各科学学科中受过充分教育。曾有一段时期他是塞维利亚和科尔多瓦的法官，最后担任马拉克什城的哈里发的私人医生。在欧洲，阿威罗伊尤其以对柏拉图和亚里士多德的全面分析而著名。他对托马斯·阿奎那有很大影响，阿威罗伊主义给17世纪以前的经院哲学打上了自己的印记。在与阿尔-加扎利的冲突中，阿威罗伊主张在哲学结论和《古兰经》之间不可能有任何矛盾："既然这种宗教是真理，并且鼓励引向对真理之认识的研究，那么，我们，穆斯林共同体，就知道借助于论辩的研究不会导致那些反对圣书所给与我们的东西的结论。因为真理并不与真理相矛盾，而与真理相协调、为真理作证人。"[23]

那么，我们如何解释一些明显的矛盾呢？这里，阿威罗伊引入了一条在西方哲学中起了重要作用的诠释原则：他解释说，《古兰经》中的任何东西都不能做字面理解。当对《古兰经》的诗篇的一种字面诠释显得与理性相矛盾时，那些诗篇必须作为隐喻和寓意来诠释。从对阿尔-加扎利和阿威罗伊之间的冲突的这个简单介绍中，宗教激进主义有一个长久历史这一点应该是很明显的了。这是伊斯兰哲学和基督教哲学两者当中都存在着的一个古老而著名的挑战。

阿拉伯科学家在有些领域做出了出色的贡献。这些科学家包括海桑(Ibn al-Haitham或Alhazen，公元965—1039)，他的立场与众不同。他在光学中的工作在许多方面使这个领域具有突破意义。海桑在透镜、球面镜和抛物柱面(反射)镜研究方面也取得了重要进展。此外，他还是在光学现象研究方面采用实验方法的一个出色代表，对眼镜的机理做了仔细分析。今天海桑被看作是最伟大的阿拉伯物理学家。他对许多西方科学家，包括罗杰·培根、约翰·开普勒和伊萨克·牛顿，有很大影响。

阿拉伯人在天文学领域也很先进。他们尤其致力于提出数学模型来解决围绕理论和观察之间的误差的一些问题。在伊朗的莫拉哈(Meragha)天文站，伊本·阿尔-沙蒂尔（Ibn al-Shâtir，卒于1375）对托勒密系统作了纠正和发展，从而使它与后来的哥白尼系统在数学上大致是等价的。[24]直到哥白尼为止，阿拉伯人的天文学模型比西方的要先进得多。

在天文学、数学、医学和光学等几乎所有这些领域，阿拉伯科学家都位于中世纪最先进之列。600多年间，阿拉伯人在技术上、科学上都领先于西方。但为什么阿拉伯科学没有导致现代科学？为什么科学革命发生在16世纪和17世纪的欧洲，而不是阿拉伯的伊斯兰世界？或许更令人惊讶的是：为什么阿拉伯科学在14世纪以后反而衰落了？为什么阿拉伯哲学和科学停滞不前了？这里不可能对这些问题给出一个全面的回答。我们只能指出一个可能的回答。

我们已经熟悉了的那些阿拉伯哲学家和科学家，都是穆斯林。他们把自己的工作建立在希腊哲学和科学的基础上，但并没有将问题和结论“伊斯兰化”。这在起初是被容忍的，但他们越来越受到宗教领袖们的批评。在12和13世纪，宗教压力增加了。所谓外来科学只有当能够在宗教上得到辩护的时候，或具有宗教功能的时候，才能指望得到支持：天文学、几何学和算术都是重要的，因为穆斯林必须知道确切的祈祷时间和麦加的方向。但是从宗教角度来看，许多学科被批评为无用的或破坏《古兰经》的世界观的。希腊科学的日益伊斯兰化看来导致了对研究领域的限制。这种伊斯兰化或许是15世纪阿拉伯科学的停滞和衰落的最重要原因。

不仅如此，一个严重的问题是阿拉伯文化中缺少科学的建制性基础。阿拉伯人的主要的教育建制是*madrasah*（伊斯兰学校）。这些在11世纪开始有很大发展的学院，是伊斯兰的主要文化建制。所有教育领域都把学习《古兰经》、先知及其门徒的生活和穆斯林法（*sharia*）当作中心。哲学和自然科学不是课程的内容，但主要的文本都在学校里抄写了、放在图书馆里。许多哲学家和科学家在伊斯兰学校里担任教师，但是他们讲的课不是希腊哲学和科学。从事“外来科学”因此是一件私人活动，或与清真寺（天文学）和朝廷（医学）连在一起。独立的阿拉伯科学从未被建制化，也从未受到阿拉伯-伊斯兰世界的宗教和政治精英的支持。中世纪伊斯兰也不承认同业公会和自治团体。学生和教师的职业团体因此就不容易获得辩护和发展。结果，具有内部自治的自主性学术建制——欧洲中世纪后期的大学就具有这样的特征——就几乎是不可能建立起来。14 世纪的停滞的最重要原因，或许是阿拉伯世界从未形成那些被世俗官员或宗教官员宽容或支持的独立的大学。

思考题

1. 请说明奥古斯丁对上帝、人类和世界的观点的要点。亦请描绘他的两个国度理论和历史学说。
2. 请讨论奥古斯丁关于知识和宗教信仰之间关系的看法。
3. 请说明阿奎那是如何设法调和哲学和基督教的。参照他对自然认识的观点。
4. 请说明阿奎那对法律及其基础的看法。
5. 请说明对“共相问题”的不同立场。尤其说明阿奎那和路德的立场。
6. 请讨论路德的唯名论和意志主义(如果你愿意，与阿奎那比较一下)。

进一步阅读的建议

原始文献

St Augustine, *The City of God*, translated by Marcus Dods, New York, 1994.

St Augustine, *Against the Academicians*, translated by Peter King, Indianapolis, IN, 1995.

St Augustine, *Confessions*, translated by Henry Chadwick, Oxford, 1991.

St Augustine, *On Being and Essence*, Thomas Aquinas, Toronto, 1949.

Thomas Aquinas, *On the Truth of the Catholic Faith*, 5 vols, New York, 1955—1957.

Martin Luther, *Works*: *American Edition* (55 vols.), edited by Jaroslav Pelikan and Helmut T. Lehmann, St Louis/Philadelphia, 1955—.

Averroës (Ibn-Rushd), *On the Harmony of Religion and Philosophy*, edited by George F. Hourani, London, 1976.

二手文献

Gilson, E., *History of Christian Philosophy in the Middle Ages*, London, 1980.

Huff, Toky E., *The Rise of Early Modern Science. Islam, China and the West*, New York, 1993.

Thompson, W. and D. J. Cargill, “Martin Luther and the ‘Two Kingdoms’”, in D. Thomson (ed.), *Political Ideas*, Harmondsworth, 1969.

Tranøy, K. E., “Thomas Aquinas”, in *A Critical History of Western Philosophy*, New York, 1965.

注释

[1] "中世纪"(*medium aevum*)这个名称是后人起的，他们把古代("古老时代")和文艺复兴(古代文化的"再生")之间的时期称为"黑暗世纪"。

[2] "自然法"这个术语，在这里当然是在哲学的意义、而不是在科学的意义上使用的。(之所以做这个说明，是因为"natural law"也可以译成"自然规律"。——译者)

[3] 我们在这里诠释的是等同于良善国度(上帝国度)的教会国家。

[4] 比如，基督的神性，他降生于历史之中，他的死，以及他的复活。

[5] 参见《圣经》的这个主张：最大的美德是"信、望和爱"(其中望也是对拯救的希望)。

[6] 参见加尔文那里的相应问题。

[7] 这里的"实在论"也可以译成"唯实论"，专指那种与唯名论相对立的哲学立场。——译者

[8] 这里"本体论"(ontology)一词有的学者主张译为"存在论"，甚至"是论"，理由是ontology 的词根"onto-"本意是"存在"或"是"。——译者

[9] 参见 interest 这个词，它来自 *inter-esse*，字面意思为"在存在之间"。

[10] 这里阿奎那又一次受惠于亚里士多德(他经常这样)。亦参见对康德的范畴的讨论(参见第十四章，注4)。

[11] 根据阿奎那，每个造物都具有成为一个特殊存在的潜能，比如一个人类(而不是一条狗)或一匹马(而不是一只猫)。当一个造物将其潜能现实化时，它就是 *in actu*(现实的)。如果一个造物通过其潜能的现实化成为它"本该是"的东西，如一头小牛变成了一头大牛，这种可能性可称作它的**积极**可能性。但一头小牛也可能变成一碟小牛肉，那可称为它的**消极**可能性。当一个造物的积极可能性没有现实化的时候，某物是缺乏的(对该造物来说)。这样，对于一个盲人来说，看的能力是缺乏的。这种缺乏不同于一个造物之遗传学上的某种潜能的缺乏，比如马不能像鸟那样飞翔。

[12] 请注意阿奎那对善的行动的看法(在人的拯救希望方面强调善的行动的重要性)和路德的看法(只强调上帝的恩典)之间的区别。

[13] 参见莱布尼兹的所谓《神正论》(对这个世界是所有可能世界中最好的世界的论证)，第十章。

[14] 这是马西略的观点。但如我们所知，教会在那时候并不是一个自愿的非政治的组织。在宗教改革的国家中，罗马教廷被迫撤出而留下的政治空间，基本上是由诸侯们填补的。而按规定公民们应当具有君主的信仰(*cuius regio*, *eius religio*，在谁的地区，信奉谁的宗教)。一个人对宗教的选择并不是"私人的"。

[15] Martin Luther, *The Freedom of a Christian*(1520), translated by W. A. Lambert, revised by Harold J. Grimm, in *Luther's Works*: *Career of the Reformer*: *I*, vol. 31, edited by Jaroslav Pelikan and Helmut T. Lehmann, Philadelphia, 1957, p. 348.

[16] Martin Luther, *The Bondage of the Will*, translated by Philip S. Watson in collaboration with Benjamin Drewery, in *Luther's Works*, vol. 33, p. 181.

[17] 抉择主义(*Decisionism*)：借助于**自由决断**、选择而不是普遍标准来作出决定。

[18] Martin Luther, *Temporal Authority*: *To What Extent it Should be Obeyed*, translated by J. J. Schindlel and revised by Walther I. Brandt, in *Luther's Works*, vol. 45, p. 91.

[19] 同上书，第114页。

[20] Martin Luther, "An Open Letter on the Harsh Book Against Peasants", in *Luther's Works*, vol. 46, p. 65. 路德此书的风格值得深究："农民不会听话；他们不会听任何人告诉他们任何事情，所以他们的耳朵必须用火枪子弹来打开，直到他们的头颅从他们的肩上跳将下来。……那些不听从上帝好言善语的人们，必须听从手执刀斧的刽子手。"(第

65—66 页）“那些拒绝听从理性的农民，那些顽固的、死硬的、无知无识的农民，谁也不要对他们手下留情；大家都要竭尽全力去打、砸、刺、杀，就像在野狗群中一样。”（第 73 页）

[21] Martin Luther, *Temporal Authority*, in *Luther's Works*, vol. 45, p. 113.

[22] Nancy Siraisi, *Avicenna in Renaissance Italy: 'The Canon' and Medical Teaching in Italian Universities after 1 500*, Princeton, NJ, 1987.

[23] G. F. Hourani, *Averroës on the Harmony of Religion and Philosophy*, London, 1961, p. 50.

[24] Victor Roberts, "The Planetary Theory of Ibn al-Shâtir", *Isis*, 57 (1966), pp. 365—378.

第七章
自然科学的兴起

第一节　方法之争

古代文化的再生，也就是文艺复兴，对实验科学的奠基所具有的意义是不容置疑的。当东罗马帝国于1453年崩溃时，许多学者逃到了西方。他们的到来导致了对古希腊哲学——尤其是柏拉图——的重新发现，就好像几百年以前阿拉伯人使得对亚里士多德的重新了解成为可能一样。借助于15世纪希腊理论的这种注入，出现了一些使实验科学的创立成为可能的条件。一方面是来自希腊哲学的*恰当的概念和理论*，以及来自中世纪经院哲学中训练的*逻辑方法*；另一方面是新近唤醒的*对于开发和控制自然的兴趣*——这是文艺复兴时期具有典型意义的兴趣的世俗化。

我们前面提到，中世纪从概念实在论向唯名论的转折，在一定意义上说意味着兴趣转向具体事物，而这可能有助于促进实验科学的兴起。但是种种世俗的希腊理论也很重要；比方说，德谟克利特的机械论的原子论，以及——尤其是——概念实在论的、新柏拉图主义的数学哲学。除了其他作用之外，它们对文艺复兴早期的思想家库萨的尼古拉斯、后来的哥白尼和开普勒，都产生了重要影响。但是，不管这种种不同因素起的作用是什么，理论与利用事物的实践兴趣的这种结合，是文艺复兴时期独有的。历史上第一次出现了这样一种结合。在多数文化中，存在着利用事物的兴趣，但缺少恰当的理论和社会条件。由此导致的是巫术和方士，而不是科学和技术。古代希腊在许多方面是独一无二的。说得简单一些，他们有理论，但没有开发自然的兴趣。对希腊哲学家来说，理论具有自在价值。

我们刚刚所说的当然是做了很大简化。文艺复兴期间自然科学的兴起是一个漫长过程的结果，其中包括中世纪哲学之内的科学概念的形成，以及在工艺和农业当中的技术的发展。[1]在做了这个保留之后，我们可以说，自然科学的兴起既不是单靠理论，也不是单靠实践兴趣。两个因素必须同时存在。而这就是文艺复兴时期所发生的事情。

到了17世纪末，古典力学，这个各门实验数理科学的基础，被建立起来了。此时与真理打交道的有三种思想活动：神学、哲学和自然科学——相比之下在中世纪则只有神学和哲学。因此，对哲学来说，重要的是要找到一个相对于科学的位置。在这个新时代，哲学的工作多半是努力寻找哲学与自然科学的界线，对唯理论者笛卡儿和莱布尼兹、经验论者洛克和休谟以及先验哲学家康德来说，都是这样。尽管如此，说哲学弃神学而取自然科学，仍然是不对的。基督教神学在很大时期内是许多哲学家——包括笛卡儿、洛克和贝克莱——的毫不含糊的背景。

实验科学的建立并不容易。在中世纪，经院哲学家们也进行争辩。从思想上说，中世纪盛期是一个理性主义时期。但是这些论证所涉及的只是其他论证，而不是自然界。饱学之士们知道如何列举有效的论证来反对他们的论敌。但现在的任务，却是理解和支配自然。这该怎么做？如何着手做这件事情？

对我们来说，答案简单得很。它可以在中学的科学教科书里找到。但是在那时候，答案一点也不简单。要找到所提的正确问题、所使用的恰当概念和方法，花了至少两百年时间。这个时期（15世纪和16世纪）的特征可以用“方法之争”这个说法来表示。这个时期在许多方面都是一个思想混乱的时期。这是炼金术的时代，是浮士德的时代。[2]那时人们对控制自然，也就是变铅为金、发现长生不老药，有狂热兴趣。但是没有人知道如何去做这些事情。

文艺复兴不仅仅是一个光亮复现的时期——与被称为“黑暗世纪”的中世纪形成对照。相反，它总的来说是一个光亮几乎熄灭的时期！在许多方面，文艺复兴的哲学比中世纪哲学来得更思想混乱。[3]但我们也不应该犯那种把通常人们对文艺复兴时期的积极看法简单地颠倒过来的错误。文艺复兴时期的思想混乱是彻底创新的努力的一个结果，也是因为创新者要花些时间才能找到出路所造成的。

在17世纪期间，实验科学开始形成。精神生活要有一个新开端，文艺复兴时期的思想混乱所代表的过渡时期是必不可少的。

在新注入的希腊哲学中，尤其富含德谟克利特的思想成分——自然界由虚空中旋转的物质小颗粒组成，以及柏拉图与毕达哥拉斯的学说——数学是自然过程的关键。一门运用数学语言（公式、模型和推理）和数量概念（质量、力、加速度等）的科学形成了，这些语言和概念我们从经典力学以来就已耳熟能详。这是一门既非纯粹演绎亦非纯粹归纳的科学，而是假说-演绎的科学。

为了领悟这个变化，我们应该记住一般方法论的一些基础内容。在数学和逻辑中，我们从某些前提（公理）出发，借助于某些演绎规则而达到被证明的命题（定理）。我们把这种形式的推理称为*演绎推理*（参见欧几里得）。与演绎相反的是*归纳*：这种推理是把一个对*有限*数量的某类场合来说为真的命题，运用到这种类型的*所有*场合。

比方说，我们在史密斯山顶湖观察鸭子已经有8年了，我们看到的都是灰鸭子。我们得出结论说，“所有鸭子都是灰的”。我们这样是做了一个太强的主张，因为我们并没有观察过*所有*鸭子。很可能在史密斯山顶湖中还有我们没有看见过的鸭子，我们也没有看过其他地方的所有鸭子，当然也没有看见过我们出生以前存在的所有鸭子，也没有看见过将要生活在未来的所有鸭子。我们已经观察过的东西与我们得出了结论的东西之间的关系，就像一个有限数和无穷大的关系一样。当然，我们可以做新的观察，从一直在其他地点、其他时间寻找鸭子的人那里搜集信息，我们可以用这个办法来检验由归纳得到的那个结论，即“所有鸭子都是灰的”。如果有人看见了一只并不是灰色的鸭子，我们的结论就被驳倒了。但是不管我们对灰鸭子做了多少新的观察，这些观察的数量与可能的观察的数量之间的关系，将如同一个有限数与无穷大之间的关系一样。由归纳得到的结论这样就是可以驳倒的，但永远不能被完全确认。[4]

在文艺复兴时期的方法之争中，使研究活动摆脱实际上统治中世纪经院哲学(但不是希腊哲学)的那种演绎的科学理想，在策略上是必要的。纯粹的逻辑推理根本就不导致(逻辑上)新的知识。我们所达到的结论已经蕴含在前提之中。演绎的答案是确定的，但对于寻求新知识来说却毫无结果。在文艺复兴时期，要寻求的恰恰是新知识。演绎的缺点并不在于它可能错误，而在于它毫无结果。

因此，弗兰西斯·培根(Francis Bacon，1561—1626)，这场认识论争论中的理论家之一，对作为科学理想的演绎大加抨击。但演绎在新的科学中起了重要作用这一点似乎也是清楚的。具有决定意义的新东西在于假说、演绎推理和观察的一种动态结合。这种新的结合被称作假说-演绎方法。

当我们从“我在史密斯山顶湖上观察过的7 645只鸭子是灰的”这个命题归纳地概括出“所有鸭子都是灰的”这个命题的时候，我们并没有引入新的概念。我们始终在谈论灰鸭子。此外，我们不恰当地得出了一个逻辑上无效的结论。培根对归纳方法的捍卫因此包含了一个逻辑问题。但是如果我们提出这张桌子上滚动的球都遵循 $F = ma$ 这个公式(力等于质量乘以加速度)的时候，我们是从观察层面上的概念——球、桌子，等等——跳跃到了用抽象层面上的公式所表达的概念——力、质量、加速度。我们永远也无法看到“力”、“质量”或“加速度”。这些概念是在与一个假说的联系中构造的，它们都是用数学的语言表达的。换句话说，我们并不以一种归纳的方式来考虑像 $F = ma$ 这样类型的公式。表述一个假说，通常是用数学语言表述一个假说，是某种超越归纳的事情。我们发明了那个公式。至于我们是如何得到这个公式的，那无关紧要。它若是从我们的咖啡杯里跳出来的，也完全无妨。

一个假说能否成立，是由检验活动来决定的。从那假说出发，我们演绎出有关如果那假说为真就必定会出现的那些事情的某些命题。然后我们设法判定它们是否确实出现。演绎因此是检验一个假说的组成部分。[5]这就是我们为什么称之为假说-演绎方法的缘故。

演绎：

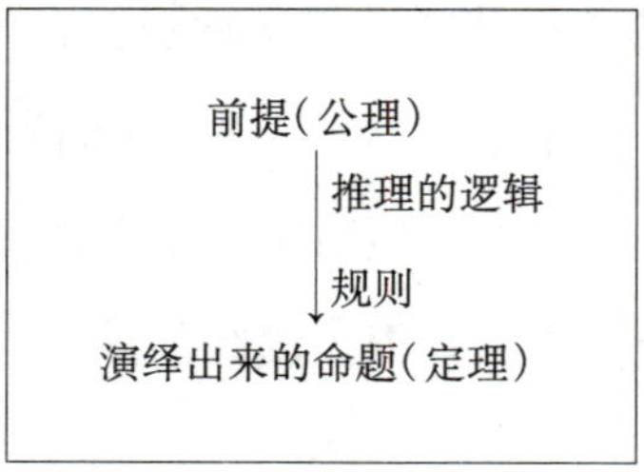

归纳：

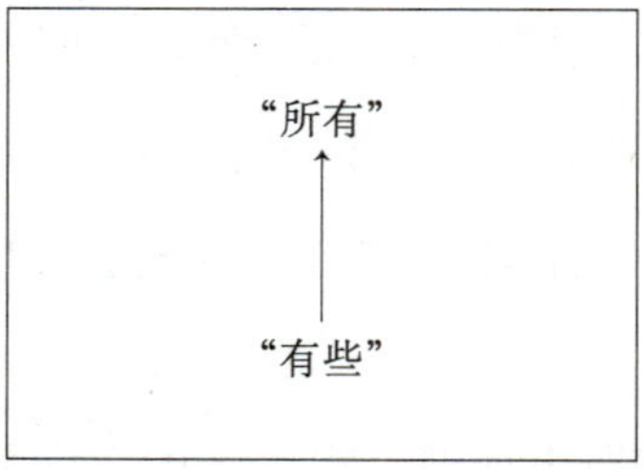

假说-演绎方法：

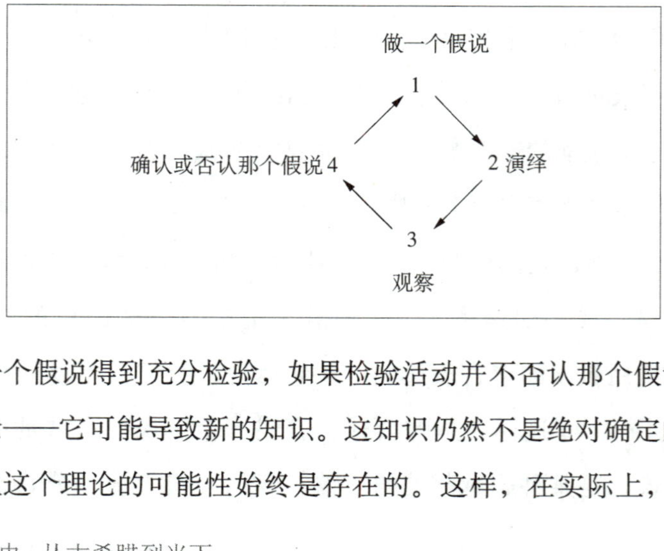

如果一个假说得到充分检验，如果检验活动并不否认那个假说，它就成为一个理论——它可能导致新的知识。这知识仍然不是绝对确定的。未来的观察将否认这个理论的可能性始终是存在的。这样，在实际上，假说-演绎研究蕴含着假说之提出、演绎和观察与检验之间的持续的交替。实际上，研究过程成为一个无止境的螺旋。

既然检验活动常常要求建构特殊条件——充分圆形的球，完全光滑的桌子，没有风的干扰，等等——所以，我们需要经过控制的实验。为了对一个假说进行充分的检验，检验活动必须是系统地进行的，必须特别注意那些会削弱该假说的特征。

借助于假说-演绎方法，我们可以预测、因而或许控制自然的种种过程。理论和实践应用在这里融合在一起了。也就是说，基于假说-演绎方法的知识可以给与我们的，既是对于自然现象的洞见，也是对于自然现象的控制。知识就是力量(弗兰西斯 · 培根)。

上面我们提到了三种方法：演绎、归纳和假说-演绎方法。我们还提到，在自然科学创立的时期，强调归纳和演绎之间的冲突是自然的事情，因为新科学还没有被认为是假说-演绎的。这就是从自然科学的角度来看方法论问题的情况。但是，在宗教改革期间，对文本分析——也就是对另一种方法——给与了重新重视。新教徒希望回到《圣经》去。但是《圣经》该如何理解呢？从《圣经》写成到现在，已经过了千百年时间；一个由古犹太传统形成的文本，宗教改革时期的人们如何充分理解它呢？我们提到的那三种方法中没有一个能给予帮助。对来自外来文化的文本的阐释，不是一个技术意义上的控制问题，而是对有关作者在写作时出发的那个理解视域的穿透。于是，诠释的方法，诠释学，在宗教改革时期引起了新的兴趣，尽管诠释学基本上与哲学同样古老。

有些哲学家被经典力学中所用的概念吸引住，有些哲学家则对方法深感兴趣。但这个方法是什么，这些哲学家有不同看法。这样，有些哲学家认为新的本质的东西可以用经验的怀疑的态度来发现。这尤其可在英国经验论者(洛克、贝克莱和休谟)那里找到，他们强调以经验为基础的知识批判。其他一些哲学家则认为演绎和数学方法是根本性的。这尤其可以在古典唯理论者[6](笛卡儿、斯宾诺莎和莱布尼兹)那里找到，他们强调演绎的体系。我们将回过头来讨论 17、18 世纪这两个主要哲学派别，一直延续到康德的先验哲学为止。

弗兰西斯·培根是归纳方法的捍卫者，他在著作中一方面讨论将给我们以征服自然之力量的新科学（*Novum Organum*《新工具》），另一方面讨论那借助于新科学将成为人间天堂的新社会（*Nova Atlantis*《新大西岛》）。他表达了技术上控制自然的梦想。技术合理性是应该将我们引入这种新社会的学科。换句话说，方法论问题和政治问题紧密地联系在一起，只有科学将成为支配自然从而创造良好社会的手段。今天，培根的主张显然大部分是正确的。假说-演绎科学已经使得我们有可能改善自己的生活条件，而这种科学在人变得自主的成长过程中也起了作用。[7]

亚里士多德认为善的社会首先需要善的实践；在中世纪，天堂则是在来世，并且这个世界被看作是某种实际上无法改变的。培根与这两种观点都不同。培根所描绘的一个政治乌托邦与柏拉图那里的静态理想国不同，而渗透着一种进步的历史发展。它是一种世俗的发展。要改变的是社会，而目标就在此世，而不在来世。换句话说，现代对进步的信仰开始形成了。神圣的拯救历史不再是历史的核心；相反，人的利用自然和控制自然的能力才是核心。历史是向前进的，但受人的引导。

培根在如下意义上是启蒙运动的先驱，即他想要帮助他的同胞朝向更真实的洞见和更恰当的态度进步。他因此试图表明思想和态度是如何有可能受到扭曲和局限的。他讨论了四类偏见：

1. 种族偶像（*idola tribus*）是产生于人性的一些错误观念，比如一厢情愿的想法，以为抽象就是实在的东西，不对事物进行深入钻研就接受直接经验。
2. 洞穴偶像（*idola specus*）是产生于每个人的独特倾向、教育和背景的误解。我们对事件的诠释，都是从我们自己的视角出发进行的。
3. 市场偶像（*idola fori*）是语言的扭曲。我们使用像“命运”和“第一推动者”这样的说法，就好像它们具有明确的所指、毫无歧义似的。

4. 剧场偶像(*idola theatri*)是产生于哲学传统的误解。

这里是一个关于启蒙和反对无知和偏见的斗争的完整纲领。

像其他思想一样，培根这里的思想也预示了18世纪的启蒙运动。

第二节 天文学——哥白尼和开普勒

各门科学与经验概念

对普通人的自我形象影响最大的，是科学剧变，是天文学中从地心世界观到日心世界观的转变。天文学家们也利用假说-演绎方法、物体概念和运动概念。但是，他们的直接经验基础是系统的观察，而不是实验活动。因此，指出三种不同的经验概念可能是有帮助的。

1. 当我们谈论**生活经验**的时候，我们的意思既不是系统的观察，也不是实验活动，而是一个人借助其亲身经验而发生的成长和教育。在心理学中，我们在谈论儿童的社会化的时候，运用的就是这种经验观。这里我们谈论的是形成概念和养成能力。比方说，当儿童学会假装什么的时候，他们已经学会了区别实在与表象，并且在社会情境中运用这种区别。这种生活经验包括了某些无法传达给别人的东西，除非后者自己拥有类似的经验。因此，这里有一个“默会知识”的成分，它是无法仅仅用语词来传递的。我们通常与别人一起具有这种生活经验，别人常常帮助我们获得这种理解。这种亲身经验因此是可以为他人所了解的。
2. 在科学中我们拥有以**系统观察**形式出现的经验。我们根据特定概念对某些类型的事件进行观察和记录。比方说，在政治科学的种种观念基础上，我们观察希腊城邦，并以对同一题目感兴趣的其他人(参见亚里士多德)也能够理解的形式把结果记录下来。或者，我们观察加拉帕哥斯群岛上的爬行动物和鸟类的不同的解剖学特征(参见达尔文)。或者，我们通过测量行星的位置和运动来观察行星(参见第谷·布拉赫)。我们不仅“看见”，而且还借助于某些概念来感知；我们设法看到的并不是任何东西，而只是所选择研究领域中的某些特征。其结果然后被记录下来，从而也能为别人所用，并且可以被别人汲取。这样，这种经验就可以被在不同人之间加以控制。通过测量、通过把数学概念运用于描绘观察，我们使得别人便于理解我们所说的到底是什么内容。在这些经验的基础上，我们能提出可以被新的观察所加强或弱化的假说；换句话说，我们可以借助于假说-演绎方法来从事研究。

3. 但是，在某些事例中我们能够对我们正在寻求的经验的条件加以影响。比方说，我们并不满足于对落体的随机观察；我们设计一些检验，在这些检验中使恰当的对象从合适的高度落下。我们这样就能够在适合我们的时间、按照我们所需要的次数来持续地具有新的经验。以这种方式我们可以确定那些我们想要维持不变的因素，以及那些我们希望变化的因素。这样，我们可以系统地改变落体的重量和体积，或者，我们可以改变同样物体下落的距离。简言之，我们像科学家们今天所做的那样进行实验，其领域从物理学到心理学。比方说，在天文学中，我们可以通过改变我们的设备来改变我们的观察情境；但我们无法对像太阳、地球和其他天体这样的研究对象进行实验。但是，我们可以构造思想实验，建立有关恒星和行星运动的理论模型和技术模型。

所有科学都进行系统的观察，就此而言所有科学都运用经验（第二种经验），但只是有些科学包含对研究对象的实验活动（第三种经验）。我们也可以说，所有科学活动均要求（研究者之间的）互动，就像在我们称为人类的社会化或成长的那种学习过程中那样（第一种经验）：学习一门科学，并不仅仅是获得对某些事实的知识，也涉及这些事实是如何被发现的，而这包含着面对一些新的思维方式和行动方式。16 世纪关于世界观的争论，可以根据这几点来加以澄清。一些实际事件是众所周知的。我们这里将关注具有哲学兴趣的一些问题。

哥白尼和日心体系

尼古拉·哥白尼（Nicolaus Copernicus，1473—1543）提出了一个以太阳为行星体系中心的天文模型，亦即日心体系，它与追溯到托勒密的并且受到教会支持的占统治地位的地心说发生冲突。日心体系是一个高度理性的、但观察证据很弱的构造。哥白尼模型比托勒密模型明显地更为简单、更便于使用。但是日心原则并非新的东西。希腊天文学家阿利斯塔克早就提出了一个日心模型。但是，哥白尼以他的理论向教会和亚里士多德传统提出了挑战，开始了一场将要持续整个宗教改革和文艺复兴的冲突。这场冲突并不是哥白尼所要寻求的。他迫于压力在去世前出版了《天体运行论》（*De revolutionibus orbium coelestium*）。但哥白尼的理论很快就开始对他那个时代的精神生活产生重要影响。日心体系是革命性的，不仅对教会和亚里士多德-托勒密传统是如此。它也使得直接的生活经验革命化了。哥白尼请他的读者想象自己处于中心之外，从一个完全不同的视角来观察宇宙。他的理论要求有能力从一个完全新的视角来看待世界、看待人类：人，作为主体，必须从一个完全不同的观点出发看待宇宙、看待自己。这种反思性的视角疏离和视角逆转被人称作*哥白尼式的革命*。康德用这个革命来以新的方式诠释人类认知。对其他一些人来说，这被看作是针对那种对人类理性的过分乐观信念和人在宇宙中独一无二地位的实事求是的批判。从前人类是从一个位格角度来看待世界的；现在他必须放弃这种虚假的自我拔高，而把自己看作只是宇宙中的一颗尘埃。后来，随着达尔文的进化论和弗洛伊德的无意识理论，对人类理性的这种虚荣信念终于被降低到它真正的价值！在批判人类理性和人类在宇宙中的优越地位的传统信念的时候，这些理论成为一个权威来源。但这种批判当然也有这样的预设：批判者有充分理由对人持悲观态度——以及，如果他们看到这一点的话，事情还不算太糟。

这样，以系统观察和数学模型为基础的日心说，就代表了对由来已久的生活经验的一个挑战。这造成了人的自我感觉上的一场危机。我们不能信赖我们双眼对地球静止而太阳在苍穹转动的直接证据。就我们对不同种类的经验的讨论而言，我们可以说这些以科学经验（第二类经验）为基础的新理论改造了人的生活经验（第一类经验）。换句话说，人对自己的看法变成科学的了。

但人对自己看法的这种变化具有多重含义。它不仅代表了人的宇宙地位的一种下降，而且赋予人以一种新的积极的自我意识：这种新的世界观破坏了那种认为众天球是独一无二的、是比人居住的那部分宇宙在质上更为优越的信念。此外，由于人在探索宇宙方面所取得的进步，还可能有一种新的正面的自我形象；出现于启蒙运动时期的那种世俗的、以科学为基础的进步信念，根源就在这里。这种自我形象可能有些想入非非，但肯定不是消极无为的。

开普勒和行星轨道

像后来的许多其他先行者一样，约翰内斯·开普勒（Johannes Kepler，1571—1630）生活在新旧矛盾之中。[8] 他拒绝天球与地球质上不同的观点，并为行星轨道寻找力学说明。但是对开普勒来说，行星运动的数学规律深嵌在一个深刻的形上向度之中。数学和形而上学的这种混合，显示出开普勒的思想与一种可一直追溯到毕达哥拉斯的古老思想的联系。开普勒坚信上帝是一位数学家，而数学形式则通行于可朽的感官世界中。与此同时，有兴趣对宇宙万物不管高低都作出力学说明，这有助于奠定新的自然科学的基础。

开普勒对哥白尼模型作了改动：行星的轨道不是圆形的、天体不是作匀速运动的，而是椭圆形的，以太阳作为焦点。一个天体的运动速度随着它与太阳的距离的不同而变化。他在做这个改动的时候利用了丹麦天文学家第谷·布拉赫（Tycho Brahe，1546—1601）的观察。因此，开普勒能够提出行星运动规律。这样他就能极大地简化哥白尼的模型。因此，哪个模型更符合实在的问题就更突出了。日心说是不是不仅“更经济”（更简单）而且还是*真的*？因此，与教会的冲突更加剧了。在牛顿的引力理论后来有办法说明为什么行星沿椭圆轨道按变速旋转以后，日心说的论据就相应得到了加强：哥白尼-开普勒理论从科学中的另一个核心理论中获得了强有力支持。

在其晚年，开普勒成为伟大将领华伦斯坦（Wallenstein）的首席占星家，并以占星术为他算命。他还不得不投身于一场痛苦的战斗以使其母亲免于被指控为使用妖术。

开普勒的行星运动规律

1. 行星沿椭圆轨道运行，每个椭圆的一个焦点由太阳占据。
2. 连接太阳和行星的辐向矢径在等量时间扫过等量面积。
3. 任何两个行星的旋转周期的平方与它们与太阳的距离的立方成同样比例（平均距离是椭圆的长轴的长度的一半）。

第三节　物理学——伽利略和牛顿

把伽利略·伽利莱（Galileo Gililei，1564—1642）和伊萨克·牛顿（Isaac Newton，1642—1727）当作数理—实验的自然科学的代表，是天经地义的事情。在他们的著作中，与亚里士多德传统相冲突的新物理学开始成形。我们已经提到了物质粒子、力学的因果说明和假说-演绎方法这些概念，所有这些概念都进入了这种新型的实验性的、用数学表述的自然科学之中。

生平　伽利略·伽利莱1564年生于比萨，1642年去世，与牛顿出生正好是同一年。伽利略研究医学、自然科学和数学。他也对人文科学很有兴趣，并通晓希腊文学和拉丁文学。1589年——在25岁的时候——他就在不拥有任何一所大学的学位的情况下成了比萨的数学教授。两年后他受命担任帕多瓦的一个声望很高的教授席位。与此同时他还培养自己的人文兴趣。比方说，他作过有关但丁的《神曲》中地狱的位置的演讲，并就一些文学主题写过几篇文章。他还是一位柏拉图式的对话大师。在他的主要著作中，我们可以提到《星际使者》（1610），《关于两大世界体系的对话》（1632）和《关于两门新科学的对话》（1638）。

新发现

在1609年，伽利略听说在荷兰有一种新发明。一位透镜磨光师把几片透镜组合起来，制成了第一个望远镜。在这个消息的提示下，伽利略做成了他自己的望远镜。他虽然不是望远镜的发明者，但却是第一个在有关地心说和日心说的争论中运用望远镜并通过望远镜而获得知识的人。进行偶然的观察和发现是不够的；我们还必须理解这些发现的意义，发现它们的理论蕴意。伽利略的力量就在这里。

伽利略用他新做的望远镜做出了若干个有趣的发现。在月亮上他发现了山脉和低谷。因此，月亮就不像以前所相信的那样是一个完美的球体。从物理上说，月亮看上去是与地球相像的。伽利略还发现金星这颗行星具有像月亮一样的相位，还看到木星有不下于4颗卫星绕行着。他还探测到太阳表面的黑点（太阳黑子）和"火炬"。所有这些观察都可以被诠释成为反对亚里士多德/托勒密而支持哥白尼/伽利略的论据。天文学中的亚里士多德-托勒密传统假定天穹或所谓月上世界中的任何东西都是完美的。伽利略的观察表明，月亮和太阳都没有一个完美的表面，或完全球体的形状。由此说来，托勒密错了！金星有相位这个事实表明，这颗行星是围绕太阳旋转的，而不是像地心说所声称的那样围绕地球旋转的。在地心说中，地球具有独一无二的地位。地球被认为是惟一有一颗卫星——也就是月亮——的天体。既然我们知道月亮是围绕地球旋转的，我们也有理由相信，其他天体也有卫星围绕它们旋转。这样，木星的卫星的发现削弱了地心说论据。同样，伽利略建立了一连串的旁证一点一点地瓦解了地心说。最重要的成果他发表在短文《星际使者》（1610）中。

人们常说伽利略那一方拥有最好的观察和最好的论据，而反对方则只代表了对新天文学的一种非理性的反应。对这场争论的这种诠释是没有根据、年代倒错的。在17世纪初，好的论据大体上是平均分布的。当时传统天文学的主要人物第谷·布拉赫提出了地心说和日心说之间的一种妥协，而他对恒星和行星的位置和运动的观察是无人能及的。他的体系提供的预测可能要好于哥白尼的体系提供的预测。

但是，哥白尼天文学的最大问题是它的基本假设显得与我们的日常经验相距甚远。我们并没有感觉到地球在动；日心假说并没有受到我们的感觉经验的直接支持。如果地球不仅围绕其自身的轴从西向东高速旋转，而且也沿一个巨大的轨道围绕太阳旋转，我们应该在日常生活中觉察到这种运动。但事实上我们什么也没有觉察！比方说，假如哥白尼假说是正确的，我们应该看到地球表面的可移动的物体会被甩出去，就像水从旋转砂石上甩出去一样。我们应该预料风都是向西刮的，云总是向西走的。事实却幸亏并非如此。哥白尼理论好像意味着加农炮可以向西比向东射得更远。当然这并非如此。假如地球旋转，为什么从高塔顶部掉下来的石头径直往下掉呢？为什么它的轨迹不是向后倾斜呢（假定我们把地球的运动方向确定为向前的话）？对这些现象，直到牛顿才有了恰当的说明。

在17世纪初，这些例子对日心说提供了相反论据。这样一些例子好像是对哥白尼假说的驳斥。因此，坚持亚里士多德和地心说立场并不完全是非理性的。伽利略本人肯定也曾有怀疑。当他公开捍卫日心说立场的时候，他已经五十几岁了。而且他对日心说的把握也并非完美无缺。像哥白尼一样，他主张行星沿正圆形轨道围绕太阳旋转。圆形假说是一种传统观点。提出地心天文学的人们也认为行星轨道是圆形的。虽然伽利略了解开普勒的工作，他并没有能够接受行星轨道为椭圆形、太阳是椭圆的一个焦点的观念。当我们考察针对伽利略的审判的过程时，我们必须记住这个重要事实。

“伽利略事件”

在1615年，伽利略去罗马向教皇献示他的望远镜。此时伽利略得到耶稣会士和奥古斯丁派的支持。教会也并没有直接反对他的工作。但是，对于教会来说，有一个根本的基于圣经的异议：不怀偏见的人们都认为《圣经》是支持地心体系的。这当然是对《圣经》的一种诠释，但它具有牢靠的文本依据，并且曾经得到教父们的认可。比方说，《约书亚记》（10:12—13）中上帝停止太阳运动的那个奇迹是人们常常提到的：

> 当耶和华将亚摩利人交付以色列人的日子，约书亚就祷告耶和华，在以色列人眼前说，日头啊，你要停在基遍。月亮啊，你要止在亚雅仑谷。

于是日头停留，月亮止住，直等国民向敌人报仇。这事岂不是写在雅煞珥书上么。日头在天当中停住，不急速下落，约有一日之久。[9]

哥白尼理论该如何解释这些文本呢？

所有各方都假定：《圣经》是不会错的，但它的诠释者则可能有错。教会也承认，《圣经》中的许多陈述不能做字面上的解释。这样，教父们对一些成问题的段落作了寓意的和道德的诠释。这也是伽利略所接受的一种诠释观，也就是说，“《圣经》绝不会说谎或出错，它所宣布的是绝对地、不可侵犯地真的。我要补充的仅仅是，虽然《圣经》不会犯错误，它的有些诠释者和评注者却可以犯种种错误。其中非常严重、非常频繁的一个，就是想永远只停留在话语的字面意义上。”[10]根据伽利略，我们首先应该避免对《圣经》中的宇宙论的和天文学的陈述做字面诠释。

伽利略知道，《圣经》的字面含义是地心说的。对此他用所谓“通融理论”来说明：《圣经》的语言和表述是经过通融以适应简单的无知的人们的需要。为了避免混乱，它把地心世界观当作基础。在原则上《圣经》也可以与哥白尼学说彼此调和。但《圣经》并不是天文学的教科书。如伽利略强调的，它甚至没有提到所有行星的名字。《圣经》的任务，伽利略说，是告诉我们如何达到天堂，而不是天体如何运行。即使这种通融理论今天为多数基督徒所接受，在伽利略的时代它也是一个有争议的立场，尤其是因为它在约翰·加尔文那里得到了发展，并在新教世界得到了支持。

这个争论也涉及这样一个问题：应该通融什么、应该向谁通融（以及如何通融）。因此产生了一些关于自然科学和《圣经》诠释的关系的复杂问题。伽利略从这样一个观点出发：科学知识是决不会与对于《圣经》的正确诠释相冲突的。上帝既通过《圣经》也通过自然之书而显现自己；两者的作者都是上帝。他是不能自相矛盾的。因此，在伽利略看来，把《圣经》的真理与自然的真理调和起来总是可能的。这个观点也为教会中的开明人士所接受。更成问题的是伽利略关于如何达到这种通融或调和的看法。根据伽利略，科学理论应该成为我们诠释《圣经》的工具。[11]这样，要通融的是对

《圣经》的诠释，使它适应自然科学。因此，在理解《圣经》方面科学家就比神学家处于更优势地位。这个观点当然是无法为天主教会接受的。那将意味着放弃天主教会在宗教问题上的权威。路德和新教将告诉我们这会导致什么结果。

不难看出，伽利略的立场为什么为教会所不容。首先，它是对神学家诠释《圣经》的权威的含蓄挑战。其次，伽利略对神学家们解决科学与宗教之间冲突的能力提出了质问。第三，伽利略代表了那种说科学家可以确定对《圣经》的宇宙观的正确诠释的诠释学立场。许多人把这看作是一种危险的个人主义倾向——不小心就会滑向新教：对《圣经》的诠释不应该交给每个个人去做——尤其是不应该交给科学家们去做！

伽利略把1615年对罗马的访问当作一场科学远征来筹划。他想证明他的新发现并奋力捍卫哥白尼的观点，但是他也想洗刷对他提出的异端指控。对伽利略个人来说，这个过程是成功的。宗教裁判所撤回了指控。但是，教皇将关于天文学和神学的问题交由一个神学家专门委员会裁定。问题是从这里开始的。在1616年2月24日，该委员会一致认为哥白尼体系在哲学上科学上都是站不住脚的、异端的。与此同时，宗教裁判所禁止传播哥白尼的观点。这对伽利略来说是一个失败。

在17世纪20年代末期，神学和政治形势有些变化。新教皇乌尔班八世比较开明、宽松，伽利略以为，发起新一轮攻势的条件成熟了。但他怎样才能绕开禁令、说服人们接受哥白尼观点呢？他决定写一本书，以柏拉图对话的形式，但没有独断的结论，所以他可以用不着为对话中所表达的观点负责。这本书题目为《关于两大世界体系的对话》。1630年它被献给教皇，1632年被允许出版。

这是一场三人之间的对话：辛普利西奥是一位捍卫托勒密地心世界观的亚里士多德派，萨尔维阿蒂是一位哥白尼体系的代言人，而萨格雷多则是一个寻求启蒙的学生。这个对话间接地捍卫哥白尼主义。它引起了很大轰动，并激起了强大的神学反攻。1633年春，伽利略被召去罗马宗教裁判所出庭受审。在拷打的威胁之下，他不得不声称放弃地球在动的观点。他被判处终身监禁（后来减刑为软禁）。《关于两大世界体系的对话》被列入禁书书目——一直到1835年为止。对伽利略的判决后来被证明是天主教会的一大灾难，因为它让教会出了丑，并阻碍了科学在天主教世界的进展。

在晚年，伽利略被允许住在他自己的靠近佛罗伦萨的宅院里。此时的他又盲又聋，但他把他最后一本书献给他的密友们，书名是《关于两门新科学的对话》，1638年在荷兰出版。

宇宙的解构和自然的数学化

伽利略在科学史上扮演了重要角色。除了其他成就以外，他还发现了落体和匀加速运动的规律。据说他还“发现”了新的实验方法。此外，他还作为一位复兴柏拉图主义的人而在哲学史上占据重要地位。[12]

伽利略的这个形象今天有些改变。他作为一位重要的实验家的地位受到了怀疑。甚至还有人说他在观察中作了假，说他经常依赖于修辞和不可靠的论据。在其著作中他提出了一系列“思想实验”，但这并不意味着他做了这些实验（或它们是可以被做出来的）。但是应该强调的是，伽利略实际上做了一些实验，并且得到了一些有实用性质的重要发现。但不论是作为一个哲学家还是作为一个科学家，他与其说是一位经验论者，不如说是一位唯理论者。他完全意识到亚里士多德物理学要比新物理学更加接近日常生活的经验。但是，像柏拉图一样，他把理性和数学置于我们的感觉经验之上。

伽利略的最重要的哲学贡献，是对亚里士多德宇宙的“解构”和对旧的目的论自然观的消解。亚里士多德的宇宙被代之以一个几何学的或欧几里得式的宇宙。那意味着一种等级性的有限的宇宙被代之以一种开放的无限的宇宙。“月下世界”和“月上世界”之间的那种原有区别被瓦解了。对伽利略来说，所有现象均处在同样的本体论层次上：同一些自然规律在整个宇宙都有效。天文学和物理学以同一些原则作为基础。由于伽利略，整整一种世界观土崩瓦解了。一种新的对自然的进路显露出来。我们日常生活的自然态度代之以一种方法论理路，它很难再被称为“自然而然的”了。下面我们来看看伽利略是如何将我们的世界观革命化的。亚里士多德物理学在许多方面是一种对自然的高级的非数学化诠释。它最初的观察是简单而有说服力的：重物“往下”降落对我们来说是“自然而然的”。假如有一样重物，比如一块大石头，突然从地上升起，我们会与亚里士多德一样大吃一惊。这会被看作是“不自然的”。假如我们划一根火柴，我们会期待火焰是“向上的”而不是“向下的”。亚里士多德物理学对这些现象作了解释。在这里具有关键意义的是这个思想：万物均有其自然位置。各个事物根据其本性都在宇宙中有一确定位置。每个事物均有一位置，每个事物均有其自然位置。当万物各就其位的时候，自然就显得是一个和谐的宇宙。在我们的经验世界，我们当然感觉到物体是动的、改变其位置的。这样一些运动和变化或者是一种宇宙无序状态的表现，一种强制运动，如当我们向空中扔一块石头的时候，或者是一种自然运动，如当石头回到它自然位置的时候。自然运动有其确定而自然的目的。但这只在“月下世界”才适用。“月上世界”的特点则是永恒的圆形的运动，就如在围绕地球旋转的行星那里。

随着新物理学的出现，这种亚里士多德运动观完全崩溃了。在真空中并没有任何“自然位置”，一个物体决不“知道”它该朝什么方向运动。严格地说来，我们也无法把具体的、可观察的对象置于几何空间之中，几何空间只能容纳理想化现象。只有几何物体有可能被定位于一个几何空间。

对伽利略来说，设想万物在追寻其自然位置，重物在下，轻物在上，已不再可能。想象自己停止的自然运动，已没有意义。根据惯性原则，只要没有外力干预，万物均保持其静止或匀速直线运动的状态。在这点上，亚里士多德当然会反对说，没有任何人看见过匀速直线运动。伽利略会赞同说：这样一种运动只有在理想化的条件下才可能。数学就是在这里进入画面的：真空中直线运动着的物体不是可观察的物理对象，而是运动于几何空间中的几何体。这种形式的理想化也有意忽略了像摩擦、阻力和所有物理现象的非欧几何性质这样一些因素。

对伽利略来说，为新物理学而战，也就是为一种新的本体论而战。在一切经验的、实验的自然研究之前，他指出一个基本的哲学问题：在我们关于自然界而提出的那些问题中，数学的作用是什么？伽利略的回答是，所有问题必须用数学语言来回答，因为自然之书是用这种语言写成的："哲学是写在我们眼前的这本大书——我的意思是：宇宙——上面的。但要阅读它，我们只有先学会了用来书写它的那种语言、熟悉了它的符号。它是用数学的语言写的，它的字母是三角形、圆形和其他几何图形。没有这些手段，一个人就连一个字儿也理解不了。"[13]这样伽利略就提出了一种**数学的本体论**。实在的最内在的本质是数学的。所有变化中不可变化的是数学形式。

伽利略的自然观和数学观使他置身于从毕达哥拉斯到柏拉图的那个传统之中：自然的本质是数字。我们的感官并不使我们直接把握实在的这个维度。数理自然科学并不研究亚里士多德的那种经验到的、定性的自然，因为它的对象位于可感自然"之下"。它属于一个理想化的"理念世界"。这就是伽利略之所以为柏拉图主义者的缘故。在《关于两大世界体系的对话》中，怀疑数学在自然研究中的作用的，正是亚里士多德派的辛普利西奥。对辛普利西奥来说，自然的过程是"多半如此这般的"：它们总是定性的、个体化的；没有任何现象是绝对同一的。在经验到的自然界中不存在圆形、三角形或直线。没有任何东西是符合几何概念或数学概念的。自然的过程因此是不可计量的。物理学并不是"应用"几何学。

这种亚里士多德式的理路并非不合情理。在某种意义上，我们是无法对质作定量研究的。伽利略的自然科学因此容不下诸如颜色、气味和滋味这样的性质。它们不属于"客观的"自然，不属于实在的本质。感觉性质是"主观的"、出现在经验着的主体身上。这种源自德谟克利特的关于感觉性质的主观性的理论，后来被笛卡儿和英国经验论者所接受。对伽利略来说，感觉性质之主观性的理论意味着感觉经验不可能是知识的最重要来源。至少，感觉经验必须受到数学理性的引导。这里也存在着与毕达哥拉斯和柏拉图的类似之处：数学理性是我们用来把握自然之本质的惟一工具。伽利略在这里与其说是个经验论者，不如说是一个唯理论者。与此同时，这种唯理论是与一种对自然的**实验性考察**联系在一起的。在实践中，这意味着伽利略设法找到解决具体的物理问题——与落体、射弹和钟摆有关的问题——的数学答案。

根据伽利略的理解，数学真理是严格地自我辩护的。这种知识是别无可能的。伽利略说，在数学中，我们拥有的是自然本身可能具有的那种绝对确定性。这里我们把自己提升到人类知识和上帝知识合二为一的神圣层面："关于人类理智所理解的少数数学真理，我相信我们的知识可以具有与神圣知识同样的确定性。"[14]因此，在数学领域没有任何妥协或谈判的余地。谁敢纠正上帝？

伽利略认为对数学关系的洞见是一种天生知识。这也是柏拉图主义和唯理论的观点。柏拉图曾在他的对话《美诺篇》中以类似的方式作过论证。对柏拉图和伽利略来说，数学知识都是某种我们人人拥有的东西，但对我们中的多数人来说，它"深藏不露"。但是，业已忘却的东西仍然可能回忆起来（参见柏拉图那里的 *anamnesis*，意为"回忆"）。回忆的过程可以比作一个重新学习一种遗忘了的语言的过程；在这个例子中，构成字母表的是圆形、三角形，等等。在通常情况下，我们是通过一种**对话**而得以回忆起所遗忘的东西的。这个策略也是伽利略和柏拉图所共有的。

因此，几何学在新自然科学的奠定过程中将起关键作用。用几何的语言，可以按可测量方式来描述现象。因此，几何语言也有利于解决技术问题：比如，具有直角、平面和统一尺寸的砖块确实要比形状各异的天然石块更便于建造房屋和墙壁。同样，我们可以用几何概念来描述轮子的机械系统、圆周运动、直线运动与圆周运动之间的变换。这些手段将使我们有可能开发风和水的自然能量。毕达哥拉斯派-柏拉图主义的理论是思辨的；根据这种理论，数学——这里也就是几何学——是所有现象的基础。现在，这种思辨的理论对于新的实验科学、对于技术发展都成为一个卓有成效的观念。随着实验程序的发展，技术被拉进了科学工作之中。这样，毕达哥拉斯派-柏拉图主义的观点虽然看上去是远离生活的，却因为像伽利略这样的先驱人物而得到了实际运用。此外，几何学不仅影响了世界观、科学的概念和方法以及技术的发展，而且影响了当时的艺术，比如在绘画中运用透视，在建筑中因为审美理由而运用几何形式。

牛顿：物理学的全胜

伊萨克·牛顿爵士，一个农民的儿子，成了剑桥大学的数学教授和皇家学会的会长。他既是物理科学的先驱，也是整个西方思想史的巨人。他的主要著作《自然哲学之数学原理》出版于1687年。众所周知，他制定了三个运动定律和万有引力定律，微积分理论（与莱布尼兹同时但彼此独立地发明微积分），以及光的合成理论。他的物理学理论强化了一些早先理论，不仅包括天文学（开普勒的行星运动规律），也包括力学（伽利略的落体定律）。在牛顿的物理学中，我们看到的是假说-演绎研究，它在一些根本方面是实验性的，我们也看到一些用数学语言表达的概念，如物质颗粒、真空，以及超距作用的机械力。超距作用的观念突破了（牛顿年轻时曾仔细研究过的）伽利略和笛卡儿等人的习惯的思维方式。

牛顿强调数学——尤其是几何学——在新的物理科学中的作用。在测量的基础上，几何学使我们能够精确地处理数字和像线条、圆圈这样的图形。因此物理学的任务是通过使用经过这样澄清的运动概念来研究自然的力，并根据这些力来说明其他自然现象。牛顿著名的运动定律和引力定律的表述如下：

牛顿第一定律：除非有外力作用，一个静止物体仍然保持静止、一个运动物体仍然处于直线匀速运动。

牛顿第二定律：一个物体的加速度与所施加的力成正比，并且沿着力发生作用的直线方向。

牛顿第三定律：对每一种力都存在着一种大小相等方向相反的力或反作用。

牛顿的引力定律：两个物体的引力与它们的体积的乘积成正比，与它们之间的距离的平方成反比。

牛顿对神学也感兴趣，在这方面写了大量著作，还有炼金术。他寻求把一种物质转变为另一种物质。他在化学上的成就不及他在物理学和数学上的成就。

在牛顿那里，物理学成为科学压倒传统和偏见而取得全胜的一个例证，牛顿成为启蒙运动的一个主要先驱。新兴自然科学以前曾启发了哲学家们，其作用部分体现在机械论的世界观的形成上，部分体现在唯理论和经验论的立场上。同样，牛顿也给哲学带来了新的推动。我们尤其看到他对康德的影响，康德设法为新物理学确立认识论基础。根据康德，不仅空间和时间的根基在于我们经验的一些不可改变的特征，而且，既然原因的范畴必然出现在我们的认知当中，新科学也使我们能反驳这样一种怀疑论的异议，即我们无法确信支配今天发生的事情的那些原则也将规定明天发生的事情。这个异议似乎摧毁了实验方法——它预设了宇宙中某种恒常性——的基础。

作为新物理学的主要奠基者，牛顿仍然是人类成就的一个象征：科学与进步的观念联系了起来。弗兰西斯·培根关于知识就是力量、知识是幸福和进步之源的观点，在随后的时代被广泛接受和实施。科学，而不是神学，作为真理问题上的合法权威脱颖而出，并成为人控制自然过程的手段。哲学和宗教必须找到自己与新科学的关系。这是数理的实验的自然科学崛起的社会意义和思想意义。

第四节　生物科学

我们已经看到，新的天文学和新的物理学产生于它们同早先的学术传统的内部冲突、它们同哲学和神学当中既成观念和既成利益的冲突。这些冲突同时发生在理论层面和制度层面。但是在来自中世纪后期的大学传统中，构成高等教育并通往学术职业的是神学、法学和医学。在向着新时代的转变过程中，这些学科内部也有一些发展和冲突。在神学中，有宗教改革运动，其根源可追溯到唯名论的种种观点(直接追溯到路德，间接追溯到奥卡姆)。在法学中，有一些争论涉及法律建制的一些更世俗化的政策，各种版本的契约论和自然法理论，这些争论从约翰内斯·阿尔特胡修斯（Fohannes Althusius，1557—1638)、雨果·格劳修斯(Hugo Grotius，又名 de Groot，1583—1645)、霍布斯和洛克延续到启蒙运动和人权宣言(在北美和法国)。在医学中，除了别的一些事情，出现了向着一种现代的科学观点的转变，其典型是17世纪上半叶哈维的血液循环理论。我们将稍微考察一下生物学科里面的发展，把医学作为我们的出发点。

但首先有必要指出，那时大学的三门高等学科——神学、法学和医学——都是规范性的、诠释性的学科：神学诠释《圣经》，法学诠释法律和法律事务，医学诠释疾病。对神学来说，规范的东西要在启示中寻找；对法学来说，规范的东西要在自然法和成文法中寻找；而对医学来说，规范的东西则要在促进健康长寿这个观念中去寻找。

受机械论世界观的影响，医学也寻找机械论的说明。在传统的亚里士多德对生物现象的看法和新的伽利略-牛顿的科学观之间，出现了一场冲突。

帕拉切尔苏斯（Paracelsus，也叫 Theophrastus Bombastus von Hohenheim，1493—1541）是一位瑞士医生和科学家。他基本上仍然属于亚里士多德传统，后者也与希波克拉底和盖仑相联系：疾病是体内各基本元素不平衡所致。对帕拉切尔苏斯，这些基本元素是盐、硫磺和水银；这里他与当时的炼金术传统挂钩。对我们今天来说，指出他的非批判玄想是轻而易举的。但是，炼金术士们以其对实验室技术的发展，仍然为现代化学的奠基发挥了作用。因此，作为医生的帕拉切尔苏斯也在草药中寻找特殊成分来治疗某些疾病。在这种探索中我们看到富有成效的科学方法的一些痕迹，尽管他关于哪些成分导致哪些结果的想法常常是异想天开的。帕拉切尔苏斯可以说在如下意义上代表了希波克拉底的传统：他强调医学实践和医学经验，与越来越具有诠释性质的医学（其中医生更重视的是诠释疾病而不是治疗疾病，更不要说对疾病提供说明）的倾向形成反差。但是医学职业的界线是模糊不清的。因此“手术”在很大程度上是由“理发匠”而不是由医生来进行的。

医学转变为一门科学，是在新物理学的影响之下发生的，最后是在新化学的影响下发生的，这个过程在19世纪获得新的势头。但这个过程要求有解剖学和生理学的新知识。这意味着对人体解剖的禁令必须废除，从而医生可以得益于古代的遗产。列奥纳多·达·芬奇（Leonardo da Vinci，1452—1519）是通过解剖而从事解剖学研究的一个先驱，虽然这里我们也必须提到安德烈亚斯·维萨里（Andreas Vesalius，1514—1564）。

威廉·哈维(William Harvey，1578—1657)是一位英国解剖学家，其研究导致了血液循环这个革命性的概念。哈维把心血管循环系统看作一个封闭系统，在这个系统中心脏起水泵的作用。这个出色的机械论-因果性说明比原先的那个理论——说血液消失了然后又制造出来——相比要好得多。因此，医学逐渐形成为一门科学学科，一方面依据解剖学的发展，另一方面依据物理学和化学的发展。

亚里士多德观点和伽利略-牛顿观点之间的冲突，在生物科学的活力论和机械论之间的对立上面得到了表现：有机的(活的)自然的所有方面都可以用我们在新物理科学中看到的同一些机械论的、唯物论的概念来把握呢，还是生物学科要求一些独特的概念来把握生命过程呢？主张后者的称为“活力论者”，否定这种观点的人则常常被称为“还原论者”。后者企图对生命过程像对无机自然现象那样来说明；因此他们把生物学“还原”为物理学(参照第八章，霍布斯那里的还原论问题)。这样，亚里士多德派是活力论者，而主张伽利略-牛顿的科学观的人们则是生物学中的还原论者。

在医学实践中医生必须同时对病人做科学检查和考虑病人的自我形象和社会状况。比方说，我们可以拒绝那种认为机械论观点对于所有医学问题都是恰当的观点，但仍然保留机械论观点作为对生物现象的科学说明。我们可以按如下方式进行推理：实际上，我们确实对我们自己的身体作为一种活体具有一种完全独一无二的经验。那些对自己的性生活仅仅用生物化学来理解的人，是极为愚蠢的。这里要承认种种心理或精神的过程。但问题仍然存在：生物学科中因此有哪些观察或科学说明是它们独有的？

这场争论现在不那么激烈了，但在有关相对于进化或所谓整体论医学的人的本性的争论中，类似的问题还会出现。在某种程度上，有关生态学的争论也是如此。

第五节　作为主体的人

今天人们在提到文艺复兴的时候常常谈论根本视角方面的一场革命，谈论一种范式转换。[15] 为了说明这一点，我们将提到三门不同科学：天文学、力学和光学。

天文学中的范式转换

让我们先回忆一下：直到文艺复兴为止，天文学中的主流观点的根据是地球是宇宙中心这个观念。太阳、恒星和行星都围绕地球旋转。这个观点与那些把地球这个人类家园看作创造中心的神学观点和哲学观点相联系。这是地心说观点。与这种观点相对立，人们越来越激烈地主张处在中心的并不是地球，而是太阳：地球就像恒星和行星一样围绕太阳旋转。这是日心世界观。从地心世界观向日心世界观转变的发生，是与对行星轨道的精确说明相联系的。但是地心世界观还没有被新的观察所否定。地心世界观也能够解释新的观察；但是为了覆盖所有这些观察，这个理论变得越来越复杂。科学家们的意见发生了分裂。并不是所有科学家都认为日心世界观是正确的。那么谁对呢？我们可以说：两种理论都对，也都不对。从动力学的角度来说，我们是把地球还是把太阳或宇宙中任何一点当作“优选点”，是一件我们对参照系进行选择的问题。从这个角度来说，所有数据材料都可以得到解释，而不管我们选择哪个参照系。[16]

地心说和日心说之间的这种冲突表明了不同的理论是怎样可能说明同一些数据材料的。这就是所谓理论的多重性，也就是说明的多重性。这是一个具有认识论意义的问题，因为它意味着如果提出了一个理论来说明一给定问题，并不排除也能够找到其他理论的可能性。换句话说，有一些很好的理由要求我们宽容彼此冲突的科学说明。在理论的层面上，可能有一些不同观点，因而那种对所有科学洞见作惟一的真实综合的观念，那种惟一的科学世界观的观念，是成问题的。

那么，在地心说向日心说的转变过程中发生了什么呢？用现代的术语来说，我们可以说发生了一个“范式转换”，一种视角和前提的转换，它无法被解释为对先行理论的证伪。这样一种转换，发生在提出一新的基本理论的那个圈子的科学家们代替了先前统治该领域的那个科学学派的时候。在这些场合，彼此竞争的学派之间将存在严重的交流问题，因为它们之间的对立是根本性的。

在文艺复兴时期，有关地心世界观和日心世界观的争论给有关人的看法产生了重大影响。曾经生活在一个有限宇宙中心的人，发现自己居然置身于一个无限的宇宙的众多行星中的一个不起眼行星之上。这世界变得不那么“家园般”了。法国哲学家兼物理学家帕斯卡尔对这种科学经验与生存体验作了精辟表达：“这些无限空间的永久沉默使我恐惧”（亦参见第九章）。[17]

力学中的范式转换

在力学中也有一个范式转换，但这里基本上是这样一个转变：从一个无法解释观察材料的理论，到一个能够解释已有材料的理论，也就是从亚里士多德力学到伽利略-牛顿力学。亚里士多德提出所有事物都寻求其自然位置的理论，并设法从这个理论出发来说明无机物——比方说岩石、车和箭——的运动：重物（岩石）下降是因为它们的自然位置接近地球表面，而轻物（烟）上升是因为它们的自然位置在高处。因此，无机物的运动在一定意义上是用它们的目的来说明的：它们寻求各自的自然位置。显然，无机物是不拥有任何目的的概念；同样明显的是，它们自己并不做任何事情来达到它们的目的。但在亚里士多德的等级宇宙观中，不同事物自然地属于不同的层面。

因此，亚里士多德觉得，说明下降运动是颇为容易的。重物下降这一点是已经在他的前提中被给定了的。在下降方面，亚里士多德物理学面临的是速度问题。亚里士多德认为重物下降快于轻物。根据新的力学，所有自由落体都具有同样速度。这个对立，有时候被说成似乎是亚里士多德派的物理学家们忽视了观察。只要他们睁眼看看，他们本该纠正自己的观点！但事情要比这更复杂一些。亚里士多德的空间观不同于新力学的。对亚里士多德来说，空间总是充满东西的。他拒绝空无一物、没有摩擦的空间的观念。空间要被理解为一种类似气和水的元素。因此，物体在其中下降的介质总是造成阻力的。从而，假如我们在一个充满空气的空间中扔下一个铅球和一根羽毛，铅球当然将最快下降。

牛顿力学则建立在完全不同的一些前提上：空间是空无一物的，也就是说，是没有阻力的。物体在彼此相撞因而改变其速度和方向之前，其运动速度和运动维持不变。这个基本观点与我们对物体的日常经验不符，而代表了一种大胆的概念模型。只有在特殊的尝试中，比方说把材料中或空气中的阻力消除掉，我们才有可能对这个理论作经验的检验。这些抽象模型和系统实验之间由此可以建立起联系。

从亚里士多德的角度来看，要说明箭为什么能在几乎水平的方向上持续飞行，就有困难了。为什么这箭不立刻寻找其自然位置？在亚里士多德看来，水平运动是必须加以说明的。垂直的运动，也就是下降，是在前提中给定的。在牛顿力学中，箭的水平运动是可以解释的：一个物体在速度和方向方面保持其原有状态，这恰恰是基本前提。但为什么箭又向地球下降了呢？这里，下降本身是需要说明的。重力是原因：物体彼此吸引。速度降低也必须得到说明：这说明就是摩擦。换句话说，我们并不否定新的力学的经验基础比亚里士多德物理学的经验基础更确实，但可以指出这两个理论是如何显示了有关理论之多重性的一个有趣问题：那种可以被大致看作是相同的事态——这里也就是运动——是可以用不同理论加以解释的，在这种解释中，第一个理论的前提就是应当在第二个理论中加以说明的东西，反之亦然。

在从亚里士多德力学到伽利略-牛顿力学的转变中，发生了哪一种范式转换？别的不说，是向这样一种更为系统的、实验性的自然科学的转换，其中数学以这种或那种方式在理论和观察中有一席之地。这是向纯粹机械原因的转变，因为所有目的论观点都被排除出去了。这最后一点不仅对于我们的自然观，而且对我们的人类观都不无重要之处。机械论因果说明与目的论说明之间的冲突在我们的时代持续着，比如在关于社会科学的独特方面的讨论中。

光学中的范式转换

我们可以说，文艺复兴时期的范式转换意味着事物成了对象，而人类成了*主体*。为了澄清这种说法的含义，我们将简单地看一下*光学*。先前，光学被看作是关于视觉的科学。因此，人类作为观看和认识的生物，在光学中被加以研究。在文艺复兴时期，光学成为关于光线、折射和透镜的科学——而不涉及进行观看的眼睛。眼睛此时成了我们*看着*的对象。感知眼睛的那只眼睛不再是光学的对象。观看的眼睛和认知的人类成为哲学认识论的领域。

这样，科学的对象就成为纯粹的对象，具有可以定量测定的属性、而清除了所有主观性的对象。清除掉的不仅是认识和思想，而且是颜色、气味和滋味，等等——所谓第二性质——它们被诠释为作为主体的一个人加在对该对象的感觉印象之上的东西。

这里我们看到的是一种全新的看待事物和人类的方式。传统的把不同形式的事物——从无机物到植物、动物和人类，各有其特有的属性——列为不同等级的观点，被化约为一种简单的二元论：具有我们所讨论和说明的属性的*对象*，和通过思想和行动来研究对象的*主体*。对象属于科学，而主体则获得一种模棱两可的双重地位。一方面，我们可以对人类这个主体作科学的研究。这样，一个人就成了一种对象。另一方面，人类仍然是认识到科学的。因此在主体中有一种认识论的“剩余物”。但如何在本体论和认识论上理解这一点，很快就成为一个有争议的话题——结果是一场有关身体和灵魂关系的争论，以及唯理论者、经验论者和先验哲学家们的各种知识论的争论。

即使在术语方面也体现了某种新的东西。“主体”这个词来自 *sub-jectum*，意思是“处于下面的东西”，也就是“作为基础的”东西。在文艺复兴时期，人并不是真正的 *sub-ject*。作为基础的东西（参见 *sub-stance* 或实体）完全不妨是事物。人成为一个主体，而多样的事物则成为对象——向认知主体呈现的东西——因此就成为某种新的革命性的东西：人此时基本上被理解为根本性的了（理解为 *subjectum*），而事物则以各种方式被理解为认知主体面前的知识对象（事物被认为是对象）。17 世纪和 18 世纪的哲学，从笛卡儿和洛克一直到康德，反映了以人类为基础的认识论这时是如何成为哲学的共同基础的。这个时候的哲学，因此被正当地称为主体性哲学。在笛卡儿的思想中，个体的人的怀疑和确定性是出发点。在洛克看来，出发点是个人的经验和思想。共同的出发点是作为主体的人。[18]

人作为主体、自然作为对象的出现，因此是与科学内的范式转换联系在一起的。使人成为一个主体、使自然（以及人）成为一个对象的这个过程，同时意味着一种开发的关系，一种主体凌驾于对象的力量。进行因果说明的各门科学赋予主体以一种凌驾于对象之上的力量。这种力量关系采取的形式是可以用作达到既定目的的预测和技术准则。科学和技术的发展获得了强劲势头。理想中的人不再是一个社会存在，一种政治动物（*zoon politikon*），与一个家庭或 *oikos* 和谐相处，置身于一个合理的共同体，*polis*（城邦）和 *logos*（逻各斯）。人类成为一个主体，他拥有技术洞见，成了对象世界的主人。文艺复兴与其说是一种再生，不如说是一种诞生——从传统中诞生出某种全新的东西——它是历史中的一个转折点。

思考题

1. 请描述地心世界观和日心世界观之间的冲突。
2. 请说明我们所说的机械论世界观的含义。把这种观点与亚里士多德的观点作比较。讨论目的论世界观与机械论世界观之间的区别。
3. 请说明我们所说的“自然的数学化”的含义。
4. 请说明我们所说的“方法之争”的含义。
5. 请描述文艺复兴时期的各种范式转换。

进一步阅读的建议

原始文献

Newton, I., *Mathematical Principles of Natural Philosophy*, Berkeley, 1971.

Galileo Galilei, *Dialogue concerning the Two Chief World Systems, Ptolemaic and Copernican*, translated by S. Drake, Berkeley, 1967.

二手文献

Bernal, J. D., *Science in History*, vols Ⅰ—Ⅳ, London, 1969.

Koyré, Alexandre, *Galileo Studies*, Sussex, 1978.

Kuhn, T. S., *The Structure of Scientific Revolutions*, Chicago (1962), 1970.

原著选读

牛顿：《自然哲学之数学原理》

（选自《自然哲学之数学原理》，王克迪译，陕西人民出版社2001年版）

第一版序言——

由于古代人（如帕普斯告诉我们的那样）在研究自然事物方面，把力学看得最为重要，而现代人则抛弃实体形式与隐秘的质，力图将自然现象诉诸数学规律，所以我将在本书中致力于发展与哲学相关的数学。古代人从两方面考察力学，其一是理性的，讲究精确地演算，再就是实用的。实用力学包括一切手工技艺，力学也由此而得名。但由于匠人们的工作不十分精确，于是力学便这样从几何学中分离出来，那些相当精确的即称为几何学，而不那么精确的即称为力学。然而，误差不能归因于技艺，而应归因于匠人。其工作精确性差的人就是有缺陷的技工，而能以完善的精确性工作的人，才是所有技工中最完美的，因为画直线和圆虽是几何学的基础，却属于力学。几何学并不告诉我们怎样画这些线条，却需要先画好它们，因为初学者在进入几何学之前需要先学会精确作图然后才能学会怎样运用这种操作去解决问题。画直线与圆是问题，但不是几何学问题。这些问题需要力学来解决，而在解决了以后，则需要几何学来说明它的应用。几何学的荣耀在于，它从别处借用很少的原理，就能产生如此众多的成就。所以，几何学以力学的应用为基础，它不是别的，而是普遍适用的力学中能够精确地提出并演示其技巧的那一部分。不过，由于手工技艺主要在物体运动中用到，通常似乎将几何学与物体的量相联系，而力学则与其运动相联系。在此意义上，理性的力学是一门精确地提出问题并加以演示的科学，旨在研究某种力所产生的运动，以及某种运动所需要的力。古代人曾研究过部分力学问题，涉及与手工技艺有关的五种力，他们认为较之于这些力，重力（纵非人手之力）也只能表现在以人手之力来搬动重物的过程中。但我考虑的是哲学而不是技艺，所研究的不是人手之力而是自然之力，主要是与重力、浮力、弹力、流体阻力以及其他无论是吸引力抑或推斥力相联系的问题。因此，我的这部著作论述哲学的数学原理，因为哲学的全部困难在于：由运动现象去研究自然力，再由这些力去推演其他现象；为此，我在本书第一和第二编中推导出若干普适命题。在第三编中，我示范了把它们应用于宇宙体系，用前两编中数学证明的命题由天文现象推演出使物体倾向于太阳和行星的重力，再运用其他数学命题由这些力推算出行星、彗星、月球和海洋的运动。我希望其他的自然现象也同样能由力学原理推导出来，有许多理由使我猜测它们都与某些力有关，这些力以某些迄今未知的原因驱使物体的粒子相互接近，凝聚成规则形状，或者相互排斥离散。哲学家们对这些力一无所知，所以他们对自然的研究迄今劳而无功，但我期待本书所确立的原理能于此或真正的哲学方法有所助益。

注释

[1] 关于科学和实践洞见之间的关系，参见J. D. Bernal, *Science in History*（Ⅰ—Ⅱ），London，1969。

[2] 浮士德(Faust，1480—1540)，带有传奇色彩的德国中世纪人物，在德国各大学教书并流浪各地施行魔法、替人算命。有关他的种种传说成为许多文学作品和音乐作品——其中最著名的是歌德的诗剧《浮士德》——的基础。——译者

[3] 我们在记住托马斯的冷静的、理性的风格的同时，还可以引用文艺复兴自然哲学家布鲁诺(1548—1600)让一段对话中的一个人物关于物质所发的如下议论："[当]亚里士多德在《物理学》中想要说明物质的问题的时候，他用女性作为一面镜子——这种性别，我要说，是古怪的、脆弱的、易变的、软弱的、可怜的、污秽的、下贱的、邪恶的、小心眼的、可鄙的、卑劣的、无耻的、堕落的、空虚的、虚荣的、混乱的、疯狂的、虚伪的、懒惰的、鬼鬼祟祟的、肮脏的、忘恩负义的、乏味的、残废的、残缺的、粗糙的、切断的、断肢的、磨损的——生锈的、虫蛀的、感染的、腐败的——死亡的——这就是我要说的。"这可以用来提醒我们注意：抬高文艺复兴时期而贬低中世纪这种通常做法是多么成问题。(*Della Causa*，*Principio e Uno.*)

[4] 参见 Popper，第二十三章。

[5] 除了其他材料外，可参见 Karl Popper，*The Logic of Scientific Discovery*。Popper 说无法被证伪的理论就不是科学理论(第二十三章)。

[6] 这里的"唯理论者"一词和相应的"唯理论"一词在英语中分别是 rationalists 和 rationalism，它们也可以分别译为"理性主义者"和"理性主义"。翻译为"唯理论者"和"唯理论"时，它们的对立面是"经验论者"和"经验论"，而翻译为"理性主义者"和"理性主义"的时候，它们的对立面是"非理性主义者"和"非理性主义"。但有时候，这两方面的含义都包括在"rationalists"和"rationalism"当中。——译者

[7] 成为自主的不仅仅适用于做更多的事情(建造桥梁和空间站)；科学，尤其在文艺复兴时期和早期近代，倾向于用这样的方式来使他们自主，那就是使人们对于那些与一个人的自我形象和对世界之看法关联甚密的关系获得具有解放意义的洞见。尽管这种洞见并不都是有实践效用的，至少在那个时候。这种洞见的一个例子，是通过对空间的研究而获得的洞见。

[8] A. Koestler，"Johannes Kepler"，in *The Encyclopedia of Philosophy*，vol. IV，1972.

[9] Galileo to Gastelli (21 December，1613)，in Maurice A. Finocchiaro (ed.) *The Galileo Affair*：*A Documentary History*，London，1989，p. 49. 该书包括了与审判伽利略的过程有关的所有重要文献。

[10] 同上。

[11] 同上。

[12] 详细阐述对伽利略的这个诠释的主要是法国科学史家 Alexandre Koyré，详见他的著作 *Galileo Studies*，Hassocks，1978 (初版于巴黎，1939)。我们对伽利略的诠释受惠于 Koyré。

[13] Galileo，*Il Saggiatore*，第六个问题。

[14] Galileo，*Dialogo sopra i due massimi sistemi del mondo*，Bari，1977，p. 144.

[15] 今天，那些最着力强调科学史中这种范式转换的根本特征的科学论研究专家们，从科学的内在发展着眼，倾向于把这种变化看作几乎是非理性的东西。这样一来，谈论科学进步就成了问题。范式是会变化的，但科学向前变化吗？参见 Thomas S. Kuhn，*The Structure of Scientific Revolutions*，Chicago，1962 (1970)。参见第二十三章关于库恩的讨论。亦见 Paul Hoyningen-Huene，*Reconstructing Scientific Revolutions*。*Thomas Kuhn's Philosophy of Science*，Chicago，1993。关于文艺复兴时期的天文学，见 A. Koyré，*From the Closed World to the Infinite Universe*，New York，1958，以及 S. Toulmin 和 J. Goodfield，*The Fabric of the Heavens*，London，1961。

[16] 从逻辑上来说，人们是有选择的。上述(从视角主义出发的)论证是以运动学的角度作为基础的。

[17] Pascal，*Pensées*，§206.

[18] 在哲学史上，人们通常指出的是反差，比方说柏拉图和亚里士多德之间的反差、斯多葛学派和伊壁鸠鲁学派之间的反差，或唯理论者和经验论者之间的反差。但这些反差只是着眼于某个同样问题才成为反差。我们是选择强调反差还是选择强调相似，既体现了所讨论问题的情况，也反映了我们的情况。

第八章
文艺复兴与现实政治[1]——马基雅弗利和霍布斯

第一节　马基雅弗利——作为权术的政治

尼古拉·马基雅弗利(Niccolo Machiavelli，1469—1527)生活在文艺复兴末期的意大利。马基雅弗利在他的著作《君主论》和《论李维的罗马史前十卷》中，讨论了政治领袖为什么有兴有衰，什么是保住权力的最佳手段。在《君主论》中，他主张绝对君主制，在《论李维的罗马史前十卷》中，他主张共和制。但两本书都表达了一种把政府看作是现实政治的观点：真正作数的，是政治结果。

在16、17世纪有这样一个倾向：国王不断扩展其权力基础，直到他能作为专制君主而实行统治为止。在这个时期，国王和市民阶层是相互支持的。如果说国王支持市民阶层和自由资本这没有问题的话，说自由资本通过市民阶层而支持国王这也是正确的。尽管如此，由于17世纪的专制主义、早期资本主义和新兴自由市民阶层，封建社会终于土崩瓦解了。但这是一个漫长的过程，而且在不同地区进程不一。从封建经济向资本主义的转变过程并不是突然完成的，而是逐步进行的。这里我们将只强调若干方面。

在中世纪，人们基本上理所当然地认为存在着一种客观的自然法，它提供了规定善和正当的规范；而这种自然法也适用于国王和皇帝。耀武扬威是有限度的。社会被看作是一个大共同体，它具有相互义务，以便满足人类需要。确实存在着不同等级，也确实有人贫穷、有人富裕，但社会总的来说被看作一个基于相互契约的共同体。享有主权的是社会，而不是国家首脑。人被看作是一种道德的宗教的造物。说到底，国家的任务是道德性的。教会和国家要关心各自的领域。

我们大致可以这样说：就在文艺复兴后期集权国家的权力被强化的同时，人类也再次被个体化，就像从城邦向帝国的转变时期那样：成为出发点的不是共同体而是个人。个人通常被理解为自私自利的。要避免相互厮杀的冲突，需要有一个拥有无限权力的统治者。换句话说，在孤立个人和绝对的国家权力之间，有一种分界。但在文艺复兴后期，对个人主义的论证常常是生物学的和唯物主义的(霍布斯)，而国家的绝对权力则掌握在一个身为民族国家的君主而非普世帝国的君主的人手里。

马基雅弗利是意大利人。不像西班牙、法国和英国，意大利分裂为彼此间一直冲突着的诸多小国。米兰、威尼斯、那不勒斯、佛罗伦萨和梵蒂冈等国家相互暗算并策划反对外国。在这场博弈中，教皇的角色像是一个意大利的地方首领。社会生活在许多方面以放荡不羁的利己主义作为特点。创立一个稳定的国家成为马基雅弗利的追求目标。

马基雅弗利生活在从中世纪到近代早期的过渡时期。他的公民观与中世纪的某些观点密切相关：荣誉和声望具有根本意义。他的方法与当时的人文主义理路相一致：运用历史上的例子来说明当前的事态。这种世俗化的思维方式显示了与 17、18 世纪的精神生活的一些方面的联系。

马基雅弗利的政治理论是一种关于政府的力学理论。从表面上看，这是一种绝对君主们的外交“博弈理论”。这种理论可直接运用于意大利诸小国之间的政治斗争；与此同时，马基雅弗利的政治理论还包括了一些在文艺复兴时期具有典型意义的特征，这些特征使它与古希腊和中世纪的政治理论都区别开来。马基雅弗利的一个前提是人是自私自利的。人的物欲、权力欲是没有什么限度的。既然资源是稀缺的，那么就会有冲突。国家的基础是个人需要保护以免遭他人侵犯。不实施法律的话，就会出现无政府状态。因此，有必要用一个强权统治者来为人民提供安全。马基雅弗利把这当作不成问题的事情，而没有进一步对人的本质作政治分析。这样，一个统治者必须假定人类是邪恶的。要确保国家的安全、因而确保人民的生命和财产，一个统治者必须是冷酷无情、玩世不恭的。

尽管人类总是自私的，但腐败的程度仍是各不相同的。马基雅弗利讨论好的和坏的国家，讨论好的和坏的公民，他还对使一个好的社会和好的公民成为可能的确切条件感兴趣。好的国家是那些在不同的自私利益之间维持平衡的国家，这些国家因此而保持稳定。坏的国家是那些不同自私利益在其中发生冲突的国家。好的公民是爱国主义的、斗志旺盛的臣民。换句话说，好的国家是稳定的国家。政治的目的不是好的生活，像在古希腊或中世纪那样，而仅仅是取得和保住权力，因此而维持稳定。任何别的东西都是手段——包括道德和宗教。

马基雅弗利区别开两类人：那些谋求权力的人和那些已经拥有权力的人。《君主论》和《论李维的罗马史前十卷》两书的区别，在某种程度上表达了这样两个问题之间的区别：一方面是建立一个稳定国家的问题，另一方面是维持权力的问题。马基雅弗利认为古罗马共和国和他当时的瑞士是稳定的国家和不那么腐败的社会的典型。这里，他认为人民在很大程度上可以自我统治。专制君主在这里没有必要。但是在意大利，他当时的意大利，任务却是创建一个国家。这里，一个强大而无情的君主是必要的。马基雅弗利最为人所知的，可能是他关于一个领袖如何在一个腐败的社会里赢得权力的理论。因此，马基雅弗利对权力问题的兴趣既不是不道德的，也不是与道德无关的，而是道德的——就其目的是防止混乱而言。目标是好的国家，或正确地说——考虑到人的天性(在马基雅弗利看来)——是尽可能好的国家。

马基雅弗利认为，一位追求如此目标的政治家实际上创建了国家：通过制定和实施法律，君主建立了政治秩序。这里我们又看到与中世纪和古希腊的反差。对马基雅弗利来说，现存的法律和道德并不是绝对和普遍的，而是由统治者建立起来的某种东西。这就是君主建国论。*L'état*，*c'est moi*；“朕即国家”（路易十四语）。

因为法律和道德是由君主奠立的，所以君主本人是超越法律和道德的。不存在用来判断君主的法律标准和道德标准。他的臣民只能对其统治者绝对服从，因为界定正当和道德的正是统治者。但是如果某个臣民设法夺取了权力，他就应该被所有人服从，包括那个被废黜的统治者。

人们指责马基雅弗利有双重标准：君主要将道德和德性加于人民之上，而他自己却应该只关心获取权力。这里存在着公德和私德的一种区分。臣民有一种道德，统治者有另一种道德。但事实上，根据马基雅弗利的前提，并不存在双重标准。只存在一种道德，那就是君主的意志。君主想要创建一个稳定国家，想要取得权力并保住权力。蕴含在马基雅弗利中的意思是，这是保护公民使他们免遭相互侵犯的惟一途径。既然人类根本上是自私自利的，既然道德不过是君主的意志，那么双重标准的指控也不攻自破了。另一方面，私德和公德之间的区分可以说显示了某种政治现实主义：如果我们想要理解政治实际上是怎样运作的，我们就应该意识到，政治常常运用一些不同于私人生活中的范畴。私人生活中称作“谋杀”的事情，在政治中则是“给敌人以重创”。政治有其自己的范畴，自己的道德——它自己的“*raison d'état*”（存在理由）。换句话说，在普通战事中谈论谋杀之不恰当，就像在拉米纸牌戏中谈论象棋中的“将死”之不恰当一样——这是把两种不同游戏混淆起来了。我们可以对这种观点提出批评，但马基雅弗利说事实上基本如此，这一点他说得大致不错。

一群被征服的民众在君主设法重组社会之前就有一些道德态度和道德观点。在这个意义上，道德对君主也并非没有规范性意义。但是，在君主那里现行道德只是他必须考虑的诸多因素之一。另一种道德是君主最后要加之于人民的，这种道德对他也没有任何规范意义；这种道德也是政治策略中的一个手段。但君主自己的政策说到底有一个道德核心：即确保社会中的稳定。

这样，我们可以说马基雅弗利在如下意义上把道德置于政治之下，即他考虑道德——不管是民众继承下来的道德还是他为该群民众所制定的道德——的出发点是一个策略性视角，在这个视角中，君主的目标是确保一个稳定的社会。被理解为公民所要遵守的道德的私人道德，因此是从属于公共道德——也就是等同于国家根本目标的君主的根本目标——的。这里值得指出的是，马基雅弗利与中世纪理论家有不同的关切。在中世纪，政治理论主要关注的是理想目标，而常常并不设法解释这些目标该如何实现。但马基雅弗利关心的是手段问题。他感兴趣的是此时此地如何从事政治。马基雅弗利对他当时政治的运作状况作了记者般的、经验性的描述。他在某种意义上把道德和政治区分开来——把值得追求的目标与那些本身无所谓好坏、但在实现这些目标的工作中效率有高有低的手段区分开来；他设法描述政治上实际运用的政治手段，而不考虑它们是不是好、是不是可取。

目的和手段之间的截然区别是某种较新的事情。多数希腊哲学家和基督教神学家都理所当然地认为某些行动（手段），比如偷窃和谋杀，是该受责备的，而不管它们是否导致可取的目的。从目的和手段之间的这种截然区分出发，马基雅弗利得以声称目的的正当证明手段的正当：罗穆路斯杀死他的兄弟雷穆斯[2]是对的、好的，因为这导致了一种普遍的善。

不用说，宗教在马基雅弗利的思想中是地位较低的。所有利益和目的都被世俗化了。宗教的惟一作用是建立群体中的一种统一。马基雅弗利因此认为人民笃信宗教或许是好的。君主也不妨显得很虔诚，假如他可以因此有所收获的话。

马基雅弗利最感兴趣的是纯粹的政治博弈。他对行使权力所必需的经济条件所知甚少。而且，他的人类学观点是非历史的：人性是不变的。因此，我们可以通过学习先前时代的政治状况（参见《论李维的罗马史前十卷》）来精通我们时代的政治状况。这样我们在很大程度上可以有一种无时间性的政治科学，在其中，目的不是要理解政治的本质，而是要学会获得权力。那就是说，马基雅弗利的方法按我们的说法是“非历史的”。但是，从他的时代来看，马基雅弗利却是在历史地思考：像人文主义者一样，他撰写历史的时候，以那些用来说明他自己时代的例子和故事作为基础。

亚里士多德把伦理和政治看作一个整体，那就是 *praxis*（实践）。马基雅弗利把伦理和政治区分开来；在政治中，目的的正当证明手段的正当。手段是权术性质的，是无关道德的，是超越道德评价的。它们还可以做经验上的考察。目标最终是获得和平和秩序。亚里士多德假定了普遍的规范和立宪的政府形式。马基雅弗利则让君主的意志来界定法律和道德——但最终的目的是给定的：政治稳定。在政治成为权术的同时，社会科学的必要性应运而生——它可以赋予统治者以支配他人行动的权威。马基雅弗利既主张对政治的经验性研究，也主张权术性政治。后来，马基雅弗利却主要因其政治权术说、因其政治无关道德说而声名远扬甚至臭名昭著——许多人(比如墨索里尼)把这种学说诠释为是对不加约束的权力炫耀的辩护。

马基雅弗利寻求政治洞见的出发点是过去和现在的具体事件。通过研究这些具体事件，他认为他获得了将给所有统治着一个国家或想要夺取权力的人们助以一臂之力的实践洞见。这应该是形式为"如果-那么"类型的洞见：如果我们如此这般行动，那么这事那事就会出现。他假定人性在整个历史上基本维持不变，或确切些说，他假定历史和人是循环变化的；比方说，以国家兴衰枯荣的形式。马基雅弗利因此假定，我们可以从各种孤立事例出发建构普遍概括。如果这样的洞见后来并不总显得很精确的话，那是因为一种不可避免的不确定性，命运之神，限制了我们支配事件的能力。

对这种理路人们常提出这样的反对意见：如果我们从被认为是不可改变的人类属性出发，我们在把握社会中变化极大的、创造性的因素方面就会遇到很大困难。马基雅弗利用像自私自利这样的心理学概念来说明他那个时候的各种事件，用简单的政治概念和循环论历史观作为依据，他在这样做的时候并没有很好的条件来把握更深层次的社会-历史变化。

第二节 基于契约的政治和基于自然法的政治——阿尔特胡修斯和格劳修斯

从 17 世纪初开始，政治理论与神学分得更开了。这样，德国的约翰·

阿尔特胡修斯建立一个契约论，其基础不是宗教，而是社会群体。这里“契约”这个概念被用来不但说明社会群体，而且说明君臣关系。各种群体——家庭、社团、社区、民族——有不同任务，构成群体的是不同的契约。主权总在人民之中，也就是说不在个人之中，而在有机的共同体之中，这些共同体在社会中具有等级秩序，从家庭一直到国家。人民把权力交给国王和官员，其条件是他们信守他们那部分契约。这样阿尔特胡修斯就能够说明，为什么国王和官僚机构执掌某些权力，而主权却永远在人民那里。所有这些都可以用同意也就是群体之间的契约来解释，而不是用宗教特有的概念来解释。

在民族国家建立起来的时候，这些独立国家之间关系的问题随之而起。不再有任何机构可以调控国家之间的关系；而且，民族国家中找到的那些法律观念建立在这样一种看法基础上，即法律是一国之君所制定的，因而它们只适用于他的国家。荷兰法学家雨果·格劳修斯通过回到自然法观念而给这个两难提供了一个司法解决方案：有些法律是高于单个民族国家的，它们支配这些国家之间的关系。通过对自然法观念的发挥，他为高于特定国家之法律的国际法提供了基础。他在这方面的努力获得了赞许，被吸收进导致了国联、纽伦堡审判和联合国的那个国际法概念之中。格劳修斯生活在三十年战争(1618—1648)期间。由于各种宗教-政治冲突，他在1618年被判终身监禁，但他逃了出来(躲在一个书柜里)，逃到了法国的路易十三那里。在法国他参加的活动之一是进入了瑞典外交界(1634)。但是当克里斯蒂娜女王把他召到瑞典去时，糟糕的气候和他孱弱的身体导致了他的死亡(参见笛卡儿5年后在那里的不幸去世)。30年战争激发了建立一个冲突各国都服从的法典的想法，也导致了作为公共问题的政治问题和法律问题与作为私人问题的宗教问题相分离的观念。格劳修斯对这两种观点都作了表达。从斯多葛学派通过基督教神学发展而来的自然法概念被格劳修斯作了调整，从而把国际法与神学的圣礼的纽带切断了。这并不是一种反教会观点的表达，而是对自然法进行调整以适应一种新的形势，其中政治的法律的方面与宗教的方面分得更开了。如果国际法要适用于每个人，自然法中的基础就必须独立于基督教神学。因此，在国家之间、国家之内，格劳修斯都为政治和法律共识寻求一个更加世俗化的基础。在这个意义上，格劳修斯对自然法观念做了更新以适应一种新的形势。

格劳修斯最著名的著作是《论战争与和平法》。如书名所显示的，格劳修斯这里讨论的是一种可适用于所有条件——包括战争——的法律的观念：上帝给了人类以伙伴相处（*appetitus societatis*）的自然需要，所有人类在不依赖于启示和神学的情况下都可以认识到这一点。和平共处的需要是根本性的，而要实现这一点，每个人都必须尊重某些法律。例如，必须信守诺言、必须实施平等。这种自然法理论意味着拒绝那种意志主义的上帝观，即把上帝看作是创世主、是规范的颁布者（参见路德）。并不像意志主义者们所说那样，上帝在所有时刻所意欲的根据定义都是正当的；相反，上帝意欲正当的事情，是因为这是正当的事情。权利[3]因此是持久的普遍的，是可以被人人承认的。

格劳修斯列举了一个国家若要成为国际共同体的平等成员就必须满足的一些条件：国家大小不重要，但国家必须是稳定的、是能够遵守其条约的。这些也是今天运用的标准。当然，问题是不存在任何机构来强制执行这种国际法。这样一种机构在某种程度上存在于中世纪，存在于教会。但是宗教改革以后，教会分裂了，并且大致上整合进了具体的国家之中。

第三节　霍布斯——个人和自保

生平　托马斯·霍布斯（Thomas Hobbes，1588—1679），英格兰人，生活在英国内战期间。他在6岁学习拉丁语和希腊语，很早就开始上牛津大学学习。他成为卡文迪什爵士的朋友，并经常以正式身份外出旅行。这样他遇到了当时的许多名人（比如伽利略）。霍布斯在英国内战前期在巴黎避难，后回到了克伦威尔的英国。在88岁高龄他把《荷马史诗》译成英语。他的最有名著作是1651年的《利维坦，或一个教会国度和公民国度的质料、形式和权力》。其他著作还包括《论公民》（1642）、《论物体》（1655）和《论人性》（1658）。

作为一架钟表的机械装置的社会

霍布斯生活的年代正值王室派和国会派的内战期间的政治动荡年代。他的政治著述的焦点是有必要建立一个可以确保和平与秩序的政府。因此霍布斯支持一种绝对君主制。但霍布斯所提供的意识形态支持是具有多重含义的。和平与秩序对霍布斯来说是根本性的，但政府是否为世袭君主制则不那么重要。霍布斯的政治理论可以被看作既是强烈的个人主义的，也是强烈的绝对主义的。这里，就像在许多其他场合一样，并不存在自相矛盾。社会的原子化和严格的政治干预是可以并行不悖的；当人民之间不是由社会纽带而连接起来的时候，使用暴力以防止无政府状态可能是必不可少的。

在霍布斯那里，个人主义与专制政府的这种结合，可以被诠释为是民族国家和市场经济发展的早期和不稳定阶段上的情形的一种表现：国家需要一个强有力的国王来废除贵族的原有特权，确保安全和秩序，并担保客户和竞争对手维持他们的贸易协定。在人与人之间普遍的生存斗争的情形下，确保生命和财产的惟一手段，是一个专制君主制下的强有力政府。

霍布斯似乎持有一些与马基雅弗利相同的观点：社会和政治应该作理性的科学的理解，人性基本上是不可变的、非历史的。但霍布斯并不像马基雅弗利那样满足于一种仅仅描述性的方法，在研究具体事件的基础上进行概括。他寻求更为可靠的方法；他设法往更深处探索，找到一个对直接的社会现象提供更深刻说明的基础。

像其他一些哲学家一样，霍布斯也受到新的科学的启发，他的自然哲学带上了这种影响的鲜明印记：说到底，宇宙是由机械运动的物质颗粒所构成的。霍布斯的哲学这样就最后成了一种运动理论。与力学的相似之处是显而易见的。

但与此同时，霍布斯也是一位理性的形而上学家。他像在他之前的唯理论哲学家们一样，寻求一个用来说明各种可变的表面事件的根本原则。他寻求一个绝对的不变的基础。作为一位文艺复兴后期的哲学家，他在人那里找到了这个基础。人是主体，是应该用来解释社会的基础。

他如何进行这项工作呢？他在《论公民》中对他的方法作了评论。这里他用钟表进行类比。当我们要理解一个钟表是如何工作的时候，我们把它拆分开来。我们研究各种部件及其属性。然后我们把钟表重新组装起来，而通过重新组装使它运转如故，我们认识到这些部件是如何彼此联系的、钟表是如何运作的。这样我们就理解了什么是钟表。

他的观点，是要用类似的方法把社会分成不同部分，考察这些部分，然后把它们重新放在一起，从而我们可以看出它们是如何彼此相连的、它们是如何运作的。通过这种做法，我们将理解社会是什么。这不能通过真的分解社会来进行，而只能通过想象我们在这样做。这个例子显示了霍布斯的“分解-组合法”的一些重要方面。这个方法开始于分解一个现象，继之以重新组合这个现象。这是一种分析和综合的方法。社会这样就能够根据它的组成部分来加以解释。但这并不意味着霍布斯认为社会仅仅由它的部分组成。钟表并不只由它的各部分组成。当各部分被组合在一起的时候，出现了某种具有新质的东西，不管它是钟表还是社会。因此，霍布斯并没有将整体还原为它的部分。但是他说整体只能是不仅通过它的整体功能，而且通过它的部分及其属性来理解，这种方法因此设法通过诉诸某种既定的东西的基础性的成分来理解这种东西。我们可以说，霍布斯寻求一个比观察的层面更深的说明性原理。

如果我们回到钟表的例子，我们可以进一步说，霍布斯在寻找一种功能主义的说明：理解钟表，意味着理解它是如何工作的。这些部分的引起人兴趣的属性，仅仅是那些对它发生功能的能力来说是重要的属性：发条是紧的、能够驱动钟表的，齿轮有齿并能与其他轮齿相嵌传递运动。发条是绿的还是红的对于钟表作为一个发生功能的系统来说是不相干的。把钟表进一步分解下去也是徒劳无益的：我们从发条、齿轮等等的连接出发来理解钟表是什么，而用不着知道有关这些部件的原子结构的任何东西。发条和齿轮之所以成为功能部件固然是因为构成它们的物质颗粒。但我们为了知道钟表是什么，用不着对这一点有任何了解。一个钟表匠用不着成为一位物理学家。

钟表当然是由某人制作的。有人用它来报时，有人把它用作一个装饰品，或作为一个地位象征。但是，根据霍布斯的例子，我们不必知道谁制作了钟表，他为什么要制作这块表，或这块表是派什么用场的。理解这块表，就是理解在其各部分的功能性相互联系之中来理解这些部分。这是理解钟表如何工作，如何发生功能。钟表的工作是由它的各部分的机械运动所决定的。理解钟表，就是理解它是如何运行的。在这个意义上我们可以说霍布斯的说明是*功能主义的*。

我们可以说霍布斯的例子指向一个控制论模型。我们不仅看到各部分被安装在一个功能主义的整体当中，在这个整体中每个部分都预设了另外的部分。同样正确的是，有些部分在驱动机械装置，而其他部分则在控制机械装置。如果我们想得起一座有钟锤和钟摆的老爷钟的话，我们可以说钟锤是使得钟表运行的驱动力，而钟摆是对驱动力进行调控或制约从而使钟表按平均速度运行的东西。没有钟锤，就没有运动；没有钟摆，就没有有序运动。[4]

如果我们现在把这个论证运用于社会，我们可以这么说：霍布斯拒绝种种用社会现象来解释社会现象的努力。我们必须考虑的是基本元素。他也拒绝用一个具有社会目的的神祇来对社会进行说明的观念(目的论)。他寻求的是各部分之间的功能性联系，但他并不把社会还原为它的各个孤立部分。他也并不把各部分进一步分解得超出说明其功能性社会联系所必要的程度。根据这种诠释，把霍布斯仅仅称为一个还原论者是没有意义的。

那么，霍布斯是如何达到社会中的组成部分、如何理解这些部分的呢？他运用一种*思想实验*：让我们想象国家那时还不存在；那个时候人类生活会是什么样的呢？霍布斯因此设法找到使得国家成为可能的东西，能够对我们在一个政治社会或国家中的经验加以说明和辩护的东西。因此他问如果国家*不存在*的话，生活会是什么样的。为理解生活在一个国家中意味着什么，我们必须能够理解没有国家的生活是什么样的。霍布斯运用他的有关*自然状态*的学说来澄清没有国家的生活会是什么样的。运用像个人、每个人对其他人的恐惧和意味着放弃个人自由的契约等概念，他设法来理解像国家、权威和权力这样的现象。

霍布斯论证说，没有国家的话，人类就将感到不安全。没有国家，我们就只好自己管自己。但既然我们需要物质的物品来生存，既然我们必须具有的物品是稀缺的，而同时我们出于天性都想方设法活下去，我们之间为这些物品而进行的竞争，就是在所难免的了。在这种个人的生存斗争中，没有谁会是安全的，因为谁也不是刀枪不入的，人类之间力量和精明程度的分配是相对平等的。于是就会有不断的冲突。这就是所谓每个人反对每个其他人的自然状态。组成部分因此就是个体的人类，或个人。他们的基本目标是*自我保存*。这是霍布斯为说明社会现象所进行的分析的结果。

霍布斯用钟表的例子作为模型所进行的论证，是说像团结、互动和自由等等这样的社会现象，可以用个人对自我保存的欲望来说明。他并不认为团结仅仅是对自我保存的欲望，但他认为像团结这样一种社会现象需要一个说明，认为它是无法用它自己或用任何其他社会现象来说明的，而只能通过个人的自我保存欲望来说明。根据这种说明模式，我们直接经验的每样事物，比如人类之间的积极的具体的纽带（例如爱、同情和对家庭和共同体的依恋），都必须根据个人的基本的自我保护欲望来理解。社会必须根据一种基于基础性元素和推动力的重构来说明。从这个角度来看，我们可以说霍布斯并不否定社会整体和同情存在着，但他确实设法确定这些因素实际上是什么。此外，我们看到霍布斯并不需要走得比自我保护更远。人类固然是由机械运动中的物质微粒所组成的，但这些微粒并没有被包括在对于社会的说明中，就好像原子结构并不是对钟表的说明的一必要部分一样。为了理解社会，我们用不着洞察物质的内部结构。

钟表的例子表明，自然状态的观念并不被认为是指称一个过去的事件。[5]这种自然状态的观念是一种分析的结果，一种消除了国家的思想实验。自然状态的观念并不是一个有关业已发生的某物的历史假说，而是有关社会之可能性的条件的命题。我们可以说霍布斯设法借助于一些心理学的概念来说明社会现象。有些人会表示反对，说这是把事情头足倒置了；相反，社会现象应该是说明心理现象的基础。这样，什么需要说明，什么提供说明的问题就成了一个有争议的问题。我们如何科学地解决这个争端？然而对霍布斯来说，就像对文艺复兴时期的哲学家来说那样，个人——也就是基于自我保存理解的个人——就是说明的基础。那就是说，个人对三种冲突根源都提供了说明：竞争、不确定性和追逐名誉。作为一种动机，恐惧是最重要的。驱使人类进入一个有政治秩序的社会的，就是恐惧。在这样一个社会中，每个人反对每个其他人的斗争在生命安全方面被废除了，但财力上的竞争和对名誉的追逐可以继续下去。

霍布斯是如何以特定方式把各部分重新放在一起，从而一种有序社会能够产生出来？他指出，自然状态中的每个人都生活在持久的恐惧状态——归根结底是对突然死亡的恐惧——中。但是，只要每个人都陷于彼此怀疑和争夺物质利益的状态之中，任何人都基本上是对这种状态无能为力的。自发的理性告诉个人什么最有利于确保生命和活力，而那就是自卫；这就是参加针对别人的斗争。

但是，如果所有人都同意换一种方式治理国家，建立一种确保每个人的生命和健康的权力的话，将是对大家都有利的。如何达到这一点？这是霍布斯理论的突出部分。当然，从个人的确保生命和活力的自私利益来看，自然状态显然代表了一种不如有秩序的民族社会那么满意的解决方案。但是理性在这种自发形式下只是生存斗争中的一个帮手。它说得不错，对弥漫着的这种混乱状况，个人最好有所准备。个人是无法改变这种状况的。但与此同时，霍布斯寄希望于一种更反思的、更前瞻的开明的自利。这种自利告诉人们，一种有序社会是最好的。引人注目的问题是：不同的个人怎么可能达成一致去遵循反思的、前瞻的理性而不是那自发的短视的理性？也就是说，他们如何才能联合起来创造一个共同国家？[6]

如果我们把社会看作一个事实，并且说它是利己主义的个人们——他们受大家共同的长远而开明的自利的指导——之间的协议的表现，我们就可以设法把社会理解为是建立在一种受理性承认的*社会契约*的基础上的。社会契约是社会赖以构成的东西。整个政治生活和社会生活中的社会现象就是由它来提供说明的。国家是通过这种契约而建立的。根据霍布斯，这契约的基本观念是每个人都向一个国家实体交出自由。国家的特点在于这样一个事实，即所有合法的武力都集于一身。没有武力，契约就可能破裂。要防止人民破坏原来达成的确保人人生命和健康的契约，武力是惟一可能的力量。

用钟表作为一个控制论模型，我们还可以说，追求自我保存的欲望可以比作钟锤（或发条），即自然的力量，而统治者则可以比作钟摆（或运动），即起制约作用、控制作用的因子。权力必须集于一身，必须是单一的。这对霍布斯来说是确定无疑的。至于集于何者之一身，是国王还是议会，则是次要的事情。关键是有一个具有武力的实体可以行使国家主权。分权或非集中化的人民统治将意味着使国家成为可能的那个统一性——集于一身的权力——的解体。霍布斯并没有把建立了国家的那个契约理解为国王和人民之间的一个契约。它是个人之间的契约。成为国家首脑的那个人本人并不是该契约的一方。因此，统治者是不可能破坏他的那部分协议的，因为，作为统治者，他并不是契约的一方。统治者这样就成了绝对君主。就此而言，霍布斯向绝对主义提供了无条件支持。

诚然，霍布斯认为统治者不应该干预个人的自由买卖的权利和与他人缔结协议的权利。他还提到，统治者不能命令个人去自杀或自伤——这将有悖于个人的本质：自我保存。但是，只要没有强力[7]来防止统治者干预这些领域，这些都是空话。霍布斯还给统治者以全权实施审查制度。统治者可以合法地决定哪些观点是有害的、哪些是可以向人民表达的。至此为止，霍布斯似乎是无条件支持专制主义的。但是这种支持是有条件的。如果专制君主对社会失控，也就是说，如果他不再有能力为个人提供安全，每个人就都必须重新信赖各自的能力。我们回到了一种无政府状态，一种全面内战，于是就必须出现一份新的契约、一个新的统治者。这意味着一个国王如果被推翻了就没有任何权利重坐王位。对一个专制君主来说，一种捍卫国王世袭地位的意识形态是更可取的。世袭权利和上帝恩典的结合，是对专制君主制度的最好捍卫。

但是霍布斯理论中没有任何东西说只应该有一个国王。霍布斯的观点是说，一个或若干个人是应该实施法律和秩序的。既然这样，霍布斯对君主专制制度的捍卫就是不那么有力了。而且，对霍布斯来说具有根本意义的是个人，而不是国王。自私自利的孤立个人是国家和君主制度的基础。国家和君主制仅仅是确保个人的自我保存的手段。

由于其说明模式，霍布斯对阶级关系没有什么好多说的。我们作为说明之基础的是自私自利的个人，以及构成社会的国家。一个把自私的、理性的行动者当作社会的一个基本预设的说明模式，超越了专制主义的问题，而指向了未来，成为新兴的自由主义传统中的政治理论和经济理论中的那种说明模式的先驱。霍布斯因此成了所谓方法论个人主义的代言人。

以契约为基础、靠武力来维持的国家，是所有社会现象的基础。这样，在国家和社会之间、在行政机构和身边共同体之间，就没有任何实在的区分。构成各种社会纽带的，是经过国家中介的开明的自利。这里，霍布斯明显地区别于早先人们的一些观点，比方说柏拉图和亚里士多德的观点，他们把人类看作是具有自然的结伴能力的社会存在。对霍布斯来说，任何有关社会的东西都可以追溯到国家、并进一步追溯到个人的自我保存欲望。个人基本上是非社会的，而社会实际上是居于个人之后的。国家和社会并不像在柏拉图和亚里士多德那里那样是与个人本质合二为一的，而是人类借助于建立在彼此重合的自利基础上的契约而创造出来的东西。

作为理性规则的自然法

霍布斯在与人类行为的联系中谈论*自然法*，并得出结论说，它们是借理性之助而达到的规范或普遍规则。首要的基本的自然法，是人人有可能的话都应该设法取得和平。整个自然权利的概念就体现在下列规则之中：如果我们无法达到和平，我们就必须利用所有政治的手段和力量。*权利*是行动或放弃行动的自由。*法律*则规定人们应该或不应该做什么。

在自然状态中，起主宰作用的是自然权利，也就是在理性所承认的自我保存欲望的基础上不择手段地自我保护的行动自由。当建立起一个国家的时候，自然法就开始生效了；它们是一些理性规则，其基础是所有个人从开明而长远的自利出发对他们为保存生命、维护安全生活之社会条件而应当做什么的认识。对霍布斯来说，理性的规则是形式为*如果-那么*的规范：如果我们生活在一种自然状态中，那么我们就必须利用全部可能的自卫手段。如果我们生活在一个有序的社会中，那么我们就必须维护和平。在这两种情况下，理性的规则都建立在人的基本本能即自我保护的基础上。在两种可能当中，后者是更好的选择。

在古典自然权利哲学中，自然法是某种理想的东西，可以说是某种超越人的东西：是我们应该设法达到的规范。对霍布斯来说，引导自然权利中的规范的是物质的因素，是本能和开明的自利。自然权利和自然法是用个人的自私本性来说明的。

运动理论

到现在为止我们讨论了霍布斯的政治哲学，而没有讨论他的自然哲学。我们现在将概述一下对霍布斯的一种以其自然哲学为基础的诠释；那就是一种彻底机械唯物主义的诠释。但从霍布斯关于他的方法所说的话来看，从他的社会哲学的倾向来看，没有多少理由说霍布斯把社会现象简单地归结为机械唯物论的现象；换句话说，没有多少理由说霍布斯主张社会现象仅仅作为机械旋转的物质颗粒而存在。但这样一种彻底唯物论的、还原论的诠释并非少见，它确实使我们有机会澄清一些重要的哲学问题。

这样，我们可以说，霍布斯的基本概念说到底是运动，它被用来说明任何别的东西。根据机械唯物论的世界观，对运动的概念要做定量的理解：运动着的东西是物质颗粒，它们因为推力而改变空间位置。与亚里士多德的对立是显而易见的。对亚里士多德来说，基本的变化概念包含了潜能的实现，并且既有一个动力因，又有一个目的因。对霍布斯来说，所有变化都要用物理运动来说明，原因只有一个，那就是动力因。

我们可以说，亚里士多德设法用定性的变化来说明物理运动，而霍布斯则设法借助于一种量的运动观来说明质的变化。当一个苹果的颜色从绿变成红的时候，亚里士多德的说明是，这是一个苹果的红色潜能通过成熟过程而得到实现的变化过程。绿苹果是红苹果的质料因，而这个变化不仅包含了一个形式因，也把动力因和目的因都包括在内了。但对霍布斯来说，这个变化也要用物质颗粒的运动来说明。

当颗粒运动的规律能说明所有事物的时候，目的论说明就没有基础了。所发生的万物都必须用同样的机械原因加以说明，这些原因可以用无摩擦平面上完全圆形的球之间的机械的相互作用这个理想例子来说明。所发生的每样事物都是必然发生的。即使人类行动也是被决定的。社会因此可以被诠释为旋转着、相互碰撞着的各种各样人类原子。我们可以想象两种形式的社会：一种社会是无序的、人类之间硬碰硬撞的，也就是无政府状态的社会；而在另一种社会中，人类原子则和谐地运动，因为一种起统一作用的力量把各种运动协调起来了，那就是一种真正意义上的社会。

这样，政治关系和社会关系可以追溯到个人的心理关系，个人的心理关系可以进一步追溯到生理学的状况，而生理学的状况又可以进一步追溯到力学。这是一个分析过程：把社会还原为基本的物质元素和它们的机械力。而一旦我们确定了基础性的元素和力是什么，我们就可以对社会加以重构。这就是综合，始于力学而终于政治学。一切事物，毫无例外地一切事物，因此最后都应该是能够借助力学来解释的，也就是说从机械唯物论的概念来解释的。尽管把社会现象和精神现象还原为物理现象(把行动还原为事件)存在一些问题，机械唯物论在被运用于政治理论的时候还是迷人的：想方设法用简单的原则来说明一切。社会中除了力学的力量或原理之外，就没有别的力量或原理。复杂性是我们称为社会的那个颗粒组合中惟一较大的东西。凡发生的一切，都可以从一个简单的运动理论的角度来加以理解。

自由和自由主义

霍布斯的政治理论不仅仅是一套非常连贯的学理。这个理论不妨也被当作对早期资本主义时期的市民状况的简化的描绘：在一个物质财富匮乏的世界上每日为生存而斗争的一群人类原子。把这些人类原子连接起来的纽带是开明的自利，他们需要拥有专制政府的国家，作为确保贸易协议得到遵守的手段。国家之存在是为了个人。国家并没有内在价值。与此同时，这被理解为一个永恒真理：这是万世不变的人的本质和国家的本质。

如果我们把自由主义理解为一种支持宽容的政治理论，那么霍布斯就并不是一个自由派人士(liberal)。这样的话，我们就自然要把自由主义追溯到——比方说——洛克那里去(拉丁语：*libertas*，意为“自由”)。但是如果我们用个人、契约和国家这些基本概念来定义自由主义，而不是用一些心理态度或道德价值来定义自由主义，霍布斯就可以被看作是自由主义的一个先驱。这个术语要求我们把以下两者明确区别开来，一方面是 liberalism[自由主义](liberalist[自由主义者])，其基本概念是个人、契约和国家；另一方面是 liberality[自由气度](liberal[自由派人士])，它是一种倾向于宽容和司法自由的正面的道德的态度。根据这个术语，霍布斯可以被称作一位“自由主义者”，但不是一个自由派人士，而洛克既是自由主义者，也是自由派人士。从中可以引申出：社会主义者可以是自由派人士，但不是自由主义者。

依靠这个术语，我们可以对现代性不同阶段的意识形态之间的一些有趣的联系进行描述，先是早期资本主义，那时生存斗争非常艰苦，需要有一个专制君主(霍布斯)；然后是比较成形的资本主义，那时市民阶层有必要关注与专制君主相对立的不可侵犯的权利，一直到完全成形的私人资本主义和自由放任的自由主义(亚当·斯密)。基本概念——个人和国家——在自由主义的这些不同阶段上似乎是同样的。但是从早期资本主义到完全成形的资本主义，对人性的看法有一个变化——先是自我保存，然后是不可侵犯的权利，一直到快乐和利润(参见第十三章，功利主义)。我们可以说自由的概念预设了存在着某个自由的行动者或主体。自由并不是一个独立成立的概念。一种关于自由的哲学必然预设了一个讨论有关什么是自由的、以什么方式它是自由的学说。对自由主义者来说，自由的主体是被理解为自我满足的、理性的——自私自利的行动着的个人。因此我们在把自由主义定义为一种形式的个人主义的时候，并不是随心所欲的。理解自由主义，是离不开它所预设的社会哲学或存在论的——同样，理解任何其他有关自由的学说，也离不开与之伴随的关于什么是自由的、相对于什么而自由的学说。

但是必须强调的是，通常人们用自由主义这个术语来表示这样一些政治-经济理论，它们把自由看作是一个基本价值，把个人的开明的自利看作是基础性的驱动力，而把国家的任务则看作是为独立的行动者确保行动领域。这就是说，国家必须确保和平与秩序，以及拥有财产的权利，从而使理性的可预见的行动成为可能，但是国家的任何进一步干预则必须加以明确限制。[8]“自由主义”这个词的通常用法把个人自由当作关键性的、认为国家的活动应该是有预见性的；根据这个用法，把霍布斯称为一个自由主义者是很勉强的。[9]

思考题

1. 在马基雅弗利和霍布斯那里，关于人、社会和国家有哪些新的思想？
2. “在亚里士多德那里伦理和政治是相互联系的，而马基雅弗利则把伦理和政治分离开来。”请讨论这段话，并澄清马基雅弗利对政治的看法。
3. “柏拉图和马基雅弗利对道德和政治的看法根本不同。”请对这个说法进行讨论。
4. 霍布斯提出一种机械论的世界观，并且用经典力学中的概念来说明社会现象。请从这个背景出发讨论他的政治理论。尤其请说明霍布斯对无限制的国家权力的合法论证。

进一步阅读的建议

原始文献

Niccolò Machiavelli, *The Prince* and *The Discourse*, translated with an introduction by Max Lerner, The Modern Library, New York, 1950.

Hobbes, Thomas, *De Cive or The Citizen*, New York, 1949.

Hobbes, Thomas, *Leviathan*, Cambridge, 1991.

二手文献

Habermas, J., “The Classical Doctrine of Politics in Relation to Social Philosophy” in *Theory and Practice*, London, 1974, pp. 41-82.

MacPherson, C. B., *The Political Theory of Possessive Individualism, From Hobbes to Locke*, London, 1962.

Skinner, Q., *Machiavelli*, Oxford, 1981.

Watkins, J. W. N., *Hobbes' System of Ideas*, London, 1973.

Hampton, Jean, *Hobbes and the Social Contract Tradition*, Cambridge, 1986.

Strauss, Leo, *The Political Philosophy of Hobbes: Its Basis and Genesis*, Chicago, 1984.

原著选读

马基雅弗利：《君主论》

（选自《君主论》，潘汉典译，商务印书馆1996年版）

第十七章 论残酷与仁慈，被人爱戴是否比被人畏惧来得好些

现在谈谈前面列举的另一种品质。我认为，每一位君主都一定希望被人认为仁慈而不是被人认为残酷。可是他必须提防不要滥用这种仁慈。切萨雷·博尔贾被人认为是残酷的。尽管如此，他的残酷却给罗马尼亚带来了秩序，把它统一起来，并且恢复和平与忠诚。如果我们好好地考虑到这一点，就会认识到博尔贾比佛罗伦萨的人们仁慈得多了，因为后者为着避免残酷之名反而让皮斯托亚被毁灭了。所以君主为着使自己的臣民团结一致和同心同德，对于残酷这个恶名就不应有所介意，因为除了极少数的事例之外，他比起那些由于过分仁慈、坐视发生混乱、凶杀、劫掠随之而起的人说来，是仁慈得多了，因为后者总是使整个社会受到损害，而君主执行刑罚不过损害个别人罢了。在所有的君主当中，新的君主由于新的国家充满着危险，要避免残酷之名是不可能的……

但是，君主对于信任他人或者采取行动则务须慎用；不过，也不要杯弓蛇影，妄自惊慌。他应当慎思明辨，人道为怀，有节制地行事，以免由于过分自信而使自己流于轻率鲁莽，或者由于过分猜疑而使自己褊狭不能容人。

关于这一点，发生这样一个争论：究竟是被人爱戴比被人畏惧好一些呢？抑或是被人畏惧比被人爱戴好一些呢？我回答说：最好是两者兼备；但是，两者合在一起是难乎其难的。如果一个人对两者必须有所取舍，那么，被人畏惧比受人爱戴是安全得多的。因为关于人类，一般地可以这样说：他们是忘恩负义、容易变心的，是伪装者、冒牌货，是逃避危难，追逐利益的。当你对他们有好处的时候，他们是整个儿属于你的。正如我在前面谈到的，当需要还很遥远的时候，他们表示愿意为你流血，奉献自己的财产、性命和自己的子女，可是到了这种需要即将来临的时候，他们就背弃你了。因此，君主如果完全信赖人们的说话而缺乏其他准备的话，他就要灭亡。因为用金钱而不是依靠伟大与崇高的精神取得的友谊，是买来的，但不是牢靠的。在需要的时刻，它是不能够倚靠的。而且人们冒犯一个自己爱戴的人比冒犯一个自己畏惧的人较少顾忌，因为爱戴是靠恩义（di obligo）这条纽带维系的；然而由于人性是恶劣的（tristi），在任何时候，只要对自己有利，人们便把这条纽带一刀切断了。可是畏惧，则由于害怕受到绝不会放弃的惩罚而保持着。

但是，君主使人们畏惧自己的时候，应当这样做：即使自己不能赢得人们的爱戴，也要避免自己为人们所憎恨；因为一个人被人畏惧同时又不为人们所憎恨，这是可以很好地结合起来的。只要他对自己的公民和自己的属民的财产，对他们的妻女不染指，那就办得到了。而当他需要剥夺任何人的生命的时候，他必须有适当的辩解和明显的理由才这样做。但是头一件是，他务必不要碰他人的财产，因为人们忘记父亲之死比忘记遗产的丧失（perdita delpatrimonio）还来得快些。再说，夺取他人财产的口实是永远好找的；一个人一旦开始以掠夺为生，他就常常找到侵占他人财产的口实。但是，与此相反，夺取他人生命的理由却更加难找了，而且很快就消失了。

可是，当君主和军队在一起并且指挥庞大的队伍的时候，他完全有必要置残酷之名于度外；因为如果没有这个残酷之名，他就决不能够使自己的军队保持团结和踊跃执行任何任务。下面这件事情可以列为汉尼拔的惊人的行动之一。他率领一支由无数民族混合组成的大军，在外国的土地上作战，无论在恶运或者在好运的时候，也无论在军队当中或者对待君主，都不曾发生任何龃龉。这并不是由于别的原因，而只是由于他的残酷无情，同时他具有无限的能力，这就使他在士兵的心目中感到既可敬又可畏。但是假使他不是残酷无情的话，光靠他的其他能力是不能够产生这样的效果的。

第十八章　论君主应当怎样守信

任何人都认为，君主守信，立身行事，不使用诡计，而是一本正直，这是多么值得赞美呵，然而我们这个时代的经验表明：那些曾经建立丰功伟绩的君主们却不重视守信，而是懂得怎样运用诡计，使人们晕头转向，并且终于把那些一本信义的人们征服了。

因此，你必须懂得，世界上有两种斗争方法：一种方法是运用法律，另一种方法是运用武力。第一种方法是属于人类特有的，而第二种方法则是属于野兽的。但是，因为前者常常有所不足，所以必须诉诸后者。因此，君主必须懂得怎样善于使用野兽和人类所特有的斗争方法。关于这一点，古代的作家们早已谲秘地教给君主了。他们描写阿基里斯和古代许多其他君主怎样被交给半人半马的怪物基罗尼喂养，并且在它的训练下管教成人。这不外乎说，君主既然以半人半兽的怪物为师，他就必须知道：怎样运用人性和兽性，并且必须知道：如果只具有一种性质而缺乏另一种性质，不论哪一种性质都是不经用的。

君主既然必须做得善于运用野兽的方法，他就应当同时效法狐狸与狮子。由于狮子不能够防止自己落入陷阱，而狐狸则不能够抵御豺狼。因此，君主必须是一头狐狸以便认识陷阱，同时又必须是一头狮子，以便使豺狼惊骇。然而那些单纯依靠狮子的人们却不理解这点。所以，当遵守信义反而对自己不利的时候，或者原来使自己作出诺言的理由现在不复存在的时候，一位英明的统治者绝不能够，也不应当遵守信义。假如人们全都是善良的话，这条箴言就不合适了。但是因为人们是恶劣的，而且对你并不是守信不渝的，因此你也同样地无需对他们守信。一位君主总是不乏正当的理由为其背信弃义涂脂抹粉。关于这一点，我能够提出近代无数的实例为证，它们表明：许多和约和许多诺言由于君主们没有信义而作废和无效；而深知怎样做狐狸的人却获得最大的成功。但是君主必须深知怎样掩饰这种兽性，并且必须做一个伟大的伪装者和假好人。人们是那样地单纯，并且那样地受着当前的需要所支配，因此要进行欺骗的人总可以找到某些上当受骗的人们。

在新近的那些事例当中有一件事，我不想保持沉默：亚历山大六世除了欺骗人们之外，既不曾作过任何其他事情，也从来不曾梦想过任何其他事情，但是他总是找到上当受骗的货色。因为世界上从来不曾有过一个人比他更加有力地作出保证，比他更加信誓旦旦地肯定某一件事情，而同时没有一个人比他更加随便地食言而肥的了。可是，他的欺骗总是称心如意地获得成功，因为他深刻地认识到人世这一方面。

因此，对于一位君主说来，事实上没有必要具备我在上面列举的全部品质，但是却很有必要显得具备这一切品质。我甚至敢说：如果具备这一切品质并且常常本着这些品质行事，那是有害的；可是如果显得具备这一切品质，那却是有益的。你要显得慈悲为怀、笃守信义、合乎人道、清廉正直、虔敬信神，并且还要这样去做，但是你同时要有精神准备作好安排：当你需要改弦易辙的时候，你要能够并且懂得怎样作180度的转变。必须理解：一位君主，尤其是一位新的君主，不能够实践那些被认为是好人应作的所有事情，因为他要保持国家(stato)，常常不得不背信弃义，不讲仁慈，悖乎人道，违反神道。因此，一位君主必须有一种精神准备，随时顺应命运的风向和事物的变幻情况而转变。然而，正如我在前面说过的，如果可能的话，他还是不要背离善良之道，但是如果必需的话，他就要懂得怎样走上为非作恶之途。

因此，一位君主应当十分注意，千万不要从自己的口中溜出一言半语不是洋溢着上述五种美德的说话，并且注意使那些看见君主和听到君主谈话的人都觉得君主是位非常慈悲为怀、笃守信义、讲究人道、虔敬信神的人。君主显得具有上述最后一种品质，尤其必要。人们进行判断，一般依靠眼睛更甚于依靠双手，因为每一个人都能够看到你，但是很少人能够接触你；每一个人都看到你的外表是怎样的，但很少人摸透你是怎样一个人，而且这些少数人是不敢反对多数人的意见的，因为后者受到国家最高权威的保护。对于不能够向法院提出控诉的一切人的行动，特别是君主的行动，人们就注意其结果。所以，一位君主如果能征服并保持那个国家的话，他所采取的手段总是被人们认为是光荣的，并且将受到每一个人的赞扬。因为群氓总是被外表和事物的结果所吸引，而这个世界里尽是群氓。当多数人能够站得住脚的时候，少数人是没有活动的余地的。当代的某一位君主——我现在不便点名，——除了和平与信义外，从来不宣扬其他事情，但是他对这两者的任何一者都是极端仇视的。然而假使他曾经遵守其中任何一者，那么，他的名望或者他的权力就不免三番五次被人攫取了。

霍布斯：《利维坦》

（选自《利维坦》，黎思复、黎廷弼译，商务印书馆1985年版）

第一部分　论人类

第十三章　论人类幸福与苦难的自然状况

自然使人在身心两方面的能力都十分相等，以致有时某人的体力虽则显然比另一人强，或是脑力比另一人敏捷；但这一切总加在一起，也不会使人与人之间的差别大到使这人能要求获得人家不能像他一样要求的任何利益，因为就体力而论，最弱的人运用密谋或者与其他处在同一种危险下的人联合起来，就能具有足够的力量来杀死最强的人。

至于智力，除了以语词为基础的文艺，特别是称为科学的根据普遍和颠扑不破的法则处理问题的技能(这种技能很少人具有，而且也只限于少数事物；它既不是一种天生的能力，也不像慎虑那样是在我们关注其他事物时得到的)。我还发现人与人之间更加平等，因为慎虑就是一种经验，相等的时间就可以使人们在同样从事的事物中获得相等的分量。可能使人不相信这种平等状况的只是对自己智慧的自负而已。在这一方面，几乎所有的人都认为自己比一般人强；也就是说，都认为除开自己和少数因出名或赞同自己的意见而得到自己推崇的人以外，其他所有的人都不如自己。因为根据人类的本性说来，不论他们承认有多少人比自己机灵、比自己口才好、比自己学问好，但却不会相信有很多人能像自己这样聪明。因为人们看自己的智慧时是从近旁看的，而看他人的智慧时则是从远处看的。但这倒是证明人们在这一点上平等而不是不平等。因为一般说来，任何东西分配平均时，最大的证据莫过于人人都满足于自己的一份。

由这种能力上的平等出发，就产生达到目的的希望的平等。因此，任何两个人如果想取得同一东西而又不能同时享用时，彼此就会成为仇敌。他们的目的主要是自我保全，有时则只是为了自己的欢乐；在达到这一目的的过程中，彼此都力图摧毁或征服对方。这样就出现一种情形，当侵犯者所引为畏惧的只是另一人单枪匹马的力量时，如果有一个人培植、建立或具有一个方便的地位，其他人就可能会准备好联合力量前来，不但要剥夺他的劳动成果，而且要剥夺他的生命或自由。而侵犯者本人也面临着来自别人的同样的危险。

……

所以在人类的天性中我们便发现：有三种造成争斗的主要原因存在。第一是竞争，第二是猜疑，第三是荣誉……

因此，在人人相互为敌的战争时期所产生的一切，也会在人们只能依靠自己的体力与创造能力来保障生活的时期中产生。在这种状况下，产业是无法存在的，因为其成果不稳定。这样一来，举凡土地的栽培、航海、外洋进口商品的运用、舒适的建筑、移动与卸除须费巨大力量的物体的工具、地貌的知识、时间的记载、文艺、文学、社会等等都将不存在。最糟糕的是人们不断处于暴力死亡的恐惧和危险中，人的生活孤独、贫困、卑污、残忍而短寿……

这种人人相互为战的战争状态，还会产生一种结果，那便是不可能有任何事情是不公道的。是和非以及公正与不公正的观念在这儿都不能存在。没有共同权力的地方就没有法律，而没有法律的地方就无所谓不公正。暴力与欺诈在战争中是两种主要的美德。公正与背义既不是心理官能、也不是体质官能。果然是这种官能的话，那么当一个人独处在世界上的时候，这些官能便也会像感觉和激情一样存在于他的身上。它们是属于群居的人的性质，而不是属于独处者的性质。这样一种状况还是下面情况产生的结果，那便是没有财产，没有统治权，没有“你的”、“我的”之分；每一个人能得到手的东西，在他能保住的时期内便是他的。以上所说的就是单纯的天性使人实际处在的恶劣状况，然而这种状况却有可能超脱。这一方面要靠人们的激情，另一方面则要靠人们的理性。

使人们倾向于和平的激情是对死亡的畏惧，对舒适生活所必需的事物的欲望，以及通过自己的勤劳取得这一切的希望。于是理智便提示出可以使人同意的方便易行的和平条件。这种和平条件在其他场合下也称为自然律，在往下的两章中我将更详细地加以讨论。

第十四章　论第一与第二自然律以及契约法

因为人们的状况正像上一章所讲的一样，是每一个人对每一个人交战的状况；在这种状况下，人人都受自己的理性控制。凡是他所能利用的东西，没有一种不能帮助他抵抗敌人，保全生命。这样说来，在这种情况下，每一个人对每一种事物都具有权利，甚至对彼此的身体也是这样。因此，当每一个人对每一事物的这种自然权利继续存在时，任何人不论如何强悍或聪明，都不可能获得保障，完全活完大自然通常允许人们生活的时间。于是，以下的话就成了理性的诫条或一般法则：*每一个人只要有获得和平的希望时，就应当力求和平；在不能得到和平时，他就可以寻求并利用战争的一切有利条件和助力。*这条法则的第一部分包含着第一个同时也是基本的自然律——寻求和平、信守和平。第二部分则是自然权利的概括——利用一切可能的办法来保卫我们自己……

当一个人转让他的权利或放弃他的权利时，那总是由于考虑到对方将某种权利回让给他，要不然就是因为他希望由此得到某种别的好处。因为这是一种自愿行为，而任何人的自愿行为目的都是为了某种对自己的好处……

权利的互相转让就是人们所谓的契约……

第二部分　论国家

第十七章　论国家的成因、产生和定义

……如果要建立这样一种能抵御外来侵略和制止相互侵害的共同权力，以便保障大家能通过自己的辛劳和土地的丰产为生并生活得很满意，那就只有一条道路：把大家所有的权力和力量付托给某一个人或一个能通过多数的意见把大家的意志化为一个意志的多人组成的集体。这就等于是说，指定一个人或一个由多人组成的集体来代表他们的人格，每一个人都承认授权于如此承当本身人格的人在有关公共和平或安全方面所采取的任何行为、或命令他人作出的行为，在这种行为中，大家都把自己的意志服从于他的意志，把自己的判断服从于他的判断。这就不仅是同意或协调，而是全体真正统一于惟一人格之中；这一人格是大家人人相互订立信约而形成的，其方式就好像是人人都向每一个其他的人说：我承认这个人或这个集体，并放弃我管理自己的权利，把它授与这人或这个集体，但条件是你也把自己的权利拿出来授与他，并以同样的方式承认他的一切行为。这一点办到之后，像这样统一在一个人格之中的一群人就称为国家，在拉丁文中称为城邦。这就是伟大的利维坦（Leviathan）的诞生——用更尊敬的方式来说，这就是活的上帝的诞生；我们在永生不朽的上帝之下所获得的和平和安全保障就是从它那里得来的。因为根据国家中每一个人授权，他就能运用付托给他的权力与力量，通过其威慑组织大家的意志，对内谋求和平，对外互相帮助抗御外敌。国家的本质就存在于他身上。用一个定义来说，这就是一大群人相互订立信约、每人都对它的行为授权，以便使它能按其认为有利于大家的和平与共同防卫的方式运用全体的力量和手段的一个人格。

承当这一人格的人就称为主权者，并被说成是具有主权，其余的每一个人都是他的臣民……

霍布斯：《论公民》

（选自《论公民》应星、冯克利译，贵州人民出版社2003年版）

致读者的前言

就我的方法而言，我认为，辞章之常规结构尽管条理清晰，单凭它却是不够的。我要从构成国家的要素入手，然后看看它的出现、它所采取的形式，以及正义的起源，因为对事物的理解，莫过于知道其成分。对于钟表或相当复杂的装置，除非将它拆开，分别研究其部件的材料、形状和运动，不然就无从知晓每个部件和齿轮的作用。同样，在研究国家的权利和公民的义务时，虽然不能将国家拆散，但也要分别考察它的成分，要正确地理解人性，它的哪些特点适合、哪些特点不适合建立国家，以及谋求共同发展的人必须怎样结合在一起。遵循这种方法，我首先把大家凭经验都知道、人人都承认的事情作为一条原则。这条原则就是：假如人们没有因恐惧公共权力而受到约束，他们就会相互猜疑和恐惧，人人都可以正当地、也必然想办法防备别人，此乃人的自然使然。

注释

[1] 原词为德语的“*Realpolitik*”，指基于各种物质的(实际的)因素——尤其区别于理想目标——的政治。利用权力(包括权术)而撇开道德考虑的政治。现实政治的目的是政治势力，比如一个国家在外交政策方面。用来达到这个目的的手段仅仅根据它们达到这个目的的效率来加以评价，而不根据独立的伦理标准。

[2] 罗穆路斯和雷穆斯都是罗马神话中战神 Mars 之子。——译者

[3] 此处名词“权利”(right)一词在包括英语在内的西文中与形容词“正当”通常是同一个词。——译者

[4] 我们也可以不说钟锤和钟摆，而说发条和运动。

[5] 当我们强调霍布斯的自然状态观念是一种说明的原则而不是经验的(历史的)命题的时候，或许有必要提醒我们的读者注意，霍布斯可能是以一些他那时的经验作为某种基础的：在霍布斯的时代，人口的相当大一部分极为贫穷、苦难；仅仅活命对这些人来说就是一场斗争了，尤其是在英国内战期间。在国际关系中，国家之间也始终有(潜在的)战争。

[6] 成问题的并不主要是我们可以对联合和协议实际上如何产生提出质问。这里我们讨论的是把自然状态作为一种非历史的说明模式的理论。问题是我们如何运用这个模式来理解从无政府状态向有秩序社会的变化，因为只要人们生活在自然状态中，那种超越自然状态的前瞻的理性实际上是软弱无力的。

[7] 这里的“强力”一词与“权力”一词在英语中为同一个词(power)。——译者

[8] 参见 Jürgen Habermas：*The Structural Transformation of the Public Sphere*, Cambridge, MA, 1989。

[9] 把“自由主义”和“个人主义”定义为意义上等价的东西，是违反正常的语言用法的：即使任何形式的自由主义都可以说成是个人主义，这也并不意味着任何形式的个人主义是自由主义(参见极右翼对超人培育的个人主义特征的描述)。

第九章
怀疑和信念——处于中心的人

第一节　笛卡儿——有条理的怀疑和对理性的信赖

生平　法国人勒内·笛卡儿(René Descartes，1596—1650)在拉·弗莱舍的耶稣会公学学习哲学，但他很快对学习的价值感到怀疑：在笛卡儿看来，多数学科并没有一个坚实的基础。于是他撇开了书本开始漫游。有一段时期他站在新教的一边。1619年冬季他在德国的时候形成了他后来使用的那种方法的基本思想。那时他23岁。10年后他搬到荷兰，宁静地生活和研究。1649年，他去斯德哥尔摩与克里斯蒂娜女王相处。他无法适应瑞典严酷的气候，于1650年去世。

笛卡儿用法语和拉丁语两种语言写作。他的核心著作包括著名的《谈谈方法》(1637)和学术性很强的《形而上学的沉思》(1647)。《谈谈方法》是他用法语撰写的最早著作之一。他还写了《哲学原理》和《指导心智的规则》。

我思故我在

笛卡儿是新事物的代言人，也是旧事物的代表。他想要从头开始，把哲学奠定在新的可靠的基础上，但与此同时他的根基却深深扎在经院哲学的传统里，其例证之一是他对上帝存在的论证。

笛卡儿指出，在哲学中有无数的冲突。惟一确定的方法是演绎的数学方法。笛卡儿因此把演绎体系当作他的科学理想。

这成为他的哲学中起决定作用的因素。如果哲学要成为一个演绎体系，像欧几里得几何学一样，我们就必须找到完全确定而真实的前提(公理)，因为在一个演绎体系中，如果前提不确定、半对半错，结论(定理)就没有多少价值。因此，笛卡儿从数学和科学方法的演绎成分中借用来的科学理想，导致了这样一个问题：我们如何才能为这种演绎的哲学体系找到绝对确定的前提。

这就是笛卡儿的有条理的怀疑出现的地方。有条理的怀疑是把我们在逻辑上有可能怀疑的一切命题过滤掉、从而找到逻辑上无可怀疑的命题——我们可以把这些命题当作演绎体系中的前提来使用——的一个手段。这样，有条理的怀疑的目的不是要确定怀疑什么是合理的或不合理的，而是确定什么是逻辑上可能怀疑的。有条理的怀疑是一种清除一切无法成为演绎性哲学体系之前提的陈述的方法。但对笛卡儿来说，有条理的怀疑是有确定的预设的。个人，而不是(比方说)一个研究者共同体，是提出问题的单个的思维主体。因此毫不奇怪，答案——也就是将终止笛卡儿的怀疑的那种确定性，是思维着的个人的确定性。这个结果，也就是对怀疑的坚定的终结，从某种意义上说是已经置入在他提出问题的方式之中了。[1]

笛卡儿讨论不同种类的知识，并用有条理的怀疑来检验这些知识。

1. 他首先讨论哲学传统。原则上有无可能怀疑哲学家们已经说过的话？有可能的，笛卡儿说，因为他们过去和现在都在许多方面意见不同。
2. 但我们的感官呢？逻辑上有没有可能怀疑我们的感官？有可能的，笛卡儿说。他的论证大致如下。我们有时候确实陷入幻想和错觉。比方说，一座塔会显得是圆的，而后来才知道原来是方的。因此我们对同一样东西会有两种相互冲突的感觉印象。但实际上，我们对一种感觉印象的信任超过对另一种感觉印象的信任。比方说，我们声称那塔实际上是方的，因为当我们走近它的时候它看起来是方的，虽然当我们离它很远的时候它看起来是圆的。而且，在实践中，我们有可能要求别人来确认我们认为我们所看到的。因此，在实践中我们一般并不觉得难以看出塔实际上是圆的还是方的。但这个例子表明我们的感官是可能出错的，表明我们要证实感觉印象的话，除了利用另一种感觉印象之外就没有别的手段。但是如果一种感觉印象有可能出错，那么我们用来进行证实的那种感觉印象也可能出错。而如果我们想证实这种“起控制作用的感觉印象”的话，我们就必须再一次运用一种感觉印象，而后者原则上也可能出错。如此以至无穷。因此，原则上所有感觉印象都有可能怀疑。这样，我们的感官是无法向我们提供演绎的哲学体系的绝对确定的前提的。

3. 作为一个特殊论证，笛卡儿提到他并不具有任何标准来判定他是醒着还是在做梦，因此这也使他有理由可以在原则上怀疑似乎是一个感觉印象的东西。这个梦觉论证与前面提到的那个论证（包含着感觉印象的那个论证）属于同类。在这两个场合，笛卡儿都要求一个绝对确定的标准；在这两个场合，他都得出结论说他无法找到这样一个标准：我们用来判定一个感觉印象是否出错的标准是另一个感觉印象；但是如果一个感觉印象可能出错，那标准——也就是其他感觉印象——也可能出错。我们用来判定我们是否醒着的标准是我们认为我们醒着，但我们也可能梦见我们认为我们是醒着。

4. 最后，笛卡儿讨论逻辑。这里他又一次把有条理的怀疑运用于标准上去。要证实一串论证，除了另外若干串论证之外，我们没有别的手段。如果第一串论证原则上是可错的，其他串论证原则上也可能是可错的。因此，原则上我们也可以怀疑逻辑论证。显然，怀疑各串论证的有效性与怀疑感觉印象很不一样，因为笛卡儿用来论证各串论证是原则上可错的，正是这一串串论证。

但我们这里用不着对笛卡儿的论证做更仔细的考察。我们只需说这一点就足够了：笛卡儿要发现的不是“怀疑什么是合理的”，而是“怀疑什么是逻辑上可能的”。我们已经看到，随着这种严格要求的提出，笛卡儿已经拒绝了哲学、感觉经验和逻辑推理。在这些种类的洞见当中，没有一个是绝对确定的，没有一个是可能被用作笛卡儿所要建立的演绎性哲学体系的前提的。这里我们可以补充说，为了证实对我们以为我们所知道的一切的怀疑，笛卡儿还提出了下列思想试验：想象有一个强大的恶意的魔鬼（*un malin génie*），他正在欺骗我们，因而我们不知不觉地出错了——也就是说，存在着一个“邪恶精灵”，它不知不觉地向我们灌输错误观点。这样的话，我们将无法对我们以为我们知道的东西抱有信心。问题是：我们怎样才能知道这并非如此？我们怎样才能知道我们不是在被这样一个精灵所骗？

有没有任何东西通过这种测验？笛卡儿说，有的：原则上，他不能怀疑他自己是有意识的、他存在着。即使他怀疑一切，他也*无法*怀疑他*在*怀疑，也就是说，他存在着并且是有意识的。我们因此就有了一个通过测试的候选者，那就是，用笛卡儿的表述，“我思故我在”。

“我思故我在”这个陈述对于做出这个陈述的人来说代表了一种他或她无法拒绝的洞见。这是一种无法拒绝的反思的洞见：正在怀疑的人，作为怀疑者，是不能怀疑（或否定）他在怀疑、因而他存在着的。这不是一个逻辑推理（从前提到结论），而是一种怀疑者无法拒绝的洞见。[2]即使那个邪恶精灵居然令我们头脑混乱，我们也不能怀疑我们自己的怀疑。这是整个演绎体系的一个小小开头。但是笛卡儿现在确立了对上帝存在的一种证明。他从某种完美的东西的观念走向一个完美的存在即上帝的存在。

上帝和唯理论

笛卡儿的出发点，是他拥有一个关于完美存在的观念。他进一步假定，这个完美存在的观念本身是完美的，而他假定他自己并不是一个完美者，因为他充满着怀疑和不确定。此外，他假定结果不能大于原因。（当某物引起某物时，在被引起之物中，不可能有多于引起它的那物的东西，否则的话，所引起之物的一些东西就可以是从虚无中产生的；但无中不可能生有。）因为他认为关于完善的观念是一个完善的观念，他就得出结论说，关于一个完善之物的观念，不可能是由一个不完善的东西引起的。因为他自己不是一个完善者，他不可能是这个观念的原因。完善之物的完善观念只可能被一个完善的存在所引起。因此，当笛卡儿具有关于一个完善存在的完善观念的时候，这个观念必定是由一个完善存在引起的，也就是说，是由上帝引起的。这样，完善之物是存在着的；上帝是存在着的。

一个完善的上帝是不会骗人的。这使我们能信赖一个标准：凡是像“我思故我在”那样自明的一切东西，都表达了一个确定的洞见。这里我们看到笛卡儿的唯理论认识论的出发点：有效洞见的标准不是经验的支持（如在经验论那里），而是观念对我们的理性显得清晰而明白。

笛卡儿声称，存在着一个思想的存在（灵魂）和广延的存在（物质），就像他自己存在着并且有意识一样，对他来说是不证自明的。这里，笛卡儿提出了这样一个学说：*res cogitans*（灵魂）和*res extensa*（物质）是两个根本不同的现象、是存在着的两个仅有的现象（除了上帝之外）；灵魂只有意识而没有广延，物质只有广延而没有意识。物质是仅用力学的手段来理解的（机械唯物主义的世界观），而灵魂则是自由的、理性的。与这种二元论相伴随的逻辑问题，我们后来还会提到。

一个不会欺骗我们的上帝的存在拒绝了一个邪恶魔鬼的观念，假定上帝是一个强大的上帝的话。但是如果确实有这样一位上帝，我们经常出错这一点是如何可能的呢？回答是，我们之所以仍然出错，是因为我们没有以系统的批判的方式来分析向我们思想和感官呈现的东西。我们因此应该把握清晰明白的东西；而且，我们应该批判地运用我们的理性来把真实的信念和不真实的信念区别开来。归结起来，这意味着我们仍然可能对我们的推理有某种信赖，也对我们的感觉印象有某种信赖。条件是我们在运用这些知识来源时应该是批判的、系统的。以此为背景，笛卡儿这时回到了先前他当作原则上可错的东西的那些类型的知识，说它们实际上是有用的。但这种“平反”并不适用于以前的哲学。[3]

因此，笛卡儿的论证是这样展开的：他先问是否有逻辑上的可能来怀疑哲学命题、感觉、梦觉和逻辑推理（有条理的怀疑），最终达到至少不可能怀疑我们自己的怀疑（我思故我在）这个反思的洞见。与这个洞见一样不容置疑的全部知识主张，也必须被认可为是真的。笛卡儿这样就发现了一个真理标准。然后他在他的关于完善的观念——一个他本人作为不完善存在无法产生的观念——的基础上提出他对上帝的证明。上帝必定是这个观念的来源。上帝作为完善者而存在着，因此他不可能欺骗我们：我们通过批判性的评价而设想为完全清晰明白的东西，因此必定是我们可以信赖的东西。这样，笛卡儿恢复了（他以前曾怀疑的）我们的理论性论证；他还认为，我们在利用理性进行恰当检验以后，应该能够对我们感官的见证也抱有信心。以这种方式，笛卡儿先是批判性地探及确定的基础（我思，上帝），然后找到对我们的理论性的、感性的洞见的新的批判性信赖。

这样，笛卡儿的真理标准是唯理论的。理性（*ratio*）在系统的、周密的推理中确认为清晰明白的东西，就可以被接受为是真的。感觉经验应当被付之于理性的证实。感觉经验内在地不如理性那样会赢得信赖。[4]

笛卡儿的哲学思考多半是用来寻找可接受的前提的。他从未走到建立一个严格演绎体系的地步。而笛卡儿的后继者斯宾诺莎则几乎正好相反。他把主要注意力放在演绎体系本身上面。

我们可以补充说，对确定洞见之标准的怀疑在笛卡儿的时代是众所周知的。[5]比方说，罗马天主教和新教之间的冲突就与基督教真理的标准问题有关。新教徒不接受教会传统作为标准。也就是说，新教徒反对诉诸传统来判定基督教义。一般来说，假如传统被接受为标准（或上诉法庭）的话，新教徒并不怀疑罗马天主教会所说的会是真的。但新教徒怀疑的就是这标准本身！我们怎么知道传统是基督教真理的真标准呢？新教徒制定了另一个标准：唯有圣书（*Sola Scriptura*），而罗马天主教徒则是《圣经》和传统都要。但是基督徒对如何诠释《圣经》并没有统一意见。新教徒对《圣经》的看法因此经常被这样表述：作为我良心所面对的《圣经》教义的那个《圣经》。每个个人的良心都成为标准。但是罗马天主教徒回答说，这比传统还更任意：我们怎么知道每个个人的良心就是基督真理的一个真标准呢？如我们所知，路德和加尔文提出的学说就是部分不同的。如果每个人的良心都要成为一个标准，基督教教义会不会解体为无数的私人意见，教会会不会分散为大量新宗派呢？新教和罗马天主教之间的这个冲突导致了哲学中的基本问题之一：

对真理标准进行辩护的问题。[6]我们如何为基本原理提供辩护？在笛卡儿的时代，许多法国罗马天主教徒已经因为这场辩论而成为怀疑论者：*que sais-je？*（“我知道什么？”——蒙田[Montaigne，1533—1592]）他们发现，为第一原理或我们用来为其他陈述进行辩护的标准进行辩护，是不可能的。因此，他们认为，在把罗马天主教徒和新教徒分离开来的那些相互冲突的标准之间，是无法作出选择的。但是，这也意味着，对他们此时具有的信仰进行反驳也是不可能的——其结果是，这些法国怀疑论者依旧是罗马天主教徒。

人们通常认为笛卡儿没有一个政治理论。但是，在《谈谈方法》（第二部分）中，他在谈到建筑的时候说，一个城市应当由一个人从一个统一的视角出发来进行规划。这样产生的结果要好于逐渐地、按不同建造者的风格、没有规划地建造房屋。别的不说，笛卡儿这里表达的观点似乎是与伯克对传统的看法截然对立的。伯克推崇从代复一代的经验和当地生活中生长起来的传统的智慧，厌恶那些想把业已存在的东西一笔勾销、根据他们自己的理性来重塑一切的人。要把笛卡儿对建筑和城市规划的看法付诸现实，必须找到一位能担当此任的人，他有能力获得建造这些新房屋所需的土地、材料、设备和劳力。这似乎蕴含着一种开明专制主义：把权力集中在那些有能力的人手中，而人民则无能为力、惟命是从。

机械论世界观和灵魂与肉体的关系

主张机械论世界观的人把宇宙设想为是由无限数量的物质微粒所构成的，微粒是不可分割的、只具有量的性质，它们在空间中运动，只根据力学规律而碰撞，没有意向也没有目的。事实证明这些概念在力学中是很有成效的，它们令不少哲学家——比如霍布斯、笛卡儿、莱布尼兹和斯宾诺莎——十分着迷，以至于他们都用不同的方式把同样的概念运用于哲学。[7]

但是，某些概念在运用于实在的一个方面的时候卓有成效，并不意味着这些概念对宇宙中所有现象都提供了一幅真实图景。因此，把来自作为一门科学的古典力学的概念转变为作为一种哲学理论的机械论的世界观，提出了一些意味深长的挑战：哲学理论的含义比科学理论的含义要复杂得多。这样，机械论世界观，作为这样一种哲学理论，碰到了一些哲学困难，如我们在德谟克利特的原子论中已经看到的那样。如果这些定量概念要给出一幅有关一切的真实图景，我们如何来解释我们对于颜色、气味、痛苦等等的经验——也就是关于性质的经验呢，我们如何来揭示物质现象和精神现象之间的区别呢？这样，对于那些迷恋于机械论的概念和唯物主义的概念的人来说，就出现了下列两难：一方面，我们经验到性质（感性的性质：气味、颜色等等）和精神现象（与它不同的你和我）。另一方面，如果这些机械论的概念和唯物论的概念是仅有的真实概念的话，这些性质和精神现象就无法存在。对这个两难有不同解答，它们都依赖于我们在什么层次上相信机械论世界观。

我们不妨说，霍布斯是第一个正统的唯物主义者。在一定程度上他可以说是主张这样的观点：性质和精神现象“基本上”是唯物主义的和机械论的。作为一个前后一致的立场，这被称为唯物主义一元论。

笛卡儿则想要两者兼得：自然（广延）是如同机械论的和唯物主义的概念所显示的，而灵魂（思维）则不是如这些概念所显示的。这个立场通常称为心物二元论。笛卡儿把这两个领域——广延和思维——定义为逻辑上的对立物，同时又声称它们是互相影响的，并且他对于影响的看法又是要求原因和结果之间的同一性（参见他对上帝存在的证明）的。因此，笛卡儿陷于一种逻辑两难之中，因为他设定了两个被定义为逻辑上不同的因素之间的同一性。这是一个逻辑-哲学问题，一个概念问题，而不是一个可以通过经验研究来解决的问题。

对我们所经验的那个现象，也就是发生于肉体的事情和发生于灵魂的事情之间有相互关联，这两位哲学家都不怀疑。相反，肉体和灵魂之间的这种经验到的相关性是出发点。对这些哲学家来说，问题是这个相关性该如何从理论上来加以说明。在他们进行说明的努力中，他们一直在运用机械论的概念。比如，我们可以通过否定肉体和灵魂之间有一种实在的因果联系的方式来设法避免笛卡儿的二元论两难：当两只钟显示同样的时间的时候，这并不是因为它们彼此影响，而是因为它们被做成、被设定为是显示同样的时间的。肉体和灵魂的情况也是这样。当我想提起我的手臂的时候，当我的手臂提起的时候，并不是我的意志导致了我的手臂的“提起”，而是肉体与灵魂被调谐得这两件事情是平行发生的。或者我们也可以说，灵魂和肉体只是同一个实在的两种表现。这个立场可称作心物平行论(参见斯宾诺莎)。

唯物主义一元论——霍布斯

心物二元论——笛卡儿

心物平行论——斯宾诺莎

第二节　帕斯卡尔——人心的理性

帕斯卡尔(Blaise Pascal，1623—1662)在16岁的时候已经写了一本使他出名的几何学论文。但是在一场戏剧性的个人皈依之后，他很早就献身于基督教信仰和神学。从奥古斯丁经过帕斯卡尔到现代基督教生存论哲学家，这当中有一条明晰的线索。在法国文化生活中，帕斯卡尔和笛卡儿作为两个对立传统的代表而站在对立的两极之上。

在他的《思想录》中，帕斯卡尔为人心的理性作辩护，而同时又论证说，我们对宗教信仰既不能证明也不能否证，而恰恰因此之故，我们相信上帝是有百利而无一害的。生存论的洞见和选择——这里也就是选择上帝和《圣经》——是帕斯卡尔与我们自己时代的生存论哲学家们共同关心的主题。[8]

帕斯卡尔可以说是属于唯理论者的范畴的，因为他对我们认知的不确定性的生存论失望，代表了一种逆转的唯理论：或者更恰当地说，帕斯卡尔与唯理论者具有共同的视域。在形而上学和宗教的大问题上，他持有同样的要求确定性的认知理想。但是帕斯卡尔不相信对回答这些问题的唯理论期望是能够被满足的。因此他以一种生存论失望而告终，这种失望与唯理论对我们认识能力的自信相对立、与它处于有分寸的另一极上。

第三节　维科——作为一个模式的历史

在19世纪达到高潮的新的历史意识，在意大利历史哲学家维科

(Giambattista Vico，1668—1744)那里已经有了明确的预示。维科的代表作《新科学》(1725)很难读，并且在他生前不很有名，但它的主要思想是不难把握的：根据维科的观点，我们对之能拥有清晰和确定知识的，只是我们自己创造出来的东西。[9]维科想到的主要是社会和历史，但也包括构成一个社会的那些建制和风俗习惯。人所创造的东西与上帝创造的东西——也就是自然界——有根本区别。既然自然界不是人创造的，而是上帝创造的，那么只有上帝才能够充分和完整地理解自然界。我们可以描绘自然的过程，阐明物理现象在实验情境中是如何表现的，但是我们决不可能洞察自然为什么这样行为。对自然界，人只能从外部加以认识，从一个观察者的角度来认识。我们永远不能像上帝那样从内部来认识自然。当我们意识到人是创造者的时候，完全可理解的、能把握的东西只是那些我们从内部来理解的东西。[10]因此，对维科来说，被构造的东西和自然所给与的东西之间的区别，具有重要的认识论含义。

首先，《新科学》代表了对笛卡儿主义的一种矫正。笛卡儿曾声称人文研究无法为我们提供确定的知识。此外，人文学科的地位也要低一些：笛卡儿带有讽刺意味地问道：在我们决不可能比西塞罗的女仆了解得多些的情况下，研究古罗马的社会状况有什么意义呢？如我们看到的，维科把这一点颠倒过来了：只有在人自己创造出研究对象的一些科学之内，我们才能具有确定的知识。这既适用于几何学(这里我们“制订出”定义，公理和推理规则)，也适用于历史学。在自然科学之内，我们决不可能获得同等程度的确定性。

其次，维科预见到了我们的时代在科学哲学领域中关于人文学科和自然科学之间关系的争论。人文学科和自然科学的差异，维科说，不仅涉及两种方法，而且也涉及两类学科中研究主体和研究对象之间的不同关系。对维科来说，社会、文化和历史是人类精神的产物。[11]因此，在“新科学”中，研究者把社会和文化作为人类意向、欲望和动机的表现来寻求对它们的理解。在人文学科中，我们关心的不是主客体之间的笛卡儿式区分。在这里，认识的对象本身是一个主体(人类和他们所创造的社会)。在人文学科中，研究者在一定意义上亲身参与到其他人类的生活和活动中去。但另一方面，研究者将永远是自然的观察者。人文学科和自然科学之所以要求不同方法，就是以此作为背景的。

维科的认识论反思也触及了历史编纂学中的基本问题之一：我们今天如何理解早先的历史时期和异己的文化所创造的东西？维科说，当历史学家和哲学家们对过去表达意见的时候，他们并没有带着历史的意识。他们把一个只在他们自己时代出现的洞见归之于早先的时代。但是人的精神视角和思想视角在不同的时代各有不同。一个时代所表述和运用的知识很难在另一个时代表述和运用。例如，维科强调说，假定我们时代的自然权利也存在于人类的童年，那是一种年代倒错的错误。像霍布斯和格劳修斯这样的自然权利思想家忘记了，“哲学家们要花两千年才能出现在其中任何一个当中”（也就是提出一个现代的自然法理论）。[12]尤其是，我们必须避免这样的观念，即认为过去的人们已经形成了与我们自己时代相当的语言、诗艺和合理性。

如果我们想要理解过去的人民，我们必须通过他们的语言来研究。因此语言学很重要。我们必须设身处地、学会从他们的角度来看事物。在我们的时代，这被认为是理所当然的，但是在维科的时代却并非如此。我们拥有维科奋力要争取的东西，也就是我们今天所谓的“历史意识”。

但我们怎样才能置身于与我们不同的文化和时代之中呢？维科批评一些激进的启蒙思想家的观点，他们认为《圣经》不过是一些神话和传说的汇编，这些神话和传说事实上是教士们煽动起来的“偏见”和“赝品”。相反，神话证明，早期人类是用一些不同于后来时代的概念框架来组织他的经验的。这些古人是透过神话眼镜来观看世界的。对他们的世界，我们只能通过运用我们的想象和移情活动来加以重构。通过想象或幻想（*fantasia*），我们可以感到我们自己身临他人之境；通过幻想，我们可以参与他们的生活，并从内部理解他们的世界。幻想是去想象对世界作种种不同的范畴处理的能力。如果我们把神话当作“偏见”来拒绝，我们就丧失了能力去理解早先时代的人们是如何思想的，他们是如何从一种神话的实在观出发来行动，并因此而改变他们自己和这个世界的。维科认为，如果我们记得做一个孩子是怎么样的，我们就可以在研究过去的过程中学会系统地使用我们的幻想。我们常常对孩子们奇怪的词语组合、奇怪的联想感到惊讶，对“诗歌”、“非理性”、“无法得出逻辑结论”感到惊讶。早期人类的原始的、前逻辑的心灵一定也是这样，维科说。就像小孩长成大人，长成一个有理性有道德的个体一样，早期的民族也逐渐发展出理性思维的能力。维科看到，在一个民族的发展和一个个人的发展之间存在着一种类比；种系发育（物种的发展过程）与个体发育（个体的发展过程）有相似性。所有民族都有童年、少年、成年、老年和死亡。这个过程包含着一种无限重复的循环模式。

对维科来说，我们借助于我们的幻想而获得的洞见，并不是建立在通常意义上的事实的知识。它也不是基于概念间关系之上的知识。与它更相像的，是我们以为我们对一个密友的性格和行为所具有的洞见。维科主张，因为我们具有共同的人性，我们是能够从内部来理解其他人类的。换句话说，我们能够把他们的行动诠释为是意向、欲望和理由的一种表现。要获得这种洞见，第一步是设法理解生活在柏拉图的雅典或西塞罗的罗马意味着什么。在维科看来，我们只有运用移情作用或幻想才能获得这样一种洞见。这样，维科就设法确认一种既非演绎亦非归纳（也不是假说-演绎）的洞见或知识。因此他要为人文学科提供一种新的研究纲领或一套新的方法论原则。

《新科学》同时又是语言学、社会学和历史学的综合。维科强调的是我们可称作“时代分期理解”（epochal understanding）的东西。从这个角度来看，历史包含三个主要时期：1）神的时代，2）英雄的时代，以及3）人的时代。对维科来说，这显示了所有民族所经历的“理想的永恒的历史”。当然，他并不认为历史到处都走同样的道路。但在一定程度上，不同民族都会经历这个在历史中有点典型意义的模式：民族的兴起、成熟和死亡。新的民族重复同样的循环。维科意识到，一种“理想的永恒的历史”是无法被完全追溯到特定个人的意向的，而且一个人的行动常常具有意外的结果。在这方面，维科谈论历史中天意的神秘之道。但是，他的观点既区别于斯多葛学派对命运的理解，也区别于斯宾诺莎对必然性的看法。上帝，或天意，并不直接干预历史，而相反，天意通过人类行动来实现没有想到过的事情。[13]

根据“理想类型”模式，我们可以对维科的历史观做更仔细的考察：

早期人类在面对自然力量的时候充满着恐惧和害怕。于是自然界被赋予意向和目的。在一定意义上所有的存在都是神圣的。这些人还没有形成以后时代的普遍概念和精致语言。他们的世界观的基础是一种类比性的、联想性的思维方式。[14]他们想象传统、习俗和制度都是由神祇决定的。权利和真理都是通过神谕传达的。最早的“自然权利”被理解为是由神授予的。政府的形式是神权政治。因此这是一种这样的生活方式，其中万物都是由人的原始“天性”或心态所连接、所决定的。这就是维科的图式中的神的时代。在这个阶段，人发展出适合其生活方式和情感阶段的宗教、艺术和诗歌。在第二阶段，英雄的时代，强大的长老们成为家庭和氏族的首领。弱小的个人寻求保护并沦为奴隶。维科认为，我们在荷马的《伊利亚特》中看到就是这幅图景。[15]荷马时代的英雄们是唱歌的，而不是说白话的。比喻压倒了专门术语。这个时代的智慧是“诗性的”——而不是哲学的和推论的。在这个时期，在世界观、诗歌和生活方式之间也存在着一种内在联系。

英雄时代中的社会分化造成了一种内在动力。奴隶的生命及其所生产的东西都在奴隶主手中。[16]渐渐地，奴隶开始意识到他们的力量，要求少一些保护。他们变得“人化”了，学会辩论，要求他们的权利。奴隶们的挑战导致奴隶主积集力量来镇压被压迫者的起义。这个冲突是贵族政治和君主政治的来源。在维科看来，梭伦(Solon，公元前630—前560)是一种新的平等主义的最早代表。

梭伦鼓励被压迫者进行反思并意识到他们“与贵族具有同样的人性，因此应该在公民权利方面与他们平等对待”。[17]这样，维科就预期了黑格尔的主奴辩证法(参见第十六章)。维科说，一旦被统治者被承认是与统治者平等的，政府形式的变化就不可避免了。这样，国家就从贵族政治转变为民主政治。在这个转变时期，语言也改变了它的属性。我们进入了一个“散文的”时代。人类学会使用抽象、使用普遍概念。哲学智慧代替了诗性智慧。“现代人”把神圣的东西和凡俗的东西区别开来，把寺庙和酒馆区别开来。维科把这第三个历史时代称作人的时代；在这个时代，个人首次出现，个人主义也首次出现。个人主义和利己主义造成了种种分解和解体的倾向。古代最后的“现代”人类是犬儒派、伊壁鸠鲁派和斯多葛派。衰落以野蛮告终，中世纪则开始一个新的循环。

根据维科的观点，所有民族都经历这样一个循环的模式(*corsi e ricorsi*)。不清楚他是把这个历史过程诠释为一个“同样东西的永恒重现”，还是把它诠释为一个辩证的、螺旋的模式。这个过程的推动力是人自己；通过战争和冲突他创造出仍然反映其对生存之看法的新的生活方式和新的制度。一位研究维科的专家称他为一位“充满想象的历史唯物论者”（以赛亚·柏林)，这话说得大致不错。

在某种意义上，我们还可以说维科引入了所谓历史主义的个体性原则；也就是说，每个文化和时代都是特别的、独一无二的(参见第十五章)。新的生活方式比先前的生活方式既不更好，也不更坏；它们只是不同而已。按照这种个体性原则，维科否认存在着绝对的审美标准。每个时代都有其自己的表现方式。因此。我们称为荷马史诗的，是一个英雄的时代和一个蛮性的统治阶级的表现——因为只有这种类型的条件才有可能产生出我们在《伊利亚特》和《奥德赛》中所看到的那种对生活的看法和对人的看法。维科强调，后来的时代不可能创作出这样的史诗，因为荷马时代的人们亲眼看到的东西是我们不再看得到的。同样，英雄的人格和民主的人格(分别如摩西和苏格拉底)必须被看作是两个不同时代的精神气质和思维方式的独特的典型的表现。同样，尼禄的精致的残暴是一个处于解体和衰落中的时代的例证。按照这条个体性原则，维科主张占统治地位的政府形式由那个时代的自然权利的特点所决定。对自然权利的看法也根植于说到底反映了一个时代流行的实在观和生活方式的那种道德和风俗之中。这样，我们可以在一给定社会的制度中找到一个确定的统一性。这个统一性是人的各种资源和思维方式的一种表现。因此，维科提出了一条我们后来在赫尔德、黑格尔以及德国人文学科研究(*Geisteswissenschaft*)那里所碰到的历史主义的个体性原则。

思考题

1. 请说明笛卡儿哲学中有条理的怀疑的作用。
2. 笛卡儿是如何得出“我思故我在”命题的？这个命题在他的思想中起什么作用？
3. 请说明笛卡儿对上帝存在的证明。
4. 请说明笛卡儿对灵魂(思维)和肉体(广延)的关系的看法。讨论内在于这个观念的一些问题。
5. 请讨论维科对人文学科的理解。

进一步阅读的建议

原始文献

Descartes, R., *A Discourse on Method* in *The Philosophical Works of Descartes*, Cambridge, 1931.

Descartes, R., *Meditations on the First Philosophy* in *The Philosophical Works of Descartes*, Cambridge, 1931.

Pascal, B., *Pensées and Other Writings*, translated by Honor Levi, Oxford, 1995.

Vico, G., *The New Science of Giambattista Vico*, Ithaca, NY / London, 1968.

二手文献

Berlin, I., *Vico and Herder. Two Studies in the History of Ideas*, London, 1976.

Coleman, F., *Neither Angel nor Beast: the Life and Work of Blaise Pascal*, New York, 1986.

Craukroger, S., *Descartes. An Intellectual Biography*, Oxford, 1995.

原著选读

笛卡儿：《谈谈方法》

（选自《谈谈方法》，王太庆译，商务印书馆 2000 年版）

第四部分

我不知道该不该跟大家谈谈我在那方面进行的第一批沉思，因为那些沉思实在太玄远、太不通俗了，未必人人都感兴趣。可是，为了使大家能够评判我打下的基础够不够结实，我觉得还是非谈不可。我早就注意到，为了实际行动，有时候需要采纳一些明知很不可靠的看法，把它们当成无可怀疑的看待，这是上面说过的。可是现在我的目的是专门寻求真理，我想做法就完全相反：任何一种看法，只要我能够想象到有一点可疑之处，就应该把它当成绝对虚假的抛掉，看看这样清洗之后我心里是不是还剩下一点东西完全无可怀疑。因此，既然感官有时欺骗我们，我就宁愿认定任何东西都不是感官让我们想象的那个样子。既然有些人推理的时候出错，连最简单的几何学问题都要弄乱，作出似是而非的推论，而我自己也跟别人一样难免弄错，那我就把自己曾经用于证明的那些理由统统抛弃，认为都是假的。最后我还考虑到，我们醒时心里的各种思想在睡着时也照样可以跑到心里来，而那时却没有一样是真的。既然如此，我也就下决心认定：那些曾经跑到我们心里来的东西也统统跟梦里的幻影一样不是真的。可是我马上就注意到：既然我因此宁愿认为一切都是假的，那么，我那样想的时候，那个在想的我就必然应当是个东西。我发现，“*我想，所以我是*”这条真理是十分确实、十分可靠的，怀疑派的任何一条最狂妄的假定都不能使它发生动摇，所以我毫不犹豫地予以采纳，作为我所寻求的那种哲学的第一条原理。

然后我仔细研究我是什么，发现我可以设想我没有形体，可以设想没有我所在的世界，也没有我立身的地点，却不能因此设想我不是。恰恰相反，正是根据我想怀疑其他事物的真实性这一点，可以十分明显、十分确定地推出我是。另一方面，只要我停止了思想，尽管我想象过的其他一切事物都是真的，我也没有理由相信我是过。因此我认识了我是一个本体，它的全部本质或本性只是思想。它之所以是，并不需要地点，并不依赖任何物质性的东西。所以这个我，这个使我成其为我的灵魂，是与形体完全不同的，甚至比形体容易认识，即使形体并不是，它仍然还是不折不扣的它。

接着我就作一般的考察，看看一个命题必须具备什么条件才是真实可靠的。因为我既然已经发现了一个命题，知道它是可靠的，我想就应当知道它何以可靠。我发现，“*我想，所以我是*”这个命题之所以使我确信自己说的是真理，无非是由于我十分清楚地见到：必须是，才能想。因此我认为可以一般地规定：凡是我十分清楚、极其分明地理解的，都是真的。不过，要确切指出哪些东西是我们清楚地理解的，我认为多少有点困难。

下了这个结论之后，我接着考虑到，我既然在怀疑，我就不是十分完满的，因为我清清楚楚地见到，认识与怀疑相比是一种更大的完满。因此我想研究一下：我既然想到一样东西比我自己更完满，那么，我的这个思想是从哪里来的呢？我觉得很明显，应当来自某个实际上比我更完满的自然。至于我心里那些关于天、地、光、热之类成千上万个东西的思想，我不用费多大力气就知道它们是从哪里来的，因为我既然看不出它们有什么地方我觉得比我高明，就满可以认为：如果它们是真的，那就是沾了我的本性的光，因为我的本性是有几分完满的；如果它们不是真的，那是由于我凭空捏造，也就是说，它们之在我心里出现是由于我有毛病。可是，在我心里想到一个比我自己更完满的是者的时候，情形就不能是这样了，因为凭空捏造出这个观念显然是不可能的事情。要知道，说比较完满的产生于比较不完满的，说前者沾后者的光，其不通实在不下于说无中生有，所以我是不能凭自己捏造出来这个观念的。那就只能说：把这个观念放到我心里来的是一个实际上比我更完满的东西，它本身具有我所想到的一切完满，也就是说，干脆一句话：它就是神。我还要作一点补充：既然我知道自己缺乏某一些完满，那我就不是单独存在的是者(请原谅，我要在这里放手使用几个经院里的名词)，必定要有另外一个更完满的是者作为我的靠山，作为我所具有的一切的来源。因为，如果我本是单独的、不依靠任何别的东西的，因而凭自己具有了我从那个完满的是者分沾到的那一小份，那么，我能够根据同样理由凭自己具有我自知缺乏的其余一切，成为永恒无限、万古不移、全知全能的是者，具有我能够在神身上看到的一切完满了。因为根据我以上的推理，要想发挥我的本性的全部能力去认识神的本性，就不用做什么别的，只需要把我心里所想到的东西统统拿来，看看具有它们是完满呢，还是不完满。我深信：凡是表明不完满的，在神那里都没有，凡是表明完满的，在神那里都有。于是我看到，怀疑不定、反复无常、忧愁苦闷之类事情，神那里都不可能有，因为连我自己都很乐意摆脱它们的。除此之外，我还有一些关于可以感觉到的、有形体的东西的观念，因为我尽管假定自己在做梦，看到的、想象到的都是假的，却不能否认我的思想中确实有这些观念。可是，由于我十分清楚地知道我这里理智本性与形体本性是分立的，同时考虑到合成就是依赖的依据，而依赖显然是一种缺点，我就因此断定：由这两种本性合成决不是神那里的一种完满，所以神决非如此：如果世界上有某些形体、某些理智或其他并非十分完满的东西的话，它们之所以是就应当依靠神的力量，离开了神它们就片刻都维持不下去。

我很想马上就来寻求其他的真理。我拿几何学家们的对象来研究，把它看成一个连续体，一个在长、宽、高三方面无限伸张的空间，可以分成不同的部分，这些部分可以有不同的形状和大小，而且可以用各种方式挪动或移置，因为几何学家就是这样假定的。我浏览了几个最简单的证明，注意到它们之所以被人们公认为十分可靠，只是由于按照我们刚刚说过的那条规则，大家都明确地理解了它们。我也注意到，这些证明里面并没有什么东西使我确信它们的对象是存在着的。因为我很清楚地看出，只要设定一个三角形，它的三只角就必定等于两直角，可是我并没有因此看出什么东西使我确信世界上有三角形。然而，我回头再看我心里的一个完满的是者的观念时，却发现这个观念里已经包含了存在，就像三角形的观念包含着它的三只角等于两直角、球形的观念包含着球面任何一点都与球心等距离一样，甚至于还要更明确。由此可见，神这个极完满的是者或者存在，这个命题至少同几何学上任何一项证明同样可靠。

可是有不少人认为自己很难认识这条真理，甚至很难认识自己的灵魂是什么。这是因为他们鼠目寸光，只看到可以感觉到的东西，养成一种习惯，完全用想像力考虑问题，而想像是一种用于物质性的东西的特殊思想方式，所以凡是不能想象的事情他们就觉得无法理解。这种倾向，在经院哲学家信奉的一条格言里表现得相当明显，他们说：理智中的东西没有一样不曾在感官中。实际上，神的观念和灵魂观念在感官中是根本没有的。我觉得，那些人要想用想象来理解这两个观念，实在无异于要用眼睛来听声音、闻气味；只是还有这样一点区别：视觉同嗅觉或听觉一样使我们相信它的对象是真的，然而我们的想像、我们的感官如果没有理智参与其事，并不能使我们相信任何东西。

最后可能还有些人听了我说的这番话之后对神和灵魂的存在仍然不很信服。我很愿意告诉他们：有许多别的事情他们也许认为十分确实，例如我有一个身体、天上有一些星星、有一个地球之类，其实全都不甚可靠；因为尽管我们对这类事情有一种实际行动上的确信，谁要是敢于怀疑它们至少显得很狂妄，可是问题一涉及形而上学上的确实可靠，情形就不一样了：一个人如果注意到，我们睡着的时候也照样可以想象到这类事情，例如梦见自己有另外一个身体、天上有另外一批星星、有另外一个地球之类，而实际上并不是这样，那么，只要他不是神经错乱，就一定会承认我们有充分理由对那类事情不完全相信了。因为梦中的思想常常是生动鲜明的，并不亚于醒时的思想，我们又怎么知道前者是假的、后者不是假的呢？这个问题，高明的人可以尽量钻研，爱怎么研究就怎么研究。我相信，如果不设定神的存在作为前提，是没有办法说出充分理由来消除这个疑团的。因为首先，就连我刚才当作规则提出的那个命题："凡是我们十分清楚、极其分明地理解的都是真的"，其所以确实可靠，也只是由于神是或存在，神是一个完满的是者，我们心里的一切都是从神那里来的。由此可见，我们的观念或看法，光从清楚分明这一点看，就是实在的、从神那里来的东西，因此就只能是真的。这样看来，如果说我们常常有一些观念包含着虚妄，那就只能是那些混乱模糊的观念，因为它们从不是者分沾了这种成分；也就是说，那些观念在我们心里那样模糊，只是由于我们并不是十分完满的。因为很明显，说虚妄、不完满本身来自神，并不亚于说真理、完满来自不是者。可是，如果不知道自己心里真实的东西是来自一个完满的、无限的是者，尽管我们的观念清楚分明，我们还是没有理由确信这些观念具有真实这一完满品质。

我们认识了神和灵魂、从而确定了那条规则之后，就很容易明白，我们睡着时想象出来的那些梦想，决不能使我们怀疑自己醒时的思想不真。因为即使在睡着的时候也可以出现非常清楚的观念，例如几何学假就可以在梦中发现新的证明，人尽管在做梦，观念并不因此就不是真的；我们梦中最常犯的错误是用外部感官的那种方式表现各式各样的对象，这也不坏，可以引起我们对感性观念的真实性发生怀疑，因为这类观念在我们醒时也常常欺骗我们，例如黄疸病人就觉得什么都是黄的，距离很远的星星或其他形体在我们眼里就显得比实际上小得多。总之，不管醒时睡时，我们都只能听信自己理性提供的明证。请注意我说的是理性，并不是想象，也不是感官。例如，我们虽然十分清楚地看见太阳，却不能因此断定太阳就像我们看见的那么大；我们可以非常分明地想象到狮子脑袋接在羊身子上，却不能就此推出世界上真有一个四不像。因为理性并没有向我们发出指示，说我们这样看到或想象到的就是真相。可是它却明白地指示我们：我们的一切观念或看法都应当有点真实的基础，因为神是十分完满、十分真实的，决不可能把毫无真实性的观念放在我们心里来。然而在睡着的时候，我们的想象虽然有时跟醒时一样生动鲜明，甚至更加鲜明，我们的推理却决没有醒时那么明确，那么完备，所以理性又指示我们：我们的思想不可能全都是真实的，因为我们并不是十分完满的；真实的思想一定要到醒时的思想里去找，不能到梦里去找。

注释

[1] 把思维着的个人当作认识论的出发点，是早期近代许多哲学的特点，唯理论和经验论都包括在内。认为认知可以是主体间的，是后来阶段上才凸显出来的观点，比如在以历史为取向的黑格尔那里，以及在皮尔士那里，他们的兴趣在于研究者的共同体和科学认识的进步。与此同时，认知可以与行动相联系、与我们所做的事情相联系的观点，也更引人注目了（从黑格尔到马克思，通过皮尔士到维特根斯坦）。在我们的时代，从尼采到所谓后现代主义者，对理性和进步的信念——不管这种信念被认为是植根于自主的主体之中，还是植根于一个自由的研究者共同体——受到越来越多的批评。

[2] 蕴含在"我思故我在"中的那个洞见不应该被理解为从既定前提得出来的一个结论。这个"故"（*ergo*）并不指向一个从"我思"（作为前提）到"我在"（作为结论）的逻辑推论。它是一个无法拒绝的洞见，一个蕴含着我作为怀疑者同时既在思考（*cogito*）又存在

着(*sum*)的洞见。

[3]

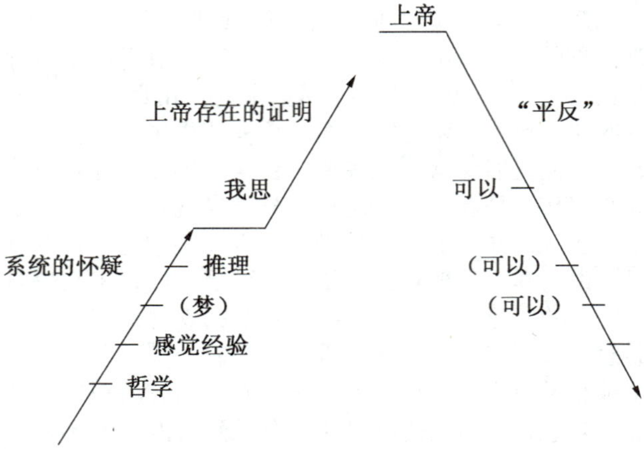

[4] 参见后来在休谟那样的经验论者那里的经验观，休谟把经验理解为知觉，而知觉又被理解为简单的感觉印象。对于经验论者来说，这是知识的基础。亦请参见黑格尔，他把经验看作是生活经验。

[5] 参见 R. H. Popkin, *The History of Scepticism from Erasmus to Descartes*, Assen, 1960。

[6] 参见亚里士多德在《形而上学》(1005b5—1006a28)中关于第一原理之证明的论述。

[7] 但是在主张机械论世界观的人们中，对于物质、力和空间有不同理解。比方说，牛顿认为存在着绝对虚空，而笛卡儿和霍布斯则拒绝这个观念。

[8] *Pensées*, translated by W. F. Trotter, London, 1952.

"人只不过是一根苇草，是自然界最脆弱的东西；但他是一根能思想的苇草。用不着整个宇宙都拿起武器来才能毁灭他；一口气、一滴水就足以致他死命了。然而，纵使宇宙毁灭了他，人却仍然要比致他于死命的东西更高贵得多；因为他知道自己要死亡，以及宇宙对他所具有的优势，而宇宙对此却是一无所知。"(§55)(中译文采用何兆武译：帕斯卡尔著《思想录》，商务印书馆，北京，1996 年，第 157—158 页。——译者)

"因此就让我们别去追求什么确实性和固定性吧。我们的理性总是为表象的变化无常所欺骗，并没有任何东西能把既包括着有限但又避开有限的这两种无限之间的有限固定下来。"(§20)(中译文采用何兆武译：帕斯卡尔著《思想录》，第 33 页。——译者)

"人心自有其理智所根本不认识的理由(*Le cœur a ses raisons, que la raison ne connait point*)。信仰乃是上帝的一种恩赐；千万不要相信我们说的：它是推理的一种恩赐。认识上帝与爱上帝相距甚远。认识上帝的乃是人心，而非理智。"(§97)(中译文采用何兆武译：帕斯卡尔著《思想录》，第 130 页。——译者)

[9] 维科的主要思想在某种意义上已经由霍布斯表达出来了。参见 Molesworth, W. (ed.), *English Works* (vol. 7, pp. 183ff)中的"Six Lessons to the Professor of the Mathematics"："关于诸艺学科(arts)，有些是可证明的，其他则不可证明，而可证明的那些学科的主题的建构就在诸艺学家(artist)自己的权能范围之中。诸艺学家在他的证明中所做的不过是从他自己的前提中引出结论来。其理由是，每个学科的研究是从对同一个东西的原因、产生和建构的预知当中引出来的。因此，凡知道原因的地方，就有证明的余地；证明的余地并不是那些要寻找原因的地方。因此，几何学是可证明的，因为我们开始推理的那些线条和图形是我们自己画的、自己描绘的；公民哲学是可证明的，因为共同体是我们自己建立的。但自然物体，由于我们不知道它的构造，而从结果来寻求这种构造，我们就不可能对我们所寻求的原因进行证明了，而只能对自然物体可能的情况进行证明。"对霍布斯来说，这个原则对于作为科学的历史来说没有影响。康德也涉及了维科的主要观点，但康德没有在自然科学和人文科学之间建立联系。康德(关于自然科学)说道："理性只领悟它自己从自身计划中创造出来的东西。"(*Critique of Pure Reason*,

B. xiii)直到赫德、德罗伊森和狄尔泰，我们才看到有人继承维科的建立一门新的人文科学的努力，把历史和人文学科当作主题来研究。

[10] G. Vico, *The New Science of Giambattista Vico*, revised translation of the third edition by Thomas Goddard Bergin and Max Harold Fisch, Ithaca, NY, 1968, p. 96 (*Principi di una scienza nuova* (1744), *Opere filosofiche*, Florence, 1971, p. 461):“但是在距离我们那么远的最早的古代文物所沉浸的一片漆黑的长夜之中，毕竟毫无疑问地还照耀着真理的永远不褪色的光辉，那就是：民政社会的世界确实是由人类创造出来的，所以它的原则必然从我们自己的人类心灵各种变化中就可找到。任何人只要就这一点进行思索，就不能不感到惊讶，过去哲学家们竟倾全力去研究自然世界，这个自然界既然是上帝创造的，那就只有上帝才知道；过去哲学家们竟忽视对各民族世界或民政世界的研究，而这个民政世界既然是由人类创造的，人类就应该希望能认识它。”(中译文采用朱光潜译：维科著《新科学》，人民文学出版社，北京，1987 年，第 134—135 页。——译者)

[11] 维科的主要命题在威廉·狄尔泰对人文学科的哲学的诠释中起核心作用。参见他的 *Der Aufbau der geschichtlichen Welt in den Geisteswissenschaften*, Frankfurt a. M., 1970, p. 180：“只有精神所创造的，才能被精神所理解。……任何人通过其活动打上他的印迹的东西，构成了人文学科的对象。”

[12] G. Vico, *Principi di una scienza nuova*, p. 95.

[13] 因为人类是上帝创造的，所以他们将永远也无法完全理解他们在上帝的计划中的位置，无法理解上帝是如何运用人性来实现他在人那里的目的。从一个稍微不同的角度我们可以说，分别把人看作是“自然”和“精神”的那些学科是有根本区别的(参见维科对自然科学和人文学科的区别)。

[14] 在维科看来，在我们自己的语言中我们仍然能够找到这种世界观的痕迹：我们不再相信河流有嘴巴，但我们仍然谈论“河口”；对我们来说，龙卷风并没有眼睛，但我们通常提到“龙卷风的风眼”。

[15] 维科强调，创作《伊利亚特》和《奥德赛》的作者不止一位(他认为两书的创作间隔了 600 年)。《伊利亚特》也不是单个人的作品，而是一个民族的作品(与民歌比较一下)。维科就这样发起了那场关于“荷马问题”的争论。

[16] 参见 G. Vico, *Principi di una scienza nuova*, p. 209。

[17] 同上书，第 133 页。

第十章 作为一个体系的唯理论

第一节 斯宾诺莎——神即自然

生平 巴鲁克·斯宾诺莎(Baruch Spinoza, 1632—1677)出生在阿姆斯特丹的一个犹太人家庭，这个家庭早先为逃避葡萄牙宗教裁判所的迫害而逃往此地。斯宾诺莎年轻时学习希伯来哲学和神学，被看作很有前途的拉比候选人。但斯宾诺莎还学习自然科学和笛卡儿哲学，这种学习促使他很快显示出独立思考来。他的独立不羁、好思善问的态度导致他与犹太社团发生冲突。当恳求和威胁对他都不起作用时，24岁的斯宾诺莎在诅咒声中被逐出犹太社团。在此之后，斯宾诺莎过上了退隐的、俭朴的生活。他靠打磨光学仪器镜片为生。他因此而不必过仰人鼻息的生活。后来他拒绝了在一所大学任教的邀请，以全身心地从事哲学研究。尽管斯宾诺莎的哲学引起争论，人们谴责他无神论和唯物主义，但他的生活方式却无可指责。他生活宁静，与世无争，堪称是生活与学说完全统一的高尚哲人。斯宾诺莎患有肺结核，于45岁时去世。

斯宾诺莎用拉丁文写作，大部分著作在身后出版。斯宾诺莎的《神、人及其幸福简论》告诉我们他的哲学的几个主题：神、人和人的幸福。在他的其他著作中我们可以提到这样几部：《知性改进论》和《神学政治论》。他的主要著作是《伦理学——按几何顺序证明的理论》。

实体和属性

斯宾诺莎与笛卡儿和莱布尼兹同属于古典唯理论学派。斯宾诺莎是大体系的建造者之一。作为一个唯理论体系的构造者，他像笛卡儿一样受到欧几里得几何学的启发。人类理性有能力借助于公理和演绎推理而获得绝对确定的洞见，斯宾诺莎对此持有最高的信心。关于思想史上的有关主题，我们可以提到这样几点：斯宾诺莎道德理论与斯多葛学派相接近，他的自然理论与泛神论有联系，他的宗教思想与广义《圣经》注经学有联系，他的政治哲学与新兴的宽容要求有联系。

斯宾诺莎在他的《知性改进论》中讨论了至善的基本伦理问题，把多数人追求的那些东西，比如荣誉、财富和快乐，都当作低级的善而加以拒绝。对斯宾诺莎来说，至善的问题与最高知识形式的问题相联，在思考这个问题时他指出四条认识道路：

1. 通过传闻获得知识，而没有自己对事情的亲身经历。
2. 通过直接的亲身经验而获得知识。
3. 借助于逻辑推理而获得知识，因为借助于演绎方法我们从已经知道是真的其他命题中引出真的命题来。这条获知道路是确定的，但它预设了我们已经具有了真命题，从中我们可以做出我们的推论来。
4. 第四条也是最后一条获知道路是直接的直觉。这是给我们以清晰而确定的知识、把我们引向事物的本质的惟一道路。这里我们看到与笛卡儿对直觉和证据的看法的相似之处。

第一条获知道路是二手的、不确定的。第二条道路原则上也是不确定的，因为我们总有可能误解了我们的经验(参见笛卡儿对感觉经验之可错性的论证)。第三条道路，如我们提到的，预设了出发点是十分可靠的。因此，如果我们要有确定的洞见，还必须有第四条道路即直接的直觉的洞见。我们若不想最后导致怀疑主义的自我消解，就无法否定我们在这种或那种意义上确实具有确定的洞见——比方说，我们无法借助于前三个认识通道而获得确定的洞见，对这一点我们必须是能够说我们拥有确定的洞见的，而这个说法就预设了我们已经拥有了第四类知识。对斯宾诺莎的唯理论我们可以按上述来加以论证。

在其《神学政治论》中，斯宾诺莎讨论了历史上的圣经研究，确信哲学和神学原则是不同的东西。哲学是一门以真理为目标的科学，而神学则不是一门科学，它的目标是虔诚的生活所必需的实践行为。这部著作引起了很大震动。

在这部著作中，他强调宽容的问题。不同种类的政府都可能有好的一面和坏的一面，但关键是要有信仰自由、思想自由和言论自由。斯宾诺莎设法用他的人性理论来论证他的政治观点。根据斯宾诺莎的观点，人的本质是生活和保存生命的意志。但是，要理解这意味着什么，我们必须对斯宾诺莎的哲学有更多的了解。

斯宾诺莎的代表作《伦理学——按几何顺序证明的理论》同时研究伦理学和形而上学。在结构上，该书以几何学为模式。斯宾诺莎从八个定义和七个命题入手，从中演绎出若干形而上学-伦理学结论。即使我们可以对这些推论在严格的逻辑意义上的有效性提出质问，我们也无法怀疑这样的说法，即这部书代表了一个完整的、统一的哲学体系。他的《伦理学》读起来枯燥、抽象。但在古板的形式背后，却有着一些关于人类状况的激动人心的思想，并教人如何摆脱一种了无意义、蒙昧无知的生活的焦虑和激情，而走向一种自由的、宁静的生活，在这种生活中我们可以从一个永恒的角度，*sub specie aeternitatis*，来看待生命和宇宙。这意味着认识和重视宇宙的基本规律，从而通过意识到这些规律的必然性而获得心灵安宁和自由。这样，在数学形式背后我们看到的是对人在宇宙中地位的一种看法。《伦理学》的第一章“论神”是关于宇宙的基本结构的。人居于从属的地位，但借助于理性人可以认识神从而达到至善。第二章“论心灵的性质和起源”，也讨论颇为形而上的关于宇宙和人的学说。但是在第三章“论情感的起源和性质”和第四章“论人的奴役或情感的力量”中，占中心地位的则是关于情感的学说。阻碍我们达到幸福和宁静的大障碍是激情或情感。我们不断地让自己受到各种外部力量的影响。心灵失去其平衡，我们的行动导致不幸。激情控制我们，使我们变得弱小；它们使我们成为追求财富、荣誉和快乐的欲望的奴隶。在第五章“论理智的力量或人的自由”中，拯救的目的终于在这个激情游戏中达到了：明智的人洞察宇宙的必然本质，忘却物我之间的区别。但是斯宾诺莎对激情的不动情研究，并不包含着对于所有情感或感情的拒绝。他区分善的情感和有害的情感。善的情感是那些增强我们活力的情感。有害的情感是那些使我们消极无为的情感。当然我们在活动的时候，我们自己在很大程度上就是我们的行动的作者。根据斯宾诺莎对自由的定义，我们越是行动由己，就越是自由。

活动并不是被理解为功利活动或外部层次上的狂热行动。值得追求的，是通过让我们的精神力量——也就是我们的真实本质——来塑造我们的行动和生活，而使我们摆脱任意的外部影响。我们的真实本质就在于一种能动的、理智的认识，它有助于结束我们的孤独，使我们与自然（神）合而为一。这样，《伦理学》的最后一章，也就是第五章的标题是“论理智的力量或人的自由”。通过我们的理智，通过对万物与神之间联系的能动的理智的认识，我们自己也变得自由了，因为我们的认同现在把万物都包含在内，而不再是一个狭小的自我，为孤立事件中短暂可变之物所困。通过这种认识，通过对神的理智之爱（*amor intellectualis Dei*），我们达到了最高的幸福。这种对神的人类之爱，同时也是由神引起的。因此，对神的理智之爱不仅仅是我们对于神的爱，而且也是一种来自神的爱。我们对神的爱是神自己的爱：（第五章，命题36）：“心灵对神的理智的爱，就是神借以爱他自身的爱……心灵对神的理智的爱乃是神藉以爱他自身的无限的爱的一部分。”[1]

斯宾诺莎是一个唯理主义者，因为他认为我们可以借助于理性直觉而获得有关事物本质的知识；他也是一个演绎主义者，因为他像笛卡儿一样把作为科学之理想的数学当作出发点。但是，笛卡儿主要关心的是找到一些绝对确定的公理，演绎本身倒退居后台了，而斯宾诺莎则从公理开始，把重点放在推论上面，放在体系上面。这样，在《伦理学》首页我们就发现对实体这个基本概念的定义：“实体，我理解为在自身内并通过自身而被认识的东西。换言之，形成实体的概念，可以无须借助于他物的概念。”[2]什么是实体呢？前面我们——比方说——曾用这个来自拉丁文的概念来表示亚里士多德哲学中的一个概念。实体是独立存在的东西。对亚里士多德来说，这是像棕色的门和圆形的塔这样的具体事物，而与像棕色和圆形这样的属性相反。

这些属性只具有相对的存在，因为它只是作为具体事物的属性才被我们看到。把握斯宾诺莎的实体观的一条途径，是说它代表了对亚里士多德的定义的一种抽象化：“实体是*独自*存在、绝对地*独自*存在的东西，是被独自理解、绝对独自理解的东西。”说实体是完全独立存在的、完全被独自理解的、而没有任何别物参与在内的东西，就是悬置作为一个具体事物的概念的实体概念。一扇棕色的门的存在，仅仅是因为某人制作了它，而一扇棕色的门的概念已经暗示了门框和开门、关门这样的行动。换言之，这门并不完全独立于别物而存在，它也不可能在我们不理解门以外的这样那样别物的情况下被我们完全理解。因此，这门根据这个新的绝对的定义就不是一个实体。

相应地，我们可以进一步来考虑其他具体对象，人造物、有机体、无机物。不管怎么样，具体事物都必须与其他具体事物分别开来，而这种分别就已经蕴含了具体事物是无法独立于任何别物而被理解的：分别本身，以及分别的界线总是与别物接壤的这个事实，都必定迟早成为该物之定义的一部分。这意味着，根据新的实体定义，没有任何这样或那样与别物分别开来的具体事物是可以被认为是实体的。但根据这个定义，什么是实体呢？我们必须说，实体既是一，也是*无限*，因为所有分别都被这个实体定义排除了。实体之所以为一，是因为世界上不可能有一个以上的实体；否则的话，第一个实体和第二个实体（其他实体）之间的关系就会被包括在我们对实体的完全理解当中——而那是与定义相矛盾的。而实体之所以是*无限*，是指时间上的限度或任何其他方面的限度对它都是不适用的。任何他物也不可能成为实体的原因，因为那样的话，如果我们要完整地把握实体，这个他物就会被包括在内；而根据这个定义，实体是只能通过其自身而被理解的。斯宾诺莎用这样的说法来表达这个意思：实体是 *causa sui*（“自因”）。

如果有一个神的话，那么神不可能是有别于实体的东西，因为与这个他者的关系、与神的关系，是必须被包括在我们对实体的把握之中的。这样，实体不可能区别于神。实体就是*神*。相应地，实体不可能区别于自然。实体就是*自然*。这样，斯宾诺莎的实体学说就代表*一元论*：万物是一，万物基于这个一而得到理解。既然神和自然都是实体，我们最后也就得到了*泛神*

论：神和自然重合了。既然实体不是被创造的，既然自然是实体，那么我们就不可能说神是自然的创造者。犹太教团体和基督教团体攻击斯宾诺莎的哲学，因此是可以理解的。

但实体*到底是*什么呢？如果我们在提出这个问题的时候是想要取得一个我们可以*想象*、可以用任何方式描绘的定义，那么我们提出的就不是一个恰当的问题。比方说，我们可以想象一个三角形，一个正方形，等等，因为我们能形成对于这个图形的一种内心图像。我们可以用这种方式再往前进行一会儿：一个十边形、一个十一边形？但是，迟早我们将无法继续下去。就想象这个词的含义来说，我们是无法想象一个1 001边形的，或想象1 001边形与1 002边形之间的区别的。但是我们可以对此加以思想，也就是说，我们可以具有1 001边形和1 002边形的概念。换句话说，我们能够思想的东西、设想的东西很多，但我们无法想象，也就是说无法对此形成一幅内心的图像。

如果实体无法在这个意义上被想象，那么我们就无法将我们能想象的那些属性归之于神。但我们能不能对实体进行思想，对实体具有一个概念呢？在某种意义上说，是能的。实体以两种方式向我们显示，或者是作为广延，或者是作为思想。实体具有无限多的显现方式，但向我们显现的就是这两种。斯宾诺莎的说法是两种*属性*：思想的属性和广延的属性。这两者是对于同一个基础性的实体的两个同等有效的显示方式。

具体的广延事物，比方说这本书，是广延的属性之下的*样式*，就好像具体的思想是思想的属性之下的*样式*一样。我们直接接触的是实体的两种属性的不同样式。我们不与实体发生直接接触。我们可以设法用下面的例子来说明这一点。想象一下通过有色眼镜来看东西，比方说通过一个绿色透镜和一个红色透镜来看东西，这样物体就不是被直接感知的，但分别被感知为是绿的和红的。如果在绿色透镜（一种属性）里看到的绿色的东西（一种样式）与红色透镜（另一种属性）里看到的红色的东西（另一种样式）之间有对应关系——也就是说，在思想的属性和广延的属性中的两种样式之间有对应，那么，那并不是因为在两个透镜（两种属性）之间有因果联系，或者被看作绿色的东西和被看作红色的东西之间（两个样式之间）有因果联系，而是因为我们透过不同透镜（属性）看同一个东西（实体）。这样，具体现象，包括个体，是实体的两种属性之内的复杂性或高或低的样式。说到底，万物可以说都在实体中发生联系。广延和思想并不是两个独立的基本元素，像在笛卡儿那里（参照笛卡儿的 *res cogitans* 和 *res extensa*）；那两个属性，广延和思想，代表了同一个实体的两个方面。

必然和自由

实体和属性之间的关系不是一种因果关系。并不是先在实体中发生什么，然后引起两个属性中各自的事件。凡是发生的事情，都发生在实体中，但它在两个方面即思想和广延中显示出来。实体和属性之间的关系具有严格的必然性质，因为属性代表了实体的两个表现。但是，谈论实体和属性之间的关系，似乎我们在谈论彼此相对的两个现象之间的关系似的，这实际上并不正确。属性只是实体的表现方式。出于同样的理由，我们也不能谈论强制，如果强制的意思是一个现象在违背另一个现象的意志或本质的情况下影响这一现象的话，因为根本上只有一个现象，那就是实体。发生在思想中、发生在广延领域中的东西，不可能是实体的强制的结果，因为发生在思想和广延中的万物都仅仅是发生在实体中的事情的表现形式。

这种观点也蕴含着政治状况。人类恰恰是作为两个属性的模态——作为一个广延的肉体和一个思维的灵魂——而出现的。发生在灵魂和肉体中的事情总是彼此协调的、没有任何形式地彼此影响的，因为它们都是同一个实体事件的表现。不仅如此，我们所做的、所想的，都必然是由实体所决定的，但没有任何形式的强制，因为我们根本上都是实体的不同方面。这里我们看到自由的问题是如何取决于我们如何理解人性问题的。对斯宾诺莎来说，一个人根本上是与实体同一的，因此，说一个人是相对于实体而自由的，或者是受实体强制的，是毫无意义的，如果自由和强制的用法预设了两个相对独立的现象之间的关系的话。

斯宾诺莎在广延的属性方面接受机械论的观点。在广延领域发生的事情，是因果地决定的。但是人类并不是由实体所因果地决定的。因果决定是包括在广延领域的实体事件的表现形式中的。

如果两个属性中的每个东西都必然地来自神的无限性质，就好像三角形的内角之和永远为180度是来自三角形的本性一样，那么，神的无限本性或自然的无限本性是什么呢？实体与自然规律合二为一。但斯宾诺莎似乎是根据几何学而不是物理学来看待自然规律的。实体，以及实体中所发生的事情——也就是说，真正发生在实体中的事情——根本上是用逻辑的和无时间性的结构来加以考虑的。宇宙不是一个彼此分离的、由空间和实践中的变化和定位所决定的物理现象和心理现象的聚集。相反，宇宙，也就是实体，是一个某种意义上依赖于它自身之逻辑结构的无时间性的静态的整体。

但斯宾诺莎否定个体存在着吗？他否定个体或多或少可以是自由的吗？从根本上说只有一个实体。个体的人是实体的一个*样式*。但是相对地说，特定人们可以具有他们自己的存在和他们自己的自由，只要他们的行动是以他们自己的本性为基础的。这样，自由就是一项要求我们确切认识我们自己本性的任务。理解自己的本性，在斯宾诺莎看来，就是把自己理解为整体的部分，理解为实体的*样式*。用通常的话来说，理解我们自己，也包含着理解我们生活于其中的那些关系和联系。理解自己就是理解多于狭义的自己的那些东西。理解自己就是把自己理解成为一种情境、一个整体的组成部分。用社会的术语来说，我们必须把自己理解为是由共同体所决定的存在，是在认同方面、在本质上、通过一给定社会中的社会化和互动而受共同体决定的存在。我们越是设法使自己摆脱狭隘的、次要的牵累和烦恼，我们就越能够认识到自己是受一个全面的社会实在和物理实在所内在地决定的，我们就越是自由。之所以如此，是因为当我们在这种意义上设法拓宽和加深我们的自我理解的时候，所发生的任何事情都被理解为某种属于我们自己存在的东西。于是，我们自己的认同被设想得范围更宽，我们因此将面对的强制就程度更小，因为我们觉得是外物的事情就数量越少。但是这种“无所不包的”认同，我们只有当严肃地承认这个实在的时候才能获得。我们必须亲身认识到我们与“万有”的内在联系这个真理。像这样一种认同，除非被认识为真实的，是不可能被获得的。

这样，我们就在斯宾诺莎那里遇到了真理使我们自由这个思想，这个思想的各种表达我们在苏格拉底和斯多葛学派那里，在基督教思想中，在启蒙运动的哲学中，在弗洛伊德和现代的意识形态批判中都遇到。但什么是真理，它如何能解放我们，当然是突出而有争议的问题。

在斯宾诺莎看来，使人解放和得救的真理产生于对我们与整体之关系的(再)认识，这种(再)认识同时又意味着扩展相对于实体的我们的认同。

在斯宾诺莎看来，我们可以这么说，任何事情，甚至包括我们自己，如果不放在一个更大的相互联系中、从正确的角度来看待的话，我们是无法加以理解的。理解做一个人意味着什么，就是理解我们是如何与自然相协调的。理解自己，永远是理解多于我们自己的东西。我们必须正确地理解我们生活于其中的情境。这样，伦理学不仅指向形成我们认同的那种使人解放的自我理解，还指向一种对整体、对实体的理解。因此，伦理学就必然是形而上学。

第二节　莱布尼兹——单子和先定的和谐

生平　戈特弗里德·威廉·冯·莱布尼兹(Gottfried Wilhelm von Leibniz，1646—1716)是德国人，但是作为一位路易十四时代的哲学家，他写书用的是法语和拉丁语。莱布尼兹的全部生活方式与斯宾诺莎的正好相反。斯宾诺莎过着隐者的生活，而莱布尼兹则是一位公众人士，在极为多样的领域——不管是实践的还是理论的——中发挥其才能。比方说，他对采矿、政治改革、财政、立法、光学、交通问题和科学机构的建立都感兴趣。而且，莱布尼兹到处旅行，留下了15 000封书信。别的不说，他与各个朝廷、若干王公也有来往。在理论层面上，莱布尼兹讨论哲学、神学、法律、物理学、数学、医学、历史和语言学。他尤其因发明微积分(大致与牛顿同时、但独立于牛顿)而著名。

我们将提到他的三部著作。《神正论》(1710)中的论文讨论上帝与邪恶之间关系的问题。在那里莱布尼兹设法开脱上帝对世界上邪恶的责任：这个世界是所有可能世界中最好的世界。《单子论》(1714)讨论宇宙的构造，在其中终极的根本的元素是“单子”。莱布尼兹还写了一本批判地分析洛克的认识论的书，即《人类理智新论》(1703)。

目的和原因——一个新的综合

莱布尼兹设法把机械论世界观和关于一个目的性宇宙的观念调和起来。简单地说，这种调和的努力建立在莱布尼兹的如下观点基础之上：他承认机械论说明为一种表层说明，同时主张宇宙在一个较深层次上，是有目的的、是目的性的，而表面上看上去盲目的、机械论的原因，说到底来源于神的目的。相应地，莱布尼兹说表面上给人印象是物质的、被动的那些东西，本质上却是能动的力量。我们将简短地看看莱布尼兹是如何设法在机械论的、唯物论的宇宙底下建立一个非唯物主义的、目的论的“底层”的。

特殊的事物可以被一直划分下去，直到我们达到某些不可分的基本物理元素为止，这些元素可以被刻画为一些力的中心。莱布尼兹把它们称为“单子”(*monads*)。这样，单子是宇宙建立于其上的基本元素。这些单子具有不同等级的意识，从无机的元素一直到人类灵魂。单子就这样构成了一个等级序列。与此同时，每个单子都不受其他单子的影响。单子可以说是“没有门窗的”：它们彼此之间没有交往；它们并不相互影响。

但是，众单子依然和谐地运行，从而在精神事件和物理事件之间存在着相关性，这是因为所有的单子都被以同样方式“编制程序”了：它们都是由同一个计划——上帝的计划——所推动的。这样，上帝就成了一位确保单子和谐运行的宇宙工程师；比方说，他确保灵魂和肉体协调一致。万事万物，包括全部单子，在这种意义上都通过上帝而发生交往。正是在这里我们看到宇宙的目的论方面。莱布尼兹说，单子是前定的和谐的组成部分。

所有可能世界中最好的世界

如果上帝，既善良又合理的上帝，是指引宇宙万物的工程师的话，邪恶怎么可能存在呢？莱布尼兹区别了两种真理，必然(如此)的真理和也可以与此不同的真理。必然真理(逻辑)是不可能被上帝否定的。至于那种也可以与此不同的真理(经验状况)，上帝作为一个善良而合理的存在，选择了尽可能好的组合。孤立地看，人们会觉得某些状况还可以有所改进；但如果我们能像上帝那样看到整体的话，我们就会知道，总而言之，我们生活于其中的世界，亦即上帝所选择的那个组合，是可能的组合中最好的一种。

因此，莱布尼兹可以说万物都有其理由：要么它是逻辑上必然的，要么它之所以如此的理由在于为了使整体成为可能世界中最好的一个。因此，我们生活在所有可能世界中最好的世界中。以这种方式，莱布尼兹的哲学代表了对上帝选择的世界的一种辩护。就世界上的邪恶而言，上帝是有正当理由的。用政治术语来说，我们可以说这同时代表了对现存社会的一种辩护。如果我们生活在可想象的世界中最好的世界当中，如果我们见到的苦难和匮乏都是我们可能承受的苦难和匮乏当中最不严重的，我们就没有多少理由想要改变社会。因此，这种神正论的作用既是为现行社会形态提供合法性，也是为生活条件和权力方面现存的不平等提供合法性。

在政治方面，我们可以说莱布尼兹的哲学代表了一种毫不含糊的个人主义：每个单子都是独一无二的、不受其他单子影响的。是的，不可能有两个彼此同一的单子(个人)，因为上帝选择尽可能好的，而两个完全同一的现象之间是不可能做合理选择的(因为选择一个的理由与选择另一个的理由完全一样好)。既然上帝已经做了选择，既然选择是合理的，那么不可能有一些个人(事物)是完全相像的。由此导致一种极端的形而上学的个人主义：宇宙是由无限数量的单个实体所构成的。与此同时，这些不同的个体彼此之间处于和谐关系之中，而又不直接相互影响：它们可以说是间接地发生互动的，通过那前定的和谐。从政治角度来看，可以从中诠释出这样的意思来：莱布尼兹并不是把人类设想成为封建意义上的主人和奴隶；那种意义上的一个人的认同，是根据与另一个人的关系来确定的，而一方向另一方发号施令。对莱布尼兹来说，人们之间的互动的发生是没有明显暴力的，个人的自发行为是建立在内在化的规范(一种前定的和谐)基础之上的。这似乎适用于一个这样的市场上的行动者，其中人们的活动不是以明显的暴力为基础的，而是从人人都已经内在化了的市场经济原则出发的。[3]

思考题

1. 请描述斯宾诺莎伦理学的基本思想。
2. 请说明莱布尼兹关于我们生活在“所有可能世界中最好的世界中”这个观点的基本思想。

进一步阅读的建议

原始文献

Spinoza, Baruch, *Ethics*, translated by R. H. M. Elwes, London, 1919.

Leibniz, Gottfried, *Monadology*, translated by Robert Latta, Oxford, 1898.

Leibniz, Gottfried, *Théodicée*, translated by E. M. Huggard and edited by Austin Ferrar, London, 1951.

二手文献

Hampshire, S., *Spinoza*, Harmondsworth, 1970.

MacDonald Ross, G., *Leibniz*, Oxford, 1984.

原著选读

斯宾诺莎：《伦理学》

（选自《伦理学》，贺麟译，商务印书馆 1981 年版）

第一部分　论神

界　说

（一）自因（causa sui），我理解为这样的东西，它的本质（essentia）即包含存在（existentia），或者它的本性只能设想为存在着。

（二）凡是可以为同性质的另一事物所限制的东西，就叫做自类有限（in suo genere finita）。例如一个物体被称为有限，就是因为除了这个物体之外，我们常常可以设想另一个更大的物体。同样，一个思想可以为另一个思想所限制。但是物体不能限制思想，思想也不能限制物体。

（三）实体（substantia），我理解为在自身内并通过自身而被认识的东西。换言之，形成实体的概念，可以无须借助于他物的概念。

（四）属性（attributus），我理解为由知性（intellectus）看来是构成实体的本质的东西。

（五）样式（modus），我理解为实体的分殊（affectiones），亦即在他物内（inalio est）通过他物而被认知的东西（per alium concipitur）。

（六）神（Deus），我理解为绝对无限的存在，亦即具有无限“多”属性的实体，其中每一属性各表示永恒无限的本质。

说明我说神是绝对无限而不说它是自类无限（in suo genere infinita），因为仅仅是自类无限的东西，我们可以否认其无限多的属性；而绝对无限者的本性中就具备了一切足以表示本质的东西，却并不包含否定。

（七）凡是仅仅由自身本性的必然性而存在、其行为仅仅由它自身决定的东西叫做自由（libera）。反之，凡一物的存在及其行为均按一定的方式为他物所决定，便叫做必然（necessaria）或受制（coata）。

（八）永恒（aeternitas），我理解为存在的自身，就存在被理解为只能从永恒事物的界说中必然推出而言。

说明因为这样的存在也可以设想为永恒的真理，有如事物的本质，因此不可以用绵延或时间去解释它，虽说绵延可以设想为无始无终。

公　　则

（一）一切事物不是在自身内，就必定是在他物内。

（二）一切事物，如果不能通过他物而被认识，就必定通过自身而被认识。

（三）如果有确定原因，则必定有结果相随，反之，如果无确定的原因，则决无结果相随。

（四）认识结果有赖于认识原因，并且也包含了认识原因。

（五）凡两物间无相互共同之点，则这物不能借那物而被理解，换言之，这物的概念不包含那物的概念。

（六）真观念必定符合它的对象。

（七）凡是可以设想为不存在的东西，则它的本质不包含存在。

莱布尼兹："以理性为基础，自然和神恩的原则"（1714）

（选自《莱布尼兹自然哲学著作选》，祖庆幸译，中国社会科学出版社 1985 年版）

10. 由上帝的最高完满性产生的结果是，在创造宇宙时，他曾选择了最大可能的计划，其中有着与最大的秩序一起的最大的多样性；场所、位置、时间都尽可能作了很好安排；用最简单的方式产生出最大的效果；宇宙所允许的在创造物中的最大权力、知识、幸福和至善。因为当上帝理智中的所有可能的事物都要求按照它们的完满性的比例而存在时，所有这些要求的结果必然是可能的最完满的现实世界。离开这个，就不可能对事物何以是这样而不是别样提供出理由。

12. 再者，由最高创造者的完满性产生的结果是，不仅整个宇宙的秩序可能是最完满的，而且每个活的镜子都按照它的观察点表象着宇宙，那就是说，每个单子，每个实体的中心，都必须有它自己的知觉和欲望，它们像得到和所有其余的单子和谐一致那样得到好的安排。从那里进一步产生的结果是，灵魂，即最占优势的单子或者毋宁说是动物自身，不能不从昏迷状态中再次醒悟过来，把它们带进这种昏迷状态的是死亡或某些其他偶然事故。

注释

[1] 斯宾诺莎：《伦理学》，贺麟译，商务印书馆，1981 年，第 242—243 页。——译者

[2] 同上书，第 1 页。——译者

[3] John Elster, *Leibniz et la formation de l'esprit capitaliste*, Paris, 1975.

第十一章
洛克——启蒙和平等

生平 约翰·洛克(John Locke, 1632—1704)是一位清教徒和国会派律师之子。年轻时洛克反感经院哲学，同时感兴趣于自然科学，尤其是医学和化学。他认为自己的使命是从事一种思想“清洁”工作，也就是说，对我们的知识作一番批判的检验。洛克说，促使他追问我们的许多概念是否极不清楚、极不恰当的，是关于道德问题和宗教问题的无休止讨论。他觉得哲学家的工作应该循序渐进、步步探索，就像自然科学家那样。在有可能处理大问题之前，我们必须先考察我们的工具，也就是我们的概念。因此洛克先着手进行一种知识批判和语言分析。但是他对“工具”的兴趣并没有阻碍他关心身边的问题：他是教育学和政治理论中的经典思想家之一。

洛克的《政府论两篇》(1690)曾被称作自由主义的圣经。第一篇是对一位绝对主义思想家罗伯特·菲尔麦(Robert Filmer, 1588—1653)爵士的抨击。第二篇提出洛克自己对国家和自然权利的观点。该书被看作是奥兰治的威廉的立宪君主制的辩护，但在法国和北美，这些思想则获得了革命的含义。此外，洛克还写了一些著作：认识论的《人类理解论》(1689)，加上《论宗教宽容的书信》(1689—1692)、《教育漫话》(1693)、《基督教的合理性》(1695)。

第一节 认识论和知识批判

概念澄清

约翰·洛克是思想史上的过渡性人物。他的根基是以往的自然权利理论和唯名论（奥卡姆）。他受到唯理论者笛卡儿的影响，但同时他又用经验主义论据反对笛卡儿的唯理论。他是启蒙运动的先驱，但也是英国经验论的首倡者，后者是一种最后导致对启蒙哲学一些重要方面的尖锐批评（参见休谟对理性概念的批评）的哲学立场。

唯理论者认为清晰概念使我们洞察实在的本质方面。如果我们有了一个清晰的概念，我们也就有了确定的知识。他们对我们获得确定洞见的能力（只要我们正确地运用理性的话）非常信赖。诚然，唯理论者笛卡儿是诉诸怀疑的，但他主要把怀疑当作正确开始认识的一种手段。然而，不同的唯理论者对应该把什么看作是清晰明白的——也就是看作是真的——有不同意见。这为反驳唯理论提供了肥沃土壤。从洛克到康德，标准的论证是说对概念的洞见并不必然提供对实在的洞见：即使是对一只能读会写的完满的猫的清晰观念，也并不意味着这样一只猫存在着！即使我们有关于一个完满存在即上帝的清晰观念，我们也无法确信上帝存在着。我们不能从概念推论出存在来。

洛克主张进行怀疑，但并不把它当作我们最后获得不可错的知识之前的暂时立场，而是作为一种持久的怀疑和检验的态度。认识的过程并不导致绝对的确定性，而导致局部的知识。我们的任务是改善我们具有的知识，循序渐进地、批判地，就像在自然科学那里。这样，新兴自然科学对洛克所引出的态度和认知理想，与对笛卡儿、斯宾诺莎和莱布尼兹的不同。这里或许不妨重提一下洛克特别对医学感兴趣，而医学是一门观察和分类在其中起主要作用的经验科学。在古代，医学就与一种取向于实验、对理论有所怀疑的哲学存在着联系（希波克拉底）。

像17、18世纪多数哲学家——不管是唯理论者还是经验论者——一样，洛克对认识论很感兴趣。他设法透彻了解人类认识能够取得什么，最重要的是它的限度在什么地方。通过发现这些限度，我们可以摆脱我们不正确地以为是真实的东西。但是对唯理论者来说，他们之所以进行知识批判，是因为认识论是一块发起哲学体系的跳板，而对于洛克和经验论者来说，知识批判的治疗性的、促进认识的力量是一个独立的目的。这自然与以下事实有关：经验主义对认识的分析包含着对我们的认知能力的更慎重的看法。我们仅仅通过概念而获得的洞见，是有限的、充满问题的；对知识的恰当的获得，是通过检验和逐步改进而发生于经验科学之中的。

在他的认识论“清洗工作”中，洛克的眼光不仅仅放在哲学认识上面。他要追求的不仅仅是知道什么是知识，而且要推进知识的获取，促进科学知识的增长。哲学并不是一门高高在上的老大科学，但它能为科学提供服务，比方说通过澄清概念、揭露虚假见解。概念澄清之所以必要，有好几个理由。如果我们不运用清晰的概念，别人就不可能知道我们的意思是什么。如果我们所说的可以用不同方式来诠释，如果有一些理由说一个诠释是真的，另一个是假的，那么，我们在澄清我们是在谈论那个诠释之前，是无法对那个最初的表述采取一个立场的。这样，在思想讨论和科学研究中，确切的表达是必不可少的。

根据洛克的观点，学术语言一不小心就会沦为含糊的抽象，它们看上去表达深刻的智慧，但实际上只是对语言的误用。语言因而是会骗人的。这既适用于说话的人，也适用于听话的人。那些用含糊和抽象的概念表达思想的人，常常是出于好意。因此，要让他们知道他们正在误用语言，常常是困难的。传统的哲学讨论，用诸如“实体”、“天赋观念”、“无限性”等等的术语进行的讨论，在洛克看来，是含糊不清被错当成深刻智慧的典型例子。因此，消除引人误解的抽象，是一项重要的治疗性活动。语言的使用者因此可以消除掉种种幻觉。这里与启蒙运动的关系是很明显的：语言上的澄清将使我们摆脱种种成见。它使我们抵御那种基于不清晰、受扭曲的思想的谬见迷信。它有助于使公共讨论和科学工作中的理性行为成为可能。

我们可以说，要做一个理性的人，就包含着有意愿去追求真理的意思，而这又意味着有诚意去检验我们自己的观点；也就是说，在公开的自由的讨论中把我们自己的观点与别人的观点进行对质。这样，追求真理就预设了某种思想自由和宽容。我们就有争议的科学问题或政治问题与他人进行讨论，因为我们并不排除这样的可能性，即别人也可能是正确的，我们也能从他们那里学到什么。这样，讨论就预设了某种非独断的、开放的态度：我们主张我们所认为的是正确的，是以所拥有的证据为基础的，但是我们会根据论据的变化而立刻改变我们的观点——当论据要求我们改变自己观点的时候，我们会这样做，但仅仅在论据要求这样做的时候。这表明，在认识论和社会哲学之间存在着某种联系。但什么是一个有说服力的论据呢？即使今天，这也是一个有争议的问题。[1]

洛克是 17 世纪末开明的进步的英国公民们所表现的那种新的科学文化的倡导者：他发起了启蒙运动。我们后面将看到，洛克是如何根据这些思想提出一个政治哲学的。但先让我们对洛克的认识论观点作更切近的考察。

知识的来源

洛克对知识的批判包含了一种对语言澄清和经验检验的要求。这种知识批判是与洛克对什么是知识的一般看法相联系的。对我们拥有的知识的来源是什么这个问题，洛克说："它[人心]在理性和知识方面所有的一切*材料*，都是从哪里来的呢？我可以用一句话答复说，它们都是从*经验*来的。我们的一切知识都建立在经验上的，而且最后是导源于经验的。"[2]

也就是说，洛克认为推理和认识的*材料*来自经验。从而我们应该推论出凡不建立在这种材料基础之上的东西实际上都不是知识。在这样的情况下，我们是在没有经验支持的情况下使用词语，我们所说的可以不被承认为是知识。但什么是经验呢？这个词本身是含糊不清的。比方说，我们谈论宗教经验，谈论职业经验，也谈论纯粹感觉经验。洛克区别开作为外部知觉（*感觉*）的经验和作为我们对自己心理活动和状况的内在知觉（*反省*）的经验。我们这样经验到的实际上是简单的印象（*观念*）。

洛克笼统地认为这些基本经验是消极地获得的。然后，这些消极获得的*简单观念*以不同方式由心灵作积极的加工。我们的*复杂观念*的丰富多样性就是这样产生的。一方面，有规则地出现在一起的简单观念导致复杂的表象，比如说一幢房屋的各侧面的有规则地出现的简单观念，导致这房屋本身的表象。另一方面，心灵通过形成复杂观念，比如半人马的观念、实体的观念和私有财产的观念，而更创造性地发挥作用。

一个突出的问题，是建立在经验材料基础之上——也就是建立在简单观念基础之上——的推理和知识，在何种程度上代表了某种不同于这些观念、大于这些观念的东西。换句话说，我们必须问：知识仅仅是作为其基础的那些知觉观念的总和呢，还是不仅仅是这种总和？

这里我们面临一个有关还原的问题，与我们在谈到霍布斯的时候所面临的问题相对应：钟表可以还原为它的各个部分吗？如果我们回答说知识可以还原为它的部分，我们最后得到的是一种彻底经验论的立场：知识仅仅是可以被充分追溯到经验的东西。而且，当经验被诠释为简单的知觉观念的时候，这个命题说的就是：知识仅仅是可以被完全地、充分地分析为简单的(外部的和内部的)知觉观念的东西。但另一方面，如果我们回答说，知识的构成开始于简单的知觉观念——在这种意义上，经验就是知识的材料，但知识仍然包含着某种与这些观念之和有质的区别的东西的话，我们就有了一个另外的命题。对这个命题的确切表达将取决于对建立在简单观念的材料的基础之上的知识的构成，做怎样的理解。

第一种可能的立场蕴含着一些困难的问题：比方说，自我指涉的问题：这个命题本身能不能被还原为简单的知觉观念？这个彻底经验论的诠释将使洛克的认识论与他的政治理论处于尖锐对立之中，后者明显具有一些唯理论的成分(比如人权的概念)。这样，为讨论洛克的观点，我们有很好的理由来选择后一种可能的立场：知识起源于经验，也就是简单的知觉观念和反省观念，但心灵对这种材料作这样一种能动的运用，以至于所产生的知识代表了某种在质上不同于简单观念的东西。(参见霍布斯：钟表是某种在质上与它的各部分不同的东西，尽管它是由部分构成的。)根据对洛克认识论的这种诠释，人类心灵在知识的形成中发挥了重要作用。至于复杂观念的有效性问题，检验的标准是复杂观念中的不同成分能否被追溯到简单的知觉观念。但是这个检验标准并不意味着复杂观念基本上*就是*简单的知觉观念的总和。这个检验标准仅仅意味着，分离的、简单的经验，作为知识的材料，代表了知识的一个必要的但不是充分的条件。如果这个必要条件不满足，我们就没有知识。

作为一个例子，洛克提到*无限*这个概念。这个概念代表的是知识还是伪知识？要找到答案，我们必须考察这个概念是如何形成的。根据洛克的观点，那样的话我们就将看到，我们从未直接经验到无限过。比方说，我们所经验的，或更确切地说，我们所知觉的，是不同的长度总是可以再延长一点儿。如果我们想象这个过程是无休止的，线条的原先部分持续地延伸下去，我们就达到一根无穷线条的概念了。对时间的概念可以做一个类似的论证。在洛克看来，这表明我们的无限这个概念大致是有效的——如果我们不给这个概念以多于我们可以经验地支持的东西的话；也就是说，我们并不主张*存在*着一个无限的东西，而仅仅是说，我们可以通过对既定经验的概括而想象出无限来。这样我们是可以使用无限概念的。

无限的概念是*清晰*的，这并不保证它在认识论上值得认可。这是对笛卡儿的一个观点的批评，笛卡儿认为一个概念的清晰和明白就蕴含着这个概念所指示的东西的存在。只有通过建立经验证据，我们才能真正地谈论存在着的东西。知识的检验标准建立在经验辩护的基础上，而不建立在个人经验的基础上。我们亲身经验到某物是清晰的，这还不够。还要求用知觉或内省进行检验。

因此，洛克关于知识之形成的理论是说我们在出生的时候就像一块白板（*tabula rasa*），而并没有任何天赋观念；外部对象向我们提供简单的知觉观念，这些观念中既有外部事物的真实属性，也有我们加在外部事物之上的那些感性属性；我们还拥有来自我们的内心活动和状况的简单的内省观念。从这种材料出发，心灵形成各种复杂观念，如前面提到的。我们就这样获得了建立在简单的知觉观念和简单的反省观念基础之上的知识，但知识并不能还原为这些观念。

对第一性的质和第二性的质加以区分，在洛克那时候是很常见的。在机械论的世界观中，人们常说外部对象只具有像广延、形状和硬度这样的属性——所谓第一性的质，没有这些质，事物就无法想象。这些第一性的质原则上在我们的感官上得到充分的复制，其形式为一些相应的观念。但是，在此之外，我们还用感官进行经验；比如，我们知觉到滋味、气味、颜色和热量。这些是第二性的质，不直接产生于事物中相应的第一性的质。在事物中，这些第一性的质所具有的形式是一些定量的力和状态，它们在影响我们的感官的时候向我们提供了一些感性的或第二性的质。这就是关于*感性的质的主观性*的命题：感性的质是依赖于我们的，是依赖于主体的。

我们可以问，把像颜色这样的感性的质与广延这样的第一性的质区别开来，有没有意义？我们能想象没有颜色的广延吗？如果答案是否定的，如果我们又认为颜色是一种取决于认知主体的属性，那么，说第一性的属性（比方说广延）是独立于人类的，就成问题了。但是如果*所有*属性，包括所谓第一性的质，都取决于认知主体，那么我们就只有接受唯心主义了：我们不再能谈论自然界中客观存在的属性，也就是事物中独立于主体的属性。正是这些种类的问题，导致了英国经验论内部的自我批评的发展，从贝克莱到休谟。[3]

我们还可以问，如果视网膜（以及其他感官）上的感觉印象确实是我们的知识的最后基础，那我们怎么还可能认识外部世界呢。如果我们看到的不是我们之外的森林中的树木，而只是视网膜上的“树的图像”，我们当然就无法*知道*森林里有一棵树。洛克的知识模式建立在表现为我们感官中来自外部事物的感性印象的认识论通道的基础上，这种模式因而是很成问题的。

我们到现在为止指出的，是对所谓表象实在论的一种标准的批评。表象实在论是这样一种认识论理论，它认为外部事物独立于我们的意识存在着（认识论上的实在论），但是这些外部事物仅仅通过我们感官上的映像和表象才能为我们所通达。这个知识模式的本意是说明我们是如何认识到外部世界的，但它似乎蕴含着我们是无力向外探及外部世界的。

进一步说，简单感性观念是什么这一点甚至是不清楚的。当我读这本书的时候，简单感性观念是指整本书，还是指整个一页、一行、一个词、一个字母、字母的一部分——还是别的什么？此外，人们还常指出，洛克对*观念*一词的使用是模棱两可的：部分的含义是“概念”，部分的含义是“直接的感觉印象”。

原则上说，复杂观念有两种：那些被运用于世界上的事态的，和那些只适用于概念之间关系的。对后面那种复杂观念来说，知识的检验标准是一个自洽性的问题，即在什么程度上概念之间彼此一致。对前一种复杂观念来说，则还有一个概念与简单观念的符合的问题。

洛克认为伦理学和数学中的公理是可以加以检验的。[4]而且，他给上帝的概念和实体的概念以一席之地。但是他主张，所有代表复杂观念的概念都需要分析。这适用于像“德性”、“责任”、“力”和“实体”这样的词。

洛克对实体概念的分析尤其出名。我们经常看到，有些简单观念联系在一起以特定的方式发生作用。因此我们经常说，这些观念属于同一个东西，我们给它们一个共同的名称。圆、绿、酸、硬等等就是这样显得与我们称为生苹果的东西联系在一起的。每天我们都把生苹果看作是一个东西。通过分析我们看到，这个复杂观念是由一套有规则地出现在一起的属性所构成的。但是，我们在谈论生苹果的时候如果把它当作似乎是超越一切特殊的可感属性而存在的话，我们就是在谈论某种我们无法具有感觉印象的东西。这样一个以某种方式构成众属性之基础并把它们绑在一起的某物，常常被称作实体（根本）。我们可以说，洛克的观点并不是我们应该不再谈论实体或事物——他自己也谈论实体和事物——而是通过分析我们应该证明，我们那时拥有的一些概念，与我们在谈论简单的可感属性的时候拥有的概念，是完全不同的。在这样一种诠释中，洛克的观点并不是批评我们对语言的使用，而是使我们更意识到，当我们在使用这些复杂概念的时候，我们实际上正在说什么。

在这个意义上，洛克所持的并不是一种彻底的经验主义立场，如果我们把这种立场理解为是认为知识可以追溯到简单的经验印象的话。他部分地主张一种温和的经验论立场（参见他对实体概念和无限概念的批判），部分地持一种唯理论的立场（参见他关于我们能理性地承认不可侵犯的人权的存在的观点）。因此，称洛克为经验主义之父并不是完全正确的，如果我们把经验主义理解为彻底的认识论经验主义的话。但是洛克至少对一个从贝克莱和休谟一直到逻辑实证主义者等的那个传统的奠基，做出了贡献，而在休谟和逻辑实证主义者那里，我们看到的则是相当激进的经验主义观点。

经验主义一词也被运用于这样一些态度和观点，它们的特点并不是一种严格的认识论立场，而是表达了对于经验科学的一种肯定态度，以及对逻辑上不清晰、经验上无法证实的思辨体系的一种怀疑态度。这样一种怀疑的开放的态度，加上对概念澄清和经验控制的追求，后来成为18世纪——尤其在英国——的很大一部分精神生活的特征。如果我们把这种态度称作经验主义，那么这种经验主义显然并不受我们前面在激进的经验主义知识论方面提到的那些论据的影响。如果经验主义就是这种态度的话，那么我们可以毫无保留地称洛克为一个经验主义者——尽管我们同时是否还可以称他为这种经验主义之父，是有疑问的，因为某种经验主义的态度也可以在早先一些哲学家那里找到。我们可以补充说，这样一种经验主义态度今天在许多方面是我们的科学文明的一个内在部分。[5]

有关经验主义我们可以做的另一个区别，是我们可以称作概念经验主义的观点与证实经验主义之间的区别。概念经验主义大致是那种认为概念产生于经验的认识论立场，而证实经验主义大致是认为陈述最终由经验(观察)来证实的认识论立场。[6]两种立场都可以用不同方式来介绍，取决于关于经验、概念、对陈述的证实和证伪的不同理解。概念经验论旨在澄清是什么使得概念成为有意义的(概念的有意义的使用是陈述之为真的必要但非充分的条件)。证实经验论旨在澄清我们如何确认和否认陈述——我们可以怎样知道它们是真的或假的——不管它们是理论陈述还是观察陈述。

第二节　政治理论——个人及其权利

洛克像霍布斯一样把个人看作是基本单元，把国家看作是由个人之间的社会契约创造的产物，从而认为自然状态是由此而废除的。在这种意义上，自然状态的学说的作用并不是一种关于国家起源的学说，并不是关于国家实际上如何产生的学说，而是一种说明国家是什么、并由此为国家提供合法性的学说。但是这些概念在洛克的思想中具有一种较为温和的性质：它们并不像在霍布斯那里一样意味着每个人反对每个他人的斗争，一个赤裸裸的自我保存和绝对主义原则。有一些自由的公民，他们从开明的自利出发，生活在一个由法律治理的代议政府的社会里，在其中公民个人被确保某些权利，尤其是拥有财产的权利。

洛克的自然状态并不是一个无政府的战争状态，而是一种个人拥有无限制自由的生活形式。这里，人类天性都是平等的。这种平等是我们可以从内心来承认的东西。平等意味着做我们自己的主人的自由，只要我们不伤害任何其他人。进一步说，这种平等和自由意味着我们自由地支配我们自己的身体，因而支配我们用我们的身体所取得的任何东西，也就是我们劳动的结果即财产。当个人们设法逃避自然状态、进入有政治秩序的社会时，这并不是因为害怕死亡，而是因为他们意识到，他们在一个有政治秩序的社会中要比在自然状态中更安全。

这里我们可以说，与霍布斯相反，洛克把以下两者区别开来：社会是自发地、有规则地运作的，它可以存在于一种自然状态之中，而国家则代表一种政治安排，并且是一个政治契约的产物。对洛克来说，一个有政治秩序的社会并不是一个专制社会。它是一个由多数人统治的、服从某些规定的社会：每个个人都拥有任何统治者都不能染指的不可侵犯的权利。因此这是一种立宪统治。对洛克来说，个人自由的最大化，基于个人权利的立宪政府，这是一个铜板的两面。对霍布斯来说，国家的目的是确保安全、保卫个人生存。对洛克来说，国家的目的首先是保护私有财产。这里，洛克的观点当然是与古代和中世纪的那个共同意见相对立的，即国家的任务首先是伦理的：使善的生活成为可能，使人在共同体中的伦理——政治的自我实现成为可能。根据这个传统观点，确保私有财产不如这个基本的伦理任务来得重要。保卫财产之作为一个目标，仅仅是因为这种保卫是人们过有价值的生活所需要的。因此，从传统的眼光来看，洛克把重点放在国家首先应该保护财产这一点上，是令人吃惊的。因此，洛克给予这一点的重视，不妨看作是他那个时代的那个占主导地位的观点的反映，即保护私有财产是头等重要的事情。

洛克还有一个关于劳动和财产权利之间关系的理论。在自然状态中，在社会建立之前，人们可以自由使用身边的任何东西。但是当个人加工一个自然物，比方说用树木造船时，个人把某种他或她自己的东西放进了那个自然物之中。个人具有了对该物的兴趣，该物成了私人财产。当个人通过一个契约从自然状态过渡到社会时，社会不言而喻是应该保护这种私人财产的。[7]

洛克并不主张自由放任的自由主义，也就是一种国家在其中起最小作用、放任富人自由行事的经济制度。像那时——17 世纪末的英国——他的多数同胞一样，洛克支持的是这样一个经济制度，国家在其中扮演一种针对其他国家的当地产业和类似产业的保护主义角色。国家应该保护私有财产，维持秩序，对其他国家实行贸易保护主义政策，但不对贸易和产业实行监督和控制。经济应该建立在私有资本的基础上。国家也不应该干预社会问题，比方说管制个人收入，改善穷人的生活条件。在这个领域，洛克走的是激进自由主义的道路：个人自己的劳动是基础；国家应该确保的是公民的法律平等而不是社会平等和经济平等。就像在自由放任的自由主义中一样，洛克好像认为在个人的利己主义和共同的善之间，存在着一种自由的和谐。[8]

洛克认为主权在共同体中的公民那里。但是既然公民已经批准了社会契约，他们就必须接受多数人的意志。他这样便明确地反对专制主义：所有公民的总和的意志，而不是借助于上帝恩典的君主，才是具有主权地位的。但是一旦社会契约被批准，多数人就应当统治，要说清楚为什么这样，并不容易。为什么要把少数人从他们原则上也参与的主权的实际实施中排除出去？回答是实用的：社会要能运转，少数人就必须服从多数人。但这个回答还不满意。当一个强大的少数派统治的时候，社会难道不能运转吗？

但是洛克对多数统治的强调，符合当时的市民阶层所追求的法律平等——其对立面是贵族的传统特权。但是洛克并不支持带有普选权的代议政府意义上的多数统治。洛克并不主张每个人都应该拥有投票权。他很满意 1689 年以后的政治制度，在这种制度中，投票权仅限于拥有财产的阶级：中产阶级和贵族。自由主义的公民民主对于洛克来说是拥有公民权的人们的民主。这样，我们关于洛克理论中多数意志所说的，不应该做字面上的理解。

除此之外，有必要指出，洛克关心的是限制统治者的权力。行政权和立法权不应该集于一身。这里，洛克支持政府中权力分立的原则（参见孟德斯鸠）。自然权利的概念对洛克来说是建立在所有人的不可侵犯的人权的基础之上的。这个观念对洛克来说具有重要作用：这些权利应该在国家的干预面前确保个人的私有财产。这种版本的自然权利在公民反对专制主义、保卫自己的政治斗争中具有重要意义。[9]

但在我们这里所介绍的洛克的政治哲学中，还有某种冲突：一方面是所有人享有同样权利这个命题，另一方面则要保护一个权力掌握在有财产者手中的政治秩序。这个冲突如何解决？

要解决这个问题，我们必须回到洛克关于自然状态和社会赖以建立的社会契约的理论。与自然状态相联系，洛克强调所有人都是平等的："这也是一种平等的状态，在这种状态中，一切权力和管辖权都是相互的，没有一个人享有多于别人的权力。极为明显，同种和同等的人既然毫无差别地生来就享有自然的一切同样的有利条件，能够运用相同的身心能力，就应该人人平等，不存在从属或受制关系。"[10]但与此同时，他又一边不断地提到自然状态，一边说："因此我的马所吃的草、我的仆人所割的草以及我在同他人共同享有开采权的地方挖掘的矿石，都成为我的财产，毋需任何人的让与或同意。"[11]那么这"仆人"不是一个平等的个人吗？相反，在后面引用的那段话中，仆人被置于与马同样的位置上。仆人和马所做的工作成为"我的财产"。这表明，在洛克的时代，仆人并没有被放在政治共同体的一个成员行列当中：当人们在谈论人民、谈论个人的时候，他们所指的一般是中产阶级和贵族。[12]

对洛克来说，个人是指彼此间自愿订立协议或契约的成年人。正义的社会安排，是那些可以作为这种契约之结果而重构出来的东西。这是个现代的观点：个人——也就是说不具有封建纽带和等级安排的成年人——从开明的自利出发自由地决定社会该如何组织。洛克也把对人际关系中的契约的这种看法运用于婚姻："夫妻社会是基于男女之间的自愿合约构成的。虽然它主要包括着为其主要目的，即生殖所必需的那种对彼此身体的共有和权利。"[13]从后来人的眼光来看，那么多人际关系都想用自愿契约的观念来分析，似乎是过于简单化了，但重要的是意识到，在洛克的时代，像“个人”和“契约”这样的概念代表了对任何人际关系——从政治和经济一直到婚姻——的一些新的和激动人心的看法。对关于个人和契约的这个思路——在政治和法律理论中，在经济思想内部，在关于私人领域(女子和男子的关系、孩子和双亲的关系)的理论内部——我们将进行考察，一直到对契约论思想及其对个人的选择合理性的信念的批判为止。这样，大卫·休谟用激情和协议(conventions)来代替契约论思想；埃德蒙·柏克诉诸传统，而黑格尔则强调内在于社会化当中的相互教化过程，并批判——比方说——康德所提出的那种把婚姻当作契约的观点。

在记住这一系列问题的同时，我们将考察洛克关于自然状态的三个观点：

1．起初所有人类都共有一切东西，但个人有义务照管好自己，因而有义务劳动。但是“每人对他自己的人身享有一种所有权，除他以外任何人都没有这种权利。他的身体所从事的劳动和他的双手所进行的工作，我们可以说，是正当地属于他的。所以只要他使任何东西脱离自然所提供的和那个东西所处的状态，他就已经掺进他的劳动，在这上面参加他自己所有的某些东西，因此使它成为他的财产。”[14]个人的劳动赋予他或她拥有其产品的权利。这意味着财产最终成为私人财产，继承得来的财产不赋予财产权。这一切适用于自然状态。随着向有政治秩序的社会的过渡，所有权被保留下来；同时，洛克接受了财产通过继承的原则——这一原则与他的第一个论点即私人财产是个人自己劳动的结果是不相容的。

2．个人有权利拥有他尽其所能使用的那么多的财产。他并没有权利去浪费他由于其劳动而拥有的东西。因为洛克在这里谈论的是一种基于实物交换的经济，他认为所有权对每个人都有自然的限度。一个人所种植的、他自己所享用的庄稼是他的私人财产。但是无人有权利听任庄稼烂掉。

3．最后，洛克假定存在着足够的资源来满足所有人类的基本需要。为论证这一点，他说每人都有足够的土地，而且，对土地的加工就是本质上使我们的财产增值的事情。关于我们的资源的范围，他所说的话包括这样一段：“世界上尚有足够的土地供成倍居民的需要。”[15]在那个时候，人口是5亿左右。不到200年以后，人口就翻了一番。今天，人口已经增长了10倍。

这样，在洛克看来，既然每个人都靠自己的劳动为生但不浪费东西，而每个人又有足够的资源，在人们之间就有某种和谐的平等。这种版本的自然状态因而具有这样的特点：实物交换，由个人努力所创造并以此为限的私有财产，以及私人消费。但是“货币的出现和人们默许同意赋之以一种价值，形成了（基于同意）较大的占有和这些占有物的权利”。[16]换句话说，在政治性的社会契约之前的某一点上，人们已经订立了一种引进货币的“默许和自愿的同意”。[17]随着货币的出现，产生了土地的不公平分配。因为用货币，也就是银子和金子，一个人可以“通过获得金子和银子来正当地、没有伤害地占有多于他能够使用的东西，而这些金属在占有人手中可以长久保存，而不造成剩余物的败坏”。[18]货币不像庄稼，我们可以贮藏而不至于腐烂生锈。货币即使大量取得也不会毁坏。因此，每个人可以正当地取得的东西，就不再有自然的限度。洛克提出这些思想，有这样一个前提：资源足够每个人所用，私人财产是个人自己劳动的结果。

这样，随着货币的出现，一种物质不平等发展起来了。有些人拥有许多，其他人则拥有很少。但这种不平等通过货币的引入而产生于个人之间的自愿的契约。大宗财产便是这样正当地产生的。穷人因而没有理由抱怨，因为在洛克看来大家都已经订立了那份要引入货币的契约。在这一点上，政治意义上的社会还没有建立。我们仍然处在自然状态。因此，没有理由因为随着货币的引入而产生的物质不平等而责怪政治意义上的社会。

政治社会被认为是由一项新的契约而产生的，那就是真正意义上的社会契约。但为什么这样的契约是必要的呢？在这种经过修正的、有货币的自然状态中，事情不是运转得很好吗？有两个理由要求离开这种自然状态：每个人都对确保生命感兴趣，而那些拥有财产的人对确保这种财产感兴趣。因此，每个人都对这样一种社会契约感兴趣，即使前提发生了变化。

这样，我们最后得到的政治社会，本质上就是洛克时代的英国社会，也就是说，17 世纪中期内战期间的英国社会。这种社会处于这样一种状态：政治权力掌握在财产拥有者手中，某些法律权利由所有公民共享。洛克的理论的出发点是断定每个人是平等的，但它怎么为一个基于经济不平等和政治不平等的社会提供合法性呢？一种政治理论怎么可能一方面提出每个人都拥有不可侵犯的权利，另一方面又为经济不平等、把投票权局限于财产拥有者而进行辩护呢？

我们已经看到，对这种经济不平等，洛克不是归咎于社会的一个毛病，而是归结为由大众个人自由地达成的一个自愿的同意。

洛克还认为，那些拥有财产的人就是把社会中的理性付诸实践的人。因为那些投票和行使政治权力的人应该是具有理性的人，这意味着投票权和其他政治权利是应该专门留给财产拥有者的。这意味着物质的不平等，也就是财产的不平等，是与理性和政治权力的不平等相一致的。引入货币的自愿同意造成的结果还真不少！但下层的人们不能为这些不平等而责怪社会或上层的人们，因为这种不平等事实上就是从这种自愿同意中引出来的。但是即使那些一无所有的人也可能是有理性的。即使他们也有可能改善自己、获得合理性。这里我们看到了在启蒙运动那里看到的进步信念的种子：通过物质的和文化的进步，所有人原则上都可以最后成为有理性的公民。对进步的信念于是就可以使人们更易于接受目前的不平等：每个人将来都会过得很好。

通过对洛克政治理论的这种诠释，洛克变成了他当时的英国现状的辩护士：他通过关于不可侵犯的个人权利的普遍而人性的原则——其中介要素是自愿性契约这个概念——而赋予这种现状以合法性。但同一些观念在像法国这样的其他国家，却带上了一种不同的、更具有社会批判性的含义。通过启蒙时期的法国哲学家以及美国革命(开国元勋)，[19]洛克的政治思想对后世的发展产生了重大影响。

简言之，我们可以说，洛克是资本主义这样一个时期中的自由主义的思想代表，在这个时期，市民阶层不需要一个绝对君主来约束贵族、统一民族国家，而希望废除绝对君主制、直接支配政府。洛克的资本主义的出发点是社会契约，不可侵犯的个人权利，以及将主权放在人民手中的政治理想。因此，立法权应该由一个代表资产阶级和土地拥有者的国民议会来行使，而行政权则应该掌握在一个尊重不可侵犯的个人权利的政府手中。

思考题

1. 洛克是怎么看待知识和感性经验（知觉）之间的关系的？这种观点如何能够导致一种知识批判？
2. 请说明社会契约的概念是如何在洛克的政治哲学中具有根本意义的，并澄清他对于个人权利的看法。
3. 请澄清霍布斯和洛克的政治理论的基本特征，并讨论这样一个主张："现代的自然状态和社会契约理论代表了与古代基本政治概念（如在柏拉图和亚里士多德那里）的一个彻底决裂。"

进一步阅读的建议

原始文献

Two Treatises of Government, critical edition with introduction and notes by Peter Laslett, Cambridge, 1970.

"An Essay Concerning Human Understanding", in *The English Philosophers from Bacon to Mill*, New York, 1939.

二手文献

Macpherson, C. B., *The Political Theory of Possessive Individualism. Hobbes to Locke*, Oxford, 1964.

Yolton, J. W., *John Locke and the Way of Ideas*, Oxford, 1956.

原著选读

洛克：《政府论下篇——论政府的真正起源、范围和目的》

（选自《政府论下篇》，叶启芳、瞿菊农译，商务印书馆 1964 年版）

第二章 论自然状态

4. 为了正确地了解政治权力，并追溯它的起源，我们必须考究人类原来自然地处在什么状态。那是一种完备无缺的自由状态，他们在自然法的范围内，按照他们认为合适的办法，决定他们的行动和处理他们的财产和人身，而毋需得到任何人的许可或听命于任何人的意志。

这也是一种平等的状态，在这种状态中，一切权力和管辖权都是相互的，没有一个人享有多于别人的权力。极为明显，同种和同等的人们既然毫无差别地生来就享有自然的一切同样的有利条件，能够运用相同的身心能力，就应该人人平等，不存在从属或受制关系，除非他们全体的主宰以某种方式昭示他的意志，将一人置于另一人之上，并以明确的委任赋予他以不容怀疑的统辖权和主权。

6．虽然这是自由的状态，却不是放任的状态。在这状态中，虽然人具有处理他的人身或财产的无限自由，但是他并没有毁灭自身或他所占有的任何生物的自由，除非有一种比单纯地保存它来得更高贵的用处要求将它毁灭。

第五章　论财产

27．土地和一切低等动物为一切人所共有，但是每个人对他自己的人身享有一种所有权，除他以外任何人都没有这种权利。他的身体所从事的劳动和他的双手所进行的工作，我们可以说，是正当地属于他的。所以只要他使任何东西脱离自然所提供的和那个东西所处的状态，他就已经掺进他的劳动，在这上面参加他自己所有的某些东西，因而使它成为他的财产。既然是由他来使这件东西脱离自然所安排给它的一般状态，那么在这上面就由他的劳动加上了一些东西，从而排斥了其他人的共同权利。因为，既然劳动是劳动者的无可争议的所有物，那么对于这一有所增益的东西，除他以外就没有人能够享有权利，至少在还留有足够的同样好的东西给其他人所共有的情况下，事情就是如此。

28．谁用橡树下拾得的橡实或树林的树上摘下的苹果果腹时，谁就确已把它们拨归己用。谁都不能否认，食物是完全应该由他消受的。因此我要问，这些东西从什么时候开始是属于他的呢？是在他消化的时候，还是在他吃的时候，还是他煮的时候，还是他把它们带回家的时候，还是他捡取它们的时候呢？很明显，如果最初的采集不使它们成为他的东西，其他的情形就更不可能了……因此我的马所吃的草、我的仆人所割的草皮以及我在同他人共同享有开采权的地方挖掘的矿石，都成为我的财产，毋需任何人的让与或同意。我的劳动使它们脱离原来所处的共同状态，确定了我对于它们的财产权。

31．……所以，考虑到在很长一段时期内，世界上天然物资丰富，消费者很少，一个人以勤劳所能获得的并对它独占而不让别人分享的一部分物资（特别是限于理性所规定的可以供他使用的范围）数量很小，那时对这样确定的财产大概就很少发生争执或纠纷。

36．……但是不管怎样，这还不是我所要强调的。而我敢大胆地肯定说，假使不是由于货币的出现和人们默许同意赋予土地以一种价值，形成了（基于同意）较大的占有和对土地的权利，则这一所有权的法则，即每人能利用多少就可以占有多少，会仍然在世界上有效，而不使任何人感到困难，因为世界上尚有足够的土地供成倍居民的需要。关于货币所形成的情况，我将逐渐更充分地加以说明。

40．劳动的财产权应该能够胜过土地的公有状态，这个说法在未经研讨之前也许会显得奇怪，其实不然。因为正是劳动使一切东西具有不同的价值。如果任何人考虑一下 1 英亩种植烟草或甘蔗、播种小麦或大麦的土地同 1 英亩公有的、未加任何垦殖的土地之间的差别，他就会知道劳动的改进作用造成价值的绝大部分。我认为，如果说在有利于人生的土地产品中，9/10 是劳动的结果，这不过是个极保守的计算。如果我们正确地把供我们使用的东西加以估计并计算有关它们的各项费用——哪些纯然是得自自然的，哪些是从劳动得来的——我们就会发现，在绝大多数的东西中，99%全然要归之于劳动。

50．但是，既然金银与衣食车马相比，对于人类生活的用处不大，其价值只是从人们的同意而来，而且大部分还取决于劳动的尺度，这就很明显，人们已经同意对于土地可以有不平均和不相等的占有。他们通过默许和自愿的同意找到一种方法，使一个人完全可以占有其产量超过他个人消费量的更多的土地，那个方法就是把剩余产品去交换可以窖藏而不致损害任何人的金银；这些金属在占有人手中不会损毁或败坏。人们之所以能够超出社会的范围，不必通过社会契约，就这样把物品分成不平等的私有财产，只是由于他们赋予金银以一种价值并默认货币的使用。而政府则以法律规定财产权，土地的占有是由成文宪法加以确定的。

第七章　论政治的或公民的社会

78．夫妻社会是基于男女之间的自愿合约构成的。虽然它主要包含着为其主要目的，即生殖所必需的那种对彼此身体的共有和权利，然而它还带有互相扶养和帮助以及对于利益的共享，这不但为巩固他们的互相照顾和亲密感情所必要，而且亦为他们共同的子女所必要，因为他们的子女有权利得到他们的养育扶持，直到他们能够自立为止。

81．不过，虽然对人类的这些约束使夫妻关系比其他动物较为牢固和持久，人们却有理由可以问，为什么这种保障生殖和教育并照顾到继承的合约，不可以同其他任何自愿的契约那样，基于同意、或在一定时间、或根据某些条件使它终止呢，因为就事情的性质和目的来看，这并不应该总是终身的——我指的是不受任何规定所有这类合约为永久性的明文法约束的这样一些契约。

85．主人和仆人是和历史同样古老的名称，但是获得这些名称的人的条件很不相同。一个自由人向另一人出卖在一定时期内他所提供的劳役以换取工资，从而使自己成为另一人的仆人；并且，虽然这一行为通常使他处在主人的家庭内，受一般的纪律管束，然而这只给主人以暂时支配他的权力，而且不超越他们之间契约中所规定的范围。但是另外还有一种仆人，我们以一个特殊的名称叫他们为奴隶，他们是在一次正义战争中被获的俘虏，基于自然权利要受他们主人的绝对统辖权和专断权力的支配。像我所说过的，这些人既已放弃了他们的生命权，因而也放弃了他们的自由，丧失了他们的财产——处在奴隶状态中不能有任何财产——他们就不能在那种状态中被认为是政治社会的任何部分，因为政治社会的首要目的是保护财产。

87．前面已经论证，人们既生来就享有完全自由的权利，并和世界上其他任何人或许多人相等，不受控制地享受自然法的一切权利和利益，他就自然享有一种权力，不但可以保有他的所有物——即他的生命、自由和财产——不受其他人的损害和侵犯，而且可以就他认为其他人罪有应得的违法行为加以裁判和处罚，甚至在他认为罪行严重而有此需要时，处以死刑。但是，政治社会本身如果不具有保护所有物的权力，从而可以处罚这个社会中一切人的犯罪行为，就不成其为政治社会，也不能继续存在；真正的和惟一的政治社会是，在这个社会中，每一成员都放弃了这一自然权力，把所有不排斥他可以向社会所建立的法律请求保护的事项都交由社会处理。于是每一个别成员的一切私人判决都被排除，社会成了仲裁人，用明确不变的法规来公正地和同等地对待一切当事人；通过那些由社会授权来执行这些法规的人来判断该社会成员之间可能发生的关于任何权利问题的一切争执，并以法律规定的刑罚来处罚任何成员对社会的犯罪；这样就容易辨别谁是和谁不是共同处在一个政治社会中。凡结合成为一个团体的许多人，具有共同制订的法律，以及可以向其申诉的、有权判决他们之间的纠纷和处罚罪犯的司法机关，他们彼此就都处在公民社会中；但是那些不具有这种共同申诉——我是指在人世间而言——的人，还是处在自然状态中，因为既然没有其他的裁判者，各人自己就是裁判者和执行人，这种情况，如我在前面已经说明的，是纯粹的自然状态。

洛克：《人类理解论》

（选自《人类理解论》，关文运译，商务印书馆 1959 年版）

第二卷第一章　观念通论以及观念的起源

1. 观念是思维的对象——人人既然都意识到，自己是在思想的，而且他在思想时，他的心是运用在心中那些观念上的，因此，我们分明知道，人在心中一定有一些观念，如“白、硬、思、动、人、象、军、醉”等名词所表示的。在这里，我们第一就该问，他是如何得到那些观念的？……

2. 一切观念都是由感觉或反省来的——我们可以假定人心如白纸似的，没有一切标记，没有一切观念，那么它如何会有了那些观念呢？人的匆促而无限的想象既然能在人心上刻画出几乎无限的花样来，则人心究竟如何能得到那么多的材料呢？他在理性和知识方面所有的一切材料，都是从哪里来的呢？我可以一句话答复说，它们都是从“*经验*”来的，我们的一切知识都是建立在经验上的，而且最后是导源于经验的。我们因为能观察所知觉到的外面的可感物，能观察所知觉、所反省到的内面的心理活动，所以我们的理解才能得到思想的一切材料。这便是知识的两个来源；我们所已有的，或自然要有的各种观念，都是发源于此的。

3. 感觉的对象是观念的一个来源——第一点，我们的感官，在熟悉了特殊的可感的物象以后，能按照那些物象刺激感官的各种方式，把各种事物的清晰知觉传达于人心。因此，我们就得到了黄、白、热、冷、软、硬、苦、甜，以及一切所谓可感物等观念。我所以说，各种感官能把这些观念传达在心中，亦就是说，它们把能产生知觉的那些东西，传达在心中。我们观念的大部分，既导源于感官，也是由感官进到心中的，因此，我们便叫这个来源为“*感觉*”。

4. 心理活动是观念的另一个来源——第二点，经验在供给理解以观念时，还有另一个源泉，因为我们在运用理解以考察它所获得的那些观念时，我们还知觉到自己有各种心理活动。我们的心灵在反省这些心理作用，考究这些心理作用时，它们便供给理解以另一套观念，而且所供给的那些观念是不能由外面得到的。属于这一类的观念，有知觉（perception）、思想（thinking）、怀疑（doubting）、信仰（believing）、推论（reasoning）、认识（knowing）、意欲（willing），以及人心的一切作用。这些观念都是我们所意识到，都是我们在自身中所观察到的，而我们的理解所以能得到那些清晰的观念，乃是因为有这些心理作用，亦正如我们的理解所以能得到前一些观念，是因为有能影响感官的各种物象似的。这种观念的来源是人人完全在其自身所有的；它虽然不同感官一样，与外物发生了关系，可是它和感官极相似，所以亦正可以称为内在的感官。不过我既然叫前一种为感觉，所以应叫后一种为“*反省*”。因为它所供给的观念，只是人心在反省自己内面的活动时所得到的。在本书以下的部分，我在用反省一词时，就是指人心对自己活动所加的那层注意：有了这种注意我们才能在理解中有了这些活动的观念。总而言之，外界的物质东西，是感觉的对象，自己的心理作用是反省对象，而且在我看来，我们的一切观念所以能发生，两者就是它们惟一的来源。此外，我还要补述的，就是，我在这里所用的*活动*(operations)一词，乃是用的广义，它不但包括了人心对于自己观念所起的一切动作，而且亦包括了有时由观念所起的一些情感，就如由任何思想所发生的满意或不快便是。

5. 我们所有的观念总是由两者之一来的——在我看来，我们理解中任何微弱的观念都是由这两条途径中之一来的。*外界的物象*使理解得到各种可感性质的观念，这些观念就是那些物象在我们心中所产生的各种不同的知觉。至于*心灵*则供给理解以自己活动的观念。

……我们可以先让任何人来考察自己的思想，并且彻底搜索自己底理解，然后再让他告诉我们，他心中所有的全部原始观念，究竟是不是他的感官的对象的观念，或他所反省的心理活动(这些活动当然亦可以当作对象)的观念。

24. 一切知识的来源——嗣后，人心又开始反省它自己在感觉观念上所发生的各种作用，因此，它就又得到一套新观念，这套观念便是反省观念。人心以外的物象在感官上先印了一些印象。至于由人心自己的内在能力所发生的各种作用，则在人心反省这些作用时，亦能成了思维的对象。这些作用，同前一种印象，如我以前所说，就是一切知识的起源。……一切崇高的思想虽然高入云霄，直达天际，亦都是导源于此，立足于此的。人心虽然涉思玄妙，想入非非，可是尽其驰骋的能力，亦不能稍超出*感官*或*反省*所供给它的那些思维的材料——观念——以外。

25. 在接受简单的观念时，理解大部分是被动的——在这一方面，理解只是被动的。它是否要有这些知识的起源或材料，不是它自己的能力所能决定的。因为不论我们甘心与否，而感官的各种对象一定会把它们的特殊观念强印在人心上；既然如此，则我们的心理作用一定会使我们对它们至少发生了一种含糊的意念。一个人在思想时，总不能完全不知道自己所想的是什么。这些简单的观念既然呈现于理解，则理解便不能拒绝接受，而且它们既然印在那里，它亦不能把它们改变了，涂抹了，重制造新的。这个正如一面镜子不能拒绝，不能改变，不能涂抹它面前各种物象在它以内所印的各种影像或观念似的。

第二章　简单观念

1. 单纯的现象——要明白了解我们知识的本质、方式和限度，则我们应当在自己的观念方面，仔细注意一件事；就是说，有的观念是*简单的*，有的观念是*复杂的*。

刺激各种感官的各种性质，在事物本身虽然都是联络着，混合着，以至于都不能分离，没有距离；不过我们分明看到，它们经过各种感官以后在心中所产生的观念，却是单纯而非混杂的。因为视觉和触觉虽然常从同一物象同时接受到各种观念——就如人同时能看到运动和颜色，手能感到同一蜡块的柔度和热度——可是在同一主体中结合着的那些简单的观念，都是完全清晰的，就仿佛由不同的感官来的那些观念一样。人由冰块所感到的冷和硬，在心中都是独立的观念，正如百合底香气和白色似的，亦正如玫瑰底甜味和香气似的。一个人知觉得最分明的，就是这些清晰明白的简单观念。这些观念本身各各既都是单纯不杂的，因此，它们只含有一种纯一的现象，只能引起心中纯一的认识来，并不能再分为各种不同的观念。

2. 这些简单的观念，不是人心所能造的，亦不是人心所能毁的——这些简单的观念，就是一切知识的材料，它们所以得提示得供给于心中，只凭上述的两条途径：就是凭着感觉和反省。理解一贮有这些简单的观念以后，它便有力量来复述，来比较，来结合它们，有时甚至几乎能做出无限的花样来；因此，它就可以任意造出新的复杂观念来，不过人的智力无论如何高超，理解无论如何扩大，它们亦没有能力凭着神速而变幻的思想，在上述途径之外，来发明、造作新的简单观念。而且那些观念只要一在那里存在，则理解便没有任何力量来消灭它们。……

第八章　关于简单观念的进一步考察

9. 物体的第一性质(primary qualities)——我们所考察的物体中的性质可以分为两种：第一种不论在什么情形之下，都是和物体完全不能分离的；物体不论经了什么变化，外面加于它的力量不论多大，它仍然永远保有这些性质。在体积较大而能为感官所觉察的各物质分子方面讲，“感官”是能恒常感到这些性质的，在感官所感不到的个别微细物质分子方面讲，“人心”亦是恒常能看到这些性质的。你如果把一粒麦子分成两部分，则每部分仍有其凝性、广袤、形相、可动性；你如果再把它分一次，则它仍有这些性质。你纵然一直把它们分成不可觉察的各部分，而各部分仍各各能保留这些性质。因为分割作用(磨、杵，或其他物体所能做的，亦只是能把麦子分成不可觉察的部分)并不能把任何物体的凝性、广袤、形相和可动性取消了，它只能把以前是一体的东西，分成两个或较多的单独物团，这些独立的物团，都是独立的实体，它们分割以后，就成了一些数目。总而言之，所谓凝性、广袤、形相、运动、静止、数目等等性质，我叫它们做物体的原始性质或第一性质，而且我们可以看到它们能在我们心中产生出简单的观念来。

10. 物体的第二性质(secondary qualities)——第二种性质，正确说来，并不是物象本身所具有的东西，而是能借其第一性质在我们心中产生各种感觉的那些能力。类如颜色、声音、滋味等等，都是借物体中微细部分的体积、形相、组织和运动，表现于心中的；这一类观念我叫做第二性质。

注释

[1] 参见科学哲学中由逻辑实证主义和波普尔关于证伪的命题所开始的争论，随后的争论围绕库恩进行，加上阿佩尔和哈贝马斯(第二十三章和第二十四章)。

[2] Locke, *An Essay Concerning Human Understanding*, Book Ⅱ, “Of Ideas”, Chapter 1, “Of Ideas in General, and their Original”, §2.(中译文参考关文运译《人类理解论》，洛克著，商务印书馆1981年，上册，第68页。——译者)

[3] 参见分析哲学中关于“感觉与料”的争论，如Alfred Jules Ayer (1910—1989)的*The Foundations of Empirical Knowledge*, London, 1940。

[4] *An Essay Concerning Human Understanding*, Book Ⅳ, Chapter Ⅲ, §18.

[5] 洛克像阿奎那一样设法在概念上把握他的整个时代的精神，就此而言他是他那个时代的托马斯·阿奎那式的人物。这样的话，洛克哲学中的含糊性可以与他的时代的含糊性联系起来：不仅存在着不同形式的哲学思想，而且社会也四分五裂、处于过渡之中。洛克对心灵和经验的含糊观点使得有可能对他做两个方向的阅读——“向后读”，也就是

从阿奎那的角度来读，从而心灵构成了基于感官提供的材料的抽象；“向前读”，也就是沿着康德的方向来读，从而心灵积极地赋予经验材料以形式。

[6] 关于后者，参见第二十三章，逻辑实证主义。

[7] 如我们后面将看到的，关于价值是什么的种种理论(亚当·斯密和卡尔·马克思)都是从商品价值就是加于其中的劳动的观点出发的。

[8] 从自由放任的自由主义到社会自由主义的过渡，大致是在19世纪中期，因为人们意识到，没有社会平等和经济平等的无限制的私人创造，照例是不会导致对每个人都最好的结果的。

[9] 如果洛克居然是一位激进的经验主义者的话，在一种经验主义认识论和一种支持自然权利的观点之间就会存在着一种矛盾。经验主义者怎么可能**知道**个人拥有不可侵犯的权利？哪个简单的感觉印象告诉他们，我们**不应该**违反这些权利？

[10] *Two Treatises of Government*， Part Ⅱ， §4.(中译文引自洛克：《政府论下篇》，叶启芳、瞿菊农译，商务印书馆，1996，第5页。——译者)

[11] 同上书， §28。(中译文引自同上书，第20页。——译者)

[12] 在自由主义中，“个人”这个概念通常并不适用于儿童、妇女和仆人，相反，它适用于一家之主： 正是他通过对私有资本的处置而缔结契约并将利益和快乐加以合理地最大化。自由主义赋予个人的属性对女仆和马夫不那么适合。

[13] *Two Treatise of Government*， Part Ⅱ， §78. 中译文引自洛克：《政府论下篇》，第49页。

[14] 同上书， §27。(中译文引自该书中译本第19页。——译者)

[15] 同上书， §36。(中译文引自该书中译本第24页。——译者)

[16] 同上书， §36。(中译文参照该书中译本第24页。——译者)

[17] 同上书， §50。(中译文引自该书中译本第32页。——译者)

[18] 同上书， §50。(中译文参照该书中译本第32页。——译者)

[19] 参见杰弗逊(1732—1826)对“自然法则”和“不言而喻”这些说法的使用：

美利坚合众国十三个州代表集会通过的宣言(亦即《独立宣言》，这里用的是杰弗逊最初用的题目)：

1776年7月4日

在人类历史事件的进程中，当一个民族必须解除其与另一个民族之间迄今所存在着的政治联系、而在世界列国之中取得那“自然法则”和“自然神明”所规定给他们的独立与平等的地位时，就有一种真诚的尊重人类公意的心理，要求他们一定要把那些迫使他们不得已而独立的原因宣布出来。

我们认为这些真理是不言而喻的： 人人生而平等，他们都从他们的“造物主”那边被赋予了某些不可转让的权利，其中包括生命权、自由权和追求幸福的权利。为了保障这些权利，所以才在人们中间成立政府。而政府的正当权力，则系得自被统治者的同意。如果遇有任何一种形式的政府变成损害这些目的的，那么，人民就有权利来改变它或废除它，以建立新的政府。这新的政府，必须是建立在这样的原则的基础之上，并且是按照这样的方式来组织它的权力机关，庶几就人民看来那是最能够促进他们的安全和幸福的。诚然，谨慎的心理会主宰着人们的意识，认为不应该为了轻微的、暂时的原因而把设立已久的政府予以变更；而过去一切的经验也正是表明，只要当那些罪恶尚可容忍时，人类总是宁愿默然忍受，而不愿废除他们所习惯了的那种政治形式以恢复他们自己的权利。(中译文引自董云虎编著《人权基本文献要览》，辽宁人民出版社，1994，沈阳，第11页。——译者)

第十二章
经验主义与知识批判

第一节　贝克莱——对经验主义的内部批判

生平　乔治·贝克莱(George Berkeley，1685—1753)是一位英格兰-爱尔兰哲学家，担任克罗因(Cloyne)[1]的英国国教主教。他最有名的著作是《人类知识原理》(1710)和《希勒斯和斐洛诺斯三篇对话》(1713)。

“存在”就是“被感知”：唯心主义的经验论

贝克莱自认为既是反对形而上学而维护常识的人，同时又是反对无神论和唯物论而主张有神论的(基督教的)观点的人。他认为自己能够把这些观点调和起来，也就是把常识和基督教信仰调和起来，其办法是说物质并不存在，上帝通过我们的知觉与我们直接沟通。贝克莱通过对像洛克这样的早期经验论者的认识论基本思想作批判性的发挥而提出这样一些观点。

洛克曾经把第一性的质与第二性的质区别开来。第一性的质——广延、形状和硬度——按照其在事物本身中的样子而被我们把握。但颜色、气味、滋味等等的印象，我们以为它们产生于事物，却并不表达事物中同样的性质。相反，事物通过对我们感官的影响而引起这些印象。

这就是感性性质的主观性的命题：我们通过来自外物的某

些刺激的影响——如颜色和滋味那样的性质——而把握外部事物。也就是说，这些性质无法在事物本身当中找到，而通过来自事物的印象在我们身上产生。

因此，洛克把向我们呈现的世界（观念、感觉印象）与独立于我们的感官、其本性我们只能推论出来的实际上所是的世界区分开来。贝克莱拒绝这个观点，而认为我们所感觉的就是现实的和惟一的世界。在我们的知觉之外，并不存在（似乎）引起我们所经验的世界的不可感知对象。贝克莱的论据是，维持这样一种区别是没有意义的：我们能想象没有颜色（一种感性的质）的广延（一种第一性的质）吗？不能，贝克莱说。广延的观念，比如说在玫瑰花那里，是无法离开某种关于颜色的概念而被想象的。我们固然可以通过思想实验而消除玫瑰的红色，但是当我们想到玫瑰的广延的时候，我们就把它想成是白色的或灰色的，是以某种方式可见的，也就是说，把它想成是因为其颜色而区别于它的环境的。玫瑰的广延被想象为由于其颜色反差而与其周围空间形成对照。我们至少可以画出玫瑰的轮廓来；比方说，在一个白色的背景上画出一条黑色的线条来。

但是，如果我们无法把事物的那些独立于我们的性质与事物的那些依赖于我们的性质区别开来，我们就只能说，所有的性质实际上都是主观的：颜色、气味、滋味和温度都是我们可以表明是依赖于我们的性质，而如果我们看到所有性质都是同一种类的，那么广延、形式和重量就必定也都是依赖于我们的。

关于第二性质的命题与机械论世界观密切相关。如果我们认为机械论的概念精确地揭示了事物——这就是我们所谓的机械论世界观的观点，那么，设法从主观角度来解释余下的性质就是很有吸引力的。但是第二性的质概念也可以独立于机械论世界观而形成；比方说，有些性质可以表明是依赖于观察者的状态的。它们是相对于观察者的。这样，同样的水，当我们把一只冷手放进去的时候，会显得是热的，而当我们把一只热手放进去的时候，会显得是冷的。那么这水是热的还是冷的呢？要不是既是热又是冷的？如果我们对后面的问题作肯定回答，我们必定是把相互冲突的性质归之于同样的事物。有些思想家认为，最好的回答是事物本身既不热也不冷，而它们的性质以某种方式相对于感知它的主体。在颜色、气味和滋味方面人们也作出过类似的关于相对性的论证。但是，我们可以表明有些性质是相对的，这并不意味着我们*必须*主张这些性质并不属于事物本身。但是后面这种对感性的质的主观性的主张，是解释相对性的*一种*方式。

但是第一性的质——间接地还有第二性的质——不是与外部事物即物质实体相联系的吗？在贝克莱看来，这恰恰是一种形而上学的思辨。我们对这样的物质实体实际上*知道*什么呢？如果我们所知道的一切都源于感性知觉，我们就根本无法知道物质实体的任何东西。这种物质实体的观念是一种形而上学构造。一个是日常的物质观，用这种物质观我们（比方说）可用来说一块奶酪是物质的；一个是哲学的物质观，其中"物质"是一个用于所有物质事物的通名，也就是被用来指称不可见实体的名称——这两种物质观是两回事。贝克莱所拒绝的物质观并不是通常的、日常的物质观，而是一种哲学的物质观。这样，贝克莱把通常的物质观诠释为诸多感觉印象的一种集合：一块奶酪就是我们在通常情况下理解为一块奶酪的那套感觉印象。因此，贝克莱的非物质主义的第一步是拒绝认为物质是某种不同于性质的东西的观点；第二步是把性质诠释为感觉印象。

但为了使来自外物的感觉印象被我们的感觉器官所把握，我们难道不是一方面不得不想象具有感觉器官的主体，另一方面不得不想象物质事物吗？不是的，贝克莱说。*表象实在论*[2]这整个认识论模式是建立在设定外部物质事物之存在的基础上的。关于这种存在，严格地说来，我们根据这个模式本身是一无所知的，因为我们根据这个模式而实际知道的惟一事情，是我们具有不同的感性印象。这些感性印象是知识的终极的、惟一的基础。从这个基础出发，不可能对引起这个基础的东西，也就是所谓外部物质事物，有任何知识。

但是这不是意味着我们不再能区别实在和幻觉了吗？不是的，贝克莱说。有规则地出现而不是由我们的意志而产生的那些感觉印象，代表了实在。那些不规则地出现的感觉印象，或许是我们的意志产生的感觉印象，在那方面是不能信赖的。我们对我们称为“墙”的东西具有一些有规则的感觉印象，这些感觉印象并不是由于我们自己的意志才具有的。我们知道，我们如果想要穿墙而过的话，是哪里也到不了的。这是一个实在。但是，我们在一定程度上可以随意唤起一个妖精的观念。这并非实在。同样，由我们的意志决定的梦魇也不是实在，它也是不规则地出现的，其出现尤其与我们在其他状态下对相应事物的经验有关。因此，说我们在梦魇中所经验的东西是实在的，也是无稽之谈。

因此，贝克莱认为他是能够维持实在和幻觉之间的区别的。[3]当我们谈论实在的时候，我们的意思是什么？这意思，就是指我们具有一些不是根据我们的意志而出现的感觉印象。我们所说的*实在*这个词的全部意思都在这里，也只能在这里。若补充说，这样的印象产生于一个不可能感知的物质实体，这并没有提供一个更好的解释，而只是用形而上学构造徒添混乱。

说某物存在着，等于说某物被心灵掌握了：存在（*esse*）就是被感知（*percipi*）。但这是不是说，这墙在我转身不再感知它的时候就消失了呢？说墙存在着，意思是说，这墙在通常的视觉情况下当我们转向它的时候被感知到（或被心灵掌握）。存在着因此就是指对于一有意识之物是可感知的。这样，某物存在着并不是指它实际上被感知，而是在正常条件下它可以被感知。用否定的方式说，不可能被感知的就不存在。

驱逐实体，引入上帝

贝克莱并不认为存在依赖于我们的知觉。他认为*存在*就是*被感知*这个原则蕴含着有*某人*在感知着。知觉的概念必然与主体（灵魂）的概念相联系。必定有某人在感知着。对于这个主体来说，存在当然就是*被感知*；*存在*等于*被感知*。人类意识，主体，就是在这里进入的。但是在贝克莱看来，还有一个意识是包括全部实在的，这个意识永远感知着每个可感知的东西。这就是上帝。上帝因此是万物的支撑者。因此，存在就等于被感知：万物就其被上帝心灵掌握而言是存在着的。

上帝是确保经验的规则性、有序性，也就是实在的规则性和有序性的那个存在。事件之间的必然联系的根源在于上帝。

贝克莱对上帝存在的证明如下。有一些观念（也就是感觉印象）是我能够靠我自己的意志而产生和消散的，有一些观念是不受我意志支配的。后者必定有一个在我自己之外的原因。什么可能是它们的原因呢？不是物质，因为物质并不存在。也不是其他观念，因为观念是被动的。因此，必定是另一个精神（主体）。这个精神必定是强大的，因为它能成为这全部的原因。这必定是善的、智慧的，因为它能创造出这样一个有规则的秩序。这个精神就是基督教的上帝。

既然上帝不是一个观念，我们就无法感知上帝。上帝在这个意义上并不存在于世界上，也就是说，并不是诸观念中的一个观念。但是存在着一个世界，一群井然有序而千姿百态的观念，这表明必定有一个上帝。上帝因此在贝克莱那里所起的作用，大致相当于物质在洛克那里所起的作用，以及物自体（*Ding an sich*）在康德那里所起的作用。上帝是所有知觉的不被知觉的原因。上帝在感性印象方面起双重作用。他是我们的感觉印象的原因，他本身又感知着所有的感觉印象。

但我们用上帝这个概念来代替哲学的物质观，得到了什么收获呢？回答是以下观点：物质是死的，而上帝则是创造者、支撑者、给予者。对于上帝是所有感觉印象之原因这个观点，我们可以提出异议说，这个观点类似于洛克的物质是所有感觉印象之原因的理论。对于说上帝感知着所有感觉印象这个观点，我们可以提出异议说，我们之外谁也无法感知我们自己的感觉印象。认为某种本质上私人的东西居然可能与他人分享，这种想法有点令人吃惊。

我们已经看到，贝克莱是如何从经验主义认识论的批判性发展出发，达到一种形式的*唯心主义*的，因为他把属性和存在追溯到主体那里；我们又看到他是如何从那里达到*有神论*的，因为他认为上帝实际上就是万物的支撑者。这种观点是否也表达了*常识*，当然是另一个问题。贝克莱遇到一些困难；比方说，如果感觉印象是私人的、如果不存在外部对象的话，我们怎么知觉和把握*同样的东西*。即使上帝把一堵墙的质上相同的感觉印象灌输给我们大家，对“那堵墙”我和你还是各自具有两个不同的感觉印象。说喝同样的酒、嗅同样的玫瑰的两个人有他们自己的感觉印象，可能是能为常识接受的。但是说看到一堵墙的两个人，因为他们具有不同的感觉印象就说他们不是看到同样的墙，这是很难接受的。

这样，从贝克莱的认识论立场出发，我们最终达到的是一种关于存在之形式的二元论：意识和印象，理解者和被理解者。以这种方式，贝克莱像洛克一样承认存在着精神实体。也像洛克一样，贝克莱把他的体系建立在人类主体和上帝这两个基础之上。但是，与洛克相反，贝克莱断然拒绝一个外部的物质实体的观点。我们将看到，休谟发展了一种连精神实体也加以拒绝的经验主义。剩下的只有*印象*。[4]

贝克莱反对使用一般概念，认为想象某物就是对该物具有一个视觉图像：我们可以用这种方式形成关于人首马身的怪物和妖精的表象；也就是说，我们可以用这种感觉印象来创造种种想象的组合。这些是用简单感觉印象做成的组合，但这种组合做成的方式使它们成为不可信的。根据贝克莱，只有那些简单的印象，或那些有规则地出现的印象组合，才有可能被正常地设想为可信的存在。对可信的组合，我们可以通过对它们稳定的、有规则的呈现的知觉，而加以认识。但是我们*不可能*感知到人、*物质*、*生命*等等；也就是说，我们无法感知到普遍的观念。

这样，贝克莱从概念唯名论出发拒绝哲学的物质概念：物质被认为是一个普遍概念，但我们不可能对普遍概念形成表象。既然只有我们可能想象的才有可能存在，那么物质就并不存在。我们使用像*马*和*人类*这样的词是作为简略语，是为了使我们说话方便一些。但我们切不可被这种语言用法所蒙骗，以为像*马*和*房子*这样的普遍概念是存在着的。在贝克莱的语言理论中，语词指称的是感觉印象。感觉印象是语词的意义。*苹果*这个词指称的是意味着苹果的那些感觉印象；也就是说，*苹果*这个词的意义是我们对事物所具有的那束感觉印象。*物质*这个词并不指称这样的感觉印象，因而它是没有意义的。

第二节　休谟——作为批判主义的经验主义

生平　大卫·休谟（David Hume，1711—1776）生活在启蒙运动时期，是伏尔泰和卢梭的同时代人。休谟很早就形成了他的哲学思想。他的《人性论》出版时，他才 28 岁。休谟原以为该书的出版会引起轰动，但起初却没有多少人感兴趣。但是，休谟的哲学后来引起了人们的极大兴趣，今天他被认为是最重要的经验主义者之一。休谟的最重要哲学著作是《人性论》（1739），《论道德和政治》（1741）和《人类理解研究》（1749）。他还写了多卷本的《英国史》（1754—1762）。

对托马斯·阿奎那来说，自然法理论的基础在于一个上帝所创造的客观秩序。对洛克来说，自然法理论是与作为行动主体的人相联系的；不可侵犯的权利是个人的权利。整个 18 世纪，自然法理论都受到主张浪漫主义和经验主义的人们的两面抨击。主张浪漫主义的人们批评自然法理论的普遍方面，主张所有民族都有一些独特的法则，这些法则是由它们经历过的特殊的历史发展过程所决定的。经验主义者通过一种认识论分析来批判自然法理论，由此他们得出结论说，我们无法具有自然法理论所预设的那些规范性洞见。

经验主义认识论："观念"和"印象"

启蒙运动的哲学家们都把理性当作诉请的对象。理性是会击败非理性的传统和偏见的武器。但与此同时，这种理性观却一点也不清楚。苏格兰人大卫·休谟是一个认识论意义上的经验主义者。在休谟看来，根据经验主义的诠释，只有两种知识：建立在经验基础上、因而最终建立在感性知觉基础上的知识，以及建立在关于概念之间关系的约定规则基础上的知识，比如我们在数学和逻辑那里所看到的知识。我们不可能具有超越这两种认识的知识。我们不可能具有关于我们无法经验到的东西——比如上帝或客观规范——的知识。

这种经验主义认识论具有一些重要的蕴涵，不仅对神学和伦理学，而且对经验科学。根据这种理论，在自然科学中并不存在任何超越可能怀疑的内核，比方说因果律。这是休谟理论中康德对之作出反应的一个方面。我们后面会看到，康德是如何设法驳斥休谟的立场的，但这里我们将对休谟用来支持其理论的论证做一个概括。首先，我们将考察休谟版本的作为知识论的经验主义，它接近于我们在讨论约翰·洛克的时候称作激进的经验主义的立场。[5]

关于知识起源的问题，休谟在他所谓的“印象”和“观念”之间作了区分。印象是强烈的活跃的知觉，包括直接的感性知觉，比如视觉和声音。但直接的心理经验，比如愤恨、喜悦，也是印象。因此，印象既包括外部知觉，也包括内部知觉。休谟把观念看作是建立在这些直接的感性知觉或印象基础上的心灵图像。观念因此是建立在印象的基础上的，而印象和观念之间的关系则决定了若没有先前的印象的话，观念是不可能出现的。[6]

我们所获得的感觉印象，经过我们的组合和排序，创造出我们的各种观念。这种意义上的观念可以是任何东西，从一幢房子的观念，到一条根本法律的观念，或一个几何图案的观念。[7]所有这样的观念最终都产生于内部的和外部的印象。知识的边界存在于那些可以回溯到这样的印象的观念和那些无法作这样的回溯的观念之间。这就是代表着知识的东西和不代表着知识的东西之间的区别。可以说，问题是观念有没有正当的“谱系”，也就是说，是否有可能把一个观念的所有要素都回溯到内外印象去。凡不可能这样做的，我们的观念就是不恰当的。这里，认识论成了一种知识批判，因为它把这些观念当作不可接受的、站不住脚的而加以拒绝。休谟的知识批判是激进的：我们将看到，在此基础上他不仅拒绝物质实体的概念（与贝克莱相一致），而且拒绝精神实体的概念，包括上帝的概念（与贝克莱相冲突），他还批判因果性的概念。正是在这个背景之下，休谟在他对自然科学和数学的诠释中批判形而上学：对他来说，数学观念对实在一无所说。它们仅仅澄清了概念之间的关系。这样，我们可以说它们是“分析的”。因此，它所涉及的不是与内在印象之间的可能的符合，而是概念之间的关系。（注意这是一种对数学概念的唯名论诠释，与唯实论的或柏拉图主义的诠释相反；参见第六章，共相的问题……）而另一方面，经验科学的种种观念，则是原则上有可能被回溯到这样的印象去的。这些观念因而可以被说成是“综合的”，其意思是说它们确实对实在有所揭示。在这些情况下，这个把观念回溯到印象的过程，多半是成功的，但并不总是成功，如我们在下段讨论休谟对因果性概念的驳斥时将看到的那样。

有人主张，形而上学的观念确实是揭示实在的一些方面的，虽然它们不可能仅仅被回溯到内外印象去。这些观念因此是可以受到经验主义的知识批判的。休谟因而认为物质实体和精神实体的观念是这种形而上学幻想的两个实例。休谟像贝克莱一样抨击物质实体的观念：我们的感觉印象仅仅来自各种可感的性质。我们并不感觉到被认为处于这些感觉印象背后的任何物质实体。比方说，我们经验到这张桌子，其意思是我们具有这张桌子的视觉印象，这些视觉印象可以被其他感觉印象所补充，如果我们触摸它、敲击它等等的话。但是我们并不对可能是这些印象之“承载者”的“某物”具有感觉印象。当然，所有这些感觉印象都是作为恒定的群组而出现的，也就是说，它们是有特定规则地成群出现的。我们把这些稳定的印象群称为一张桌子，或椅子，等等。这也足够了。我们也并不对这些性质群“背后”所存在的任何基础性物质实体具有印象，或有必要设定这样一个实体。因此，物质实体的观念是一种站不住脚的形而上学观念。

休谟对精神实体或心灵实体也有一个类似的反驳：我们能把握的仅仅是内部印象。这些印象常常以确定的、比较稳定的方式成群出现。因此，我们谈论一个处于印象“背后”、并将这些印象连接起来的自我。但实际上，这个自我也是一种形而上学的幻觉，因为我们无法对关于各种性质和联想的这些印象背后的任何此类实体具有内部印象。也没有必要设定这样一个东西。抓住以各种方式成群出现的这些属性就足够了。一个基础性的自我的观念，是建立在诸多恒常地共同出现的性质的一种联想。仅此而已。

对知识的经验主义批判：因果性的概念

根据对休谟的经验主义认识论的这种讨论，我们将更仔细地考察一下它对于因果性概念的批判。我们可以说，当我们无数次观察不同撞球之间是如何以机械力相互作用之后，我们可以从这个经验出发**知道**这些球在未来将如何运动。我们可以发现一些因果联系规律，比方说在一个平面上，当A球以这种或那种速度和质量撞击具有这个或那个速度和质量的B球的时候，会发生什么。原因和结果之间的联系的规律告诉我们，如果某个原因发生的话，**必然**将发生什么结果。休谟讨论这样的观点，并问道，在他的**经验主义**知识论的基础上，我们是否有可能实际上**知道**这样的因果规律。休谟说，当我们讨论原因的时候，我们认为：

1．某物随另外一物而来；

2．在两个现象之间有接触；

3．随这种接触而来的事情必然发生。

换句话说，在休谟看来，**原因的概念**具有下列特征：

1．相继性；

2．接触性；

3．必然性。

但这我们是怎么**知道**的？什么给了我们这个观念？根据经验主义的认识论，知识仅仅以经验为基础。诸事件的**相继性**是可以**看见**的；也就是说，相继性的观念之所以是**知识**，是因为这个观念建立在经验的基础上。**接触性**，比如在A球和B球之间的，也是可以**看见**的。这里我们也有知识。而且，我们还可以**看到**，如果我们持续地进行新的尝试，相继性和接触性是可以一再重复的。换句话说，我们对一种**不断重复性**具有知识。至此为止一切都无问题。但是我们怎么**知道**，所发生的事情的发生是具有**必然性**的（当一个球撞击另一个球的时候）呢？什么经验告诉我们这个**必然性**？我们能**看见**这个必然性吗？我们怎么看见？一道红光？显然不是。我们能**听见**必然性吗？比方说，“嗡”地一响？当然也不能。必然性也不是任何我们可以感觉到或嗅到的东西，或以任何其他方法对之有简单感觉印象的东西。因此我们根本无法对必然性有任何知识。

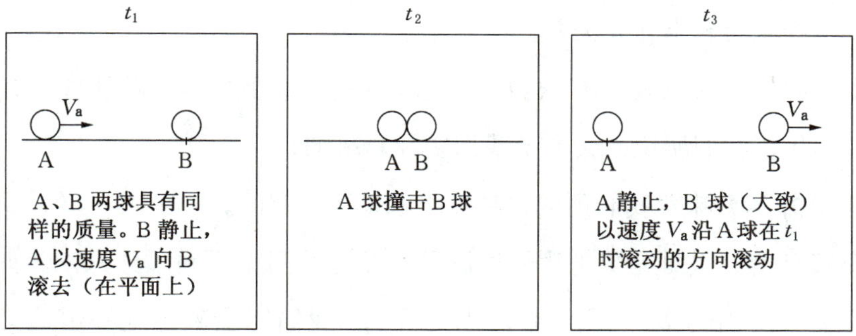

我们可以提出异议说，即使我们可能并没有从简单感觉印象出发而具有原因和结果的关系中的必然性的知识，我们仍然可以通过归纳而具有关于这种必然性的知识：当一个球在一个平面上撞击另一个(具有同样质量的)处于静态的球的时候，我们总是观察到那滚动的球变成静止的了，而那原先静止的球开始以第一个球同样的速度滚动。我们可以多次重复这个经验并观察这例因果联系。因此，我们归纳地推论出这将永远发生，它必定永远如此。也就是说，这种因果联系是必然发生的，因而我们*知道*，未来的同样的“撞击”将具有同样的结果。休谟的回答很简单：我们*知道*的只是我们已经经验的事情。但过去和现在的事例我们并非全都经验过，未来的经验我们一点儿也没有。因此，我们不能说我们*知道*某事将在未来发生。

重要的是要记住，什么是休谟说了的，什么是休谟没有说的。休谟并没有说在原因和结果之间没有必然联系，他只是说我们不可能*知道*这样一种可能的必然性。换句话说，休谟的命题是认识论的，而不是本体论的。而且，他并没有说我们不应该预期那些球在未来将按照迄今为止的运动方式而运动。休谟只是说我们不可能知道这一点，这里“知道”的含义是在他所理解的意义上的。从埃菲尔铁塔上往下跳，指望我们不会像从前一直发生的那样急速下坠而是轻轻飘落在塞纳河的彼岸(“我们并不因为*迄今为止*人都摔死了就*知道*我们在*未来*亦将摔死”)，休谟当然不会认为这样做是明智的。休谟的观点是*认识论的*：我们必须把不同种类的知识区别开来。

1．*直接经验*。我们对我们直接经验的或曾经直接经验过的具有知识。

但是这样一种特殊的经验并不告诉我们因果联系*必定*起作用。这种经验与未来并无关系。

2. 归纳。如果根据有限数量的直接经验我们就主张某事将来必定发生，我们所说的会多于我们实际知道的。

但这并不意味着我们预期它将发生就是不明智的。

休谟认为，关键是要把逻辑性洞见和经验性洞见明确区分开来。如果我们说“$A>B$ 并且 $B>C$，那么 $A>C$”，我们完全确定地知道这必定如此。在前提和通常的推论规则给定的情况下，“$A>C$”是具有逻辑必然性的。[8]逻辑洞见因而是百分之一百确定的。但经验知识却并非如此。在某种意义上可以想象 A 球撞击 B 球(在同样的初始条件下)有时将导致不同结果——比方说 B 球一下子弹跳起来，而不是开始在平面上滚动[9]——可以想象两个球在未来将与它们迄今为止的运动方式不同。新的经验将表明先前的观察是错误的，这是可以想象的。

我们的结论如下。逻辑知识是百分之一百确定的，但它对世界上任何事情都一无所说。经验知识就世界上的事情告诉了我们一些，但并不是百分之一百确定的。

总之，对休谟来说，仅仅存在这样两种形式的知识：

1. 逻辑知识，它涉及的是概念之间的关系(而不是世界)；

2. 经验知识，它的基础是简单的感觉印象(内部的和外部的)。

而且，在休谟看来，因果性的概念是由如下成分构成的：

1. 相继性 }
2. 接触性 } 重复性
3. 必然性 }

如果这个因果观是代表有关世界的知识，那么它的全部成分就都必须来自经验。但图表中第三项即“必然性”看来并非如此。必然性的观念不可能来自简单的感觉印象，而且归纳推理——比方说，未来将与已观察到的过去相像——并不给我们真正意义上的知识。

因此，对休谟来说，下一个问题是，这个包含着一个不代表经验主义所理解的知识的成分的因果观，我们是怎么会拥有的。答案说到底是心理学的：当事件一再以同样方式发生时，我们就形成了这样的*预期*：同样的过程在未来也将发生。创造出因果联系方面的必然性观念的，就是我们的这种预期。[10]这样，我们看到休谟的认识论是如何反对那种认为经验科学使我们百分之一百确定地洞察必定不仅适用于过去、也适用于未来的普遍规律的观念：在休谟看来，没有理由、没有合理直觉使我们能把握自然界必然的不可变化的原理——就好像没有理由使我们能把握普遍的道德规范一样。我们可以得出结论说，我们关于因果关系所知道的东西是建立在经验(感性知觉)基础上的。从这个知识来源我们无法*知道*因果联系是必然发生的，因为我们对“必然性”并无感知。我们也无法知道(也就是确定地知道)过去被观察的条件在未来是否将适用。

但是休谟并没有停留在对原因和理性概念的这种批判的经验主义的分析上。他认为导致我们关于事件必然发生的观念的是我们的预期，与这个观点相一致，休谟强调他所谓的*自然信念*。借助于自然信念，我们赋予我们周围的世界和事件以秩序，从而我们可以相当方便地进行生活——即使理性和我们严格意义上所能知道的并没有许多早先的哲学家们所认为的那么有帮助。休谟的实践常识概念，或自然信念概念，是一个基本概念，它一再出现于他的知识论、道德哲学和政治理论中(他谈论公平的通感和同情)。这里有必要补充说，休谟，作为一位18世纪哲学家，对科学研究和科学进步持肯定态度。虽然在认识论中他拒绝认为有可能得到绝对确定的结果，但他强调实验科学中的逐步的、自我纠正的进展的价值。[11]

道德哲学：“是”和“应当”的区分

因为自然权利的概念建立在某些普遍有效的规范或价值的基础上，因而休谟作为一个经验主义者，否认自然权利的概念代表着知识：价值和规范并不是知识的表达，而是感情的表达，而感情不可能是非真即假的。我们可以对休谟的观点作如下的重构。假定我们目击了一桩道德上可鄙的事情，比方说一件谋杀。我们看到杀人者扬起了刀。我们看到那刀刺入了受害者身体。我们听见尖叫声。我们经验到所有这些。我们耳闻或目睹了这事。当我们报告此事的时候，我们所说的是真的，只要我们没有故意撒谎的话。我们也可能因为我们感官的欺骗、或在不知道的情况下看到了一出虚构的谋杀（比方在电影场景中）而诚心诚意地说了假话。这里重要的是我们可以使用真这个概念或假这个概念。我们正在谈论的是某种适用于或可能适用于这种行为的东西。但是，休谟认为，行为的道德厌恶性，不是我们以同样方式能通过经验获得的。行为的那个我们认为道德上厌恶的方面，并不是像我们刚才提到的属性那样是行为的一个属性。就像必然性并不是A球撞击B球的时候我们所经验到的东西一样，一个行为之为道德上令人厌恶的，也不是像谋杀这样的事件本身之中的某个东西，而是在我们之中的某个东西。道德上令人厌恶的基础，是我们对该案例的感情。我们感到一种道德上的令人厌恶。所感知的行动既不是道德的，也不是不道德的。道德上令人厌恶并不是我们所感知的任何东西。它与我们的感情相联系。我们把行动和态度经验为道德上善的或恶的，我们认为某些事情应该做，其他事情不应该做。与这样的道德评价、规范和价值有关的一切，都产生于我们的感情，而不产生于我们直接经验的行动。

举一个不那么极端的例子：如果我们说“保罗有金发”，我们看一下保罗的头发就可以确定这个陈述是真还是假。但如果我们说“保罗应该做家庭作业”，我们要看什么才能发现这个陈述是真的还是假的呢？没有什么东西是我们为了确定这问题的真假而可以看一下的。既然经验主义主张我们只能通过经验——也就是感觉经验——而知道什么，那么我们也就永远也不可能确认或否认后一陈述。（但是，一个像柏拉图这样的唯理论者会主张，借助于理性直觉我们有可能知道某些伦理陈述和政治陈述是真的还是假的。）

我们可以把反对意见概述如下。一方面，我们有一些“是—陈述”，或描述性陈述，就像“保罗有金发”。这些陈述可能是真的或假的。另一方面，我们有一些“应当—陈述”，或规范性陈述，就像“保罗应该做家庭作业”。这些陈述不可能是或真或假的，因为它们并不对实在或概念作任何主张。这样的陈述表达的是感情。而感情与理性相反，推动我们去行动。

规范性的东西——目标、价值和规范——不可能是或真或假的。一个陈述的真假问题取决于对理性做基于经验的运用。但这种基于经验的理性运用——这里就称为“理性”——是无法对目标、价值或规范进行评价的。也就是说，关于什么手段将最好地导致一个给定目标，这种意义上的“理性”当然是可以评价的；它还可以评价我们为了达到该目标应该做什么、不应该做什么。“理性”原则上可以告诉我们一个目标是不是可实现的。[12]当然，在有些情况下，“理性”也可以告诉我们正在追求的一些目标是有内在冲突的。但基于经验的理性运用不可能告诉我们应该追求什么基本目标和价值，因为这些规范性问题落在“理性”的边界之外，落在对理性作基于经验的运用的边界之外。这些规范性问题不可能是或真或假的。规范和价值最终是以感情为基础的，而不是以理性为基础的。描述的东西和规范的东西之间、理性和感情之间的这个区别，就是休谟在——比方说——作下述论断时所指的意思：“人如果宁愿毁灭全世界而不肯伤害自己一个指头，那并不是违反理性。”[13]

但是，休谟并不因为基本目标和价值是以感情为基础的，就说什么都是“主观的和相对的”。这里他区别于某些智者派成员，后者虽然也主张规范的东西是以情感为基础的，但从此引出了相对主义和怀疑论的结论：他们认为感情是因人而异的，因而规范的东西不能被看作是普遍的。休谟则相反依赖于规范的东西的某种共同的基础，尽管规范的东西是建立在情感的基础上：我们可以对所发生的事情采取一种不偏不倚、独立无私的立场，而当我们这样做的时候，我们对一特定行动都将具有相同的感情。这种共同的厌恶感或赞许感包含着对于规范问题的一种普遍同意。这样：

1. 我们采取一种不偏不倚的立场；
2. 我们对行动都将具有相同的感情；
3. 从这个感情出发我们将作出一个正确的评价。[14]

实践信心和约定

休谟认为，我们不仅对行动，而且对行动的人的态度有感情反应。通过观察一个人的具体行动，我们形成有关这个人在新的情境中将如何行动的预期。我们对他人的道德评价就是这样形成的，[15]对他们的道德品格的看法也是这样形成的。因此，休谟承认我们不仅有可能对行动，而且对人及其品格做道德评价。

在休谟所描述的概念中，不仅有关于自然的同情和自然的反感，而且有我们可以称作由文化决定的反应类型，也就是我们在长大过程中通过我们文化的传统和风俗而习得的那些类型。像正义、诚实这样的德性因此是与社会中传承下来的种种约定相联系的。这些是我们通过社会化而习得的德性，它们促动我们作出情绪反应。它们并不是我们动了脑筋之后才决定与别人一起遵守的东西。[16]

感情有快乐的和不快乐的之分。对休谟来说，与快乐的感情相关的是对我们有用的东西，是刺激我们去行动和保全生命的东西。因此，在休谟的道德哲学中有一个功利主义的成分(参见边沁和密尔)：社会秩序之所以是善的和正义的，是因为它促进一般福利、确保生命和幸福。

休谟不仅强调自然情感，而且强调向我们灌输情感性反应类型的那些习得的约定(conventions)[17]。休谟像埃德蒙·柏克一样反对社会契约论(比方说像霍布斯和洛克所提倡的那种)之类的倾向于唯理论的道德观念。约定，对自然情感的信心，以及习得的反应类型，对休谟来说是比契约和同意更基本的东西。法律、建制和政府对生活在社会中的人们是有用的。它们的合法性的基础是我们的情感性忠诚，而这种忠诚又表明我们通过习得的约定而发现它们是有用的。

描述性陈述和规范性陈述之间的区别，“是”与“应当”之间的区别，具有一种实践的影响：比方说，它意味着我们永远不可能仅仅从描述性前提当中演绎出规范性陈述来。在“首相的计划将提高国民总产值0.5%，因此他的计划应该得到批准”这个陈述中，结论是逻辑上不恰当的。如果前提当中没有规范性陈述，我们是不能说“因此……是应当的”。比方说：

1. 首相的计划将提高国民总产值0.5%。

2. 提高国民总产值的计划应当得到批准。

3. 因此，首相的计划应当得到批准。

如果我们要对陈述中所说的内容采取一个立场的话，对确认或否认陈述的各种方法进行考察的分析工作就很重要。对确认方法的洞察，因而也就是对陈述之分类的洞察，不仅仅具有理论上的意义。因为，今天常常有不同的专家群体享有权威去判定在多大程度上描述性陈述（比如 a）是真是假，所以，把规范性陈述隐藏在前提（比如 b）当中，就等于损害人民在规范性问题上做出决定的权利。也就是说，结果会限制民主，而有利于专家的权力。因此，“是”与“应当”之间的区分，由专家来判定的事实和由我们大家来判定的目标和价值之间的区分，是对民主之捍卫中的一个重要问题。在这个区分中无疑是有些正确成分的：如果我有一瓶液体，我可以请一位科学家来判定瓶子里面装的是水、酒精还是酸——我喝了里面装的东西以后将解渴、将喝醉还是将死去。但是如果我问我是否*应当*喝这里面的东西，他科学家作为科学家是无法给我一个答案的，因为这取决于我*想要*得到的是什么，我*应当*想要得到的是什么。

休谟的政治理论，就像他的道德哲学，诉诸他所理解的人们的基本态度和基本感情：人人都有一种将心比心的能力，一种同情自己同伴的能力，而这种将心比心是一个有序的共同体或社会的基础。因此，社会的基础并不是一份契约，而是一种根本的约定——或更确切地说，一种不是由决议而通过的约定，而是由共同感情和利益的直接经验而传递下来的约定。规则和法律——以及更表面意义上的约定——是从这种基本的共同体感中产生出来的。休谟强调稳定、秩序和权威的重要性，他这方面的强烈态度使他的政治理论具有一种保守主义的色彩：一种具有自由派风格的、注重常识的英国保守主义，它具有自由和改革的倾向，以一种历史地传承下来、最终以同情心为根基的社会秩序为基础。

休谟在伦理学和政治学中用感情、习惯和约定来取代理性的位置，这一点是意义深远的。这将是康德在讨论休谟的理论批判时的抱怨之一。但这些观点同时也是浪漫主义和对启蒙运动的保守主义态度所坚持的观点：在政治和伦理当中，约定、习惯和感情比冷冰冰的理性更加重要；感情和传统优先于理性，就像在埃德蒙·柏克那里一样。休谟认为约定如果是提供稳定和秩序的话那就是好的，这个立场令人想起一种保守主义版本的功利主义：

约定之所以是好的，是因为它们有用。

在其知识论中，就像在其价值论中一样，休谟都诉诸常识、实践知识或自然信念，诉诸实践信心，以及普通的反应和态度。这种诉诸基础并不是不可错的，但我们拥有的就是这些，而且在休谟看来，这就足够好了。

经验论和唯理论：相互冲突的诸线索

最后，我们将简单讨论一下经验论和唯理论这两个认识论立场的一些要点。唯理论的认识论立场的特点在于这样一个观点，即我们具有**两种知识**：除了对于世界上和我们的内部存在的特殊现象的**经验**之外，我们有可能以普遍有效的真理的形式获得对一些本质属性的理性洞见。唯理论和经验论尤其在这种洞见方面发生冲突。唯理论者[18]主张，借助于**理性直觉**我们能获得有关(比方说)上帝、人性和道德的普遍有效真理。经验论者[19]则否定有一种给予我们这种知识的理性直觉。他们所坚持的认识论观点认为，我们仅仅通过**经验**——在他们看来这说到底也就是感觉经验——而取得知识。此外，我们通过对概念分析和演绎来获得洞见，就如在逻辑和数学中那样。但这两种洞见没有一个教给我们有关本质属性的任何东西。

我们可以说，经验论者把关于实在的知识回溯到经验，而唯理论者则认为我们仅仅借助于概念而认识实在：根据唯理论者，通过澄清不同种类的概念，比如自由、互动、德性、善或上帝，我们对某些实在的东西获得洞见。经验论者和唯理论者对各种形式的知识的理解有些不同，所以问题有些复杂。这里我们只指出对经验概念的两种不同诠释。经验可以被诠释为一个消极的感知过程，在这个过程中主体被提供关于外部事物的简单印象；主体然后根据这些印象是否同时形成、根据相似性和差异性等等把这些印象组合起来，从而建立起关于这些事物的知识(参见经验论者的观点)。经验也可以被诠释为某种业已经过人类素质的建构的东西(参见康德)，或者是经过人类利益和活动的建构的东西(参见马克思和哈贝马斯)。

对数学和逻辑的洞见的理解也各不相同。对柏拉图这位概念实在论者来说，数学洞见指向某种(在很大程度上)存在着的东西：数学理念。但是，数学也可以被诠释为人为的游戏，在其中我们有一些关于设定之规则和抽象之前提的诸概念之间的关系，但并不把数学看作是代表了某种客观存在的东西(唯名论的诠释)。

刚才我们指出了用来解释经验和数学洞见的几种途径。这里或许只需指出这一点就够了：经验论者和唯理论者之间的分歧不仅仅在于他们对理性直觉的观点；经验论和唯理论还有另外一些不同的结论。一种理性的直觉，比方说，使得对规范性问题的洞察成为可能。一种纯粹的经验主义观点则否定在规范性问题方面存在着知识。这样，经验论者和唯理论者大家都承认我们可以在如下意义上具有关于规范性问题的知识，即我们可以知道这个人或那个人所主张的这个或那个规范是正确的。分歧在于我们是否能在下述意义上具有规范性洞见——我们有可能知道这个或那个规范是正确的。

做一个经验论者，并不等于做一个从事经验研究的科学家。经验论者主张经验主义是作为一种哲学的(认识论的)观点。按照这里对这些术语的定义，经验科学家可以是经验论者，但完全也可以唯理论者。

我们已经在新兴自然科学的背景下看到知识来源的问题是如何产生的，我们还提到蕴意有些不同的两种回答——唯理论的和经验论的。但是对支持和反对这两种立场的论据，还需要多说几句。

经验论可以看作是对唯理论的一种反应，这种反应背后的论据是：对理性直觉的运用在不同的唯理论者那里——比方说笛卡儿、斯宾诺莎和莱布尼兹那里——并没有导致同样的结果。换句话说，经验论者抓住唯理论者们自己对于什么是直觉上合理的东西的分歧。那么我们诉诸什么呢？一种新的理性直觉？因此，批评唯理论的人们说，用理性直觉来获得真的洞见是不可能的。

这个论据很有一些说服力。但是唯理论者可以这样回答经验论者：经验论命题本身并不是作为一个对实在没有任何揭示的分析命题——就好像“单身汉是未婚男子”这个命题所表达的那样——而提出的。但这个说所有知识都来源于经验的经验论命题，它本身是不是一个经验的真理呢？[20]这个命题有可能建立在什么样的经验基础上呢？看来比较明显的是，这个经验论命题本身不是一个经验真理，而是一个关于所有经验真理、关于有意义陈述和无意义陈述之间区别的命题。因此，在经验论所接受的两种洞见——也就是分析真理和经验真理——当中，这个经验论命题一个也算不上。这意味着，这个经验论命题间接地宣布了自己是不可能的。换一个说法：经验论命题如果要能够提供真的洞见的话，必须存在一个理性直觉说经验论是正确的，而这样一个直觉是被经验论否定的。如果经验论者可以指责唯理论者捍卫一个成问题的学说是一种独断论——“唯理论者们自己也对什么是直觉上合理的东西发生意见分歧”——的话，那么唯理论者也可以指责经验论者是挖了自己的墙脚——“经验论命题使得经验论成为不可能的了”。

唯理论者和经验论者之间还有另外一些形式的对立。两种思潮都寻求*清晰性*，但对于什么是清晰性他们有不同看法。唯理论者寻求的“清晰的”东西，是指“不言而喻”的东西。这就是理性直觉进来的地方：当某物对这个直觉显得完全清晰、不言而喻的时候，这直觉告诉我们的就是真的。

经验论者所寻求的“清晰的”东西，则是指“可观察的”、“经验上可检验的”、“符合正常语言用法的”[21]。他们不信任“不言而喻”意义上的那种清晰性。对经验论者来说，任务是澄清语言，其目的之一是为了将概念表述得能够接受经验的检验。

唯理论者和经验论者以各自方式都有助于刺激对清晰性的意识——这是一种在 18 世纪启蒙运动时期影响很大的冲动。

思考题

1. 请讨论贝克莱的经验论的唯心主义(非物质主义)。
2. 请解释休谟对因果性概念的认识论(经验论)批判。
3. 对休谟哲学的要点做一个概述。对以下说法做一个评论：“休谟置情感于理性之上。”

进一步阅读的建议

原始文献

Berkeley, George, *A Treatise Concerning the Principles of Human Knowledge*, edited with an introduction by G. J. Warnuk, London, 1967.

Hume, David, *An Enquiry Concerning Human Understanding*, Oxford, 1963.

Hume, David, *A Treatise of Human Nature*, edited by Ernest C. Mossner, Harmondsworth, 1985.

Hume, David, *Dialogues Concerning Natural Religion*, edited by N. Kemp Smith, Edinburgh, 1947.

Hume, David, *An Enquiry Concerning the Principles of Morals*, edited by L. A. SelbyBigge, Oxford, 1984.

二手文献

Thomson, J. F., "Berkeley", in *A Critical History of Western Philosophy*, edited by D. J. O'Connor, New York/London, 1965.

Kemp Smith, N., *The Philosophy of David Hume*, London, 1941.

Price, H. H., *Hume's Theory of the External World*, Oxford, 1940.

Stewart, J. B., *The Moral and Political Philosophy of David Hume*, New York, 1963.

原著选读

贝克莱：《人类知识原理》

（选自《西方哲学原著选读》上卷，北京大学哲学系外国哲学史教研室编译，商务印书馆 1981 年版）

在任何一个观察过人类知识对象的人看来，显然这些对象或者是实实在在由感官印入的观念，或者是由于注意人心的各种情感和作用而感知的观念，最后，或者是借助于记忆和想象——即混合、分解或简单地表象那些由上述方法而认识的原始观念——而形成的观念。借着视觉，我可以有光和颜色及其不同程度与差异的观念。借着触觉，我可以感知到硬和软、热和冷、运动和阻力以及它们在数量上或程度上的大小深浅。嗅觉供给我以气味，味觉供给我以滋味，听觉则可以把各种不同曲调的声音传入我的心中。

由于这些观念中有一些是一同出现的，我们就用一个名称来标记它们，并且因而就把它们认为是一个*东西*。因此，例如某种颜色、滋味、气味、形相和硬度，如果常在一块儿出现，我们便会把这些观念当作一个单独的事物来看待，并用苹果的名称来表示它。另外一些观念的集合，则构成一块石头、一棵树、一本书和其他类似的可感觉的东西。这些东西，又因为是适意的或不适意的而引起爱、憎、悲、乐等等情感来。

不过，除了所有这些无数的观念或知识对象以外，同样还有"某种东西"知道或感知它们，并对它们进行各种活动，如意志、想象、记忆等；这样一个能感知的主动实体，就是我所谓的*心灵*、*精神*、*灵魂*或*自我*。我用这些词并不是指我的任何一个观念，而是指一个全然与观念不同的东西。观念只存在于这个东西之中，或者说，被这个东西所感知；因为一个观念的存在，就在于被感知。

诚然，在人们中间奇特地流行着一种意见，认为房屋、山河、一句话、一切可感的东西，都不必被理智所感知而有一种自然的或真实的存在。不过，不论一般人用怎样大的信心和满意来采纳这个原则，但是，任何人只要留心研究一下这件事，就可以看到(假如我没有看错)，这里其实包含一个明显的矛盾。因为，除了我们用感官所感知的事物之外，还有甚么上述的对象呢？并且，在我们自己的观念或感觉之外，我们究竟能感知甚么呢？那么，要说是任何一个观念或其结合体不被感知而存在，那岂不明明白白是背理的吗？

总之，假如有外物的话，则我们不可能知道它；假如没有的话，我们亦可以有同样的理由相信我们仍会有现在所有的观念。假设——没有人能否认这是可能的——一个有智慧的东西，他可以不借助于外物，亦可感受你所感受的同样一串感觉或观念，而且那些感觉或观念印在他心中的秩序和活跃程度是和在你心中一样的；那么，我就要问：是否这个有智慧的东西没有你所可能有的一切理由来同样相信有形实体的存在，来同样相信这些*有形的实体*可以在他心中引起观念并为那些观念所代表呢？这一点，是毫无问题的。任何有理性的人，只要对这点稍加考究，就会怀疑他所持以相信心外物体存在的论据的力量了。

休谟：《人类理解研究》
（选自《人类理解研究》，关文运译，商务印书馆 1957 年版）

“必然联系”的观念
第二节

……当任何自然的物象或事情呈现出来时，我们并不能凭任何聪明或洞见，离了经验来发现、来猜想，将有什么事情由此产生出来，我们的先见也并不能达到直接呈现于记忆和感官前的那个物象以外。纵然有一个例证或一次经验，使我们看到某一件特殊的事情跟着另一件事情而来，我们也没有权利来构成一个概括的规则，或者来预言在相似的情形下将来会有什么事情发生。一次实验，不论如何精确而确定，我们也不能根据它来判断自然的全部程序，我们果真如此判断，那就正可以说是一种不可原谅的大胆行为。但是某一种特殊的事情如果在一切例证下，总和第一种事情会合在一块，那我们就会毫不迟疑地在一件事情出现以后来预言另一件事情，并且来应用那种惟一能使我们相信任何事实或存在的推论方法。因此，我就叫一件事情为*原因*，另一件事情为*结果*。我们假设它们中间是一种联系，并且以为原因中有一种能力可以使它确然无误地产生出结果来，而且使它的作用有最大的确实性和最强的必然性。

由此看来，各物象间这种“必然联系”的观念所以生起，乃是因为我们见到在一些相似例证中这些事情恒常会合在一块。这些例证中任何一种都不能提示出这个观念来——纵然我们在一切观点下，一切方位下来观察它。但是在一些例证中，也并没有什么东西和一个例证有差，因为我们假设那个例证是和它们确乎相似的。不过在相似的例证屡见不鲜以后，人心就受了习惯的影响，在看到一件事情出现以后，就来期待它的恒常的伴随，并且相信那种伴随将要存在。因此，我们在心中所*感觉到*的这种联系，我们的想像在一个物象和其恒常伴随间这种习惯性的转移，乃是一种感觉或印象，由这种感觉我们才生起能力观念或“必然联系”的观念来。在这里并没有别的东西。你纵然在各方面来仔细考察这个题目，你也不会给那个观念找出任何别的来源来。这就是单一例证所以异于许多相似例证的所在，因为我们由单一例证得不到这个联系观念，而许多相似的例证却可以把这个观念提示出来。一个人在第一次看到“冲击作用”所引起的运动的传递

(如两个弹子的相击)以后，他并不能由此就下断言，前一种冲击是和后一种传递相联系的，他只能说它们是相互会合的。但是他在见了数个相似的例证以后，就声言它们是联系在一块的。究竟有什么变化发生了，使他生起这个“联系”观念呢？并没有别的，他只是现在“觉得”这些事情在他的想像中联系起来，而且他能迅速地由一件事情的出现来预言另一件事情。……

现在我们可以把这一章推论的大意总述一遍。每一个观念都是由先前的一种印象或感觉摹拟来的；而且我们如找不出来某种印象，那我们可以确乎相信，也没有相应的观念。在物体或人心作用的单一例证中，并没有任何东西可以产生出“能力”印象或“必然联系”这个印象来，因而也就不能提示出这种观念来。但是许多一律的例证如果出现了，而且同一物象如果恒常被同一事情所伴随，那我们就开始有了原因和联系的意念。我们在这里就感觉到一种新的感觉或印象，感觉到一个物象和其恒常的伴随之间在我们思想中或想象中有一种习惯性的联系。这个感觉就是我们所追求的那个观念的来源。因为这个观念既然起于许多相似的例证，而不起于任何单一的例证，所以它的生起一定是凭借于多数例证和单一例证所差异的地方。但是它们所差异的情节，也只有想象中这种习惯性的联系或转移。在别的一切特殊情节下，它们都是一样的。在两个弹子相冲击后(仍返回到这个明显的例解上去)，我们总常见有运动传递出去，而且我们以前所见的第一个例证和现在能呈现于我们的任何例证都是精确相似的。不过我们在一开始并不能由一件事情推断出另一件事情来，而在我们经历了一长串一律的例证后现在就可以推断了。我不知道读者是否能够迅速地了解这一层。我如果一再费话来阐述这一点，或者在各种观点下来考察它，那它或者会更为含混，更为复杂。在一切抽象的推论中，往往有一种观点，我们只要侥幸碰到那个观点，那比世界上一切雄辩和辞藻还更能例解出那个题目来。我们只求努力达到这个观点；至于修辞的华藻，则我们可留待那些宜于修饰的题目。

休谟：《人性论》

(选自《人性论》，关文运译，商务印书馆1980年版)

下册

第二卷　论情感

第三章　论意志与直接情感

第三节　论影响意志的各种动机

在哲学中，甚至在日常生活中，最常见的事情就是谈论理性和情感的斗争，就是重视理性，并且说，人类只有在遵循理性的命令的范围内，才是善良的。人们说，每一个理性动物都必须根据理性来调整他的行为；如果有任何其他动机或原则要求指导他的行为，他应该加以反对，一直要把它完全制服，或者至少要使它符合于那个较高的原则。古今精神哲学的大部分似乎都建立在这个思想方法上；而且不论在形而上学的辩论中，或是在通俗的讲演中，都没有比这个所谓理性超过于情感的优越性成为更加广阔的争论园地。理性的永恒性、不变性和它的神圣的来源，已经被人渲染得淋漓尽致：情感的盲目性，变幻性和欺骗性，也同样地受到了极度的强调。为了指出一切这种哲学的谬误起见，我将力求证明，第一，理性单独决不能成为任何意志活动的动机，第二，理性在指导意志方面并不能反对情感。

知性或是依照理证来行判断，或是依照概然推断来行判断，所以它的作用有两个方式；在一方面知性所考虑的是我们观念的抽象关系，在另一方面它所考虑的是仅仅为经验所报告于我们的那些对象的关系。我相信，很少有人会说，单是第一种推理可以成为任何行为的原因。第一种推理的确当的范围既然是观念世界，而且意志既然永远把我们置于现实世界中，所以理证和意志因此就似乎是完全互相远隔的。数学在一切机械运动中，算术在每一种技艺和行业中，的确都是有用的；不过并不是数学和算术本身有任何影响。力学是依照某种预定的目的或目标调整物体运动的技术；而我们所以要用算术来确定数的比例，只是为了我们可以借此发现出数的影响和作用的各种比例。一个商人想知道他和任何人的账目的总额；为什么呢？只是为了想知道，多大的总数才可以有偿还债务并到市场购货（合计全部货物在内）的那个结果。因此，抽象的或理证的推理，只有在它指导我们有关因果的判断的范围内，才能影响我们的任何行动；这就把我们引到了知性的第二种活动。

显而易见，当我们预料到任何一个对象所可给予的痛苦或快乐时，我们就随着感到一种厌恶或爱好的情绪，并且被推动了要去避免引起不快的东西，而接受引起愉快的东西。同样显然的是：这个情绪并不停止在这里，而要使我们的观点转到各个方面，把一切通过因果关系与原始对象有关的一切对象都包括无余。这里就有推理发生，以便发现这种关系；随着我们的推理发生变化，我们的行为也因此发生变化。但是显然，在这种情形下，冲动不是起于理性，而只是受着理性的指导。我们由于预料到痛苦或快乐，才对任何对象发生厌恶或爱好；这些情绪就扩展到由理性和经验所指出的那个对象的原因和结果。如果我们对原因和结果都是漠不关心，我们就丝毫不会关心去认识某些对象是原因，某些对象是结果。对象本身如果不影响我们，它们的联系也不能使它们有任何影响；而理性既然只在于发现这种联系，所以对象显然就不能借理性来影响我们。

单是理性既然不足以产生任何行为，或是引起意志作用，所以我就推断说，这个官能（理性）同样也不能制止意志作用，或与任何情感或情绪争夺优先权。这个结论是必然的。理性若非朝着相反的方向给予我们的情感以一种冲动，它就不可能产生后面这种制止意志作用的效果；可是如果那种冲动单独活动，本来就能够产生意志作用的。除了相反的冲动而外，没有东西能反对或阻挡情感的冲动；这种相反的冲动如果真是发生于理性，那么理性对于意志必然有一种原始的影响，并且必然能够引起和阻止任何意志的作用……

……当我饥饿时，我现实地具有那样一种情感，而且在那种情绪中并不比当我在口渴、疾病，或是五尺多高时和其他任何对象有更多的联系。因此，这个情感不能被真理和理性所反对，或者与之相矛盾，因为这种矛盾的含义就是：作为复本的观念和它们所表象的那些对象不相符合。

在这个问题方面，首先可能出现的一点就是：既然只有联系真理或理性的东西才能违反真理或理性，而且只有我们知性的判断才有这种联系，所以必然的结论就是：情感只有在伴有某种判断或意见的范围内，才能违反理性。依照这个原则来说（这个原则是那样地明显而自然的），任何感情只有在两种意义下可以称为不合理的。第一：当不存在的对象被假设为存在时，那么在这个假设上建立的情感（如希望或恐惧、悲伤或喜悦、绝望或安心）是不合理的。第二，当我们将任何情感发挥为行动时，我们所选择的方法不足以达到预定的目的，我们在因果判断方面发生了错误，这时那个情感可以说是不合理的。当一个情感既不建立在虚妄的假设上，也没有选择达不到目的的手段时，知性就不能加以辩护或谴责。人如果宁愿毁灭全世界而不肯伤害自己一个指头，那并不是违反理性。

结果是明显的。一种情感既然只有在建立于一个虚妄的假设上，或者在它选择了不足以达到预定的目的的手段时，才可以称为不合理的，而永不能在其他任何意义下称为不合理的。

第三卷　道德学

第一章　德与恶总论

第一节　道德的区别不是从理性得来的

道德准则既然对行为和感情有一种影响，所以当然的结果就是，这些准则不能由理性得来；这是因为单有理性永不能有任何那类的影响，这一点我们前面已经证明过了。道德准则刺激情感，产生或制止行为。理性自身在这一点上是完全无力的，因此道德规则并不是我们理性的结论……

理性的作用在于发现真或伪。真或伪在于对观念的*实在*关系或对*实际*存在和事实的符合或不符合。因此，凡不能有这种符合或不符合关系的东西，也都不能成为真的或伪的，并且永不能成为我们理性的对象。但是显而易见，我们的情感、意志和行为是不能有那种符合或不符合关系的；它们是原始的事实或实在，本身圆满自足，并不参照其他的情感、意志和行为。因此，它们就不可能被断定为真的或伪的，违反理性或符合于理性。

注释

[1] 这是爱尔兰近南海岸的一个小镇。——译者

[2] *表象实在论*：认为外部事物存在着，而且它们是通过表象事物的感觉印象而向*主体*呈现的。

[3] 贝克莱对实在和想象的区分建立在清晰和明白的观念与不清晰明白的观念之间、不依赖于我们意志的观念和依赖于我们意志的观念之间的区别的基础之上。生动、有序，因而不依赖我们意志的那些强烈而明白的观念，是对实在的表象。*心灵掌握*、知觉——也就是具有观念，在贝克莱看来既包括感觉也包括思想，而思想既是*概念化*又是具有一些*“图像般的”意念*。我们可以提出反对意见说，感觉一只老鼠与想象一只老鼠并不是同一回事。想象一个圆圈——也就是具有一个圆圈的内心影像，与思考圆这个概念并不是同一回事。

[4] 关于直接印象和外部世界之存在的争论，一直延续到我们今天；比方说，我们在 G. E. Moore，A. J. Ayer 等人的著作中看到这场争论。对该问题的一个陈述如下。人们通常认为经验陈述不可能是绝对确定的(作为例子请参见笛卡儿的怀疑)。如果我们很想找到一些*绝对*确定的观察陈述，一个很有吸引力的办法是说，仅限于我们的直接经验的陈述是符合这个要求的。如果我们感知到一个红色的表面，并且陈述出我们对这个红色的表面的知觉，这个陈述就是绝对确定的。这样，我们并没有说存在着某种*就是*红色的东西，并没有说其他人也能够感觉到。这种*直接感觉印象*，其要求不过是此时此地一个人对它的感知，常常被称作*感觉与料*(sense datum)。这种感觉与料仅对进行感知的主体才存在着。我们有什么权利谈论外部对象呢？这样，感觉与料的问题就导致了贝克莱的唯心主义经验论的问题：我们能对一个外部世界、对其他主体具有认识吗？谈论任何外部的东西、超越感觉与料的东西，有意义吗？

[5] 第十一章，认识论……说得白一些，这种经验主义主张*知识*是仅仅以*经验*作为基础的，

经验应该被理解为感觉(感性知觉)，而感觉应该被看作是最终由简单的感觉印象所构成的。

[6] 因此我们有如下方法：“我们如果猜想，人们所用的一个哲学名词并没有任何意义或观念……我们只须考究，那个假设的观念是由什么印象而来的？” *An Enquiry Concerning Human Understanding*, Section II, “Of the Origin of Ideas”, p. 17.（中译文引自休谟：《人类理解研究》，关文运译，商务印书馆 1957 年版，第 23 页。——译者）

[7] 休谟说“各个观念”是由“一些联系的原则”结合起来的。同上书，“Of the Association of Ideas”, p. 19。（中译文参照该书中译本，第 25 页。——译者）

[8] 也就是说，“如果 A 大于 B，并且 B 大于 C，那么 A 就大于 C。”

[9] 但是如果我们想象两个球 A 和 B 是两个固体物，因而理解它们各自占据一个其他固体物无法充填的特定空间(除非那球变形)，我们或许可以说，我们知道当我们将一个球向另一个球的方向慢慢推动时将产生什么影响。至少我们在如下意义上知道这一点，即我们知道某事将不会发生：比方说，我们向前推的那个球将不会从那个静止的球中间穿滚过去，像一个影子从另一个影子中间穿过去一样。

[10] 休谟说：“人心借习惯性的转移，会在此一物象出现后，相信有另一个物象。” *An Enquiry Concerning Human Understanding*, Section Ⅷ, “Of Liberty and Necessity”, p. 71.（中译文引自该书中文版，第 41 页。——译者）

[11] 参见波普尔的如下观点：科学进步，亦即作为一个可错的但自我纠正的过程的科学进步，既是可取的，也是可能的(第二十三章)。

[12] 注意“理性”一词的含义在这里是含糊的：休谟批评对理性的唯理论理解，但与此同时，他在另一个意义上谈论理性，类似于对理性作基于经验的运用。

[13] *Treatise of Human Nature*, Book Ⅱ, Section Ⅲ, p. 463.（中译文引自休谟：《人性论》，关文运译、郑之骧校，商务印书馆 1980 年版，第 454 页。——译者）

[14] 我们或许可以作如下补充性评论。休谟的出发点是感情。而感情首先是没有理性与非理性之分的。当然，感情也可以是不恰当的或不合情理的，比如当我们误解了情境、对某件细看之下原来是误解了的事情做了情绪化的反应的时候，比方说有一个虚构的谋杀案，我们对之作出愤怒的反应，因为我们没有意识到我们看到的是一个电影拍摄场面，而不是一个实在的谋杀事件；又比如，当我们精神处于病态时，对别人承受的痛苦作出喜悦、欢笑的反应。在第一个例子中，我们误解了实在；在第二个例子中，我们无法作出正常的和明智的反应。在这两种情况下，感情都是不合情理或不恰当的。

[15] 参见休谟在他的认识论中是如何理解从对于具体事件的观察过渡到对必然因果联系的预期的。

[16] 休谟的许多观点在现代“社群主义”政治理论中得到延续；作为例子，参见 Michael Sandel (ed.), *Liberalism and Its Critics*(《自由主义及其批评者》), Oxford, 1984。

[17] 这个词在《人性论》中文版中被译为“协议”。——译者

[18] “唯理论”的英文词为 rationalism，来源于拉丁语表示“理性”的词：*ratio*。

[19] “经验论”的英文词为 empiricism，来源于拉丁语表示“经验”的词：*empiri*。

[20] 参见 Arne Næss, “Reflections about Total Views”(“反思整体观”)，收入于 *Philosophy and Phenomenological Research*(《哲学和现象学研究》), 25, pp. 16—29, 1964。

[21] 参见现代分析哲学把“正常语言用法”作为哲学分析和哲学批判的基础(日常语言哲学)。

第十三章
启蒙运动、自由主义和功利主义

第一节　启蒙运动——理性和进步

现代化和科学

在17世纪后半期，英国对政治争论影响甚大。但是在君主立宪制度确立以后，理论性争论在英国就平息下来了。人们把精力用在具体政治活动上——国内活动的任务是政治改革，外交活动的目标是建立帝国。在18世纪前半期，政治争论在法国死灰复燃。18世纪的政治理论在很大程度上带上了启蒙运动的法国哲学家的印记。

在路易十四(1638—1715)的统治之下，法国牢牢地确立了绝对君主制度：国民议会被废除；贵族在很大程度上被贬为国王的公仆和朝臣；权力都集中在中央政府。但是路易十四终于在其统治末期面临重重政治困难，政治争论随之出现。政府的管理不当引起人们的逆反，法国的政治讨论就是在这种情况下复苏的。人们批评绝对主义效率不高、不合理性。但这些批判者并不要求另一种政府形式。他们希望的是一种更为开明、高效的绝对君主制。在那时，法国并不具备绝对君主制以前的可行建制可以"给批评鼓劲"。因此，要借助于像英国国会那样较有代议性的建制来实现节制、促使政府更有效率，并不容易。变化只能采取政治剧变的方式。这种剧变于1789年随法国革命而来了。

法国人缺少的不只是政治建制。政治理论的传统也基本上被切断了。结果，18 世纪初的法国人大规模输入英国的思想。洛克和牛顿——新的自由主义和新的科学——是他们的理想。启蒙运动的法国思想家把英国的政治形式当作自己的典范。法国知识分子都成了 Anglophiles（“亲英派”）。伏尔泰在 18 世纪 20 年代访问英国，孟德斯鸠于 30 年代来到这个国家。

18 世纪的启蒙运动因此是与社会变化和科学进步相联系的：像英国皇家学会这样的重要的科学学会在 17 世纪中期就已经建立起来了。与此同时，科学期刊和其他出版物也促使启蒙的出现。当时涉及知识的各个方面的大量著作被结集出版（比如法国《百科全书》）。与此相应的是整个 18 世纪的大学现代化，尤其是该时期末的德国大学。[1]大学里出现了学术发展的复兴；除了其他一些学科，人文学科在那里发展得最为显著（参照第十五章）。到了世纪末，已经出现了一个新的思想时代。随着 20 世纪的到来，社会的科学化具有越来越大的势头——不仅在商业和行政中，而且在思想和态度中。尽管反对力量众多而且多变，启蒙运动的事业却不断前进。

18 世纪法国的政治讨论的源头在于城市中产阶级的文学沙龙。在这种优雅精致的环境中，政治、哲学和文学很容易水乳交融。这种讨论的结果或许并不很新、很原创；很大程度上它只是把旧思想运用于新语境而已。但是当旧思想被这样运用的时候，它们常常获得一种不同的含义。在这里，英国政治思想——它那时在英国本土已经相当保守——发挥了对绝对君主制下的法国进行社会批判的作用。这样，高于国王、赋予个人以某些不可侵犯的权利的自然法观念，在英国是服务于稳定和社会保守主义的，在法国绝对主义的语境中却起着对政权的批判作用。在英国，谈论这样的权利是有实际意义的，因为那儿存在着这些权利，但在法国的环境中，这些权利的观念却是抽象的、思辨的、远离现实的。法国人输入洛克的人权观念，却没有英国人的政治实践经验。人权的概念一方面是激进的，是对于绝对君主制的抨击；同时又是思辨的，没有具体的政治基础。英国观念的法国版本常常是尖刻的、批判的——而不像英国人那样混合着务实的保守主义和常识的改良主义。

尖刻的口吻常常与这样一个事实有关：阶级差别在法国要比在英国更不可调和。教士们拥有1/5土地，并拥有某些特权。贵族也有特权，虽然他们的政治势力不如从前。与此同时，资产阶级比英国的更有影响。强大的法国商人感到他们担负着别人的沉重包袱：贵族和教士是享受特权的寄生虫，国王的权力则效率低下。最重要的批判者来自这个上层资产阶级。意识形态的冲突是人权概念和自由主义（洛克）与绝对君主制和贵族传统特权之间的对立。此外还有自然科学（牛顿）与宗教和教士权力的对立。启蒙运动的哲学家们把**理性与传统**相对立，并且希望借理性之助在反对特权和无知的斗争中取得幸福和进步。

这样，启蒙时期就带上了日益强大的中产阶级的进步的乐观主义的特征：一种新近苏醒的对理性和人类的信赖。这是一种世俗化的上帝救世论，在其中理性代替了福音。借助于理性，人现在能够揭示实在的最深层本质、获得物质的进步。人将逐渐自主自立，摆脱不合理的权威和神学的监护。思想得到了解放，因为人感到自己是自主的、独立于启示和传统的。无神论成为一种风尚。

但是人们很快就发现，实现期望中的进步要比18世纪启蒙哲学家们曾设想的更为困难。当然，启蒙哲学家们说理性（科学）可能导致巨大的物质进步，这一点他们似乎是说对了。但是他们的理性观过于模糊了一些；它包括逻辑的知识、经验的知识和哲学的知识，既包括描述性洞见也包括规范性洞见，而没有考虑实现这种进步过程中的种种政治困难。

用相当简单的话来说，启蒙运动的哲学包括如下基本成分。人性本善。人生的目标是此世的幸福。这个目标可以由人自己通过科学而达到（知识就是力量）。达到此目标过程中的最大障碍是无知、迷信和不宽容。要克服这些障碍，我们需要的是启蒙（而不是革命）。通过更多的启蒙，人将自动地更有道德。因此，通过启蒙，世界将往前进步。

我们可以进一步表述以下各点：

1．一切人（而不仅仅是先知先觉者、享有特权者）都拥有理性。

2． 自然法确保个人的权利（抵抗特权和暴政）。

3. 开明自利的道德理论主张，我们应当追求对我们来说是最好的东西。
4. 从社会学上来说，存在着一种各种自利之间的和谐：为我们各自利益而战是对每个人的福利的贡献。
5. 确保财产权利、确保个人自由、具有高度效率是一种理想状态(国内是国家保护的私人资本主义，国际上是贸易保护主义和殖民化)。

前两点属于一种版本的自然权利哲学(参见洛克)。最后三点则属于自由主义和功利主义(参见爱尔维修、亚当·斯密和杰里米·边沁)。

这些观念不是为专制国王或贵族效劳的。相反它们适合于日益强大的中产阶级，他们想要捍卫和确保私人主动性和私人财产，以促进贸易和工业迅速扩张。我们已经表明，自由主义可以看作是一种社会哲学上的个人主义(参见第八章，自由和自由主义；第十一章，政治理论……)，同时也暗示着对作为个体的人的观念(这种观念的发展从霍布斯开始，经过洛克到亚当·斯密)的一种变化。而且，自由主义把个人理解为一个理性的行动者，[2]就此而言它具有理性主义的特点。相信个人是有能力为获得有用结果而对手段做出合理选择的，这种信念存在于自由主义和功利主义中，也存在于启蒙运动的哲学中。

这个时期的政治自由主义强调以*快乐/幸福*和*功利*作为基本动机和基本价值。这里我们看到向*功利主义*的过渡(参见第十三章，杰里米·边沁)。功利主义包括两部分，一部分是一个关于什么推动我们行动的心理学命题，另一部分是一个关于我们如何确定一个行动伦理上是善还是恶的伦理学命题。伦理学命题强调我们所做之事的效果——行动结果是否为我们以及/或者尽可能多的其他人提供快乐和功利，而不是强调行动者的属性，比如行动者的心态、动机和态度。这样我们就把一种效果论的伦理学(比如在爱尔维修和边沁那里)与一种善良意志论的伦理学(比如在康德的责任伦理学那里)区别开来。

功利主义设法确定一种客观的原则，用来判定一个行动何时是正确的、何时是错误的。他们为自己的快乐哲学制定了如下原则：一个行动之为正确的程度，取决于它在多大程度上有助于对最大多数人创造尽可能大的幸福。

对功利主义的一个通常反驳是基于这样的理由：不同的价值（幸福状态）是无法比较的——比方说，我们如何客观地比较来自阅读一本书的快乐和来自享受美食的快乐？但在实践中，功利主义主要关注一些*消极*的价值，也就是*防止*各种形式的苦难和不幸。它更关心的是避苦而不是趋乐。我们可以争辩说，在实践中，对什么应当被认为是一种匮乏（比方说缺少蛋白质和新鲜空气），是有广泛共识的，尽管对什么是最佳食物和最佳运动项目各人有各人的意见。我们可以把这称为“消极的东西”的实践优先性，它可以削弱那些因为价值是不可通约的、因而在价值问题上不可能达成共识而提出的对功利主义的批评。但是，为什么*我*不比其他人更重要呢？或者说，每个个人的幸福和痛苦难道同等重要吗？这里我们只需指出：功利主义作为一种政治意识形态是建立在平等主义或平等哲学的基础之上的，这种哲学认为任何个人（作为个人）理所当然地都不具有在任何别人之上的独特地位。也有人提出这样的异议：我们不可能总是事先就知道一个行动的最终结果将是什么：如果功利主义要起到一个情境选择中的客观标准的作用，我们就必须在行动之前知道哪种选择将导致最佳的长远结果。但我们并不总是知道这一点。这里我们可以回答说，行动者的观点如果是经过深思熟虑的，那就足够了。但这样一来，我们就放弃了功利主义所追求的客观性：好的行动的标准不再是客观结果，而是行动者所选择的考虑了。

还可以进一步提出异议说，功利主义，作为自由主义，太关注个人了，而忽视了各种建制和传统的复杂的社会互动的重要性。对这个异议，我们可以这样来回答：理性行动者的模型属于现代经济学的基础部分（自从亚当·斯密以来），包含了现代社会学中的一个重要传统。这里我们应该记得，个人取向的自由主义和功利主义，是在社会科学充分发展之前就出现的，而这些学派属于这些科学内部一些重要传统的基础部分。

自由主义强调思想表达自由和言论自由。在这点上政治自由主义和启蒙哲学是重合的。但对于这些自由主义德性的辩护，不仅是基于认为宽容是一种价值（一种"善"）的观点，而且也基于认为开放的、自由的争论是我们能够在科学和政治中达到真正洞见的前提的观点。自由是合理性——包括我们自己的合理性——的一个前提。对于科学的研究者共同体的特征是什么这个问题来说，这是一个重要的洞见。自由作为合理性的一个条件同时也对民主有重要意义，在公共意见的形成、在开明的商议过程中都是如此。

孟德斯鸠——权力分立和环境影响

法国律师孟德斯鸠（原名 Charles-Louis de Secondat，后称为 Baron de Montesquieu，1689—1755），是 18 世纪最重要的政治理论家之一。孟德斯鸠尤其因两个基本贡献而声名卓著：权力分立作为自由之前提的理论，以及不同环境对政治之影响的理论。

孟德斯鸠在他的《论法的精神》（*De l'esprit des lois'*，1748）中提出一个有关法律的双重命题：一个是自然权利命题，认为不同的法律是同一个法律的不同表述；另一个是社会学命题，认为法律的这些不同表述取决于不同的社会环境和自然环境。这样孟德斯鸠就避免了两种倾向，一是相对主义，它常常伴随着对自然权利观念的否定而来；一是缺乏创意的独断论，它产生于人们在假定一种作为普遍的自然权利的法律的时候，不解释这种法律是如何与具体条件相联系的。《论法的精神》阐述了各种不同环境与相应的具体的法律表述之间的联系。

自然权利本身并非新的观念。说我们借助于一种普通理性而认识自然法，也不是新的观点。比较新的是孟德斯鸠的如下建议：我们应该对环境和法律表述之间的相互联系作经验的研究。但是，这也并不是一个全新的观点。亚里士多德和马基雅弗利以前都曾建议这样做过。诸如气候、土壤、贸易方式、生产形式和习俗会影响政治和立法，这在很大程度上仅是一个相当正确的直觉而已。

此外，孟德斯鸠对三种政府形式（共和政体、君主政体和专制政体）和三种相应的原则（德性、荣誉和恐惧）进行了分类的表述。后一个三元分类（它使人想起亚里士多德）可能是由孟德斯鸠当时的政治兴趣所决定的：共和政体是古罗马的理想图景，专制政体是法国可能沦为的可怕图景，而君主政体则反映了孟德斯鸠对英国的看法——他把英国看作是法国的一个理想。即使孟德斯鸠在满足他自己对科学研究提出的那些要求方面并非完全成功，他仍然是自由、政治现实主义和科学态度的一个重要提倡者。孟德斯鸠为英国的建制作辩护，因而也就是为自由作辩护。孟德斯鸠认为在英国存在着司法机构、行政机构和立法机构之间的权力分立。由于18世纪末北美和法国的政治自由宣言，这种分权思想在思想史上占有重要地位。

分权的原则是一个古老的观念。我们在柏拉图的《法律篇》和亚里士多德的《政治学》中看到这个思想。在中世纪的帝国中我们看到它在一定程度上得到了实现。我们在洛克的思想中也看到这个观念。但是作为法学家的孟德斯鸠在提出分权命题的时候，强调要有一个法律控制体系，以及各个政府部分之间的合理平衡。权力分立要运用于司法功能、行政功能和立法功能之间的关系。

伏尔泰——弗朗索瓦-马丽·阿鲁埃

伏尔泰（Voltaire），本名弗朗索瓦-马丽·阿鲁埃（François-Marie Arouet，1694—1778），因伏尔泰的笔名为世人所知。从许多方面看，他都是法国启蒙时期最优秀的哲学家（法文中称为“Les Philosophes 哲人”）。伏尔泰在耶稣会创办的路易勒格朗中学（一译路易大帝高中）接受教育，不久便活跃于巴黎的思想圈和文学圈。后因冒犯一名贵族被投入巴士底狱，出狱后流亡英国（1726）。他赞赏英国的经验主义（洛克），热衷英国的政治和科学（牛顿）。回法国后，伏尔泰成为启蒙时期哲学家中的核心人物。他善用各种体裁，其中既包括戏剧、知识手册，也包括学术著作和哲学著作，并因取材广泛的文学作品而广为人知。十八世纪中期，在痴迷启蒙思想的普鲁士国王腓特烈二世的邀请下，伏尔泰前往柏林。几年后重返巴黎（1753），与狄德罗（Diderot）和达朗贝尔（d’ Alembert）这样的杰出知识分子一起工作，为伟大而全新的《百科全书》撰写条目，这些条目后被汇编成《哲学辞典》一书，在《论宽容》（1763）出版后的第二年（1764）出版。

像大多数启蒙时代哲学家一样，伏尔泰也对当时的教会权力进行了批判。他将教会视为科学发展的一个障碍，并断定神学家之间无休止讨论的事实表明道德应当从宗教中分离出来。对于同时代人的迷信和狂热，伏尔泰坚决予以反击，并捍卫启蒙和宽容。在他看来，不管作为一种批判宗教事务的权利，还是作为一种批判社会政治事务的权利，言论自由都是一种核心价值。

与此同时，伏尔泰对三大宗教（犹太教、基督教与伊斯兰教）几乎不作批评，也不认为其核心命题（如无肉体的灵魂观念）是无意义的、错误的。与许多同时代人一样，他认为牛顿的物理学提供了这样一种可能性：即在“发条装置”背后必有一个“制表者”。一言以蔽之，伏尔泰是一个持怀疑态度的自然神论者[3]，而不是一个无神论者。

身为启蒙时代的哲学家，伏尔泰相信基于科学和公开辩论的进步，却不抱有天真的乐观主义。比如，他嘲笑那些企图用哲学或神学——所谓的神义论——来解释和调和世上之恶的人。面对世上的诸多罪恶，神义论将上帝辩护为一个全能而仁慈的造物主。这是神学中恶的问题。倘若上帝全能、全善、全知，世界怎么可能有罪恶？伏尔泰的讽刺小说《老实人》（1759）就聚焦于这个问题。

在伏尔泰和启蒙运动之后，世界不一样了。在公共领域，传统的思想态度在更大程度上被置于理性批判之下了。回顾过去，有关启蒙哲学家对宗教与政治关系的看法，我们可以总结如下：所有的公民应当学会

1. 容忍外来的宗教和世界观；
2. 接受科学在知识事务上的特定权威；
3. 承认世俗理由在政治与法律事务上的优先地位。

这三点代表了现代自由社会自我理解的本质特征，可作如下阐释：

存在不同的宗教和世界观。这是现代公民必须承认的一个事实。我们必须学会将自己的宗教和世界观看作诸多宗教和世界观中的一种，由此学会对自身信仰抱以远观与反思的态度。这意味着将自身立场一定程度地相对化。这样，我们就不能再对自己的宗教和传统抱有天真的信心，早些时候这么做

或许还有可能，那时人们不像我们现在这样直面其他的宗教和世界观。

正是各门科学和学术性学科首先在其领域中告知我们事物是怎样的以及它们如何运作的。因此科学在世俗知识上享有特定的权威。所有的宗教和世界观都应当考虑科学的看法，不仅对自然现象是这样，而且在社会、心理事务上也是如此。诚然，科学和学术性知识是不确定的，因此对各种发现和理论就会有讨论。但是，讨论必须是公开和开明的，并且不能诉诸宗教经文或传统。进一步说，文本不能诠释自身。所有的文本，包括宗教文本，都必须被加以诠释。因此，所谓的“书本宗教”，犹太教、基督教与伊斯兰教，都无法避免文本诠释和语文学、历史学意义上的批判。这是神学作为一门科学（学术性学科）的基础。此外，值得一提的是，哲学和思想史也属于科学（学术性学科）。这意味着熟知哲学和神学上的不同讨论也是世俗知识的一部分。如果信教者与不信教者想就这些问题发表看法的话，就应当掌握这些知识。

在法治社会中，法律系统的语言必须为全体公民所理解。也就是说，国家与立法者必须运用一种能为全体公民所理解，且独立于宗教和世界观的中立语言。在开放的公共辩论中，每个人都可以自由表达自己的思想观念。在此，每个人都可以根据自己的信仰表达看法。同理，所有看法都要向严肃的公共讨论开放。但是，立法者和法官必须使用一种能为全体公民所理解的世俗性语言。

这就是启蒙哲学的遗产，伏尔泰无疑是其最主要的代言人。

爱尔维修——个人和快乐

爱尔维修(Claude-Adrien Helvétius，1715—1771)宣布要在自然科学基础上对人加以说明。他只接受科学的说明，认为这样的说明对一切现象——包括社会现象和心理现象——都提供充分说明。爱尔维修不像霍布斯那样把自我保存当作出发点。对爱尔维修来说，自利才是动力。人类都趋乐避苦。快乐和痛苦根据定义就是个人的利己主义的因素：我们可以同情别人，但我们无法感受别人的痛苦。爱尔维修对这些动力如何起作用作了简单的心理学解释：所有行为都可以归结为自动的趋乐避苦活动。[4]对爱尔维修来说，人类是根据这样一种简单的原则行事的：每项行动选择的基础都是寻找将提供最大个人快乐的那种手段。这样，爱尔维修坚持的是一种目标合理性的动机理论。

爱尔维修否认在基于经验的知识之外还有任何别的知识。也就是说，爱尔维修是一个经验论者。这意味着爱尔维修无法承认我们有可能洞察规范问题。自然权利的观念因此必须加以拒绝。作为对缺少一个规范性测量标准的补偿，爱尔维修提出一个理论，认为人类*实际上*是在趋乐避苦的。但他假定趋乐避苦是*好的*。就其为一个认识论上的经验论者而言，爱尔维修是没有理由主张后一个观点的。因而他不可能主张他*知道*某物是“好的”，或他*知道*某物是规范上有效的。

作为一位启蒙思想家，爱尔维修认为人所需要的只是有关他们的自利的信息：当人们知道什么会导致快乐、什么会导致痛苦之后，他们就将去寻求那会导致快乐的东西。我们称为“好”的东西，不过是快乐而已。当各人都寻求好的东西的时候，结果就将是对*每*人都好的。

认为自利和公利之间处于和谐关系的这种观点，对于自由主义的功利主义者来说具有根本的意义。根据社会的目标是*最大多数人的最大可能幸福*原则，他们可以提出对自利和共同善都有利的政治改革，因为根据这种公私利益和谐论，个人快乐的最大化将自动导致最大的普遍善。但爱尔维修并不是一个全心全意捍卫这种自由主义政治的人。根据最大多数人的最大可能幸福原则，他提出的建议之一是每天 8 小时工作。

我们看到，根据我们的定义，爱尔维修是一个自由主义者：基本的概念是个人。但是对爱尔维修来说，自我保存并不是对个人来说最为重要的事情（如在霍布斯那里）。不可侵犯的权利也不是（如在洛克那里）。最重要的事情是快乐的最大化。爱尔维修是一个功利主义者，一个主张功利的哲学家，因为他认为一个行动在多大程度上是正当的或错误的，取决于该行动在多大程度上具有有用的或无用的*结果*，也就是，为有关的个人提供快乐或者痛苦。我们将对爱尔维修的理论——作为一种心理学版本的经济自由主义——

做更仔细一些的考察。我们可以对这个理论作如下概括：

1．心理学命题：每个人实际上都寻求对他或她的快乐加以最大化。

2．伦理学命题：这是好的。

3．社会学命题：当每个人都寻求对他或她的快乐最大化的时候，我们会得到对所有人的最大的幸福。

4．伦理学命题：这是好的。

在这个简单的表述中，所有命题都是成问题的：

1．第一个命题要么是经验上虚假的，要么是意义上空洞的。如果那些概念在通常意义上使用，我们可以立刻确定，至少有些人有时候其行动不是为了使自己的快乐最大化：比方说，一个有意自焚的佛教僧人。在这里，这个命题是经验上假的。但如果我们对概念的定义使得“行动”就等同于“寻求快乐”，这个经验上的反证就没有说服力了。根据现在这个定义，即使一个在政治示威中自焚的佛教僧人，也是出于“快乐”而行动的。但是这样一个定义使得那个命题成为一个重言式了（其形式为“A = A”）。这里，经验的论据不再有任何分量，但代价却是那陈述变得意义空洞了。它对现实一无所说。现在我们使用的是一个不同寻常的快乐概念。

2．第二个命题是一个规范性命题。但是根据经验主义，规范性命题并没有任何认识论价值。自由主义者是激进的认识论经验论者，就此而言他们没有权利断定这个命题（把它当作真理）。

3．第三个命题也是经验上虚假的（或意义空洞的）。19 世纪初英国的发展——工人阶级的状况相当悲惨——是一个强大的反证。（在这种经历的背景下，自由主义在英国渐渐倾向于社会自由主义。）

4．第四个命题可以用对待第二个命题一样的方式加以驳斥。

我们将看到，我们可以沿着相同的思路——把“快乐”换成“利润”——来分析经济自由主义（自由放任主义）。[5]

希腊人的历史观是循环的，而基督教则引入了一种线性的历史观。在 17 世纪到 18 世纪期间，我们看到这种把历史看作一个向前的直线过程的观点有了一个世俗版本。在文学沙龙里，人们的兴趣从诗转向了科学和技术。只要光顾巴黎沙龙的人们仍然把文学看作根本的东西，说历史是向前进步的就并不是合理的事情。难道莱辛比荷马更重要？只要人们的主要兴趣在于文学，说历史是倒退的就与说历史是向前的一样不费力气。但是，当这些沙龙感兴趣的首先是奥尔良和巴黎之间的驿站马车可以走得多快的时候，谈论进步就是合情合理的事情了。驿站马车走得是越来越快了。这样，历史似乎是向前行进的。当然，这种兴趣转向并不是偶然的。一个工业社会若要正常运作，知识分子就必须在一定程度上关心并赞赏技术进步。启蒙哲学家们表达了这种对进步的信念：启蒙将带来物质上的进步和福利。

这种进步信念是现实主义和天真态度的混合。现实主义，是因为这一切实际上正在具有科学上和技术上的可能性；天真态度，是因为(别的不说)启蒙哲学家们对政治问题估计不足。事实上，对于获得普遍福利来说，启蒙被证明是不够的。第一次世界大战以后，甚至在这以前，对进步的信念遭到了致命打击。今天，很少有人对未来还持有像18世纪启蒙运动那样天真的、幼稚的乐观态度。

在18世纪末，新兴中产阶级开始在西欧站稳脚跟——先是在英国，后来在法国，再加上德国。这个转变发生在几个层次上：思想的、政治的和经济的。在资本主义确立以后，政治自由主义，包括宗教自由和集会自由，终于随之而来了。发展的趋势是建立一种立宪制度，它意味着政府由公共舆论通过定期选举来控制，即使投票权利是有限制的；它还意味着政治权威要确保生命和财产，但不干预经济生活。

第二节　对启蒙运动的逆反

卢梭——对启蒙运动哲学的逆反

生平　让-雅克·卢梭(Jean-Jacques Rousseau，1712—1778)出生于日内瓦的加尔文主义环境中。他母亲很早去世，在让-雅克10岁的时候，他父亲不得不逃离瑞士。这孩子由他的亲戚抚养长大，并且早早地开始了流浪者的生活，多半在法国，以及瑞士的法语地区。30 岁前后，卢梭暂住巴黎，遇见了像伏尔泰这样的一些启蒙运动哲学家。他与泰莱丝·拉瓦锡一起生下的孩子，都被他送进了一家保育院。1750 年，卢梭因一篇关于"科学和艺术中的进步是否有助于道德的改善?"的论文而赢得了第戎学院颁发的奖金。在他对这个题目的回答中，他反对占主导地位的对进步的乐观态度。卢梭与启蒙运动哲学家们的相处，就像他与一般人的相处一样，遇到许多麻烦：在地理和精神两个方面，他都一直过着流浪者的生活。1766 年他在伦敦与休谟会见，但很快也与他闹翻。卢梭于 1778 年去世，他的骨灰后来葬于巴黎的先贤祠中。

他的著作包括《论科学和艺术》(1750),《论人类不平等的起源》(1755),《社会契约论》(1762),《爱弥儿》(又名《论教育》)(1762)和《忏悔录》(1782)。

我们说过，法国启蒙运动哲学可以被诠释为 18 世纪出现的一批法国人的思想武器，他们为夺取权力而与绝对主义作斗争、与贵族和教士的特权作斗争。在这场斗争中，启蒙运动的法国支持者们经常运用像个人、理性和进步这样一些概念。从理论上说，对这些概念是可以提出反对意见的，而这种理论批评很快就出现了：对理性概念的哲学分析(尤其是休谟，还有卢梭)，对个人概念的哲学批判和社会学批判(卢梭，还有柏克)，以及对进步信念的社会学批判(卢梭)。

让-雅克·卢梭作为一个人和作为一个思想家都非常复杂，我们这里只能提供对他的著述的某些方面的一种诠释。

启蒙运动思想家中对理性的张扬和对未来的乐观主义，就其极端形式而言，可以是很肤浅、很含糊的。因此，抨击这些概念、将它们转变为反面、以便捍卫对情感的张扬和疑心重重的悲观主义，并不困难。1755 年的里斯本大地震就足以动摇那时的乐观主义：如果我们生活在一个完美无缺的世界上，怎么可能发生这样的事情?天性怀疑的伏尔泰在其小说《老实人》中有了一个现成的抨击对象，他在那里嘲笑各种幼稚形式的对于未来的乐观主义，以及认为我们生活在所有可能世界中最好世界的那种自鸣得意的信念。[6]

卢梭延续了对启蒙哲学的这种纯粹否定性的反应。启蒙哲学家对理性的张扬可能是有些过分了，而卢梭则提出要张扬情感。在启蒙哲学家向个人和自利致敬的地方，卢梭则赞扬共同体和普遍意志（*la volonté générale*）[7]。在启蒙哲学家赞扬进步的地方，卢梭则宣布要“回归自然”。这并不意味着卢梭在所有方面都与启蒙运动作对。对启蒙哲学家的有些观点，他常常是完全赞同的，比如说人基本上是善良的观点。但是，启蒙哲学家认为邪恶产生于由传统和偏见所支撑的无知和不宽容，补救的办法因而是启蒙——当理性和科学取得胜利的时候，人身上的善良东西将随文明进步脱颖而出；而卢梭则认为文明才是邪恶的源头。这就是他的那篇第戎学院获奖论文的动人部分：文明导致的生活是做作的、堕落的。卢梭在这里对进步信念所作的批判，成了浪漫主义的序曲：文明和科学扭曲了人身上的善良天性。

因此，卢梭宣布我们应该回归自然。他这个观点的意思倒并不是最好去过原始生活。卢梭一再强调人类是共同体的一部分。他的意思似乎是要我们在如下意义上回归自然，即“在一个共同体中过一种自然的有德的生活”。因此，卢梭的命题既拒绝在他眼里过分精致的堕落，也反对蒙昧未开的原始主义。

卢梭对启蒙哲学家的批评，我们可以诠释为中下层阶级反对上流社会的一种反应：[8]卢梭用普通人民的一些简朴德性和价值——比如家庭生活、同情心、宗教虔诚和手工业和农业中的诚实劳动——来反对大商人和科学家的深思熟虑和冷冰冰的、精于算计的理性。卢梭一点也不想回到原始状况去，他赞美的是中下层阶级的简朴生活。他用平民百姓的简单的道德直觉和未经反思的信念，来反对明显不把任何东西当作神圣的知识分子们的刻薄的机智。因此，卢梭代表的是愤怒的、困惑的中下层阶级，他们对自己的道德优越性深信不疑；但看到知识分子对古已有之的信念和习俗的批判大受震动，恐怕这种批判会对他们一些最基本价值造成威胁。因为中下层阶级缺少学识来理性地捍卫自己的价值，他们常常用对于理性的笼统的谴责、对于情感的感伤的赞美来奋起反击。

因为老实巴交的中下层阶级并没有对科学进步和经济进步作过任何亲身的直接的利用，所以社会中的变化并非总显得是“进步”。中下层阶级公众常常遭受的，却是新发明的可怕方面的打击，以及似乎是非道德的、非人性的东西的打击。上流社会的公民推崇个人的价值，提倡贸易自由和意见表达自由。但这些是强者的德性。对社会的弱势成员来说，团结和共同体才是德性。卢梭像中下层阶级一样也赞扬家庭生活和普遍利益。与从事理性的牟利的计算的能力相比，像团结这样的德性的分布可能要更平等一些。因此，中下层阶级（以及工人们）常常强调的是平等，而不是个人自由和个人事业。中下层阶级常常更传统、更顺从，而统治阶级则关注理性的自利，争取自我选择的权利。把卢梭作为中下层阶级一员的这个诠释，我们将不进行得太远。但或许这种诠释能使我们对他的一些基本态度有所把握。

从卢梭到康德，有一种用哲学来捍卫宗教和道德的倾向，反对有人企图把一切有效的洞见都归之于自然科学。从卢梭到柏克和黑格尔，有一个质疑个人主义的个人概念的传统，设法把共同体和个人理解为是相互联系着的。

对卢梭来说，在个人和共同体之间的这种相互关系之中存在着某种张力。这里我们将集中讨论卢梭对当时占统治地位的个人主义的批评。从霍布斯经过洛克一直到18世纪法国和英国的自由主义的这种个人主义，把个人理解为完全成熟的人——具有自己的利益、筹划的能力、追求快乐和利益的欲望、财产的观念、语言和贸易的能力。所有这些都先于国家的形成，而国家则被看作是保护私人主动性和私人财产的手段。国家并没有自在的价值。

对那些把国家看作由一份契约建立起来的种种个人主义理论，卢梭是同意的，而这也意味着他遵循一条这样的论证路向：从自然状态开始，以社会契约告终。但对于卢梭来说，这并不仅仅涉及两个不同概念，即自然状态和由国家形成的社会，也并不仅仅涉及从一方向另一个方的过渡，也就是通过契约而形成社会。卢梭的思想实验重构了社会和人的逐渐发展过程，其最后结果是政治上组织起来的社会。

这样，我们可以说卢梭仍然与柏拉图和亚里士多德有密切关系。像他们一样，他追寻像语言、理性和德性这样的人类能力的起源。他像这些古希腊哲学家一样把眼光投向共同体：人类是通过共同体生活而形成这些能力的。充分发展的人类和社会因此是年龄相同的。离开社会，我们基本上无法想象充分发展的个人。与柏拉图一样，卢梭再往前走了一步。不仅充分发展的人类，作为一个社会中的公民，与共同体具有内在关系；而且共同体也具有自在价值。共同体构成了具体的纽带，也就是把家庭和朋友连接在一起的亲密感情。卢梭抨击那种认为赤裸裸的理性的自利有可能把社会凝聚在一起的观点。把人类连接在一个共同体当中的，是根深蒂固的感情和态度，而不是关于利润和快乐的肤浅计算。共同体的基础是感情而不是理性。这里，卢梭表达了对自由主义的个人主义的一种重要批评。像古希腊人一样，卢梭把社会看作是一个小型社会，就像"城邦"日内瓦一样。

卢梭决不是一个民族主义者，虽然他的思想后来被运用于民族国家。对卢梭来说，个人主义，就像民族主义和世界主义一样，基本上是一种冷漠的抽象。真实而具体的是家庭和地方社区，在那里公民们彼此认识、彼此相关。这样，卢梭代表了对于上流社会所提倡的个人主义和民族主义的一种保守主义逆反。我们将看到，保守主义者和社会主义者都把紧密的共同体纽带看作是根本性的东西——与自由主义的个人主义相反。

个人主义和集体主义都区分开两个因素，即个人和国家。但卢梭像以前的柏拉图一样，基本上对这个区分本身就提出批评：具有根本意义的是共同体中的人。我们可以补充说，卢梭并不是一个革命者：他支持拥有财产的权利——同时又批判财产状况中的不平等（在他的《论人类不平等的起源》中）。

这样，卢梭的思想指向不同的方向。他主张社会是必不可少并具有道德价值的。因而卢梭并不是要反对一切形式的文明，或赞成过分单纯的"回归自然"。他认为人类实际上是共同体的一部分，就此而言，他居然运用诸如"自然状态"和"社会契约"之类的说法，是有些成问题的。但是他赞美"自然状态"中个人的生活方式，他谴责当时社会对人的自然德性、智慧和幸福的压制。

总之，卢梭认为我们对原始主义和堕落文明两者都要避免，而要争取一个真正的共同体。但什么是一个真正的共同体呢？当时政治现实的特征是个人主义和民族主义。当别人把卢梭关于真正共同体的思想接过去之后，他们把这些思想转变成对民族(世俗)国家、“领袖”国家(希特勒)和政党国家(列宁)的颂扬。如果说卢梭对自由主义者所主张的相当机械论的、原子论的社会观的立场还比较清楚的话，那么他的思想与政治保守主义和社会主义的关系是什么，却并不清楚。

比如，人民的普遍意志这个基本概念就是以定义不清作为特征的。这种普遍意志并不是各个政党或国民议会中各个议员的观点的总和。普遍意志是“人民”的真正意志，但这是什么意思却很难定义。根据卢梭，普遍意志包括了与所有特殊利益相对立的社会利益。

卢梭还认为普遍意志“是永远正确的”。如果任何人提出的要求不同于普遍意志亦即人民“真正”的要求，这些人就并不真正知道什么是对他们自己最为有利的，或什么是他们真正要求的。因此，不存在强迫每个人服从普遍意志的问题。在卢梭看来，凡是普遍意志统治的地方，就绝不会有强迫。但突出的问题是，每当出现一个公共问题的时候，我们如何去找出普遍意志是什么。我们还必须问，谁有权威(以及权力)来确定什么是人民的真实意志？而且，所有个体欲望是否都重合在一个普遍意志上，这当然也是令人怀疑的。卢梭并没有充分解释我们如何在制度上确保普遍意志得到尊重，从而使得什么是“普遍意志”这个问题不至于由不合法权力集团来判定。卢梭也没有解释我们如何来保障少数人的利益。

虽然自由主义传统常常忽视社会的有机方面，但在形成能保障政治过程免受公然的滥用权力之苦的制度样式方面，这个传统确实给人以一种安慰感。卢梭的有机社会观很大程度上忽视了制度性问题。从普遍意志的理论出发，一个希特勒式的人物和一个戴高乐式的人物都可以声称是高悬于各种特殊利益之上的人民的真正利益的真实代表。结果我们这里既面临一个理论问题，也面临一个制度问题：当不清楚如何在制度上表达普遍意志的时候，我们就冒着专断统治者将他们自己的意志当作普遍意志强加于人的危险。

在地方社区、家庭和村庄，遵循普遍意志可能不那么有害。这里我们可以有某种形式的直接民主。但把现代社会建立在这样一种没有制度保障的普遍意志基础之上，是危险的。因此，卢梭的有机社会理论，因为它强调人们之间的情感纽带、忽视制度，很有可能导致对共同体的一种非理性的、浪漫的张扬。卢梭缺乏一个制度理论，意味着普遍意志论既有助于不断革命（如在罗伯斯庇尔和毛泽东那里）——人民的自发意志应该主导政府，也有助于稳定的民族国家（如在柏克那里）——人民的意志来自一个持久的传统。

埃德蒙·柏克——保守主义的逆反

爱尔兰出生的哲学家埃德蒙·柏克（Edmund Burke，1729—1797）常常被称作保守主义之父，就如同洛克常常被称作自由主义之父一样。柏克的著作，比如《法国革命论》（1790），是对法国革命的爆发和启蒙哲学家对理性张扬的一种逆反。启蒙哲学家们把理性置于传统之上，把非历史的个人置于共同体之上。柏克逆转了这种观点：传统比知识分子的理论更具有智慧。具有根本意义的是共同体和历史，而不是孤立的、非历史的个人。我们因此可以把柏克的保守主义概括为对启蒙运动时期自由主义的一种否定性逆转。

启蒙运动时期的自由主义	柏克的保守主义
理性高于传统	传统高于理性
个人（而不是共同体和历史）	共同体和历史（而不是个人）

这样我们可以谈论体现在柏克身上的一种保守主义的逆反。这种反应不仅发生在理论层面。在政治上，柏克代表了对革命时期法国市民阶层的激进主义——把国王、贵族和教士从政治舞台上一扫而空——的一种逆反。因此，从法国人的角度来看，柏克是与市民敌对的贵族阶级的捍卫者。

就如同我们可以把自由主义当作中上层阶级的意识形态一样，我们也可以把保守主义当作贵族的意识形态。当时法国保守主义内部的一些著名思想家，比如罗马天主教的保王党人约瑟夫·德·迈斯特尔（Joseph de Maistre）和路易·博纳尔德（Louis Bonald），很适合这样的诠释。但是，把18世纪末的保守主义意识形态（比如休谟和柏克的观点）看作是表达了产生于市民阶层本身的那种对自由主义的批评，大概也同样是正确的。这些保守主义意识形态适合于贵族，那是另外一回事。如果我们把以下图表当作一个基础，自由主义和保守主义就是作为理论和政治两个方面的对立面而出现的：

	自由主义	保守主义
社会基础	上层市民阶级	市民阶级和贵族
基本概念	个人（契约、国家）	共同体中的人
属　　性	非历史的个人主义的-利己主义（快乐/利润的最大化，个人免于强制的自由）	历史的-文化的：具有共同价值（有意义的生活，在一个历史的有机的共同体中和谐地实现各种能力）

自由主义和保守主义的共同点是他们都以上流社会为基础：保守主义的基础是一些中产阶级分子和衰落中的贵族（他们在先前的比较封建性的经济曾经占主导地位）；自由主义的基础是以私人-资本主义经济为后盾的整个欣欣向荣的中产阶级。

像多数政治标签一样，保守主义这个词的用法有多种多样。比方说，我们可以使用对保守主义的一种*形式*的理解，把它定义为"希望保存既存之物"，而不对既存之物做任何具体的定义，不管它是经济还是环境，是文化还是治理方式，也不管它是封建社会、资本主义社会还是社会主义社会。这种意义上的保守的对立面是激进，也就是"希望改变既存之物"。

这种定义撇开了历史的方面，因为我们可以问，托马斯·阿奎那、约瑟夫·斯大林和罗纳德·里根都想要保存他们各自社会的根本方面，是不是他们在这个意义上都是"保守的"。与对保守主义的这种形式的定义相反，我们可以把保守主义看作是某种取决于其内容的东西，因而我们把保守主义理解为是指希望保存某种特定的东西（不管是在文化方面、社会方面、政治方面还是经济方面）。这样，谈论保存诸如传统地方社区的生活形式或生态的多样性这样的具体价值，就是很自然的事情。我们可以用*价值保守主义*来指称这种取决于其内容的保守主义。

像其他意识形态一样，保守主义既是一种取决于社会状况和历史状况的社会之*中*的现象，也是一种声称道出了*有关*社会之真理的一种理论。

如果我们想对那种从其内容出发来理解的保守主义观进行提炼，从早先阶段的保守主义（如在埃德蒙·柏克那里的）出发可能是有用的。在那时，保守主义与同时期的自由主义明显对立(对柏克来说，其保守主义的对立面是激进的法国启蒙哲学家)。自由主义使用的基本概念是个人、理性和进步，并且把自主的、自由的和平等的个人与传统——连同其传承下来的态度和结构——对立起来，而保守主义关注的基本概念则把人看作是一种与传承之物不可分割地联系在一起的存在，这种遗产是可以，而且应当小心地加以改进的，但不可以不顾一切地一脚踢开。自由主义可以说是一种社会哲学的个人主义，其根源是孤立、自由的个人，他们因自利而开明、全都追求其最好的利益——从而社会生活被看作是产生于个人们的自私行动的非意向的和谐；而这种保守主义，则可以说是把有机体当作它的模型：比起提出一些迷人但过于简单的模型的自由主义者所能想象的来说，社会要复杂得多。在保守主义者看来，万物都有联系，其相互交织的紧密程度之高，使得无人能对它俯察一切，并用一些简单、激进的手段——也就是革命性变化——来使它变成更好的某物。社会是一个生长着的复杂有机体，而不是一架可以用简单的调节一夜之间加以改变的机器。为了保存既成结构的宝贵方面，改良常常是必要的、可取的，但是改良必须小心翼翼地、一步一步地进行。每个人、每个政党都必须承认，传统体现了一种比任何个人的有限理智更深刻的智慧。我们还必须承认，并没有任何一种简单的、一劳永逸的解决方案能使我们有权利去废除我们的遗产、去立刻引入某种新的更好的东西。社会的基础是不同团体之间、不同世代之间的相互作用。社会发展是需要时间的。

这样，保守主义像自由主义一样，不仅仅是一个关于诸如政府形式、法律-经济权利和体系等具体政治制度的理论。它还代表了一种关于社会和人类实际上是什么、对它们我们可以知道什么的基本看法。它声称具有最恰当手段来正确理解社会、因而正确采取行动。

在这里，保守主义还声称，与它的各种意识形态论敌相比，它更好地了解什么是弥足珍贵的东西。但是不同的意识形态家们发生意见分歧的不仅仅是价值问题。事情并不仅仅是我们所谓的“价值保守主义”在规范意义上比自由主义更重视有意义的、置于历史情境中的生活，而自由主义则在价值上更重视个人根据其开明的自利而将其私人利益最大化的机会。这两种意识形态之间的分歧还可以追溯到在以下方面的一些根本区别：如何看待我们作为社会生物是什么和能知道什么。

可以不过分地说，自由主义和保守主义之间的一个重要分歧在于他们各自的自由观——粗略地说，保守主义把秩序和权威看作是比个人自由更为重要的，而自由主义者则把个人自由看作是更为重要的，从而秩序和权威只有当它们服务于这种自由的时候才是正当的。但我们对自由是什么、自由有什么价值的看法，是与我们对人是什么、社会是什么的看法联系在一起的，而这些看法在日常政治讨论中常常是不加明言的，因而其可行性也是不被讨论的。当我们谈论自由的时候，我们假定存在着某个人，假定他是免于某物或某人的强制而自由的；换句话说，我们必定对人是什么、社会是什么具有某些基本观点（因而对个人、共同体和认识之间的关系具有各种社会哲学的和认识论的看法）。

在某种程度上，保守主义在反对古典自由主义中更加激进的个人观方面，可以与社会主义达成共识。根据对自由主义的个人主义的这种批判态度，根据对秩序和权威的更加肯定的看法，保守主义者也比古典自由主义者（不管是经济自由主义还是文化自由主义）更积极地（更实用地）评价国家在社会中的作用。保守主义与法西斯主义两者对秩序和权威的张扬可以这样来区别：保守主义者支持一种有机地成长起来的社会秩序，并且同那种认为可以用强迫和暴力来创造出一种新秩序的政治观点保持距离。

在某种程度上，柏克接受休谟对理性和自然权利观念的批判。他大致上接受卢梭对启蒙运动时期的个人主义的批判。像休谟一样，柏克把情感、习惯和约定与理性对立起来。像卢梭一样，他把共同体与个人主义对立起来。但他把情感、习惯、约定和共同体从历史的角度来看待：历史和传统是神圣的、是需要尊重的。在政治上，这意味着对于在他看来是以理论构想为基础、而不是从过去当中有机地生长出来的改革，他都反对。革命性变化和自觉的社会规划都是可疑的。社会必须像植物一样生长。我们就好比园丁，应该进行和风细雨般的培育（政治改良），而不应该用革命和规划的方式来干预有机的生长。对柏克来说，传统自身就有价值和智慧。这样，柏克也代表了某种从形式上理解的保守主义：经历了相当长时间的东西，享有生命的权利，应该予以尊重。但是如果这种形式的保守主义走得太远，我们就不过是在尊重机会主义而已——以保守主义的名义来捍卫所有种类的不公平的东西，只要它们一直“存在着”。即使柏克明确反对革命，并毫不含糊地赞扬历史连续性，他希望保持的也仍然是一些特定的状况。他很难说是一个机会主义的形式保守派。

因此，柏克要捍卫的社会，是一种基于像家庭和邻里这样的有机团体而不是自利盘算的社会。在这些亲密团体中，把人们联结起来的是具体的情感纽带，而不是外在的原则或要求。

这种具体的共同体在不同的民族会有不同的情况。没有任何一套习俗和约定是到处适用的。这些不同的生活形式基本上建立在约定而不是自然的基础上。但是作为约定，它们是不可避免的。也就是说，我们必须具有某种基于约定的生活形式。但是通过生活形式上的激烈变化，有些对社会具有创造意义的亲密关系会失去。因此，我们必须尊重和保护的是那些确实存在着的有机生活形式。正是在这个基础上，柏克反对英国资本家而捍卫印度的文化和宗教。在这点上，我们看到激进自由主义和价值保守主义的政治蕴意之间的对立：激进自由主义主张一种抽象的个人观，认为所有个人据说都只寻求快乐和利益，就此而言他们原则上都没有差别；而价值保守主义则支持生活形式的历史的文化的多样性，以及人类行为的丰富性和复杂性。于是这种价值保守主义就感受到了机械论的自由主义透过其原子主义的“眼镜”所无法看到的许多东西，比如共同体、历史、社会和人类的复杂性。

激进自由主义在一定意义上具有与德谟克利特原子论同样的优点：通过简化，它表达了实在的某些方面的一个理性模型。这样，这种自由主义对于理解市场经济是颇为适合的。对于价值保守主义来说，问题是反过来的。文化方面的理论图景更为恰当，但整个这种有机的复杂性，却可能太令人压抑了。价值保守主义倾向于认为社会太复杂了，我们无法对它做总的考虑。柏克是这方面的典型：比起个人以及个人据说拥有的理性来说，社会和历史要更有智慧。

但对我们把握社会之能力的这种低调观点，是会转化成一种非理性主义的：情感和偏见的可靠程度与一种有缺陷的理性不相上下。[9]而这种观点又会进一步导致政治上的消极无为：社会的复杂程度超出人们理解的能力。柏克的观点倒不是这样。柏克要的是为保存而变化。但是这种政治消极无为的倾向是有机价值保守主义的负担。实际上，这种政治消极无为还可能间接地支持特权阶层，以及资本的自由发展。在这个意义上，自由放任的自由主义和价值保守主义是可以具有相同的政治后果的。

我们曾经提到，激进自由主义者不像价值保守派那样是以文化作为根基的（柏克对东印度公司的批评）。而且，自由放任的自由主义者也不像价值保守派那样是以社会作为根基的。价值保守主义者常常想要维持传统等级制度，而同时他们又对下层社会抱有封建主的家长式同情。迪斯累里（Benjamin Disraeli）和俾斯麦（Otto von Bismarck）是这种同情的典型：对尚未成年的儿童所持有的家长式的权威和同情。

在柏克那里，这种家长式态度意味着他不支持普遍的投票权利或废除世袭权利（也就是特权）。他对个人和大众两者都疑心重重。但他信任人民的智慧。然而，就像卢梭的普遍意志一样，这里的问题是我们如何去发现人民实际上想什么——因为我们是不准备举行普选的。这里，柏克比卢梭更具体一些。柏克支持一种立宪君主制，它受世袭贵族和财产贵族——柏克认为这个集团比较公平、在社会方面比较保守——的控制，并包括各种表达人民的智慧和情感的建制。

第三节 经济自由主义

亚当·斯密

苏格兰人亚当·斯密（Adam Smith，1723—1790）被认为是作为一个独立学科的古典经济学的创始人。他的主要著作是《国富论》（1776）。但是他的《道德情操论》（1759）表明，斯密并不赞同那种把人仅仅看作一个经济主体的理论。

斯密主张，商品和生产是实际决定一国财富的东西：政府应该对贸易和产业尽可能少加干预。经济自由最大之时，也就是经济运作最佳之日。当所有产业家和商人都致力于把各自利润最大化的时候，普遍富裕也将最大。当经济因此有可能不受政府干预而运作的时候，它将遵循自然法则，因为人人都致力于将其经济利益最大化。价格将成为自然的，也就是说，公正的。结果是国家达到尽可能高程度的富裕。亚当·斯密因此是一位主张自由放任的自由主义者。[10]

斯密把自利看作是经济生活的动机，就像边沁把追求快乐当作人的基本动机一样。

“斯密问题”是关于经济哲学和道德哲学之间协调的问题。作为一位道德哲学家，斯密捍卫这样一个观点，即我们应该根据对他人的同情和关心来行动。作为一位经济学家，他主张商人应该追求自利，他必须使自己致富——即使是以他人作为代价。在斯密看来，市场的逻辑意味着私人的恶行可以借助于市场的“看不见的手”而转化为公共的德性。从道德的角度来看，这仍然是成问题的：善的东西，是不可能不加疑问地由不道德的行动促成的。对斯密问题的一个回答，是要求我们把市场/经济领域与日常生活的互动区别开来。但是，斯密强调市场必须受法律和正义管制。这意味着斯密所考虑的不仅是一种市场经济，而且是一种法治国家的框架，以及一个人际互动领域。“斯密问题”后来被于尔根·哈贝马斯作为一个关于“系统”和“生活世界”之间关系的问题来讨论(参见第二十四章)。

德谟克利特的原子主义本体论的迷人之处在于它把万物还原为一些简单项，这种经济原子主义(个人主义)同样如此。复杂的社会现象变得简单明白了。原则上个人重视追求他们自己的经济利益；原则上他们严格地合理行动以达到这个目标。因此，我们可以预期明智的人们在各种情境下将怎么做。在这个模型中，人类世界成为一场经济台球，其中追逐利益的个人们在台子上为有利可图的合同而运筹谋划。这样我们可以忽视人类和社会建制、权力结构的“非理性”特征——或更确切地说，所做的努力是要用这个模式来解释所有经济行动。正是从这些概念出发，斯密和其他自由主义经济学家们创立和发展了一个若干个人之间的理性行动模型——一种适用于经济人（*Homo economicus*）的博弈论。因此，他们是第一批社会科学之一——古典经济学——的创始人。换言之，在斯密的经济学中提到的那些基本概念，对应于古典自由主义的那些基本概念。但斯密用一种自然价格理论来补充传统的自由主义概念：个人为了相互交换商品而在市场彼此相遇，一件商品的价格取决于供求关系。这预设了一种自由市场；也就是说，国家和政治建制不通过管制价格而进行干预。对价格管制的这个模型预设了我们是原子化的个人，只考虑自己的利益，各种商品都是彼此独立的，从而每个行动者都可以对不同物品给与不同的优选秩序、进而在其中进行选择。这是纯粹市场交换的模型，其中国家和垄断者被完全排除在外了。

当然，斯密知道供求之外的因素是影响价格的，比方说政府的政策和贵族的世袭特权。但正如边沁用他的快乐算法既是为了进行描述，也是为了进行批判一样，斯密也把他的模型不仅用来描述，而且用来批判。这样，他抨击那些干预市场的因素。斯密的政治理论不仅仅是纯粹理论，而且也是一项政治纲领：干预自由市场的因素应当被清除掉，因为它们扭曲了自然秩序。像政治理论中的古典自由主义一样，作为经济学家的斯密认为自由个人主义最终将导致社会和谐，导致尽可能大的物质繁荣。

此外，斯密还有另一个价格管制理论，一个公平商品价格理论。这第二个价格理论提出，一件商品的价值等于投入其中的劳动。如果一个木匠用10小时做了一张椅子，一个农民用5小时生产了一袋马铃薯，这张椅子就值两袋马铃薯。如果价格是这样确定的，那么它就是公平的价格，因为大家的所得都与他们的付出一样多。贸易是公平的，因为所有的贸易者的所得都与他们的付出一样多。

但是要确定投入到一个物件中去的劳动价值是多少，仍然是困难的。时间不可能是惟一的决定因素：有些工人手脚快，别的工人生性懒；有些人训练有素，有些人则技能生疏。而且，这个价格理论与价格的供求理论有些对立：如果价格是由自由市场上的供求关系决定的，一件商品的价格将会因不同的供求关系而变动不定，即使投入其中的劳动始终不变。因此对一个由供求决定的价格来说，价格等于投入其中的劳动量，这说不上是一种辩护。

李嘉图和马尔萨斯

大卫·李嘉图（David Ricardo，1772—1823）和托马斯·马尔萨斯（Thomas Malthus，1776—1834）加强了斯密的经济的、自由放任的自由主义。但是，斯密认为一种自由而“自然的”资本主义将有利于所有阶级，李嘉图和马尔萨斯则认为工人阶级必然将生活在基本生活线附近。然而，李嘉图支持一种激进的自由放任：在没有政府干预的情况下，各种自我利益之间的尽可能好的和谐将自动出现，即使工人们不幸地还只能永远生活在物质匮乏之中。

这个理论背后的思路是这样的：马尔萨斯主张，下层阶级的贫困是不可避免的，因为人口有一种按指数增长的趋势，而食物的总量则只是沿直线增长的。

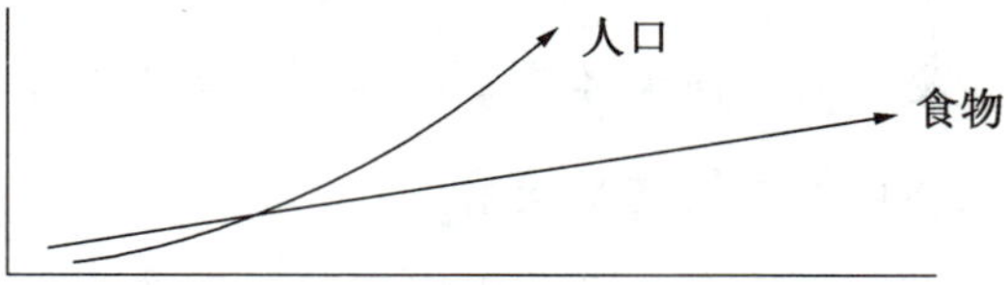

因此，人口增长将永远超过食物量的增长。说得残酷一些：工资增长不会导致下层阶级的生活水平提高，而只会导致更多孩子长大。因此，如果没有道德规范或社会规范来降低出生率的话，大众就永远只能生活在基本生活层次。这个理论似乎证明了下层阶级的贫困是一种自然的必然性。资本家给工人更高工资、国家提供社会保障，是违反自然的事情。这只会导致人口的不自然增长，也就是说不满足市场需求（也就是有待从事的劳动）的那部分人口的增长，而这又将导致更多的饥馑和死亡。因此，必须允许经济遵循其自身的规律。国家不应该进行社会改良。

劳动的收益可以分成三部分：工人的工资，资本家的利润，地主的地租。因此，工资应该处于最低水平，也就是说，刚好使工人足以存活并再生产劳动力。另一个冲突是资本家(产业家和商人)和地主之间的。在这个冲突中，自由主义者认为地主构成了一个寄生的团体。地主出租土地，但他们并不生产任何东西。因此，资本家——他们是生产性的——应当获得比例较大的收益，而地主则应该获得比例较小的收益(后来，马克思对资本家做了同样的抨击。对他来说，资本家是寄生虫，而工人则是生产者)。

认为工资线趋向于基本生存线的理论，是与那种认为自由放任的解放将导致每个人的改善的理论的明显决裂。对进步的乐观主义预期，也因此遭到致命一击：用许诺以后的改善预期来为此时的不平等作辩护，已经不再可能。但是这种工资理论在新的基础上为现在的不平等作辩护：我们所拥有的毕竟是尽可能好的安排；它是自然的、我们所可能拥有的最好的东西；任何别的东西都将造成更坏的结果。同时，这种工资理论还意味着我们无法仅仅考虑到个人：在这个理论中，各个阶级处于对立之中。李嘉图假定，从长远来说，经济——部分是因为人口会增长、而食物生产的空间却是有限的——将趋向于停滞，工资低、利润也低(参照后来关于内在危机和零度增长的各种理论)。

李嘉图和马尔萨斯描绘的是一种这样的私人资本主义，它哄骗工人说，这样的剥削是天经地义的事情。这种粗鲁的自由放任学说是自由主义的顶峰。从 19 世纪中期开始，社会自由主义影响政治理论(约翰·斯图亚特·密尔)，并导致社会改良(工厂法、工人成立组织的权利)。

第四节　功利主义——功利计算和法律改革

杰里米·边沁

英国法学家杰里米·边沁(Jeremy Bentham，1748—1832)是竭力主张在英国社会进行法律改革的所谓哲学激进派人士之一。因此他批判英国社会的某些方面。但批判者必须有一个作为批判之出发点的规范性标准。与功利主义-经验主义的传统相一致，边沁既不接受自然权利的观念，也不接受契约论的观念。对权威、对政治变化的惟一辩护，是人类的需要，也就是功利和快乐。这里，边沁追随的是爱尔维修：

1．快乐和痛苦是人类行动的**原因**；因此，我们可以通过改变快乐和痛苦的关系来影响人类行为。

2．快乐是为立法和政治权威提供**正当性辩护**的东西。

前面我们提到，上列第一条可以看作是一种站不住脚的简化，而第二条则可能蕴含着一种逻辑上的跳跃：规范的东西，也就是说对正当性的辩护，被认为是来自描述的东西，也就是说人人都寻求快乐。

边沁像爱尔维修一样把最大多数人的最大可能的快乐（功利）这条功利主义原则当作基本的规范性标准。边沁思想中新的东西，是他比其他人更前后一贯地把这个标准当作法律改革的指导方针，并且对导致最大快乐的因素提出了一个计算系统。

在边沁对快乐和痛苦的计算中，他考虑了决定哪些行动和情境总的来说提供最大快乐的各种因素。这种计算包括快乐或痛苦的强度，快乐或痛苦所持续的长度，快乐或痛苦可能出现的确定性程度，快乐或痛苦还会出现的时间，牵涉到的人数的多少，以及快乐和痛苦的各种经验是如何彼此影响的。

如同我们先前指出的，谈论痛苦的计算或许要比谈论快乐的计算更为合理，因为我们在避免某些基本的匮乏方面的反应和态度中的共同点，可能要多于我们在对不同的积极行动或利益进行排序方面的共同点。在实践中，功利主义和自由主义首先是一种避免消极的东西的努力，而不是一种实现理想的努力。

边沁所提出的对快乐和痛苦的计算十分明显地令我们想起对利润的计算。但是对利润我们是可以用一些可比的单位进行计算的，比方说英镑、便士或马克和芬尼，但很难看出不同的苦乐经验怎么也可能进行比较。静静享受美食的快乐与考试通过以后的狂喜，这两者的快乐如何比较？这个问题边沁从来就没有成功地解决。他的快乐计算因而是很成问题的。但他有时的说法，却让人觉得他好像真的相信我们确实是根据这种理性计算而行动的。

我们又一次注意到，个人主义在某种程度上是已经被放置在快乐概念本身当中了的。[11]快乐是个人性质的东西。国家或共同体无所谓快乐，也无所谓痛苦。根据这一点，“最大可能的幸福”也被理解为“最大可能数量的具体个人的最大可能的幸福”，既然幸福最好被理解为快乐。

但仍然值得指出的是，功利概念并不像快乐概念那样是个人主义性质的。快乐概念指向的是个人经验，而功利概念则指向一些值得追求的效果。功利哲学，也就是功利主义，因而主要是一种后果主义的伦理学：行动之是否好的/值得追求的，取决于效果在多大程度上是“有用的”。这里的对立面是一种善良意志论的伦理学，它把行动者的伦理意图当作标准。功利主义的优点在于，它看上去与我们的文化的平常情况非常适合：我们常常是通过对不同可能方案和效果的评价来进行选择的，因为我们把某些偏好当作是理所当然的。当偏好是那些我们所追求的东西的时候，解释动机就容易得很。但是功利主义可能显得与正义概念相悖：根据对功利主义的一种通常诠释，在一给定情境中如果给一个无辜者定罪会导致最大的功利（幸福），这也会是伦理上正确的事情。但这种观点有悖于基本的正义感。

边沁把对个人的强调传递到语言哲学领域。边沁主张，基本上只是那些指称具体事物的语词，才是有意义的。不指称具体事物的语词——像*权利*、*普遍繁荣*、*财产*等等——说到底是人为之物。他认为像“权利”和“原则”这样一些词的使用，其作用常常是掩盖现实而不是揭示现实——而在边沁看来，社会现实说到底是具体个人的快乐和痛苦。

显然，像*荣誉*、*祖国*、*进步*等等语词，经常被用来迷惑和操纵人心。边沁的唯名论[12]中因而是有某些健康成分的。但是，当边沁似乎认为这类语词全都迷惑人心的时候，发生掩盖现实的一些方面——也就是掩盖社会的相互联系——之危险的，却是边沁自己了。由于边沁拒绝所有概念性术语，他就难以把握社会中的那些特别具有社会性质的方面，比方说匿名的权力结构。因此，边沁的唯名论的代价是某种盲目性，进而是面对一些占主导地位的倾向——它们可能是非理性的、有害的——时的某种无能为力。

如同我们曾经提到的，边沁把最大多数个体成员的最大可能幸福（快乐、功利）作为批判现行法律的标准来运用。根据这个标准，边沁要求人们不是问一个罪犯“该受”什么惩罚，而是问什么措施将来会导致更少的犯罪和更好的人类。对一个人或若干人的惩罚本身是造成痛苦的，它只有当总的来说提供更大幸福的时候才是正当的。边沁以这种思路促进了法律制度的人性化，同样也使法律实践效率更高、更加合理。但是，即使实践效果是好的，他的理论思考也是有些问题的。边沁常常忽视人类价值和动机的历史可变性。在边沁看来，人基本上是非历史的：人在所有时候、所有地方都在追求着同样的目标（快乐）、驱之以同样的力量（追求快乐）。就像作为唯名论者的边沁基本上忽视了社会建制，而只看到个人一样，作为自由主义者的边沁倾向于忽视历史，而把人类归结为一个无时间性的抽象。历史对边沁来说是一组传统、习惯和习俗，它们要证明其存在的正当性，就必须经受基于最大多数的具体个人的最大可能幸福原则的批判性考察。在这个意义上，边沁与启蒙运动的哲学对传统的批判是一致的。

边沁的哲学激进主义尤其针对法律制度的效率低下和不合人性。他对经济改良则不那么关心。相反，私有财产权利是提供保障、因而提供快乐的。在这里我们看到的是对经济现状的支持，尽管这里也有更平均分配财产的要求的种子。像多数自由主义者一样，边沁似乎预设了各种特殊利益之间的一种和谐：当人人追求将自己的快乐最大化的时候，这就是对所有个人都是最好的。但是边沁并没有认为这种和谐会自动出现：建立在功利原则基础之上的积极的立法还是必要的，并且这种立法应当得到积极的实施，也就是说它的目的是一种预想中的变化。

詹姆斯·密尔

世纪之交英国哲学激进派的另一个代表是詹姆斯·密尔（James Mill，1773—1836）。他赞成的是一种由代议的、基于普选权的民选议会所控制的强有力的政府。他对少数群体的权利不那么同情；在他看来少数群体就是享有过分特权的贵族和教士。他因此支持代议政府所代表的多数派，并提倡普及教育。每个人都应该上学；教育应该在思想上道德上都具有解放人心的作用；开明的多数人应该实施统治。这与 18 世纪的启蒙哲学一脉相承。

像其他哲学激进派一样，詹姆斯·密尔对英国建立效率更高、更加民主的立法和行政做出了贡献。同时，显然正是在这些哲学激进派的影响下，英国在19世纪中期引进了某些社会改良（如济贫法），也就是一些为贫困民众的利益而制定的法律。这样，杰里米·边沁和詹姆斯·密尔就与约翰·斯图亚特·密尔和托马斯·希尔·格林的社会自由主义挂起钩来了。

第五节　社会自由主义，以及作为合理性的一个条件的自由

约翰·斯图亚特·密尔

生平　约翰·斯图亚特·密尔（John Stuart Mill，1806—1873），詹姆斯·密尔的儿子，是根据其父亲的那些原则而培育成长的。他3岁时学习希腊文，8岁时学习拉丁文，12岁时学习政治经济学和逻辑学。直到经历了一场个人危机之后，约翰·斯图亚特·密尔才得以摆脱其父亲的（以及边沁的）思想的影响。他设法表述一种不带有他感到存在于早先自由主义之中种种弱点的自由主义。他与哈蕾特·泰勒（Harriet Taylor，1808—1859）关系密切，并于1851年与她结为伉俪。约翰·斯图亚特·密尔的著述不仅涉及政治理论，而且也涉及逻辑学和认识论；他的著作包括《论自由》（1859）、《功利主义》（1863）、《妇女的屈从地位》（1869），以及《政治经济学原理》（1848）。

李嘉图所代表的自由放任的经济自由主义在1850年以前的英国达到了高潮。在那时候，产业工人的悲惨生活状况已经引起了越来越大的义愤。按照边沁的社会改良主义进行的旨在解决社会问题的政治行动已经开始。但是，这种社会性政治不应该被看作仅仅是像边沁的功利主义这样的理论立场的结果。同时还出现了下层阶级遭受的日益严重的社会剥削激发出来的一些自发的政治反应。这种反应可部分解释为对政治动荡的恐惧的结果，部分解释为对工人的同情的结果。

工人们自己面临着一场双重斗争：一面与集结在土地贵族周围的保守派斗争，一面与集结在企业家和商人周围的自由派斗争。工人的主要目标是保障基本收入、合理的工作时间以及长期的就业合同。对工人来说，斗争的

手段是团结。团结，而不是个人主义的自由，成为劳工运动的基石。在面临来自保守派和自由主义者两方面的对抗时，工人们最后会更倾向于保守派：一个感到对“自家”人有某种责任的家长式贵族，可能要好于一个自由放任的自由主义企业家。1867 年，保守派政府给予许多工人以投票的权利。

在这种情况下，英国自由主义者处于一个两难境地：要么成为社会主义者，要么失去工人支持。英国的自由主义者选择了前一条道路，英国自由主义最终转变成了一种承担全民义务、获得人民广泛支持的社会自由主义。自由主义的理论于是也必须有所修正。边沁、斯密和李嘉图关于个人和国家之间关系、自由和强制之间关系的理论，必须重写。这意味着我们这里所定义的那种意义上的自由主义的基本特征，也就是个人主义，最后因为吸纳社会这个概念和社会科学的思想而得到了改进。

约翰 · 斯图亚特 · 密尔是一位以功利主义、自由主义和经验主义作为特征的哲学家，但他也对这些理论的早先版本持批评态度。他因而设法借助于社会科学来修改古典自由主义；在政治理论中，他是拒绝自由放任、强调积极立法的社会自由主义的一位先驱。

约翰 · 斯图亚特 · 密尔虽然拥护功利主义，但觉得自己无法赞同边沁的那种快乐计算，在这种理论中功利是用快乐来解释的，而撇开较高形式的快乐和较低形式的快乐之间的质的区别。我们可以说，边沁设法借助于对各种快乐状态和痛苦状态——这些状态被认为以各种方式产生于各种不同的可选择行动——的量化比较，来解释一些质的方面，也就是道德上、法律上什么是一个正确决定或正确行动。约翰 · 斯图亚特 · 密尔重新诠释了功利概念，使之有可能容纳一些有*质*上区别的快乐和痛苦的形式。于是，对质上不同的功利状态进行比较，取决于能力健全的人们——也就是从亲身经历出发理解基本可选方案的人们——的一致同意或多数意见。

密尔因而认为，我们从一开始就必须区别开有质的差别的一些层次，也就是说，一种是道德上善的快乐经验，一种是道德上恶的（或不那么好的）快乐经验。从普通语言使用的角度来看，这是合情合理的。从这个角度来看，我们会说虐待狂在伤害受害者时的乐趣是恶的，而护士因病人病情好转而感到的喜悦是善的，即使虐待狂的快乐经验和护士的快乐经验具有相同的强度和长度，等等。但即使通过对快乐的量化计算，这种质的观点在一定程度上也是可以提出的，那就是从一个长时期内把全部有关各方都考虑在内：从长远眼光出发考虑到的最大多数人的最大可能幸福。这样的话，我们或许会发现，虐待狂的乐趣比护士的乐趣导致的结果更加消极，从而护士的行动是最善的。

属于密尔认为最重要的那些价值之列的，有个人自由、自尊、诚实和社会康宁。密尔之所以捍卫言论自由、出版自由等等，是因为他把这些自由看作一些值得追求的属性。但这些自由的德性之所以重要，也是因为合理性和对真理的追求的缘故：公共领域的自由争辩——没有内外障碍的自由争辩——是我们达到合理观点的可能性条件。[13]

但是，对密尔来说，公共舆论是一件意义暧昧的东西。一方面，公共舆论可以显得是对少数群体所支持的观点的强制和压抑。另一方面，密尔又假定公共舆论可以通过合理的个人之间的自由讨论而形成和改善：只要讨论是公开的、自由的，这种公共讨论就可以导致纠正偏见和错误的结果。因此，讨论可以起到使各种意见开化的作用，即使讨论并不把我们引向惟一的真理。自由讨论至少会使不同视角和观点有可能得到更清楚的表达，对观点的主张者和反对者都是如此。

一个观点，只有当它被公开表达、因而有可能加以反驳和捍卫的时候，它的真正意义才有可能得到认识。这意味着，在我们听到反对意见之前，我们实际上并不知道我们自己在想什么。为了使真理尽可能清楚地呈现——为了通过尽可能明确而公平地认识反对者的思想而使我们都对我们自己实际上所思想的有尽可能好的洞察——我们必须进行自由的公共的争论。言论自由和意见表达自由是公开讨论的必要条件。[14]可以这么说：自由是合理性的一个条件。

约翰·斯图亚特·密尔作为一位社会哲学家和政治改革家的出名之处，还在于他在帮助受歧视受压迫群体方面所做的工作，从支持工人争取国会代议权利的斗争、关注北美的非洲裔美国人的地位，一直到反对各个层次上对妇女的歧视。针对他那个时代妇女所受的压迫，他为普遍的投票权利和承认已婚妇女的财产权利而据理力争。这种争取平等和解放的斗争是密尔作为倡导者之一的进步的自由主义的组成部分：所有成年人原则上在政治上和法律上都是平等的。我们都有权利去实现我们的潜能，只要它不导致对他人的伤害。种族、性别或社会背景在这方面是不相干的，也就是说，不管我们处于什么样的生理状况和社会状况，我们都拥有同样的政治权利和法律权利。在这些问题上密尔与哈蕾特·泰勒密切合作。

这样，由于把不可侵犯的个人权利当作出发点，密尔置身于一个回溯到洛克等人的现代传统。在这方面他与主张共同体中的人的柏拉图相区别。但在密尔和柏拉图对人的看法之间，也存在着一些对应之处，因为他们都强调相对于政治的东西来说，生物学是不那么重要的。这里，密尔和柏拉图都站在亚里士多德的对立面上。在这三位思想家——柏拉图、亚里士多德和密尔——对于妇女的看法中，也显示出以下对立和对应之处。亚里士多德从生物学和妇女当时占据的社会地位的角度来看待妇女。柏拉图把妇女看作是理性的存在，原则上超越生物学的范畴，而根植于城邦的共同体之中。密尔从普遍个人权利的角度看待妇女，而不那么考虑她们的生物学背景和社会背景。[15]根据他对于普遍个人权利的看法，密尔强调妇女有权利在家庭主妇和职业之间进行选择。这样一种选择自由是包括在密尔对普遍的政治权利和经济权利的理解之中的。但是，对于那些选择家庭主妇角色的妇女，密尔却认为她们在家庭中的实际角色是固定的，就像他那个时代人们所理解的那样。他没有想到过传统家庭角色的改变。这类想法是我们的时代才有的。

虽然密尔在其规范性思想中强调基于个人的普遍原则，他在其社会观中却意识到社会环境在个人教养中的重要作用。构成密尔思想的社会自由主义方面的，尤其是这个概念。这里我们可以看到与受到欧文、圣西门和傅立叶启发的英国和法国的早期社会主义之间的对应之处。詹姆斯·密尔相信强有力的多数派政府，而约翰·斯图亚特·密尔则与此保持距离：不仅强有力的少数政府（贵族整体）会成为压制软弱的多数人（人民的其余部分）的暴政，而且多数人也会成为压制少数人的暴政。一种代议形式的政府并不足以确保少数群体或个人的自由。约翰·斯图亚特·密尔因此关心这样一个问题：社会如何才能确保自由而负责的人的有尊严生活的条件。他关心像不宽容和攻击性这样的社会态度，会如何压制一个自由的人格。[16]

在这点上，约翰·斯图亚特·密尔超越了古典自由主义：他承认无名的社会力量对人们怎样生活是具有决定性影响的。我们不仅可以用非人类的原子和外部状态系统来解释现象。除了个人和国家之外，社会也是一个研究的领域。但是，约翰·斯图亚特·密尔并没有从事系统的社会学思考，因为社会学仍然处于幼年时期。他提供的是对个人自由的根本性辩护，而不是对社会中各种力量的结构性揭示。

而且，他的思想在某种程度上仍然囿于一些古典的区分，比如内在的-外在的，私人的-社会的。这样，他讨论个人自由，是作为某种属于隐私保护领域之内的东西，是某种仅仅包含个人本身的东西。但是约翰·斯图亚特·密尔并没有为这种私人领域和社会领域之间的区分提供一个满意的标准。尽管如此，关键是他拒绝了朴素的、自由放任的自由主义的那种把强制看作外部政府干预的观点。社会自由主义者约翰·斯图亚特·密尔承认，在国家和法律之外也有一种强制和权力。这意味着，最小量的立法和政府干预并不等于最大量的自由，如自由放任的自由主义者所认为的那样。

约翰·斯图亚特·密尔不接受自由放任的自由主义关于市场的自然法则、自我管制的竞争的自然法则的命题。因此他提出对经济系统的批判。自由市场及其法则并不是碰不得的天经地义的状态。如果我们认为在一个国家里存在着一种不足取的社会经济状况，我们是可以通过法律改革加以干预的。

约翰·斯图亚特·密尔表达的基本伦理直觉，是对他当时英国社会不公正、非人道方面的义愤。如果约翰·斯图亚特·密尔的理论有时是成问题的，他的著作却仍然是在一种社会责任感和道德责任感的驱使下写出来的。通过他对于个人自由的辩护，以及他关于从事积极立法从而为这种自由奠定基础的要求，约翰·斯图亚特·密尔为社会自由主义内部一些态度的形成作出了贡献，即使各种社会力量在他的时代还没有以更令人满意的方式被人认识。社会学的盛行还有待时日（A·孔德[Auguste Comte，1798—1857]，E·涂尔干[E. Durkheim，1858—1917]和M·韦伯[M. Weber，1864—1920]）。但是，对约翰·斯图亚特·密尔来说，经验的社会研究这个新兴领域是有很强的吸引力的。

托马斯·希尔·格林

约翰·斯图亚特·密尔所发起的从自由主义向社会自由主义的转变，在整个19世纪都持续着。结果是出现了一种“具有人类面孔的”自由主义：这意味着伦理上的共同责任，对个人作为一个社会存在的承认，以及一种由各种社会建制所支配的公共政策；简言之，它意味着承认，对于理解人类和政治来说，社会学的一些概念是必不可少的。

托马斯·希尔·格林（Thomas Hill Green，1836—1882）继续了对于在古典自由主义基础上形成的那种简单化的心理学理论和伦理学理论的批判；他指出，人是与社会共同体必然相连的。换句话说，对格林来说，对自由主义的个人主义的内部批判，已经粉碎了个人主义立场，而这时剩下的那个立场，在许多方面令人想起亚里士多德的立场。但是格林并非生活于一个希腊城邦之中。格林在两方面区别于亚里士多德：一方面把共同体看作是一个基督教共同体，另一方面把政治看作是一种安排社会条件、以使得有道德的生活成为可能的手段。

自由（freedom），在格林看来，不仅仅是消极的自由，也就是免于强制的自由，而是一种真正的自由，即自我实现在一个伦理共同体中真正获得经济上和心理上的可能。为了确定所有人的真正自由，限制某些人行动的法律是必要的。因此，社会政策和教育政策就变得相当重要。格林的目标是一种道德的生活，而不是自由主义意义上的自由（liberty）[17]，不是快乐或利润的最大化。通过旨在改革的立法，政治成为实现这个目标的手段。这里，自由主义带上了人道精神和社会关怀。自由主义的个人主义当中还剩下的东西之一，是这样一个观点：人是道德上平等的，在价值和尊严上平等的。

如果我们把“自由主义”定义为一种个人主义意识形态，那么格林就不是一位“自由主义者”，虽然他是一个“自由派”，也就是说，一个主张宽容和人道的人。格林的自由主义既与保守主义态度相衔接，也与社会民主主义态度相衔接。他对生活的宗教方面和伦理方面的赞赏，他对为人所必需的保障和稳定的强调，是保守主义思想的反映。同时，还有一个命题从格林发端、后来发展成为费边社（建立于1884年）的自由派的、社会民主主义的基础，那就是“没有阶级斗争理论的改良社会主义”。英国工党就是在这个传统之内形成的：社会福利，节制商业，虽然并不是全盘的国家管理，并且不包含那种认为阶级斗争不可避免、拒绝妥协性解决方案、拒绝在议会中与保守党派进行合作的教条。在英国，自由社会主义（工党）和社会自由主义大致上是重合的。

从19世纪60年代初开始——在达尔文的《物种起源》发表之后，人们常常把自由市场——在其中行动者的命运取决于他们之间的竞争——与生物学的“适者生存”理论对应起来。适者生存的命题可以看作是对自由放任的自由主义的一种生物学的、进化论的重新诠释：争夺食物和配偶的自然竞争使适应的动物生存下来，并繁殖后代，从而最有活力的遗传性状得以保存；同样，不受约束的经济竞争也将导致最优秀的人类兴旺发达，并将其优越的遗传性状传给未来社会，而低劣的遗传性状则被清除。所有对穷人和“不适应者”的社会救助，都是不可取的，因为它会导致一个带有低劣遗传性状的人群。这种生物学的自由放任自由主义包含着一些理论问题。第一个问题是它对社会作了生物学的理解，因而忽视了社会特有的一些方面。第二个问题是它设法从一个（所谓）事实出发演绎出一个规范来：它设法从关于有活力遗传性状之保存的理论出发，演绎出将导致“最优秀”结果、也就是“最优秀”个体的东西，所以也就是演绎出那种“应当”指导我们政治决策的东西。对这些观点的驳斥，我们也可以这样来表述：在自由主义市场经济中最能够适应的人，难道就是在每个方面都最优秀最有价值的社会成员了吗？对一个“不适应的”诗人，一个被人误解的科学家，或一个大公无私、自我牺牲的理想主义者，我们怎么看呢？把“最优秀者”定义为那些最适应一特定社会的人们，这很容易导致这样的观点：既然这个社会允许“最优秀者”生存，这个社会就是“最优秀”的社会！

约翰·梅纳德·凯恩斯

约翰·梅纳德·凯恩斯(John Maynard Keynes，1883—1946)是两次世界大战期间最出色的英国经济学家之一，作为实用经济学家和理论经济学家他都声名卓著。凯恩斯的一个基本观点是拒绝自由放任的自由主义：[18]资本主义可以由出色的个人来推进的时代，已经过去了。国家现在必须在经济生活中扮演重要角色。但凯恩斯并不是一个社会主义者；他并不认为国家应该接管历来由私人来从事的那些活动。国家(政府)应当履行一些私人部门不管的新任务，比方说对信用和货币兑换的精心控制，对整个社会的储蓄和投资幅度的规定，以及对人口数量的调节。当出现失业和停滞的威胁时，国家应该在管理经济方面起积极作用。

换句话说，凯恩斯决不是一位反对资本主义的人士。但是，他认为自由主义和私人资本主义已经过时了。他建议进行一些改良，这些改良他认为会引向一种现代的资本主义：一种以强有力政府活动为特征的资本主义。凯恩斯是国家资本主义的主要捍卫者之一。这样，他对自由放任的自由主义(私人资本主义)和社会主义两者都加以批评。

1936年，在大萧条以后，他出版了《就业、利息和货币通论》一书。这成了现代资本主义经济学家们的一部经典。凯恩斯的新特征之一是他对充分就业问题的强调，而在自由主义的经济学家那里，这个问题常常是通过把充分就业当作一个既定前提而加以“解决”的。在凯恩斯看来，充分就业这个目标只能通过一种精心设计的经济政策而大致达到。它并不是由作为一种自然和谐的市场力量的自由支配而自动产生的东西。为了达到大致的充分就业，国家必须对消费施加相当的影响，其手段包括财政政策和公共投资——但是国家的干预不能无所不包，以至于危及拥有私人财产的权利。在凯恩斯看来，拥有私人财产的权利(资本主义)具有一种决定性优势，那就是以分权和自利作为基础。凯恩斯认为，为了避免资本主义的危机，改革是不可缺少的。没有政府组织，就没有资本主义。

我们可以说，凯恩斯在政治理论方面的重要性在于他代表了这样一种观点：自由主义和私人资本主义应该从经济危机中有所学习。他体现了理论上从私人资本主义和自由放任的自由主义向政府组织的资本主义的转变，也就是向一种具有一些后来在社会民主党那里看到的社会自由主义和社会民主主义特征的资本主义的转变。

第六节　政治自由主义

约翰·罗尔斯

在20世纪上半叶，逻辑实证主义旨在清除所有形式的规范性哲学。但是近几十年中，我们在道德哲学和法哲学中看到了一种新的持续增长的努力。这既适用于应用伦理学如生物医学伦理学、环境伦理学、企业伦理学等，也适用于实践哲学的一些基本问题。

实践哲学中的这种新趋势的一个主要代表，是美国人约翰·罗尔斯（John Rawls，1921—2003）。他关于正义观念以及一个正义社会之原则的著作——《正义论》（1971），如今被认为是一项开创性的著作。在此我们考察一下罗尔斯作为公平的正义理论的一些主要概念。

让我们考察一下他的理论的基础。我们生活在这样一个时代，其中，我们不再期望在生活的目标、意义以及什么是善的生活的问题上达成哲学的或宗教的共识。这是17世纪宗教战争的教训：一方面是政治，另一方面是宗教和形而上学，我们必须把这两方面区分开来。如果我们向往一个具有不同的“整全性学说”和基本信念的人们能够彼此和平共处的社会，我们必须确立一些组织社会的中立原则。我们所要的社会，必须是建立在所有公民都认为是正义的那些原则之上的。因此，罗尔斯的正义观念所涉及的是一个正义社会的基本建制。在这里，正义被理解为“公平”：在不伤害他人自由的前提下保证个人自由的原则，以及导向在社会中公正地分配机会的原则。

罗尔斯的道德直觉认为，功利主义的福利计算没有恰当地把握我们所理解正义的所有方面。这类计算没有充分地理解对人的基本尊重的思想，它们会导致不利于生活水平低下群体的资源分配。因此，他提出一种程序，它迫使我们必须是公正不偏的，因而是正义的。这个程序以“原初状态”的观念为基础：我们设想，在性别、年龄、种族、社会地位、天赋能力等方面，我们不知道我们是谁，但是，我们知道，对于具有不同背景和不同资源的人来说，不同的政治制度是如何运作的。我们就在这“无知之幕”背后来选择组织社会的原则。在这种思想实验中，我们都会选择我们认为对自己最好的制度性秩序。但是，存在着一种对公正的角色承担的内置性强制：我们不知道作为人我们是谁，但是我们知道组织社会的各种不同方式，因此，我们所感兴趣的是选择一种能够最好地服务于我们的政治秩序，不管我们可能是一个未婚的黑人母亲，或者一个生来富裕的肯尼迪家族成员。我们的行动出于开明的自我利益，但由于不知道我们是谁，我们被迫选择一个公正的解决。这正是“原初状态”的要义：它在基本的社会制度中担保了以公正和合理的平等为形式的正义，即作为公平的正义。罗尔斯认为，在这样一种情境中，我们会为基本的社会制度选择如下原则：首先，我们尊重人格的完整和自由。我们每个人都享有应该不伤害他人自由的那种自由。因此，我们会支持那些允许所有公民都有社会改善之可能的政治制度。我们不会选择一个建立在只允许某些人才有可能达到更高地位的原则之上的社会。我们也会选择一个在其中富人无法以牺牲最穷的人来增加其财富的社会。

这些就是罗尔斯试图从原初状态中引申出来的正义社会的原则。如果我们置自身于这种状态中，从无知之幕背后来评价政治制度，我们必然会在这道德的“强迫情境”中，出于开明的自我利益，作出如下选择：

1．个人的自主性和自由的原则。不管我们将成为什么样的人，我们都有极强理由作出这样的选择。

2a．在社会中改善地位的同等机会的原则。同样，选择这一原则的理由也是极强的。

2b．一种这样的政治秩序，其中，富人不能以最穷的人为代价使得自己更富有。这是要确保不被完全排除在社会资源之外、不被边缘化。

这个思想实验的关键是要通过某种假设性的角色承当，促使我们想象，在某个特定社会中，处在不同的位置上将是什么样。这种思想实验引入了某种接近于康德的绝对命令的直觉：一个正义的政治秩序是基于普遍公正的原则之上的。

作为一个思想实验，原初状态的作用是一种产生社会基本建制的正义原则的程序。在此意义上，它是一条元规范，或者说一条适用于诸规范的规范。

这就是罗尔斯在其 1971 年出版的著作中阐发的作为公平的正义理论的一些要点。这本《正义论》还对法律、政治和经济理论中的问题做出了全面的分析。这本著作不仅对哲学，而且对于像经济学、政治科学以及法学等相关的领域都产生了巨大的影响。

有意思的是，罗尔斯在其主要理论中，把自由主义的和康德的观点与关于福利的考虑结合起来了。他这么做的时候，并没有使自己的理论背上关于善的生活的有争议的形而上学的和宗教的立场的负担。因此，我们可以说，罗尔斯的理论大体上是中立的：这个理论确实包含了评估政治制度背后的正义原则的各种程序。它不是一个关于价值问题的理论，这些问题由于基本观点和信念的冲突是有争议的。

1971 年以来，对于罗尔斯的理论有广泛的讨论。有些思想家批评“原初状态”的观念，因为他们认为，设定一个人们能够完全无视他们是什么或是谁的社会是不现实的。类似的，人们还提出这样的反驳，即认为他的预设太理想化了：主体居然一方面可以无视他们是谁并且在此意义上是无知的，另一方面却对社会如何运作有一种出色的把握，这是不大可能的事情。

其他人则反驳说，这个思想实验过于独白化了——可以说，一切都发生在一个“单间”之中——因此，我们忽视了真实的讨论和真实的人际的对质的价值。在这种具体的讨论和所谓角色承当的努力中，我们可以实际地学会以新的方式来看待自己和看待他人。它们代表了关于原初状态的思想实验所无法产生的一些创造性的学习过程。

不管我们如何评判这些异议，罗尔斯的思想有助于在许多论坛上产生富有成效的规范性讨论，这一点还是事实。需要补充的是，罗尔斯本人也渐渐地得出这样一个结论，原初状态的观念假定了把人看作理性行动者这样一种特定观点，也许我们更应该选择一种建立在不同的整全性学说的重叠共识基础之上的政治理论。如果我们想要获得一个这样的和平的社会，在这个社会中公民们对基本问题有不同看法，但都是合情合理的（“自由的和平等的”），我们就必须承认，我们不能把我们自己的个人信念强加于政治。相反，我们应该把社会建立在自由平等的公民的重叠的共识之上。这是一种这样的有关正义社会的哲学，在这种哲学中，哲学的贡献比起建立在原初状态之上的那个正义理论来说，是减弱了一些。罗尔斯把这种新版的正义论称为“政治自由主义”（这是他1993年出版的著作的名称）。

以后我们将看到，罗尔斯关于现代社会的最低限度正义的某些基本思想，对于于尔根·哈贝马斯的哲学来说也是具有核心意义的。但是，与罗尔斯相比，哈贝马斯对康德的辩护概念、黑格尔的历史概念和现代建制的发展，都要强调得多。

思考题

1. 请描述功利主义的含义。尤其请解释杰里米·边沁的功利主义。
2. 请解释作为自由主义（从洛克到约翰·斯图亚特·密尔）之基础的那些哲学观点。也请解释约翰·斯图亚特·密尔对书报检查制度和意见表达自由的看法。
3. 请解释启蒙运动的主要思想。也请解释在卢梭对启蒙运动的批评和柏克对法国革命的保守主义批评背后所存在的种种观念。
4. 请讨论亚当·斯密的经济理论和功利主义（如在爱尔维修那里）的基本概念之间的关系。
5. 罗尔斯作为公平的正义理论的主要思想是什么？

进一步阅读的建议

原始文献

Bentham, J., *An Introduction to the Principles of Morals and Legislation*, London, 1982.

Keynes, John Maynard, *The End of Laissez-Faire*, London, 1927.

Mill, J. S., '*On Liberty*' and '*Considerations on Representative Government*', London, 1976.

Mill, J. S., *Utilitarianism*, London, 1964.

Works of Thomas Hill Green, edited and introduced by Peter Nicholson, London, 1997.

Burke, E., *Reflections on the Revolution in France*, Oxford, 1993.

Malthus, T., *An Essay on Population*, London, 1967.

Montesquieu, *On the Spirit of the Laws*, London, 1975.

Ricardo, D., *The Principles of Political Economy and Taxation*, London, 1969.

Rousseau, J. -J., *The Social Contract* and *Discourses*, London, 1975.

Smith, A., *The Theory of Moral Sentiments*, Oxford, 1976.

Smith, A., *The Wealth of Nations*, London, 1961.

Voltaire, *Candide*, Oxford, 1978.

Rawls, J., *A Theory of Justice*, Cambridge, MA, 1971.

Rawls, J., *Political Liberalism*, New York, 1993.

二手文献

Berlin, I., *Four Essays on Liberty*, Oxford, 1986.

Cacoullos, Ann R., *Thomas Hill Green: Philosopher of Rights*, New York, 1974.

Duncan, G., *Marx and Mill. Two Views on Social Conflict and Harmony*, Cambridge, 1973.

Ryan, A., *The Philosophy of John Stuart Mill*, London, 1970.

Cassirer, E., *The Philosophy of Enlightenment*, Boston, 1955.

Habermas, J., *The Structural Transformation of the Public Sphere*, Cambridge, MA, 1989.

Koselleck, R., *Critique and Crisis: Enlightenment and the Pathogenesis of Modern Society*, Oxford, 1988.

原著选读

卢梭：《社会契约论》

（选自《社会契约论》，何兆武译，商务印书馆 1980 年版）

第一卷

第六章　论社会公约

我设想，人类曾达到过这样一种境地，当时自然状态中不利于人类生存的种种障碍，在阻力上已超过了每个个人在那种状态中为了自存所能运用的力量。于是，那种原始状态便不能继续维持；并且人类如果不改变其生存方式，就会消灭。然而，人类既不能产生新的力量，而只能是结合并运用已有的力量；所以人类便没有别的办法可以自存，除非是集合起来形成一种力量的总和才能够克服这种阻力，由一个惟一的动力把它们发动起来，并使它们共同协作。这种力量的总和，只有由许多人的汇合才能产生；但是，既然每个人的力量和自由是他生存的主要手段，他又如何能致身于力量的总和，而同时既不致妨害自己，又不致忽略对于自己所应有的关怀呢？这一困难，就我的主题而言，可以表述为下列的词句：

“要寻找出一种结合的形式，使它能以全部共同的力量来卫护和保障每个结合者的人身和财富，并且由于这一结合而使每一个与全体相联合的个人又只不过是在服从自己本人，并且仍然像以往一样地自由。”这就是社会契约所要解决的根本问题。

这一契约的条款乃是这样地被订约的性质所决定，以至于就连最微小的一点修改也会使它们变成空洞无效的；从而，尽管这些条款也许从来就不曾正式被人宣告过，然而它们在普天之下都是同样的，在普天之下都是为人所默认或者公认的。这个社会公约一旦遭到破坏，每个人就立刻恢复了他原来的权利，并在丧失约定的自由时，就又重新获得了他为了约定的自由而放弃的自己的天然的自由。

这些条款无疑地也可以全部归结为一句话，那就是：每个结合者及其自身的一切权利全部都转让给整个的集体。因为，首先，每个人都把自己全部地奉献出来，所以对于所有的人条件便都是同等的，而条件对于所有的人既都是同等的，便没有人想要使它成为别人的负担了。

其次，转让既是毫无保留的，所以联合体也就会尽可能地完美，而每个结合者也就不会再有什么要求了。因为，假如个人保留了某些权利的话，既然个人与公众之间不能够再有任何共同的上级来裁决，而每个人在某些事情上又是自己的裁判者，那么他很快就会要求事事都如此；于是自然状态便会继续下去，而结合就必然地会变为暴政或者是空话。

最后，每个人既然是向全体奉献出自己，他就并没有向任何人奉献出自己；而且既然从任何一个结合者那里，人们都可以获得自己本身所渡让给他的同样的权利，所以人们就得到了自己所丧失的一切东西的等价物以及更大的力量来保全自己的所有。

因而，如果我们撇开社会公约中一切非本质的东西，我们就会发现社会公约可以简化为如下的词句："*我们每个人都以其自身及其全部的力量共同置于公意的最高指导之下，并且我们在共同体中接纳每一个成员作为全体之不可分割的一部分。*"

第二卷

第三章　公意是否可能错误

由以上所述，可见公意永远是公正的，而且永远以公共利益为依归；但是并不能由此推论说，人民的考虑也永远有着同样的正确性。人们总是愿意自己幸福，但人们并不总是能看清楚幸福。人民是决不会被腐蚀的，但人民却往往会受欺骗，而且唯有在这时候，人民才好像会愿意要不好的东西。

众意与公意之间经常总有很大的差别；公意只着眼于公共的利益，而众意则着眼于私人的利益，众意只是个别意志的总和。但是，除掉这些个别意志间正负相抵消的部分而外，则剩下的总和仍然是公意。

如果当人民能够充分了解情况并进行讨论时，公民彼此之间没有任何勾结；那么从大量的小分歧中总可以产生公意，而且讨论的结果总会是好的。但是当形成了派别的时候，形成了以牺牲大集体为代价的小集团的时候，每一个这种集团的意志对它的成员来说就成为公意，而对国家来说则成为个别意志；这时候我们可以说，投票者的数目已经不再与人数相等，而只与集团的数目相等了。分歧在数量上是减少了，而所得的结果却更缺乏公意。最后，当这些集团中有一个是如此之大，以至于超过了其他一切集团的时候，那么结果你就不再有许多小的分歧的总和，而只有一个惟一的分歧；这时，就不再有公意，而占优势的意见便只不过是一个个别的意见。

因此，为了很好地表达公意，最重要的是国家之内不能有派系存在，并且每个公民只能是表示自己的意见。伟大的莱格古士的独特而高明的制度便是如此。

但如果有了派系存在的话，那末就必须增殖它们的数目并防止它们之间的不平等，就像梭伦、努玛和塞尔维乌斯所做的那样。这种防范方法是使公意可以永远发扬光大而且人民也决不会犯错误的惟一好方法。

柏克：《法国革命论》

（选自《法国革命论》，何兆武、许政洲、彭刚译，商务印书馆 1998 年版）

您可以看出，从《大宪章》到《权利宣言》，我们宪法的一贯政策都是要申明并肯定，我们的自由乃是我们得自我们祖辈的一项*遗产*，而且是要传给我们的后代的，那是一项专属本王国人民的产业，不管任何其他更普遍或更优先的权利都是些什么。我们的宪法就以这种办法而在其各个部分之如此巨大的分歧性之中保持了一种统一性。我们有一个世袭的王位；一种世袭的贵族制；以及从一个漫长的祖先系列那里继承特权、公民权和自由权的下院和人民。

这种政策在我看来乃是深思熟虑的结果；或者不如说是顺其自然的幸福结果——自然乃是不假思索而又超乎思索之上的智慧。创新的精神一般都是一种自私的气质和局限的眼光的结果。凡是从不向后回顾自己祖先的人，也不会向前瞻望子孙后代。此外，英格兰的人民很懂得世袭的观念提供了一条确凿的保守原则和一条确凿的传递原则，而又一点也不排除一条改进的原则。它不管获得，但是它却保障所获得的东西。一个国家按照这些准则行事，无论会得到什么好处，都会像在一种家庭协议中那样地牢靠，像是在一种永久产业中那样地有把握。根据一项按照自然的模式而运作的宪法政策，我们就接受了，我们就掌握了，我们就传递了我们的政府和我们的特权，其方式正如我们享受并传递我们的财产和我们的生命一样。制定政策的基本原则、财富、上天的赐与，都被留下给了我们，并且由我们以同样的历程和秩序留传下去。我们的政治体系是被置于与世界秩序，并与一个由各个短暂部分组成的永恒体所注定的生存方式恰好相符合并且相对称的状态；在这里，由于一种巨大智慧的安排，人类的伟大神秘的结合一旦铸成一个整体，它便永远既无老年，也无中年或青年，而是处于一种不变的永恒状态，经历着永远的衰落、沦亡、新生与进步的不同进程而在前进着。因而，在国家的行为中，在我们所改进的事物中，由于保持着自然的方法，我们就永远都不是全新的；在我们所保存的事物之中，我们永远也不会过时。由于坚持这种态度和我们祖先们的这些原则，引导我们的就不是崇古的迷信而是一种哲学类比的精神……

“The policy of the National Assembly is destructive rather than constructive.”

……旧制度的缺点和错误是看得见、摸得着的。并不需要什么才能，便可以指出它们来；而有了绝对的权力，只消一句话就可以整个扫除这些弊病和制度。当你们的政治家们要做一点事来填补他们所摧毁的那些东西的地位时，就是这种同样既懒惰又浮躁的情绪、这种喜欢偷懒又讨厌安宁的情绪在支配着他们的。把他们所见到的一切事物都颠倒过来，这完全和破坏是一样的容易。在从来不曾尝试过的事情中，是不会发生任何困难的。批判精神对于发现过去所从不曾存在过的事物的缺点，几乎无能为力；而热烈的激情和骗人的希望却有着想象力的全部辽阔的领域，它们的议论可以在其中畅通无阻。

同时既要保存又要改革，那就完全是另外一回事了。当要保留下来旧的机构中有用的部分，并使加上去的东西适合于被保留下来的东西时，就需要我们运用富于朝气的心灵、坚定不移的注意力、各种进行比较与组合的能力以及在灵活性方面富有成果的理解力；它们是运用于在与各种相反的恶的联合力量之不断的冲突中、在与拒绝一切改进的顽固性之不断的冲突和对它所拥有的一切事物感到怠惰与厌倦的那种轻浮与草率的不断冲突中。但是你们会反对说："这样一种进程是缓慢的。它不适于一个以几个月之内就要完成若干时代的工作为荣的议会。这样的一种改革方式可能要花费许多年。"毫无疑问它会的，而且它也应该如此。这是时间在其中可以成为助手、运作缓慢而且在某些情形下几乎是无法觉察的那种方法的优越性之一。如果说当我们是对无生命的物体进行工作时，周密与审慎乃是智慧的一部分的话，那么当我们所要拆除和建造的主体并非是砖石木材，而是有知觉的生物时——由于他们的处境、条件和习惯的突然改变，大批的人就可能沦于悲惨的境地——周密和审慎就确乎成为了责任的一部分。但是看来在巴黎流行的意见是，冷酷无情的心和顽固不化的信念乃是一个完美的立法者的惟一资格。我对那种崇高职位的观念是大为不同的。真正的立法者应该拥有一颗富于敏感的心。他应该热爱和尊重他的同类而戒惧他自己。他的资质可以使他凭直觉的一瞥就把握住他最终的目标；但是他对这一目标的行动则应该是慎思熟虑的。政治安排作为是为了社会性目标的一桩工作时，只能是以社会性的手段来铸就的。在那里，心灵必须同心灵协同合作。要产生那样一种心灵的结合——单凭它就可以产生我们所追求的全部好处——是需要时间的。我们的耐心将会比我们的力量成就得更多。如果我能够冒昧地诉之于如此之不合乎巴黎时尚的东西的话（我指的是诉之于经验），那么我就应该告诉您，在我的经历中我曾经认识过伟人，并且还曾经与某些伟人共事过；而我从未曾看到过有任何计划是不曾被那些其理解力要比领导他们事业的人低得多的人们的观察所加以修正的。经历一个缓慢而维持良好的过程，每一个步骤的效果就都被人注意到了；第一步的成败就照亮着第二步；这样，我们就在整个的系列中安全地被引导着，从光明走向光明。我们就看到，各个部分或整个体系并没有发生冲突。在最有希望的设计中所潜藏着的邪恶，当它们一露出头来，人们就已有了准备。一种好处会尽可能地不为别的好处而被牺牲。我们是在补偿、在调和、在平衡。于是我们便可以有能力把人类心灵和人类事务中所发现的各种特例和互相冲突的原则统一为一个一致的整体。由此而产生的，并非是一种单纯性的优异，而是一种远为高级的在组成成分上的优异……

边沁：《道德与立法原理导论》
（选自《道德与立法原理导论》，时殷弘译，商务印书馆 2000 年版）

第一章　功利原理

1．自然把人类置于两位主公——快乐和痛苦——的主宰之下。只有它们才指示我们应当干什么，决定我们将要干什么。是非标准，因果联系，俱由其定夺。凡我们所行、所言、所思，无不由其支配：我们所能做的力图摆脱被支配地位的每项努力，都只会昭示和肯定这一点。一个人在口头上可以声称绝不再受其主宰，但实际上他将照旧每时每刻对其俯首称臣。*功利原理*承认这一被支配地位，把它当作旨在依靠理性和法律之手建造福乐大厦的制度的基础。凡试图怀疑这个原理的制度，都是重虚轻实，任性昧理，从暗弃明。

3．功利是指任何客体的这么一种性质：由此，它倾向于给利益有关者带来实惠、好处、快乐、利益或幸福(所有这些在此含义相同)，或者倾向于防止利益有关者遭受损害、痛苦、祸患或不幸(这些也含义相同)；如果利益有关者是一般的共同体，那就是共同体的幸福，如果是一个具体的个人，那就是这个人的幸福。

5. 不理解什么是个人利益，谈论共同体的利益便毫无意义。当一个事物倾向于增大一个人的快乐总和时，或同义地说倾向于减小其痛苦总和时，它就被说成促进了这个人的利益，或为了这个人的利益。

第四章　如何估算快乐和痛苦的值

1. 据前所述，追求快乐和避免痛苦是立法者考虑的目的，这就要求他必须了解它们的值。快乐和痛苦是他必须运用的工具，因而他不能不了解它们的效能，而这从另一个角度看也就是它们的值。

2. 对一个人自己来说，一项快乐或痛苦本身的值多大多小，将依据下列四种情况来定：

(1) 其强度；

(2) 其持续时间；

(3) 其确定性或不确定性；

(4) 其邻近或偏远。

3. 这是在估计每一项快乐或痛苦本身时所要考虑的情况。然而，在为了估计任何行动的造苦造乐倾向而考虑这一苦乐之值时，还需要考虑其他两种情况，它们是：

(5) 其丰度，指随同种感觉而来的可能性，即乐有乐随之，苦有苦随之。

(6) 其纯度，指相反感觉不随之而来的可能性，即苦不随乐至，乐不随苦生。

不过，这最后两种情况严格说来，几乎毋需被认为是一项快乐或痛苦本身的属性。因此严格地说，在估算该项快乐或痛苦的值时毋需把它们考虑进来。严格地说，它们需要被认作仅是产生了此种快乐或痛苦的行动或其他事件的属性，因而仅需在估量此种行动或事件时予以考虑。

4. 对一群人来说，联系其中每个人来考虑一项快乐或痛苦的值，那么它的大小将依七种情况来定，也就是前面那六种——

(1) 其强度；

(2) 其持续时间；

(3) 其确定性或不确定性；

(4) 其邻近或偏远；

(5) 其丰度；

(6) 其纯度；

以及另外一种：

(7) 其广度，即其波及的人数，或者(用另一句话)说，哪些人受其影响。

5. 于是，可以照下面的程序，确切地估量任何影响共同体利益的行动的总倾向。首先从其利益看来最直接地受该行动影响的人当中，挑出任何一人来考察，估算：

(1) 看来由该行动最初造成的每项可辨认的快乐的值；

(2) 看来由它最初造成的每项痛苦的值；

（3）看来由它随后造成的每项快乐的值，这构成最初快乐的丰度以及最初痛苦的不纯度；

（4）看来由它随后造成的每项痛苦的值，这构成最初痛苦的丰度以及最初快乐的不纯度；

（5）把所有的快乐之值加在一起，同时把所有的痛苦之值加在一起。如果快乐的总值较大，则差额表示行动之有关个人利益的、好的总倾向；如果痛苦的总值较大，则差额表示其坏的总倾向。

（6）确定利益有关者的人数，对每个人都按照上述程序估算一遍。于是可以看到有两种人：一种是就他而言行动的倾向总的来说是好的，另一种是就他而言其倾向总的来说是坏的。把表示行动之有关每个前一种人的、具有多大程度好倾向的所有数值加在一起，同时把表示行动之有关每个后一种人的、具有多大程度坏倾向的所有数值加在一起。如果快乐的总值较大，则差额表示有关当事人全体或他们组成的共同体的、行动的总的良善倾向；如果痛苦的总值较大，则差额表示有关同一共同体的、行动的总的邪恶倾向。

6. 不要指望在每个道德判断之前，或者在每项立法或司法操作之前，上述程序都会严格地得到遵守。但是，可以始终考虑到它；而且，在这些场合实际遵从的程序与之越接近，就将越准确。

约翰·密尔：《论自由》

（选自《论自由》，程崇华译，商务印书馆 1959 年版）

第二章　论思想自由和讨论自由

……假定全体人类执有一种意见，而仅仅一人执有相反的意见，这时，人类要使那一人沉默并不比那一人（假如他有权力的话）要使人类沉默较可算为正当。如果一个意见是除对所有者本人而外便别无价值的个人所有物，如果在对它的享用上有所阻碍仅仅是一种对私人的损害，那么若问这损害所及是少数还是多数，就还有些区别。但是迫使一个意见不能发表的特殊罪恶乃在它是对整个人类的掠夺，对后代和对现存的一代都是一样，对不同意于那个意见的人比对抱持那个意见的人甚至更甚。假如那意见是对的，那么他们是被剥夺了以错误换真理的机会；假如那意见是错的，那么他们是失掉了一个差不多同样大的利益，那就是从真理与错误冲突中产生出来的对于真理的更加清楚的认识和更加生动的印象。

有必要对上述两条假设分别作一番考虑，每条在与之相应的论据上自有其各别的一枝。这里的论点有两个：我们永远不能确信我们所力图窒闭的意见是一个谬误的意见；假如我们确信，要窒闭它也仍然是一个罪恶。

第一点：所试图用权威加以压制的那个意见可能是真确的。想要压制它的人们当然否认它的真确性。但是那些人不是不可能错误的。他们没有权威去代替全体人类决定问题，并把每一个别人排拒在判断资料之外。若因他们确信一个意见为谬误而拒绝倾听那个意见，这是假定他们的确定性与绝对的确定性是一回事。凡压默讨论，都是假定了不可能错误性。它的判罪可以认为是根据了这个通常的论据，并不因其为通常的就更坏一些。

对于人类的良好辨识可称不幸的是，在他们实践的判断中，他们的可能错误性这一事实远没有带着它在理论中倒常得到承认的那样有分量；即每人都深知自己是可能错误的，可是很少有人想着有必要对自己的可能错误性采取什么预防办法，也很少人容有这样一个假定，说他们所感觉十分确定的任何意见可能正是他们所承认自己易犯的错误之一例。一些专制的君主，或者其他习惯于受到无限度服从的人们，几乎在一切题目上对于自己的意见都感有这样十足的信心。有些处境较幸的人，有时能听到自己的意见遭受批驳，是错了时也并不完全不习惯于受人纠正——这种人则是仅对自己和其周围的或素所顺服的人们所共有的一些意见才予以同样的无限信赖；因为，相应于一个人对自己的孤独判断之缺乏信心，他就常不免带着毫不置疑的信托投靠在一般“世界”的不可能错误性。而所谓世界，就每个个人说来，是指世界中他所接触到的一部分，如他的党、他的派、他的教会、他的社会阶级；至于若有一人以为所谓世界是广泛到指着他自己的国度或者他自己的时代，那么，比较起来，他就可称为几近自由主义的和心胸广大的了。这个人对于这种集体权威的信仰，也绝不因其明知其他时代、其他国度、其他党、其他派、其他教会和其他阶级过去曾经和甚至现在仍然抱有正相反的思想这一事实而有所动摇。他是把有权利反对他人的异己世界的责任转交给他自己的世界了；殊不知决定他在这无数世界之中要选取哪个作为信赖对象者乃仅仅是偶然的机遇，殊不知现在使他在伦敦成为一个牧师的一些原因同样也会造使他在北京成为一个佛教徒或孔教徒——而这些他就不操心过问了。可是，这一点是自明的，也像不拘多少论据能够表明的那样，时代并不比个人较为不可能错误一些；试看，每个时代都曾抱有许多随后的时代视为不仅错误并且荒谬的意见；这就可知，现在流行着的许多意见必将为未来时代所排斥，其确定性正像一度流行过的许多意见已经为现代所排斥一样。

对于上述论据看来要提出的反驳，大概会采取如下的形式。这就是要说，在禁止宣传错误这件事情中比在公共权威本着自己的判断和责任所做的其他事情中，并不见更多地冒认了不可能错误性。判断传给人们，正是为了他们可以使用它。难道可以因为判断会被使用错误，就告诉人们完全不应使用它吗？要禁止在他们想来是有害的事，并不等于要求全无错误，而正是尽其分所固有的义务要本其良心上的信念而行动，纵使可能错误。假如我们因为我们的意见可能会错就永不本着自己的意见去行动，那么我们势必置自己的一切利害于不顾，也弃自己的一切义务而不尽。一个适用于一切行为的反驳，对于任何特定的行为就不能成为圆满无缺的反驳。这是政府的也是个人的义务，要形成他们所能形成的最真确的意见；要仔细小心地形成那些意见，并且永远不要把它们强加于他人，除非自己十分确信它们是对的。但是一到他们确信了的时候(这样的推理者可以说)，若还畏怯退缩而不本着自己的意见去行动，并且听任一些自己真诚认为对于人类此种生活或他种生活的福利确有危险的教义毫无约束地向外散布，那就不是忠于良心而是怯懦了。因为在过去较欠开明的年月里其他人们曾经迫害过现在相信为真确的意见，人们就会说，让我们小心点，不要犯同样的错误吧；但是政府和国族也在其他事情上犯过错误，而那些事情却并未被否认为适于运用权威的题目。它们曾征收苛税，曾进行不正当的战争；我们难道应该因此就不收税，就在任何挑衅之下也不进行战争么？人、政府，都必须尽其能力所及来行动。世界上没有所谓绝对确定性这种东西，但是尽有对于人类生活中各种目的的充足保证。我们可以也必须假设自己的意见为真确以便指导我们自己的行为；而当我们去禁止坏人借宣传我们所认为谬误和有害的意见把社会引入邪途的时候，那就不算是什么假设了。

对于这个反驳，我答复道：这是假定得过多了，对于一个意见，因其在各种机会的竞斗中未被驳倒故假定其为真确，这是一回事；为了不许对它驳辩而假定其真确性，这是另一回事：二者之间是有绝大区别的。我们之所以可以为着行动之故而假定一个意见的真确性，正是以有反对它和批驳它的完全自由为条件；而且也别无其他条件能使一个像具有人类精神能力的东西享有令他成为正确的理性保证。

我们且就意见史或人类生活中的普通行为想一下，试问，这个人或那个人之所以不比他们现在那样坏一些，这应归因于什么呢？当然不应归之于人类理解中固有的力量，因为，对于一桩不是自明的事情，往往会有九十九个人完全无能力而只有一个人有能力对它作出判断，而那第一百位的能力也只是比较的；因为，在过去的每一代中，都有多数杰出的人主张过不少现在已知是错误的意见，也曾做过或赞成过许多现在没有人会认为正当的事情。可是在人类当中整个说来究竟是理性的意见和理性的行为占优势，那么这又是什么原故呢？假如果真有这种优势的话——这必定是有的，否则人类事务就会是并且曾经一直是处于几近绝望的状态——其原故就在于人类心灵具有一种品质，即作为有智慧的或有道德的存在的人类中一切可贵事物的根源，那就是，人的错误是能够改正的。借着讨论和经验人能够纠正他的错误。不是单靠经验。还必须有讨论，以指明怎样解释经验。错的意见和行事会逐渐降服于事实和论证；但要使事实和论证能对人心产生任何影响，必须把它们提到面前来。而事实这东西，若无诠释以指陈其意义，是很少能够讲出自己的道理的。这样说来，可见人类判断的全部力量和价值就靠着一个性质，即当它错了时能够被纠正过来；而它之可得信赖，也只在纠正手段经常被掌握在手中的时候。如果有一人，其判断是真正值得信任，试问它是怎样成为这样的呢？这是因为他真诚对待对他的意见和行为的批评。这是因为，他素习于倾听一切能够说出来反对他的言语，从其中一切正当的东西吸取教益，同时对自己，间或也对他人，解释虚妄的东西的虚妄性。这是因为，他深感到一个人之能够多少行近于知道一个题目的全面，其惟一途径只是聆听各种不同意见的人们关于它的说法，并研究各种不同心性对于它的观察方式。一个聪明人之获得聪明，除此之外绝无其他方式；就人类智慧的性质说，要变成聪明，除此之外也别无他样。保有一种稳定的习惯要借着与他人的意见相校证来使自己的意见得以改正和完备，只要不致在付诸实行中造成迟疑和犹豫，这是可以对那意见寄以正当信赖的惟一的稳固基础。总之，一个人既经知道了一切能够（至少是明显地）说出来的反对他的言语，而又采取了反对一切反驳者的地位——深知自己是寻求反驳和质难而不是躲避它们，深知自己没有挡蔽能够从任何方面投到这题目上来的任何光亮——这时他就有权利认为自己的判断是比那没有经过类似过程的任何人或任何群的判断较好一些。

注释

[1] 因此，康德是第一批身为大学教授的大哲学家之一。

[2] 虽然不同的自由主义理论家对个人行动的基本动机有不同诠释，他们都把个人看作是能够、并且应当在达到一个目的的不同手段之间进行前后一致的、理性的选择的行动者——也就是我们通常所说的目标合理性（参见第二十一章，马克斯·韦伯……）。

[3] 自然神论：相信上帝创造宇宙，但之后上帝对世界的发展不再干预。

[4] 因此爱尔维修设法用一个简单的、从心理学上理解的动机概念来理解人类行动。他并不是想要把什么都还原为纯粹力学。他也没有设想一种自主的、商谈的合理性，也就是像汉娜·阿伦特和于尔根·哈贝马斯这样的现代思想家所讨论的那种合理性。

[5] 使用“经济人”这个概念，作为一个假说，是科学上允许的、甚至常常是有益的，对此我们并不否认。也就是说，在研究和经济实践中，假定人类从统计学上说是以经济利益作为动机的，在这种假定下尝试性地逐步往前——而不声称这就是“人的(非历史的)本质”。

[6] 伏尔泰攻击的尤其是莱布尼兹。

[7] 这个词通常译作“公意”。——译者

[8] 在“无套裤汉”(法国革命期间的民众运动)的观点和卢梭的观点之间有一些对应之处：这些共同的理想包括直接民主、财产平等、享有主权地位的“普遍意志”，以及国家所有成员的公共教育。

[9] 许多人认为理性代表了某种普遍的可靠的东西，而情感却是不稳定的、因人而异的；一种基于情感的道德因而是**相对的**。柏克对此有不同看法：许多态度和情感要比许多理智立场更为稳定和普遍，后者常常变化得与时尚一样迅速。有根基的、庸常的“偏见”对道德稳定性提供更好保障。

[10] “自由放任”(*laissez-faire*)这个说法指的是经济自由主义，其意思是允许产品自由创造、自由贸易(“自由”的意思是“没有政府干预”)。

[11] 参见第五章，快乐主义的伊壁鸠鲁主义中的个人主义。

[12] 关于“唯名论”这个术语，参见第六章，共相的问题。关于意义广泛的概念的使用，参见第二十三章对维特根斯坦或日常语言哲学的讨论。

[13] 这样，我们也可以说自由是“有用的”，因为它使我们有可能认识真理。

[14] 参见柏拉图、启蒙运动的哲学家，以及康德和哈贝马斯关于讨论和争辩作为通往真理(或至少是更开明观点)之路的观点。

[15] 参见 Susan Moller Okin，“John Stuart Mill，Liberal Feminist”，*Women in Western Political Thought* 的第九章，Princeton，NJ，1979。

[16] 因此约翰·斯图亚特·密尔为托克维尔的《论美国的民主》写了一篇情绪激昂的书评，这是可以理解的。托克维尔尤其感兴趣于对持不同见解的个人的压制的问题。参见第二十一章。

[17] 这里的 liberty 一词和 freedom 一词在中文中都只能译成“自由”，但自由主义者讲到自由的时候更多地用前一个词，所以这里译为“自由主义意义的自由”。——译者

[18] John Maynard Keynes，*The End of Laissez-Faire*， London，1927.

第十四章
康德——哲学中的“哥白尼式的革命”

生平 伊曼努尔·康德(Immanuel Kant，1724—1804)一生都在东普鲁士的城市柯尼斯堡(现为加里宁格勒)度过。他的父亲是一个手艺人，又是一位虔信派教徒，而康德在许多方面都带有虔信派新教徒的印记。从外部看，他的生平很简单。他最初担任家庭教师，最后作为教授而告老。他的生活方式准时刻板，几近迂腐。他把毕生献给了理论上的追求。他著有重要的三大批判：《纯粹理性批判》(1781)、《实践理性批判》(1788)和《判断力批判》(1790)。与他的政治理论有重要关系的是《道德形而上学原理》(1785)和《永久和平论》(1795)。

第一节 先验哲学——认识论

在各德语国家，启蒙运动所代表的首先是文化更新而不是政治变革。启蒙运动的思想在上层国家官吏和中产阶级中间都有广泛影响，大学生活在学术上和结构上都得到加强。

康德身处于这一过程之中。他的立场接近于启蒙运动的哲学家们。他设法通过对理性的开明而普遍的运用来确立人的自主性。但像卢梭一样，康德与启蒙运动哲学家们的知性无神论保持距离。作为一位18世纪的哲学家，康德的工作致力于发展一种以单个个人为基础的认识论。在这点上，经验论者、唯理论者和康德是站在一起的。在许多方面，康德处在自由主义的传统之中；与此同时，他又代表着与18世纪末占主导地位的经验论和功利论趋势的决然断裂。发生这种断裂的时候，也就是康德提出其先验哲学来设法既拒绝经验主义（洛克、休谟），又拒绝唯理论（笛卡儿）的时候。

我们将先在康德的认识论和道德哲学的语境中考察他的先验哲学，然后进一步讨论康德哲学中那些运用于其政治理论的方面。

休谟批评启蒙运动的理性概念，其办法是对描述的东西和规范的东西做出截然区分。他主张，我们关于世界和我们自己所能拥有的知识，也就是基于经验的知识，是无法具有绝对的确定性，因为从理论上说，新的印象总有可能与我们迄今为止当作我们观点之基础的感觉印象发生矛盾。也就是说，哪怕是自然科学，也并不是绝对确定的。换句话说，撇开对于概念之间关系的洞见——值得指出的是，这种洞见并不向我们提供对实在的洞见——的话，就没有任何知识是绝对确定的。伦理学的洞见并不存在。休谟以后，世界好像更不确定了。理性直觉和理性在古典的唯理论者和启蒙运动哲学家们那里都扮演过的那个角色，在休谟那里很大程度上被情感和习惯接管了。

对康德来说，休谟的怀疑的经验论是令人无法容忍的：道德和自然科学这两者的基础都被休谟给破坏掉了！[1]康德向自己提出的任务，是证明伦理学和自然科学中存在着某种东西是由我们的*理性*承认为*严格地必然的*、*普遍地有效的*。这就是康德的出发点。他想要表明的是，理性在休谟思想中所具有的地位过于寒酸了。但与此同时，康德并没有回到（如在笛卡儿那里的）古典唯理论去。他所探索的是一种第三条道路。

康德的方案不仅仅是与休谟进行一场内部的哲学争论。作为一个在启蒙运动时期工作的哲学家，康德更感兴趣的是科学进步。他似乎把牛顿的物理学看作是科学的一个持久的胜利。无可争辩的东西业已发现。比方说，牛顿物理学讨论空间、时间和因果联系这些概念。其内容用数学表述，其基础为系统的实验。康德希望将哲学也提升到与自然科学同样可靠的位置。同时，他自觉地把解释为什么实验科学的基础是不可动摇的作为自己作为一个哲学家的使命：当我们从事实验的时候，我们对某些条件进行系统的隔离、组合和改变，以便对依赖于这些条件的现象的属性进行观察和测量。比方说，为了测量恒温下一种气体的压力，我们对体积加以改变，就如波义耳(Robert Boyle)所作的那样。然后我们假定其他人也能做同样的事情，我们自己也能够在任何时候、任何地点重复这个实验。如果我们不假定宇宙在整个空间和时间上都是齐一的、我们是能够重复一个实验的，从事实验活动就将是毫无价值的，新兴的实验科学的方法论基础就会落空。当然，新实验会导致不同结果，以至于必须否定早先的结果。这恰恰是实验科学的关键。同样，我们以前认为是常量的东西，可能被证明为是变量。连这也是科学中实验过程的组成部分。但是，如果我们在原则上怀疑宇宙的基本齐一性，实验的意义就消失了——就好像齐一的自然规律的概念消失了一样。

康德拒斥这种怀疑论，而他用来拒斥这种怀疑论的办法是提出这样的论证：空间和时间这些知觉形式，因果性之类的基本概念，是内在于人类心灵的。因此，康德对休谟的反应并不仅仅是一场哲学内部争论中的一个立场，而且也是有关我们对科学之信心的争论中的一个立场。

对康德来说，拒绝休谟怀疑论的关键在于认识论视角的一种转换。哥白尼和开普勒之所以能更好地把握天文数据，是因为否定了主张地球和人类处于宇宙之不动中心的传统学说，而接受主张人类和地球围绕太阳旋转这个假说。康德以同样的方式，把那个认为认识发生于主体受客体影响之时的基本观点逆转过来。也就是说，他把主客体关系颠倒过来，主张我们必须设想是客体受到主体的影响；也就是说，我们所认识的客体是由主体的经验方式和思维方式形成的。认识论前提的这种转换，就叫做*哲学中的哥白尼式的革命*。这是康德知识论的核心。

康德设法在经验论和唯理论之间建立某种综合，其办法是避免在他看来经验论所具有的怀疑论和唯理论所具有的独断论。康德不承认对超越感觉的对象——比如上帝和道德律——的理性直觉，而引入对经验的基本条件的反思的洞见。对这些认识论条件的洞见叫做*先验的*洞见。我们可以通过对康德哲学的核心特征的讨论来对这个说法的含义作一些说明。

出发点是指出休谟错了。经验中是有必然的和普遍有效的东西的。例如，因果律是普遍有效的。因此，必定存在着一些东西是赋予我们的经验以结构和秩序的。但休谟说直接经验和归纳并不提供对必然的普遍有效的东西的洞见，对此康德是同意的。也就是说，给我们的经验以秩序和结构的东西本身无法来自经验。这种赋予秩序和结构的能力因而必须在我们之内寻找。

换句话说，康德预设了一种主体和客体的二元论：既然赋予秩序的能力不可能在客体当中，它就一定在主体当中。这就是康德知识论中的哥白尼式的革命：给我们经验以秩序和结构的东西，因而服从普遍有效之原则的东西，其来源不是作为认识对象的事物，而是我们自己。

康德把我们认识中存在着必然的普遍有效的东西这一点*当作不成问题的事情*。他问的不是*是否*如此，而是问何以如此。

但是在什么意义上这样一种赋予秩序的能力*在我们之中*呢？我们可以用一个比喻来说明：如果我们始终戴着装有绿色镜片的眼镜，我们所看到的每样东西——房屋、岩石和树木等等——都必然显得是绿色的。我们所看之物，无不带上我们的眼镜镜片的颜色。如果我们知道了镜片的颜色，我们就将完全确定地知道我们所看的东西将具有什么颜色，即使我们还不知道我们将要看的是什么东西。这样，借用内容和形式的范畴，我们可以说内容是由外部的东西决定的，而我们始终用我们的形式（这里也就是绿的颜色）来给内容打上印记。我们之内的赋予秩序的能力就好像我们的眼镜的镜片，而“撞击”我们眼镜的各种印象则是经验的内容。我们看见的东西是感觉印象和颜色的综合——内容被赋予了形式。

在这种意义上康德赞同经验论者说所有知识都*始于*经验。但与此同时，他主张所有知识都*由主体赋予形式*。所有感觉经验都带上我们烙在其上的形式。它们都服从知觉的形式，也就是空间和时间。但是，只有到了用概念来设想感觉印象的时候，也就是说当我们的心灵运用其诸如因果原则这样的范畴来赋予所知觉到的杂多的时候，我们才拥有真正有序的经验。因此，康德的经验观与经验主义者的经验观有所不同。

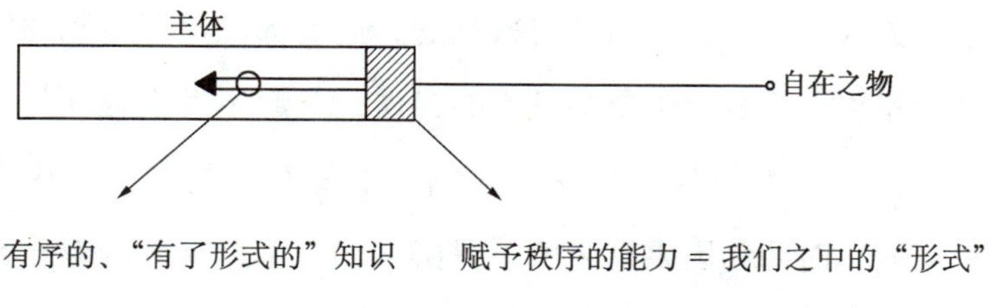

康德还预设所有人类都具有同样的原则性的“形式”。所有知识，对所有人来说，因此都必定是由这些形式塑造而成的。在此意义上，这些形式是普遍有效的和必然的。

康德所寻求的“形式”并不是心理学性质的东西。假如有人患了妄想症，“看”世界（“形成”其知识）的方式与众不同，这就是一个心理学事实。但康德所寻求的“形式”则是所有知识的完全普遍的特征，比如空间、时间和因果性。[2]这些是所有经验研究都必须预设的形式，因此不能被经验的心理学作批判地研究。

但建立这样一个复杂的知识论是为了什么呢？答案就在我们已经提到过的那点：康德把我们的知识中存在着普遍有效的和必然的东西当作理所当然的事情，而这种知识论要解释：这是如何可能的。[3]

但在什么意义上我们有可能说空间、时间和因果性是普遍有效的必然的形式呢？康德回答说，我们对事物的知识始终必定是带上空间和时间（认识的形式，或感觉经验的形式）和因果性（十二个范畴之一）的印记的。[4]我们不妨用以下思想实验来说明康德的观点。

一个交通巡警走进警察站报告一起撞车事故。但对于撞车发生于何时这个问题，他回答说撞车不发生于任何特定时刻。对于撞车发生于何处的问题，他回答说它不发生于任何特定地点。它只是发生了。最后，对于是什么造成了撞车的问题，该巡警回答说没有任何事情造成了撞车——没有汽车开得太快或太不小心。撞车只是发生了而已，突如其来、没有任何在先的原因。对警长来说，这位巡警显然是在胡说八道。换个说法，我们用不着搜集任何证据来表明这个报告是错误的。这位巡警所犯的错误要比仅仅是经验性的错误更为基本。他并不是报错了时间，报错了街名，或者是速度报得不准、行驶方向报得不对。对这些事情该巡警是有可能撒谎的，而那位警官是有可能通过仔细考察来核实他的报告的有效性的。但是那位巡警所犯的错误不仅仅是经验性的错误，而是某种更为基本的错误。一起不发生在任何特定时刻或地点的撞车，一起不作为某个原因之结果的撞车，是完全无法理解的。换句话说，空间、时间和因果性之所以是必然的、普遍有效的形式，是因为我们的知识如果是可以理解的话——也就是说，如果是知识的话——就必定带上时间、空间和因果性的印记。空间、时间和因果性是知识之可能性的条件。

与休谟的对立是显而易见的。[5]因为我们永远在自己之内拥有同样的形式，我们可能经验的每样东西都必定是由这些形式塑造而成的。因此，我们关于未来有所确知：不管我们将经验到什么，这种经验都将由时间、空间和因果性塑造而成。这样，我们知识中的某些形式结构是普遍有效的。这些结构人人适用，它们之适用于未来一如其适用于现在和过去。因此，自然科学（或更一般地说，经验科学）的一些必然的、普遍有效的根本特征是存在的。

这些形式或结构不在对象之中，而在所有主体之中。把这些形式称为“主观的”因此是有些暧昧的。说它们是主观的，并不是说它们是偶然的或可错的。相反，它们作为客观知识——也就是真知识——之可能性的认识论前提而存在于所有主体之中。

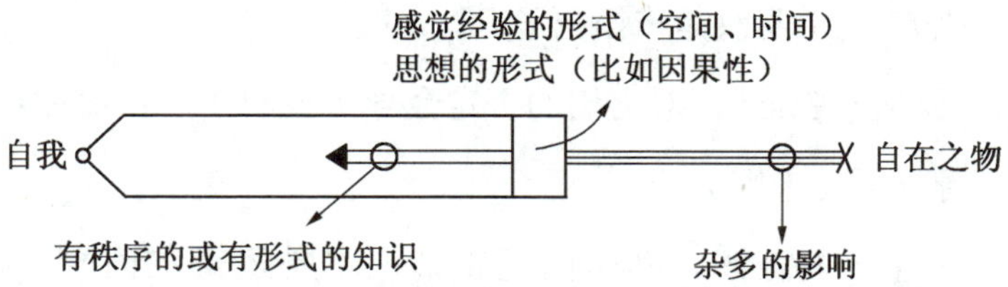

作为知识和经验的一个条件，形式是在先于经验的。关于这些形式的洞见因此并不属于某门经验科学，比如心理学，而属于对这些经验科学的认识论条件的哲学反思。

到此为止我们一直是设法对康德进行理解，而不提出对他的哲学思考的反对意见。我们将提及一个常见的反对意见：康德认为感觉印象起源于一个外部实在，自在之物（*Ding an sich*）。但与此同时，他又说我们所能把握的仅仅是具有形式的感觉印象。未具形式的影响和自在之物因而是无法把握的。自在之物的概念因此在以下意义上是一个成问题的概念：一方面它对于解释经验之起源来说是必要的，但另一方面，它又是无法被经验到的。

对康德的认识论模型就讨论到这里。下面让我们来看看他定义的知识类型：

1. 分析的（先天的）——比如："单身汉是未婚男子。"
2. 综合的（后天的）——比如："这房子是绿的。"
3. 综合的（先天的）——比如："凡事皆有原因。"

第一类知识适用于概念之间的关系，第二类知识适用于感觉印象，第三类知识适用于关于*形式*的洞见。

康德认为存在着"先天综合判断"是理所当然的。对康德来说，问题是这何以可能，而不是这是否可能。对这个问题的回答是："先天综合判断"之所以可能，是因为在所有认识主体中有某些形式是有秩序之经验的条件。

康德所说的"先天综合"是什么意思呢？他的定义如下：

先天的：不依赖于经验的——比如："单身汉是未婚男子。"

后天的：依赖于经验的——比如："这房子是绿的。"

分析的：1. 这样一些陈述，它们的逻辑谓词是逻辑主词的"一部分"；比如："单身汉是未婚男子。"
2. 这样一些陈述，对它们的否定会导致逻辑矛盾；比如："单身汉不是未婚男子。"

综合的：1. 这样一些陈述，其中的逻辑谓词不是逻辑主词的"一部分"；比如："这房子是绿的。"
2. 这样一些陈述，对它们的否定并不导致逻辑矛盾；比如："这房子不是绿的。"

归纳起来：

	综合的	分析的
先天的	"凡事皆有原因。"	"单身汉是未婚男子。"
后天的	"这房子是绿的。"	

换句话说，先天分析陈述对应于唯理论者和经验论者那里的对于概念之间关系的洞见，而后天综合陈述对应于唯理论者和经验论者那里的经验。关

键之点是先天综合判断。这是说有一些陈述既是独立于经验的(先天的)，又是其逻辑谓词没有在逻辑主词中被给予的(综合的)。康德确信此类陈述(*Urteile*)是存在的，而“凡事皆有原因”即为一例。这与经验主义针锋相对，后者或者是把那陈述解释为分析的(先天的)——我们可以对“凡事”作这样的定义，以使得“有一个原因”成为根据定义就属于“所发生的任何事物”这个概念，或者是把它解释为综合的(后天的)——那陈述是来自诸特殊经验的概括；因此，我们不知道那陈述在未来是否适用。康德主张，在凡事这个概念中并没有分析地给出凡事皆有原因，而我们为了知道皆有原因却不需要考察经验，因为对因果性的认识是内在于我们的思想形式之中的。

因此，“凡事皆有原因”这个陈述就属于(像牛顿力学那样的)自然科学的基本原理之例，康德认为这些原理是普遍有效的、必然的。相应地，康德——比方说——还认为“两点间最短的距离是直线”这个陈述是数学中的一个先天综合判断。这样，数学和自然科学在康德看来就是根基牢固的科学。它们的根基就扎在存在于所有主体那里的有序的形式之中。

于是康德拒绝了他认为是经验主义的怀疑论的观点：根据康德的观点，存在着一种对于知识之条件的反思的洞见，这种洞见表明，前述两种科学是建立在牢靠的基础之上的。康德也拒绝了他认为是唯理论的独断论的那种观点：思辨的唯理论(形而上学)并没有一个牢固的基础，因此并不是科学。唯理论者声称拥有关于上帝的理性直觉，仅仅是一种准洞见。这正是康德对思辨理性的批判开始的地方：传统唯理论是一种伪科学。我们是能够对经验的条件进行反思的，如康德在其哲学中所做的那样。但是唯理论者还设法超越经验，进入超验的领域，进入处于感觉经验限度之外的地方。但是，关于超越知识之条件(以及限度)的东西，我们是一无所知的。康德提出两个论证来支持这个观点：一方面，我们无法对超验之物具有感觉经验，因为后者处于这种经验之外。另一方面，当唯理论者就(比方说)上帝的存在问题进行理论争辩的时候，正反两方面的论证势均力敌。这种理论困境(*aporia*)也表明，对超验之物是不可能有所认识的。

但是，康德的认识论难道没有预设我们所得到的印象归根结底来自自在之物，亦即来自一个处于经验之外的超验对象吗？对此康德怎么可能知道呢？这是黑格尔等人提出的反对意见之一。

康德对形而上学持批判态度。但与激进的经验论者不同，他并不认为形而上学的时代已经过去。相反，康德认为形而上学问题是不可避免的。询问这些问题是人性的组成部分，尽管我们永远也不可能得到一个科学的回答。

就其个人来说，康德是一位虔信派新教徒，其既拒绝唯理论又认为形而上学问题不可避免的先验哲学，与新教的一些核心概念相当吻合：对根本的宗教问题我们既不可能给出证明，也不可能给出否证。既然我们无法摆脱这些问题，答案的基础就必定是*信仰*。因此我们结果就得到了一种新教所特有的*知识*和*信仰*之间的区分。为宗教留下了地盘。对上帝，我们既不能证明其为有，也不可能证明其为无，但我们可以对这方或那方具有信仰。康德在反对休谟经验论而为自然科学和形而上学中的“理性加以维护”的同时，也为一种对于宗教的简单的信仰提供了地盘。

我们已经看到，包含了一种对知识的认识论限度的反思的康德先验哲学，其含义是要对唯理论和经验论进行一个综合。康德触及的是根本的问题：除了我们关于事态的陈述——这些陈述根据其符合经验对象的程度而在不同程度上是真的或假的——之外，我们还可以对使得这种真的或假的陈述成为*可能的条件*加以反思。

在此意义上，我们可以把矛盾律——“一物不可能同时既被赋予性质 A 又被赋予同样意义上的性质非 A”——当作经验上或真或假的陈述的一个条件。根据规范的语言用法，“这支铅笔的通体同时既是红的又是蓝的”是对于矛盾律的破坏。这个陈述在经验上既不真，也不假，因为它破坏了该陈述之为经验上或真或假的一个条件。

相应地，我们可以把因果律——“凡事皆有原因”——诠释成（比方说自然科学当中的）有意义陈述的一个条件。设想一位医学研究者说：“并不能说有些形式的癌症的原因还不为人所知。有些形式的癌症根本就没有任何原因。”说这样的话与犯一个*经验性*错误——对某种形式的癌症找错了原因——不同，比经验性错误更糟。这位研究者破坏了有意义的癌症研究的一个条件。换言之，因果性原则可以说起着自然科学之中的一个必然原则的作用。如果科学家们触犯了这条原则，他们就不是在犯一个事实性错误，而是在越过科学研究的界限。

对康德的一项重要批判针对的是他的这样一个企图：他想要一劳永逸地找到知识的所有基本原则、并且在认识主体那里寻找这些原则。有些批评者指出，有许多不同的原则局部地适用于某些领域，而不适用于其他领域。这样，我们可以说矛盾律适用的领域（比方说既适用于物理学也适用于文本诠释）要大于因果性原则（它适用于物理学却不适用于文本诠释）。别的批评者指出，这些原则中有些作为或多或少不可缺少的语言意义或约定的原则，是内在于语言的，内在于主体间的生活世界的（参见第二十三章和第二十四章）。

不管对这些原则可以做怎样的诠释，关键在于，在认识论的意义上，它们是先于普通的经验知识的。这些条件是经验知识（经验上为真的陈述）的前提条件，大致就和象棋规则在象棋游戏的步骤中被预设着一样：象棋中的规则就好像是一个框架，使得或好或差的下棋步骤成为可能。这些规则使得这些步骤成为可能，它们"构成"了这些步骤。

先验哲学的要点恰恰就在这里：存在着一些可能性条件，它们比经验上或真或假的陈述，也就是经验陈述具有认识论上更为基本的地位；先验哲学设法澄清这些构成了经验上有真有假的陈述（使之成为可能，并赋予其形式）的条件（规则、预设、原则和框架）。以后我们将看到，黑格尔对康德的先验条件作了修正，更偏重社会条件，也就是更偏重意识形态。

第二节　先验哲学——道德理论

我们已经提到，康德在自然科学和伦理学两方面抨击休谟的怀疑论。康德对休谟的伦理怀疑论的回答在许多方面对应于康德的认识论回答：康德把存在着一个"汝当如此"当作不成问题的东西。他问道：这何以可能？

根据康德，既然这个"汝当如此"是一个绝对义务，它就不可能出自经验——因为经验的东西（根据康德）不包含规范的东西；而且，经验的东西从来就不是确定无疑的。因此这个“汝当如此”必须是*内在于*我们的。

更进一步说，这个无条件的道德律令（“汝当如此”）不可能适用于我们行动的结果，因为对结果我们并不具有完全的知识或控制。在康德看来这个道德律令所适用的因此必须是我们的*道德意志*。

康德的道德理论是一种道德意志的伦理学，而不是一种效果论的伦理学：决定性的因素是意志是善的，而并非行动的结果是善的。这里康德把自己与功利主义者区分开来，后者主张一种效果论的伦理学：道德上善的行动，是那些导致最大多数人的最大功利（幸福、快乐）的行动。

此外，康德的道德意志伦理学是一种*义务*伦理学。他主张我们只有在受我们的*道德义务*感的推动去做某件不情愿的事情的时候，我们才能够对我们的道德意志加以检验。这并不意味着康德提倡不悦和痛苦，而表明他与基于快乐的其他形式的道德观（快乐主义）距离有多远。这种无条件的道德律令——“汝当如此”，因此是内在于我们的，就好像空间、时间、因果性等先验形式一样。这意味着*所有*人类都受这种道德义务支配。因此在康德看来，道德具有一种*绝对*基础。换句话说，康德把一种绝对的道德建立在主体之上，而柏拉图则把一种绝对的道德建立在“客观的”理念的基础上。

在这方面，有必要看看康德的认识论是如何在经验的东西和先验的东西之间、在我们*所经验的东西*和作为一种*自在之物*的人之间作出一种根本的区分的。我们所经验的东西代表了*必然王国*，因为那里的一切都是用因果联系来把握的。这也适用于人。我们经验到我们自己的经验自我，就此而言我们把这种自我理解为是被因果决定了的。但是，进行思想的意识本身并不是被思想的意识。进行思想的意识不能被说成是被因果决定的，因为因果决定的来源，是我们的先验形式所塑造的现象。而进行思想的意识决不是我们以这种方式所经验的东西。[6]因此，对康德来说，在作为一个理性造物的人和作为一个自然造物的人之间，存在着一个区别。作为一个理性存在，人服从绝对的道德义务，其形式是一个自律的人根据理性所要遵行的法则。作为一个自然存在，人服从因果性；他存在于必然王国。

康德在他对人的看法中设想了一系列对立，这些对立令人想起柏拉图在理念世界和可感世界之间所做的区分。人被说成是属于必然王国的，但他也可以被说成是属于自由王国的。先验的东西和经验的东西之间，作为一个理性存在的人和作为一个自然存在的人之间的尖锐区别，使得伦理学独立于经验因素。伦理学的基础是作为一种理性存在的人。我们可以说，这在基于经验因素而进行的批评面前捍卫了道德。但与此同时，这些领域之间，先验的东西和经验的东西之间，必定存在着某种联系。这种联系是如何发生的呢？康德认为意志在这两个领域起了媒介的作用，也就是说，意志受到我们的自然倾向的影响，虽然意志受到我们借助于我们的自由理性所承认的法则的支配。

这种绝对的道德义务具有一种*直言命令*[7]的地位；这种直言命令康德认为采取以下形式：*只根据这样的准则行动，这条准则你可以同时也意欲其为一条普遍法则*。我们的行动的准则是一个行动所遵循的普遍规则。如果你靠撒谎获得了利益，你的行动的准则就会是："如果我们可以获得好处，我们就应当撒谎。"这样的话，道德的行动和不道德的行动就都建立在准则的基础上。但康德的意思是，即使不道德的行动确实是遵循准则的，这些准则也无法成为普遍法则。

从康德的表述中可以清楚地看出，他把道德义务理解为是*普遍有效*的：一个道德行动的检验标准，在于该行动将是对处于同样情境中的*每个人*来说都正当的。因此，撒谎是不正当的，因为我们无法使得撒谎成为一条普遍规范："我无法意欲每个人都应当在撒谎对他有利的时候撒谎。"康德举了一个例子：假如有一个准则说，一个人为了摆脱经济困难就可以作出他并不打算兑现的诺言，如果我们设法将这条准则普遍化，就会出现一种自相矛盾。换句话说，并非一切准则都是可以普遍化的。比方说，一个提倡破坏诺言的准则，就不可能普遍化。如果我们把这样一个准则变成一条普遍法则，就会出现一个实践层面上的矛盾：我们无法前后一致地意欲这样一条准则。

主张根据可以*普遍化*的准则来行事这个要求，与根据人们自身就是目的来对待他人这条原则相联系。我们都有伦理义务不把别人仅仅当作实现我们自己的目的的一个手段：我们都是目的自身。虽然我们必定都经常把人当作手段，但我们不应该把他们看作不过如此。

康德的直言命令是一条所谓的元规范，也就是说，是一条关于规范的规范，以及判定关于行动的规范是有效还是无效的一个理想标准。但是正当行动的规范还必须被正确地运用。对康德来说，在这条元规范的辩护（直言命令）和它在具体情境中的运用之间，也存在着一种张力。这样的运用要求把握如何对该情境做最好的理解。随之而来的问题是，我们作为行动者如何可以确信我们拥有了用来诠释我们恰好所处的情境的恰当的概念。

以直言命令形式出现的道德律之所以与我们发生联系，是因为我们是理性的存在。直言命令是*先天的*，因为它不建立在经验基础上。但它并不是分析的；因此它就是*综合的*。直言命令是先天综合的。换句话说，所有理性存在根据普遍法则而行动的义务是有效的，这一点与人们实际上做什么、实际上追求什么无关。表达这种义务的直言命令因此是独立于、先于经验因素的；它是先天的。进一步说，这种义务无法通过概念分析从一个理性存在的概念或一个理性意志的概念中推演出来。表达所有理性存在的这种义务的直言命令，因此就不是分析的，而是综合的。直言命令是一条实践的、综合的先天命题。

在这条无条件的直言命令之外，康德还假设了各条*假言命令*：如果我们想要取得这个或那个目标，我们必须这样或那样行动。这些命令不是绝对的，因为那目的并没有被给定为自身就是善的。这些命令是目的论性质的，因为它们把手段与目的联系起来。"如果你想要得到好的分数，你就得更努力地做你的功课。""如果我们想要打败我们的敌人，我们就必须建造更多的大炮。"假言命令代表了一种手段-目标合理性。目标作为一个假说被当作是不成问题的——我们不设法合理地赋予其合法性——而合理性被用来找出达到这个目标的最佳手段；也就是说，合理性成为工具性的：我们根据已经确认的实验知识进行计算并确定行动策略。这个策略如果轻易地导致目标，行动就是成功的。假言命令具有如下形式："如果我们想要达到目标A，我们就应当遵循策略S。"这样，康德认为，表述假言命令，就是表述一种因果关系。手段被理解为导致目标的原因。康德因此主张，倡导假言命令实际上是理性的理论运用的一个功能，而不是理性的真正的实践运用。

如果这目标是那种无法在不受损失的情况下与他人分享的东西——比如稀缺物品、一块面包、一个国家或一笔钱——的话，如果每个人都在利己主义的基础上来追求这样一个目标，结果就会是每个人反对每个其他人的斗争这样的局面(霍布斯)。康德与这样一种非社会的状态保持距离，他要求我们还应该把我们的人类同伴看作目的本身：我的人类同伴不应该在我自己的盘算和行动中仅仅被当作一个手段，他们不应该被仅仅看作是与我的目的对着干的对手，而也应该被看作是自身具有合法的目的的行动者。由于要求对行动准则的普遍化，康德便抛开了一种操控性的策略：当我们对他人进行操控和灌输的时候，作为前提的是这样一个考虑：我们的深思熟虑是切不可让别人知道的。通过对我们的准则的普遍化，我们抵制了操控性的统治手法。

把我们的人类同伴看作目的自身的要求以及普遍化的要求——两者都存在于康德的直言命令之中——这样便成为公民共同体的一个保障：有利于自私目标的技术性或工具性策略，切不能成为绝对的。对道德律的尊重，因此可以被看作是表达了一种相互承认，一种使得受规则指导的、非策略性的生活方式成为可能的相互承认。这样，道德律和对道德律的尊重就是一个公民共同体的可能性条件。

康德的论证所涉及的是非历史的个人。因此，他的观点有点抽象。例如，在实践中，我们会发现这样的问题：那些不把别人当作目的自身的人，我们是否也应该把他们当作目的自身？在什么意义上我们在实践中应该把那些压迫他人的人也当作目的自身？直言命令显然是*形式的*命令。它的本意是对一切时候的一切人都具有约束力。但在具体情境中，经验因素必然发生作用，这些因素意味着，对甲是道德上正当的东西，并非对乙也总是如此的。比如，在汽车事故现场，警官和医生根据普遍性的要求就应该以不同方式行动。警官不应该着手治疗受害者，而医生则不应该指挥交通。这里所适用的普遍要求是“作为医生在汽车事故现场履行职责”和“作为警官在汽车事故现场履行职责”。

康德认为这个直言命令拒绝了他所理解的休谟的伦理怀疑论。但是休谟也认为我们是通过保持中立和不偏不倚来达到一个正确的道德判断的。因此在休谟和康德之间有一个类似，因为他们都声称正当的行为准则的实践标准是普遍性；也就是说，行动的规范是可以普遍化的。但是，对休谟来说，普遍性的基础是所有不偏不倚的观察者的相同的情感，而康德则要把它建立在一个比情感更坚实的基础上：直言命令是必然地内在于我们之中的，就好像先验的知识形式一样。这里我们必须做一个保留。确实，即使道德原则也“正像”先验的知识形式那样是在我们之中发现的。但是道德原则是我们有可能违反的，而对自然律（比如物理学中的自然律）我们则不可能违反。因此，说直言命令内在于我们，并不意味着我们事实上都是道德的，而只是说我们都拥有一个道德意志。

根据康德的认识论，我们所拥有的知识不可能超出赋予形式的知识和经验形式之外。但是，在义务原则——“汝当如此”——的基础上，康德认为我们可以接受一些我们无法对其有所认识、但仍然向我们的良心显现的暗示。康德称这些暗示为“实践公设”。

1. 如果我们都拥有“汝当如此”这样的绝对的义务原则，我们就一定确实是能够履行我们的义务的（“应当蕴含可能”）。否则的话，那要求就是毫无意义的。这样，我们必定是拥有自由意志的。
2. 绝对的义务原则要求我们寻求完善。但是在此生这是不可能的。这样，为了使完善的要求具有意义，我们必须是不朽的。
3. 这一切都表明，存在着一个使义务和效果协调一致的道德世界秩序，所以我们根据善良意志所做的事情也具有好的效果。因此，一个道德世界秩序必定存在；也就是说，上帝必定存在。

这些并不是对上帝存在的论证，也不是对来世生命或自由意志的证明。它们是一些我们对之一无所知但必然呈现在良心面前的行动条件。这些条件属于实践理性或道德理性，而不属于理论理性。在康德哲学中，我们具有自由意志这条公设之为可能，是由于在先验的东西和经验的东西之间的区别：

我们的经验的自我是必然地被认为受因果地决定的，而根据康德的认识论，自由意志有可能被赋予先验自我。因此，第一条实践公设可以合法地说，为了使直言命令言之有物，我们作为行动者必定具有自由意志。

第三节　政治理论

出于历史原因，康德像自由主义者和功利主义者一样对人和社会没有采取一种历史的态度。他主要把个人当作理论出发点。但他把义务与快乐对立起来，把道德意志与效果对立起来，由此他又区别于功利主义理论家。康德政治理论中的一个基本思想是个人的自尊的概念。这种自尊的先验基础是个人自由，也就是个人自己的制定道德法则和遵守道德法则的能力。这意味着每个人原则上都是平等的。法律权利和政治建制的目的应该是保护这种自由和平等。康德因此成为个人权利的捍卫者。这种捍卫的基础既不是客观的自然权利哲学，如在托马斯·阿奎那那里，也不是以主体为中心的自然权利哲学，如在约翰·洛克那里。对康德来说，个人权利是建立在康德看作是人类的一个不可剥夺的特征基础之上的。

像爱尔维修和边沁这样的功利主义者设法把法律和道德建立在对于最大多数人的尽可能好的效果这条原则的基础之上，而康德则设法把法律和道德确立为人的先验地必然的属性：个人权利包括了一个人生活在道德自由中所必不可少的东西。凡是与这些权利相悖的就是恶的，不管它是否导致普遍的功利或快乐。换句话说，功利主义者争论不休的问题是我们是否应当为了多数人的利益而牺牲少数人；而康德则主张，损害一个个人的基本权利永远是错误的。

人们要生活在道德自由中，其条件包括这样一些：立宪政府，废除奴隶制和其他形式的不平等，并且废除战争。这些要求反映了我们要做自己的主人的权利，要生活在自由与和平之中的权利——因为只有那样的话我们才可能成为我们自己。

我们将把这条思路与我们先前提到的先验哲学和先验伦理学结合起来。

作为康德之出发点的是人类是道德的造物这个观点；他把这个观点当作既定的东西。问题在于，道德存在的条件是什么？回答是，我们都具有为我们自己制定道德法则的能力。这样，我们都是我们自己的道德立法者；我们都是**道德自律**的。这预设了人类原则上具有足够的自由去制定这样的法则，具有足够的理性去制定这样的法则。自由和理性的个人将进一步理解，他们不能自己想要什么法则就定什么法则。他们将明白，其他个人就像他们自己一样，因此我们切不能把自己或他人仅仅当作手段，或仅仅当作物，而始终应该当作自由的理性的造物，其本身就是目的。这样，个人们也将理解，好的行动是那些不损害我们的道德自由或他人的道德自由的行动。这个考虑既向我们提供了“我只能这样行动，使得我也能够意欲其准则应为一条普遍法则”这条直言命令，也提供了“决不伤害你自己或别人的道德自由！”这样的道德的与法律的权利和义务的基础。

借助于其先验哲学，康德希望给哲学带来革命，给它以新的确定的基础。尽管理解康德的思想并不总是轻而易举，但哲学和其他学科的某些分支却由于其“哥白尼式的革命”而得到了根本改变。这些分支包括认识论和道德哲学，但也包括法学和政治科学。在许多方面，康德表达的是启蒙运动的政治思想。他引用启蒙运动的口号：*Sapere aude*！（敢于运用你自己的理性！）在法国大革命最动荡的阶段，康德提出一个民族只有通过其**自身的努力**才能成熟到理性的阶段。对于当时反动的保守的人物，康德针锋相对地指出，一个民族若要成熟到**自由**的阶段，必须先得**被允许自由**。康德哲学的关键概念，理性和自由，对于理解法国革命来说也具有核心意义。因此，他的政治哲学可以被理解为是对于从绝对主义向立宪的民主的政府形式的转变的一种合法化。

康德的法哲学的出发点是这样一个基本的先验问题：自由地追求实现其各自目的的人们之间的**共存**，其条件是什么？因此，康德所寻求的是一个人类共存的普遍有效的标准。这个标准将在下一阶段使得有可能对现存的法律制度和政府形式的合法性——也就是确定它们是否满足政治正义的要求——进行评价。从表面上看，康德是以一种非常抽象的方式追问基本的法哲学问题的；但不难看出，这个问题同时也是对政治自由主义的一大挑战：公民的自由与一个必然对这个自由施加限制的国家和法律制度之间，如何才能协调起来？国家对公民自由的合法干预的限度在哪里？无政府主义和现代的自由至上主义(libertarianism)以更激进的方式提出这个问题：自由的公民为什么干脆不要政府(希腊语：*anarchy*)[8]呢？对人类的天然自由和不可剥夺权利的管制到底有什么合法性？康德的法哲学在许多方面是对这些问题的一个回答。像自由主义者一样，他假定公民拥有合法权利来按照他们认为是最好的方式来实现他们自己的目的。国家也好，任何其他形式的权威也好，都不可以代替其公民来决定什么是幸福。公民必须靠自己来发现幸福。但是，我们的目标和规划并不一定是合理的，因而并不一定是可普遍化的。共享一个有限空间——地球的表面就是有限的——的人类，因此就会彼此发生冲突。一个人的行动自由就会威胁另一个人的行动自由。这样，这种基本的人类情境就与霍布斯的自然状态具有某些共同特征：冲突总是内在地潜伏着的。

因此，对康德来说，问题是这样两方面的协调如何达成：一方面是人类成员们的尽可能大的自由，另一方面是一个人的自由将不会妨碍另一个人的自由的保障。正是在这个背景之下，康德提出了那条对自由和共存都加以确保的普遍法律原则："正义因而是这样一些条件的总和，在这些条件下，一个人的意志可以根据一条普遍的自由法则与他人的意志结合起来。"[9]换句话说，康德的自然法-理性法的基本原则说的是一个人的自由选择在什么条件下可以根据普遍的自由法则与另一个人的自由选择协调起来。

因此，康德的观点是这样的：个人的不受约束的行动自由必须以这样一种方式受到限制，使得它可以根据一条普遍法则而与每个其他人的自由彼此相容。一条以此原则为基础的有实效的法律将以同样方式限制每个人的自由。这是具有不同的、甚至矛盾的目标的人们和平共处的条件。与此同时，这是在普遍法则的框架之内旨在确保尽可能大的行动自由的对自由的限制。因此，康德的法哲学主要包括的是公平地调节冲突的诸原则。

康德把法律或立宪原则的普遍有效性的标准与公民的自律或自我立法联

系起来：立宪原则和有实效的法律原则上必须是获得所有相关各方的充分支持(普遍共识)的。实际上，立法者必须尽力通过的是那些公民们原则上有可能给予支持的法律。这是法律的合法性的检验基础。只有符合这个要求的法律才适合对个人之间的相互关系进行调解。

康德的理性的法律观与直言命令有一种家族相似。在两种情况下我们都被要求从事一种思想实验。这或者是对准则的普遍化(道德哲学)，或者是对法律原则的普遍化(法哲学)。康德的思想还要求一种符合我们的理性的思想实验的实践(参见第十三章，约翰·罗尔斯思想中的一种相应的程序)。康德表明这些实验有可能具有一种批判的-规范的功能：他认为出版自由和言论自由(“笔杆子自由”)是符合以共识为基础的诸法律原则的。贵族特权、农奴制、专治政权、酷刑显然不是所有相关各方都可能给予支持的东西。因此，这些建制和实践方式就不是以普遍的法律原则作为基础的。在这些论证中，康德成为按自由主义精神进行民主改革的热情倡导者。

因此，康德是最早把人权问题当作一个基本原则来讨论的政治思想家之一。他根据启蒙运动的基本态度主张每个人都具有天赋的不可侵犯的权利。这些权利符合理性的法律观，但现在被表述为主观权利，亦即属于单个主体的权利：每个人都有权利去得到最大限度的这样一种行动自由，它根据一条普遍法则是与每个其他人的行动自由彼此相容的。如果人权要提供一种真正的保障，有时候就有必要干预那些压制合法的自由的个人和机构。因此，国家拥有合法的权利在人权受到违反的情况下实施干预。我们可以注意到，康德并不把这种违反限制在诸如种族灭绝和酷刑这样的暴行。对人权的最常见的违反是“常规的”犯罪和日常的罪行。这样，康德相信，他由此证明了国家对暴力和刑罚的合法使用所具有的正当性。

作为一位自由主义者，康德反对任何将法律道德化的企图。与个人道德相联系的那些义务，也就是说，我们对于自己的义务和对于他人的责任，不一定是一些法律的要求。比如，康德把自杀看作是道德上可鄙的事情，但是他批评旨在惩罚自杀企图的立法。自我保存是一项个人义务，而不是一项法律要求。我们有义务表示感激和热情，但这些并不是法律要求。我们不能因为缺少人情味而受到惩罚，但我们可以因为不人道的行动而受到惩罚。即使一个行动是不道德的，也不一定应该把它当作刑事惩罚的对象。有些事情是不道德的，并不意味着它在法律的意义上是不合法的。法律禁止任何使得人类共存先天地不可能的事情，比如偷窃、谋杀和毁约(说谎)。在这里法律的要求和道德的要求合二为一，但是康德并不要求守法的人在按照法律和权利行事的时候应该具有道德的动机。国家法典并不要求我们应该基于对道德律的尊重而行动。这样，康德便在道德和法律之间作出区别。他既不是把道德法律化，也不是把法律道德化。这是作为所有现代自由社会之特征的一种态度。

根据康德的观点，国际舞台的特征是“每个人反对其他每个人的战斗”。在主权国家之间存在着一种无法律的自然状态。“最强者的权利”是国际政治中占统治地位的原则。康德认为这种局面是不足取的、非理性的——在这个领域，我们也必须“有勇气来运用我们自己的理性”。这样，在他的名文《永久和平论》（1795 年）中，他捍卫一种调节主权国家之间关系的全球性的“诸国联盟”的概念。基本思想与他的法哲学中看到的大致相同：一个诸国联盟必须建立在调节冲突与和平共处的普遍原则——也就是有关各方都应该能支持的原则——的基础之上。在实践中，这当然是说起来容易，做起来难：有些国家小而弱，别的一些国家则大而强。如我们所知，国家也可能有区别很大的利益。它们有不同的经济制度，常常建立在不同的政治意识形态上。这些国家会达成同意的是什么样的原则呢？根据康德的观点，只有“有限的”正义原则才适合于调节冲突；比方说，“任何独立存在的国家，不管是大国还是小国，都不可以由另外一个国家通过继承、交换、购买或赠予而获得。”[10]康德设法系统地把宗教和意识形态的实质性问题过滤掉，这是他的原则的一个特点。各国不必就所有争端达成一致。它们只要就一种妥协方案（*modus vivendi*）达成一致就足够了。康德强调说，目标是要在所有民族之间创造一种和平的共同体，而不必是一种友好的共同体。康德和平哲学的第一次真正实现，是第二次世界大战以后联合国的建立。

毫不奇怪，康德政治哲学的许多方面是与他当时的一些问题相联系的。

在实际政治中，他并不总是设法保持一种基于原则的普遍立场。虽然康德坚持法律必须表达人民的意志，他却并没有支持所有公民的普选权；因此，广大公民并没有被赋予立法中的任何地位。妇女被排除在外而没有任何进一步的论证，所有其他经济上社会上不“独立的”人们（临时工、仆人等）也这样。对这些人来说，已经不再是一个通过他们自己的努力而达到理性成熟的问题。有时候他捍卫的是一些极端的、抽象的理性主义的观点。像洛克一样，康德主张一种自由主义的与契约论的婚姻观。这位老单身汉，对婚姻法的讨论居然是这样开头的：“家庭关系建立在婚姻关系之上，而婚姻则建立在对性的自然的相互性或共有性（*commercium*）的基础之上。……婚姻……是异性的两人之间为了终身共享其性机能而实现的结合。”[11]他还对自然的性生活规定了严格的要求——尽管在这方面他经验不多。他接着写道：“这……或者是自然的，借此人类可以再生他们自己的物种，或者是不自然的，那就是或者指向一个同性的人或者指向人以外某个物种的一个动物。对全部法律的这些悖逆……甚至是‘无可名状’；而且，作为违反人身上的人性的罪过，它们是无法借助于任何限制或例外而免遭彻底谴责的。”[12]看上去，康德毫不尊重同性恋者的权利。

康德是启蒙运动之子。他捍卫启蒙和自主。对康德来说，启蒙就是公开地运用我们的理性：我们通过与别人一起运用理性而获得启蒙。对理性的这种公开使用必须是自由地进行的（参见约翰·斯图亚特·密尔关于公共舆论的看法）。未来于是提供了一种希望：理性的个体之间的持续的公开的自由讨论，将逐步彰显真理。[13]

第四节　判断力——目的论和美学

许多人认为康德哲学是复杂的、难以理解的和难以赞同的。但是作这些批评的人同时应该记住康德成就了什么。首先，他巩固了以物理学为典范的现代经验科学。康德为我们经验可及的所有领域中的因果说明扫清了地面。其次，他力主人是认识自由和有道德责任的存在的观点。他为道德确立了基础。这样，他两面都照顾到了，一方面接受决定论和因果说明，另一方面为非决定论和道德进行辩护。因此，康德对现代哲学的诸多根本的两难之一，亦即科学和道德的两难，给出一个回答。而且，康德还解释了基于信仰和启示的宗教，在一个科学化的社会是如何可能的。在这里，回答也在于那个哥白尼式的革命。上帝存在的问题超越了我们的认识能力；因此，我们回答这些问题的企图是既无法给予证明，也无法给予否证的。康德因此为新教神学奠定了哲学基础。

但是在一个关键问题上，我们所介绍的康德哲学是难以接受的。我们指的是在经验世界——在那里我们的说明是以因果性为基础的——和道德世界——在那里我们是自由的、有责任的——之间的张力，简言之，必然和自由之间的张力，人作为一个认知主体和人作为一个行动主体的张力。在这点上，康德引入了他的作为一种中介能力的“判断力”的理论：在《纯粹理性批判》和《实践理性批判》之后，来了《判断力批判》。康德认为他可以这样来协调两个世界：判断力是理论理性和实践理性的中介。

这个中介并不是某种我们可以*认识*的东西(也就是说，我们可以具有理论洞见的东西)，因为那样的话它就会是属于理论理性的领域了。但康德认为我们有能力创造理论理性和实践理性之间的一种综合，我们可以对这种综合能力进行反思。这就是康德在判断力批判中所要做的。[14]

康德主张，判断力以两种方式存在，作为*目的论*，以及作为*美学*。我们对生活形式直接作*目的论*的思考，尽管我们知道所有的说明实际上都是因果性的；但是，我们在思索时把生命当作似乎是有目的和有意义的。这样世界就对于我们更有意义了。这种基于目的和意义的自发的思维方式，有助于减轻生活在两个世界(必然和自由)中所造成的张力。美学以另一种方式协调两个世界。在康德看来，美学的基础是两种基本经验：对某种势不可挡的或崇高的东西的经验——如在伟大艺术作品和自然界那里——以及对某种优美的东西的经验。

这些是“趣味的判断”，而不是认识。但这并不意味着趣味是全无缘由的，是纯粹主观和任意的。康德认为，在这个领域我们是能够达到一个共同意见的。但这种判断并不是像在经验认识或理论认识领域那样形成的。审美判断在某种意义上是主观的，但仍然是普遍有效的。对此可以用这样一个事实来解释：当我们冷静地观看一件艺术作品的时候，我们都体验到同样的审美快乐。当我们冷静的时候，我们都会有能力对同一件艺术作品经验到相同的感受，我们关于这件艺术作品的趣味判断因此而达到重合。这里，与休谟关于各种不同的道德判断是如何重合的理论，有一种对应：我们都维持一种冷静的态度。因此，正常的人们将具有相同的感受。这些共同感受是正确判断的基础，而这些判断因此是普遍的。对康德来说，审美经验无法用概念表达。但是审美感受仍然遵循某些规则，而我们借助于一些例子，是可以表明这些审美经验是如何出现于不同场合的。这里我们无法声称我们独享关于这些问题的真理，我们是能够诉诸别人的经验的（这是一种默会知识；参见第二十三章，路德维希·维特根斯坦）。

对柏拉图和亚里士多德来说，艺术是对所是的东西和所应当的东西的一种摹仿。对柏拉图来说，所是的和所应当的就是理念；对亚里士多德来说，那是实体及其形式。这样来看的话，美学对于柏拉图和亚里士多德来说是具有客观基础的。美是与真和善相联系的。对康德来说，在真理和道德（后者是用直言命令来设想的）之间有一个区别。因此，优美的东西，就像崇高的东西（以及目的论的思维方式）那样，是在两者（真理和道德）之间起中介作用的；但与此同时，美学与科学和伦理学都有区别。对康德来说，审美判断同时是主观的，与我们的情感生活相联系的，也是（潜在地）普遍的。

在康德的时代之后，浪漫主义提出一种更加强调艺术——尤其是创作过程中，但也在艺术体验中——的主观方面的美学。天才，伟大的创造性人格，走到了舞台中央。在这里，对独一无二性的赞美是以普遍性作为代价的。而且，创造的力量和更新的力量在这里得到大力重视，与古典思想家对艺术是摹仿的强调形成对照。但是，尽管浪漫派艺术家和批评家赞美独一无二性，他们却仍然认为艺术是能够达到某种对人而言相当普遍的东西的。借助于独一无二的东西，艺术家和观众都可以对人类生命及其潜力达到一种更深的洞见(参见后康德时期的历史哲学，比如第十五章，赫尔德和历史主义)。

思考题

1. 请解释康德那里的“哥白尼式的革命”，及其在他的认识论中的作用。
2. 康德是如何声称他同时保存了一种普遍的道德(基于人类自由)和一种普遍的因果性原则(它蕴含着我们认识的万物都似乎受因果律决定)的?
3. 康德声称他的先验哲学既拒绝了经验主义的怀疑论(如在休谟那里)也拒绝了唯理主义的独断论(如在笛卡儿那里)。请解释他是如何能这样声称的。
4. 请描述休谟和康德对因果概念的看法，并讨论在什么意义上休谟和康德在这方面持有相反观点?
5. “既然休谟把道德建立在情感基础上，而康德把道德建立在普遍的理性法则基础上，他们的道德哲学就引向截然相反的方向。”请对这句话进行讨论。
6. 康德和功利主义者都声称找到了正确行动的真实而普遍的标准。康德的直言命令内在地抗议对一个人的自主性的违反。功利主义寻求最大多数人的最大幸福。请用不同的例子来讨论这两种标准(比方说堕胎和生物医学实验)。

进一步阅读的建议

原始文献

Gesammelte Schriften [*collected works of Kant*], 23 vols, edited under the supervision of the Berlin Academy of Sciences, Berlin, 1902—1955.

Kant's Political Writings, edited by Hans Reiss, Cambridge, 1970.

The Metaphysical Elements of Justice, New York, 1965.

Critique of Pure Reason, translated by Norman Kemp Smith, London, 1929.

Fundamental Principles of the Metaphysic of Morals, London, 1873.

The Moral Law: Kant's Groundwork of the Metaphysics of Morals, translated by H. J. Paton, London, 1958.

Critique of Judgment, translated by Werner J. Pluhar, Indianapolis, IN, 1987.

二手文献

Allison, H., *Idealism and Freedom: Essays on Kant's Theoretical and Practical Philosophy*, Cambridge, 1995.

Bird, G., *Kant's Theory of Knowledge*, London, 1962.

Höffe, O., *Political Justice*, Cambridge, 1995.

原著选读

康德：《纯粹理性批判》

（选自《纯粹理性批判》，蓝公武译，商务印书馆1960年版）

导言

一、 纯粹知识与经验的知识之区别

吾人所有一切知识始于经验，此不容疑者也。盖若无对象激动吾人之感官，一方由感官自身产生表象，一方则促使吾人悟性之活动。以比较此类表象，联结之或离析之，使感性印象之质料成为“关于对象之知识”，即名为经验者，则吾人之知识能力，何能觉醒而活动？是以在时间次序中，吾人并无先于经验之知识，凡吾人之一切知识，皆以经验始。

吾人之一切知识虽以经验始，但并不因之即以为一切知识皆自经验发生。盖即吾人之经验的知识，亦殆由吾人所受之于印象者及吾人之知识能力（感性印象仅为其机缘）自身所赋予者二者所成。设吾人之知识能力对于经验的知识有所增益，则非勤加注意，使吾人善于离析此所增益者以后，吾人殆不能辨别知识之质料与知识能力之所增益者。

二、 吾人具有某种先天的知识，乃至常识亦绝未缺乏此类知识

在人类知识中有必然而又普遍（自最严格之意义言之）之判断，即纯粹的先天的判断，此固极易显示者也。如欲从学问中求一实例，则吾人仅须取数学之任何命题即见之；如须从常识中求一实例，则“一切变化必有一原因”之命题，即足以尽之矣。在后一例中，此原因概念显然含有与结果相连之必然性及规律所有之严格的普遍性等之概念，所以吾人若如休谟（Hume）所为，欲从“所发生事象与前一事象之重复联想”，及“连结表象之习惯”（此习惯由重复联想所发生，而仅成为主观的必然性者）以引申此原因概念，则原因概念将因而丧失无余矣……

康德：《实践理性批判》

（选自《实践理性批判》，韩水法译，商务印书馆1999年版）

职责呵！好一个崇高伟大的名称。你丝毫不取悦于人，丝毫不奉承人，而要求人们服从，但也决不以任何令人自然生厌生畏的东西来行威胁，以促动人的意志，而只是树立起一条法则，这条法则自动进入心灵，甚至还赢得不情愿的尊重（无论人们如何并不经常遵守它），在这条法则面前，一切禀好尽管暗事抵制，却也无话可说：你尊贵的渊源是什么呢？人们又在何处找到你那与禀好傲然断绝一切亲缘关系的高贵谱系的根源呢？而人类惟一能够自己给予自身的那个价值的不可或缺的条件，就是出身于这个根源的。

这正好就是使人超越自己（作为感觉世界的一部分）的东西，就是将他与只有知性才能思想的事物秩序联结起来的东西，而这种秩序同时凌驾于整个感觉世界之上，凌驾于那与感觉世界一起可以在时间里被经验地决定的人的此在以及所有目的的整体（只有它才切合于作为道德法则的无条件的实践法则）之上。它不是任何别的东西，只是人格而已，亦即超脱了整个自然的机械作用的自由和独立性，而这种自由与独立性同时还被看作是存在者委身于特殊的，即由他自己的理性所给予的纯粹实践法则的能力，于是，属于感觉世界的个人在同时属于理智世界的

情况下，委质于他自己的人格。这样，人，由于属于两重世界，在与他自己第二重的和至上的天职相关联时，必定只以尊敬来注视自己的存在，必定以至上的敬重来注视这种天职的法则。

许多依照道德理念来标明各种对象价值的表述都依赖于这个渊源。道德法则是神圣的(不可侵犯的)。人的确是足够罪恶的，但在其个人里面的人道对于他必定是神圣的。在全部被造物之中，人所愿欲的和他能够支配的一切东西都只能被用作手段；惟有人，以及与他一起，每一个理性的创造物，才是目的本身。所以，凭借其自由的自律，他就是道德法则的主体。正是出于这个缘故，每一个意志，每一位个人都将他个人的，指向他自己的意志限制于这样一个条件：与理性存在者的自律符合一致，即不该使他委质于任何意图，假使这个意图不是依据由承受的主体本身的意志所产生的法则而可能的；这就是说，决不把这个主体单纯用作手段，若非同时把它用作目的。鉴于这个世界里的理性存在者无非都是上帝的创造物，这个条件我们甚至有权授予上帝的意志，因为这个条件依赖于理性存在者的人格，而惟有凭借这个人格他们才是目的本身。

因此，如果人们赋予一个其此在乃在时间中被决定的存在者以自由，那么他们至少就其实存里面的所有事件而言，从而也就其行为而言，不能将这个存在者排除在自然必然性的法则之外；因为这样做无异于把这个存在者交付给盲目的机运。但是，因为事物的此在是在时间里被决定的，在这个范围内，这个法则不可避免地关涉事物的一切因果性，所以如果这是人们不得不据以来表象这些事物本身的此在的方式的话，那么自由就必定会作为一个虚无和不可能的概念被摒弃。因而，倘若人们还想拯救自由的话，那么只余下一种方法：将只有在时间中才能决定的事物，从而也把依照自然必然性法则的因果性单单赋予现象，却把自由赋予作为物自身的同一个存在者。如果人们希望同时保存这两个互不相容的概念，那么这样做便是绝对不可避免的。不过在运用时，如果人们把它们诠释为结合在同一个行为里面，并这样来诠释这个结合本身，巨大的困难就会冒出来，这个困难看起来使得这种结合不可行……

有两样东西，我们愈经常愈持久地加以思索，它们就愈使心灵充满日新又新、有加无已的景仰和敬畏：在我之上的星空和居我心中的道德法则。我无需寻求它们或仅仅推测它们，仿佛它们隐藏在黑暗之中或在视野之外逾界的领域；我看见它们在我面前，把它们直接与我实存的意识连接起来。前者从我在外在的感觉世界所占的位置开始，把我居于其中的联系拓展到世界之外的世界、星系组成的星系以至一望无垠的规模，此外还拓展到它们的周期性运动，这个运动的起始和持续的无尽时间。后者肇始于我的不可见的自我，我的人格，将我呈现在一个具有真正无穷性但仅能为知性所觉察的世界里，并且我认识到我与这个世界(但通过它也同时与所有那些可见世界)的连接不似与前面那个世界的连接一样，仅仅是一种偶然的连接，而是一种普遍的和必然的连接。前面那个无数世界的景象似乎取消了我作为一个动物性创造物的重要性，这种创造物在一段短促的时间内(我不知道如何)被赋予了生命力之后，必定把它所由以生成的物质再还回行星(宇宙中的一颗微粒而已)。与此相反，后者通过我的人格无限地提升我作为理智存在者的价值，在这个人格里面道德法则向我展现了一种独立于动物性，甚至独立于整个感性世界的生命；它至少可以从由这个法则赋予我的此在的合目的性的决定里面推得，这个决定不受此生的条件和界限的限制，而趋于无限。

康德：《道德形而上学原理》
（选自《道德形而上学原理》，苗力田译，上海人民出版社1986年版）

……这就是，除非我愿意自己的准则也变为普遍规律，我不应行动。如若想使责任不变成一个空洞的幻想和虚构的概念，那么，这样单纯的与规律相符合性就一般地充当意志的原则，不须任何一个适用于某些特殊行为的规律为前提，而且必须充当这样的原则。人的普通理性在其实践评价中，与此完全一致，而且在任何时候，都把以上原则作为准绳。

例如，有这样一个问题，在我无计可施之时，我可以有意地作不兑现的诺言吗？我很容易分辨这一问题所可能有的意义，作一个虚假的诺言是否明智，或者是否合乎责任。毫无疑问，人们所经常遇到的，是前一种情况。不过我认为，只在这种借口下来摆脱当前的困境是不够的；还必须进一步考虑到，和所摆脱的当前困境相比，这种谎言在以后是否会给我带来更大得多的困境。而且，不管多么机警，我都难以预见到，一旦失掉信用，给我带来的不利，是否会比一切我现在所设法逃避的厄运都更大些；是否按照普遍准则做事更为明智些，并且要养成除非有意遵守就不作诺言的习惯。但我很快就看得清楚，这样一个准则仍然是以所担心的后果为出发点。现在可以看得出，出于责任而诚实和出于对有利后果的考虑完全是两回事情。在前一情况下，行为的概念自身中已经含有我所要的规律，在后一情况下，我还要另外去寻找有什么伴随而来的效果。所以，如果偏离了责任原则，就完全肯定的是恶；而违背一些明智准则还会对我有很多好处，虽然保持不变，当然更少担风险。为了给自己寻找一个最简单、最可靠的办法来回答不兑现的诺言是否合乎责任的问题，我只须问自己，我是否也愿意把这个通过假诺言而解脱自己困境的准则，变成一条普遍规律；也愿意它不但适用于我自己，同样也适用于他人？我是否愿意这样说，在处境困难而找不到其他解脱办法时，每个人都可以作假诺言了？这样，我很快就会觉察到，虽然我愿意说谎，但我却不愿意让说谎变成一条普遍的规律。因为按照这样的规律，也就不可能作任何诺言。既然人们不相信保证，我对自己将来的行为，不论作什么保证都是无用的。即或他们轻信了这种保证，也会用同样的方式回报于我。这样看来，如若我一旦把我的准则变为普遍规律，那么它也就毁灭自身。

因此，用不着多大的聪明，我就会知道做什么事情，我的意志才在道德上成为善的。由于对世上事物没有经验，不能把握世事的千变万化，我只须询问自己：你愿意你的准则变为普遍规律吗？如若不是，这一准则就要被抛弃。这并不是由于对你和其他人会有什么不利，而是由于它不能成为一种可能的普遍立法的原则，对于这一立法原则理性要求我予以直接尊重。直到现在，我还说不清尊重的根据是什么，这可由哲学家去探讨，不过我至少可以懂得：这是对那种比爱好所中意更重要得多的东西的价值的敬仰。从对实践规律的纯粹尊重而来的，我的行为的必然性构成了责任，在责任前一切其他动机都黯然失色，因为，它是其价值凌驾于一切之上、自在善良的意志的条件。

注释

[1] 但是，自然科学是否确实如康德所认为的那样需要有一个绝对确定的基础，是有争议的

问题。

[2] 心理学家让·皮亚杰(Jean Piaget, 1896—1980)可以说是讨论这样一个问题：儿童是如何通过社会化过程而逐渐获得“先验形式”的。

[3] 康德的回答是微妙的，而要考察他的回答的微妙性，必须联系他设法解决的那些难题，即对因果性和道德自由同时作出辩护。

[4] 康德先设法表明印象是如何必然地由空间和时间赋予形式的(在《纯粹理性批判》的“先验感性论”中)，然后设法表明概念是如何与(由空间和时间赋予形式的)这些印象发生联系的(“先验逻辑”之“先验分析论”)：意识作为一个先于关于经验内容之陈述(判断)的原则而出现；而范畴或理性的概念则被包含在陈述之中。概念若不通过对感觉经验的综合就不提供关于实在的知识。

康德运用下列十二种陈述(心灵的判断形式)(《纯粹理性批判》A70/B95，标准分页)：

四种判断：
量：全称的、特称的、单称的
质：肯定的、否定的、不定的
关系：直言的、假言的、选言的
模态：或然的、实然的、必然的
四种判断(同上书，A80/B106，标准分页)：
量：统一、多样、总体
质：实在、否定、限定
关系：偶有性与实体性、因果性与依存性、相互性
模态：可能性—不可能性，存在—非存在，必然—偶然

(亚里士多德使用的是以下范畴：实体、数量、性质、关系、地点、时间、姿态、状况、活动、遭受。)

[5] 这种对立不应夸大：休谟也说过我们在自身之内有“形式”使我们得以“看见原因”，因为我们对将发生什么有所预料。在这个意义上，这些预料有些“先验”的成分：它们是给我们的经验打上印记的形式。但是休谟把这些预料解释为一些实际的(心理的)事件的结果；他没有(像康德那样)把它们看作是先于经验而被给与的东西。

[6] 我们固然可以关注一个先前的意识活动，但那仅仅是因为我们此刻在一种当下的反思活动中自身是一种进行思想的意识，而不是一种被经验的或被思想的意识。这个进行经验和理解的意识，或**先验自我**，因而代表了一种自在之物。这样，先验自我置身于**自由王国**之中，而与参与必然王国的**经验自我**相对立。到这里为止，论证仅仅建立在以下观点基础上，即意识作为一种自在之物，是不可能被说成是因果地决定的，因为这个进行思想的意识本身并不是被经验到的意识。对先验自我的自由的论证则是联系所谓实践公设而作出的。

[7] “categorical imperative”，中译文常作“绝对命令”。

[8] 关于自由至上主义，参见 Robert Nozick：*Anarchy, State, and Utopia*, New York, 1974。

[9] Kant, *The Metaphysical Elements of Justice*, New York, 1965, p. 34 (Introduction § C).

[10] *Kant's Political Writings*, edited by Hans Reiss, Cambridge, 1970, p. 94.

[11] Kant, *The Science of Right*, § 24. 黑格尔——他是结婚的，并据说还有过一个私生子——在写《精神现象学》的时候，对这段话的反应是说康德的观点是有失体面的；参见第十六章的引文。

[12] 同上。

[13] 因此，康德属于一个起源于柏拉图和亚里士多德的传统，尽管康德可以在以下方面区别于他们，即他把启蒙的社会的实现看作是一块历史中的试金石，一件理想的任务。

[14] 这是康德研究中的一个有争议问题。比如，有人争辩说，理论理性和实践理性之间并没有一个第三者造成的综合，而是实践理性最终支配和决定理论理性的能力。

第十五章
人文学科的兴起

第一节　背景

18 世纪后半期，欧洲文化范围内出现了三种相对独立的价值体系：科学、道德／伦理，以及艺术。这种思想分化涉及三种不同的有效性主张。科学立足的是有关真的问题（说一个主张是否正确，是说这个主张是否为真）；道德／伦理涉及的是规范的问题（说一个命令是否有效，是说这个主张是否正当）；而对艺术的研究则提出特定的审美问题（一件艺术作品是否美，或是否有品位）。这样，比方说，相信规范问题和审美问题有可能靠科学来回答，就被认为是一个错误，反之亦然。关于真的问题（科学）、正当的问题（道德／伦理）和美的问题（艺术）还必须与宗教问题区别开来。科学、道德和艺术获得了相对于宗教的独立性（自主性）——现代时期已经开始。

这些文化领域最早明确成为讨论主题，可以在康德的三大批判中找到：《纯粹理性批判》澄清现代自然科学的前提条件；《实践理性批判》给予道德以独立于自然科学的地位；而《判断力批判》则为美学确定相对于科学和道德的界限。康德在某种程度上成为一场始于文艺复兴的文化发展的高峰。

这个过程的一个重要转折点，是自然科学家拒绝对自然界做目的论的理解。悖于常理的是，伽利略却仍然把自然界看作是一本用数学语言书写而成的文本或书籍(参见第七章)。文艺复兴时期的自然科学仍然主张，自然界包含着一种来自上帝的音讯。科学的目标是理解这种音讯。于是科学就具有一种诠释学的或意义理解的维度。因此可以这样来界定自然科学的合法性：把它看作是通往有关上帝的知识的诸条通道之一。

随着自然科学对世界的逐步去魅化(参见马克斯·韦伯)，把自然理解为一件创造和启示的作品("大自然之书")，最后就仅限于神话学和浪漫派的自然哲学家。在19世纪，一种诠释学的自然哲学只有作为一种神秘主义才能存身(诺瓦利斯[Novalis]、谢林等人)。另一方面，现代科学提供了支配自然的能力，因其有利效果而具有合法性。自然科学不再是一门解读世界之"意义"的理解性或诠释性的学科。它所追求的是对现象的**说明**。根据康德的观点，对某事进行说明，就是能够对经验对象追根寻源到已知的自然规律那里去。从这个角度来看，牛顿的力学是**科学说明**的典范。从这个观点来看，**人文学科**或**关于人的科学**，比如语文学和历史编撰学，就难有一席之地。在何种意义上这些学科包含着我们在自然科学中所看到的那种**说明**呢？它们是否满足"名副其实的科学"的要求呢？19世纪初新兴的人文科学似乎有两种可能策略可供选择。

1. 我们可以设法赋予它们以自然科学的地位：人文学科就像自然科学一样根据普遍规律对现象提供说明。在后来的实证主义语境中，就成为"科学统一"的命题。
2. 我们也可以像维科那样，主张人文学科和自然科学具有不同质的研究对象，因而也具有不同质的研究方法。因此，赋予人文学科以合法性的方式，必须不同于赋予自然科学以合法性的方式。

在当代有关人文学科在认识论方面的独一无二性的讨论中，这两种策略仍然出现。在本章，我们将探讨人文学科的崛起，以及这个学科的奠基者们所面临的诸种问题。

第二节　赫尔德和历史主义

在德国的精神生活中，18世纪70年代标志着一个决定性的转折点。更确切些说，我们可以谈论这样一种过渡：从一个理性主义的启蒙运动，转向一个反理性主义的前浪漫主义——所谓狂飙突进时期。

约翰·戈特弗里德·赫尔德(Johann Gottfried Herder，1744—1803)是这个过渡时期的中心人物之一。他是一种新的历史意识的最杰出代表，这种历史意识蕴含着一种新的个体感和历史变化感。后来所谓历史主义的核心即在此。赫尔德的历史主义的根源追溯到那些以不同方式处于启蒙运动之边缘的思想家那里。从休谟那里，赫尔德继承了一种怀疑理性能力的观点。他不承认普遍有效的人类理性和万世不变的普适标准的观念。在卢梭的文化批评和他对幸福的“自然人”的理想化那里，赫尔德获得了对启蒙运动的自我理解和关于进步的乐观主义进行严厉批评所需要的那种灵感。这种批评也受到哈曼(J. G. Hamann，1730—1788)的虔信派非理性主义的影响。[1]

我们说过，赫尔德可被视作历史主义的奠基者。历史主义首先是一种对于历史的特定态度和理路。历史主义唤醒了我们可以称作“历史感”的意识。历史成了哲学和人类思想的基本条件。此外，历史编撰学成了最主要的学科，给其他人文学科分支打上自己的烙印。人文学科各分支被“历史化”了；也就是说，它们成了历史取向的学科(就像在文学史、艺术史、宗教史、语言史等等那里)。这样，我们可以说历史主义既是一种对实在的看法，也是一种人文学科的研究纲领。[2]

对历史主义首先可以做这样的刻画：它把历史现象理解为例外的、惟一的和特殊的。个体性不局限于个人或特殊现象。个体性也可以在集体的东西和“超越个体的东西”当中找到：一个时代、一种文化，或一个民族也是某种独一无二、与众不同的东西。这是历史主义的个体化原则。从方法上说，历史理解应该建立在该时代自身前提的基础之上，所有的评价都应该从内在的而非外在的标准出发。历史主义的目标是一种内在的理解，而不是一种建立在后来某个时代的判断标准之上的理解。在这个研究纲领中，对历史语境和历史关联的洞察变得极为重要。一个现象的意义，是根据它原初的语境而获得的。在一个新的语境中(比如在我们自己的语境中)，那现象就具有一种新的意义。历史理解因此就成了语境理解(参见我们时代的科学哲学中的“语言游戏”和“范式”概念)。

其次，历史主义非常强调历史变化和进化。一种静态的实在观被代之以一种动态的实在观。万物都隶属于历史之流。对变化的这种强调，被诠释为西方思想中的一场决定性的“革命”。[3]这场历史主义革命的结果是，19世纪的人文学科形成了一种对人类生活的历史的-发生学的视角，其代价则是对结构的、系统的理路的忽视。历史主义的个体化概念，它对历史变化的强调，以各种方式与启蒙运动的一些基本预设——比方说，对普遍性和理性的强调，关于一种不变人性的观念，以及普遍有效的人权的概念——发生冲突。这给了历史主义以某种相对主义的倾向(“历史相对主义”)，这种倾向在19世纪和20世纪越来越明显、越来越成问题。[4]

赫尔德对历史哲学的最早贡献是《另一种历史哲学》(1774)，它常常被看作是历史主义的宣言。孟德斯鸠认为既定的自然条件参与决定一个民族的个性，赫尔德借用了这个观点。气候、地理条件和其他环境因素决定了各种历史表现的性质。[5]对赫尔德来说，文化成长和发展是有一些物理的-物质的条件的。全部个性之基础就是在这个框架中形成的。

根据赫尔德的观点，每个历史时代都具有其特有的印记。任何时代都是独一无二的，时代的精神或心态把自己的烙印打在所有具体现象之上，并赋予它们以某种整体。在公元前400年，希腊时代的精神不仅渗透哲学，而且以该时期典型的方式渗透美术、诗歌和整个精神生活。这也适用于民族精神。每个民族，每个民族文化，都是由它的民族精神所形成的。对赫尔德来说，一个国家的语言和民间传说例证了它的民族的个性和独一无二性。两个民族打上同一个时代精神的印记是可能的，但民族精神包含了一个特定文化中的个体性原则。

各个民族的理想，他们关于善恶、美丑的规范，均带上其民族精神的印记。所有标准均与该民族的特定精神相关。并不存在超民族超历史的评价幸福和美德的标准。赫尔德说：“每个民族都在其自身之内具有其幸福的中心，就好像一个球的重心都在其自身之内一样。”[6]这样，所有标准都受到历史条件和地理条件的限定。假如两个民族之间距离较大，他们就会相互视对方的理想为偏见。但这样的偏见不一定是消极的，在赫尔德看来："偏见若恰当其时的话就是好的，因为它使我们幸福。"[7]

但我们如何才能对异己的民族和文化的独一无二性获得一种真正的历史理解呢？对赫尔德来说，没有任何理解或评价是可以建立在一般的或普遍的标准之上的。赫尔德也拒绝那种认为一个时代或民族可以作为另一个时代或民族的规范或理想的观点。历史知识只可能通过对历史现象的移情(empathy)而产生。这种理解并不来自普遍的理性原则或普遍的规律。历史学家的任务是想象，若是生活在一个遥远的过去的话，会是什么样子："你要沉浸到那时代去，沉浸到诸天去，沉浸到全部历史去，要在万物中感同身受。"[8]换言之，历史的理路必须是"旨在理解意义的移情的"。历史学家必须侧身俯就现象的独一无二性。

赫尔德的纲领避免了一种盲目的种族中心态度，为文化宽容留下了余地。对赫尔德来说，民族主义不可与沙文主义同日而语。所有民族都是独一无二的，都是彼此平等的。在他关于各个不同历史时代的看法中，我们可以找到类似的宽容。比如，根据他的个体性概念，赫尔德希望重新评价启蒙运动对中世纪的消极态度：如果每个时代均有其各自的价值，均有其"中心"于自身之内，那么中世纪一定也是(参见浪漫派对中世纪的积极看法)。中世纪相对于其他任何时代的地位，原则上既不是更高，也不是更低。像所有其他历史时代一样，它是一个自在的目的。

不难看出，个体性原则与历史进步和发展的观念是可能发生冲突的。如果历史具有较深的意义，或不断走向一个特定目标，就很难断言任何时代都有自己的绝对价值。如果所有时代都朝向一个共同目标(*telos*)发展，一个*外在*的评价标准就随之引入了。这个时代于是根据那个目标而具有意义了。这个问题以各种方式出现在赫尔德的历史哲学中。在《另一种历史哲学》中，他抨击启蒙运动的肤浅的进步命题，并赞同卢梭关于历史从黄金时代往下堕落的观点；他认为启蒙运动是"颓废的"。

对赫尔德来说，就像对维科来说，民族和文化都经历"一些生命周期"。[9]虽然赫尔德使用像*发展*和*进步*这样的语词，他却并不主张那种不停进步的观念，或那种以为所有文化都向着同一个目标行进着的观点。一种文化的发展类似于一个人的发展，似乎是遵循着一个特定的生命周期。文化和民族像所有有机生命一样有生有死。因而赫尔德使用像“繁荣时期”和“衰落时期”这样的规范性概念（参见他把启蒙运动视作“颓废”和“衰老”的观点）。说到底，他无法避免其历史哲学中内在的评价标准和外在的评价标准之间的一种冲突。在赫尔德后来的著作中，比如《人类历史哲学的观念》（1784—1791）和《人类进步书简》（1793—1797）中，历史过程的目标是不容置疑的，那就是*人性*。对赫尔德来说，民间诗歌的搜集和新兴人文科学的发展结果都与国族建立（nation-building）有关。他由此便为人文科学的相关性和目标赋予了合法性，但这种教育纲领与一种激进的个体性观念之间的冲突，却是难以怀疑的。

总的来说，我们可以说赫尔德的贡献在于他的个体性原则。所有历史现象都受时代精神和民族精神所决定，也受外部的物理-物质条件所决定。同样，一个时代和一个民族的总体精神气质决定了行动者的自我理解和对世界的理解。这个观点我们将在黑格尔那里再次碰到。与此同时，历史现象均具有其自身的内在价值，必须根据其自身的前提而加以评价。显然，这在规范性理想和历史相对主义之间造成了某种张力。或许赫尔德会说，我们必须把对一个现象（比如血仇、寡妇殉夫）的*理解*和（根据我们的道德标准）对这个现象的*接受*区别开来。他把人性看作历史的目标的观点，在某种意义上说是一种反相对主义的立场，但这个观点与一种激进版本的个体化原则似乎难以协调。很大程度上，这是19世纪的历史主义的一个无法解决的两难。

第三节　施莱尔马赫和诠释学

文本诠释是一门处于康德兴趣领域之外的学科。虽然诠释的艺术或诠释学在人文学科研究中从来就占据一个核心位置，现代诠释学却是在19世纪之交才发端的。这个领域的一个先驱，是德国宗教哲学家弗里德里希·施莱尔马赫（Friedrich Schleiermacher，1768—1834）。人们通常认为他最早把诠释学循环当作一条基本的诠释原则：弥漫整体（比如文本）的精神把它的印记烙在各单个部分。各部分要根据整体来理解，而整体则要被理解为各部分的一个内在和谐。施莱尔马赫对诠释学的看法受到浪漫主义的影响。诠释学的一个核心方面是认同于文本*背后*的灵魂（“个体性”）的单一的、独一无二的内容。

对施莱尔马赫来说，诠释学主要指向的并不是文本，而是文本背后的创造性精神。理解的基本问题所涉及的，是我们在空间和时间上与所研究对象的距离。诠释学应当有助于对历史距离的克服。像赫尔德一样，施莱尔马赫强调有必要认同于文本、作者的思维方式和历史语境。语文学的一个重要方面因此是将我们置于作者和文本的精神*视域*之内。另一方面，对文本的一种较佳理解给我们以对于该时代的根本问题以较佳的洞见。在这里，诠释学的意义理解也可以被理解为是一种在整体和部分之间的循环运动。

在施莱尔马赫之后，诠释学对新型人文科学来说就成为具有核心意义的东西。在诠释学那里，不仅存在着神学、文学研究、法理学和历史编撰学之间的共同基础，而且存在着所有人文科学的共同基础。在某种意义上，人文学科相对于自然科学的独特性，也是这种共同基础的结果。从诠释学的视角来看，人文学科的目标是*理解*，而与自然科学相反，后者的目标是*说明*。

第四节　历史学派——冯·萨维尼和冯·兰克

赫尔德引领了人文科学的“历史化”趋势。随着历史编撰学中的所谓*历史学派*的出现，在一系列核心的人文科学中就出现了一种彻底的历史化。除此之外，历史学派还促进了人文科学的科学化。历史批判方法重视资料考证、关注事实，于是就成了赫尔德的移情和浪漫派对时代精神和民族精神的强调的矫正物。“材料本身”此时成为首要的东西。

像赫尔德和浪漫派一样，弗里德里希·卡尔·冯·萨维尼（Friedrich Carl von Savigny，1779—1861）和利奥波德·冯·兰克（Leopold von Ranke，1795—1886）强调历史的特征在于有机的发展。对历史发展的强烈干预只会妨碍其自然成长。在19世纪，这个观念成为论证政治稳定和保守派抵制改革的一个论据。在法理学的历史学派那里这一点尤其明显。在几次拿破仑战争以后，民族情绪转而反对法国理性主义、自然权利理论和法兰西民法典（《拿破仑法典》）。现代自然法理论中的民主的与平等主义的因素被代之以一种扎根于德国特有的法学和史学传统的反理性主义的、民族的历史主义。

冯·萨维尼把法律的有机发展与语言变化进行比较。这个视角为立法设定了明确的限度。法律，语言，习俗和惯例是德意志民族的灵魂的表达。因此，法律必须像语言那样符合该民族的性格。对法律的科学态度必须是历史的-发生学的，对移情和资料考证都加以重视。因此，冯·萨维尼把法律和其他所有文化现象都看作是民族精神的表达。[10]民族精神弥漫所有生命形式，创造出一种民族的个体性。在法律和民族性格之间存在着一种有机的联系。因此所有有效的法律都是习惯法。真正的立法者是民族精神的化身，把自己看作是民族精神的代表。冯·萨维尼认为基于人权观念的那些法典和宪法，比如"普鲁士普通习惯法"，是非德意志的、非历史的。因此，习俗和传统这样便被放在理性之上了。这正是马克思对法理学的历史学派的批评的核心之所在：在马克思看来，冯·萨维尼借助于过去的非理性和非正义来为现在的非理性和非正义提供合法性。黑格尔同样批评法理学的历史学派，批评它对于理性和现实之间关系的错误看法。法律实在（实证法）并不总是合理的、正义的。

这种保守主义的、复辟时期的历史主义不仅仅是一种德国现象。在埃德蒙·柏克的保守主义和法国天主教复辟哲学（博纳尔德和德·迈斯特尔）那里我们也可以找到类似的趋势。

对冯·兰克来说，历史编撰学的目标是"依照其原样"来客观地重构过去。冯·兰克感兴趣的首先是政治史。他对于经济条件和社会条件在历史中所起的作用不怎么感兴趣。历史研究的首要目的并不是理解我们自己时代的来源和背景，而是根据过去时代自身的前提来理解过去。历史学家还必须避免主观的、带有偏见的诠释。因此，借助历史批判方法和各种精致形式的来源批判，就是一种良好手段。但兰克意识到，历史学家们绝不可能是客观事实的消极记录者；他们绝不可能在毫无预设的情况下开始工作。如果没有哲学——冯·兰克指的可能是完整的假设或观念——的话，历史就成了一堆杂乱的事实。虽然冯·兰克拒绝黑格尔的历史哲学，说它既是思辨的又是先验的，他却承认每个特殊现象中存在着某种普遍的东西。在每个事态之中，在每个历史现象之中，历史学家们都找到某种来自上帝的(*aus Gott kommendes*)的永恒之物。[11]

像赫尔德和浪漫派一样，冯·兰克在他与理性主义和乐观主义的进步观的争论中强调个体性的重要性。如果进步命题的根子在于因果决定论或目的论决定论的话，那么人类自由就随之被取消了。但是，历史发展蕴含着“自由的诸阶段”。历史学家们必须能把历史现象追溯到行动。只有行动这个概念才使我们能把事件理解为历史事件。进一步说，在冯·兰克看来，进步的命题是与所有时代和民族均有平等价值(如冯·兰克所说，“与上帝同等接近”)这条原则不相容的。多样性本身就是上帝之宽厚的表现。从永恒角度(上帝的角度)来看，所有世代和时代都具有同等价值。我们可以说，冯·兰克把历史著述从哲学思辨(黑格尔)中解放了出来。历史编撰学被建制化，成为一门严格的经验学科，首先要追溯到冯·兰克和他的学派。

第五节　德罗伊森和狄尔泰——人文学科的独特性

像冯·兰克一样，约翰·古斯塔夫·德罗伊森(Johann Gustav Droysen，1808—1884)这位历史编撰学的普鲁士学派的创始人，也认为上帝插手了历史，但不像冯·兰克那样，他却强调历史学家绝不可能是完全客观的：我们对过去的理解永远是取决于我们的视角和兴趣的。因此，每个新的世代都将以新的方式重写历史。亨利希·济贝尔(Heinrich von Sybel，1817—1895)用以下方式表述了这个纲领：“每一位在我们的文学中稍稍重要一些的历史学家，都有他自己的色彩。有人是信徒，有人是无神论者，有人是新教徒，有人是天主教徒，有人是自由派，有人是保守派，各种派别的历史学家都有，但不再有任何无血无肉的客观公平的历史学家。”[12]因此，当人文学科的学者们发现自己的预设，看到他们总是与他们自己的时代保持联系，这些学者面前就明白地摆着一个客观性的问题。在各个纲领中，说历史编撰学寻求“依照其原样地”重构过去，就成了一个幼稚的幻想。另一方面，难以拒绝的是，历史学家们还是应该告诉我们发生了什么事情，而不仅仅告诉我们他或她自己的立场和视角，以及研究共同体的“工具箱”。一面是我们的不可避免的“偏见”和概念预设，一面是我们的研究对象，这两者之间的关系在20世纪越来越成问题。如果我们不再可能得到独立于诠释的材料——也就是独立于我们的理论和我们的理解的材料，那么就很难对一个诠释的有效性作出评估。传统的真理概念(真理的符合论)已被削弱。

人文学科的**理解**(*Verstehen*)的方法和自然科学的**说明**(*Erklären*)的方法之间的重要区别，还来自德罗伊森的下述观点：历史编撰学所涉及的不是无机对象(原子的力学)，而是意志活动。因为历史是在自由的舞台上展现的，所以历史学家们无法满足于那种把现象从普遍规律和历史预设中演绎出来的说明。在人文学科中我们所追求的是**理解**；在自然科学中我们所追求的是**说明**。这种方法论的二元论是社会科学的哲学中最重要和最有争议的问题之一。

在德罗伊森看来，每个历史表达，都是一种**内部过程**的结果。对特定表达的理解，要把它追溯到一个历史主体的内部的、精神的事态(意向、理由等等)。这个基于理解的人文科学纲领在狄尔泰和韦伯(参见第二十一章)的思想中占核心地位。

如果说历史学派证明的是人文科学在实践中可以是什么的话，那么威廉·狄尔泰(Wilhelm Dilthey，1833—1911)则引入了一种对人文学科是什么和可能是什么的根本的认识论反思；他对人文学科作为科学的地位，对它们区别于自然科学之处，进行了反思。[13]

在狄尔泰的工作中，人文科学经历了一个“头脑冷静”的过程。狄尔泰既是一位历史学家，也是一位科学哲学家；他提出了一种理论上与方法论上具有反思性的历史主义。对赫尔德、冯·萨维尼和冯·兰克来说，有一条形而上学-宗教的“防线”可以对付历史相对主义。而狄尔泰则不承认这条防线：一种前后一致的历史主义是不知道什么非历史的价值，绝对有效的规范和神圣的计划的。历史主义无限制地承认所有历史现象的“相对性”。[14]

人们经常把狄尔泰当做一位生命哲学家，意思是说生命构成了他思想中的最根本范畴。生命是朦胧的、无法解释的，它是我们的经验的基础，因此其本身是无法被明确地充分认识的：“知识是无法超越生命的。”[15]生命因此就成了人文科学存在的准先验的条件。

对狄尔泰来说，人文科学代表了一种诠释学的革命。因为它们是诠释性的学科，它们的重心就在对语言表达的诠释上，而这些表达则必须追溯到原初的经验。生命本身在文本和艺术作品中被客体化。换言之，人文科学中的研究对象是文化和社会中精神的客观化的种种形式：道德、法律、国家、宗教、艺术、科学和哲学。这样，狄尔泰所理解的那些人文学科包括了今天覆盖一部分人文学科和社会科学的学术分支。

因此，人文科学之内的理解的基础必须是研究者对一个原初经验的复活和再经验的能力。但是，我们怎样才能知道我们的再经验与（比方说）一位文艺复兴时期的艺术家的原初经验有任何关系呢？这里狄尔泰在他的诠释学中引入了一条重要原则：他假定在作为表达之源的主体和作为设法理解该表达的主体之间，存在着某些相似性。这些相似性最终是建立在时时处处都不变的共同人性的基础之上的。在狄尔泰看来，生命始终显示出同样的一些方面，[16]他因此得以主张，在生命、生命经验和人文科学之间存在着一种内在联系。在理解的过程中，是生命在理解着生命。我们能理解的是人类业已创造的东西。这也是维科的基本思想。像维科一样，狄尔泰也认为人文科学的可能性的首要条件就在于这样一个事实：研究历史的人，某种意义上也就是创造历史的那个人。[17]于是，狄尔泰对人文科学和自然科学之间的差异作了这样的表述：“精神能理解的，只是它已经创造的东西。自然界，物理科学的对象，则包含着独立于精神而出现的实在。人主动打上其印记的一切，构成了人文研究的主题。”[18]

如我们所知，在不同的个人之间，在生活在不同时代和不同文化的人们之间，存在着很大差异。如果不同个人之间、不同时代和文明之间的共同理解要成为可能的话，我们必须预设什么？根据狄尔泰的观点，这种理解蕴含了个人在其他个人那里认出了他自己。起初，这是我们都意识到的事情，因而是没有争议的事情：当你说“我不高兴”的时候，我之所以理解你的意思，是因为我知道，假如我这样说的话，我的感觉是什么。理解因此就预设人们之间的一种相似性。如果我们都是“相同的”，理解就永远不会是一个问题。他人如果对我们来说是完全陌生的，理解他们就会是不可能的事情，而如果人类的一切对我们都不再陌生，理解他人又会是没有必要的了。

像德罗伊森一样，狄尔泰重视理解一个表达中的创造性因素。那表达是一种创造活动的客观化，而理解本身就是一种可以被客观化为一种表达（比如一篇有关一件艺术作品的论文）的新的创造活动。但是当我们谈论“表达”的时候，我们的意思到底是什么呢？根据狄尔泰的观点，存在着一种有可能加以表达的“内在”生命。就好像康德的因果性范畴规定了我们永远都必须去寻找一个原因一样，狄尔泰要求我们必须从外部表现的内在方面入手。正是这，使得诠释学成为人文科学的主要学科和方法论。第二步是狄尔泰对表达的理解的一个结果：与社会学家和社会人类学家们的诠释学理解中的多数情形更相像的，是对文献的系统诠释，而不是物理学家们和化学家们所从事的实验。这并不意味着狄尔泰认为诠释学是惟一的答案，要把人文学科和社会科学中的全部其他方法都排除在外。若干方法可能是必不可少的，因为人类并不是纯粹的精神。要在人文科学中使用的那些方法，将依赖于所研究之对象的本性。

那么，狄尔泰认为人文科学的研究对象的特征是什么呢？我们可以列出三个特征：

1. 人文科学研究的是个体的和独特的东西（参见赫尔德和历史主义）。物理学家也对特定的对象感兴趣（比如纸上的铁屑如何对磁铁作出反应的），但他设法达到某种普遍的东西，或检验普遍的理论。当这个目标达到了，特定的铁屑就不会令人感兴趣。但在人文学科或人文科学中却并非如此。人文科学并不特别在乎寻找普遍规律或统计学概括。[19]

2. 部分和整体之间的关系对于这些科学来说也很重要。一个个人是一个较大整体(家庭、社区/城市、社会)的部分。一个词是一个句子的部分，一个句子是一个段落的部分，如此等等。一个行动通常是一个更大的目的性行动链条中的一部分。这样的行动之链可以是一个更大整体(比如一个工厂)的组成部分。一个部分可以同时嵌入各个不同的语境和“整体”之中。比方说，一个演讲可以是一次非常个人性质的心理表达，也是对一场政治争论的决定性参与，从而该政治家的生活和国家政治就重合在此演讲中了。这样，在人文科学中，重要的是把部分“置入”语境之中，根据语境(整体)来看待这些部分。这里我们又一次遇见了诠释学循环。狄尔泰不接受那种认为人文科学中有一个绝对的出发点的观点。每次求知，他说，都蕴含了一个循环。我们只有理解了语词才能理解句子，但我们又只有理解了句子才能正确理解那些语词的意义。“部分-整体”的范畴结构，于是构成了所有理解的一个必要预设。
3. 狄尔泰强调人文科学必须把人既看作主体，也看作客体。作为一个客体，一个人就是一个必须根据种种社会条件和背景等等而加以说明的产物。作为一个主体，一个人则必须被理解为一个创造了他或她自己的环境的行动者。作为一个客体，人类行为是可进行因果说明的，而与此同时，我们必须承认人类是使得历史中新事物成为可能的创造性主体。

对狄尔泰来说，历史主义的相对主义后果是明显的。人文科学向我们显示，一切都受时间和空间的限定：“历史意识以越来越大的清晰性指向每种形而上学学说或宗教学说的相对性。”比较研究“显示出所有历史信念的相对主义”。[20]根据狄尔泰，当规范和价值的历史语境分析已经代替了对那些价值和规范的宗教的或形而上学的辩护之后，价值和规范就已经不再可能声称是绝对有效的了。甚至这些类型的辩护本身也在科学史或哲学史当中成为历史语境分析的对象。一方面是一个理论的普遍有效性主张，另一方面是历史意识以某种方式使所有这些主张成为相对的；一方面是我们想要辩护的，另一方面是我们能够辩护的，狄尔泰认为这些方面之间存在着一种不可解决的、“悲剧性的”矛盾。

就“终极价值”而言，尽管科学有重大进步，现代人依然并不比公元前500年的伊奥尼亚的希腊人更有智慧。在这个时代，狄尔泰说，我们比任何先前时代都更感到无望： 我们已经意识到了所有深刻信念的无政府状态。万物皆变动不居，全部标准都已被废除。像尼采一样，狄尔泰强调现代人对于人生价值和目标的不确定性和怀疑。[21]

但这只是相对主义问题的一个方面。对狄尔泰来说，历史性的人文科学引向一种更深刻形式的自我理解，并且在许多方面具有人性化的、创造宽容的效果。人文科学也造成了一种新的自由感。它们把我们从一个独断论立场的种种约束人、限制人的方面中解脱出来。在这方面，狄尔泰说人正处在获得至上性的过程之中。但这也是虚无主义的人类的至上性，超越善恶之外的至上性。20 世纪的那些反历史主义运动坚持必须回到那些有关什么是真假、什么是正义和非正义的问题上来，这决不是偶然的巧合。有效性的问题在哲学和科学中再次回到舞台的中央。

第六节　历史学派的解体

在 19 世纪向 20 世纪的过渡中，我们开始看到一系列反历史主义研究纲领的轮廓。在费迪南德 · 德 · 索绪尔(Ferdinand de Saussure，1857—1913)那里，语言学对语言的系统的与同时态的理解与历史的或历时态的理路迥然不同。这样，索绪尔使自己与认为理解某物必然等于理解一个发生过程和发展过程的观点保持距离。对索绪尔来说，语言学是一个普遍符号学(*semiology*)的一部分(来自希腊语： *semeion*，意为“符号”)。从 20 世纪 30 年代开始，人们作了若干有意思的尝试来把索绪尔的结构主义应用到社会科学(比如克劳德 · 列维-斯特劳斯[Claude Lévi-Strauss，1908—2009])。

在比较文学领域内部，历史主义和对作者的“内部经验”的心理学研究也被代之以形式主义的、结构主义的理路(比如，俄国的形式主义和 20 世纪

20年代末开始的布拉格学派，其卓越学者之一是罗曼·雅各布森[Roman Jakobson])。一个类似的趋势也可以在历史编撰学的法国年鉴学派那里看到，其代表人物是马克·布洛赫(Marc Bloch，1886—1944)、吕西安·费弗尔(Lucien Febvre，1878—1956)等人。与此同时，人文科学也受到社会科学内的功能主义和系统理论的挑战(爱弥尔·涂尔干[Émile Durkheim]和塔尔科特·帕森斯[Talcott Parsons]等人)。我们再也不可能谈论人文学科内部的一种特定方法或理路。现代人文科学在许多方面受到一种新的方法论的多元论的影响，受到不同学术领域之间的边界变动的影响。

在我们的时代，还出现了一种显著的制度分化。新的学科和系科是一种日益加强的专业化趋势的表现。先前被放进同一个学院的若干学科，逐步成为独立的学院。在今天的多数大学里，人文学科已经与各门社会科学、心理学和法学在建制上分化开来了。这造成了关于人文学科相对于其他学科的独特性和地位的新一轮争论。

思考题

1. 请说明我们所说的人文科学中的个体性原则的意思。这条原则是如何导向相对主义的?
2. 我们所说的历史主义是什么意思?它的最重要特征是什么?
3. 什么是诠释学循环?请运用例子来详细说明你的回答。

进一步阅读的建议

原始文献

Dilthey, W., *Introduction to the Human Sciences*, London, 1989.

Droysen, J. G., *Historik. Vorlesung über die Enzyklopädie und Methodologie der Geschichte* (1857), 6th edition, München, 1971.

J. G. Herder on Social and Political Culture, translated by F. M. Bernard, London, 1969.

Schleiermacher, F. D. E., *The Hermeneutical Tradition*, edited by G. L. Ormiston and A. D. Schrift, NY, 1990.

二手文献

Apel, K.-O., *Understanding and Explanation: A Transcendental-Pragmatic*

Perspective, Cambridge, MA, 1984.

Iggers, G. G., *The German Conception of History: The National Tradition of Historical Thought From Herder to the Present*, Middletown, CT, 1983.

Meinecke, F., *Historicism: The Rise of a New Historical Outlook*, London, 1972.

原著选读

威廉·狄尔泰："人文研究中历史世界的建构"

（选自 W. Dilthey, *Selected Writings*, edited, translated and introduced by H. P. Rickman, Cambridge: Cambridge University Press, 1976）

理解（Das Verstehen）和诠释是所有人文研究所运用的方法。理解将世界开启出来。

对他人及其表达的理解的形成的基础，是体验和自我理解，以及它们之间的持续的互动。这里所涉及的也不是一种逻辑构造或心理解析，而是一种认识论分析。

各人之本性的形成决定了他未来的发展。简言之，不管他所考虑的是决定其处境的东西，还是他人格的获得性特征，他始终发现，对生活的新视角的范围和个人体验的内在转向的范围，是有限的。但是对他而言，理解却开启了一个宽阔范围的可能性，这些可能性在他的实际生活的限度之内，是并不存在的。对我来说，就像对我的多数同时代人一样，体验一个人自己生活当中的宗教状态的可能性，局限在一个很小的范围当中。但是当我通读路德的书信和著作、他同时代人的报道、宗教争论和会议的记录，以及他与官员交往的记录的时候，我却体验到一种宗教过程，它事关生死，涌动活力，其能量是我们时代的任何人的直接体验不可企及的。但是我却能对之重新体验……从而此过程就结识了他[路德]和宗教改革初期他的同伴身上的一个宗教世界，它扩展了我们的人类体验的可能性领域。指向内心的人因此有可能在其想象中体验到许多其他体验。……普遍地说：受生活之现实的束缚和局限的人，解放他的不仅是艺术——就像人们经常解释的那样——而且是历史理解。

威廉·狄尔泰："人文科学导论"

（选自 W. Dilthey, *Selected Writings*, edited, translated and introduced by H. P. Rickman, Cambridge: Cambridge University Press, 1976）

流淌在洛克、休谟和康德所构造的认知主体的血脉中的，不是真实的血液；它只是经过稀释了的理性之液，一种单纯的思想过程。……所以我用的是这样的方法：我把当今的抽象的科学的每个成分，与整个人性（经验和语言学所揭示的人性）联系起来……在整个人性中，意愿、感受和思维仅仅是实际的生命过程的不同方面而已。我们大家关于哲学都提出一些问题，要回答这些问题，不能用僵硬的先天知识条件，而只能借助于一种从我们的本性的整体出发并勾勒其发展的历史学。

注释

[1] 一位名叫贝克(L. W. Beck)的研究这一时期的专家认为，赫尔德和哈曼是“反启蒙运动”的哲学家(*Early German Philosophy*, Cambridge, 1969, pp. 361 ff)。

[2] 德国历史学家弗里德里希·迈内克(Friedrich Meinecke)强调，历史主义首先是一种生活原则，一种看待生活的方式(*Die Entstehung des Historismus*[1936], München, 1965)。

[3] 参见 Meinecke, *Die Entstehung des Historismus*, p. 1。

[4] 最早倡导历史主义的人们对一个超越历史世界的形上世界深信不疑。他们把各种文化、各种历史现象看作是这种超历史的实在(神)的表现。从这样一个视角出发，历史可以被呈现为一个有意义的合理的过程(参见黑格尔)。一旦这个信念不再可信，历史主义就蕴含着相对主义的后果。发生于20世纪初的这个变化常常被看作是历史主义的“危机”，有效性的问题再次回到舞台中央。

[5] J. G. Herder, *Auch eine Philosophie der Geschichte zur Bildung der Menschheit* (1774), Frankfurt a. M., 1967, p. 40.

[6] 同上书，第44页及以下。

[7] 同上书，第46页及以下。

[8] 同上书，第37页。

[9] 同上书，第48页。

[10] Friedrich Carl von Savigny, *Der Beruf unserer Zeit für die Gesetzgebung* (1814). 应该指出的是，萨维尼站在的是一个保守主义的传统，它把理性主义和自然法传统看作是法国革命的主要原因。这也是他批判康德法哲学的背景。

[11] Georg G. Iggers, *The German Conception of History, The National Tradition of Historical Thought from Herder to the Present*, Middletown, CT, 1968, p. 105.

[12] 同上书，第117页。

[13] “人文科学”(human sciences)一词(德语：*Geisteswissenschaften*)可以追溯到狄尔泰的 *Introduction to the Human Sciences* (1833), Princeton, NJ, 1989。那个德语术语最初是对约翰·斯图亚特·密尔的术语“moral sciences”的翻译。参见：K.-O. Apel: *Understanding and Explanation: A Transcendental-Pragmatic Perspective*, Cambridge, MA, 1984。

[14] W. Dilthey, *The Construction of the Historical World in Human Studies*, in Dilthey's *Selected Writings*, edited, translated, and introduced by H. P. Rickman, Cambridge, 1976, pp. 183ff.

[15] W. Dilthey, ‘Zur Weltanschauungslehre’, in *Gesammelte Schriften*, vol. Ⅷ, Stuttgart, 1960, p. 180.

[16] W. Dilthey, ‘The Types of World-View and their Development in the Metaphysical Systems’, in *Selected Writings*, 参见上引书，第133页及以下。

[17] W. Dilthey, *The Construction of the Historical World in Human Studies.*

[18] 同上书，第192页。

[19] 人文科学的认知兴趣不能被归结为基于普遍规律来说明现象(参见科学哲学中有关亨普尔的科学说明模式的争论)。

[20] W. Dilthey, ‘Zur Weltanschauungslehre’, in *Gesammelte Schriften*, vol. Ⅷ, p. 194.

[21] 同上书，第193页及以下。

第十六章
黑格尔——历史和辩证法

生平 格奥尔格·威廉·弗里德里希·黑格尔（Georg Wilhelm Friedrich Hegel，1770—1831），一位公务员之子，最初在德国图宾根的新教神学院学习神学。作为哲学家，黑格尔致力于建立一个普遍的体系。尽管他的著作很艰深，它们却对包括马克思在内的后世思想家产生了重要影响。就私人生活而言，黑格尔过的是一种中产阶级的生活，先是作为家庭教师，然后是中学校长，最后从1818年开始在柏林担任教授。他的最重要的著作包括《精神现象学》（1807），《逻辑学》（1812—1816），以及《法哲学原理》（1821）。

第一节　反思，辩证法和经验

黑格尔的背景是启蒙运动，还加上浪漫主义的逆反；他努力在他的哲学中从概念上同时把握最近的历史和雅典、耶路撒冷与罗马的全部遗产。离他最近的过去是法国革命，以及随之而来的逆反。作为人类的一种教化过程的对历史的反思，是他的主要事业。在诠释黑格尔哲学的过程中，一个基本问题是：黑格尔是进步的，还是反动的？他是新思想的先锋，还是旧事物的同盟？我们在这里把黑格尔诠释为一个进步思想家，他设法对新世界作概念上的把握。为简化起见，我们可以这么说：18世纪的自由主义哲学家们把理性置于传统之上，把个人置于社会之上。保守派的反动逆转了这种观点，把传统置于理性之上，把社会(以及国家)置于个人之上。黑格尔声称，他找到了自由主义和保守主义的一种辩证综合，一个真正的综合，自由主义和保守主义被当作部分真理而保存于其中。

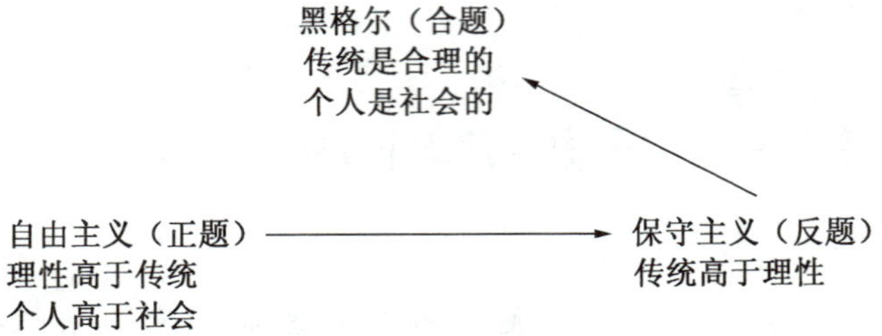

我们将分析黑格尔这么说的意思可能是什么，而在进行这种分析的时候，我们将对他的哲学采纳一种“黑格尔左派”的诠释。

先验条件——历史地造成的、文化上相对的

康德认为他找到了不变的先验预设。空间和时间这两种感知形式，包括因果性在内的范畴，在所有时候都嵌置在所有主体之中。黑格尔声称先验预设的范围比这还要宽，而这些先验预设在很大程度上是可变的。一个历史阶段上的一个文化中的先验预设，在另一个历史阶段上的其他文化中并不总是有效的。黑格尔声称先验预设是*历史地造成的*，因此是在*文化上相对的*。简单地说，有些先验预设并不是对所有人类都普遍适用的，而只适用于某些文化中的人们。

我们可以把先验预设定义为我们(“我们”可以指个人、阶级或时代)作为说话之出发点的东西。康德感兴趣的是我们永远无法抛弃而只能谈论的先验预设，而黑格尔感兴趣的则是我们既可以抛弃又可以谈论的先验预设。

康德寻求确定不变的东西，而黑格尔则寻求不同的、可变的世界观的历史形成过程。对黑格尔来说，具有建构作用的东西*本身*也是被构成的，而具有建构作用的东西的构成，就是*历史*。对康德来说，建构性主体是牢不可破的岩基，它是不可改变的、非历史的。对黑格尔来说，具有建构作用的东西

是由历史所构成的，它因此不同于、不止于一系列先前的事件。历史成了一个基本的认识论概念；历史被理解为不同的基本理解形式的自我发展的集体过程。[1]

对康德来说，具有建构作用的东西和被构成的东西之间的关系、先验的东西和经验的东西之间的关系，是以双方界限绝对分明为特征的。对黑格尔来说，这种关系却变得较为流动。与此相联系的是他们的思维方式上的一个基本区别：康德经常用一些二元论的对立进行思考，而黑格尔则设法将对立面放到一个辩证的语境当中，从而将它们协调起来。比方说，黑格尔设法通过拒绝自在之物的观念而克服康德的经验现象和自在之物之间的二元论。相反，他依赖于人类和世界之间的相互关系。这种关系指向的是似乎如此的东西（现象）和确实如此的东西（实在）的持续冲突。现象和存在之间、人和世界关系之中的这种动态紧张，在黑格尔的辩证思维中具有根本意义。

我们前面已经说过，彻底的认识论经验主义在某种意义上说是自我否定的。[2]这种经验主义声称只存在经验的知识和分析的洞见，尽管这种经验主义本身既不是经验的也不是分析的。换句话说，这种经验主义所代表的是一种我们出于逻辑理由而必须在对之加以反思以后加以拒绝的东西。对这个立场的反思把我们引向对这个立场的超越。反思一个我们有可能放弃的先验预设，因此可以表明这个条件是无法成立的，因而使我们远离这个条件。因此，反思可以造成变化，可以引领我们朝着更站得住脚的立场。

根据黑格尔的观点，*历史*可以被看作是这样一条反思之链，其中各个不同的先验预设受到彻底检验和批判，从而人类精神朝向越来越具有真理性的立场前进。（但这不应被理解为黑格尔认为历史只是反思，而没有行动和命运。）因此，在黑格尔看来，先验哲学是一种关于反思的哲学、关于历史的哲学：历史是把我们不断引向越来越恰当的哲学观点的内部对话。

这意味着黑格尔持的是一种特别的经验观：在经验主义传统中，经验首先被理解为感觉经验。但“经验”一词可以有不同用法。比如在日常语言中，我们谈论“宗教经验”，“性经验”，“工作经验”，等等。经验概念的这些用法无法被还原为洛克那里的那种消极接收信息的照相模式。黑格尔的经验观在某种程度上更接近于日常的经验观；在后者那里，经验是与我们自己的活动相联系的。对黑格尔来说，这既不是一个消极的主体，也不是一个消极的客体，因为人类和实在是相互建构的，而在这个过程中，经验扮演了核心角色。

作为自我教化的历程的经验

黑格尔的著作《精神现象学》就是围绕这样一个动态模式构思而成的。主线是“痛苦之路”。它在两个层面上展开：一方面，个体意识从最简单的感觉经验形式出发逐渐形成为哲学知识；另一方面，人类历史从古希腊发展到黑格尔自己的时代。《精神现象学》可以被刻画为一本哲学游记：它为我们描述了意识通过历史向着自我认识行进的旅程。这个经验过程的不同阶段被当作精神发展的不同阶段来加以讨论。

黑格尔认为，每个个人都必定经历精神的发展过程，但其形式较短、较浓缩。“从自传的角度来说”，我们都能够回忆起我们自己的发展。我们经常说，我们通过宗教危机、政治危机和人生危机而*变得成熟*：我们因此看到早先的意识阶段的各个方面的幼稚和不足，并被迫向前行进。这样，个人的发展可以被理解为一个教化过程。因为这个缘故，人们经常把《精神现象学》与所谓成长小说（*Bildungsroman*）（比如歌德的《威廉·迈斯特的学习时代》）相比较。我们也可以联想到易卜生的《培尔·金特》：这里的故事也是一个个人走向他的真实自我的旅程，一个个人的发现自我的努力。这种发现自我的努力在黑格尔看来是某种首先通过批判的历史反思而发生的事情。黑格尔说，现象学是一个阶段接着一个阶段的“灵魂之路”，通过这些阶段，灵魂一点一点地觉察到自己先前意识阶段的不足，觉察到我们作为思想和行动之出发点的各种历史的-相对的先验预设的缺陷。

通过不同形式的知识而进步，这是一个总体的规划。对黑格尔来说，最重要的是要表明，通过一种内部批判，一种形式的知识是如何崩溃、如何超越自己的。在每个阶段，我们每个人都可能在特定时刻发现“基础动摇了”，发现在意识中出现了这样一个内部张力：一方面是我们认为自己所是的，另一方面是我们实际所是的。天真状态被打破了，“否定性的力量”发挥了它的功效。否定性的力量是这样一种辩证的张力，它一旦发现某个立场的缺陷就拒绝安于这种立场。它是批判的，但同时它也允许对情境作一种新的更为充分的理解。就好像歌德《浮士德》中的梅菲斯特：

力的一部分，

常想使坏，反成就善行。

辩证法和总体性

黑格尔的上述诠释强调反思作为一种推进发展的政治手段，这种诠释与18世纪的启蒙哲学具有一些相同特征：当我们达到真理的时候，世界将向前进步。但是启蒙哲学家们很大程度上把真理看作是科学知识。根据黑格尔的观点，哲学真理的基础在于我们对那些给定的但不充足的先验预设进行反思。我们后面将看到，黑格尔左派（比如哈贝马斯）对这一点非常重视。当他们谈论自由、解放的时候，他们的意思并不是（像自由主义者那样）指个人摆脱传统和社会这样的超个人向度的解放，而是指作为朝向更合理社会之重要步骤的从社会的非理性下解放出来，其途径是一种批判性的反思（意识形态批判），它拒绝不恰当的先验预设（意识形态），而追求更加恰当的思想框架。

在对于具有解放作用的反思的这种黑格尔式的看法中，历史并不是孤立事件的汇集。历史是人类借以摸索走向更恰当框架的道路的反思过程。亚里士多德主张，人类之能够表明他们是“由什么做成的”，首先是通过经历和尝试不同的基本的经验方式；同样，黑格尔也认为，人类之能够达到自我实现和自我认识，首先是通过经历和尝试不同的基本的存在方式。人类只有当他们已经“活过了”不同的框架之后、能够回顾这个过程的时候，才理解他们的本性。换句话说，在历史中人类活过了、尝试了所有先验预设（存在方式），就此而言历史是人类成其为自身，并且回头来理解自身的过程。历史因此引向越来越恰当的自我洞见。

历史并不是某种我们可以从外面出发加以观察的外在之物。我们的观察总是从某个视角出发的，而这些视角就是*在*历史*中*形成的。我们在其中思考和经验的那个视角，是自我发展的历史过程的结果。黑格尔因此与那种经常与彻底经验主义相伴出现的非历史态度保持距离。但是我们如何知道*我*们看待世界的方式是不是正确的、终极的视角呢？对黑格尔的种种诠释，有说他认为实际上有一套视角是代表了正确的终极的观点的（*绝对知识* = 黑格尔的哲学），也有说他只认为我们永远处于朝向某个应该更为恰当的视角的路途之中，而绝对知识是一个不可企及的目标。前一个诠释的基础是自我发展的历史过程的最终完成的观念。但是，在两种情况下，黑格尔都会说，我们现在的立场代表的是一个较之于先前的立场更高的综合，因此我们是能够评价那些早先的立场的。

根据黑格尔的观点，这种推动教化之历史过程向前行进的反思，是遵循某些规律的，也就是所谓*辩证法*。教科书经常说黑格尔的辩证法是这样一个理论，其内容是关于一个正题如何转变为一个反题，而这个反题又是如何转变为一个合题——它是一个高阶的正题，而这个合题又如何造成一个新的反题，如此等等。

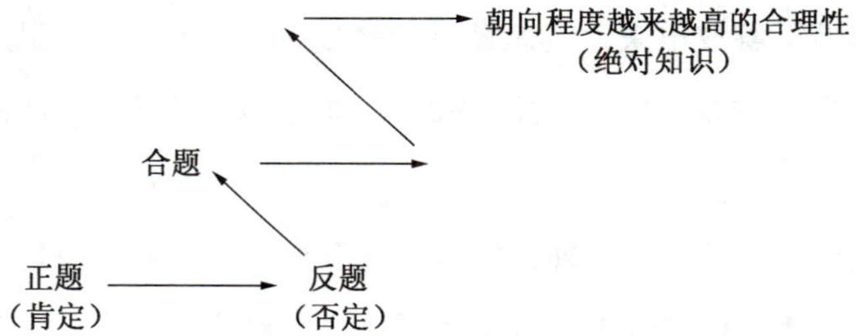

人们还指出，辩证法[*dialectic*]这个词来自古希腊哲学。*Dialego* 的意思是“讨论”。辩证法被理解为我们借以通过公共讨论而达到真实立场的那种哲学对话。但是，对黑格尔来说，辩证法据说既适用于理论对话，也适用于具体的历史过程。在理论上，辩证法现身于概念和立场超越自身指向更恰当的概念和立场的过程之中；在实践中，辩证法现身于不同的先验理解视域向它们的最高阶段进展的过程之中。

上述解释基本上是正确的，但是为了把握黑格尔所说的辩证法的意思，我们相对于经验知识和纯粹分析洞见来对辩证洞见作一番*限定*，大概是有帮助的（尽管这种限定是一种简化）：对辩证转化的洞见，既不是一种经验知识，也不是一种演绎洞见。对于辩证转化的洞见，来自于觉察到基本预设（比如政治理论的基本概念）可能是有缺陷的、不足的。通过辩证法我们所作的肯定和否定都不是参照经验或根据演绎的论证，而是指出那些被认为有能力的人们都同意说某个立场是“有缺陷的”，进而该立场由此超越自身，并指向一个缺陷少些的立场。

在这个意义上，辩证法并不是一种我们可以先学习了，然后运用于一个特例的方法。辩证思维是一种*取向于案例*的思维。案例本身当中的缺陷把我们引向一个更真实的立场。引导我们的是“案例”，而不是演绎的推论规则，或假设-演绎方法。这样，我们无法通过形式的方法来学会辩证地思维。要学习辩证思维，我们必须学习对特殊案例进行辩证思考。如黑格尔所说的，我们要学会游泳的话，就必须跳到水里去。因此，辩证法的惟一令人满意的入门，是一种具体的辩证分析：我们前面对前苏格拉底哲学的各代之间的内在转变的讨论，就是辩证诠释的一例。因此，我们要做的不是用形式的术语谈论正题、反题和合题，而是指向这个辩证思维的范例。

我们可以用另一个例子来说明这一点：如果我们思考“*看*”这个概念的话，我们意识到看是与看*某物*联系在一起的，而不管这某物是否以实物形式存在。我们*所看之物*是在一个*背景*之下呈现的。当我们在一个背景下看某物的时候，我们是从*一个特定地点*出发看的。换句话说，“*看*”*这个概念*不可避免地超越自身、指向与之有必然联系的那些概念。只有当意识到了所有这些相互联系的概念的时候，我们才如其实际所是地理解看这个现象。推动认识前进的并不是观察或实验。这也不是一种始于定义和公理的演绎逻辑。推动认识前进的是“案例”。这里的具体案例是“*看*”*这个概念*。这个概念引导我们思考此概念所预设的其他概念。因此我们可以谈论一种“内容引导的”逻辑：我们并不是用现成的方法和定义来处理这个案例；决定思想的发展，朝着更恰当概念的方向引领的，是案例和内容。

因此，这种思想发展的方向是越来越全面的概念：我们的理解越全面，就越真实。真理是总体。真理并不存在于部分之中，而存在于相互关联的总体（参见柏拉图和斯宾诺莎那里的类似观点）。我们还可以从行动这个概念出发作类似的说明：这个概念指向一个行动者，一个意向，我们用来行动的东西，等等。这个反思过程的动力是努力克服在不同时期占主导地位的各种基本立场的缺陷。反思之所以是一个动力，是因为它在*否定着*：它捕捉到缺陷，并创造出扬弃这些缺陷的冲动。

“*扬弃*”（“*aufheben*”）这个词在黑格尔辩证法中有多种意思。它部分是指对一个立场中有缺陷方面的*废弃*，部分是指对那些并非缺陷的方面的*保存*。最后，它还指把那个立场*提高*到一个更高层次。对一个有缺陷立场的辩证的扬弃因此并不是对那个立场的否定的废弃，而是对它的批判的保存，保存在另一个更高的立场之中。用黑格尔的术语来说，这就是“否定地”思考的意思：寻找出目前立场的缺陷，以便将我们推进到更高的洞见。“积极地”思考是把目前的情形当作是完备的、自足的系统。否定地思考是批判地、进步地思考。

这样，对可变的先验预设的批判性反思，成了一个辩证扬弃过程的组成部分，这个过程引领我们朝着更为真实的先验预设前进；也就是说，在一个教化的历史过程——人类在这个过程中达到自我认识——中前进。这个过程的目标，是对于每个可能的先验预设的完备的洞见。如果人类达到这个目标，他们就会拥有对于自己和世界的完美的理性的洞见，因为他们将在原则上把握所有基本立场的总体。但是，在实践中，目标则是获得比先前立场更全面更完备的立场。关键之点在于扬弃相对来说比较有缺陷的、不完备的东西，而走向更好的更全面的总体。

第二节　主人与奴隶——为了承认和社会认同而进行的斗争

教化的历史过程对黑格尔来说不纯粹是理论性的、仅仅发生于“我们头脑”中的事情。黑格尔的*主人*和*奴隶*的理论表明，他对于这个自我发展的历史过程的思考是怎样的具体：当两个人彼此面对的时候，在他们中间就会产生出一种张力，因为每个人都想要被对方*承认*为掌控局面的主人，也就是说，承认为一个不仅界定自己而且界定别人的人。黑格尔用这个模式来说明历史过程：在这个为了承认的斗争中，一个人将屈服于另一个人。于是最终我们就有了一个处于上风的人，那就是主人，而另一个人则处于下风，那就是奴隶。主人迫使奴隶为他工作；这样就出现了一种相互发展，由此人类（奴隶）开发自然，而开发了的自然反过来又改变人类。奴隶耕耘田地时，一份物质剩余被创造出来，它为更好的工作方法和更好的工具提供了条件，而这些东西又导致对自然的更好的开发，如此等等。

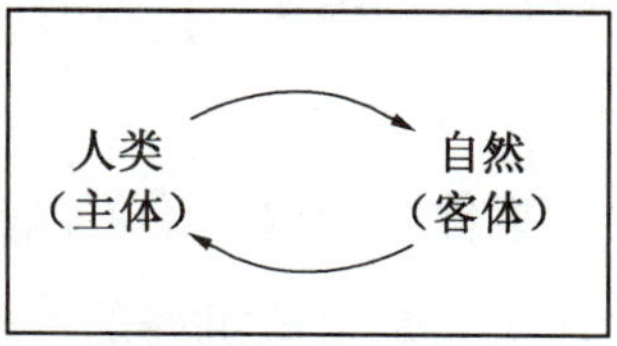

相互开发

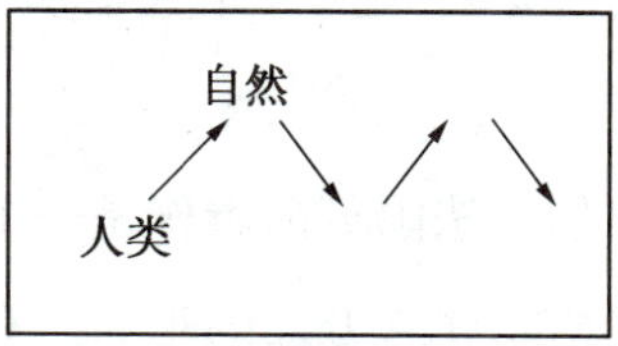

相互教化过程

到头来，我们得到的是一个人类（主体）和自然（客体）之间的相互教化的辩证过程，而奴隶则是更接近于实在的那一方，因此学习得更多。根据黑格尔，是奴隶成了科学家，而主人的作用则是一种必要的催化剂。黑格尔认为这样他就扬弃了康德在主体和客体之间的静态区别，在其中主体永远无法探及客体（自在之物）。

主奴关系在如下意义上是一种辩证关系，即两个主体之间存在着一种相互的、动态的关系。主人之所以为主人，仅仅是因为奴隶（而不仅仅是主人）把主人当作主人对待，而奴隶之所以是奴隶，也仅仅是因为主人（而不仅仅是奴隶）把奴隶当作奴隶来对待。这为政治权力提供了一个社会学模型，存在主义者萨特[3]和弗朗茨·法农（Frantz Fanon，1925—1961），非洲独立运动的思想家之一[4]，后来采纳了这种观点：当一个白人把黑人描绘为天性低下的时候，这个白人可以被诠释为是这样一场主奴游戏中的“主人”。白人把自己定义为优越的，把黑人定义为低下的，白人还迫使黑人接受这个不仅对白人而且对他们自己的定义。白人说这个地位是天生的——使黑人相信“黑人天性低下”是自然的事情，由此而把这样一个事实隐藏起来：这是具有社会性质的“权力游戏中的一着”。

解放必须按照同样两个步骤进行。黑人必须亲身意识到这是一个*社会定义*，而不是天性，必须学会*重新定义*他们对自己的看法和对白人的看法——他们必须使白人接受这个对黑人和白人的重新定义。黑人要重拾自尊的话，除非白人同享这种尊重。用不着太多的想象力我们就可以看出，这种主奴游戏在今天社会的各个层次(包括男子和妇女之间的关系)发生着作用。

主奴理论表明了理论哲学家黑格尔是如何处理具体的政治问题的。这个理论还证明了，黑格尔拒绝把个人看作是自足的：*我们是我们以及他人定义我们为所是的人*。一个人之所是，很大程度上是由别人和别的团体所决定的。

黑格尔把法国革命看作是一个极其重要的事件。主奴理论可以被用来解释清楚黑格尔在这方面的观点。在革命之前，主人是自我沉溺的、寄生的地主阶级。奴隶是劳作的但政治上无能为力的公民阶级。革命期间，游戏被奴隶——也就是埋头苦干的资产阶级——重新定义了。革命之后，相互的但不平等的承认被扬弃了，而代之以一种基于平等的相互承认：一个自由和理性的平等者的社会——自由、平等和博爱。公民社会的平等实现了启蒙运动的自主性理想。

第三节　作为理性的传统——普遍和特殊之间的张力

历史对黑格尔来说是一个充满着张力的过程，这种张力导致越来越丰富、越来越充分的理解视域。这些不同的理解视域之为有效，是对整个时代而言的，而不是对特定个人而言的。变化着的理解视域对每个文化和时代来说都是共同的、主体间的。对政治理论来说有两个蕴意是同样重要的：

1. *个人是共同体的有机部分*。这意味着个人是存在于特定历史时期之中的共同体的一个部分。这个观点的前提是对于先验的理解视域的历史的-社会学的看法：理解的先验视域是主体间的，而不是私人的，并且它们是历史地变化着的、历史地创造出来的。为了理解黑格尔的观点，我们可以考虑一下*语言*，被理解为我们在其中进行交往的那个共同的理解视域的语言（而非作为声波和墨迹的语言）。语言不是私人的、个人的；它是共同的。我们并非创造了语言，而是“教化进了”一种共同的语言，借此学会从这个语言之内出发来理解我们自己、理解这个世界。而且语言是历史地变化的、历史地被创造的。我们今天的政治理论的基本概念不同于古代雅典的，但与此同时，我们的基本的政治概念是经过历史的政治的发展而创造出来的。

2. *传统是理性的*。如果我们承认，理性的标准取决于历史或传统在每个时代所造成的先验的理解视域，自然得出以下结论：存在于特定时代的共同的、历史地创造的理解视域，拥有我们关于什么是有意义的、什么是无意义的，什么是理性的、什么是非理性的标准。我们还是可以考虑一下语言：在某种意义上，我们*就是*语言，也就是说，在我们的时代所流行的那种语言（基本概念）。我们无法径直跳回古希腊人的基本概念，也无法跳跃到一种尚未存在的未来的思维方式。当然，我们可以改变构成我们今天的理解之基础的某些基本概念。这正是创造性的写作和科学（参见牛顿和爱因斯坦的科学突破）中所发生的事情。但是那些主动改变和扩展理解视域的人们，也必须从那个通过传统而传递下来的那个理解视域出发才行。

这样一种历史观既是相对主义的，也是绝对主义的。它之所以为相对主义的，是因为所提出的是这样一个主张：理性和非理性的标准是时时在变化的。公元前400年在雅典是合理的东西，不一定是对我们今天也合理的东西。它之所以为绝对主义的，是因为它并没有说这种历史观本身是相对的，而相反，它说它是包括一切先前的相对的理解视域在内的终极的理解视域。黑格尔认为，他自己的哲学不是相对的，而是绝对的——也就是说，是“客观地为真的”。

在黑格尔的思想中，历史具有至关重要的地位。希腊人的思维基本上是非历史的，而从文艺复兴时期以来，哲学家们感兴趣的首先是自然科学。但是在启蒙运动以后，人类自身以新的方式开始成为问题。历史学走到了中心，不管是就政治史而言，还是就文化史而言(参见第十五章)。到了19世纪中期(在孔德和马克思这样的思想家那里)，对历史的兴趣越来越把当时的问题包括在内。结果是一种历史取向的社会研究，而与受自然科学启发的社会研究相对立。

黑格尔与个人主义和集体主义都保持距离。[5]两种观点都是抽象。两种观点都包含了孤立的虚构：在个人主义那里，是原子论的、非历史的和自我满足的个人；在集体主义那里，是以某种独立的、脱离活生生人类的形象而出现的国家。相反，根据黑格尔的观点，人类和国家是内在地联系在一起的。人类之获得自我实现，是在一个“伦理”(*sittlich*)共同体当中，对于黑格尔来说这个共同体就是国家。但是在我们成为国家的有机部分之前，我们还必须生活在较小的团体中，比如家庭和其他社会团体。而作为下一步的国家，并不是由契约做成的，而是从历史中生长起来的。根据黑格尔的理解，国家因此锻造了把人类连接起来的纽带。正是借助于这些纽带，国家才是一个伦理共同体，人类才可能作为人类而实现自己。这些联系，在黑格尔看来，比任何基于个人追求快乐的计算的协议都要更为基本。黑格尔拒绝那种认为国家是一个人为的约定或契约而没有其自身的价值，不具有对个人的内在意义的观点。

因此，自由对于黑格尔来说本质上是一种积极自由。自由是对历史共同体的理解，是对我们在共同体中的作用的履行。消极自由，在其中自由是国家强制的阙如，对黑格尔来说几乎是不可想象的，因为国家恰恰就是人类，而不是某种能够强制一个人类的外在的东西。国家是人类构成其有机部分的伦理共同体。“国家”的意志因此就是人类的意志。强制是绝无可能的，除非个体人类那里或国家那里出了什么问题。

此外，值得指出的是，黑格尔认为人类必须拥有某物以便表达他们自己，并根据这种观点来为私有财产进行辩护。人类无法只生活“在自身之内”。他们必须拥有某种他们可以在其中表达自己、认出自己的东西。因此，每个人都应当拥有一些东西。但是，根据黑格尔的观点，有些人拥有得多些、有些人拥有得少些，这是没有关系的——只要经济不平等不导致不满和政治不稳定就行了。

第四节 家庭、市民社会和国家

黑格尔的出发点是身边的环境，即家庭，在家庭中个人得到社会化和个体化，也就是说，个人被引入社会、引入传统。对黑格尔来说，把个人自由与社会团结协调起来，是现代性的基本问题。他的关于家庭的哲学应该从这个角度来理解：由生存依赖家庭财产的母亲、孩子和父亲所构成的核心家庭，对黑格尔来说是抵消资产阶级社会的个人主义的必要平衡，因为爱和团结是家庭的基本价值。

现代家庭的基础是男子和女子之间的互爱。通过爱，两人相互承认对方。每个人的认同都是由另一人的认同共同定义的。其中每方都经由对方而获得定义。这样，他们的认同就不是一种孤立的个体属性，而是以两人的相互关系为基础的。婚姻因此是某种不同于、不止于外部手续的东西，就像爱是某种不同于、不止于相爱者的东西那样。男子和女子之间在社会认可的婚姻建制之内的相互承认，把以爱和浪漫的形式而存在的自由，与相互认同和社会承认协调起来。

黑格尔认为，妇女之得到完全承认，是在家庭之内，是作为妻子和母亲。男人还参加家庭范围之外的工作；因此他在家庭和婚姻之外获得他的一部分社会认同。黑格尔赋予男子以家庭的父亲和生产领域的行动者这样的双重角色。而女子的所有任务则都与家庭相联。这一点表明黑格尔的家庭观在多大程度上是建立在他当时的资产阶级家庭的基础上的。他把女子和男子看作是不同的，看作是具有不同功能。他并不赞同性别平等。

黑格尔的家庭观因此超越了那种认为家庭是两个自足个体之间的外在契约的法学味颇重的观点。[6]康德在讨论婚姻的时候，把它看作是一份分享性器官和性冲动的契约；黑格尔在提到康德的这个观点的时候说道："把婚姻归在契约概念之下，因此是很不可能的；这种归类——尽管只能用可耻这个词来描述它——居然是在康德的《法哲学》中提出的。"[7]值得指出的还有，尽管亚里士多德和黑格尔（与柏拉图相反）都把家庭看作是对于社会化过程具有根本意义的东西，黑格尔并不像亚里士多德那么取向于从生物学角度看问题，而在相互认同的形成方面更取向于从心理学角度看问题。

从家庭作为局部的共同体出发，黑格尔转向他所谓的市民社会，其基础是“需要的体系”；这基本上就是黑格尔从英国政治经济学家那里，更一般地说从他自己的时代那里了解到的市场经济体系。黑格尔强调这个体系的内部的动态的逻辑。行动之间是相互限定的；个人根据局部洞见而行动，而这个体系则作为一个整体根据其自身的、更高阶次的逻辑而发生作用。这个体系具有一种逻辑，一种演化方向，而对此行动者们不一定了解。这就是黑格尔所说的“理性的狡计”。这里有真正的社会学洞见：当许多个人发生互动的时候，会出现一些没有任何特定行动者追求的结果（社会格局）。

黑格尔把市民社会放在家庭和国家之间。他是最早把以下事实作为题目来讨论的理论家，即现代世界出现了多样的私人的和自愿性的组织，其功能是无法由家庭或国家来充分履行的。职业生活和市场经济被包括在广义的市民社会概念中。但是在这个术语之下，黑格尔还关注一些今天针对着国家和市场所讨论的问题。

此外，令人惊讶的是，黑格尔最后还暗示了一种关于自由资本主义的危机理论：这个体系如果让它自行其是的话，会（通过扩张、资本集中、贫困化和阶级的两极分化）导致种种紧张和不稳定。在这点上，一些中间层次的组织进行干预，随之而来的是秩序和凝聚力，以及建制和共同体，也就是黑格尔的术语中的国家。换言之，黑格尔既区别于自由放任的自由主义，也区别于马克思主义；他所勾勒的是一种第三条道路：与自由主义所认为的相反，资本主义是一种如果放任自流的话就难以生存的自我破坏的体系。但是黑格尔并不认为资本主义会被一场革命所推翻，如马克思主义者所声称的那样。如果我们可以年代倒错地运用今天的政治术语的话，我们在这里可以把黑格尔设想为一位早期社会民主主义者——但当然是带有他自己的理论思路的那种。

黑格尔的思想在许多方面是一种有关通过张力而变化的哲学。从包括法国革命在内的种种事件中，黑格尔学会把历史看作是一个上升的教化过程；在任何历史情境中，我们都永远有可能设法通过对所发生之事的事后反思来理解这些历史变化。对黑格尔来说，智慧属于黄昏时刻。

第五节　评论和回应——对黑格尔的种种责难

对黑格尔的哲学，人们提出了若干责难。我们将简单地提到其中一些，并表明对黑格尔的同情的诠释可以如何来回应这些批评。

“个人在黑格尔的体系中没有一席之地”

这个责难是克尔恺郭尔（以及其他一些人）提出的。克尔恺郭尔支持个体的东西，而反对他认为是把独一无二的、个体的东西归摄在普遍的东西之下、归摄在国家和历史之下的那种哲学体系。

说个体，就像道德和宗教，被从属于在黑格尔思想中的体系，这基本上是正确的。例如，他不认为个人可以干预历史：历史并不是由所谓大政治家所形成的；而那些我们会称为大人物的人们，却被历史所用——常常是在这些行动者对他们实际上所做的事情一无所知的情况下。拿破仑认为他要去统一欧洲，但是历史利用拿破仑来推进一种新的民族主义（“理性的狡计”）。历史达到其客观的理性的过程，而不管那个时代的人们是否理解他们正在做的事情。历史有自己的逻辑，而行动者们自己却可能误解这种逻辑。

初看之下，克尔恺郭尔的责难似乎是正确的。我们每个人当中都有某些东西是极其个人性质的，比如对死亡的恐惧和自我意识。这是如何形成的，可能是取决于历史和社会的，但是我的死亡是我的、我的意识是我的这一点，则不取决于历史和社会。在这个意义上黑格尔的体系中并不真正保存着道德和宗教。这样，说黑格尔并没有给予个人或个人的道德问题和宗教问题以恰当位置，这是可以成立的。

但另一方面，黑格尔或许会回答说，克尔恺郭尔思想中的个人，“独一无二的存在”（*hin enkelte*），是一种抽象。具体的人类永远是参与在一个历史的社会的关联之中的。因此我们强调历史的社会的联系是正确的。只有当我们能够把握人们所处的全部关联之后，我们才能够具体地理解这个人。关联的总体是具体的和真实的。一个部分或一个方面给我们的，仅仅是一种抽象的局部正确的图景。此外，总体或整体是一个过程。先验的理解视域是历史地演进的。真理不可能通过静态的概念而发现。我们对真理——具体关联的总体——的认识，只能借助于对整个历史过程的回顾，连同它的辩证的张力和飞跃。除了这些反对个人主义的哲学论据之外，黑格尔还有一个政治的论据：统一德意志对于这个国家的现代化来说是必不可少的，而在他当时的德国，个人主义与地区分割是同义词。因此黑格尔之所以反对个人主义是因为他赞同德国统一。

“黑格尔的哲学是集权主义的”

黑格尔为了加强德意志国家而支持德国统一，从接下去的150年的德国历史来说，这很容易受到谴责的。但是做这样一个判断是年代倒错的。在那时，一个政治上自觉的德意志公民希望加强国家，是合理的。而且，尽管黑格尔自己有时候好像相信自己是无所不知的，但我们若指望他对20世纪的德国政治灾难也应该知道、也应该负责，那是不正确的。我们还有理由相信，黑格尔在书报检察官的压力之下在《法哲学》中所写的内容，与他自己的观点不完全重合：在私底下，黑格尔表达的观点更有自由主义色彩。

关于黑格尔的所谓集权主义，我们可以这样说：我们在（比方说）《法哲学》中所遇到的那个官方黑格尔，是支持他那时候的普鲁士国家的（1820年）。因此黑格尔公开表达的理想在很大程度上是权威主义的，但他既不是集权主义者，也不是法西斯主义者。[8]他支持的是一个宪法上强有力的政府，他驳斥那种认为独裁者应该随意统治的观点。黑格尔想要的国家，是根据法律和正当来统治的国家，而且他鄙视非理性——而法西斯主义者则赞扬非理性和违宪统治。

“黑格尔是‘保守派’”

对黑格尔的保守主义的责难，是左翼知识分子经常提出的。但是保守的这个词有多种意思[9]——并且还有正面的和负面的含义，全看我们的视角是什么。如果我们把“保守的”理解为“想要维持现状”，黑格尔就并非保守的。根据黑格尔的观点，我们无法永远“维持”现存的政府形式，因为存在的万物都处于历史变化之中。黑格尔因此是与一种*静态*的保守主义针锋相对的。历史变化是以质的飞跃而发生的。因此，从一个角度来看，黑格尔几乎是一个“失败主义的激进派”：变化是不可避免的，是通过影响深远的转变而发生的。但与此同时，黑格尔又声称本质性的东西永远是以更高的综合的形式被保存起来。不可避免的质的飞跃所导致的，永远是在更高阶段上既包括正题也包括反题的合题。这样，现存的形式被保存下来了；但我们应该注意的是，先前存在的东西现在被放置在一种新的更大的关联之中。因此，我们是从激进的方向还是保守的方向来诠释黑格尔的思想，取决于我们强调那种获得新合题的扬弃是一种拒绝还是一种保存。

“黑格尔的历史观是过分乐观的”

黑格尔的辩证扬弃的理论为历史乐观主义作了担保：历史把早先经验的所有最佳方面都集中起来。但确实如此吗？我们能确信我们的时代真是过去一切好东西的综合吗？本质的东西遗失掉了这难道没有可能吗？难道不可能是这样：并非所有变化都是一个向着更高层次的全面的扬弃，而多数变化产生于各个团体、各个文化之间的一方有所得、另一方就有所失的冲突？黑格尔的哲学难道不可能代表着对历史的赢家的一种合法化，一种有可能在政治上是“冷酷无情”的合法化？

我们可以回答说，确保什么也不丢失的伟大全面的合题，我们今天是不会经验到的，而只有在历史*圆满完成*的时候才可能经验到。但是这种回应把整个辩证扬弃的理论变成了一种遥远的思辨的东西，就像一个“万物终究会有完美结局”的虔诚希望。

此外我们还可以回答说，决定什么值得保存的是*历史*，而不是生活在今天的我们。一个特定团体可能体验为损失的事情，实际上——从历史的角度来看——或者是中立的，或者是一种收获。但是这个回答接近于关于好和坏的命题内容的纯粹机会主义：凡是发生的一切，都是好的！而且，知道什么是“实际上”好的是困难的，因为历史将向何处去常常是难以知道的。

有些现代黑格尔主义者认为历史已经达到了它的终点：最后的合题似乎是一种国家调节弱、市场导向强的资本主义，再加上民主政府和对人权的承认。对这些建制不再有可接受的否定、可接受的扬弃。历史进步从今往后将只意味着对资本主义的改善和更多的民主和人权。[10]

这是否意味着“否定的力量”在现代世界不再起作用呢？如果是这样的话，与黑格尔左派相对立的黑格尔右派就是正确的了。在黑格尔右派的诠释中，黑格尔俨然成了一位历史实在论者。但是，即使确实不再可能有质上更高的社会建制，即使在此意义上历史达到了终点，我们还仍然可以经验到崩溃和衰退。地上生命不大可能永久持续，大危机的危险总是存在的，或者是由于外部原因（来自自然），或者是由于内部原因（来自我们的社会制度和文化）。

“黑格尔的哲学中没有伦理学的空间”

黑格尔声称，正当的标准要到历史时时为我们提供的那些理解视域中去寻找。并不存在一条客观的自然法则。那些最终胜出的人就是正当的。在黑格尔的哲学中没有伦理学的空间。对这个责难我们可以指出，根据黑格尔的观点，历史的目标是一个合理的自由的社会。目标是一种客观的和非历史的善。但是或许这个反驳帮不了多少忙，因为这个目标将是未来的一部分，而我们都必须从我们已经被给定的视角出发进行观察。

伦理学，就这个词的某种意义而言，在黑格尔的思想中是有重要位置的。事实上，黑格尔区别了抽象权利、道德和“伦理生活”（*die Sittlichkeit*）。前一个区别对应于康德对与道德领域相对立的法律领域的处理。但这里以及在别处，黑格尔都批评二元论的思维：抽象的法和抽象的道德在伦理生活中联系起来。伦理生活包括的是把抽象权利和道德联系起来的具体纽带，家庭的、共同体的和国家的纽带。伦理生活在黑格尔思想中的中心地位表明，说黑格尔没有给伦理学留下空间，可能是一种误导。

“黑格尔的辩证法是胡言乱语”

黑格尔所谓辩证法仅仅是经验科学（比如心理学）和半逻辑科学的杂烩。这个责难看来发源于一种极端的经验主义：除了经验科学和演绎逻辑的方法之外，就不存在正当的方法。但是这种经验主义本身是成问题的。我们以前已经设法表明，辩证法在何种意义上可以被理解为对于先验哲学的一种“软化”。但是这并不是要暗示黑格尔的辩证法是没有争议、不成问题的。

对黑格尔的最简单的，但并不是最不重要的批评，是说他写的东西常常是不清的、难懂的。因此，黑格尔从洛克对概念澄清的看法和康德要说明和辩护其主张的意志那里可能学到了什么，这还是一个悬而未决的问题。

思考题

1. 用以下术语说明黑格尔的历史观：“辩证法”、“扬弃”、“合题”、“学习”和“教化”。
2. “在黑格尔的哲学中，康德的先验预设被代之以历史地创造的预设。”讨论这个论断并对它作出评论。
3. “对黑格尔来说国家就是一切，而个人则一无所是。”结合黑格尔对辩证法的看法和他对家庭、市场和国家之间关系的看法，讨论这个论断。讨论黑格尔为扬弃自由主义和保守主义所作的努力。

进一步阅读的建议

原始文献

The Hegel Reader, edited by Stephen Houlgate, Oxford, 1998.
The Phenomenology of Spirit, translated by A. V. Miller, Oxford, 1977.
Hegel's Philosophy of Right, translated by T. Y. Knox, London, 1952.

二手文献

Kojève, A., *Introduction to the Reading of Hegel*, New York, 1980.
Marcuse, H., *Hegel and the Rise of Social Theory* (1941), London, 1986.

Popper, K. R., *The Poverty of Historicism*, London, 1969.
Taylor, C., *Hegel*, Cambridge, 1975.

原著选读

黑格尔：《精神现象学》

（选自《精神现象学》，贺麟、王玖兴译，商务印书馆 1979 年版）

乙、自我意识

第四章　意识自身确定性的真理性

一、 自我意识的独立与依赖；主人与奴隶

［Ⅲ． 主人与奴隶］——［1．统治］主人是自为存在着的意识，但已不复仅是自为存在的概念，而是自为存在着的意识，这个意识是通过另一个意识而自己与自己相结合，亦即通过这样一个意识，其本质即在于隶属于一个独立的存在，或者说，它的本质即属于一般的物。主人与这两个环节都有关联，一方面与一个物相关系，这物是欲望的对象，另一方面又与意识相关联，而这个意识的本质却是物或物性。由于主人第一作为自我意识的概念是自为存在的直接的关联，但第二现在同时作为中介或作为自为存在，而这种自为存在只是通过对方的媒介才成其为自为存在的，所以主人第一就直接地与双方相关联，第二间接地通过对方与每一方相关联。主人通过独立存在间接地使自身与奴隶相关联，因为正是在这种关系里，奴隶才成为奴隶。这就是他在斗争所未能挣脱的锁链，并且因而证明了他自己不是独立的，只有在物的形式下他才有独立性。但是主人有力量支配他的这种存在，因为在斗争中他证明了这种存在对于他只是一种否定的东西。主人既然有力量支配他的存在，而这种存在又有力量支配它的对方〔奴隶〕，所以在这个推移过程中，主人就把他的对方放在自己权力支配之下。同样主人通过奴隶间接地与物发生关系。奴隶作为一般的自我意识也对物发生否定的关系，并且能够扬弃物。但是对于奴隶来说，物也是独立的，因此通过他的否定作用他不能一下子就把物消灭掉，这就是说，他只能对物予以加工改造。反之，通过这种中介，主人对物的直接关系，就成为对于物的纯粹否定，换言之，主人就享受了物。那单纯的欲望所未能获得的东西，他现在得到了，并把它加以享用，于享受中得到了满足。光是欲望并不能获得这些，因为物亦有其独立性。但是主人把奴隶放在物与他自己之间，这样一来，他就只把他自己与物的非独立性相结合，而予以尽情享受；但是他把对物的独立性一面让给奴隶，让奴隶对物予以加工改造。

在这两个环节里，主人是通过另一意识才被承认为主人的，因为在他们里面，后者是被肯定为非主要的，一方面由于他对物的加工改造，另一方面由于他依赖一个特定的存在，在两种情况下，他都不能成为他的命运的主人，达到绝对的否定性。于是在这里关于承认就出现了这样的一面：那另一意识［奴隶］扬弃了他自己的自为存在或独立性，而他本身所做的正是主人对他所要做的事。同样又出现了另外的一面：奴隶的行动也正是主人自己的行动，因为奴隶所做的事，真正讲来，就是主人所做的事。对于主人只有自为存在才是他的本质，他是纯粹的否定力量，对于这个力量，物是无物。因此在这种关系中，他是纯粹的主要的行动，而奴隶就不是这样，他只是一个非主要的行动。但是为了达到真正的承认还缺乏这样一面：即凡是主人对奴隶所做的，他也应该对自己那样做，而凡是奴隶对自己所做的，他也应该对主人那样做。由此看来这里就发生了一种片面的和不平衡的承认。

在这种情况下，那非主要的意识是主人的对象，这对象构成他对他自身的确信的**真理性**。然而显然可见，这个对象并不符合他的概念，因为正当主人完成其为主人的地方，对于他反而发生了作为一个独立的意识所不应有之事。他所完成的不是一个独立的意识，反而是一个非独立的意识。因此他所达到的确定性并不是以**自为存在**为他的真理；他的真理反而是非主要的意识和非主要的意识之非主要的行动。

照这样看来，独立的意识的真理乃是**奴隶**的意识。奴隶意识诚然最初似乎是在那独立的意识自身之外，并不是自我意识的真理。但是正如主人表明他的本质正是他自己所愿意做的反面，所以，同样，奴隶在他自身完成的过程中也过渡到他直接的地位的反面。他成为**迫使自己返回**到自己的意识，并且转化自身到真实的独立性。

注释

[1] 我们在这里、在这本哲学史中设法表明，不同的政治观念是如何经历了变化——比方说，希腊人把人看作是社会存在的观点是如何转变为希腊化时代把人看作是个体的观点的；当我们这样做的时候，我们是在根据这种黑格尔式的观点在工作的。

[2] 第九章，笛卡儿——有条理的怀疑……

[3] 参见萨特关于“看到／观看”（*le regard*）的理论。

[4] Frantz Fanon, *The Wretched of the Earth* (1968), New York, 1991.

[5] 参见第十三章，经济自由主义。把黑格尔诠释为一个“集体主义者”的并非不常见。尤其在自由主义圈子里，忽视集体主义（“国家高于个人”）和黑格尔的辩证观点（“人类是道德共同体——也就是国家——的有机部分”）之间的区别，是常见的现象。

[6] 这种契约论的观点参见 Locke 的 *Two Treatises of Government*, VII, 78, 81。

[7] Hegel, *The Philosophy of Law*, § 75.

[8] Herbert Marcuse 在他的 *Reason and Revolution* 中争辩说黑格尔离法西斯主义远得很，因为他支持法治的立宪国家的概念。

[9] 参见第十三章，埃德蒙·柏克。

[10] Francis Fukuyama, *The End of History and the Last Man*, London, 1992.

第十七章 马克思——生产力和阶级斗争

生平　卡尔·马克思(Karl Marx, 1818—1883)是一位富裕的犹太裔德国律师的儿子。作为一名研究古典希腊唯物主义的学生，他撰写了论德谟克利特和伊壁鸠鲁的博士论文，但他受到他那时的黑格尔左派的很大影响。他当过自由派的《莱茵报》的记者。1843 年，在该报受到普鲁士政府的取缔之后，马克思去了巴黎，在那里与法国社会主义者发生接触。在法国他遇见了弗里德里希·恩格斯(Friedrich Engels, 1820—1895)，并与之开始了终身友谊和密切合作。通过恩格斯，马克思了解了英国的经济学理论，以及英国的经济状况和社会状况。(恩格斯那时是曼彻斯特一家工厂的经理。)当马克思因其政治活动而被法国驱逐出境之后，他移居布鲁塞尔。马克思与恩格斯提出一个行动纲领，并在 1848 年共产主义联盟创立之时发表了《共产党宣言》。在 1848 年革命中，马克思回到莱茵州，但是当革命被扑灭以后，马克思逃到伦敦，在那里他度过了他的余生。国际工人联合会(亦称第一国际)在 1864 年建立，马克思是它的推动力量之一。这个组织要代表的是所有国家的无产者。在 1871 年巴黎公社失败以后，第一国际解散。从那开始，马克思专注于经济分析，而不再积极介入政治。他的最著名著作包括《经济学-哲学手稿》(1844—1845)，《德意志意识形态》(1845—1846)，《政治经济学批判导言》(1859)和《资本论》(1867)。

第一节 辩证法和异化

马克思不满足于仅仅诠释世界；他还要改变世界。换句话说，马克思把政治理论理解为政治活动的一部分：政治理论并不是对真理的沉思，而本身就是在支持或反对社会变化的政治斗争中的一种动作。

马克思的科学事业不是纯哲学，而是包括历史、社会学、经济学和哲学在内。在哲学分析、经验努力和政治时论之间的转变是瞬间完成的。作为一名黑格尔主义者，马克思不愿意分化出一种纯粹哲学的理论来：实际上，经济学、社会学、历史学和哲学都是相互联系的。

马克思经常被说成是黑格尔哲学的传播者：对黑格尔来说，世界是一个思想和观念的发展在其中具有根本地位的历史过程；马克思保存了黑格尔把世界看作是一个辩证的历史过程的观点，但声称物质生活的发展是根本性的。这种说法，说黑格尔是一个"唯心主义者"、马克思是一个"唯物主义者"，至多是一种简化。我们已经看到，黑格尔是关心社会因素和物质因素的。[1]我们将看到，马克思并不是一位机械论意义上的唯物主义者。

如果黑格尔让历史"用头来"站立（唯心主义），而马克思则允许历史"站在脚上"（唯物主义），那么可以说，历史当然应该用双脚来行走、而用头脑来思考。换句话说，这并不是非此即彼的，而是亦此亦彼的，也就是说，物质的-经济的因素和文化的-思想的因素都有各自的作用。作为辩证法家，黑格尔和马克思在这点上观点一致。但与此同时，黑格尔比马克思更强调文化的-思想的因素（*Geist*），而马克思比黑格尔更强调物质的-经济的因素。在作了这个保留之后，我们可以谈论黑格尔那里的"辩证唯心主义"和马克思那里的"辩证唯物主义"。[2]在本章，我们将不多谈论辩证法，在讨论黑格尔的时候我们已经对此作过讨论了。[3]因为辩证法永远是取决于主题的，对马克思的辩证法的阐述，将同时是对马克思的唯物主义的阐述。我们将和读者一起回顾一些当我们在讨论黑格尔的时候围绕辩证法所提到的一些一般观点：

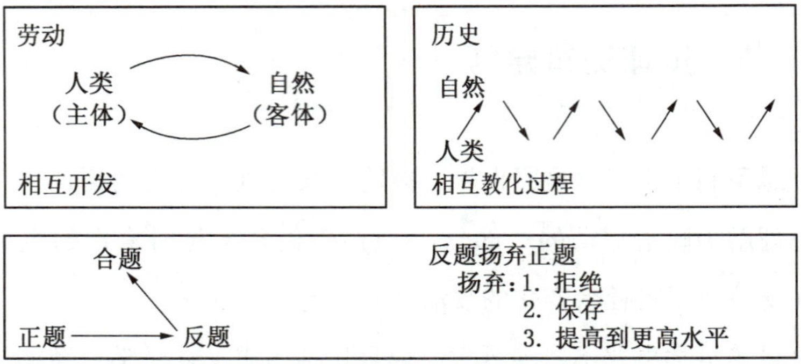

为了使辩证法更具体些，我们将对马克思的异化（“*Entfremdung*”）理论作一个勾勒。这个理论我们是在他的早期著作中找到的，那时他还受到黑格尔的强烈影响。马克思从黑格尔左派路德维希·费尔巴哈（Ludwig Feuerbach，1804—1872）那里得到启发，后者在他的宗教批判中运用如下辩证的思路：

1. 最初，人类生活在天真之中，彼此和谐相处。
2. 后来，人类创造了上帝的形象，但他们没有意识到这个上帝是人造的。他们把这个上帝理解为某种不同于他们自己的东西，一个施加威胁和惩罚的外部力量。但是，实际上，根据费尔巴哈，这个上帝是人类属性的外部表现：并非上帝创造了人类，而是人类创造了上帝。人类此时被分隔了开来，一方面是他们意识到自己之所是的，另一方面是被他们所承认的一种外部力量，但实际上是他们自身外部表现的东西。这种二分法就是异化：人类在这种条件下是异己于他们的各个部分的。在这种异化的条件下，他们把上帝经验为一种独立的力量，而把自己经验为无能为力的。人类成为他们自己创造的上帝形象面前的奴隶。他们受到了他们自己的一种创造物的压迫。
3. 为了克服这种可悲的异化，人类必须意识到这个联系：上帝，他们看作是一种外部的力量，实际上是一件人类产物，也就是说，是人类自身的一部分。

换句话说，费尔巴哈认为，一种宗教批判就足以克服这种异化。如果人们意识到了这种联系，他们就将不再相信上帝。他们将不再与一种痛苦的两分法共处。他们将与自己相协调，与他们自己创造的产物相协调。我们可以用以下图式来说明费尔巴哈的观点：

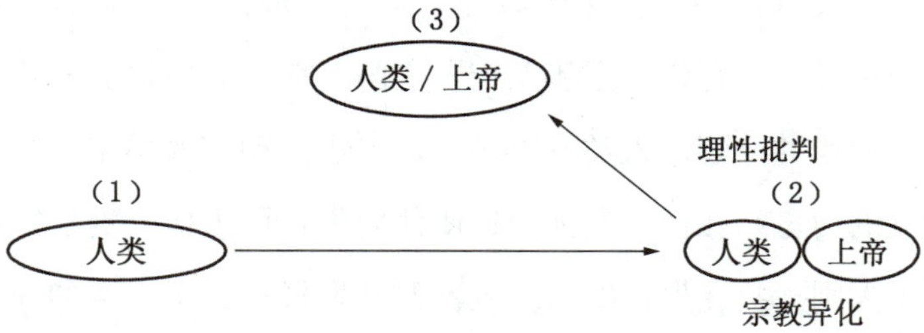

这里，我们的目的并不是要评价费尔巴哈的无神论。作为对上帝存在的否定性证明，它并不是无可指责的。对我们来说具有决定意义的一点是，在这幅辩证的图式中，异化代表了对原初的天真状态的否定，而对宗教的批判则代表了对这种异化的扬弃。这个结果是一种新的和谐，但却在一个较高的水平上，因为通过这些过程人类对有关自己的某些东西有所认识了，而在他们处于原初的和谐状态时对此是一无所知的。马克思运用这个辩证的图式。但他并不像黑格尔左派费尔巴哈那样认为理论的批判就足够了。只要人们因为生活在不堪忍受的物质条件下还需要宗教的安慰，理论论证就将无法克服宗教的异化。[4] 废除宗教异化预设了废除经济异化。

这里我们面对的是马克思的“唯物主义”的一个版本：宗教异化来自政治异化和社会异化，后者又进一步以经济异化为基础。在此意义上，经济的(“物质的”)因素比精神的因素更重要。

马克思 ↓ 宗教的层面

政治的、社会的层面

经济的层面

马克思赞同那种认为人类在宗教方面处于异化的观点。但这种异化对马克思来说并不是最重要的。这种宗教异化仅仅是资本主义社会中总的异化的一个方面。

劳动在资本主义社会创造了异化。因为人们(与动物不同)为了生存就必须劳动和生产，因为劳动创造出剩余产品，所以人和自然之间的关系就成了一种辩证的关系，在其中双方相互改造对方。历史恰恰是这种辩证的发展过程，在其中自然越来越受到人类劳动的改造，而人类越来越受到他们的产物的影响。在资本主义社会中，自然已经受到很大改造：人们周围遍布着工厂和城市。但与此同时，在资本家和无产者之间、在人类和他们的劳动产物之间出现了一种尖锐的分裂。人类不再是他们自己劳动产物的主人，这种产物作为一种独立的力量站在他们面前，迫使他们为它而工作。资本家必须投资、竞争，而工人则挣扎在生存线上。机器及其发展决定了人类的命运，而不是相反。

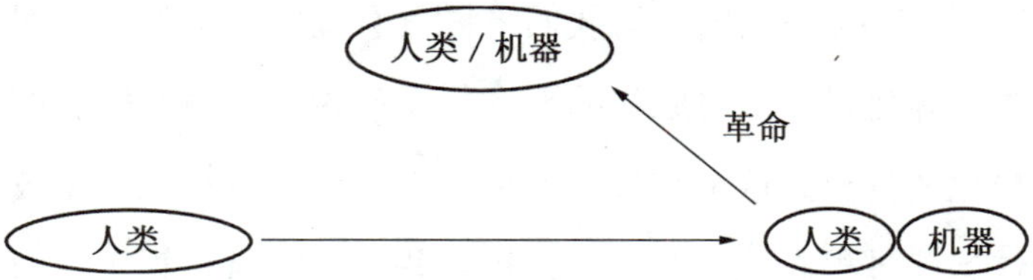

这里我们达到了马克思思想中的一个突出观点：他对于他那个时代(19世纪中期)的资本主义社会中的人性堕落的愤慨。重要的是看到，马克思认为这种堕落对资本家和劳动者都有影响。两者都是经济系统的奴隶。这种堕落不仅仅包括劳动者的经济贫困化，而且是总体上的人性堕落：人类受制于那些阻碍他们意识到自己是自由的创造性的存在的外部力量——物化和工作压力，人们必须像自动机那么工作，受到他们自己创造出来、但他们已经不再是其主人的力量的控制。人类——资本家和工人两者都包括在内——受到这种物化的世界的影响。面对在资本主义社会发挥功能的这种"改造了的"自然界，他们无能为力，他们把自己、把他们的人类同伴看作是"物"，看作是劳动力，看作是雇佣者，看作是竞争者。这种异化因此是双重的：

1. 劳动者的经济贫困化
2. 资本家和劳动者的人性堕落

我们可以回到那个辩证的三元组去：在资本主义社会，异化因而是反题。在状况恶化——资本主义的危机——的基础上，工人们举行革命：他们通过对他们自己的产物、机器和工厂行使支配而重新获得他们的人类价值。当他们完成了这以后，他们在这种产物当中认出了他们自己，并与之达成协调，就像费尔巴哈认为人类与他们自己的神性达成协调一样。异化通过革命而废除：人类变成自觉的、自由的和创造性的了。无能为力和物化成为过去。人类获得对经济的控制，从而有条件来实现自我。

这样，马克思并不认为历史是向前平稳运动的。推动历史的是质的飞跃，是革命。变革发生的时候，形势常常会恶化。但变革导致的是更高秩序的一个合题。这样，一场无产阶级革命会因为资本主义危机而出现，而革命会把资本主义生产能力"提高到"一个质的更高的水平，因为生产装置将被置于人类控制之下。在资本主义之下，每个人都根据利己主义的考虑而理性地行动，但是系统作为一个整体的行动却是无政府的，最终是自我破坏的。个人行动的总和导致一个未曾预想的结果。因此系统包含着一种任何个人都未曾预想的逻辑。但马克思认为，在革命之后，个人和社会结构都将受到理性的开化、理性的治理。

如果马克思之为"唯物主义者"是指他主张经济对于宗教生活和精神生活具有决定意义的话，那么他并不是一个把所谓物质价值——金钱和财富——当作理想的意义上的唯物主义者。相反，马克思把这种"拥有"的态度看作是一种堕落。[5] 这里，马克思也持一种亚里士多德式的古典理想：人类基本上是一种自觉的、自由的、创造性的存在。无能为力和物化扭曲了这种根本的人类属性。马克思之为唯物主义者也不是指他主张人类在所有时候都主要以物质利益为动机。相反，他说这主要是那个以资本主义社会为代表的历史阶段的特征。

第二节　历史唯物主义

我们说过，马克思并不是在主张"物质利益是一个理想"的意义上的唯物主义者(伦理物质主义)。他也不是在主张"存在着的万物都由物质粒子所

构成并且遵循力学规律”意义上的唯物主义(机械论的、原子论的唯物主义)。机械唯物主义与马克思的两个基本概念相冲突:

1. 对马克思来说，并非所有变化都是机械变化。历史的-社会的变化是辩证的。
2. 对马克思来说，世界并不仅仅是众多的原子。历史的-社会的实在是以关系作为特征的。

当马克思被称为一位唯物主义者的时候，这首先是在以下意义上所说的:“经济因素是历史过程的动力。”(历史唯物主义)

马克思对人的看法与亚里士多德一样: 人是共同体中的人，由此人只有在各种社会团体的情境中才可能实现自身。但是对马克思来说劳动具有教化人的作用。这是比我们在亚里士多德那里所能找到的更为积极的对劳动的定义。在马克思看来，通过劳动，社会建制得到改变，从而其他人类属性可以在新的历史阶段得到实现。生活在资本主义之下的人们能够实现那些生活在城邦中的人们以外的一些能力。历史是一个人类借以实现自身的教化过程。(出于历史原因，这个观点超越了亚里士多德的哲学视野。)通过熟悉历史，我们熟悉人类、熟悉自己。马克思认为经济因素在历史的教化过程中具有决定意义。历史是经济的历史、劳动的历史。经济生活中的质的变化把历史变成一个永远前进的不可逆的过程。

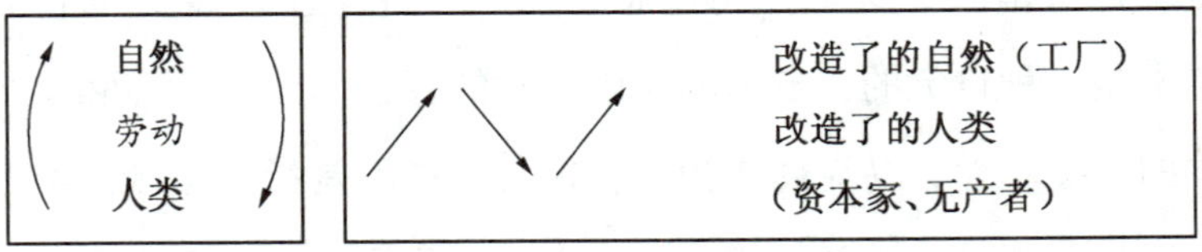

历史 = 经济的历史、劳动的历史

在这个教化过程中，我们经历这些经济阶段:

原始社会⟶奴隶社会⟶封建社会⟶资本主义(共产主义)

从一个经济阶段向下一个经济阶段的过渡代表了一种质的飞跃，这种飞跃是当经济已经发展到某个饱和状态的时候必然要发生的。这些质的飞跃的发生是辩证的，那时一个阶段被一个较高阶段所“否定”和“扬弃”:

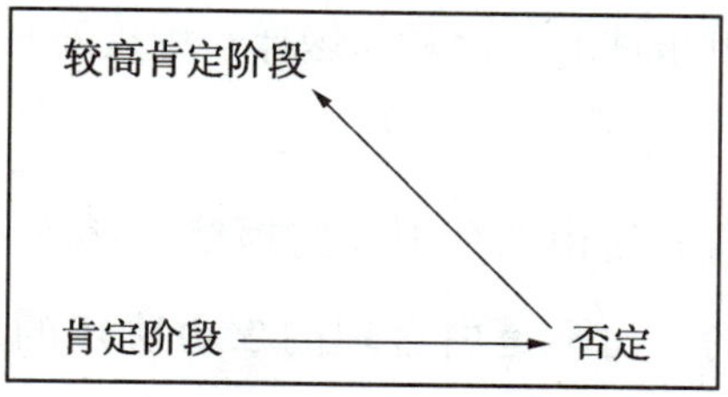

我们可以谈论较高的肯定阶段，谈论进步，是因为否定并不是用一种经济体系来代替另一种经济体系——就好像我们废黜一个国王、拥立另一个国王那样。相反，否定是一种扬弃，在其中本质的方面在一个更为合理的联系中得到重新排列。因此，历史并不“失去”任何东西。因此，共产主义据说是从原始阶段的无阶级社会、封建社会的亲密联系、资产阶级-资本主义社会的形式权利和高度生产能力发展出来的——并且把这些因素整合为一个系统，在这个系统中经济得到合理的民主的支配。马克思像黑格尔一样认为这个过程是不可避免的，因为劳动、经济最终将迫使这些变化发生，而不论个体的人们是怎么思考、怎么想象的。个体的人们无法对这个过程作任何程度的随意影响。这个过程一直在发生着，即使人们对他们已经参与的事情并没有理解。

对马克思来说，具有根本意义的是经济，而不是精神。我们的思想是经济-物质条件的反映。经济-物质因素因此被称为基础，而诸如宗教、哲学、道德和文学这样的文化现象，则被称为上层建筑。按照历史唯物主义的一种极端形式，这个学说意味着：

1．历史的动力是基础而不是上层建筑；

2．基础决定上层建筑，而不是上层建筑决定基础。

因此：

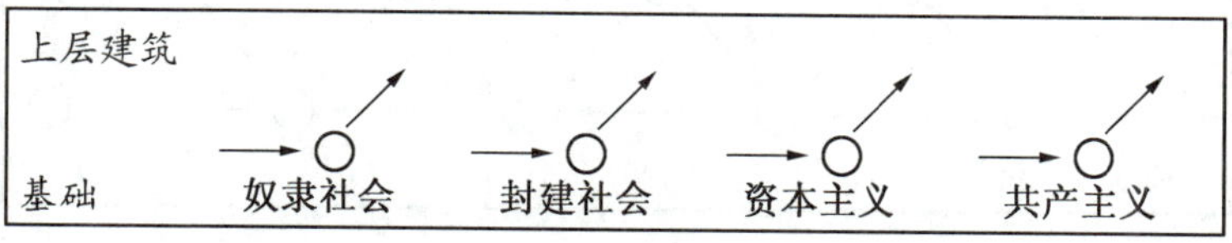

根据这种极端形式的诠释，历史唯物主义成了经济决定论。历史过程和人类思想都是由经济-物质状况决定的。也就是说，人类是不可能自由地思考，思想是不可能影响事件的。但是以这样一种极端形式出现的这种经济决定论，是站不住脚的：

1. 它意味着对所有自由的合理性的拒绝：我们的思想永远是由经济的原因决定的，而不是由合理的理由决定的。我们所思想的是我们所必定要思想的，而不是我们有理由相信是真的。但这样一种理论是自挖墙脚的，因为它意味着这个理论也仅仅是某种经济原因的一个结果。因此，没有理由承认它是有效的。此外，今天被决定的物质条件将不同于那些对马克思的思想来说是具有决定意义的东西。
2. 这种经济决定论是非辩证的，因为它区别了两种不同现象，经济和思想，然后它说一个现象决定了另一个现象。这样一种对两种独立现象截然区分的二元论，是与辩证法相对立的。辩证思维的关键之一是像经济这样一种现象不能被认为是相对孤立的。经济是社会的一部分。因为经济决定论预设了经济和思想之间的一种非辩证的二分法，因为马克思特别强调各种因素之间是相互联系的，把这样一种经济决定论归在马克思名下是不合理的。
3. 马克思的著作中的文本支持这个主张：马克思并不是一位经济决定论者，即使他偶然表达得不够清楚。

因此，对马克思的历史唯物论作以下诠释是合理的：经济和思想彼此影响，但经济的作用是决定性的：

此外，除了经济因素和思想因素之外，我们还可以把政治-社会因素包括进来，从而使画面更完整：

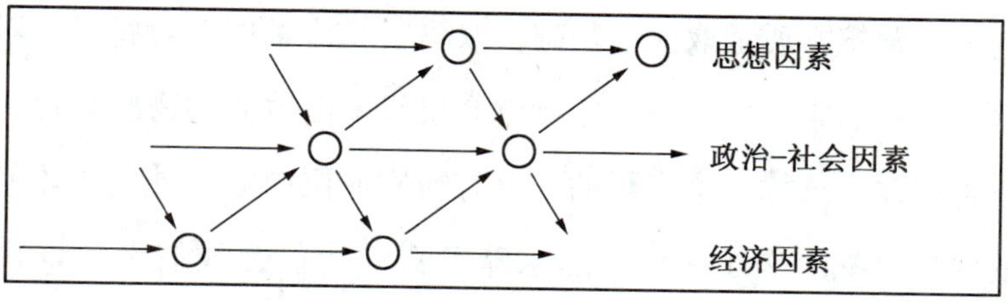

上面是对马克思的唯物史观的简单而合理的诠释。但这个诠释仍然是意义不清的。说所有这些因素都起作用，但经济则是“决定性的”或它具有“优先性”，这到底是什么意思？我们可以把这诠释为一条*方法论规则*：“寻找经济的说明！”或者“在社会历史总体中对经济条件给予特别的重视！”这比较不成问题，但马克思想要说的不仅仅是这个。我们可以大胆地作以下诠释：“上层建筑在以下意义上影响基础，即上层建筑对于基础来说是必要的，但上层建筑不可能把基础引向新的方向。”这里，上层建筑——国家、意识形态和思想——被看作是整体的一个必要部分，但变化，新的发展方向，则被说成是来自基础的。根据马克思关于经济和思想之间关系的看法，我们可以补充说，经济对马克思来说是以*劳动*为基础的。劳动并不是一个盲目的自然过程，而是一个社会的人类的劳动。劳动是人类特有的活动，它建立起我们与实在的联系。通过劳动我们认识事物并间接地认识我们自己。因为劳动创造出新产品和新社会形态，我们借助于这个历史过程而对我们自己和世界有越来越多的认识。劳动因此在马克思的思想中是一个基本的*认识论*概念。正是通过行动我们才获得认识。这是与古典经验主义者所提出的那种静态的以个人为中心的认知模型相矛盾的，在这种模型中人基本上就像一架接收光脉冲的照相机。如果对劳动和认识之间的认识论关系的这种诠释是正确的，那么我们就有另一个理由来拒绝在基础和上层建筑之间的截然区分，拒绝以这样一种二分法为基础的经济决定论：劳动和认识是一个辩证过程的组成部分，因此说劳动因果地决定了认识是不正确的。

对静态的经济决定论作一种马克思主义的辩护，还是赋予上层建筑以某种影响，是有着显然不同的政治后果的。第一个立场支持的是政治消极性：“我们必须等待时机成熟。”第二个立场则支持政治主动性。进一步说，如果我们认为上层建筑本质上取决于基础，取决于经济条件，与我们的对手进行争论就是没有用的事情。对手的立场就会仅仅是由他们的物质地位决定的。论证是不可能改变这样一个立场的；只有物质地位中的一种变化才能导致一种立场的变化。举个例子来说，这意味着对一个议会我们也应该相应地看待：权力是“在议会之外的”，因为权力存在于经济力量之中，而不是在议会当中。议会仅仅是时下通行的经济权力状况的政治反映。

因此，讨论、主观意见和议会制度都是不重要的。所有这些因素基本上都是基础的消极反映。相反，约翰·斯图亚特·密尔在《论自由》中却主张，我们是能够通过在讨论中自由交换思想而达到更好的更有知识的意见的。

第三节　生产力和生产关系

马克思区别了基础的三个方面：*生产力*、*生产关系*，以及*自然条件*。简单地说，生产力就是具有技术知识和工具的劳动力，也就是说是人类和自然之间的相互发展的那个源泉本身。生产关系是组织形式，首先是生产资料的所有制状况。自然条件是既定的自然资源。

我们说过，马克思把基础即经济看作是历史中的决定性推动力量。但是，根据马克思的观点，真正的推动力量是生产力。但生产力所包括的人类和自然之间的相互发展是在某种组织形式（所有制形式）中发生的。直到某一个点之前，生产力将能够在时下通行的生产关系之内发展得很好，至少是没有阻力。但是到了某个点，通行的生产方式开始对生产力的增长产生限制作用。于是就出现了生产力和生产关系之间的紧张：通行的所有制状况有害于自然的进一步开发。因此，当生产力锻造出新的和更加合适的生产关系的时候，就发生了一种变化，就出现了革命。当新的生产关系确立之后，生产力可能再次得到发展，直到这些新建立的生产关系开始起阻碍作用，并且出现一场新的革命。换言之，生产力是进化着的。生产力和通行的生产关系之间会出现冲突。当一种新的更好的生产关系创造出来的时候，这种张力就解决了。

马克思的阶级概念与生产关系的概念相联系。阶级是由同生产资料(原料和生产工具)的关系所决定的。那些拥有生产资料的人被放在一个与那些不拥有生产资料的人们相对立的阶级之中。

这个观点很重要，因为许多人认为他们可以用指出下面一个事实来拒绝马克思主义的阶级概念：那些并不拥有生产资料的人却挥金如土。但是马克思的阶级概念并不主要运用于消费、主观体验，或个人权利，而运用于生产资料的所有制。只要有些人拥有生产资料而别的人不拥有，根据马克思的观点，就将存在着阶级对立和阶级冲突。在资本主义阶段有两个阶级，一个是资本家，他们拥有生产资料，另一个是无产者，他们不拥有生产资料。当然，许多种冲突并不以有关生产资料的冲突为基础。有些冲突可以说是良性的。但阶级对立则是不可调和的对立，也就是说它们的解决只能通过革命，通过所有制状况的变化。

既然那些拥有生产资料的人照例将反对这样一种变化，革命就常常将是暴力的。但是暴力并不是革命的必然特征。

根据马克思的观点，资本主义永远摆脱不了内部危机。无产者将一直贫困下去。中产阶级下层将因为资本集中在少数人手中而成为无产者的一部分。大企业将造成过度生产。这种状况将越来越严重，直到无产者奋起反抗，夺取对生产设备的支配，从而将国际经济置于政治控制之下，使生产适合于满足真正的需要。工人阶级具有从事革命、从而创造一个无阶级社会的历史使命。

第四节　剩余价值和剥削

马克思反对古典自由主义经济学家(比如亚当·斯密和大卫·李嘉图)的基本论据之一，是他们的思维是抽象的、原子主义的：他们基本上都持有非历史的个人的概念和非历史的规律的概念。他们并没有正确地把握经济在社会和历史中是如何运作的。

大致来说，我们可以根据供给和需求来决定价格，而需求又进一步是由需要来决定的；但需要却意味着购买力。但是，我们很可能需要一个物品，比如食物，却无法付钱来购买。在那种情况下，我们的需要就将不被当作需求而记录下来——相反，一个7岁孩子购买胸罩的能力却将被作为需求而记录下来，即使她实际上并不需要这样一件物品。需要，尤其是购买力并不是非历史的；我们可以问它们是如何形成的，以及由什么人形成的。忽视这些问题就将是朴素的经济思维。

马克思从未隐瞒他从亚当·斯密和大卫·李嘉图那里学到许多东西这个事实。我们通常认为英国古典经济学是马克思主义的三个来源之一：

1. 德国唯心主义哲学(黑格尔)，它提供了像辩证法、否定和总体性这样的概念。
2. 法国社会主义(圣西门和傅立叶等人)，它提供了像资产阶级、工人阶级和革命这样的概念。
3. 英国政治经济学(斯密、李嘉图)，它提供了像交换价值、使用价值、资本、生产和分配这样的概念。

马克思对古典政治经济学的贡献是什么呢？马克思本人认为，在劳动和劳动力之间的区别，是他的最重要贡献之一：劳动力是一种具有价值的商品，这种价值就是为了生产出劳动力所需要的商品的价值。对劳动力的使用是劳动，它创造出价值。我们将看到，这些观念是如何引入社会和政治条件，同时又代表着对资本主义的批判的。一件商品可以部分地用该商品所满足的需要即使用价值来定义，部分地用交换价值来定义。市场上作数的是交换价值。在资本主义之下，每样东西原则上都是商品，包括劳动力：在这个全面的商品市场上，我们不仅进行物与物之间的交换，而且也进行劳动力和工资之间的交换。工人把他们的劳动力出卖给那个希望购买它的人，也就是一位雇主，一位拥有生产资料的人。价格就是工资。当人们进行物与物之间的交换(比方说，一块盐交换两张羊皮)的时候，价值并没有增加；或者是交易双方的所得与所与彼此相当，或者是一方的多得以另一方的少得作为代价，但总体上价值并没有增加。但是，价值的增加我们如何解释呢？马克思的基本观点是，价值的创造是通过劳动而发生的。换言之，劳动力这个商品在市场经济中具有一种独一无二的地位。这件商品的购买、出售和最后使用对整个系统来说导致一种价值的增长。什么构成了工人所创造的价值？当生产成本被支付之后，工人们得到了他们的工资，而所剩下的，则体现了工人的那部分没有得到支付的劳动。这种剩余价值以利润的形式到了资本家那里。根据马克思的观点，既然剩余价值作为没有支付的劳动到了没有亲自创造出这个价值的人那里，工人在资本主义之下就永远是受剥削的，而不管他们的生活标准如何。这个制度就是建立在对剩余价值的获取之上的。

但是资本家自己也身处市场，身处彼此的竞争之中。破产的危险驱使他们避免过度消费、驱使他们把新技术之类重新投资于工厂，以便加强他们与其他资本家的竞争地位。这样，剩余价值被用来重新投资，因而提供了资本主义之内扩张的基础。

我们现在看到，剩余价值是如何成为马克思的资本主义社会理论中的一个核心概念的。这种剩余价值以利润的形式积累到资本家那里。利润代表了对工人的剥削。因为竞争的缘故，利润的一部分必须作为投资。这个过程是持续的：对劳动力的新的购买，增加了的剩余价值，增加了的利润，新的投资，等等。货币增殖了。也就是说，它成了资本。这样就出现了一个扩张性的经济体系，它在公司的层次上有利润作为原则，但在全国的层次上则缺乏政治导向。这种制度，资本主义，是自我破坏的：它导致无法在该制度之内加以解决的种种危机；因此，它将被一种不同的制度所超越。

第五节　评论和回应——对马克思的种种责难

作为一位政治理论家，马克思无疑产生了重大影响，无论是对政治还是对理论争辩。对马克思的思想的评价还必须涉及马克思主义的各个派别。政治理论家中很少有像马克思那样被辱骂和曲解的。也很少有人像他那样受人奉承和误解的。我们可以保险地说，马克思是一位双重意义上的先驱者，一方面他揭示资本主义下的人性异化，另一方面他通过对资本主义基本结构的分析而找到解决问题的一条途径。另一个问题是关于马克思的分析是否站得住脚的问题。因此，我们将简短地考察对马克思理论的一些最常见的责难。

“马克思的理论是自我反驳的”

马克思说所有理论都代表了意识形态（虚假意识），但既然马克思所断言的也是一种理论，他的陈述就挖了这个理论的基石。说马克思的理论是自我指涉地不自洽，这个责难有各种不同的表述，它们似乎都归结到经济决定论去。但是我们已经提到，把一种极端形式的经济决定论归在马克思名下，是不合理的。

“马克思的理论不是经验的理论”

马克思的理论既是经验的也是哲学的。于是我们可以责难说，那经验的“部分”还不够经验。这显然不是一个严重的责难——除非我们一定要坚持马克思所说的一切都是真的。偶尔提出这个责难的是经验主义者们。[6]辩证法原则上是胡说；我们无法预言未来（参见休谟和波普尔关于对未来的知识是不可能的论证）。我们关于经验主义的内在问题和关于支持先验哲学和辩证法的论证所说的话，对这个责难提出了疑问。但是，我们在不反对所有辩证法的同时，也可以对马克思和马克思主义者提出这样的反对意见，说他们一般地来说没有把哲学陈述和经验陈述区别开来。这一点很重要。如果马克思声称一个陈述——比方说，“资本主义的危机将愈演愈烈”——永远是真的，而不管实际上所发生的事情，那么显然这个陈述不可能是经验的，因为经验陈述的特点就是它们可以根据实际上所发生的事情而得到肯定或否定。而如果这个陈述是哲学的，我们应当能够以哲学的方式来进行正反两方面的论证，至少在一定程度上这样做。无论如何，马克思的理论对初学者来说并不代表一种不可错的真理。

“马克思的一些预言错了”

马克思预言资本主义将导致越来越严重的阶级对立。少数人是资本家，而人数日增的占人口多数的无产者将生活在维持生命的水平上。事实上，美国和西欧的多数工人的私人消费水平与马克思的贫困化理论很不符合。另一方面，今天许多人处于营养不良状况。扩大眼界，把帝国主义国家和殖民地民族之间的对立也包括在内，是列宁非常强调的观点。

此外，马克思的阶级概念不与消费相连，而与生产资料的所有制相连。因此，即使马克思可以因为其贫困化理论遭到*局部*反驳，也不应该由此得出结论说，我们没有这种意义上的“两极分化”，即使在私人消费水平较高的国家里：小企业常常因为庞大的国际性公司的行动而失败，而雇员——也就是不拥有生产资料的人——的数量越来越多。[7]但是，在多大程度上工人阶级（在*这种*马克思主义的意义上）将努力（并且有力量）去从事一场会导致一个无阶级的、合理的和合乎人性的社会的国际革命，就至多是一个悬而未决的问题（说得温和一些）。也有人声称，马克思的理论之所以是错的，是因为发生革命的是不发达的俄国，而不是资本主义最先进的那些国家。列宁对此的反驳是，我们必须把资本主义当作一个国际体系来评价：从国际上说，资本主义已经充分发达，尽管在俄国并非如此。但是革命发生在资本主义*力量最弱*的地方，比方说在俄国。

“马克思的阶级和阶级斗争的概念根据不足”

马克思的阶级概念和阶级斗争概念是成问题的。如果阶级的概念被定义为生产资料的所有制，从现代资本主义来看就出现了一些问题。今天那些管理企业的人可能并不拥有企业，甚至并没有直接的拥有该企业的兴趣。他们之所以被雇佣，可能是因为他们的资格和教育，而不是因为他们继承了企业的所有制。他们可能得到高薪，但这可能并不一定与利润的水平相联。因此，说资本家或那些形式上拥有生产资料的人也决定着如何使用生产资料，是成问题的。至少有必要承认，在生产资料的形式上的所有权和对生产资料的实际使用之间，是存在着某种区别的。我们还可以补充说，即使这些功能今天经常是由两个集团的人分开行使的，这两个集团仍然是在资本主义的前提下活动的。但是现代资本主义体系并不总是一个纯粹的市场体系。有的企业是垄断的、政府投资的；在有些情况下，企业在多大程度上服从破产原则也是不清楚的。当一个企业的经营有破产危险的时候，管理层往往求助于政治家，指出就业将受到威胁。获得以各种政府计划形式出现的经济支持，比如免税、补贴等等，因此就成了维持企业生存的策略的组成部分。这意味着管理者们——他们不一定拥有生产资料、他们的薪水不是根据上下浮动的利润确定的——并非总是被迫遵循资本主义体系的理论上的规则的。因此，说企业主和企业领导因为都必须根据资本主义原则而行动就构成了资本家阶级，是有问题的。这个陈述如果要有意义，也就是说，我们如果要能够决定在多大程度上它是正确的还是错误的，就必须加以扩充和具体化。

马克思声称工人生产了剩余价值，而资本家则获取了利润。但是那些在公共部门获得工资的工人呢？他们并不为资本家工作，因此并不直接生产利润。由于“国家组织的”社会的出现，这个所谓非生产性劳动力的部门大大增加了：各种各样的公务员；武装部队的人员；教育、研究、行政和卫生等等部门的雇员。他们属于什么阶级？工资、教育和态度方面有很大差别。这个群体的共同因素是它的成员以这种或那种方式有助于系统的运行。他们可以说是有助于提高那些直接创造利润的工人们的生产效率。

“马克思忽视了‘自然条件’的重要性”

生产力和生产关系的关系对马克思来说至关重要。他似乎认为“自然条件”相对来说是不成问题的。原料、气候、空气和水——所有这些东西都不缺。它们当然对于经济是必不可少的。但是马克思似乎基本上把这些因素看作是不变的常量，因此是对之没有多少可做的。在马克思的时代，这种观点是相当合理的。此外，在他的预言中没有什么表明这个领域会有重要变化。如我们所知，马克思预言说资本主义将因为过度生产等等原因而“爆炸”：资本主义最终将以导致一场革命的危机而告终，因为资本家们太不理性了，以至于无法防止过度生产。这里马克思是错了。资本主义迄今为止设法避免了这样一种危机，其办法是在全世界创造一个消费社会。

与此同时，早先在东欧一些社会主义国家，人们却无法以一种合理的、进步的方式来处理生态问题。俄国、波兰和捷克斯洛伐克的污染问题是一个可悲的例子。生态危机因此并不是一个资本主义的内部问题。苏联制度表明，“自然条件”是如何对马克思主义经济学也成为一个问题的。

“马克思主义的社会主义死了”

从柏林墙倒塌以后，不仅几乎所有的马克思主义政权都解体了，而且马克思主义的社会主义还暴露出它的一些理论问题，至少在有关民主和人权的规范性问题方面。然而，马克思主义仍然是现代社会的一个重要的分析工具，帮助我们理解既作为一种制度也作为一种人性异化的资本主义。作为一位政治理论家，马克思并没有死，就好像牛顿作为一位科学家，达尔文作为一位进化论者，或弗洛伊德作为一位心理学家没有死一样。[8]

第六节 恩格斯——从马克思主义视角考察家庭

弗里德里希·恩格斯在19世纪40年代初期遇见马克思。他们都是德国人，后来都居住在英国，在那里恩格斯与马克思密切合作撰写一些重要著作，比如《德意志意识形态》和《共产党宣言》。在马克思去世(1883年)以后，恩格斯出版了《资本论》的第二卷和第三卷。因此，他的著作被列入马克思主义的经典文献之中。但是恩格斯也独自写了一些重要著作，一些关于自然哲学和家庭的论著。

在他的自然哲学中，恩格斯设法表明，自然界(而不仅仅像在马克思的思想中那样在社会和历史中)也是辩证的。他的自然辩证法理论是有争议的，经常被认为是思辨的、不科学的。批评者说，他的自然辩证法理论混淆了社会和自然之间(主体和客体之间)的界限，并且他的理论与现代实验自然科学没有很好地符合。从黑格尔的唯心主义的角度(在那里，主体和客体的区别被“扬弃”了)，这个理论可能仍然是有意义的，在一种哲学的意义上。

在《家庭、私有制和国家的起源》(1884)一书中，恩格斯运用当时的人种学文献(尤其是路易斯 · H · 摩尔根的工作),设法表明家庭,尤其是妇女的地位,反映了由生产方式(尤其是所有制形式)发展所决定的历史发展。这个观点是马克思主义的,因为恩格斯对家庭发展的描述是根据从原始共同体到他当时的社会经济发展而进行的。随着贸易和货币交易的增加,发生了一场重要的社会变化,作为从基于血缘关系和广泛的物物交换经济的社会向着产业的阶级的社会过渡的一部分。这不仅改变了国家和经济剥削的阶级性质,而且改变了家庭关系和代际关系。恩格斯的具体目标是表明这种发展也导致“父权制家庭”和“女性的具有世界历史意义的失败”,也就是说对妇女的压迫和剥削强化了。在他那时的中产阶级核心家庭中,丈夫挣钱,妻子做家务;恩格斯针对这种情况强调说,这样一来妇女就在经济上依赖于男子,因此从属于男子。作为一种来自过去的对比,恩格斯提供了一幅基于“母权”的古代社会的图景。[9]作为一种来自未来的对比,他提供了一幅共产主义社会的图景,在其中妇女不再在婚姻中对丈夫有经济依赖:国家,而不是家庭,将承担抚养孩子的经济责任。婚生的和非婚生的孩子之间的区别也消失。这样,妇女将得到自由,而男女之间的关系,在恩格斯看来,将以真正的爱作为特征。

这样,在那场关于性别角色和女性压迫的经济基础、政府福利规划将最后代替(很大程度上废除)由丈夫收入支持的传统婚姻的争论中,恩格斯作了自己的贡献。概括地说,取向于法律的理论家们——比方约翰 · 斯图亚特 · 密尔和哈蕾特 · 密尔——主要关注法律平等(比如普遍投票权利),存在主义的理论家们——比如西蒙 · 德 · 波伏娃——主要关注争取承认(争取男子和女子的社会认同)的相互斗争,而马克思主义的理论家们则特别关注剥削和歧视的阶级条件。

从马克思主义的视角出发来看,罪恶的根源在于生产方式的历史发展之中。这个视角导致这样一个观点,即政治行动的目标首先涉及的不是法律和规则,也不是社会角色或“为了承认的斗争”(在黑格尔的意义上),而首先涉及经济和社会条件;如果我们想要改变妇女地位的话,我们首先必须改变这些条件。

思考题

1. 请说明马克思的历史观的基本观点。讨论他关于历史动力、历史时期、阶级斗争和社会变化的观点。
2. 请说明马克思的经济学的主要概念，比如生产力和生产关系、阶级剥削，以及作为一个自我破坏的体系的资本主义。在与(比方说)亚当·斯密和自由主义的联系中讨论这些概念。
3. 请讨论马克思的异化观。

进一步阅读的建议

原始文献

Marx, Karl and Engels, Friedrich, *Collected Works*, London, 1975—.

二手文献

Elster, J., *Making Sense of Marx*, Cambridge, 1985.
Fromm, E., *Marx's Concept of Man*, New York, 1962.
Lukács, G., *History and Class Consciousness*, Cambridge, MA, 1971.

原著选读

马克思：《关于费尔巴哈的提纲》
(选自《马克思恩格斯全集》第3卷，人民出版社1960年版)

(一)

从前的一切唯物主义——包括费尔巴哈的唯物主义——的主要缺点是对事物、现实、感性，只是从客体的或者直观的形式去理解，而不是把它们当作人的感性活动，当作实践去理解，不是从主观方面去理解。所以，结果竟是这样，和唯物主义相反，能动的方面却被唯心主义发展了，但只是抽象地发展了，因为唯心主义当然是不知道真正现实的、感性的活动的。费尔巴哈想要研究跟思想客体确实不同的感性客体，但是他没有把人的活动本身理解为客观的(gegenständliche)活动，所以他在《基督教的本质》一著中仅仅把理论的活动看作是真正人的活动，而对于实践则只是从它的卑污的犹太人活动的表现形式去理解和确定。所以，他不了解“革命的”、“实践批判的”活动的意义。

(二)

人的思维是否具有客观的(gegenständliche)真理性，这并不是一个理论的问题，而是一个实践的问题。人应该在实践中证明自己思维的真理性，即自己思维的现实性和力量，亦即自己思维的此岸性。关于离开实践的思维是否具有现实的争论，是一个纯粹经院哲学的问题。

(三)

有一种唯物主义学说，认为人是环境和教育的产物，因而认为改变了的人是另一种环境和改变了的教育的产物，——这种学说忘记了：环境正是由人来改变的，而教育者本人一定是受教育的。因此，这种学说必然会把社会分成两部分，其中一部分高出于社会之上(例如在罗伯特·欧文那里就是如此)。

环境的改变和人的活动的一致，只能被看作是并合理地理解为革命的实践。

(四)

费尔巴哈是从宗教上的“自我异化”，从世界被二重化为宗教的、想像的世界和现实的世界这一事实出发的。他致力于把宗教世界归结于它的世俗基础。他没有注意到，在做完这一工作之后，主要的事情还没有做哩。因为，世俗的基础使自己和自己本身分离，并使自己转入云霄，成为一个独立王国，这一事实，只能用这个世俗基础的自我分裂和自我矛盾来说明。因此，对于世俗基础本身首先应当从它的矛盾中去理解，然后用排除这种矛盾的方法在实践中使之革命化。因此，例如，自从在世俗家庭中发现了神圣家族的秘密之后，世俗家庭本身就应当在理论上受到批判，并在实践中受到革命改造。

(五)

费尔巴哈不满意抽象的思维而诉诸感性的直观；但是他把感性不是看作实践的、人类感性的活动。

(六)

费尔巴哈把宗教的本质归结于人的本质。但是，人的本质并不是单个人所固有的抽象物，实际上，它是一切社会关系的总和。

费尔巴哈不是对这种现实的本质进行批判，所以他不得不：

(1) 撇开历史的进程，孤立地观察宗教感情，并假定出一种抽象的——孤立的——人类个体；

(2) 所以，他只能把人的本质理解为“类”，理解为一种内在的、无声的、把许多个人纯粹自然地联系起来的共同性。

(七)

所以，费尔巴哈没有看到，“宗教感情”本身是社会的产物，而他所分析的抽象的个人，实际上是属于一定的社会形式的。

(八)

社会生活在本质上是实践的。凡是把理论导致神秘主义方面去的神秘东西，都能在人的实践中以及对这个实践的理解中得到合理的解决。

(九)

直观的唯物主义，即不是把感性理解为实践活动的唯物主义，至多也只能做到对“市民社会”的单个人的直观。

(十)

旧唯物主义的立脚点是“市民”社会；新唯物主义的立脚点则是人类社会或社会化了的人类。

(十一)

哲学家们只是用不同的方式解释世界，而问题在于改变世界。

马克思、恩格斯：《德意志意识形态》
(选自《马克思恩格斯全集》第3卷，人民出版社，1960年)

可以根据意识、宗教或随便别的什么来区别人和动物。一当人开始生产他们所必需的生活资料的时候(这一步是由他们的肉体组织所决定的)，他们就开始把自己和动物区别开来。人们生产他们所必需的生活资料，同时也就间接地生产着他们的物质生活本身。

人们用以生产自己必需的生活资料的方式，首先取决于他们已有的现成的和需要再生产的生活资料本身的特性。这种生产方式不仅应当从它是个人肉体存在的再生产这方面来加以考察。它在更大程度上是这些个人的一定的活动方式、他们表现自己生活的一定形式、他们的一定的*生活方式*。个人怎样表现自己的生活，他们自己就是怎样。因此，他们是什么样的，这同他们的生产是一致的——既和他们生产什么一致，又和他们*怎样*生产一致。因而，个人是什么样的，这取决于他们进行生产的物质条件。……

由此可见，这种历史观就在于：从直接生活的物质生产出发来考察现实的生产过程，并把与该种生产方式相联系的、它所产生的交往形式，即各个不同阶段上的市民社会理解为整个历史的基础；然后必须在国家生活的范围内描述市民社会的活动，同时从市民社会出发来阐明各种不同理论产物和意识形式，如宗教、哲学、道德等等，并在这个基础上追溯它们产生的过程。这样做当然就能够完整地描述全部过程（因而也就能够描述这个过程的各个不同方面之间的相互作用）了。

最后，我们从上面所阐述的历史观中还可以得出以下的结论：（1）生产力在其发展的过程中达到这样的阶段，在这个阶段上产生出来的生产力和交往手段在现存关系下只能带来灾难，这种生产力已经不是生产的力量，而是破坏的力量（机器和货币）。与此同时还产生了一个阶级，它必须承担社会的一切重负，而不能享受社会的福利，它被排斥于社会之外，因而必然与其余一切阶级发生最激烈的对立；这种阶级是社会成员中的大多数，从这个阶级中产生出必须实行根本革命的意识，即共产主义的意识，这种意识当然也可以在其他阶级中形成，只要它们认识到这个阶级的状况；（2）那些使一定的生产力能够得到利用的条件，是社会的一定阶级实行统治的条件，这个阶级的由其财产状况产生的社会权力，每一次都在相应的国家形式中获得*实践的*观念的表现，因此一切革命斗争的锋芒都是指向在此以前实行统治的阶级的；（3）过去的一切革命始终没有触动活动的性质，始终不过是按另外的方式分配这种活动，不过是在另一些人中间重新分配劳动，而共产主义革命则反对活动的旧有*性质*，消灭*劳动*，并消灭任何阶级的统治以及这些阶级本身，因为完成这个革命的是这样一个阶级，它在社会上已经不算是一个阶级，它已经不被承认是一个阶级，它已经成为现今社会的一切阶级、民族等等的解体的表现；（4）无论为了使这种共产主义意识普遍地产生还是为了达到目的本身，都必需使人们普遍地发生变化，这种变化只有在实际运动中，在*革命*中才有可能实现；因此，革命之所以必需，不仅是因为没有任何其他的办法能够推翻*统治*阶级，而且还因为*推翻*统治阶级的那个阶级，只有在革命中才能抛掉自己身上的一切陈旧的肮脏东西，才能成为社会的新基础。

马克思：《政治经济学批判》

（选自《马克思恩格斯全集》第13卷，人民出版社1962年版）

序言

……我所得到的、并且一经得到就用于指导我的研究工作的总的结果，可以简要地表述如下：人们在自己生活的社会生产中发生一定的、必然的、不以他们的意志为转移的关系，即同他们的物质生产力的一定发展阶段相适合的生产关系。这些生产关系的总和构成社会的经济结构，即有法律的和政治的上层建筑竖立其上并有一定的社会意识形式与之相适应的现实基础。物质生活的生产方式制约着整个社会生活、政治生活和精神生活的过程。不是人们的意识决定人们的存在，相反，是人们的社会存在决定人们的意识。社会的物质生产力发展到一定阶段，便同它们一直在其中运动的现存生产关系或财产关系(这只是生产关系的法律用语)发生矛盾。于是这些关系便由生产力的发展形式变成生产力的桎梏。那时社会革命的时代就到来了。随着经济基础的变更，全部庞大的上层建筑也或慢或快地发生变革。在考察这些变革时，必须时刻把下面两者区别开来：一种是生产的经济条件方面所发生的物质的、可以用自然科学的精确性指明的变革，一种是人们借以意识到这个冲突并力求把它克服的那些法律的、政治的、宗教的、艺术的或哲学的，简言之，意识形态的形式。我们判断一个人不能以他对自己的看法为根据，同样，我们判断这样一个变革时代也不能以它的意识为根据；相反，这个意识必须从物质生活的矛盾中，从社会生产力和生产关系之间的现存冲突中去解释。无论哪一个社会形态，在它们所能容纳的全部生产力发挥出来以前，是决不会灭亡的；而新的更高的生产关系，在它存在的物质条件在旧社会的胎胞里成熟以前，是决不会出现的。所以人类始终只提出自己能够解决的任务，因为只要仔细考察就可以发现，任务本身，只有在解决它的物质条件已经存在或者至少是在生成过程中的时候，才会产生。大体说来，亚细亚的、古代的、封建的和现代资产阶级的生产方式可以看作是社会经济形态演进的几个时代。资产阶级的生产关系是社会生产过程的最后一个对抗形式，这里所说的对抗，不是指个人的对抗，而是指从个人的社会生活条件中生长出来的对抗；但是，在资产阶级社会的胎胞里发展的生产力，同时又创造着解决这种对抗的物质条件。因此，人类社会的史前时期就以这种社会形态而告终。

注释

[1] 作为例子可参见第十六章，关于主奴关系的讨论。

[2] “辩证唯物主义”这个说法并不是马克思发明的。在东欧国家，马克思主义经常被正式地称作“辩证唯物主义和历史唯物主义”。这主要是一种苏联版本的马克思、恩格斯和列宁。

[3] 参见第十六章，关于反思、辩证法和经验的讨论。

[4] 参见第十九章，关于精神分析的讨论。有时候心理分析师的话是无济于事的。为了克服问题，必须要求对环境或用药有所改变。

[5] 参见存在主义在是(being)和有(having)之间所设的对立，如在 Gabriel Marcel，*Being and Having* (London，1965)中。

[6] Karl Popper，*The Open Society and Its Enemies*，London，1962.

[7] 如果我们可以这样通过把马克思的阶级概念局限于生产资料的所有权，接下来的问题就是，这个阶级概念到底是否还有意义：底特律的汽车制造商和喀拉拉(印度)的女仆根据这个定义都是“无产者”。但是我们这样是否忽视了两者的根本区别？——根子在于具体的物质基础的区别，比如资源和消费的区别。

[8] 作为例子，参见汉娜·阿伦特和哈贝马斯对马克思主义观点的运用(第二十四章)。

[9] 这里恩格斯借用了他当时的人种学(比如摩尔根)的文献：“母权”这个说法得自 Johann Bachofen (1815—1861)，他在 1861 年出版了一本关于家庭史的书。

第十八章
克尔恺郭尔——生存和反讽

生平 索伦·克尔恺郭尔(Søren Kierkegaard, 1813—1855)在拿破仑战争之后的萧条期生于哥本哈根。他的父系家族来自日德兰半岛西部的贫困地区，但是他的父亲是首都的一个商人并在经济危机期间经营得很好。克尔恺郭尔生活优裕，在他短暂的一生中，他靠遗产度日。但是，在他的童年，家庭充满了精神的危机。他的父亲生性忧郁。死亡和意外的事件频频降临这个家庭。在他年轻的时候，克尔恺郭尔就知道精神痛苦意味着什么。从外表看，他的生活是简单的：他学习神学和哲学，以论文《论反讽概念》获得了一个学位。他是一个勤勉的作家，有时冷言冷语、离群索居，有时争强好辩、锋芒毕露。他曾两次去柏林，那里弥漫着黑格尔思辨哲学的精神。他对他生活中的戏剧性事件负有责任。他和丽金·奥尔森的关系就是这样。他和她订有婚约。但不久他就发现自己不能和她一起生活，在当时的哥本哈根，这是一个丑闻。他的那些论战性的文字，特别是他于1854年对明斯特主教的攻击也是这样。明斯特曾是克尔恺郭尔一家的密友，但是克尔恺郭尔认为，他必须对在他所看来是假冒的基督教作出反应。索伦·克尔恺郭尔在这场冲突期间死亡。

克尔恺郭尔勤于写作，常用笔名。他的作品采取了文学的形式，常常是充满了反讽和论辩。他最著名的作品有：《非此即彼》、《恐惧和战栗》、《敬畏的概念》、《哲学片断》以及《非科学的最后附言》。上述作品都出版于1843—1846年之间。此外，还有《从疾病到死亡》(1849)和《作为一个作者看待我的活动》(1855)。他的日记在他死后出版。

第一节 直接交往和生存交往

作为一个人，同时作为一个作家，克尔恺郭尔内心充满了张力，这是一种专注于罪恶、痛苦的沉思、内省的态度，与追求个体自由和自主的有自我意识的、自作主宰的态度之间的张力。两种态度都来自克尔恺郭尔的教养和环境：一方面是新教的虔信派，另一方面是正在兴起的资产阶级的自我肯定的意志和倾向。

在克尔恺郭尔与黑格尔和浪漫主义的关系上，也明显地体现着这种张力。克尔恺郭尔的思想有浪漫主义的特征，比如他对放荡不羁的唯美主义者的描述。但是，也有一些反浪漫主义的特征，比如他对日常的、实际事务的积极方面的强调。有时，他的表述令人想起黑格尔式的唯心论——一些成对的术语如*主观*和*客观*、*特殊*和*普遍*等——但同时他又冷嘲热讽地攻击黑格尔和思辨哲学。克尔恺郭尔的原创性贡献，即存在的视角，就出自虔信派和自主性、唯心主义和浪漫主义的这些相互关联的紧张。[1]克尔恺郭尔成了对我们的人的生存作真诚的阐明和分析的充满激情的代言人。在现代哲学中，他被视为存在主义的先驱(参见第二十三章)。[2]

那么，什么是人的生存，什么是在人的生存方面克尔恺郭尔认为至关重要呢？答案决不简单。首先，克尔恺郭尔经常使用笔名，如 Johannes Climacus和 Vigilius Hafniensis(哥本哈根的守夜者)。这是否意味着他并不十分认真地主张他的各种角色所表达的观点？其次，他以一种反讽的、文学的方式写作。他很少写讨论各种命题的传统意义上的哲学文章。因此，甚至当克尔恺郭尔以作者的真实身份在著作上署名而不只是署笔名的作品的“编者”时，我们也难以知道克尔恺郭尔到底采取的是什么立场。第三，不清楚的是，在他的整个一生中，克尔恺郭尔是否持相同的观点？他的观点是否有变化？比起他晚期的作品(当时他正火药味十足地攻击明斯特主教和丹麦教士)，他的早期作品对于生活的各项实际任务，是否采取了更为积极的态度？在克尔恺郭尔研究中，这些都是悬而未决的问题。[3]

因此，存在着对克尔恺郭尔哲学的不同解释是毫不奇怪的。甚至，就“哲学”这个字的通常含义而言，我们是否可以说他曾经自认为是从事哲学的工作，也是不确定的。对于克尔恺郭尔来说，这一切都是有意为之的。比方说，他这样陈述他的意图：“因此，在用笔名的书中，没有一个字代表我自己；除了作为一个第三者，我对它们没有什么看法，除了作为一个读者，我对它们的意义一无所知，我和它们没有任何关系，因此，不可能拥有一种双重反思的交流。”[4]

克尔恺郭尔之所以采用笔名和文学形式，与在传达有关人之生存的洞见方面的真正困难有关。他要传达的，并不是一些可供他人阅读和研究的命题性主张。他设法沟通的，是有关人之为人意味着什么的生存论洞见。这需要一种主动的获取，一个内化的行动。因此，一方面，读者必须被激发、被吸引；另一方面，他们必须自由地介入、去发展，以期能够以一种更为“内在化的”和更为真诚的方式，去观照、去存在。

在日常的散文中，或者在科学论文中，当我们说“时间是 12 点 30 分”或“飓风从东南方向吹来”时，我们能够满足于“直接交流”。但是，这种类型的直接交流不足以表达克尔恺郭尔的想法。在此，需要其他表达形式，一种更具诗意的自然的形式。我们要沟通的不是关于某物的命题；相反，我们试图沟通的是作为对事态之理解的出发点的整个的态度和“情绪”——因为，当涉及人的存在时，真正的主题正是这种与不同事态的关系。为了沟通这种关系，以使之能够就其自身，而不是作为世界上的一个客观的事态得以理解，需要独特的表达形式。如果我们想沟通这类洞见，我们必须是文学方面的艺术家，拥有一种与我们自身的、与他人的反思关系。因此，克尔恺郭尔谈论一种“双重反思的交流”。

相应地，我们必须亲自做出一种特别努力，去把握以这种方式加以传达的东西。如果我们试图理解它，获取它，如果要由此而改变我们与世界相联系的方式，我们就必须进入一种全面的教化过程——这是人作为人而生活这样一项终身教化使命的组成部分。同样具有根本意义的是，读者应该面对文本保持自由。这样一个文本决不能像一个科学论证一样来强制读者。突出的一点是，读者可以自由地和负责任地选择他们与文本的关系。与此同时，这要求让一种激情满怀的介入和反思的距离同时并存于一种痛苦的张力之中。克尔恺郭尔当然不是一个主张此时此地的非反思的和直接的经验的庸俗的存在主义者。他也不是一个远离生活的理论反思的拥护者。反讽的激情和远距的在场——也许这些概念更适合于他努力要做的事情。但是，一旦我们这么说，我们就已经开始背离克尔恺郭尔了。我们已经开始用简单而直接的命题来表述他的思想。在此，我们已经开始以命题的形式来传授和解释克尔恺郭尔的工作和表达方式：其目标是对存在的自我洞见的沉思和推敲，其手段是运用修辞和反讽。我们应当对我们所说的东西采取一种反讽的态度。但是，我们也可以把克尔恺郭尔置于关注“默会知识”的哲学传统之中。这类哲学家，比如苏格拉底和维特根斯坦，试图“显示”用命题无法来论证的东西。简言之，我们应当采纳某种程度的克尔恺郭尔的“双重反思”和反讽的距离。也许，我们本应该只引述克尔恺郭尔，这样他就能在没有我们的诠释性干预的情况下，以他自己的方式来解释他的思想。

第二节　生命道路的三个阶段

我们将不是为了避免意义诠释方面的问题而不加评论地引述克尔恺郭尔，而是将勾勒对克尔恺郭尔的所谓三个阶段(即审美的、伦理的和宗教的)所做的三种不同解释。以此，我们试图显示在解读克尔恺郭尔过程中出现的一些困难。

教化性的诠释

克尔恺郭尔不仅反对当时的思辨哲学家，他认为这些人遗忘了自己的生存；他还通过强调对我们自己的生命承担生存论责任而反对某种生活方式。这就是克尔恺郭尔的教化性信息：通过有意识的选择，成就一种根本上已经就是的“独一无二的存在”。这不是在世界上不同事物之间进行选择，也不是在不同的外在行动之间进行选择。这是对一种生存态度的选择。我们应该获得一种更强的生存论意识，这既意味着我们对自己持一种反思的态度，也意味着要以一种满怀激情的内向性做到这一点。因此，三个阶段不是像社会心理的成熟过程那样的自动递进的三个发展阶段。这三个阶段代表了不同的基本态度或存在方式。像给我们生活中的一切事物打上印记的总体视角一样，这三种不同的态度完全塑造了我们：我们对生活的态度或者是审美的、或者是伦理的、或者是宗教的。我们不能像在商店里在三种不同奶酪之间进行选择那样，在它们之间作出选择。因为，不存在超越于这三种态度的中立的立场。正是由于这一点，这个二难困境也是不能直接说出来的。因此，通过保持一种反讽的距离，通过陈述由“Johannes Climacus”以及其他角色所表达的不同生活态度的事例，克尔恺郭尔运用了一种间接的表达方式。不过，审美阶段的特点是从一种远距的和自我放纵的视角出发来体验的生活。在此阶段，我们并不以伦理的方式严肃地介入生活，而只是被动的观察者，其态度就如同对于艺术那样。我们观赏悲剧和喜剧，但不真的参与其中。这是反思的、不介入的放荡不羁的艺术家，他追求优美和崇高，却不卷入作为伦理阶段和中产阶级的生活之特点的义务和责任。因此，唯美主义者既是优越的，也是沮丧的：优越是因为超然于混乱和义务之外，沮丧是因为这种生活形式是空洞的、充满绝望的。

当他们已经为了生活而亲自选择了接受责任时，伦理主义者选择了对生活说“是”，尽管许多因素处于他们的控制之外。我们都降生于特定境遇之中，只有某些因素是我们能够改变或者也许能够改进的。当伦理主义者选择接受责任时，这不是出于幻想，即他们能够凭自己的努力来改变一切，好像他们处在上帝的位置上似的。说他们进行选择，是说他们以满怀激情和生存论介入的方式接受了生活。我们的行动是我们自己的，我们的死亡也是我们自己的。因此，这是一种建立在某种道德意志基础之上的伦理学。但是，与建立在道德意志之上的康德伦理学不同，这里涉及的是我们自己的态度的问题，而不是绝对命令或其他普遍的道德原则的问题。在这里，真正重要的是“内向性”（inwardness）。正如我们从一种以道德意志为基础的伦理学那里——相对于后果主义的伦理学（如功利主义）——可以期望的那样，我们行动的后果不起决定性的作用。正是这一点把伦理主义者和好公民区别开来了。从外表上看，他们似乎是一样的，但是，从内在的方面来看，他们是不同的。他们的生活态度和他们的生存激情是彼此不同的。

唯美主义者像蜜蜂一样在花朵间飞舞。他们在不同的可能性和不同的角色之间徘徊，今天选择这个，明天选择那个。他们无休止地寻找新东西，寻找新的经验。伦理主义者通过遵循已被选择的道路来赋予生活以意义。他们生活的意义，就来自这种对他们的生活规划的充满激情的介入。责任和义务是伦理主义者的生活的特征，不是作为外在的要求，而是作为对生活的伦理态度的内在因素。

在此，我们拥有两种根本不同的对待生活的态度。从一种态度向另一种态度的过渡，是不可能借助于论辩而发生的。借用科学哲学的术语来说，可以说这涉及的是两个不可公度的范式。不能通过论证，也不能通过自然的成熟而实现过渡。克尔恺郭尔认为，这种过渡是通过一种生存论的飞跃而发生的。宗教阶段的特征是生存的介入——不仅是个体的介入，而且是对活生生上帝之信仰的介入。这种信仰不是一个客观知识的问题。它也不是一个理智的洞见的问题。这是一个我们与生活、与我们自己以及与他人的关系的独特品质的问题。从外表看，是无法区别于一个宗教徒、一个伦理主义者或一个好公民的。但是，这仍然只是一种外表。在内在的方面，他们是根本不同的。当这三个人都说他们信仰同一个上帝时，情况也是这样。他们之间的区别在于他们与上帝的关系——他们相对于历史性上帝、相对于他们自己的生存的激情。

以上我们讨论的是对于三个阶段的所谓教化性诠释。

综合性的诠释

教化性诠释指明了三个阶段之间关系的非连续的方面。它们之间存在着质的飞跃。因此，生存论的选择是重要的。所以，严格地说来，像我们在此所做的那样来谈论和比较它们，是不可能的。一种诗意的表达方式于是就出现在我们面前。通过间接交流和亲身努力，每人都可以亲自选择那三者之一。那些已经把握了这一点的人，已经摆脱了幼稚状态，并且必须亲身选择在**生存的**意义上对他们自己的生活承担责任。

但是，我们也可以这样来解读克尔恺郭尔，即他似乎认为，存在着具有质的差异的不同层次。宗教阶段无论在洞见和生活的品质上都高于伦理阶段；伦理阶段高于审美阶段。这不只是一个在处于同一水平的三种不同生活态度之间做出选择的问题。在从审美阶段向伦理阶段再向宗教阶段的过渡中，我们还是可以谈论积极的发展和走向成熟的过程的。这并不意味着我们否定存在着飞跃这个事实。这不是一个由论辩来沟通的简单的过渡。这个过渡也不是一个黑格尔式的合题，其中低级的阶段被了无痕迹地保存在高级阶段之中。但是，当我们从审美阶段转向伦理阶段再转向宗教阶段时，我们还是能够在事后认识到，我们已经达到了一个更高的阶段。除此之外，谈论一个更高层次还能意味着什么呢？举个例子来说，我们或许可以说这类似于心理分析中的一次成功的治疗：当我们达到一个新的阶段时，我们发现我们以前一直生活在幻觉之中。但是，这不是我们能够在前一个阶段看到的东西。在那时，我们只是感到一种模糊的不适。

在这种意义上，我们可以把三个阶段解释为一个逐步的教化过程。我们可以说，这就是克尔恺郭尔思想背后的东西。但是，这种解释倾向于一种关于认同之培育的黑格尔式观点。在这里，也许我们比克尔恺郭尔所意愿的更接近于黑格尔了。

反讽-反思性的诠释

好公民可以信上帝、去教堂、负责任、担义务，而且，他还知道如何享受美、享受快乐。从外表上看，调适得很好的公民与唯美主义者、伦理主义者和宗教徒之间的差别不必很大。我们已经说过，差别是内在的，在于他们各自不同的生活态度。

因此，唯美主义者之所以区别于调适得很好的公民，并不是因为唯美主义者爱美，而公民却不爱美，而是因为唯美主义者与生活有一种反讽-反思的关系。公民们自发地去从事他们的日常工作，并为他们所做的事情的后果担忧，而唯美主义者对所有这些事情却保持一种超然的态度。在唯美主义者看来，所有这些世俗的选择，根本上是无关紧要的。对于他们来说，后果是什么，实际上是无关紧要的。在这个意义上，唯美主义者是尼采意义上的欧洲虚无主义的化身（参见第十九章）：没有什么价值比其他价值更有价值。它们具有同样的效力，基本上都是无足轻重的。

在此，我们是在讨论一种选择（这里所谓选择是指把所有价值都说成是具有同样价值的），还是在讨论一种洞见（这里所谓洞见是指认识到所有价值都同样有效这个真理）呢？不管我们强调哪个答案，在这种解释下，我们面前的唯美主义者都不会首先是一个享受生活、热爱美和快乐的人，而是一个与生活保持一种内在距离的人，一个认识到生活是没有伦理内容——因为从根本上说，任何事物都是同等有效的（*gleich-gültig*）——的人。唯美主义者远非一个直接享受生活所提供的乐趣的人，相反他更接近于一个反思的犬儒主义者，他像英雄一般地坚持着，尽管生活实际上毫无客观意义这一点是确定无疑的。这就是唯美主义者的内在的绝望，正是这一点，把唯美主义者同忙忙碌碌、古道热肠的公民从根本上区别开来了。

向伦理阶段的飞跃，不是一个选择好价值而非坏价值的问题。这一飞跃的特点是人们把他们自己作为目的来加以选择。这不是一个选择实际目标（如特定的行业和生活方式）的问题。我们所谈论的是一种内在的或生存的选择，由于这种选择，我们的生活态度发生了变化，比方说，我们成为另一个人的途径，可以是对我们自己的生活作为自己的生活来加以主张。在此，我们必须仅仅用启发式的术语来谈论，因为，为了理解所牵涉的内容，有关这种选择的亲身经验是必不可少的。但也许，以下情形依然有效，即多数具有生活经验的人，对这里所讨论的是什么都有些了解。关键词可以是*自我意识以及过自己特有生活的意志*，或者*激情和真诚的内向性*，像克尔恺郭尔经常所说的那样。这样，同唯美主义者相比，伦理主义者以一种更为投入的方式，对生活提出了挑战。在此意义上，伦理主义者便克服了唯美主义者那噬啮人心的生存论绝望。但再说一遍，伦理主义者与好公民的外在区别是小得很。区别一如既往地处在内在方面。

因此，伦理主义者是一种“独一无二的存在”，他充满激情地、反思地生活着，持续地作出新的努力。从外表来看，和其他好人一样，伦理主义者是社会共同体的一员。他或她，在外表上并不古怪。但是，在此意义上，狭隘的中产阶级的内在生活处于酣睡之中，而伦理主义者则具有生存论上的自觉性。

向宗教阶段的飞跃，是向未知者的飞跃，没有客观知识的保证，没有令人信服的证据，也没有对我们向何处飞跃的充足知识。也许我们可以说，伦理主义者在本质上感受到了表皮之下的那种腐蚀性的绝望。一切都靠我们自己，一切都可能跌得粉碎。通过对历史性上帝的信仰，我们可以驻足于共相之中，短暂的东西可以锚定于永恒的东西之中。

历史性上帝就是基督，他不是教条，而是生命。对他的信仰不是对某物有所了解，因为我主基督并不是某物，而是某人。也就是说，他既是一个主体又是一种关系。在信仰中，人的关系将以无限的激情与神的关系相联。对于克尔恺郭尔来说，这就是“存在于真理之中”的涵义。也就是说，与历史性上帝拥有一种内在的、强烈的信仰关系。作为一个基督徒，这是克尔恺郭尔的现实目标。只有在这种宗教视角之下，哲学的方面和文学的方面才获得它们的意义。

克尔恺郭尔在信仰和理性之间、在信仰和外在事功之间所做的鲜明区分，属于新教的传统，他信奉的丹麦虔信派就属于这个传统。但是，克尔恺郭尔并不为道德化的新教做辩护。对于克尔恺郭尔来说，在道德上起决定性作用的，既不是善的事功（好的后果），也不是善的原则（直言命令或十诫），而是对我们自己生活[5]的自觉选择。这是虔信派，而非清教派。也就是说，这是真诚的内向性，而不是市场和婚姻中善行善举。

因此，克尔恺郭尔不是一个禁欲主义者，他也不反社会。对他来说，无论在伦理上还是在宗教上，决定性的因素是个体的生活态度，以及与上帝的关系。作为新教的一种形式，这既不是快乐的和被解放了的基督教，也不是禁欲主义的和道德化了的基督教。这是一种关于生存之痛苦的基督教，处于一场带着罪感和焦虑的斗争之中，在这场斗争中，我们与我们自己、与历史性上帝具有一种充满激情的、反讽-反思的关系。[6]

第三节 主观性即真理

克尔恺郭尔持有两种真理观。其一是关于“客观”真理的。这种真理观认为，命题之所以为真，是当它们与实际事态相符合的时候。这通常被称为真理的符合论：陈述是真的，如果它们和实际事态相一致(相符合)的话。如果我说黑板是绿的，那么，当黑板实际上是绿的，这个陈述就是真的。在这种情况下，在命题和事态之间有一种符合关系。

另一种真理观涉及我们与世界之关系的性质。这是“主观的”真理。当我们在我们的关系中是真诚的和内向的时候，我们表达了真理。在这里，不存在什么命题和外部事态相符合的问题，这是一个有关我们自己的关系的强度、有关我们自己之存在的强度的问题。在此意义上，比方说，我们可以谈论“真爱”。关键不在于获得关于某物的正确命题，而是获得有关人类关系本身的某种性质。

在伦理问题和宗教问题上，关键正在于我们与生活、与活生生上帝的生存论关系的性质。聚焦于“主观真理”因此就特别重要。值得指出的是，在这些情形之下，“主观真理”这个说法并不意味着不真实或错误，即“客观的不真实”。“主观真理”这种表述只是旨在保持如下概念，即在这些情况下，人类关系、主观性是决定性的。人类关系、主观性之所以是决定性的，既是因为在这些情况下，不存在客观的事态或论证可以用来解决问题，也是因为恰恰是对生活的充满激情的、内向的态度才是问题的焦点所在。在有关科学的方面，克尔恺郭尔视“客观真理”为一个“无穷接近”的问题：其中存在着远比(比方说)黑板上的绿颜色更为全面、更为复杂的事态。存在着一些复杂的理论，我们永远不可能给予充分确证，而只有通过持续研究来加以检验，因而在这个意义上我们可以接近真理；而因为通过这样的科学研究，我们永远也达不到终极的和绝对的确定知识，所以，在以研究为基础的知识与对一个位格上帝的亲身信仰之间，将有一种区别。克尔恺郭尔认为，在这个宗教的层面上，科学论证决不会是决定性的。但是他仍然不认为基督教信仰只是一个“主观真理”的问题，也就是一个内向的、满怀激情的信仰关系的问题。克尔恺郭尔相信，基督的生和死是一个“客观真理”。这不是理论，而是由信仰所把握的一个历史事件。

因此，克尔恺郭尔提出了各种不同的可能性。我们可以对客观真理持一种主观上真实的态度（一个具有真诚信仰的基督徒对于基督教上帝的态度）。我们可以对一种客观上不真实的东西持一种主观上真实的态度（一个真诚的异教徒对他的偶像的态度）。我们可以对客观上不真实的东西持一种主观上不真实的态度（一个异教徒使一个有生存论谬误的祈祷者专注于前者的偶像）。我们可以对一个客观真理持一种主观上不真实的态度（一个基督徒使一个有生存论谬误的祈祷者专注于基督教上帝）。克尔恺郭尔的主要目的首先并不是要讨论不管是科学中的还是宗教中的“客观真理”，而是要显示“主观真理”是多么地重要。

但情况甚至还更为复杂：克尔恺郭尔认为，人类生活充满了悖论和矛盾。其中至少包括基督教信仰，它至今仍是一个悖论。说到底，信仰成了一个难解之谜——对我们的理智来说。因此，重要的是要认识到，生命的特征是飞跃，是任何论证和成熟过程都无法克服的飞跃。对历史性上帝的满怀激情的信仰，是所有悖论和飞跃中最大、最重要的一个（参见第九章，罗马天主教神学家帕斯卡尔的类似思想）。

第四节　民主政治是蛊惑民心

我们常常假定，晚近时期所有开明的知识分子都追随民主。民主一出现，人人就都意识到它是正确的，起码任何有思想的、无偏私的人都会这么看。但这个假设并不正确。在某种意义上，克尔恺郭尔就是反民主的。他赞赏的是那时存在于丹麦的那种开明的绝对王权。

需要强调的是，丹麦的绝对王权在 19 世纪上半叶是一种开明仁慈的统治。而且，对克尔恺郭尔来说，人人应当参与政治是不可理喻的：统治者一般来说干得很出色，而且也并不是人人都想参与日常的政治事务的。毕竟，对于每一个人来说，最重要的是要积极地提升内在的生活。政治动荡会使人们不注意关键的事情。最后，克尔恺郭尔害怕民主政治（democracy）会实际上变得蛊惑民心（demagogy），也就是变成一个这样的社会，在这种社会中，坚持“正确”意见和要求顺从的压力会威胁个体的人格完整。这会导致异化的增强和存在主义意义上的绝望。忙碌不停的中产阶级，忙碌加上更加没有头脑的不专业的政客，会控制社会，会取代那些真正具有生存论意义的生活态度。因此，克尔恺郭尔对民主政治之兴起的批判，构成了他对异化和生存论意义上的贫困化的总体批判的组成部分。人是会迷失于琐碎浅薄的东西之中的，不仅迷失于市场和工作场所之中，也迷失于政治和社会生活之中。生活中那些深层关系会被置换。生活会在生存论意义上变得贫乏。

由于历史的原因，克尔恺郭尔无论在进行论证方面还是在纠正错误方面都无法借助于经验社会学。我们时代的民主主义者也许会把克尔恺郭尔对民主的抗议视为一种反动的、唯灵论的个人主义。但是，作为开明的民主主义者，我们应当熟悉克尔恺郭尔的那些责难。只有这样，我们才会知道他错了，如果他真的是错了的话。不管怎么说，对现代社会的批判是一个持续的过程，不同的人都对此作出了贡献，克尔恺郭尔就是其中的一个[7]（参见第二十一章和第二十三章）。

思考题

1. “克尔恺郭尔是黑格尔的死对头。”请对这句话作一番讨论。请考虑克尔恺郭尔关于“独一无二的存在”和三个阶段的论述。
2. 请说明克尔恺郭尔“主观性即真理”命题的涵义。我们应如何传达“主观的真理”？

进一步阅读的建议

原始文献

The Concept of Dread, translated by W. Lowrie, London, 1944.

Fear and Trembling, translated by R. Payne, London, 1939.

Stages on Life's Way, translated by W. Lowrie, Princeton, NJ, 1941.

二手文献

Hannay A., Marino, Gordon D. (eds), *The Cambridge Companion to Kierkegaard*, Cambridge, 1998.

原著选读

索伦·克尔恺郭尔：《非科学的最后附言》

（选自 Søren Kierkegaard, *Concluding Unscientific Postscript*, translated by David F. Swenson, Princeton: Princeton University Press, 1941）

当人们以客观的方式提出真理的问题的时候，反思被客观地引向惟一的真理，作为一个认知者与之发生关联的对象。但反思所关注的不是关系，而是它是否就是认知者与之关联的那个真理。只要他所关联的对象是真理，主体就被解释为处于真理之中。如果真理的问题是以主观的方式提出的，反思就被主观地指向个人关系的本性；如果这种关系的模态处于真理之中，个人就是在真理之中，即使他与之关联的东西恰好并非真实的。让我们以对于上帝的知识为例。从客观的角度来说，反思指向的问题是：这个对象是否是真实的上帝；从主观的角度来说，反思指向的问题是：个人与某物之关联的方式，是否使得他所处的关系成为一种与上帝的关系。那么真理将在哪一边找到呢？啊，我们难道不能求助于一种中介，难道不能这样说吗：真理不在其中的任何一边，而在两者的中介之中？说得很好，但前提是我们要能解释清楚一个实际生存着的个体怎么有办法处于一种中介的状态。因为处于中介的状态就是处于终结的状态，而生存着就是变化着。一个实际生存着的人也不可能同时处于两个地方——他无法是主体和客体的一种同一。他离开同时处于两个地方的境地最近的时候，是他激情冲动的时候；但激情是暂时的事情，激情也是主观性的最高表现。

实际生存的个体，如果选择客观的道路的话，进入的是那个被认为是用来客观地揭示上帝的完全的逼近过程。但这是永世不可能的事情，因为上帝是一个主体，因而仅仅对内在的主体性才存在。实际生存的个体，如果选择的是主观的道路，就会立刻领悟包含在以下事实中的全部辩证的困难：他必须花一些时间、或许是花许多时间来客观地发现上帝。他会最为痛苦地感受这种辩证的困难，因为上帝不与他同在的每个时刻都白白浪费了。就在那一刻他发现了上帝，不是借助于客观的思虑，而是借助于内心的无穷激情。另一方面，将全部探究的时间都用于寻找上帝，其中包含的这些辩证的困难，客观的研究者却并不为此而感到尴尬——因为那研究者可能明天就死去；假如他活着，他也不大会把上帝看作是某种便于携带的东西，因为上帝恰恰就是那种人们不惜一切代价而守持的东西，在激情的理解中，这构成了与上帝之间的内心联系。

就是在这点上，就是在如此辩证地困难的这点上，道路向每个知道思考是一回事、知道进行生存论的思考是怎么一回事的人倾斜；这事与坐在书桌前、写着自己从来没有做过的事情，全然不同；这与一边写着《论怀疑者》，一边在生存论方面与最感性的人一样轻信，也全然不同。道路的倾斜是在这里发生的，作为变化之标记的是这个事实：客观的知识沿着漫长的逼近之路闲逛着，没有受到激情冲动的推力作用，而主观知识却把每一个延迟当作一种致命的危险，将那个决定视为无限重要、极其紧迫，好像机会已经丧失一般。

这样，问题是要去计算哪一边最有真理：是在客观地寻求真实的上帝、寻求上帝理念的近似真理的那个人一边呢，还是在受他对于上帝之需求的无穷激情的推动而感到对真理之中他自己与上帝的关系感到无限关切的那个人一边（在同一时刻同等地处于两边，正如我们已经指出的，对于一个实际生存着的人来说是不可能的，而仅仅是一种想象的我即是我的快乐幻觉）。如果这就是问题之所在，那么，对于任何还没有因科学而灰心丧气的人来说，答案是毫无疑问的。如果一个人生活在基督国度中间，他趋步登上上帝之屋——真实的上帝之屋，带着他知识中的真实的上帝观念，祈祷着，然而是以一种虚假的精神祈祷；而另一个人则生活在偶像崇拜的社会中，他带着对无限者的全部激情祈祷，尽管他的目光所落，是一座偶像的形象：至高的真理处于谁的一边？一个人真实地向着上帝祈祷，尽管他崇拜着一个偶像；而另一个则虚假地向着真实的上帝祈祷，因而事实上崇拜着一个偶像。

注释

[1] Johannes Sløk, *Kierkegaards Univers. En ny Guide til geniet*, Copenhagen, 1983. 我们的讨论受到了该书的启发。

[2] 这里译为“存在主义”的 existentialism 一词经常被人译成“生存主义”或“生存论”，因为其词根 existence 专指人的存在（本中译本译为“生存”），因而区别于一般意义上的 being（一般译为“存在”）。——译者

[3] Johannes Sløk 在 *Kierkegaards Univers*, pp. 121—122 上说，他对克尔恺郭尔是否改变了他的基本预设感到疑惑。

[4] 转引自 A. Næss 编 *Kierkegaad*, Oslo, 1966, “Introduction”, p. 11。

[5] 这里的“生活”与本章别处的“生命”同为“life”一词的翻译。——译者

[6] 我们禁不住要指出如下对应：教化性的诠释，连同其不可通约的生活规划，与库恩的（部分地）不可通约的范式理论有某些相似之处（参见第二十三章）；综合性的诠释，连同其辨证的教化的概念，与黑格尔关于个体成长和发展的观点有某些相似之处（第十六章）；反讽-反思性的诠释，连同其在一个缺乏意义的宇宙中构成意义的生活规划，与尼采哲学有某些相似之处（第十九章）。

[7] 亨利克·易卜生（Henrik Ibsen, 1828—1906）早年深受克尔恺郭尔和生存论本真性思想的影响（参见 *Peer Gynt* 和 *Brand*）。

第十九章
关于我们对人的看法的争论

生平 查尔斯·达尔文(Charles Darwin, 1809—1882)出生在英国的一个在医学和自然科学领域中作出了杰出贡献的著名的家庭中。达尔文自己最早学习的是医学，然后是神学，最后是自然科学。1831 年，作为一个年轻的科学家，他乘坐科学考察船“比格尔号”开始了近 5 年的航行。期间，他的思想发生了巨大的变化。在这次航行之前，他认为物种是不变的。但是，他在这次航行中在南美和太平洋诸岛上采集的材料，却使他改变了观点。比如，通过对加拉帕戈斯群岛上鸟类的变异情况的研究，以及对南美的哺乳动物的化石的研究，他认为，说明不同物种及其环境的关系的最好假说，是认为物种不是永恒不变的，而是通过适应环境而进化的。以此假说为基础的理论至今还是被称作“达尔文主义”。达尔文在收集材料和获得这个假说时还很年轻，他花了很长时间来将它体系化。在此过程中，他接触到了马尔萨斯的理论。马氏认为，人口是按照几何级数增长，而食物生产——仅仅是按照算数级数增长。依此理论，出生的人口总是比能够维持其生存的既定资源多。因此，下层阶级总是生活在贫困之中。达尔文认为，这种思想为物种的进化提供了一种解释：在争取有限资源的斗争中能够生存下来的，是那些最能适应这些条件的物种。1859 年达尔文完成了他的《物种起源》(全名是《论物种通过自然选择的起源，或在生存斗争中有利种类的保存》)。此书引发了一场热烈的争论。达尔文自己没有介入争论。他的健康状况不佳，一直到他去世，他专注于对植物和动物的进一步的研究。1881 年，他出版了一本关于蚯蚓之于土壤的重要性的著作。他的其他著作包括：《人类的由来及性选择》(1871)、《人类和动物的表情》(1872)。

第一节　达尔文——遗产和自然选择

自然选择与人类起源

生物物种在传统上被认为是不变的。任何物种(像马、牛、羊)等都有其永恒的、特定的形式和功能。我们既可以在亚里士多德那里，也可以在那些相信物种是直接由上帝创造的并各有其永恒本性的人那里发现这个观点。人类是物种之一。因而人类作为一个物种，被认为既是不变的，又相对于其他物种而言是独一无二的。达尔文主义却不这么看。生物是发展的：不同物种是通过与环境的相互作用而产生和形成的。因此，所有物种都是通过动态的发展链条而产生的，所以，不同的物种之间有一种家族关系。从这个角度看，没有什么物种(包括人类)具有独一无二的地位，尽管不同物种之间存在着重要差异。

这种观点预设了每个个体拥有一些遗传上被决定的性状，这些性状在某种程度上不同于同物种的其他个体的所拥有的相应性状。而且，所有生物都有一个倾向，即繁殖后代的数量多于环境的承受能力。这样，有些后代便无法生存。(如果所有的鱼卵都能够生长的话，鱼就会多得从海洋中溢出来。)所以，存在着生存斗争，并且这种斗争的结果不是偶然的。经过一定的时间，那些拥有最适合环境的性状的个体就生存下来了。那些由于遗传性状而成为最适者的个体就是生物学上的胜利者，它们也会把这些性状传给其后代。在此意义上，存在着自然选择。由于生存斗争，在较长时间内，那些使得某一个体能够更好地适应环境的遗传性状，比起同物种其他个体的那些不太有用的性状，更能够遗传下来。

然而，达尔文并不知道遗传规律。他不知道性状是如何遗传的。因此，他不能说明一种好的性状(相对于该性状在某一种群中已有的变异而言)是如何遗传下来的，并最终促使新的物种的进化。[1]只有用约翰·格雷戈尔·

孟德尔(Johann Gregor Mendel, 1822—1884)遗传理论才能说明遗传的机制。这样，达尔文主义获得了一种新的基础，取得了一种新的形态。

然而，达尔文的自然选择理论有两个问题：性状是如何遗传？新的遗传性状是如何产生的？孟德尔的遗传规律解释了前者，而突变的概念，即遗传物质的突然的和相对持久的变化，解释了后者。

这就牵涉到一个重要的理论观点。无论是通过突变而产生的遗传性状的变异，还是自然选择，都不被认为是由意志或目的产生的。突变是一种随机事件，它不是有意识的结果。突变被认为是自然现象，原则上可以作出科学的、(某种意义上)因果的说明，即使我们无法预测何时一个特定的突变会发生。自然选择也不是因意志或有目的地发生的。因此，不仅立足于《圣经》的字面解释的神学的说明，而且对有机自然的目的论的说明，都被排除出去了。而在亚里士多德的传统中，这种立足于目的和目标的目的论的解释，是至关重要的。

因此，经典的达尔文主义反映了亚里士多德式的科学说明概念和伽利略-牛顿式的科学说明概念之间的冲突。

但是，由于基因、生物体和环境之间的相互作用，生物学中的决定论的本性问题是一个复杂的问题。[2]这里值得注意的是，在对动物行为的研究中，生物学家利用了对于物理学而言是比较陌生的功能主义的说明："松鸡具有保护色，是因为这种颜色使得它能够更好地逃避试图捕食它的动物。"在这里，这种遗传性状(保护色)是用其功能效果来加以说明的。在通常的因果说明中，结果是用其原因来说明的。在这里，好的结果，即更好的生存机会，说明了该性状(保护色)会存在的原因。当然，这并不意味着，保护色是松鸡有意为之的东西。[3]

达尔文主义的主要文化挑战，是它把人类看作产生于自然选择的诸物种之一。[4]当然，人类具有我们所说的人的一切性状，这些性状把人和其他的物种区别开了。但是，达尔文给我们提供了一个视角，从这个视角看，所有这些性状都被视为一个适应过程的结果，其内在机制对于所有生物来说是基本相同的。那么，人在宇宙中的独特位置是什么呢？正如日心说把人类的位置从宇宙的中心降低到边缘一样，达尔文似乎否定了人在生物中的独特位置，赋予人类和其他物种一种家族关系。

当年有一场通俗的、但火药味很浓的争论。我们是猿的后代吗？不管怎么样，达尔文并没有主张这样一种直接的亲缘关系。他所论证的是，人和猿拥有共同的祖先，并且人，基本上和所有其他物种一样，是经过长期自然选择进化而来的。

这种科学理论会威胁我们关于人的文化观念吗？从传统的基督教神学的角度来看，如果我们坚持对《圣经》的字面解释，达尔文主义是成问题的。相反，如果我们认为《圣经》应该被批判地和自由地解释的话，我们也许可以有一种妥协的看法，即上帝通过进化来创造人。但是，除了人是否直接或间接地由上帝所创造的神学问题之外，我们还面对着这样一个伦理问题，即达尔文主义会怎样影响我们对自己作为人类的看法。我们是不是原始的类猿生物的后代，这一点真那么重要么？它是重要的呢，还是不相干的？如果我们撇开神学的视角，那么，剩下的是这样一种看法，即人类在遥远的过去以这样那样的方式产生了，会在某个时候灭亡，但是我们不知道何时以及如何灭亡。如果我们还是其他物种的远亲，那么，积极地或者消极地，这意味着什么呢？

我们可以说，不管其由来如何，人类就像他们现在所是的那样。我们建造房屋，烤面包，写信，参加音乐会，发动战争，爱和绝望，生和死。我们所做的这一切——所有这些事情是我们作为人所特有的——与我们是否是猿的远亲的问题，没有多大关系。人类是其所是，要发现他们的所是，我们必须研究的是人，而不是猿：当某物从 x 进化到 y 时，y 就是 y，而不再是 x。（有人也许会说，要了解人类是如何成为人类的，读黑格尔会比读达尔文更有收获。）

但是，我们也可以按以下方式来进行论证。人类的所是并不独立于他们如何看待自己。因此，在这方面，我们关于人的观念并不是不相干的。比如，我们常常说，人类是利他的，或者至少他们是能够利他的。但是有人认为，他们有理由以如下的方式来解释这种表面的利他主义：所有通过自然选择而形成的有机体都是受“自私的基因”支配的。[5]“利他主义的”基因是“失败者基因”！因此，生活在今天的人们充满了自私的基因。

我们将不介入这场根据进化论而进行的围绕利他主义和自私的争论。[6]我们只是想关注这样一种看法，即我们人类不仅仅是独立于我们的自我理解的，*是*我们之所是，而且在某种程度上是我们认为自己之所是。我们作为人的身份是对解释开放的。其中一种解释是，我们“根本上”，也就是说，在遗传上，是自私的。（比较弗洛伊德的一个类似解释：“从根本上说”，行动 x 和态度 y 是不同于我们曾以为的那样：也就是说，它们应该被理解为潜在的和受压抑的性动机的表现。）这些关于我们“真正”是什么的解释会影响我们的自我理解。如果我们被这些关于我们真正是什么的阐释之一所说服，我们就会在某种程度上开始去仿效它。

但问题不仅仅是我们*是*什么，而且是我们*应当是*什么。如果我们相信，人是通过自私的生存竞争而产生的，因此，人与人之间的关系*应当*建立在利己主义的原则之上，那么我们就不正当地从“是”过渡到了“应当”——这正是休谟和其他许多人所反对的那种逻辑跳跃。如果我们犯了这个错误，主张从*是*当中演绎出*应当*（所谓的“自然主义的谬误”），我们就离开了作为一个科学理论的达尔文主义。这种情况我们可以在对达尔文主义的一些政治解释中看到，在这些解释中，最适者的权利是用一些进化发展方面的理由来提倡的：这种权利被当作是如何组织社会的*规范*。

达尔文主义和社会生物学

关于我们对人的看法的争论，是与关于达尔文主义的认识论地位的争论联系在一起的。这些争论发生在不同层次，既有通俗性的也有学术性的。在比较通俗的争论中，我们会遇到这样的立场：如果达尔文主义还没有被证明为在科学上毫无疑问地正确，那么，它只是众多的假说之一，而那些相信《圣经》的创世观的所谓创世论者，在一种或多或少字面的意义上，确实拥有一种和达尔文主义相竞争的理论。[7]

针对这种立场，我们可以用这样一个论据来回答：没有任何科学理论是不容置疑的；它们可以（比方说）在借助于新技术和新的概念发展而获得的新数据的基础上而加以修正。因此，我们并不能说，达尔文进化论还没有得到最终确证这个事实本身，就是对达尔文主义的决定性的削弱，就是对创世论的一个间接支持。根据这个思路，我们并不能说，由于达尔文主义不是不容置疑的，那么任何缺乏根据的意见是同样有效的："达尔文主义还没有最终被证明，创世论还没有最终被证明，因此，两者处于同一认识水平上。"事情当然不那么简单。尽管科学理论是可错的，但是有些理论比其他理论更有根据一些。比方说，现代达尔文主义是一个广泛的科学领域的一部分，包括了从进化研究一直到以 DNA 分子为基础的现代遗传学研究的内容。在这里，不同的理论和方法富有成效地相互作用着、相互支持着。这种支持使我们有权利认为，生物进化论在科学上是很有根据的，尽管它是可错、可以作进一步解释的。创世论并不具备这种融贯支持的体系。

说物种是上帝创造的并不能促进富有成效的科学研究。这是另一种类的答案。我们可以直截了当地说，自然科学的基础是自然的原因，而非超自然的原因，尽管进化论中的因果决定论的本性还有待说明。那些把上帝作为原因的人不是自然科学家，而可能是自然哲学家。但相反，如果我们认为上帝的行动不是超自然的，而是现实的事件，如《圣经》记载的那样，那么，《圣经》之为真（并且基本上无歧义），以及如《圣经》所说的那样的上帝之存在，则还都有待于作出说明。如果后一种主张是很有根据的，那么，也许我们能说，物种的起源最终是可以用这些事件——也就是上帝的行动——来说明的。这就是要把自然科学中的那种说明，归结为一些来自社会科学的说明。但是，不管我们是选择超自然的理路，还是选择"社会科学"的理路，我们显然已经确定了我们的方法是逸出自然科学范围之外的。

总之，相对于作为现代科学之特点的不同认识领域的分化而言，也许可以公平地说，创世论代表了一种思想混乱：如今，尽管有一些难以分清的两可情况，宗教、科学、道德和艺术之间是存在着一些有意思的区分的。比方说，宗教理论，就像伦理理论或美学理论一样，是不回答科学问题的。

当牵涉到"人类到底是什么"这个问题时，可以公平地说，答案不可能在单单某一门科学中找到，不管这门科学是物理学、进化论、遗传学、心理分析、神经生理的心理学、行为心理学、社会人类学、经济学、社会学，还是……所有这些学科都会提出它们自己的答案，这些答案是由它们的概念预设和方法论预设所决定的。这种视角的多样性是现代社会不可避免的“巴别塔”。只有通过反思地认识到各种视角的预设和限度，我们才能把握这种多元主义。真理不会从一个正题或一个合题中找到，但是如果我们对各种相关的视角和立场保持一种批判的反省，我们是可以希望获得一种很有根据的洞见的。

对于有些人来说，这个多元主义的论证是鼓舞人心的、启人心智的：世界是无限多样的，因此要有各种各样探究才行！对于其他一些人来说，它可能显得是令人沮丧和困惑的：与这个世界打交道的任务变得太复杂了，简单明了的答案无从去找！也许现代性是“超越自身”了，而回到我们失落了的天真——我们品尝智慧树以前的时光——的冲动，却势不可当。此时，新的非理性主义的海妖之歌，不仅在德黑兰，而且在洛杉矶和伦敦，令人神往。

在已有学科的交叉之处，一种有意思的努力是试图将进化论运用到对人的行为的研究上去。这已经发生在社会生物学领域。[8]我们在进化论的基础上研究动物行为已经有很长时间了。立足于人类是进化的产物的前提，社会生物学家试图在同样的基础上来说明人的行为。

首先，我们应该想到，不同的学科是可以用来探索同一现象的。比如，不仅社会生物学，而且社会学、社会人类学、社会心理学、历史学，都能够理直气壮地研究人类的行为。但随后我们必须澄清我们的概念预设和方法论预设，以及这些预设可能如何对结果产生影响。当陈述我们的结果时，我们不应该说“人类实际上是……”，而应当说“在此特定研究课题的如下预设的基础上，我们发现，……是有令人信服的证据的”。在这种交叉学科的领域中，如果我们非反思地把一个科学传统中的概念运用到另一个科学传统中去，就很容易产生“浆糊术语”。[9]因此在这种交叉学科的领域中，特别是当该领域还比较新，还没有很好地确立起来时，我们仔细地界定我们所用的概念，特别是要区分用同一术语表示的不同的概念是重要的。比如，我们可以回想一下，男人和女人的关系，是社会生物学争论的焦点：男人和女人在行为上的差异，主要是受社会因素决定的性别角色的表现，还是受进化因素决定的对立的表现？这是有关遗传学和环境之间复杂的相互作用的广泛讨论的一个变种。比方说，该问题常常被表述为：从总体上来说，男人是否比女人更具进攻性和支配欲？如果是这样的话，这主要是社会化的结果呢，还是进化方面的生物因素的结果？

达尔文主义之后产生的这场争论还远没有结束，无论是在认识论的层次上，还是在有关道德和我们的人性观念的公共争论中。[10]

第二节　尼采——上帝之死

生平　弗里德里希·尼采（Friedrich Nietzsche，1844—1900），一个路德教牧师的儿子，是在一个虔信派的环境中成长起来的。他很早就对哲学、音乐和文学发生了兴趣。在学生时代，尼采学的是古典语言学，24 岁的时候，他成了巴塞尔大学的教授。1879 年，因为生病，他只得辞去他的教职。从 1878—1888 年，在困难的经济条件和糟糕的身体条件下，他以很快的速度写成了他的哲学著作。1889 年 1 月，在都灵，他不可挽回地疯了。在他的研究过程中，尼采了解到了叔本华的悲观主义哲学和理查德·瓦格纳（Richard Wagner，1813—1883）的音乐。从叔本华那里，他吸取了把意志看作生命的根本特征的思想。在瓦格纳那里，他看到希腊的艺术理想结出的成果。1888 年，格奥尔·布兰代斯（Georg Brandes）在哥本哈根大学讲授尼采哲学。在 19 世纪 90 年代，人们对他的哲学的兴趣急剧地增长。欧洲的作家们如托马斯·曼、加缪、萨特、奥古斯特·斯特林堡（August Strindberg）和海德格尔，都以不同的方式受惠于尼采。尼采死后留下了一些未发表的手稿和笔记。他的妹妹，伊丽莎白·F·尼采（Elisabeth Förster Nietzsche）——她是一个反犹主义者，后来成了一名纳粹——在其兄死后编辑和出版这些手稿，通过伪造他的作品，大体上创造了尼采的反犹主义和纳粹先驱的神话。与克尔恺郭尔一样，尼采既鄙视“大众”，又鄙视自以为是的有教养的中产阶级。两位哲学家都认为，他们处于一个衰落的年代，都反对他们时代的主导性的倾向。在克尔恺郭尔和尼采那里，政治思维的终局是一种“贵族式的极端主义”（格奥尔·布兰代斯），两人都是现代生存哲学的核心人物。

尼采最重要的著作有：《悲剧的诞生——从音乐的精神看》（1872）、《人性的，太人性的》（1878）、《曙光——对道德偏见的反思》（1881）、《快乐的科学》（1882）、《查拉图斯特拉如是说》（1886）、《善恶之彼岸》（1886）、《论道德的谱系》（1887）。《瞧，这个人》和《权力意志》是尼采死后出版的。

“上帝死了”——欧洲虚无主义

19世纪80年代是一个乐观主义、进步和发展的年代。正是在这样的背景下，尼采宣布了他的惊人发现：“近来最重要的事件——‘上帝死了’，即对基督教上帝的信仰是毫无价值的——已经开始对欧洲投下了第一道阴影。”[11]尼采认为，这个恼人的消息还需要几个世纪才会成为欧洲经验的一部分，但到那个时候，所有传统价值都将失去它们的约束力，欧洲虚无主义将成为一个事实。

对尼采来说，虚无主义是价值和理想崩溃的必然结果。价值的贬值，对它们的虚构本性的揭示，将我们推向了我们从未经历过的虚无之中。对尼采来说，历史的转折点已经来到：人类不是向动物式的野蛮状态沉沦，就是克服虚无主义。但是，虚无主义只有被推向极端并转化为它的反面，才能被克服。尼采的思想就旨在为即将来到的某种未知的东西扫清道路。因此，他的思想是难以归类的。他属于像帕斯卡尔、克尔恺郭尔、马克思、陀思妥耶夫斯基一类的哲学家。他们之间存在着极大差异，但他们都属于“他们时代的祭品”，标志着人类境况的一个划时代变革。[12]

尼采以前，哲学家们一直认为历史和世界是有意义的、合理的和正义的。生存是有一个目标、一种意义的。它不是盲目的和偶然的。存在着一个由上帝确立的世界秩序。世界不是混沌，而是一个秩序化的宇宙，人在其中拥有一个有意义的位置。随着尼采的出现而崩溃的，就是对人类和生存这种观念。对于他来说，这种观念并不是实在的一个真实图景：哲学和宗教的世界观只是表达了人逃避混沌的需要。没有一种对世界的持续的“伪造”，人类无法生存。

这种把世界视作混沌的观点，反映了尼采哲学的一种基本情绪。世界是没有计划的；它是一场命运的游戏。换言之，我们的思想总是要求一种严格的逻辑形式和结构，但实在却是没有形式的，它是混沌的。混沌的威胁促使我们创造意义，我们因此而成为“形而上学的艺术家”。为了活下去，我们赋予我们的生存以形式，并添加上“意义”和“目的”。哲学体系和世界观只是一些虚构，为的是给我们的生存以安定感。但是，人却有一种特别的遗忘能力：我们赋予世界的结构渐渐地被理解为世界自身的结构，一种上帝创造的秩序。这是和平和安全的前提。

因为上帝失去了价值和权威，我们就寻找能够替代它的其他指路明灯：直言命令，黑格尔的理性，历史的目标等等。实际上并没有外在的或内在的道德权威，虚无主义是作为这种怀疑的一种直接后果而出现的一种思维方式和心理状态。当我们意识到生存是无法像“目标”、“统一性”、“目的”和“真理”等概念来诠释的时候，我们就被价值虚无感所击中。这些负载价值的范畴是我们自己赋予世界的——当我们抛弃它们时，世界就显得毫无价值。

按照费尔巴哈和马克思的说法，把这解释为一种“哲学的异化”也许是合适的。形而上学体系是人的哲学异化的表达。因此，尼采试图将“被异化了”的东西归还给人：“我要把所有我们赋予真实的和想象的东西的优美和崇高，恢复为人的属性和产物。”[13]

说世界没有价值，不是说它“价值极小”或几乎“无价值”。严格地说，说世界有价值，与说数有颜色或有重量一样是没有意义的。尼采似乎认为，价值这个观念有一种关系特征：我们说 x 具有价值，这或者是表达了我们自己的评价，或者是对下面这种陈述的描述：“约翰把价值赋予了 x。”说 x 本身具有价值，对尼采来说，是一个无意义的命题。[14]

因此，尼采把虚无主义理解为一种彻底幻灭的世界观。在尼采那里，“上帝死了”的思想唤醒了对于无开端无目标的世界的一种新的理解。在基督教传统中，道德和真理根源于上帝。因此，如果上帝死了，道德和真理的基础也就不存在了。没有什么是“真”的，“一切都是允许的”。但是，虚无主义不是尼采的最终结论：他的主角，查拉图斯特拉，就旨在超越上帝，克服虚无主义和存在论上的虚空。条件是我们把我们的“有用的”人生置于身后。

对形而上学和基督教的批判

在尼采看来，基督教是“大众的柏拉图主义”，是西方形而上学的庸俗化。否定生命的西方思想体现在基督教和形而上学之中：感性的、尘世的东西，是根据理念或上帝，根据“神圣的”、“真正的”、“真实的”世界来理解的。尘世的东西被贬低为“不真实的”、“虚假的”东西或“悲惨尘世”。尼采所有的思想就旨在颠覆这种*存在观*。因此，他把自己的思想看作是一种颠倒了的柏拉图主义——或者是*对一切价值的重估*。

至于*上帝*，尼采主要不将其理解为一种宗教的力量，而是理解为一种独立于人的价值的客观性：所有的价值和道德标准都是上帝给予的。因此道德有一个宗教的基础。对尼采来说，“上帝之死”意味着剥去了所有形式的价值超越性，意味着重新发现所有的价值是人的创造。宗教、道德和哲学都是人类异化的症候。这些思想形式的毁灭，使得我们认识到，两千年来我们所崇敬和拜倒的东西是人所创造的。对基督教的批判之后是对形而上学的批判。在尼采看来，形而上学把我们尘世的现实斥为非存在(巴门尼德)或者不真实的(柏拉图)。传统哲学理解为现实的存在，即实体，*是无*。只有可见世界的生成和变化才*是*。时空之外，没有实体或现实的实在，没有可知世界，没有永恒理念。只有一个在时空中展开的感性世界。只有这才是真实世界。因此，查拉图斯特拉规劝说：“兄弟们，我祷求着：忠实于大地罢，不要信任那些侈谈超大地的希望的人！无论有意地或无意地，他们是施毒者。他们是生命之轻蔑者、将死者，他们自己也是中毒者……让他们去罢！”[15]

尘世中没有什么永恒的或基础性的东西：只有运动、时间、生成，“此外无他”。因此，尼采基本上认为，赫拉克利特是正确的。不变的存在是一个空洞的虚构；一切皆流：所谓的“真实”的世界是一个谎言。因此，尼采颠覆了西方世界的基本的形而上学的预设。从一开始起，形而上学是二元对立的。它的本质是一种二分法：一边是一个可变的感性的世界，一边是一个静止的、超越的世界。按此，可以说，真正的存在并不生成，而生成的东西并不存在。尼采试图克服生成和真正的存在之间的这种矛盾。在他的理解中，形而上学贬低了向我们展示其自身的世界，代之以一个号称是真实世界的想象的世界，一个虚构。哲学不信任感觉（参见柏拉图），因为它们所显示给我们的是短暂易逝的东西；哲学认为思想的主要敌人是感觉和感性的东西。由于永恒不灭的东西不能在感性的世界中发现，所以哲学诉诸一个拥有诸种最高属性的超越的世界。这样，形而上学的建构就表现为如下的情形：形而上学把存在划分为这样一些二元对立，如“现象”和“存在”、“本质”和“展现形式”、“自在之物”和“为我之物”、“真正的”和“虚假的”、“灵魂”和“肉体”等。形而上学就以这样的方式构造一系列的二元对立，其中的一个环节被认为是积极的，而另一个环节则被认为是消极的。比如，灵魂具有一种积极的价值，而肉体则具有一种消极的价值。每一种事物都有其*存在等级*。因此，形而上学在不同的现象之间建立起了一种等级关系，所有的等级排列（如在柏拉图或者阿奎那那里）是视其与最高存在，即我们通常称作“善的理念”、“绝对”、“上帝”的距离而决定的。所以，各种现象是被理解为由一个绝对的标准所决定的。然而，“上帝死了”这个思想，使得超越对存在的这种理解（比如在柏拉图主义的和基督教的二元论中）成为可能。

尼采对“上帝”和基督教的拒斥，实质是对道德化的本体论和本体论化的道德的拒斥，他拒斥的是这样一种观点，即认为不灭的存在就是善，人的道德任务就是要超越感性的存在（“生活的需要”），转向神圣的理念。尼采认为，二元论对人而言是一种最大的危险，因为它引导人们*舍弃*生活。尼采和“上帝”，亦即“二元论”斗争的结果，是一种天真、欢乐、单纯的人生观。这就是他所认为的“重估一切价值”，以及对人类最大错误的纠正。

但是，当尼采以这样的方式来颠覆形而上学的时候，他有没有利用他所拒斥的东西？他自己不正在使用他所反对的那种区分吗？他是认为*尘世*的东西是真实的、而形而上的东西只是想象的呢，还是他正在开启一种与传统哲学彻底决裂的新的思维方式呢？

道德哲学

尼采的道德哲学主要表现为一种对道德现象作心理学解释的巨大努力。关于用什么来取代已经毁灭的道德，以及关于新道德的可能性的根据，他说得很少。尼采认为，没有什么现象就其自身来说是道德的或非道德的。就此而言，他的立场令人回想起休谟：只存在着关于现象的各种道德解释。尼采自夸是第一个意识到没有“道德的事实”的人。我们的道德准则也不是用来描述世界的。道德是一种束缚：是一种用来保护社会，避免破坏性力量的有用的手段。道德利用了恐惧和希望——天堂和地狱就属于最强有力的发明物之列。到最后，强迫的机制内化成为良心。

在《善恶之彼岸》中，尼采宣布了他关于两种基本的道德类型的发现：“主人道德”和“奴隶道德”。确实，它们在所有文明的高级形式中都是混合的，两者的因子可以在同一个人身上发现。极而言之，两者的差别可以做如下的表述：在主人道德中，“好”等于“高贵的”、“突出的”和“宽宏大量的”，“坏”等于“可鄙的”；在奴隶道德中，好坏都和服务于弱者即“精神上的贫弱者”有关。同情、谦卑和怜悯等品性被抬高为美德，而强大而独立的个体则被认为是危险的和“邪恶的”。根据奴隶道德的标准，主人道德认为是善的东西被视为恶的和非道德的。因为主人道德立基于力量和自我肯定。相反，奴隶道德的基础是虚弱和顺从。然而，尽管主人是强大的，奴隶却更聪明。奴隶不敢公然迎战主人，但是他们通过将自己的道德评价确立为绝对的标准来驯服主人：“奴隶在道德上进行反抗伊始，怨恨本身变得富有创造性并且娩出价值。”[16]

所以，地位低下者的进取心不是公开地而是间接地得到表达的。尼采认为，基督教是主人道德的最有力的破坏者。基督徒赞美虚弱、谦卑和逆来顺受的品性，不是因为基督徒爱这些品性，而是出于一种对于力量、生命的骄傲和自我肯定的隐秘的憎恨。由于“精神上的恐怖”，原本只是一种视角的奴隶道德开始被人接受为一种普遍的标准：主人接受了奴隶的标准来观照自身。这种“价值重估”在自然的贵族的那里，引起了一种强烈的自我憎恨。他们开始憎恨他们最强有力的欲望和激情。

当他人在承受痛苦的时候，弱者只能流一些鳄鱼眼泪。尼采认为，受苦的欢乐是人性的，人从不认为野蛮状态是可鄙的：“看别人受苦使人快乐，给别人制造痛苦使人更加快乐——这是一句严酷的话，但这也是一个古老的、强有力的、人性的，而又太人性的主题……没有残酷就没有庆贺——人类最古老、最悠久的历史如是教诲我们——而且就连惩罚中也带着那么多的喜庆！”[17]

这并不意味着尼采宣扬残忍和兽性。他试图表明，我们的许多欲望可以多么地复杂，在给予我们的反对者永恒的折磨中，可以发现多少隐藏的快乐！

如上所述，尼采认为，弱者使强者接受他们的道德准则。这就产生了一种奇特的心理现象：当强者不再能够向外表现其进取心的时候，它就会被导向内心，并会以一种全新的、未曾预见的方式令人满足。“所有不允许发泄的本能转而内向，我称其为人的内向化”。[18]与此相伴的是我们所说的灵魂：

> “整个的内在世界本来是像夹在两层皮中间那么薄，而现在，当人的本能的外向发泄受到了限制的时候，那个内在世界就相应地向所有的方向发展，从而有了深度、宽度和高度。那个被国家组织用来保护自己免受古老的自由本能侵害的可怕的屏障。”[19]

尼采是否认为应该让我们的激情和冲动超越善恶而放任自流？在道德的领域中，我们能否采取自由放任的态度？对尼采来说，所有的道德，包括超越了善恶的道德，蕴涵了某种对于“自然”的暴政。而且这是必要的。没有了道德，生活就失去了价值。没有某种程度的强迫，没有对生活的一种禁欲主义的态度，艺术、诗歌，更不用说伟大的哲学，是不可能的。重要的是要规训激情和欲望，不是要抽干它们，而是要培植它们。关键是升华。尼采认为，一个具有强有力的和可怕的冲动的人是“非人性的”，因为他还没有学会将其冲动加以升华(比如在科学和艺术中)的艺术。但是这样一个人相对于“基督教的阉人”来说，还是更为可取的，因为后者没有什么要升华的东西，因此也没有什么可以创造。通过自我控制，强有力的人类就能够以一种积极的方式来实现自身。尼采不是要“回到自然”，回到表达激情的原始状态中。所有这一切为尼采关于人类的理想即“超人”(*Übermensch*)，作好了铺垫。

超人、权力意志和永世轮回

尼采并没有给我们提供许多如何理解他的超人理论的提示。恺撒和拿破仑(更不用说希特勒和“雅利安人种”了)，都曾经被人当作是超人的实例。但这些例子并不十分恰当。“罗马的恺撒”，当“基督的精神”赋予他的时候，成为第一个超人。[20]拿破仑也并不是一个理想。在尼采看来，拿破仑只是“非人(*Unmensch*)和超人(*Übermensch*)的综合体”[21]。尼采也没有表现出特别钟爱“雅利安人种”，不管他是反犹太分子还是日耳曼人。[22]

最接近尼采的超人理想的看来是歌德。歌德受强大的激情所驱使，但是他超越了他自己。“他追求的是整体性；他反对理性、感性、情感和意志的分裂(由于康德-歌德的对立面，这种分裂在最可怕的学究中传授)，他使自己契合整体性，他创造了他自己。”[23]尼采认为，歌德是宽容的，但这不是出于虚弱，而是出于力量。他不是一个德国人，他是一个欧洲人。歌德是一个对生活说“是”的人。这样一个自由的灵魂，不是否定生命而是接受生命。“但是这样的信念具有最大的可能性。我以狄俄尼索斯的名义给它做了洗礼。”[24]

尼采的巨著《查拉图斯特拉如是说》就旨在阐明他关于超人和未来的独特洞见。历史上的查拉图斯特拉(琐罗亚斯德，Zoroaster)相信，世界是善和恶的战场。尼采指出，由于查拉图斯特拉是犯该错误的第一人，因此，他也必定是承认这个错误的第一人。[25]结果是，查拉图斯特拉成了一种新的价值观的倡导者：

许多事物被此民族称为善的，彼民族却认为可耻而加以轻蔑：这是我发现的。我还发现在这里被斥为恶的，在那里却穿着荣誉之紫袍……真的，善与恶是人类自制的……人类为着自存，给万物以价值。——人类创造了目的与意义……直到如今，我们曾有一千个目的，因为有一千个民族。但是套在一千个颈项上的链索还没有——一个惟一无二的目的却还没有。人类还没有目的呢。[26]

查拉图斯特拉(尼采)把确定和发展这个*惟一无二的目的*作为自己的任务，正是在这里，超人的观念就起作用了："超人是大地之目的。"[27]人类必须被超越。他处于非人和超人之间。人的可爱之处在于他既能够*超越*也能够*堕落*。人的价值不在于我们*是什么*，而在于我们能够*成为什么*。但是，为了向超人进化，我们必须根除所有人性的、太人性的东西。

也许我们知道什么是我们需要根除的东西。缺乏的是一种正面的特征——如果我们想不用歌德作为一个标准，以及对我们的潜能的阐明。也许尼采自己就意识到了这种不足："超人尚未存在。无论是最伟大的人还是最渺小的人，我看到他们都赤身裸体。——他们都还太相似。确实，我发现，他们当中的最伟大的人，还是太人性了！"[28]

查拉图斯特拉还宣扬*万物永世轮回*的思想。粗略地讲，这个观念的含义是，万物都在一个无穷的循环中重复自己。在前苏格拉底的哲学、斯多葛派的哲学和古印度哲学中，我们也能够发现这个观念：还会有一个苏格拉底和柏拉图，每个人都会再次出现，拥有同样的朋友和敌人，会作出同样的行动，承受同样的命运。

也许这个思想会令人吃惊。但是，尼采把它作为一个假说，一个"思想实验"。它立足于这样一个观念，即任何事物都根据不可违抗的自然法则而发生。作为一个科学假说，永世轮回的思想建立在一系列成问题的预设之上：我们必须假定，存在着支配所有自然过程的有限数量的因素。按此，可以推论，存在着有限数量的可能的组合，当达到这个数量的时候，先前的组合必然会重复。这里的前提是，宇宙是有限的。[29]

可能尼采最感兴趣的是这个学说的实践意义。比方说，这个学说和认为历史有一个最终目标的观念是不相协调的。而且，它意味着和(基督教的或马克思主义的)线性的-目的论的历史观的决裂。也许，这个学说还倾向于斯多葛派的世界观，超越怨恨和复仇的思想——也许它意味着我们应当认识到，我们尘世的任务是西西弗斯式(Sisyphean)的(永无止境的)。

> 我对人之伟大的看法是忠于事实：他所追求的就是事情本身，不在未来，不在过去，也不在永恒。不仅承受必然发生的事件，不去掩饰它——所有的唯心主义都没有真正面对必然性——除了去爱它。[30]

至少，万物永世轮回的学说，把我们从那种许诺未来幸福和欢乐的传统的形而上学和宗教的观念中解放出来了。它也意味着永恒和无限只能在今生发现：今生就是你的永生！更成问题的是，这个理论似乎和超人的理论有冲突。如果超人只是在永世轮回中重复他们自身，那么超越“最后的人类”并创造超人是否真正有意义?

尼采的很多思想是以权力意志为中心的。但是，这个观念却很少得到尼采所攻击的那些概念那样的同样深度的分析。尼采似乎认为，人类主要不是渴望“快乐”和“有用”的东西。他们也不渴望摆脱某种东西的自由，而是渴望实现自己的自由，渴望选择一种“生活方式”。这采取了权力意志的形式。但是，在这里，权力并不是指征服他人的权力，而是征服自己的权力。权力意志也表现为一种追求知识的意志，即一种引导我们组织混沌、把握和改变我们环境的本能。

有时，这个概念具有一种本体论的意蕴。这样，权力意志就成为存在的一种塑造力量。在权力意志是一种追求未来某物的意志这种程度上，这一精神意象似乎和同一事物的永世轮回的学说是冲突的。在尼采研究中，如何协调这些意象是一个有争议的问题。

认识论

在结束本章之前，我们来回顾一下尼采的思想，并考察一下他对真理的看法。在尼采看来，所有的形而上学的体系都是权力意志的体现。这一点同样也适用于各种科学。同时，它们也是“虚构”，也就是说，是我们强加于实在之上的概念构造，是普罗克拉斯提斯之床，我们以此为基础来歪曲实在以适应我们的需要。这些体系是“对一个特定的生物种类之自我保存的生理援助”。[31]任何事情都只是一个视角和一种虚构。视角的基础是评价。道德评价即解释，是一个特定的生理状态的表征。

尼采认为，认识和兴趣之间有联系[32]。但是同时，各种问题在自然主义-生物学的意义上被加以还原。另一个问题也凸显了：尼采自己的理论又如何呢？它们也是虚构？或者，是否尼采的理论避免了视角主义(perspectivism)而在绝对的意义上给予我们关于世界的真理？尼采似乎强烈地否定了后一种情况——他走得如此之远以至要质疑真理。对于真理的信念不正是一种形而上学的信念吗？

> 我们对科学的信心持续地建立在一个形而上学的信念之上。那些拥有知识、不信上帝和反形而上学的人，同样也接受了这个千年之久的信念，这个基督教的信念同样也属于柏拉图。这个信念是上帝即真理，真理是神圣的。但是，如果这个信念越来越不可信怎么办……如果上帝证明是我们最古老的谎言怎么办？[33]

尼采说，一旦我们否定了对神圣事物的信念，一个新的问题就会产生，即真理的价值问题：“真理的价值就会受到质疑。”[34]但是，什么是我们的标准，如果它不是真理本身？

因此，尼采似乎持有两个真理概念。传统上，我们认为，真理是一个陈述和一个事态之间的符合(这种符合事实上意味着什么，从柏拉图以来一直是一个有争议的问题)。这常常被称作真理的符合论。显然，尼采必须拒斥这种真理观。而且既定的理由不是没有意义的：不存在我们的理论可以符合的中立的事实。所有的所谓事实都总是已经是“负载着理论的”。一切纯粹事实或“中立的描述”只是一个隐蔽的解释，是一系列其他解释之外的另一个视角。在这个意义上，权力意志和永世轮回说的理论必定也是虚构。那么，它们和其他虚构的区别在哪里？在什么意义上尼采认为这些理论是真的（如果没有符合的可能性）？答案在于，有些解释“服务于生命”；它们对于生命、对于生命的肯定是有用的。尼采在此意义上把自己的理论看作是真的。它们之真，不在于它们表达了关于世界的真理（对尼采来说，不存在这样的真理），而在于它们**服务于生命**。我们可以把它称作一个**实用的真理概念**，我们就该以这样的方式来理解尼采关于真理的著名定义，他把真理界定为“一种错误，没有这种错误，某一种类的生命就没法生存。对于**生命**的价值是最终的决定性因素”。[35]

但是，这个实用的真理概念依然没有解决问题。尼采是如何认识到真理的这一面的？我们在谈论的是什么样的洞见？而且，尼采认为，世界本身就是混沌，这样他不正使用他所批评的符合论的真理观吗？如果他声称他**认识到**这一点，那么，他至少不能同时拒绝所有关于真理的客观理论：只有当世界确实是混沌的和没有目的的时候，“世界本身是混沌和没有秩序和目的”这一主张才是**真**的。这样，这个主张就会符合现实的条件。为一致起见，尼采必须视其哲学为其他各种可能视角中的一种视角。我们已经看到，尼采为这一视角辩护的理由是它对于生命的有用性。但是，**什么**是对生命有用的？对**谁**有用？显然，对于尼采有用的东西对于柏拉图并不有用。那么，说某物“肯定生命”或者“否定生命”的标准是什么？难道尼采只能说客观标准只是一个“虚构”或者一个隐蔽的视角吗？

也许我们扯得太远了。尼采把他自己和他的哲学看作是一个**实验**。尼采自称是“认识论中的唐璜”。他对我们的一些根深蒂固的信念作了分析。他对那些我们常常教条地以及毫无疑问地视若当然的价值加以质疑。他瓦解了我们认为自明的东西。尼采对真理做了一番实验。如果我们最终发现，这个实验在这样或那样的意义上预设了我们所质疑的东西，即绝对真理的观念，那么，这并不减少实验本身的价值。相反，尼采的实验使我们深受教益。

在许多方面，尼采令人回想起苏格拉底：当牛虻刺激起我们来保卫我们自己的时候，它在尽它最大的努力。

第三节　弗洛伊德和无意识

生平　西格蒙德·弗洛伊德(Sigmund Freud，1856—1939)生于弗赖贝格(现在捷克共和国境内，但当时在奥匈帝国境内)。他在维也纳学习医学，并一直生活和工作在维也纳，直到纳粹在1938年吞并奥地利。弗洛伊德是一个犹太人，当时避难于伦敦。在与癌症作长期斗争之后，于1939年在伦敦去世。弗洛伊德最有名的著作有：《梦的解析》(1912)、《精神分析引论》(1915—1917)、《超越快乐原则》(1920)、《一种幻觉的未来》(1927)、《文明及其缺憾》(1929)、《摩西和一神教》(1939)。

精神分析——一种新的人论

如今，弗洛伊德被人们作为精神分析的创始人来纪念。为此，人们常常把他和达尔文、马克思和爱因斯坦相提并论。

在很多方面，弗洛伊德颠覆了我们关于人的观念。在笛卡儿、洛克和康德看来，自然赋予了我们自由意志。这种作出自由选择的能力，从根本上说是我们人格的核心，并且与有意识的“自我”相关联。弗洛伊德认为，这种关于我们的心理的看法是一种幻觉。有意识的自我，只是强有力的、无意识的精神生活的外在方面。

这样，弗洛伊德在我们对主体的看法上，导致了一场革命。他要表明，我们有意识的精神生活只是我们整个精神生活的很小的一个部分。我们的有意识过程是被无意识因素严格地决定的。冰山的类比常常被用来说明这种关系：任何有意识的和能够回忆的东西，就像浮出海面的冰山的一端，而冰山的大部分(无意识)，是在水下隐而不见的。不可见的冰块决定了冰山的运动和路线以及引力的中心。所以，无意识是我们人格的核心。

在20世纪初的两部重要著作中，弗洛伊德强调，在所有人那里，都存在着无意识的精神过程，他还试图表明，精神分析能够揭示日常生活的无意识的原因。在《梦的解析》中，弗洛伊德强调，梦是有意义的。它们表达了以扭曲、错乱的方式突入我们意识之中的无意识的欲望。通过一个复杂的解释过程，有可能确定隐藏在梦中的无意识内容。在《日常生活的心理分析》(1901)中，弗洛伊德分析了日常生活中琐碎的“机能行动”，如说错话和记忆出错。弗洛伊德认为，这类现象既不是偶然的，也不是没有意义的。而事实上，它们是无意识的动机和意向的表现。比方说，我们丢失或忘记我们不再喜欢的人给予我们的东西。[36]

在此，我们已经可以看到，精神分析包含了对人类心灵的一种新的理解。它主张，在我们的神经病症状以及我们的梦、细小的错误、玩笑的背后，隐藏着无意识的(常常是性的)动机。换言之，弗洛伊德猜想，通过对无意识的心理分析的探究，那些在主体的有意识的动机和意向看来有意义的东西，会获得一种新的意义。那些表面上看来不可理解的或者无意义的症状，当被视为无意识的动机和意向的表现时，便获得了*意义*。因此，我们可以说，弗洛伊德引入了一种“猜疑的诠释学”。

通过和患神经病的病人合作，弗洛伊德发现，病人自己对无意识的东西没有什么意识。无意识是个体的“异国他乡”。但是，只有病人能够把分析师引向神经病症状的无意识的原因。关键还在于，病症是有意义的。但是，无论是病人还是医生都不能对此意义有一种直接的知识。解释是必不可少的。

弗洛伊德的主张是，(那种讨厌的、犯禁的)性欲，是可以转化为其他的、根本不同的现象，比如表面上看来没有意义的症状和梦。但是，为什么这些欲望在无意识中被压抑？弗洛伊德认为，存在着一些压抑机制，它们将充满情感的材料安置在我们心灵的不能直接由记忆来通达的一个区域之中。症候性的材料是*创伤*(希腊语的含义是“伤口”)。原始的创伤最终可以追溯到孩提时代。通过一种独特的谈话法(“自由联想”)，病人和分析师一起重构创伤。心理分析的治疗目标，是重新把握无意识的、被压抑的材料，使之对自我成为可通达的。

作为通向无意识之门的梦

无意识可以用不同的方法来研究。它可以通过自由联想来研究，也可以通过对梦和错误的深层的诠释学的解析来研究。在弗洛伊德那里，对梦的解析很快就占据了核心的地位："对梦的解析事实上是对无意识的解析的理想所在，是心理分析最确实的根据，是任何一个工作者必须赢得他的确信和获得他的教育的领域。如果我被问及如何成为一个心理分析师，我的回答是，通过对他自己的梦的研究。"[37]在《梦的解析》中，弗洛伊德强调，梦和心理具有一种外在的相似性和内在的关联。另一方面，它与健康和正常是完全一致的。梦原则上可以被当作一个"症状"来加以处理，但是，它是什么东西的症候呢？弗洛伊德指出，小孩子常常会梦到前一天(所梦之日)被唤醒但未被满足的欲望和快乐。因此，梦意味着他们欲望的实现。成人的梦也包含了所梦之日的痕迹，但要复杂得多。梦常常是不可理喻的，而且显然远不是人们想实现的(可怕的梦以及噩梦)。弗洛伊德认为，这样的梦受到了压抑。当梦和焦虑相关时，其形成的目的是要实现自我不接受的受到压抑和禁止的欲望。

要理解梦，我们必须区别明显的梦境内容和潜在的梦的思想。明显的梦境内容是当我们醒来时我们所能记起的东西。弗洛伊德认为，潜在的梦的思想是在无意识的层次上或在"另一个阶段"发现的。通过对无意识的梦的思想的压抑，明显的梦境内容是一种替代物。压抑是心灵的防御机制的结果。当我们醒着的时候，这些机制防止无意识的和被压抑的欲望进入我们的意识。在我们睡着的时候，这些欲望就会伪装着设法溜进来。因此，做梦者之不能理解梦的意义，正如神经病患者之不能理解他们的病症的意义一样。

因此，我们所记得的梦("明显的内容")是对被压抑的愿望的一种伪装的实现。弗洛伊德把歪曲无意识的梦的思想的过程称作"梦的工作"。在很多方面，当压抑不成功的时候，这种活动相当于将无意识的冲动转变为神经病的病症的压抑过程。梦的工作利用了压缩、置换、戏剧化和象征手法。此外，还有第二级的梦的工作。无意识利用了"艺术"手段。在我们的梦中，我们都是艺术家。

比方说，压缩，使得梦中发生的一件事情(如所记起的那样)代表几个不同的愿望。置换是一个过程，通过它，对我们来说重要的一个人或一个事件，在梦中被表达为一种不重要的记忆，或者是我们所不知道的一个人或一件事。当一个具有十分琐碎内容的梦与焦虑或强烈的感情相联系时，会发生类似的情形。在此，压缩和置换已发生了作用，我们必须用自由联想去把握无意识的内容。同样，象征手法也是扭曲的一种形态。比如说，男性的生殖器可以被具有类似形体的物体所取代，比如手杖、雨伞、匕首和左轮手枪。女性生殖器可以由一个中空的空间且能容纳其他物体的东西来象征性地代表：比如洞穴、盒子、房间、屋子等。第二级的梦的工作来自我们的试图以一种能满足逻辑一致性的方式来描述梦境的努力。弗洛伊德认为，（明显的）梦境包含了许多不同的（以及矛盾的）因素。因此，它可以说是被多种因素决定了的。同样，不同的构成原因的链条和因素也多重决定了心理的症状。

后来，弗洛伊德认为，潜在的梦的思想是受到**审查的**。简而言之，我们可以说，受压抑和被禁止的愿望必须发现通过“审查”的方式才能成为有意识的。梦的工作就在于将潜在的梦的思想转化为明显的梦境内容而逃避审查。梦境，如我们所能记起的那样，包含着一种已经被编为密码的隐秘的信息。我们可以把明显的梦境内容看作一个有待破解的谜。只有当分析师破解了密码，梦境才会展现出一种新的意义。那么，这种隐秘的意义是什么呢？弗洛伊德认为，成人的梦常常有性的色彩，它们表达了性的欲望。（当弗洛伊德后来发现了一种独特的进攻性本能或死亡本能之后，这一结论就成了问题。）

我们可以将弗洛伊德在《梦的解析》中的结论概括为以下5点：

1. 潜在的梦的思想和明显的梦境内容区分，是理解梦的意义的关键。
2. 明显的梦境内容是潜在的梦的思想的扭曲，也就是说，是梦的工作的产物。
3. 自由联想既可以用来分析神经病的症状，也可以用来分析梦境。
4. 梦的解析展示了一种普遍的心理学模式，能给我们提供一幅关于人类心灵状态的更为丰富的图景。
5. 破解梦境的努力，导致了一种对无意识如何根据“语法”规则而起作用的理解，也就是说，无意识是像一种语言一样架构起来的（参见弗洛伊德关于梦作为一个谜的阐述）。

弗洛伊德关于性的理论

我们已经强调了在人的精神分析的观念中性的核心作用。弗洛伊德在《性学三论》（1905）中详细阐述了这一主题。这一著作，把我们引向了扭曲过程的背景，也引向了作为我们的本能和行为之基础的情感能量的来源。这种能量后来被称作力比多（*libido*）。这本专著还首次概要地提出了一种关于婴儿期的性和性变态的理论。弗洛伊德最重要的主张是：

1．性并不是始于青春期，而是在出生后不久就得到了表达。

2．有必要在“性的”和“生殖的”概念之间作出明确的区分。前者是更为宽泛的，包括了很多和性器官毫无关系的活动。

弗洛伊德关于婴儿期的性的理论受到了很大的抵制，却有助于彻底变革他那一代人的性观念。就是当弗洛伊德声称能够显示儿童的性和成人的性欲“倒错”之间的联系时，也没有减少他的坏名声。

弗洛伊德认为，嘴是第一个和快乐的情感相联系的器官。婴儿开始追求独立于其营养需要的快乐。因此，这种活动可以称为是**性的**。口腔阶段之后是肛门阶段和男性生殖器阶段。在男性生殖器阶段中，**俄狄浦斯情结**变得特别重要（在古希腊神话中，俄狄浦斯王在不知情的情况下弑父娶母）。弗洛伊德观察到，男孩子在这个阶段（大约 3 到 5 岁）开始对他的母亲产生性欲并将他的父亲看作是具有威胁性的对手（阉割焦虑）。俄狄浦斯冲突常常在男孩逐渐地认同他的父亲，并开始采取他的父亲的价值和观点（“超我”的形成）时，得到化解。女孩则会受到相应的**伊莱克特拉情结**的影响。

由于各种原因，个体会**胶着**在诸婴儿阶段之一上面。在有些情况下，超越这个阶段的情感的、心理性欲的发展会受阻碍（参见弗洛伊德关于“肛门”人格特征的阐述）。成人会返回到某个早期的发展阶段。弗洛伊德把这称作**回归**。弗洛伊德认为，性变态可以理解为胶着在异于对成人来说是“正常”的性欲对象之上。因为性欲倒错在儿童的各种性欲对象上有其原型，弗洛伊德把儿童的性欲描述成“多形态的性欲倒错”（其特点是多种变态）。这样，成人的“性欲倒错”就和儿童的各种性活动联系起来了。

心智装置

由于多种原因，弗洛伊德关于心智装置的理论常常是难以理解的。首先，在心理分析的不同发展阶段，弗洛伊德改变并扩展了他关于人类心理的看法。尽管他试图整合各种不同的视角，在他的著作中，总是存在着不少粗疏的地方。其次，弗洛伊德的生理学的、生动的拟人论术语是有歧义的。当他说“可怜的自我”必须伺候“三个暴君式的主人”（外部世界、本我和超我）时，我们可以容易地看到，他将精神的功能客观化和人格化了。

弗洛伊德的第一个“地形模式”（精神地图）区分了精神生活的三个领域。简而言之，我们可以说，心智装置是空间性的，并且划分为三个领域：无意识、前意识和意识。意识即是任何我们可以直接意识到的东西。前意识是任何我们能够再生或者记起的东西的领域。弗洛伊德把“无意识”的名称留给了那些不能轻易地达到意识的精神过程。

在《精神分析引论》中，弗洛伊德做了一个也许是更具启发性的类比：一个客人，在一个巨大的过道（无意识）里，试图进入大厅（前意识）。但是在两个房间之间的走道上，有一个守门人（审查者），他监视着客人。如果守门人不喜欢客人，他就会被打发走或者受到压制。即使客人设法进入了大厅，（意识）主人也不一定能立刻注意到客人。这相应于这样一种观念，即前意识中的思想不是有意识的，但是它们会变成有意识的。为了使无意识中的思想变成有意识的，它们必须首先进入大厅，或者前意识。如果客人被打发走了，客人以后会以新的伪装出现（参见其有关“梦的工作”的阐述）。然后客人会作为“症状”进入聚会，而主人也不会认出客人的真正身份。在这个类比中，守门人相应于个体对把无意识的东西变成有意识的东西的抵制。当守门人累了的时候（或者当个体睡着了的时候），伪装着进入就更容易了（显性的梦）。我们还看到，整个的压抑过程会是在主人没有意识到的情况下发生。

在1920年之后，弗洛伊德改变了地形模式，引进了本我、超我和自我的术语，这既受到了其他心理分析师的抵制（比如像拉康），也受到了科学哲学家的抵制。卡尔·波普尔嘲笑说，弗洛伊德的三叶草，像荷马的奥林匹斯山的神话一样，缺乏科学价值。

我们倾向于把弗洛伊德对心智装置的理解当作一种*元心理学*的观点来解释。它告诉我们他研究人的角度，它也是一种试图发现一个概念框架以理解他在临床实践中所发现的现象的努力。用认识论的术语来说，我们可以说，元心理学的框架对于心理分析的研究纲领来说是关键的。正是根据他关于心智装置、精神能量和本能的理论，弗洛伊德试图说明，相对于非理性的恐惧和执迷的行动来说，理性的论证何以是苍白无力的。因此，为了阐明存在于我们的本能、我们和外部世界的关系以及我们的良心（“内在的声音”）之间的冲突，他构造了一个关于我们精神生活的模型（本我、自我和超我）。显然，弗洛伊德在此延伸了虚构、概念和存在之间的边界。这就是他关于我们的精神生活的看法：“关于一种在空间中延展、被权宜地组合在一起，并且因生活的迫切需要而得到发展，只是在某些条件下和在某个特定的时间点上才会产生意识现象的心理装备的假说，我们已经采纳。这种假说使得我们能够将心理学建立在这样一种基础之上，它和任何其他科学如物理学的基础相类似。”[38]显然，弗洛伊德认为心理分析和物理学是相类似的。这和他的一些元心理学的预设有关。他认为，精神生活是由精神的力量和精神的能量所决定的。因此，他能够声称，心理分析是一门自然科学。

精神的力量和精神的能量可以在本我中发现，它是最古老的精神领域。它包括了我们的本能的精神方面。因此，弗洛伊德将本我比作“充满了沸腾的骚动的水壶”。我们的本能追求满足我们的需要。它们遵循所谓的*快乐原则*。与驱使我们的本我相联系，还存在着其他的功能。它们来自先前的被压抑的经验。弗洛伊德讨论了那些已被从意识中排除出去但仍然驱使着我们的观念、行动和情感的“记忆”。这些功能的运作没有逻辑结构，它们是非逻辑的。然而，他们仍然试图进入我们的意识：它们驱使我们行动，它们使得我们沮丧，或者，它们产生了我们不知所以、不知如何的梦境和妄想。因此，无意识是本我的最高的精神品质。

心理分析最重要的洞见是，无意识的过程或本我，遵循的是不同于支配我们的意识生活的“规律”。弗洛伊德称这些规律为*主要过程*。在我们对梦的工作的讨论中，我们指出了无意识过程中的一系列显著的、复杂的特征。比如，对立的方面被处理为彼此同一的。无意识的东西被建构为一种“语言”，尽管它具有不同于我们的日常语言的规则。

由于外部世界的影响，本我有一种独特的发展。某个精神领域在本我和外部世界之间建立起了一种联系。这个精神生活的领域就是弗洛伊德所说的自我。自我最重要的任务就是自我保存。此外，它还确保以一种安全的方式来满足需要。自我对于本能的要求之延宕和压制作出决定。自我遵循*现实原则*。因此，它必须联结本我的需要和外部世界。只要自我是虚弱的、不发达的，它不会总是力求掌握它将来会毫无困难地完成的任务。这样，我们本能的要求和外部世界的要求就会产生创伤。无助的自我利用压抑来保护自身，这在后来会表明是不恰当的。在这种压抑中，自我得到了超我的协助。

弗洛伊德常常被这一事实所触动：病人会把他们自己看作客体，因此会对自己采取一种批评和判断的态度。他推测，这种反思的能力，比起自我的其他能力，是在一个较晚的阶段发展起来的。这是通过社会化的结果而在儿童身上逐渐地发生的。超我是对父母的规范和理想的无意识的内化结果。在一种略微宽广的意义上，社会和传统通过我们所说的“良心”来行使其道德权威。超我可以说是观察着自我，提出它的建议，还作出惩罚的威吓。超我要求自我不仅对它的行动给予说明，而且对它的思想和愿望作出说明。所以，超我是自我必须对付的第三种力量。弗洛伊德的良心理论拒斥了一种天赋的或绝对的对错的可能性。作为他良心理论的延伸，弗洛伊德得出结论说，上帝的观念是儿童和父亲的关系的投射。

在不少地方，弗洛伊德把梦刻画为一种充满了幻觉和非理性特征的精神不安。在睡眠中，自我被削弱了，其他的力量占了上风。类似的情况构成了一系列疾病的基础。心智装置的功能受到干扰，就会表现为神经病和精神病。自我和现实的关系受到干扰并部分地被剥夺了。这一洞见构成了精神分析的治疗目标的背景："分析医师和病人的被削弱了的自我，必须以现实的外部世界为基础，将他们自己连成一体以对付敌人（本我的本能要求和超我的良知的要求）。"[39]在此，我们也许可以注意到精神分析的治疗目标和尼采的超人理论之间的某种相似性：因为，对弗洛伊德和尼采来说，这都是一个克服传统的超道德与本能要求之间的冲突的问题；尼采的超人之超越自我，正如精神病患者在成功的心理分析的治疗之后超越自我一样。

在其后期的著作中，弗洛伊德区分了生本能（Eros）和死本能（Thanatos），指出两种基本本能的思想在古希腊哲学中就已经存在（参见恩培多克勒）。弗洛伊德的关于独特的死本能的思想在心理分析界受到了强烈抵制，至今还很有争议。通过引入死本能，弗洛伊德希望澄清诸如侵略和战争等现象，但他还强调，一种性侵犯的过度因素会将情人变成凶手。进攻还可以内化而具有一种自我毁坏的性质。

压抑的文化和罪恶感

在两次世界大战之间，弗洛伊德越来越对当时的文化批评和文明批评感兴趣。无论左翼还是右翼，都宣告了西方文化的没落和衰亡。弗洛伊德的兴趣，集中在揭示这些对现代文化的强烈的批判态度的心理原因。他特别关注"痛苦的社会根源"；也就是说，关注把文化看作痛苦和苦难的一种可能的原因。"似乎可以肯定的是，我们今天的文明不能在我们之内激起一种幸福感。"[40]这个主张似乎令人惊讶。事实是，科学和技术的成就给了我们征服自然力的力量；医学研究延长我们的生命，并使得生命更加容易。但是，弗洛伊德强调，这种进步不是人类幸福的惟一条件。进步的代价是压制我们的本能和个体罪恶感的增强。弗洛伊德认为，这就是我们对文明不满的背景。

当然，弗洛伊德意识到，文化在自然面前保护了我们，它协调了难以驾驭的个体之间的关系。为了理解他的主张，我们必须理解他是如何想像文明的起源的。弗洛伊德认为，在文明存在之前，个体的自由是最大的，尽管这种"野性的自由"几乎是毫无价值的，因为个体无法保卫它（参见第八章，霍布斯思想中的自然状态）。自由的第一批限制随文明而来。因此，产生了一种个体的自由和文明的限制之间的对立。

这个冲突对于我们理解人类本能的变化来说是重要的。在某种程度上，所有的社会必须建立在放弃我们本能的基础上。这在第一批禁忌中就已经得到了证明。首先是对作为一种性满足根源的(广义的)乱伦的禁止。习俗对所允许的东西作了新的限制。绝大多数的非生殖形式的满足被作为堕落而加以禁止。弗洛伊德把这个过程刻画为“有史以来强加于人类性爱生活的最严重的创伤”。[41]因此，他的结论是，“有文化的”人类的性生活受到了损害，其作为幸福之根源的重要性大大降低。同时，文明从受压抑的性欲中获得了它的能量。性的需要变得非性化了，并且以其他的方式得到满足。弗洛伊德把这个过程称作升华。艺术和科学中的最高成果，是本能升华的结果(参见有关柏拉图式的爱欲的阐述)。在某种意义上，爱欲就被牺牲在文化的祭坛上。

但是，爱欲不是人类生活中的惟一力量。弗洛伊德认为，在本能的驱动力中，人的进攻性占有一个核心的位置。当限制解除，人就成了野兽。因此，文化就被迫作出一种强有力的努力，调动它所有的资源以限制人的破坏性。这一领域的成果是相当有限的。显然，人类要限制他们的进攻性并不容易。文化试图将进攻性导向对付外在的或内在的敌人，但是，这常常导致了现代文明可怕的苦难。

以这些对我们的性生活和进攻性的限制为背景，弗洛伊德认为，他已阐明了对文明的不满的某些原因。这样，我们就来考察他对文化的批判：

> 在像我们这样正确地发现文明的当下状态的缺陷时——因为它是如此不能充分地提供我们所需的使我们生活幸福的东西，也因为它使我们遭受也许可以避免的痛苦的数量——在通过我们的毫不留情的批评、尽我们所能地揭露其不足的根源时，我们无疑是在行使我们的正当权利，而不是表明我们是文化的敌人。我们期望，随着时间的推移，我们的文明会发生变化，以更加满足我们的需要，而不再承受我们对它提出的责难。但是，也许我们也要适应这样一种观念，即在文化的本性中，有某些内在的困难，是难以变革的。[42]

如我们所看到的那样，弗洛伊德在爱欲(生本能)之外，还发现了死本能。死本能旨在分裂生物，把它带向它原初的、无机的状态。要理解这种本能是如何运作的，并不总是容易的。弗洛伊德认为，这种本能的一部分反对外部世界而表现为进攻性的、破坏性的行动。对外向性进攻的限制，增加了总是在场的自我毁坏活动。死本能也会和爱欲“混杂”。施虐狂是这方面的一个例子，而受虐狂则例示了内向的、破坏性的本能和性欲之间的联系。

因此，弗洛伊德认为，人对“恶”、对进攻性和兽性有一种天赋的需要。进攻性是所有人都有的原始的、独立的本能。人的进攻性抵制了文化试图在人与人之间创造和平与和谐的努力：“人的进攻性的自然本能，每个人对于全体的敌意，以及人们相互之间的敌意，反对文明的这一方案。”[43]我们可以问，文明运用了什么其他的方法来禁止进攻性。通过考察个体的发展史，我们可以最好地理解这一点。当普通的进攻本能受到约束时，个体会怎样？如我们所提及的那样，进攻性会转向内心，即指向自我。进攻性被超我所利用。作为一种“良心”，超我用进攻性来威胁自我。斗争发生在个体之内。弗洛伊德把超我和顺从的自我之间的紧张称为*罪恶感*。它表现为一种惩罚需求。这样，文化就以建立一种监视危险的进攻本能的心智装置的方式，来征服个体的进攻性本能。

按此，弗洛伊德反对那种认为有一种区分善恶的原始能力的思想。恶有时甚至是可欲的和令人愉悦的。超我决定了什么是善的，什么是恶的。超我的恐惧创造了罪恶感。不仅如此，我们还发展了一种惩罚需求，因为我们不能掩盖我们的那些来自超我的被禁止的愿望。文化试图防止满足我们的本能的努力，导致了一种个体难以对付的日益增长的罪恶感。因此，弗洛伊德认为罪恶感是文化发展中的最大问题，这不是没有道理的。

这种分析，导致了对道德的一种新看法。道德的目标是禁止人对于进攻的本能的需要(“爱人如己”)。因此，社会的道德可以被理解为文化的超我。弗洛伊德的主张是：正如那些正在接受分析性治疗的人必定经常反对他们的超我，使之降低它的要求，我们也必须批判性评估文化所作出的伦理要求。弗洛伊德建议，在文化的压力下，许多社会变得“精神失常”，应该接受治疗(参见他在《“文明的”性道德和现代的精神疾病》[1908]中对当时性道德的批判)。

对于弗洛伊德来说，有关人类命运的关键问题，是与文化如何能控制人类的进攻性的、破坏性的本能的问题相联系的。“人类征服自然力的力量已经到了这样的高度，以至于运用这些力量，他们可以非常容易地相互灭绝，他们知道这一点——因此这构成了他们当下的不安、他们的沮丧和他们的忧虑情绪的大部分内容。现在可以期待，两种天力(heavenly forces)中的另外一种，永恒的爱欲，会展现它的力量，以与其同样不朽的对手相抗衡。”[44]

弗洛伊德对人类文化史的重构，与我们在霍布斯、洛克和卢梭思想中发现的模型有一些共同的特点。同样，他的否定人类学(悲观主义的人类观)，和路德也有许多共同之处，特别是和霍布斯的“每个人都反对其他人的战争状态”的思想与“人对人就像狼对狼一样”(*homo homini lupus*)的命题有相似之处。在不少领域中，弗洛伊德的精神分析，还对社会学的问题，如内化和社会化的心理机制有新的启迪。

弗洛伊德的哲学立场在不少方面是成问题的。在对自己的时代做出诊断时，他主张更高程度的性满足，以减少精神病的痛苦。但另一方面，他认为，对本能的抑制对于文明生活是必要的。换言之，他似乎缺乏充分的标准，来确定本能的满足和抑制之间的边界。由于弗洛伊德没有充分地区分幸福和快乐(享乐主义)，这一点变得更为困难了。对于那种为发展一种理性的文化超我所必需的伦理学，也就是一种能够限制那种任性的、“狂野”的自由的伦理学，似乎也看不出他有办法能够做出辩护。总的来说，伦理问题和伦理论证对于弗洛伊德来说具有什么地位，是不清楚的。他关于一种原始的主观自由的观点，从社会学的角度来看，似乎是一种幻觉。(参见黑格尔和爱弥尔·涂尔干关于自由的历史起源的理论)。也很有可能是，弗洛伊德夸张了现代文化的压抑性。他对现代文化的性道德的许多批评，看来早已经过时。弗洛伊德还忽视了源自社会学家如涂尔干的文化批评。涂尔干试图表明，现代文化的危机的基础是道德取向标准的日益解体。换言之，对于把失范(社会规范的解体)、良心的冲突和罪恶感之间连接起来的那种内在联系，弗洛伊德没有多少理解。

精神分析和科学哲学

关于精神分析的认识论争论集中在有关它的科学地位，以及像精神决定论、说明、无意识、本我、超我等基本概念的内容和重要性之上。

关于精神分析能否说是一种科学，有很大的分歧。在某种程度上，冲突可以追溯到科学这个概念不可能没有歧义这个事实上去。[45]同时，我们对一种科学理论或学术理论的要求，在不同的科学和学术活动（如物理学、社会学和比较文学中），有很大的不同。换言之，由于不能满足物理学的要求而否定精神分析的科学地位，是毫无意义的。尽管它的一些主张会显得和荷马的神话有某种类似性，但是，这并不是从整体上拒斥精神分析的充分理由。

我们可以说，弗洛伊德把精神分析理解为一组陈述，其中有些陈述描述了观察事实，其他陈述表达了一般的假说，还有一些陈述则根据假说对观察事实作了解释。如我们已看到的那样，他利用"力"、"能量"等术语，把心理分析表述为一种自然科学。在晚近的认识论争论中，这被视为一种误解。有人主张，心理分析实际上是一种解释性的、"有深刻诠释学意义的"学科。

精神分析的基本前提是，存在着无意识的精神生活。然而，在无意识、前意识和意识之间的边界该如何划定的问题上，弗洛伊德在不同时期有不同的回答。这个理论的基石之一，是性本能从童年的早期起就已出现的主张。我们可以说，有些主张是根本性的，因为它们构成了其他主张的预设。因此，弗洛伊德的各种主张构成了一个等级体系。因此，压抑的假说比起俄狄浦斯情结的假说，必须处于该理论的更为基本的层面上，因为压抑的观念被用来说明各种情结的起源。

弗洛伊德显然认为，有些假说基于观察事实（或者归纳地得自事实），其他假说应当被理解为被观察所确证的"猜想"或"构造"，还有其他一些是有用的工作假说。弗洛伊德自己称元心理学为"思辨的上层建筑"。从这个角度来看，我们可以这样来表述基本的认识论问题：在什么程度上，心理分析满足了一种经验理论的一般要求？两种这样的要求可以被陈述如下：

1．经验理论必须是可检验的（可证实的或可证伪的）。

2．经验理论必须是富有成果的。

经验理论应该是可证实的这个要求，是两次世界大战之间的逻辑实证主义者提出来的。几乎没有理由相信，弗洛伊德的理论满足了这个证实标准。但是，不少著名的逻辑实证主义者把心理分析当作一门科学来尊重，而不认为其命题是毫无意义的形而上学。弗洛伊德自己尊重“实证主义”[46]。一直到20世纪50年代，心理分析的理论似乎都是为逻辑实证主义所首肯的。[47]

卡尔·波普尔的看法则要严厉得多。弗洛伊德、阿德勒和荣格的理论看上去能被经验所确证并且有出色的说明力这个事实，在波普尔看来，并不是心理分析的优点，而是它的弱点。[48]波普尔的论证可表述如下：科学理论与某些可能的观察结果（“事实”）是不一致的，因此是可以被证伪的，而心理分析则与所有关于人类行为的事实都是一致的。所以，心理分析是不能被证伪的，因此是非科学的。因此，证伪的可能性是决定一种经验理论是不是科学的一般标准。如果心理分析被认为是科学理论，在原则上，它必须能够告诉我们什么样的事实能够证伪它。这样，心理分析的明显成功是由于它缺乏内容。因此，许多科学哲学家主张，它的预设和假说是不可证伪的。[49]这就把心理分析归结为一种伪科学。

为了理解这种论证，让我们考虑一些例子。让我们假定，心理分析师的假说是，病人为未化解的俄狄浦斯情结所苦；他无意识地恨着他的父亲。如果他对他父亲行为放肆，这种行为当然会确证诊断。但是如果他敬重且热爱他的父亲，这也许意味着一种无意识的恐惧掩盖了他的仇恨之情。不管病人做什么，分析师的假说都能被确证。按此思路，让我们考察以下另一个例子。心理分析师对一个梦作出了一种解析。如果病人接受了这个解析，这可以看作是解析的正确性的根据；如果病人断然地拒绝了它，这可以看作病人抵制正确解析的证据！因此，我们怎样才能驳斥任何一个解析呢？

心理分析师反驳说，这种论证没有说到点子上。对病人反应的解析不是根据孤立的观察，而是与他们在不同情况下的反应方式做比较之后做出的。拒绝的强度也是重要的：一个怒气冲冲的、焦虑不安的拒绝可以是解析大体上正确的一个标志。弗洛伊德的不少假说没有达到可证伪性的要求。某些显然和弗洛伊德的基本假说之一相冲突的事实，常常促使他引进附加的假说来证明原初假说的正确性。波普尔特别质疑这些附加的或者说专门的假说的地位。弗洛伊德附加的假说常常不能被经验所证伪。对于一种经验理论来说，这产生了不少问题。比如，在他的晚年，弗洛伊德得出结论说，有些梦境内容既不能追溯到做梦人的成人生活，也不能追溯到他们的已被遗忘的童年。如果弗洛伊德的结论是正确的（但是他如何能够*知道*它呢？），它会证伪认为梦境内容来自无意识的假说。但是，弗洛伊德并没有得出这个结论。相反，他提出了一个新的、辅助性的假说来“维持”基本的假说：我们必须把这样一种梦境内容理解为无意识的、*古老的*遗传的一部分，儿童在祖先的影响下，把它带到了世界上。[50]这个天赋观念的假说是一个专门的建构。它惟一的功能就是支持另一个假说，它很难被认为是经验的。如果附加的假说被接受，认为梦境内容来自无意识的主张就不可能加以证伪。在瑞士心理学家卡尔·古斯塔夫·荣格（Carl Gustav Jung，1875—1961）那里，类似的构造起着重要的理论作用。

这类确保免于反驳的策略是与可能的证伪的要求相冲突的。为此，波普尔不把精神分析看作是一种科学理论。一种经验理论总是和某些事件不相一致：如果这类事件发生，该理论就是假的。波普尔主张，弗洛伊德以这样一种方式来构造理论，以至于它们是不可证伪的。但是，这并不使得它们没意思或“没有意义”。精神分析包含了有意思的假说，但它们并没有采取一种可以检验的形式。因此，在波普尔看来，它是非科学的。只有当精神分析能够表明，什么东西能证伪它时，也就是说，只有当这个理论是可检验的时候，精神分析才不再是伪科学。

在波普尔的批评中，还有一点应当提及：弗洛伊德和其他的心理分析师，声称精神分析是建立在临床观察之上的。波普尔认为，这是一个幼稚的观点：所有的观点实际上都是根据理论或假说而与解释相联系的。不存在和“理论无涉”的观察。

许多心理分析师主张，在精神分析的治疗下，病人的好转确证他们的理论：治疗的成功是其真理性的一个标志。但是，这是一个可疑的结论。最多，当某些诊断结果是准确的时候，治疗的成功提供了对理论的某些证明。即使精神分析的治疗取得了好的结果，建立于其上的理论也仍然可能部分地或完全地是假的。相反，一个不成功的结果可以和如下事实相一致，即作为治疗的基础的理论是有效的：理论可能是真的，而分析师则不太胜任。还需要强调的是，分析的治疗的成功标准，决不是清楚的。

在关于精神分析的科学地位的争论中，波普尔的结论并没有被普遍接受。有些理论家认为，证伪的要求是太过严格了。人们还反驳说，这个要求在任何一个新的理论获得发展的机会之前，就将其“扼杀”了。因为精神分析在某些领域内成功地说明了其他理论不能说明的事实，它可以说满足了富有成果的要求。如果一个理论在不同的学科中引发了新的研究纲领，它也可以说是富有成果的。许多人认为，精神分析确实如此。有些文学批评家试图运用心理分析的洞见，特别是在比较文学当中，但是，这还是一个有争议的问题，即是否以及在何种意义上，心理学能够阐明美学现象。从托马斯·库恩以及所谓的范式理论的角度来看，我们也许可以说，弗洛伊德的元心理学包含了指导研究的概念，但是它们本身是不能检验的。从这样的视角出发，我们必须寻找一个“充分”的标准：弗洛伊德的概念是*充分*的吗？它们怎样才能被批评呢？这一争论至今也没有结论。

我们可以在现代哲学的不少学派中发现一种研究精神分析的新进路。德国的社会哲学家于尔根·哈贝马斯试图把精神分析重构为一种关于被系统地歪曲了的交往的理论[51]。哈贝马斯认为，弗洛伊德的认识论的自我理解，是建立在对心理分析之独特性的一种*科学主义*的错误理解的基础之上的。精神分析不是一种自然科学，而是一种试图把握被歪曲的“文本”(神经病病症)、梦等东西的意义的深度诠释学。因此，精神分析必须把诠释学的解释与对准因果的联系(即个体所不知道的作为原因的无意识动机)的心理学的探究，结合起来。因此，我们可以说，弗洛伊德发展了一种独特的、去魅化的“深度诠释学”或者解释技巧，来理解和纠正被系统地扭曲了的交往。这就提出了关于有效解释的标准的困难问题。在哈贝马斯看来，精神分析的治疗最好被比作一种扩展了的“自我理解”。个体必须不再受“命运的因果性”的支配，他们必须再一次成为自由的主体。根据这一纲领，精神分析是“批判理论”，而不是一种自然科学[52]。

弗洛伊德或许会抗议说他不是一个哲学家。在19世纪90年代给朋友维尔海姆·弗里斯的一封信中，弗洛伊德说，他既不是一个科学家，也不是一个研究者，而是一个*征服者*。通过精神分析，他成了他想成为的人：他征服了无意识的领域。

思考题

1. 从达尔文主义的视角讨论人性观念。
2. 请说明尼采对道德的批判。
3. 在什么意义上，尼采对柏拉图主义和基督教的批判可以说是恰当的？
4. 请用意识、前意识和无意识以及本我、自我和超我等概念来说明弗洛伊德关于人类精神的理论的主要观点。
5. 请从一种弗洛伊德主义的视角来描述人的境况。

进一步阅读的建议

原始文献

The Origin of Species, Harmondsworth, 1985.

Beyond Good and Evil, translated by R. J. Hollingdale, London, 1990.

The Will to Power, translated by Walter Kaufmann and R. J. Hollingdale, New York, 1968.

Basic Writings of Nietzsche, translated by Walter Kaufmann, New York, 1992.

The Standard Edition of the Complete Psychological Works of Sigmund Freud, ed., by James Strachey in collaboration with Anna Freud, 24 vols, London, 1953—1964.

二手文献

Dawkins R., *The Selfish Gene*, Oxford, 1976.

Kitcher, P., *Abusing Science*, London, 1982.

Rose, S., *Lifelines. Biology, Freedom, Determinism*, Harmondsworth, 1997.
Ruse, M., *Taking Darwin Seriously*, Oxford, 1986.
Wilson, E. O., *On Human Nature*, Cambridge, 1978.
Allison, David B. (ed), *The New Nietzsche*, Cambridge, MA, 1986.
Danto, A. C., *Nietzsche as Philosopher*, New York, 1965.
Kaufmann, W., *Nietzsche: Philosopher, Psychologist and Antichrist*, Princeton, NJ, 1968.
Grünbaum, A., *The Foundations of Psychoanalysis. A Philosophical Critique*, London, 1984.
Ricoeur, P., *Freud and Philosphy: An Essay on Interpretation*, New Haven/London, 1977.

原著选读

达尔文：《物种起源》

（选自《物种起源》，周建人、叶笃庄、方宗熙译，商务印书馆1963年版）第三分册

一些最卓越的作者对于每一物种曾被独立创造的观点似乎感到十分满足。依我看来，世界上过去的和现在的生物之产生和绝灭就像决定个体的出生和死亡的原因一样地是由于第二性的原因，这与我们所知道的“造物主”在物质上打下印记的法则更相符合。当我看到一切生物不是特别的创造物，而是远在寒武系第一层尚未沉积下来以前就生活着的某些少数生物的直系后代，依我看来，它们是变得尊贵了。从过去的事实来判断，我们可以安全地推想没有一个现存的物种会把它的没有改变的相似性传递到遥远的未来。并且在现今生活的物种中很少有把任何种类的后代传到极遥远的未来的；因为依据一切生物分类的方式看来，每一属有大多数的物种以及许多属的一切物种没有遗留下后代，而是已经完全绝灭了。我们只能以预测的眼光去看未来，预言最后胜利的并且产生占有优势的新物种的，将是属于各个网中较大、优势的群之普通的、广泛分布的物种。既然一切现存生物类型都是远在寒武纪就生活着的生物的直系后代，我们便可肯定生殖的通常连续是从来没有一度中断过的，并且还可确定没有任何灾变曾使全世界变成荒芜。因此我们可以多少安心地去眺望一个长久的、稳定的未来。因为自然选择只是根据并且为了每一生物的利益而工作，所以一切肉体的和精神的禀赋都有向着完全化前进的倾向。

思索一下一个树木交错的岸，在它上面有许多种类的无数植物覆盖着，鸟类在灌木丛里歌唱，各种不同的昆虫飞来飞去，蚯蚓在潮湿的泥土里爬过，并且默想一下这些构造精巧的类型，彼此是这样地相异，并以这样复杂的方式彼此相互依存，而它们都是由于我们周围发生作用的法则产生出来的，这样的思索和默想是很有趣的。这些法则，就最广泛的意义来说，就是伴随着“生殖”的“生长”；几乎包含在生殖以内的“遗传”；由于生活条件之间接的和直接的作用以及由于使用和不使用的“变异性”：足以导致“生活斗争”，因而导致“自然选择”，并且引起“性状分歧”和较少改进的类型“绝灭”的那样程度的高度增加率。这样，从自然的战争里，从饥荒和死亡里，我们能够体会到的最可赞美的对象，即高级动物的产生，便直接随之而至。认为生命及其若干能力原来是由“造物主”吹入到少数类型或一个类型中去的，并且认为在这个行星按照引力的既定法则继续进行的时候，最美丽的和最奇异的无限类型从此简单地开始，过去曾经发生了而且现今还在发生着；这种观点是极其壮丽的。

尼采：《论道德的谱系·善恶之彼岸》

（选自《论道德的谱系·善恶之彼岸》，谢地坤、宋祖良、刘桂环译，漓江出版社2000年版）

195．犹太人——一个“为奴隶制而生的”民族，像塔希陀（Tacitus）和整个古代世界所说的，“在一些民族中选出的民族”，像他们对自己所说的和相信的——犹太人曾实现了价值颠倒的奇迹，由于这奇迹，在大地上的生活在几千年内得到了一种新的和危险的魅力——他们的先知们把“富有的”、“无神的”、“恶的”、“暴力的”、“感性的”熔化成一个东西，并第一次把“世界”这个词改铸成卑鄙之言。在价值的这种颠倒中（这个颠倒还包括把“臂”这个词作为与“神圣的”和“朋友”同义的加以使用）有犹太民族的含义：*在道德中的奴隶起义*随犹太民族而开始。

211．我坚持这样的主张：人们最终不再把哲学工作者以及一般而言把科学的人与哲学家相混淆，人们恰恰在这里严格地给“每个人以他自己的东西”，给那些人不要太多，给这些人不要太少。对于现实哲学家的教育来说，必要的事情是：他本人也曾一度站在所有这些阶段上，而他的服务员，哲学的科学工作者，现在停在这些阶段上，——*必须*停在这些阶段上；他本人必须也许曾是批评家、怀疑论者、独断者、历史学家，此外曾是诗人、收藏家、旅行家、谜语解答人、道德家、观者、“自由精神”和几乎一切，以便经历人的价值和价值感的范围，并以不同的眼光和良心，能够从高处向任何远处望去，能够从深处向任何高处望去，能够从角落向任何宽处望去。但是，这一切只是他的任务的先决条件，这个任务本身想要某种别的东西，——它要求他*创造价值*。那些哲学工作者，在康德和黑格尔的高贵的典范之后，要把价值评价——这就是说，曾流行的并在一段时间内被称为“真理”的从前的价值设置、价值创造——的某一个重大的事实成分加以确定并形成，不管在*逻辑的东西*或*政治的东西*（道德的东西）的领域中，还是在*艺术的东西*的领域中。适合于这些研究者的工作是：使一切迄今发生的东西和被评价的东西成为一目了然的，可通盘考虑的，易了解的，使用方便的，使一切的长度，甚至使“时间”本身缩短，并对全部的往昔加以征服：一个巨大的和极好的任务，在为这个任务的服务中，任何高雅的自豪，任何坚韧的意志，肯定能够得到满足。但是，真正的哲学家是下命令者和立法者，他们说：“事情应该是这样！”他们首先规定人的去向，人之为何，并且在这里支配着一切哲学工作者的预备工作，往昔的一切征服者的预备工作，——他们用创造性的手把握未来，而一切现存在的和曾存在的东西，在他们看来，在这过程中成为手段，成为工具，成为锤子。他们的“认识”是创造，他们的创造是一种立法，他们的追求真理的意志是——权力意志。——今天有没有这样的哲学家？过去是否已经有这样的哲学家？难道不是必须有这样的哲学家？……

西格蒙德·弗洛伊德：《文明及其缺憾》

（选自《文明及其缺憾》，傅雅芳、郝冬瑾译，安徽文艺出版社1987年版）

……我认为宗教的需要无疑是从婴儿的无能为力和由此引起的对父亲的渴望中衍生出来的，尤其因为这种感觉不仅仅是超出了童年时代，而且由于恐惧命运的至上权力，它被永久地保存了下来。我认为童年时代没有任何需要能超出要求父亲保护的需要……宗教态度的根源可以很清楚地追溯到婴儿无能为力的感觉。也许，在它背后还隐蔽着什么，但是目前还没有研究清楚。

……（宗教）的方法是贬低生命价值，用妄想的方式歪曲现实世界，即假定存在着上帝的威胁。它强制人们处于心理上的幼稚状态，诱使人们陷入群众性妄想。而许多人因此得到的报酬则是，宗教成功地使他们免患神经病。但是，它再没有比这更多的作用了……

妇女所代表的是家庭利益和性生活的利益。创造文明的工作日益成为男人的事，使他们面临更为艰巨的任务。不得不实行本能的升华，而这在妇女是几乎不可能的。由于一个男人没有无限量的心理能量可供使用，所以他必须恰当地分配自已的力比多以完成自已的使命。为了达到文化的目的，他在很大程度上要与女人和性生活保持距离。他与男性的频繁交往，以及他对他与他们的关系的依赖，更加使他不能胜任做丈夫和父亲的义务。因此妇女发现，正是由于文明的要求，她们才被置于次要的地位，所以她们就产生了对文明的敌对情绪。

文明限制性生活的倾向像它的扩大文化阵地的其他倾向一样明显。最初的图腾阶段就有反对性对象选择中乱伦行为的禁律，也许这是一切时代中人类的性生活所经历的最激烈的打击。禁忌、法律和风俗习惯强加了更多的约束，这些约束不仅影响到男人，也影响到妇女……对于性发展已成熟的个人来说，对象的选择只局限于异性，并且大多数超出生殖器以外的满足被认为是性反常行为而加以禁止。这些禁律所表明的要求是一切人只能有同一种性生活，而毫不考虑在人类的性素质方面所存在的先天或后天的差异；这一要求使相当一部分人失去了性的享受，所以它成为严重的不公正的根源。这样的约束措施可能使没有受到自身素质妨碍的正常人的全部性的兴趣毫无遗失地流入敞开的性通道。但是，对异性的生殖器的爱恋虽然已经不再被宣布为非法，它本身却由于合法婚姻和一夫一妻制的主张而受到了进一步的约束。如今的文明表明它只承认一男一女在一个惟一的、不能撤销的契约基础上的性关系；它不赞成性行为成为快感本身的来源，只准备容忍性行为，因为到目前为止，还没有什么能代替性行为来作为人类繁殖的手段。

……文明人的性生活还是大大被削弱了；它有时给我们这样一种印象，即它作为一种功能正处在退化过程中，正像我们的牙齿和毛发作为我们的器官似乎在衰退一样。人们有理由认为它作为一种快乐情感的来源，在实现人生目的方面的重要性明显地减少了……

……文明用什么方法来抑制与自己对抗的进攻性，使其无害，并且可能摆脱它呢？我们已经认识到了其中的几种方法，但是我们尚未发现似乎是最重要的方法。对此我们可以在个人的发展历史中加以研究。如果使个人的进攻愿望变得无害，这将会给他带来什么呢？将会带来某种十分重要的东西，我们也许从未猜测过它，然而它却是很明显的。他的进攻性将会转向内部，实际上也就是回到其发源地——即指向他自己的自我。在那里它被一部分自我所接管，这部分自我作为超自我使自己与自我的其他部分相对立，并且总是以“良心”的形式、用自我本来喜欢在其他的、外部的个体上予以满足的同样严厉的进攻性来反对自我。严厉的超自我和受制于它的自我之间的紧张关系被我们叫做内疚感(sense of guilt)，它表明了一种对惩罚的需要。因此，文明通过减弱、消除个人的危险的进攻愿望，并在个人内心建立一个力量，像一座被占领的城市中的驻军一样监视这种愿望，从而控制它。

由于这样或那样的原因，对人类文明的价值作出评价远非我的打算。我努力使自己不受下述狂热偏见的影响，它认为我们的文明是我们拥有的或者可能获得的最宝贵的东西，并且它的道路必然通向一个我们难以想象的完美的高度。我至少可以心平气和地倾听这样一种批评家的观点，他认为当人们审查文化努力的目的和它所使用的方法时，他们一定会得出这样的结论，即整个努力不值得这样劳民伤财，它的结果只能是一些个人不能容忍的事态。……

对我来说，人类的决定性问题在于，他们的文化发展能否并在多大程度上控制住他们的进攻性和自我破坏本能对他们的集体生活的干扰。从这方面看来，也许恰恰是现在这个时代应受到特别的注意。人类已经在很大程度上取得了对自然力量的控制，以致他们可以借助于自然的力量，毫不困难地进行自相残杀直到最后一个人。他们明白这一点，目前的不安、痛苦和焦虑的心情大部分就是由此产生的。现在我们期待着两个“天神”之一的永恒的爱神厄洛斯将会维护他的权利，与同样永恒的对手死神进行不懈的斗争。但是谁能预见何者成功，并且结果怎样呢?

注释

[1] 比如，通过在一个种群中的内部通婚，一些不太典型的性状，会逐渐趋向中立。

[2] 参见 Richard Dawkins 的“基因决定论”观点(*The Selfish Gene*[《自私的基因》]，Oxford，1976)，以及 Steven Rose 对这个观点的批评(*Lifelines. Biology*，*Freedom*，*Determinism*[《生命线，生物学，自由，决定论》]，Harmondsworth，1997)。

[3] Jon Elster：*Ulysses and the Sirens*（《尤利西斯与塞壬》），Cambridge，1979，pp. 1—35. 对动物行为有必要作一些在物理学中难以找到的功能说明，就此而言，这是对将生物学“还原”为物理学的一个反驳。

[4] Michael Ruse，*Taking Darwin Seriously*(《认真对待达尔文》)，Oxford，1986。

[5] 利他主义意味着爱他人：它的反面是自我中心主义，或者自爱。关于对“自私”的辩护，参见 Richard Dawkins，*The Selfish Gene*（《自私的基因》），Oxford，1976。

[6] 参见 Steven Rose 对 Dawkins 的批判(*Lifelines. Biology*，*Freedom*，*Determinism*[《生命线，生物学，自由，决定论》]，Harmondsworth，1997)。

[7] 参见 Philip Kitcher，*Abusing Science*（《滥用科学》），London，1982。

[8] 参见 E. O. Wilson，*Sociobiology*：*The New Synthesis*（《社会生物学：新的综合》），Cambridge，1975。

[9] 比方说，在生物学的语境中，“失败者”这个术语指的是一个没有(能够延续父母的遗传密码的)后代的个体，而同样的术语，在社会科学语境中，指的是一个未能达到广为接受的社会标准的人——一个“社会上的胜利者”很可能是一个“遗传上的失败者”，反过来也是一样。

[10] Michael Ruse，*The Darwinian Paradigm*（《达尔文主义的范式》），London，1989；还可参见第二手文献中 Richard Dwarkins and Steven Rose 的著作。

[11] F. Nietzsche, *Die fröhliche Wissenschaft*(《快乐的科学》), Werke Ⅱ (Schlechta), p. 205, trans. from the German by R. W. and G. S。
[12] K. Jaspers, *Nietzsche and Christianity*(《尼采和基督教》), trans. by E. B. Ashton, Chicago, 1961。
[13] F. Nietzsche, *Nachlass*(*Der Wille zur Macht*,《权力意志》), Werke Ⅲ(Schlechta), p. 680, trans. from the German by R. W. and G. S。
[14] 参见 Arthur C. Danto's study: *Nietzsche as Philosopher*(《作为哲学家的尼采》), New York, 1965。
[15] F. Nietzsche, *Thus Spoke Zarathustra*(《查拉图斯特拉如是说》), trans. by Mariannne Cowan, Los Angeles, 1957, P. 5。
[16] F. Nietzsche, *On the Genealogy of Morality*(《论道德的谱系》), trans. by Carol Diethe, ed. by Keith Ansell-Pearson, Cambridge, 1995, p. 21。
[17] 同上书,第 46 页。
[18] 同上书,第 61 页。
[19] 同上书,第 61 页。
[20] *The Will to Power*(《权力意志》), p. 513。
[21] *Genealogy of Morality*(《论道德的谱系》), p. 36。
[22] 关于瓦格纳在拜罗伊特的朋友,尼采写道:“一种流产都没有少,甚至是反犹太的流产。可怜的瓦格纳!他陷于一种什么样的处境啊!和下流坯在一起还要好一点。但他却和德国人在一起!”(*Ecce Homo*,《瞧,这个人》, translated with notes by R. J. Hollingdale, London, 1992, p. 60)W. Kauffmann 对“尼采神话”(即尼采是一个纳粹先驱)以及他的种族观作了很好的阐述,参见 *Nietzsche: Philosopher, Psychologist and Antichrist*(《尼采:哲学家、心理学家和反基督徒》), Princeton, NJ, 1968, pp. 3—21, 284—307。
[23] F. Nietzsche, *Götzen-Dämmerung*(《偶像的黄昏》), Werke Ⅱ, p. 1024, trans. from the German by R. W. and G. S。
[24] 同上书,第 1025 页。
[25] *Ecce Homo*(《瞧,这个人》), p. 98。
[26] *Thus Spoke Zarathustra*(《查拉图斯特拉如是说》), pp. 62—65。
[27] 同上书,第 5 页。
[28] 同上书,第 106 页。
[29] 这是一个成问题的重构。也许尼采认为,不是同样的个体而是同类的个体会重新出现。也可能尼采把“永世轮回”的学说看作是虚无主义的一种形式:“这是最极端形式的虚无主义:虚无(无意义者),永恒!”《权力意志》, p. 36。
[30] *Ecco Homo*(《瞧,这个人》),第 37—38 页。
[31] F. Nietzsche, *Jenseits von Gut und Böse*(《善恶之彼岸》), Werke Ⅱ (Schlechta), p. 569, trans. from the German by R. W. and G. S。
[32] 比较如下观点,即生活的基本需要是和“认识的兴趣”相联系的(参见第二十四章,哈贝马斯)。
[33] *Die fröhliche Wissenschaft*(《快乐的科学》), p. 208, trans. from the German by R. W. and G. S。
[34] *Genealogy of Morals*,(《论道德的谱系》), p. 120。
[35] *The Will to Power*(《权力意志》), p. 272。
[36] Marie Jahoda 认为,《日常生活的心理病理学》清楚地反映了“弗洛伊德关于人类行动中完全没有偶然性这一点的无情信念”(*Freud and the Dilemmas of Psychology* [《弗洛伊德和心理学的两难》], London, 1977, p. 53)。我们在下文将回过来讨论弗洛伊德的独特的决定论观点。
[37] 参见 S. Freud, *The Origin and Development of Psycho-Analysis*(《精神分析的起源和发展》), trans. by Harry W. Chase, 收入于 *Great Books of the Western World*(《西方世界巨著丛书》), vol. 54, Chicago, 1990, p. 11。

[38] S. Freud, *An Outline of Psychoanalysis*(《精神分析引论》), Penguin Freud Library, volume 15, translated by James Strachey, ed. by Albert Dickson, London, 1993, p. 431.

[39] S. Freud, *An Outline of Psychoanalysis*《精神分析纲要》, p. 406。

[40] S. Freud, *Civilization and Its Discontents*(《文明及其缺憾》), trans. by Joan Riviere, p. 777。

[41] 同上书，第784页。

[42] 同上书，第789页。

[43] 同上书，第791页。

[44] 同上书，第802页。

[45] 参见*Wissenschaft*(德语的“科学”)一词的宽泛含义。

[46] H. F. Ellenberger, *The Discovery of the Unconscious*(《无意识的发现》), New York, 1970, p. 809:“一群学者(在1912年)成立了实证哲学学会，总部设在柏林，目标是获得一种对于宇宙的统一的、科学的看法，以解决人类的问题。学会的成员有马赫 (Ernst Mach)、波普尔、爱因斯坦、福雷尔(August Forel)和弗洛伊德。”

[47] P. Frank, “Psychoanalysis and Logical Positivism” (“精神分析和逻辑实证主义”), in *Psychoanalysis, Scientific Method and Philosophy*(《精神分析、科学方法和哲学》), ed. Sidney Hook, New York, 1959, p. 313. 应当强调的是，不是人人都是同意这一评价的。

[48] Karl. R. Popper, *Conjectures and Refutations*(《猜想与反驳》), London, 1972, pp. 33ff.

[49] 参见如 Ernest Nagel, “Psychoanalysis and Scientific Method” (《精神分析和科学方法》), in *Psychoanalysis, Scientific Method and Philosophy*, ed. Sidney Hook, New York, 1959, pp. 38—57。

[50] S. Freud, *An Outline of Psychoanalysis*《精神分析纲要》, p. 399。

[51] J. Habermas, *Knowledge and Human Interests*(《知识和人类旨趣》), Boston, 1971。

[52] 哈贝马斯对弗洛伊德(以及对一般意义上的精神分析)的解释，受到了来自 Adold Grünbaum的一个严厉批判，见后者的 *The Foundation of Psychoanalysis. A Philosophical Critique*(《精神分析的基础：一个哲学的批判》), Berkeley/Los Angeles, 1984。

第二十章
社会主义和法西斯主义

第一节　共产主义——列宁：政党和国家

列宁，即弗拉基米尔·伊里奇·乌里扬诺夫（Lenin, or Vladimir Ilyich Ulyanov, 1870—1924）是俄国共产主义革命的领袖。他的理论贡献明显地带有他所处境遇的特点。列宁不仅领导了革命，而且阐发了马克思主义关于从资本主义向无阶级的共产主义社会过渡的理论。关于这个过渡，马克思本人说得很谨慎。

列宁必须说明，为什么革命会发生在工业落后的俄国，而不是西方更发达的资本主义国家。他指出，资本主义是一个国际现象。工业化的资本主义国家和生产原料的殖民地是国际资本主义这同一个硬币的两面。列宁认为，在国际上，资本主义已经发展至其极限。革命始于资本主义最弱的地方如俄国，而不是在强大的资本主义国家如德国和英国。这种**帝国主义**理论，是对历史阶段理论的一种修正，根据后者，革命会在最发达的资本主义国家发生。

共产主义理论认为，革命始于资本主义最发达的国家，因为，只有当共产主义者占有了高度成熟的资本主义的生产设备，才有可能实现共产主义社会。首先，会发生资产阶级革命，使得资本主义成熟起来，为共产主义革命作好准备，后者会带来更合理的经济条件。因此，会有两次被一定时间隔开的革命。但是，在俄国，资产阶级革命发生在1917年2月，而共产主义革命发生在同一年的10月。两次革命之间的时间太短。俄国的资本主义的潜能未能在资产阶级社会的框架中充分地实现。

列宁用他的两次革命合一的理论来解释历史。从国际的视角来看，资本主义已经成熟。这就是为什么共产主义革命在俄国紧随着资产阶级革命而来的原因。但是，这预设了，俄国革命之后将发生一场国际革命，它会使得俄国的共产主义者，从那些在拥有更发达的资本主义生产机器的国家的同志那里学习工业化。它还预设了俄国共产主义者的政治意志是俄国工业化的推动力量。后一个预设蕴涵了对经济决定论的拒斥。在这里，“上层建筑”，即政治领导，被认为创造了“基础”——俄国的工业。随着时间的推移，也没有发生任何国际革命，俄国人必须在一切事情上自己摸索，这种认为领导权是一种推动力的理论就变得更加重要。因此，列宁最重要的贡献是发展一个强有力的党组织。正是在这一点上，列宁与布尔什维克和社会民主党人——如爱德华·伯恩施坦(Eduard Bernstein，1850—1932)，他试图组织一个议会的社会主义党——发生了冲突，也和自由主义的马克思主义者——如罗莎·卢森堡(Rosa Luxemberg，1870—1919)，她反对列宁的严格的党的纪律——发生了冲突。列宁坚信，为了领导劳动阶级进入共产主义社会，一个由纪律严明的革命者组成的强大的、具有精英色彩的政党是必要的。没有这样一个政党，工人就会像社会民主党人那样，所能获得的成就不会超过行业联合会的政策。无论是目的还是手段，列宁和社会民主党人毫无共同之处。他们追求的是一个平等主义的福利国家，为了实现这个目标，要在资本主义社会内部，用合法的政治手段进行逐步的改革。列宁追求的是一切生产资料的公有制，为了实现这个目标，必须在一个精英政党的协助下，进行革命。在基本目标上，列宁和自由主义的马克思主义者是一致的。但是，像卢森堡这样的自由主义的马克思主义者，则更加坚信，在党内以及在社会上，一般地保持通常的民主程序是可能的也是必要的。在党内以及在社会上，铁的纪律是不必要的。而且，它是危险的，因为，它以后会干扰一个非中心化的民主制度的恢复。

列宁设法成功地指导了革命，就此而言我们可以在某种意义上说，历史证明他是正确的。但是，下面这一点也是事实，即苏维埃共产主义者在获得权力之后，没有能够给民主的权利和程序留出足够的空间。在这个意义上，罗莎·卢森堡则是正确的。

为什么民主和共产主义之间存在冲突？是否在马克思主义或列宁主义的理论中，有某种东西对民主化有阻碍作用？或者，是否这纯粹是一种社会学的机制，即拥有权力的人，不情愿放弃权力？或者，这是否与俄国没有体验过种种自由主义的、资产阶级的美德这一事实有关？不仅资本主义的生产机器没有在俄国得到充分的发展，而且俄国从未体验过内在于资产阶级社会中的政治理想，像议会民主和个体权利(比如言论自由和宗教自由)。

经典的马克思主义主张，一旦引入了共产主义，即一旦阶级社会和压迫被取消，国家就会消亡。国家被视为统治阶级用来压迫下层阶级的一种形式。一旦阶级压迫不再存在，国家就不必要了。列宁完全接受这样一种观点，即国家是统治阶级手中的一种压迫形式。警察、军队和法律制度，都是阶级国家的各个方面。但是，一旦列宁获得了权力，他就必须回答国家何时以及如何“消亡”的问题。列宁的回答的核心是，在一个长短不确定的过渡阶段，无产阶级有必要打击任何的反革命企图。在这个阶段中，资本主义的阶级国家，将不得不被*无产阶级专政*所取代。但和在资本主义社会中不同，这不会是一个新的暴力的国家。它代表了一种进步。在资本主义-资产阶级专政之下，多数人(无产阶级)受少数人(资本家)的压迫。在无产阶级专政下，反革命的少数派受革命的多数派的压迫。

作为一个政治思想家，列宁强调政治行动而不是对真理的无偏私的追求的优先性：他的认识论的基础是阶级观点和对党的立场的忠诚。他拒斥独立地、批判地追求真理的观点。这是强调党的纪律、拒绝公开的讨论和批评的政治理论在认识论上的对应物。

但马上就会出现如下反驳。如果一个领袖认为，大多数人不能认识真理，因为他认为——像在俄国革命时期的列宁所做的那样——资本家由于其阶级处境，不可能摆脱意识形态的扭曲来观察现实，劳动阶级还未能正确地理解他自己的立场，那么，这个领袖必须假定他自己对所有这些事情都有正确的洞见。但是，如果是这样，他应当相信，他能够向与他处在同一水平上的人证明所有这一切。换言之，党员们应该能够理性地讨论这些问题，他们应该能够在原则上使得大众确信党的决定和基本立场的真理性。简言之，不管一个领袖如何坚信大众的非理性和缺乏判断力，他必须假定，基于一些其他人也能够认识到的理由，他自己正确地理解了处境。在这个意义上，尽管存在着所有的非理性和权力斗争，还是难以避免具有约束力的真理的观念。

由于没有国际的革命，也由于苏联被敌对的资本主义国家所包围，约瑟夫·斯大林（Joseph Stalin，1879—1953）致力于建立一个独立的共产主义国家。对外，这个国家把自己和世界的其余部分隔离开来，对内，在没有外部资本和专长的情况下，它要求巨大的牺牲以实现工业化。结果是，斯大林必须在两点上修正列宁的理论。他提出了在一个国家实现社会主义的理论。结果导致的是一种具有强烈民族主义色彩的俄罗斯共产主义。此外，他解决了列宁在解释为什么苏维埃国家机器还没有“消亡”方面所遇到的问题。答案很简单：只要苏联共产主义受到资本主义国家的威胁，苏维埃国家就必须保持强大。要不是斯大林同时宣布在苏联内部对立宗派已经肃清的话，这种反应本来可能很有说服力的。因为，为什么还需要秘密警察、流放以及清洗呢？不乏各种内部对立的资本主义国家，在与外部敌人开战的时候，也没有采取如此严厉的对内措施（比如第二次世界大战时期的英国）。最后，官僚主义和强烈的个人崇拜是斯大林时期的特征。后者是与绝大多数版本的历史唯物论相对立的。历史唯物论认为，决定历史的是客观的经济力量，而不是特定的个人。但是，甚至列宁也反对极端的经济决定论，主张党的纪律是工业化过程的推动力量。在对党的崇拜和个人崇拜之间存在着细微的差别。

无政府主义和工团主义

希腊语“*anarchos*”的含义是“没有领导”。无政府主义是一个政治运动，目的在于剥夺一切形式的权威，并且在从自由的个人和群体中自发地产生的社会和经济需要的基础上，来重组社会。其最著名的理论家是麦克斯·施蒂纳(Max Stirner，1806—1856)和米哈伊尔·巴枯宁(Mikhail Bakunin，1814—1876)。更具体地说，无政府主义者认为，这样一种对社会的重组，可以通过一个公社的网络来实现。所谓公社，是指一些亲密的共同体，它们足够小，以使得每一个个体都能够对共同体的事务有一种清晰的总体把握，同时也确保和他人的日常交往，这是民主之所以可能的条件。这些单位自我统治，不服从外部的权力。用无政府主义的术语来说，这是一个没有国家的社会。单位之间必要的合作，不受市场规律的支配，也不受中央官僚机构的指导，而是产生于每个群体的特定需要。这种合作需要在独立和互助的基础上发展。换言之，*无政府状态*，不能理解为一个没有组织的社会，而是指一个社会的组织是自发的，也就是说，它是从共同利益和对这些利益的共识中“有机地”产生的。在无政府主义者看来，这样一种组织形式，不仅在一个能够容纳多种欲望、需要和视野的多元主义的社会环境中，为每个个体确保了最大可能的自由，而且它也确保了最大可能的效率，因为，它和等级性的组织不同，在统治者和被统治者之间没有冲突。在此，我们可以看到，在这种无政府主义的乌托邦和传统马克思主义的无阶级社会的梦想之间，有某种相似之处。

但是，在马克思主义那里，这个目标要在革命之后才能实现。在传统的马克思主义看来，我们首先要征服国家权力，而要做到这一点，需要一个能够领导群众、建立无产阶级专政的集中的、精英的政党。这种路线受到了无政府主义者的拒斥，他们认为，这些方法保存了阶级制度，如果革命运动采取这些方法，那么，在战斗开始之前，它就被打败了。

无政府主义的阶级概念不同于传统马克思主义的阶级概念。无政府主义者认为，与拥有生产资料的人和只有劳动能力的人之间的区分相比，统治者和被统治者、主人和奴隶之间的区分，是更为根本的区分。无政府主义者主要反对的正是这个区分。因此，无政府主义者认为，包括一个专政政党的国家的“过渡阶段”，只能导致一个新的阶级社会。要实现社会条件的真正改变，必须建立在自我组织和群众的行动的基础之上。

19世纪是无政府主义的主要时期。19世纪90年代以来，无政府主义作为一种政治运动只是在20世纪30年代的内战以前的西班牙、法国起了重要的作用。如今，有些“无政府主义”的观念已被“另类社会”运动所吸收。

法语*Syndicat*的含义是“行业联合会”。工团主义兴起于20世纪初的法国。当时，有些工人对已有的一些劳动组织强烈不满，他们转向了新的行动方式。批判的锋芒特别指向了一些社会主义政党。在工团主义者看来，这些政党根本没有把自己与传统的保守党和自由党区别开来，而只是为获得工人的支持和它们竞争。但是，这并没有消除群众在政治领域内的无能感。群众只是旁观者，而不是政治的参与者。工团主义者还认为，这些社会主义政党寻求工人支持的思想基础与工人的日常状态之间的联系很少，甚至没有，而这在工人阶级内部，引起的分裂多于统一。

在这样的政治背景下，工团主义者更倾向于一种基于同日常生活中的工人的团结的直接的经济行动。“工团主义”是一种*阶级斗争的理论*。因此，工团主义运动自视为兴起于产业工人的日常斗争，牢牢地扎根于工厂基层，挑战一切否定工人的自我统治权利的权威。工团主义者支持那些极端好战行动形式。这些方法表达的是对资产阶级政府的原则上的拒绝。在其政治实践中，工团主义旨在与“资产阶级的统治”决裂，亦即与所有合法的政治行动的决裂。

基层工厂工会被认为是斗争的基本组织单位。在工厂的层次上，工会的目标不应当是为了与资方达成一致。谈判、协议、契约都被视为在资本主义确立的框架之内的讨价还价和妥协退让。如果阶级斗争是要打破这个框架，工人就必须形成其自己的革命形式。*外在地*，这意味着和既定的权力结构的不妥协的斗争；*内在地*，这意味着在一个发源于基层的地方性自治的基础上加以组织。工团主义者说，通过以这样的方式来组织我们自己，我们就是在旧的外壳之内建立一个新的社会结构。

如今，根本谈不上什么工团主义运动了。工团主义的衰落的主要原因似乎在于，在资本主义社会中，难以将革命的态度和为了劳动力的利益的斗争协调起来。

第二节　社会民主主义——社会福利和议会主义

社会民主主义包含了来自不同意识形态背景的一组政治观点和态度。因而它不是一种清楚明确的意识形态，而是代表了一个政治纲领，它优先考虑社会平等和保障，以代议制民主为基础，把公共管理视为核心的政治手段。

与马克思和其他人一样，这个政治运动对私有的资本主义制度下对工人的盘剥表示义愤。但是，社会民主党人无论在手段上和他们要达到的目的上都把自己和马克思主义者区别开来。社会民主党人支持改革而不是革命。而且他们接受议会制度和自由的法治。通过政治的和经济的改革，以及通过在议会中获取权力，他们的目标是要实现福利国家。这不会创造一个无阶级的社会，但会创造一个好的社会。在这个社会中，没有人生活穷困，经济受政府控制的指导。不是所有的经济活动都需要国有化。多少东西需要国有化是一个实践问题。社会民主党人支持一种混合经济，其中，国家决定市场的限度，国家会拥有一些关键的产业，尽管大部分产业是私有的。

简言之，社会民主党人的特点是政治实用主义。他们试图在此时此地有所作为以改善处境。他们对马克思的科学社会主义表示怀疑。在很多方面，这种对理论的怀疑是有理论基础的：现实太复杂、太动荡，以至于难以用理论构造物来充分地加以把握。不能指望一种严格的意识形态能够解决统治问题、官僚主义和行政问题、教育问题和技术问题。

作为一个没有一种清晰明确的意识形态的讲求实际的运动，社会民主主义在不同的时期、不同的国家采取了略为不同的形态。在英国，通过建立于1884年的费边社，社会民主主义脱胎于社会自由主义：英国的工党，和英国的劳工运动一样，对马克思的唯物史观没有什么兴趣。实用主义处于支配地位。

在德国，社会民主主义更是作为马克思主义的有意识的对立面而兴起的。在那里，社会民主党人既反对马克思关于不可避免的阶级冲突和革命的理论，也反对列宁关于政党和国家的理论。比如，伯恩施坦就拒绝马克思的贫困理论，支持由议会所制定的渐进改革，以期在现存体制中获得某些具体的结果。他认为，通过民主的议会制度，而不是通过支持阶级斗争和革命，可以实现真正的进步。

当然，社会民主党人曾经是明确反对私有资本主义的。但是，第二次世界大战以后，这一点发生了变化。为了给企业"铺平"道路，资本主义更加倾向于政府的干预——比如培养有效又廉价的劳动力的学校、医院、社会福利等等。而且，现代资本主义支持大多数人的物质利益的增长。结果是，社会民主主义和现代资本主义之间的紧密合作常常得到了发展。阶级斗争看上去是结束了。行业协会和资本主义在生产的增长上有共同的利益。惟一的痛处看来在于消费的特定分配与政府干预的范围和本质。

我们可以说，只要社会民主党人还反对私有资本主义，问题是相对容易觉察到的。社会民主党人所体现的实用主义是一个强项。但是，和新资本主义相关的问题并不总是简单的。为了理解这些问题，常常需要进行分析。在此意义上，这种实用主义可能是一个障碍。另一方面，人们认识到，现代社会的复杂性是传统的政治理论难以把握的，因此，实用主义是一种最简单也是最现实主义的进路。当然，问题在于什么样的理论提供了对社会和政治现实的最充分的分析。这个现实到底是什么？我们希望成就什么？我们又如何去达到它？这些问题需要在理论活动和实践经验的相互作用中不断地得到检验（第二十三章，注意社会民主党人实用的检验进路和波普尔对极权主义的批判以及他的"零星的社会工程"理论之间的联系）。

第三节　法西斯主义——民族主义和秩序

"法西斯主义"一词的狭义用法，是贝尼托·墨索里尼（Benito Mussolini，1883—1945）领导下的意大利法西斯主义（不同于德国的纳粹主义），它的广义的用法则泛指意大利的法西斯主义、德国的纳粹主义和其他相关的政府形式和意识形态。[1]意大利的法西斯主义和德国的纳粹主义是两次世界大战之间以及第二次世界大战期间的强势运动。法西斯主义在这一阶段的兴起有很多的原因，[2]比如，第一次世界大战之后严苛的和平条件，以及两次大战之间的经济危机。

如今，当我们反思希特勒的统治时，也许会难以理解何以有那么多的人会追随法西斯。但是，在两次大战期间，对许多人来说，法西斯主义则有另一番面目。当时，经济体制和政治体制处于一片混乱之中。在德国和意大利，民主政府软弱无力。人民要求秩序，希望有意志坚强的、强有力的统治者来结束混乱的局面。同样，需要一种充满活力而又可行的理想主义来扫荡那种愈演愈烈的不健康的颓废倾向。工人需要工作和更好的生活条件。在德国和意大利，由于在一次大战期间所承受的损失，有一种补偿的要求。还有，这些国家要求扩张领土，扩展生存空间。英国和法国的殖民地已经“饱和”，现在该轮到那些不占先的国家了。对许多人来说，一种强有力的民族主义，一个有效的、有权威的政府，看来是走出绝境的最佳方法。因此，法西斯主义者既反对他们所认为的颓废堕落的自由主义者和软弱无力的民主主义者，也反对国际共产主义和社会主义。一开始，法西斯主义者既提供了社会福利，还提供了某种民族自信心。“秩序”是得到了，尽管办法是严厉的、充满暴力的。

这大致就是在两次大战期间，特别在德国和意大利，大多数人对法西斯主义（包括德国的纳粹主义）的看法。在那里，民族的创伤最深痛，民主的传统最薄弱。但是，对法西斯主义可以作不同的理解。从自由主义的角度来看，法西斯主义代表了向野蛮主义和绝对主义的道德倒转。从马克思主义的角度来看，法西斯主义代表了一种资本主义的危机——资本家试图用恐怖和暴力来稳定他们摇摇欲坠的制度。从保守主义的角度来看，法西斯主义可视为一种失衡的文化的极端表现——因为真正的共同体和真正的权威（两者都由宗教来代表）已经失落，人们便追随错误的预言家。

要开出一份法西斯运动的独特性状的清单是有困难的，但是，下述特征对于通常所说的法西斯主义也许是关键的：

1．政府控制的法团主义，压制不受限制的自由主义和工会。

2．聚焦于共同利益，而不是个人利益和阶级斗争，后者被视为社会中的分裂趋势。

3. 对群众的政治动员，对议会政治的拒斥。

4. 对资本主义和十分富裕的资产者、对社会主义、共产主义，都持有一种矛盾态度：一方面，法西斯主义者不改革资本主义的所有制条件；但另一方面，他们又大力支持政府指导下的计划经济。一方面，法西斯主义者反对阶级斗争；但另一方面，他们支持对群众的政治动员和某种程度的社会分配。

5. 在国家和地方的经济政治问题的激发下产生的一场民族危机运动，其社会基础常常是城市中产阶级和受到严重打击的乡村社区。

6. 通过对遥远的过去（条顿民族的中世纪和罗马帝国）和农业社会的浪漫主义化，来表达对前资本主义（前工业化）社会的怀恋。

然而，在讨论作为一种意识形态的法西斯主义（或纳粹主义）时，有必要区分法西斯主义者的著作如希特勒的《我的奋斗》中所表达的理论，与我们在考察法西斯主义者实际所做的事情中所发现的观点。也就是说，我们必须区分主要的法西斯主义者的所言和所行。而且，这或许有助于区分法西斯主义意识形态中的策略因素和理论因素。最后，区分主要的法西斯分子的意识形态和“普通的法西斯分子”的意识形态是重要的。在对意识形态的所有研究中而不只是对法西斯主义的意识形态的研究中，这些区分都是重要的。所以，不同类型的意识形态是有不同来源的：官方的或显著的意识形态，我们可以阅读法西斯分子的文献来了解；隐含在行动中的以及“普通的法西斯分子”所表达的意识形态，我们则可以用一种更为经验性的研究来了解。根据我们所采纳的意识形态这个术语的不同含义，对各种意识形态的论述会有所不同。在以下的讨论中，当意识形态指“书面理论”时，谈论和法西斯主义有关的非理性主义在很多方面是贴切的。相反，在“书面策略”或者“基于他们之所做的观点”的含义上，强调某种程度的理性主义是正确的：比方说，法西斯主义精于利用大众心理学。进一步说，普通法西斯成员和法西斯同情分子的信念当然不必等同于主要的法西斯主义者的理论。

危机和行动

从理智上说，法西斯主义和纳粹的意识形态(作为由主要的法西斯分子所表达的“书面理论”)并不是很有说服力的。这两种意识形态在很多方面都是非理性主义的。墨索里尼称赞神话和行动而鄙视理论：法西斯主义要建立于其上的基础，是一个把意大利当作古罗马之继承者的理想主义神话。法西斯主义试图通过情感的纽带——比如，愿意作出牺牲和服从纪律——来加强和统一人民，这样法西斯统治者就能够创造出秩序，并且坚定地扩展意大利帝国的版图。希特勒也称赞神话和行动而贬低理论：纳粹是“用他们的鲜血”来思考的。“雅利安”人种是最高贵的人种，纳粹主义和元首阿道夫·希特勒体现了这个德国神话，这个神话为德国人民提供了一个在他坚强有力的领导之下联合起来的机会。如果人民愿意作出牺牲和服从纪律，他就能够为德国恢复属于雅利安人种的在历史上的主导地位。

因此，意大利法西斯主义和德国纳粹主义可以在双重意义上说是非理性主义的。法西斯主义者不仅认为世界是由非理性的力量所支配的(一种类型的非理性主义)，而且他们对世界也持一种非理性的态度(另一种形式的非理性主义)。许多人会同意，在某种意义上世上发生的很多事情是非理性的。但是，法西斯主义还在如下意义上是非理性的：他们刻意地通过神话而不是理性来寻求问题的解决。

法国人乔治·索雷尔(Georges Sorel，1847—1922)———个倡导总体罢工的工团主义者——强调作为坚定的政治行动的推动力量的情感性*神话*的重要性：直接行动和神话，这就是索雷尔思想的核心。和其他人一样，墨索里尼十分细致地研究过这个思想。

作为对法西斯主义的某些特征的一种可能的社会-心理学解释，我们也许可以说，当我们对某个看来过于复杂的情景失去控制的时候，以一种黑色魔术和进攻性行动的混合物来作出反应将是有诱惑力的。我们也许有一定的理由将这种简单的模式应用于法西斯主义：法西斯主义，在此意义上，可视为某种政治痉挛。我们失去了控制，而以恐慌作为反应。

我们在这里所说的，并不旨在对纳粹主义(法西斯主义)作出一种历史的解释，而只是提供一种模式，将构成（仅限于德国的和意大利的）法西斯主义的一些观念和态度连接起来。但是，如果我们按照将这种法西斯主义模式理解为复杂危机中的恐慌来从事研究，我们就能理解法西斯主义是如何成为行动导向的、培育神话的以及同时是反理智的。但法西斯主义的非理性主义的这个要点必须作进一步分析。在短期内，希特勒和墨索里尼设法得逞了许多。他们能够统一他们的民族，减少失业和社会混乱。因此，诉诸神话和行动甚至看来是理性的。我们几乎可以把法西斯主义看作危机中的一种短期的实用主义。

在一个法西斯主义（纳粹）的国家，甚至在和平年代，经济和社会实际上处于“战争状态”。纪律和秩序是强加的。那种会播下怀疑种子的思想被连根拔除。个人利益被置于共同利益之下。（但是谁来决定什么是共同利益呢？）在很大程度上，问题是通过命令和权力来解决的。通过冻结价格、冻结工资，以及取消罢工，商业被置于国家的控制之下；同时，就业水平很高，而生产资料的所有权仍在私人手中。

政治和经济

我们已经运用一种简单的社会学-心理学模式来发现作为一种意识形态的法西斯主义的某种一致性。然而，有些分析家一直在试图寻找资本主义和法西斯主义之间的联系：法西斯主义得到了害怕无产阶级的那些下层中产阶级的支持，[3]并最终得到害怕共产主义的上层金融阶层的支持，他们倾向于支持像法西斯分子这样的右翼政党，如果他们上台执政的话。但是，法西斯主义的早期支持者常常是反资本主义的。这一点，并不与如下观点相冲突，即法西斯主义是作为一个制度的资本主义内部危机的结果。但是，它削弱了如下观点，即法西斯分子在意识形态上或在职业上就是资本家。

而且，把法西斯主义等同于资本主义是不正确的——比如主张法西斯主义和资本主义同时发生，而且它至今还存在于美国和欧洲。这与哀叹说法西斯主义是某种永恒的和非历史的人性之恶的爆发，是一样成问题的。如果我们认为，法西斯主义是政府领导的对私人资本主义的严重危机的反应，那么，这两种理论都是不充分的。按此界定，法西斯主义限于两次世界大战期间，或者限于具有和处于两次大战期间的欧洲国家同样经济状况的社会：处于混乱之中的资本主义，而不是有组织的资本主义；资本主义很大程度上是民族性的，而不同于当今的国际资本主义。

如果我们忽视由历史所规定的法西斯主义的这些特征，我们就是在作非历史的思考，结果，我们将得到一个过于宽泛的法西斯主义定义，宽到很可能是一无用处的——至少这是因为以这种方式来界定法西斯主义，我们可能就已经不再是在通常的意义上谈论法西斯主义了。

在此，我们触及的问题是：社会现象实际上是什么，它们以什么样的形式存在。像法西斯主义这样的一个社会现象，是一个只能通过复杂的社会-历史条件来加以理解的独一无二事件吗？或者，一个社会现象是某种能够在不同的情景中重现的，相对而言是很好地界定了的和不变的东西(像心理品质中的进攻性和对弱者的鄙视)？根据前一种观点，问柏拉图是不是一个法西斯主义者，或者苏联和1992年以前的阿尔巴尼亚是否是法西斯国家，是毫无意义的。根据后一种观点，我们可以问这样的问题，并且可以通过经验研究来发现答案。对于社会现象实际上是什么的不同看法，就是这样与对社会研究能够是什么和应该是什么的不同看法相联系的。

意大利法西斯主义的一个主要理论家是著名的哲学家乔万尼·金蒂雷(Giovanni Gentile，1875—1944)，他后来成为墨索里尼政府中的部长。金蒂雷强调国家是一个更高的原则。在意大利法西斯主义的哲学之父中，我们还可以发现法裔意大利人维尔弗雷多·帕累托(Vilfredo Pareto，1848—1923)。他主张在所有的社会中，都应该由精英集团来统治。我们可以用一个精英集团替换另一个精英集团，但是，我们发现统治者总是精英。不管是民主政府还是专制政府，精英总是统治着大众。这样，就大众而言，所有的政府形式都是可行的。帕累托的理论既适用于以选举和代表为特征的议会制形式的政府，也适用于以民主集中制为特点的列宁主义政党的统治。他的理论构成了法西斯主义思想结构的一部分：如果精英统治是不变的，那么，不管该精英是一个民族主义者，还是一个社会统一团体都无妨。社会应当有一种等级秩序，其顶端是一个领袖或由上层人士组成的委员会。

因此，正如把法西斯主义等同于资本主义是不合理的一样，把法西斯主义和共产主义等同起来也是站不住脚的。

国家和种族主义

当我们从伦理的视角来考察法西斯主义时，需要区分意大利法西斯主义和德国纳粹主义。后者是种族主义的，而意大利法西斯主义则不尽然。对纳粹主义来说，种族、民族是首位的。对于意大利法西斯主义来说，国家是首位的。在意大利法西斯主义中有某些黑格尔主义的特征：国家作为一个理念高于一切。但是，法西斯主义对国家的培育是集体主义的，并且压制个体。纳粹把民族置于国家之上。在某种意义上，纳粹是庸俗的达尔文主义者，而不是黑格尔主义者。[4]

这个关于意大利的国家法西斯主义和德国的种族法西斯主义的区分是重要的。如果反对者的理由出于种族，那根本就没有和解和妥协的可能。反对者及其家族必须加以清洗。对于犹太人的大规模的灭绝，是一种“逻辑的”后果。这是德国种族法西斯主义的固有之义，而不是意大利国家法西斯主义的固有之义。由于黑格尔有时因为纳粹的恶劣行径而遭到指责，我们得记住，那是在意大利，而不是在德国，某种庸俗的黑格尔主义才构成了法西斯理论的一部分。而且，我们注意到，法西斯主义之培植非理性主义，和黑格尔对理性的要求，具有鲜明的对比。相应地，法西斯主义对伟大领袖——即决定真理性或正确性的元首(*Führer*)——的培育，和黑格尔正好相反，他主张真理性和正确性是在历史过程中发现的，而不能由个人任意地决定。在黑格尔看来，国家要用宪法来统治，而不是根据一个人的妄念。因此，在不少方面，黑格尔与意大利和德国这两国的法西斯主义都是对立的。[5]

法西斯主义之内有许多矛盾。纳粹持一种种族主义-共同体的观点：共同体或种族高于个体。因此，当共同体需要时，就必须牺牲个体。但与此同时，纳粹又培植英雄，即伟大的领袖们。纳粹抬高共同体、种族，将其置于怀有主观的、混乱的意愿的个人之上。但是，他们也抬高以铁腕来统治没有思想的群众的元首。他们把民族置于个体之上，把元首置于群众之上。

第四节　现代国家的意义——弗朗西斯·福山

1989年柏林墙倒塌，接着是苏联解体，世界俨然只剩一个超级大国：美利坚合众国。冷战结束了。中国在邓小平的带领下即将转变。显然，美式自由民主和自由市场资本主义现在成了很多国家的政治目标，从这个意义上说，历史已经终结。在不少观察家和评论家看来，情况就是这样。

在此形势下，弗朗西斯·福山（Francis Fukuyama，1952—　）出版了《历史的终结与最后的人》（1992）一书，并因此享誉整个世界。弗朗西斯·福山的父亲是一名新教牧师，第二代日本后裔，母亲来自京都。他出生于芝加哥，成长于纽约，在知名大学（康奈尔、耶鲁和哈佛）接受教育，在那里他结识了著名的知识分子如塞缪尔·亨廷顿(Samuel Huntington)，并与保罗·沃尔福威茨(Paul Wolfowitz)这样的“新保守派”右翼共和党分子结交，后者信奉市场自由主义和军事干预主义。

然而，随着时间的推移，福山改变了看法，开始对新保守主义和美国政治制度持批判态度。[6]在金融危机（2008年开始）和灾难性的伊拉克战争（2003）之后，福山，这位介入政治的社会科学家和历史学家，观点发生了变化，开始为政治秩序的重要性和高效的现代国家做起了辩护。这一观点反映在他的两卷本著作中：即《政治秩序的起源：从前人类时代到法国大革命》(2011）和《政治秩序与政治衰败：从工业革命到民主全球化》(2014）。

在此书中，福山结合社会科学和历史，通过对各个地区和国家历史发展的比较研究，聚焦于国家、法治和民主之间的相互关系。简言之，他要捍卫如下观点：一个专业而高效的国家是政治有序和稳定的必要条件。其要义不是个人独裁，而是精英统治的、规则导向的科层制，[7]其职能必须受法治约束，并且对民主力量负责。

福山的主要观点可以提炼为三点：1）国家构建与权力制衡机制发展之

间的互动，在不同的地理环境和不同的历史模式下，会以多种方式进行。在此意义上，存在“多重现代性”。同时，在福山看来，现代社会要获得政治秩序，必须处理三大要素（国家、法治与民主问责制）的关系，从这个意义说，存在着一些针对所有现代社会的共同要求。2） 关键是，政治秩序是由一个专业而高效的国家在民主被引入之前就建立的——简言之：没有（现代）国家，就没有（现代）民主！或改用数学命题的话说：“各要素的次序并不是无足轻重的。”3） 构建制度和发展技能的这些过程需要时间，不能一蹴而就。

总之，从这个角度看，福山对美国政治的发展明显持批评态度：制衡太多，高效而专业的国家科层制太少；依福山之见，民主和法治在美国来得“太早”。因此，美国在一些重大问题上，如国家预算、公平税负和公共医疗的决策，已经走入政治僵局。总之，是一种政治衰败。

与此同时，福山对中国历史上现代国家的早期发展明显持积极态度。这是他讨论政治秩序的主要观点。他把中国看做美国的另一极：需要通过法治和民主问责制来发展制衡机制。

福山的理想国家既不是美国，也不是英国，而是丹麦。（他假定多数国家的）目标是“达到丹麦”：一个稳定而有能力的国家，历经几世纪的构建，辅之以法治的发展，最后逐步引入选举民主制。[8]

从这点出发，福山从比较的和历史的角度讨论了几个实例。有趣的是，他对普鲁士国家的构建过程给予了积极评价。至于阿拉伯之春，他的评价不太乐观，原因是它们在引入民主选举时缺少专业而高效的国家。这同样适用于非洲的一些主要国家，如尼日利亚——它有选举制度，却是一个虚弱的国家，国内种族与宗教冲突局势紧张。更不用说伊拉克了，以美国为首的军队摧毁了这个运作良好的国家（和军队），带来了灾难性的后果。

福山没有捍卫这种观点，即，历史是一个必然的进步过程。存在着一些变动而艰难的过程，总会导向政治衰败——因此，他第二卷的标题是：“政治秩序与政治衰败”。

从专业上说，福山是一位技巧娴熟的社会科学家，也是一位称职的历史学家。这是好的地方。但是不足呢？两点观察与此相关：首先，福山在谈论各类专家时，主要谈论的是在自然科学和司法领域中掌握工具性技能和法律技能的专家。他没有关注到*启蒙事业*的重大意义，其中公共意志的形成和协商技能的培养，对于民主的政治文化以及学术的、科学的讨论来说，都是根本性的东西。[9]其次，他也没有探讨现代社会所面临的*生态挑战*。当然，他的研究方法是历史的，追溯过去的，但在讨论当代的政治秩序与政治衰败时，是否把生态挑战（例如气候变化）纳入考量范围，结果会很不一样。

第五节 政治化的宗教——作为传统和现代性之奇异结合的伊斯兰教

现代化困难重重，举步维艰。挑战和张力来自各个方面。国家构建与法治和民主问责制下的制衡机制之间动态而艰难的互动，代表了其中的一个挑战，如上节谈论福山时提到的。此外，还有生态挑战，包括气候变化，以及教育和启蒙缺失带来的挑战。简言之，大量问题正在浮现。许多国家存在各种严重危机——贫困、腐败、富裕精英与民众间的巨大差距、脆弱的公共体制、教育和启蒙的缺失以及人口过剩。

这些国家中有一些属于阿拉伯世界，如埃及，虽然它作为一个民族有过辉煌而悠久的历史。对这种悲惨境遇较早作出反应的人中，有一位埃及作家兼宗教思想家，名叫赛义德·库特布（Sayyid Qutb，1906—1966）。他对本国的政治迫害作出反抗，这种迫害既来自埃及当局，也来自西方势力。[10]他还对他眼中的腐朽罪恶的西方生活方式进行抵制。作为一名正统的穆斯林，赛义德·库特布诉诸伊斯兰教及其历史根源，来替代他眼中的西方世界：要恢复全体穆斯林和埃及人的尊严与体面，应当转向麦加，即先知时代那批最早的穆斯林共同体，这些共同体遵从古兰经和其他经文中真主的启示，而先知则以人格化的方式体现了真主的启示。

简言之，面对现代性的挑战，我们应当追溯历史。就此而言，库特布显然是一个反现代主义的思想家。不过，他赞成现代技术和自然科学。从这个角度说，他又是一个现代主义者。现代主义与反现代主义的这种杂糅成为阿拉伯（和穆斯林）世界一些重大的社会-政治潮流的典型特征。就此而言，伊斯兰教作为一种政治化的宗教，代表了半个现代化：现代技术和现代先进武器，以一种致命的方式与前现代主义心态和反现代主义行动相杂糅。简言之，这是一种缺乏启蒙和世俗政治体制的现代性。

赛义德·库特布后被埃及当局逮捕入狱并被处以死刑（1966），死时年纪不大。自20世纪50年代起，他一直是穆斯林兄弟会［1928年由哈桑·班纳（Hassan al-Banna）在埃及创立］的领导成员，死后仍是伊斯兰运动的精神导师。从那时起，伊斯兰运动不断壮大，直至今日与不断升级的军事暴力运动如基地组织和所谓的伊斯兰国家运动合并在一起。库特布影响深远的著作是《里程碑》。[11]它是政治伊斯兰教——作为传统和现代性之奇异结合的伊斯兰教——复兴的早期信号。

不同因素导致了伊斯兰运动在穆斯林国家的扩张：

1．对现状感到沮丧和不满，这既是因为本国领导人的腐败无能，也是由于国外势力的干预（出于战略和经济的考虑，其干预涉及苏伊士运河和石油资源）。

2．正面的原因是：这些正统的宗教运动有助于为穷人和有需要者提供福利安排（如基本医疗服务）；[12]简言之，许多时候这些运动对当地社区起到了积极作用，在那里，国家无力为本国公民提供安全和基本福利。[13]

诚然，三大一神教（犹太教、基督教和伊斯兰教）都具有对政治统治者作规范批判的潜力——参见中世纪教皇与国王的斗争。[14]但同时，这些宗教，这些相信上帝或真主是最终立法者（和审判者）的宗教，确实一开始就与民主传统有矛盾：神法必须凌驾于人法之上！

有两种重要的学习过程已经在帮助信仰者解决这一问题：

1．各种法律的分化：一些法律属于人法，通过民主程序产生，用以规范社会公共生活；另一些法律属于神法，由启示和神圣经文而来，目的是帮助信教者过虔敬的生活，以获拯救。[15]

2．依据历史学和语言学来诠释神圣经文，对宗教进行纯粹批判[16]，这不同于对这些文本作字面解读。这样，经文中的清规戒律——例如，关于奴隶以及妇女屈从地位的古老规定，或关于信教者如何与不信教者或持其他宗教信念者相处的古老规定[17]——才能得到理性而合理的解释。

对所有依据神圣经文的一神教来说，这些都是挑战。然而，由于社会和历史的原因，这些现代化的学习过程在大多数西方国家——特别是欧洲——比在穆斯林人口占多数的国家取得的成功要大。

所有依据神圣经文的一神教一开始都面临同样的挑战。因此，它们也有相同的补救办法：依据各自的经文和全能仁慈的上帝（或真主）观念，提出各具特色的有效性主张。认真看待这些有效性主张，会发现它们自身内部是向开明的解释和讨论敞开的。

理由很简单：文本不能诠释自身。它必须被加以诠释。进一步说，我们知道文本受环境的塑造和影响。因此，为了确保自己的文本和自己对该文本的诠释的正确性，必须说明为什么。必须给出理由（这正是神学作为一门学问的旨趣所在）。不这样做，就无法确保正确性。因此，不能靠字面解读与宗教激进主义的结论来告诉我们应当做什么，不应当做什么。

宗教生活和信仰的许多方面不属于理性和合理性的领域，例如基于宗教仪式的生存体验。但是，这三大一神教确实针对它们的经文（如上所述）和全能仁慈的上帝（或真主）观，提出了不同的有效性主张。这样，既然造物主是全能而仁慈的，那么这些宗教就会遇到一个神学上的“恶的问题”：如果造物主是全能全善的，我们应当如何解释这世上恶之存在的事实呢，例如1755年摧毁里斯本的地震加海啸？这场灾难既不能被解释为是神明对罪恶人类的惩罚，也不能解释为是自由意志被人类邪恶运用的结果。简言之，有必要对这些宗教信仰进行纯粹批判。[18]应对一神教内部的这些挑战，需要一门作为开明学问的神学。同时，为了避免普通信教者的不合理观念，需要有通识教育和启蒙。此外还需要国家建制、法治与协商问责制（参见福山）之间的公平互动，即需要一定程度的制度、文化的现代化，提供基本的安全和教育。

因此，要点既简单又重要：所有一神教都需要通过一种（康德意义上的）内在的净化批判来实现“现代化”。因此，关键是在一神教内部作出区分：一些是已经经历了“文化现代化”的宗教，另一些则还没有，因而容易以上帝（或真主）的名义走向极端主义。

记住这一点很重要：政治上关键的是极端分子与和平信教者之间的区分，而不是穆斯林和非穆斯林之间的区分。[19]可悲的是，今天大多数极端分子是政治化的教徒。注意：是大多数而不是全部。例如，目前以色列政府在美国政客（依靠本国亲以色列的福音派基督徒）的支持下也参与了这场悲剧性的游戏，这是一场致命的“诸神之战”。[20]

思考题

1. 讨论对“意识形态”一词的不同解释，把共产主义和法西斯主义作为一个出发点。
2. 讨论国家在比方说亚里士多德、奥古斯丁和列宁那里的不同作用。

进一步阅读的建议

原始文献

Engles, F., *Dialectics of Nature*, New York, 1940.
Engles. F., *Selected Writings*, Harmondsworth, 1967.
Hitler, A., *Mein Kampf*, translated by Ralph Mannheim, Boston, 1971.
Lenin, V. I., *Selected Works*, *London*, 1969.
Mussolini, B., *Fascism*: *Doctrine and Institutions*, New York, 1965.
Fukuyama, F., *Political Order and Political Decay*, London, 2014.
Qutb, S., *Milestones*, Beirut, 1978.

二手文献

Marcuse. H., *Soviet Marxism: A Critical Analysis*, New York, 1961.
Nolte, Ernst, *Three Faces of Fascism*, London, 1971.

原著选读

罗莎·卢森堡：《论俄国革命·书信集》

（选自《论俄国革命·书信集》，殷叙彝、傅惟慈、郭颐顿等译，贵州人民出版社 2001 年版）

列宁说：资产阶级国家是镇压工人阶级的工具，社会主义国家是镇压资产阶级的工具。它在某种程度上说只不过是颠倒过来的资产阶级国家。这一简单化的观点忽略了最本质的东西：资产阶级的阶级统治不需要对全体人民群众进行政治训练和教育，无论如何不会超过某种有限的程度。对于无产阶级专政来说，这种训练和教育却是生存的要素，是空气，没有它无产阶级专政就不能存在。

（注释处）只给政府的拥护者以自由，只给一个党的党员以自由——就算他们的人数很多——这不是自由。自由始终是持不同思想者的自由。这不是由于对"正义"的狂热，而是因为政治自由的一切振奋人心的、有益的、净化的作用都同这一本质相联系，如果"自由"成了特权，这一切就不起作用了。

……

绝对公开的监督是必不可少的。否则交换经验就只限于新政府的官员的排他的圈子之内。腐化不可避免（列宁语，见《通报》第36期）。社会主义的实践要求在几个世纪以来资产阶级的阶级统治下已经退化的群众在精神上彻底转变。社会本能代替自私本能；群众首创性代替惰性；把一切苦难置于度外的理想主义，等等，等等。对于这一点，没有人比列宁知道得更清楚，描绘得更透彻，也没有人曾像他那样坚持不懈地反复强调，只不过他采取的手段完全错了。命令，工厂监工的独裁暴力，严酷的处罚，恐怖统治，这一切都是治标的办法。达到再生的惟一途径：公共生活本身的学校，不受限制的、最广泛的民主，公共舆论，恐怖统治恰恰是败坏道德。

如果这一切都取消了，现实中还剩下什么呢？列宁和托洛茨基用苏维埃代替了根据普选产生的代议机构，认为苏维埃是劳动群众惟一真正的代表。但是随着政治生活在全国受到压制，苏维埃的生活也一定会日益陷于瘫痪。没有普选，没有不受限制的出版和集会自由，没有自由的意见交锋，任何公共机构的生命就要逐渐灭绝，就成为没有灵魂的生活，只有官僚仍是其中惟一的活动因素。公共生活逐渐沉寂，几十个具有无穷无尽的精力和无边无际的理想主义的党的领导人指挥着和统治着，在他们中间实际上是十几个杰出人物在领导，还有一批工人中的精华不时被召集来开会，聆听领袖的演说并为之鼓掌，一致同意提出来的决议，由此可见，这根本是一种小集团统治——这固然是一种专政，但不是无产阶级专政，而是一小撮政治家的专政，就是说，纯粹资产阶级意义上的专政，雅各宾派统治意义上的专政（苏维埃代表大会从3个月召开一次推迟到6个月！）。不仅如此，这种情况一定会引起公共生活的野蛮化：暗杀，枪决人质等等。这是一条极其强大的客观的规律，任何党派都摆脱不了它。

注释

[1] "法西斯主义"这个词来自拉丁文"*fasces*"，意思是"围着一把斧子捆在一起的柳条"——古罗马权威的象征。

[2] 参见 Hannah Arendt，*The Origins of Totalitarianism*，New York，1979，以及 E. Nolte，*Three Faces of Fascism*，London，1975。

[3] 比如李普斯特认为，投票支持希特勒的主要是自由派中产阶级——保守派、罗马天主教中心、社会主义者、共产主义者则更循规蹈矩。S. M. Lipset，*Political Man*，London，1963（第一部分，第五章）。

[4] 参见 Herbert Marcuse，*Reason and Revolution*（New York，1941）中对法西斯主义和黑格尔

之间关系的讨论。

[5] 在法西斯主义内部，“元首原则”的拥护者和“责任原则”的拥护者之间存在着一种持续的冲突。因此，在法西斯主义者当中，关于元首的至高无上性问题并没有一致的意见。

[6] 参见 *America at the Crossroad: Democracy, Power, and the Neoconservative Legacy*. New Have: Yale University Press, 2006。

[7] 参见马克斯·韦伯关于专业化的科层制在现代国家中所起作用的论述。“精英统治”是指有教养的专业人士的统治。

[8] 福山的主要理念与挪威的现代化进程相契合，关于挪威的现代化进程，参见 Gunnar Skirbekk, *Multiple Modernities. A Tale of Scandinavian Experiences*, Hong Kong, the Chinese University Press, 2011：国家和法治出现在早期阶段（丹麦-挪威君主制时期），后在开明的民众运动和相互学习过程的推动下，民主化过程逐步展开，最后形成团结和信任，成为即将到来的福利国家的基石。（与丹麦不同，挪威在近海发现了石油。但尼日利亚也找到了石油，不过是在专业高效的国家和法治建立政治秩序之前。）

[9] 参见约翰·密尔（第十三章）论可错人类进行开明的公开讨论的必要性。

[10] 参见如1956年苏伊士运河危机中的法-英行动。

[11] Sayyid Qutb, *Milestones*, Beirut, 1978. 阿拉伯文版最早是1962年。

[12] 或许还有基础教育，但后来特别是在正统的宗教教育中，既缺少批判性思维，又把女童排除在受教育者之外。（参见“博克圣地” [Boko Haram] 组织，其意为除了神圣经文外，“书籍”是“罪恶的”。）

[13] 如加沙的哈马斯或黎巴嫩的真主党。

[14] 第六章。

[15] 参见托马斯·阿奎那对不同法律的区分，第六章。

[16] 批判，不是拒绝，而是改进。参见康德的“批判”，第十四章；“纯粹理性批判”不是对纯粹理性的拒绝，而是改进之。

[17] 这种历史-哲学的批判在西方思想史上是众所周知的，如17世纪的霍布斯和斯宾诺莎。

[18] Peter Rohs, *Der Platz zum Glauben*, Münster, 2013。这是一本非常有意思的书：Peter Rohs 既是一名宗教徒，也是一位博学的（改良康德主义的）理性主义者。本书极有说服力地证明了（一神论）宗教内在批判的可能性，与哈贝马斯的观点形成了对照，参见 Habermas, *Nachmetaphysisches Denken II*, Berlin, 2012。

[19] 参见亨廷顿“文明的冲突”命题。

[20] 不同世界观之间的对抗，参见如马克斯·韦伯。

第二十一章
社会科学的兴起

第一节　背景

有不少科学属于社会研究的范畴，它们中的一些和哲学同样古老。相应于哲学的历史，我们在前面已经讨论了政治理论（从智者派开始）。我们也提到了历史编纂学（从希罗多德和修昔底德到维科再到狄尔泰）、法学（西塞罗和边沁）和教育学（从苏格拉底到杜威）。而且，我们已经讨论了经济学（斯密、李嘉图和马克思），以及通过使用一些功利主义的范畴来塑造社会科学的倾向，同时我们也提到了（以黑格尔的思想为基础的）比较具有历史取向性质的社会研究。在这一章中，我们将概述社会学的兴起，涉及的人物有孔德、托克维尔、滕尼斯、西美尔、涂尔干、韦伯和帕森斯。我们特别将集中讨论他们对现代社会和社会学的地位的分析。

第二节　奥古斯特·孔德——社会学的“大祭司”

奥古斯特·孔德（Auguste Comte，1798—1856）是新的关于社会的科学即社会学的先驱。在其《实证哲学教程》（1830—1842）中，他引入“社会学”这个术语来替代他以前用过的社会物理学。

孔德从历史的角度来看待社会学的兴起：在孔德看来，人类理智的发展经过了三个阶段，神学的、形而上学的和实证的。数学、物理学和生物学已经进入了实证阶段。这些科学已经从神学的和形而上学的思维中解放出来了。但是，以人为研究对象的学科却还是以神学的和形而上学的思辨为特征。孔德要把这些学科推向实证的、科学的阶段。从这个角度出发，他成了作为一种实证社会科学的社会学的倡导者。

实证的和实证主义这两个术语具有一种论战的锋芒。孔德论战的矛头所向，是神学的和形而上学的思辨。实证的科学是经验的、客观的和反思辨的。它专注于可知觉的现象，专注于能够通过经验研究而加以确立的有秩序的关系。经典物理学是实证科学的典范，社会学应该尽可能地仿照物理学。社会学应当成为关于社会的自然科学。这种进路在建设性的、教化性的意义上也是“积极的”[1]。像作为1789年法国大革命的反应的复辟时期思想家（特别像博纳尔德和德·迈斯特尔）那样，孔德认为启蒙运动的观念是消极的和破坏性的。它对传统和权威的批判，不仅导致了对古老的政治体制的破坏，而且导致了一场以恐怖和混乱收场的革命。他把卢梭和伏尔泰称作“断头台的哲学家”。和复辟时期的思想家们一样，孔德关注后革命阶段的道德危机。他认为，这一危机的根源在于正在兴起的个人主义（“西方世界的疾病”），它发端于宗教改革，在启蒙运动时期达到了顶峰。这种疾病的一个重要征兆，是像人民主权、平等、个体的自由的观念以及与之相伴随的对家庭、宗教、教会和共同体的否定性看法。在从霍布斯到康德的传统中，这种个人主义也被表述为“方法论的个人主义”。对于这些思想家来说，个体是社会哲学的出发点（参见有关社会契约的理论）。但是，孔德认为，将社会分解为分离的个体，并不比把一条线分解为点更容易。社会只能分解为各个群体和共同体。这些群体中最根本的是家庭。

孔德在两点上与保守的复辟时期的思想家区分开来了。首先，他拒绝罗马天主教之为社会整合力量的思想。法国保守的社会哲学家试图回到法国大革命之前的旧制度（*ancien régime*）的封建—天主教的原则。孔德认为，这些原则属于人类发展的一个较早的阶段，必须被实证主义的原则所取代。实证主义是惟一能够在社会上扮演以前被罗马天主教所占有的角色的原则。因此实证主义是现代社会的约束力量(宗教)。其次，比起复辟时期的思想家，孔德更能和自然科学和现代技术相协调。作为一种关于社会的自然科学，社会学可以构成一种新的、有效的社会技术的基础。它将成为一种指导社会的工具，以使社会能够重新以有序的和被良好整合了的方式运行。

然而，孔德认为，社会学不是诸多科学中的一种，而是处在科学的等级体系的顶端。同时，类似于中世纪的罗马天主教，它是新社会中准宗教的整合原则。这些观点在孔德后期的著作中更加明显，在那里，他早年冷静的、反形而上学的态度让位于对实证主义的“宗教”的炽烈的热情。这个时期的孔德的实证主义，读起来像是用一种新的、世俗的语言加以表述的复辟时期的天主教。孔德认为，社会本身，如实证社会学所理解的那样，已成为“最伟大的存在”（*Le Grand Être*）。在他的晚年，他事实上创立了“人道教”，并获得了很大的支持，在法国、英国和美国都建立有“教堂”。孔德科学社会学纲领的早期形式的追随者，如约翰 · 斯图亚特 · 密尔和赫伯特 · 斯宾塞，通常有意地忽视《实证政治体系》（1851—1854）中所阐发的新宗教的思想。

孔德视社会学为关于社会的自然科学的基本观点，在 19 世纪的下半叶（乃至 20 世纪的很长时间内），有不少的追随者。这位社会学“主教”的影响，在比方说爱弥尔 · 涂尔干对社会学方法的基本特征的重新表述(《社会学方法的规则》，1895）中，可以看到。涂尔干几乎不利用后期的孔德，但是他深受《实证哲学教程》的影响。

孔德在社会学史上的重要性可以简单地概括为如下 3 个方面：

1. 他提出了一个实证的“关于社会的自然科学”的纲领，至今还有许多追随者。
2. 他主张“社会现象”可以像自然事件那样加以客观地研究。
3. 他主张，关于社会的恒常关系的社会学的洞见，使得一种新的社会技术得到发展，以促进社会-政治问题的解决。

第三节　托克维尔——论美国的民主

法国贵族亚历克西·德·托克维尔（Alexis de Tocqueville，1805—1859）特别因他的研究《论美国的民主》（1835—1840）而让人铭记。托克维尔认为，在行为和态度上，在政治上和制度上，存在着一种朝向更大平等的不可抗拒的发展趋势。在发展这样一种民主的平等上走得最远的国家是美国，而欧洲将步其后尘。

作为一个贵族，托克维尔对这一走向政治民主的运动有一种矛盾的心理。但是，作为孟德斯鸠的思想亲属，他是实事求是的、思想开放的。一方面，托克维尔认为，这种民主比起旧的政体更为正义。另一方面，托克维尔看到了社会平面化的危险：如果人人事实上都平等了，就会出现平庸。托克维尔认为，把美国人维系在一起的首先是对金钱和效率的共同兴趣。在此，他预示了对所谓大众社会的现代文化批判。

但是托克维尔感到，不仅贵族的、精英的价值受到了威胁。他认为，要把个人主义、自由与民主的平等协调起来是困难的：当民主的大多数在所有领域中都掌握了权力，有分歧的少数人和不服从的个体就有受压制的危险。这种压制是更为危险的，因为它不是一个公然的肉体暴力的问题。公众观点以一种平静的、毫无痛苦的方式压制了不受一般人欢迎的观点。法国大革命的口号是自由、平等和博爱。但是，托克维尔认为，自由和平等难以结合，平等的胜利要以自由为代价。而且，托克维尔认为，以平等为基础的民主会导致强大的国家权力，而那种国家会管制人民的物质条件。

托克维尔不仅看到了走向更大平等的倾向，而且看到了走向新的阶级分化的倾向。这些走向不平等的倾向的根源在于工业化。一方面，托克维尔认为，民主的平等促进工业化，既因为它对每个人的物质福利的强调，为工业产品创造了一个日益增长的市场，还因为更大的平等使得为工商业招募有才能的人更为容易。另一方面，托克维尔也看到了不平等增长的倾向。独立的手艺人被转变为工厂的工人，从事单调乏味的劳动。雇主经营着他们的大公司，除了劳动和工资的交换之外，和雇工就没有什么接触。存在于贵族和佃户之间的相互责任感迷失了。托克维尔在新雇主和他们的雇工之间的关系中看到了一种走向新的不平等的倾向。[2]因此，他既预见了政治平等的发展，也预见了经济不平等的发展。托克维尔是首先对进步的信念加以怀疑的思想家之一，他力求达到一种关于 19 世纪上半叶社会发展的优点和缺点的平衡的看法。

第四节　费迪南·滕尼斯——共同体和社会

现在我们要进一步考察一下我们所说的社会学的一些基本概念对子。这些概念对子可以理解为古典社会学论证的一些视角或参照系。也许最重要的概念对子来自德国社会学家费迪南·滕尼斯(Ferdinand Tönnies，1855—1936)。这就是他的主要著作的名称：《共同体和社会》(1887)。

在这本著作中，滕尼斯试图以 *Gemeinschaft* 和 *Gesellschaft* 为关键词来发展出一个全面的概念体系。*Gemeinschaft* 通常英译为“共同体(community)”，而 *Gesellschaft* 则可译为“社会(society)”。我们将举出这个概念对子的一些例子，来阐明滕尼斯的观点。

Gemeinschaft(共同体)概念之于古典社会学的重要性，正如自然状态概念和社会契约概念之于从霍布斯到康德的政治哲学。霍布斯以来的传统，用契约的概念来为社会关系和政治状况提供合法性或进行辩护。契约为社会生活中的恰当和正义提供了一个范本。所有起源于契约即自愿的协议的社会关系，都是合法的。在 19 世纪的初创的社会学中，契约概念作为一个基本范畴大体上被 *Gemeinschaft* 范畴所取代。同时，*Gemeinschaft* 也是一个良好社会的典型。滕尼斯认为，*Gemeinschaft* 指称的社会关系的全部形式具有如下特征：高度的人际亲近、情感的深度、道德的义务、社会的凝聚力和经久的连续性。这种 *Gemeinschaft* 的典范是家庭。存在于家庭成员之间的纽带和关系，根本不同于(比方说)妓女和嫖客以及公司的雇主和雇员之间的关系。在一种 *Gemeinschaft* 的关系中，存在着情感的纽带(不管较好还是较坏，如在一

种爱的关系中)，而不是那种作为社会 *Gesellschaft* 之特点的非私人的、匿名的关系。

在滕尼斯的社会学中，*Gesellschaft*(社会)指的是人和人之间的典型的现代关系，即那些以高度的个人主义和非私人的形式礼节为特点的关系。这些关系源自个人决定和自身利益，而不是来自构成 *Gemeinschaft* 之基础的传统和情感关系。简言之，滕尼斯把 *Gemeinschaft* 看作一种持久的、真正的社群，而把 *Gesellschaft*(社会)看作是一种暂时的、偶然的和机械的生活形式。

我们已经说过，*Gemeinschaft* 的典型是家庭。个体出生在一个家庭之中。因此，在 *Gemeinschaft* 中，血缘纽带和家庭关系是 *Gemeinschaft* 的支柱。但是，众多个体也为各种形式的友谊以及他们当地的环境而联合起来。在 *Gemeinschaft* 的各种表现形式中，有同业公会、各种职业性团体和知识分子团体、宗教会众和教派。典型的 *Gemeinschaft* 关系，包括了传统的师傅和徒弟之间的关系，以及一家之主和家庭的其他成员(包括仆人)之间的关系。

滕尼斯强调，在对 *Gemeinschaft* 的通俗的界定中，道德的方面常常处于一个重要地位。一个以 *Gemeinschaft* 关系为特点的社会，常常令我们感到"温暖"、"亲密"，且以"私人关系"为特征。然而，这些前现代的特征，常常会伴随着广泛的腐败、裙带关系以及法规的根本缺陷。

滕尼斯认为，社会性别(gender)问题也反映在这些术语中：从传统上说，女性比起男性更倾向于这些"温和的价值"。女性的解放要求女性进入"男人的世界"，也就是进入 *Gesellschaft* 的关系。通过这个过程，女性变得"冷酷"、"开明"、"清醒"、"会算计"，就像男人一样。滕尼斯认为，正是妇女和儿童身上的这种 *Gemeinschaft* 的因素，说明了何以在早期的工业社会中，妇女和儿童更容易受剥削。

Gemeinschaft 和 *Gesellschaft* 的概念对子，在滕尼斯对当时发生在欧洲的巨大社会变迁的理解中，起着关键的作用。滕尼斯强调，欧洲社会已经从 *Gemeinschaft* 关系转向了以协议和契约为基础的 *Gesellschaft* 关系了。这个过程创造了人和人之间新的联系，破坏了传统的权威，并代之以新的权威形式。竞争和利己主义变得越来越强势，因为 *Gesellschaft* 的核心是理性和经济

的计算：

> 关于 *Gesellschaft* 的理论处理的是一个人类集聚体的人为的构造物，就人们和平地生活和居住在一起而言，它和 *Gemeinschaft* 有一种表面上的相似性。但是，在 *Gemeinschaft* 中，尽管有一些分裂的因素，人们本质上是联合在一起的，而在 *Gesellschaft* 中，尽管有一些联合的因素，他们本质上是分裂的。……在这里，人人都得靠自身，人人都是孤立的，人与人之间存在着一种对立的紧张关系。他们的活动和权力的领域是明显地分开的，因此，人人都拒绝与他人联系，拒绝他人进入他的领域，例如侵入被视为一种恶意的行动。人们相互之间的这种消极态度，成了这些被赋予权力的人的一种常规性的和总是潜在着的关系，它是静止状态下的 *Gesellschaft* 的特点。没有人想授予他人和为他人生产什么东西，如果不是为了交换他认为至少和他所给出的东西相对等的礼物或劳动，他也不会慷慨地给他人什么东西。[3]

也许有人会把这解释为对现代社会的一种消极的刻画。难道滕尼斯在 *Gesellschaft* 中没有看到一点积极的东西吗？他决不是一个反动派，他强调，没有 *Gesellschaft*，我们就无法想像现代的开明和文化的兴起。城市和都市生活同样也和 *Gesellschaft* 相联系。和城市相联系的是科学、贸易、工业，以及任何我们理解为现代西方文明的东西。《共同体和社会》也许是一部怀旧的作品，但是，这是一种已经编织进古典社会学基本概念的怀旧。这种怀旧所表达的问题，依然是我们社会的特点。

滕尼斯认为，*Gesellschaft* 阶段的顶峰已经是远远地过去了。当我们迈进现代性，对 *Gemeinschaft* 关系的要求已变得越来越引人注目。早在 19 世纪 80 年代，就出现了试图将 *Gemeinschaft* 关系和安全机制引入 *Gesellschaft* 的努力（社会政治、福利国家等）。我们当下对邻里关系、私人领域、社会网络、宽厚的价值、非中心化倾向等的兴趣，都表明了滕尼斯所界定的问题依然是相关的。

我们已试图表明，*Gemeinschaft* 和 *Gesellschaft* 这个概念对子如何刻画了不同类型的社会关系，以及它们如何能够与欧洲历史的两个不同阶段相联系。我们也可以把 *Gemeinschaft* 和 *Gesellschaft* 看作从未以纯粹的形式在经验世界中存在过的两种极端的类型。在这个意义上，我们的现代社会更接近于 *Gesellschaft* 而不是 *Gemeinschaft*。

滕尼斯的概念对于后来在社会学中起了重要作用。它们在美国社会学家查尔斯 · H · 库利(Charles H. Cooley，1864—1929)的著作中再一次出现。库利区分了*初级群体*和*次级群体*。初级群体的特点是紧密的接触和“面对面的关系”。当一个群体塑造了我们的社会本性和理想的时候，它是初级的。最重要的初级群体是家庭、邻里和青少年群体。他们以不同方式构成了一个“我们”。各种组织和政党是次级群体的实例。在初级群体中，接触的频率和关系是连续的、亲密的，而在次级群体中，关系是任意的、形式的和非私人的。这意味着，在初级群体中，交往的手段是语言、摹仿和姿势，在次级群体中，它们往往是书信、简报和电话交谈。

后面我们还要考察马克斯 · 韦伯和塔尔科特 · 帕森斯是如何发展滕尼斯所提出的基本概念的。

第五节　格奥尔格 · 西美尔——社会组织

格奥尔格 · 西美尔(Georg Simmel，1858—1918)，德国犹太人，是古典社会学家中的大散文家。他最重要的著作是《论社会差异》(1890)、《货币哲学》(1900)和《社会学》(1908)。此外，他还有一些关于哲学、艺术和其他文化问题的研究著作，如《城市和精神生活》、《文化的悲剧》、《一元和二元》。

对于西美尔来说，社会学是关于个体之间的相互作用或社会互动的一门科学。就此而论社会学是一种关系性思维。社会互动就是“作为过程的生活”。这意味着社会现实是一个开放的过程而不是一个实际上封闭的体系。因此，社会学就应当从这个过程中那些最简单元素出发，并发现它们的相互关系。

西美尔认为，社会学在很多方面是社会的显微镜学。在一系列有趣的文章中他描述了孤独和“双人性”。他也讨论了处于互动中的“陌生人”的社会情景。在《冲突》(1908)一文中，他考察了群体之间的冲突，如何使得一个群体中的成员更加紧密地团结在一起来反对敌人，而相互冲突的群体之间的互动也会使它们更为接近。西美尔认为，社会是无数互动的“肌体组织”(tissue)。为了理解这种互动，我们必须在微观的层次上进行社会学的考察。这种考察必须从互动的最简单的形式和连接个体的不可见的线索出发。只有这样，我们才能在社会的迷宫中找到线索。

在他的文章《城市和精神生活》(1902)中，西美尔展示了现代城市是如何创造新的互动形式和新的人群的：在大都市中，我们被各类印象所包围。西美尔认为，每个人的“神经生活”变得紧张起来。现代人变得有些过于敏感。为了逃避这种紧张的压力，他们便在他们自己与自然环境和社会环境之间创造一种*距离*。为了逃避日益增长的印象——声、光、图片——他们试图把现实关在门外。这样，在城市的居住者中，就产生了一种典型的厌倦享乐的心态。为了生存，他们变得沉默寡言，并和环境保持了某种距离。最后，现代人的过敏将他置于真空之中。西美尔认为，我们时代的人在承受痛苦，因为他们既与现实太近，又与现实太远。

西美尔的出发点不是宏观的社会学概念，而是对细节的微观社会学分析。他认为，我们的概念必须和它们要把握的东西相适应。在西美尔看来，现代的世界是分裂的和碎片化的。把握“整体”再无可能。只有在生活的细节中，在万花筒似的碎片中，才有可能一窥更大的相互关联。因此，方法论的手段包括了“快照”、片段和特殊印象。一个简单的因素就能够揭示社会联系。比如，一个硬币(或一把钥匙)就是重要的社会关系的一个符号。在现代社会，金钱连接着人和人。西美尔启发了20世纪的新兴社会学。其他许多作者，包括马克斯·韦伯，吸收了他的思想。在他的长篇专论《货币哲学》中，西美尔阐明了，对手段-目的之链的计算如何在现代社会中越来越流行，换言之，工具(目的)理性为其他形式的合理性所用。由于金钱经济，人与人之间的关系转变为物与物之间的关系。在这些分析中，西美尔提出了一种关于社会关系的异化和物化的独特理论。我们所创造的物越来越成为我们的主人。类似地，社会交往会“硬化”为客观的、超个体的结构。在现代生活中，我们对包围着我们的技术理解甚少。文化也是一样；我们不再理解内在于各种文化形式中的精神。因此，精神的结果对我们就成为异在的东西。

人们常说，西美尔是一个“印象派”式的社会研究者，他像印象派画家如莫奈、雷诺阿、修拉一样，试图把握自发的体验。作为一个社会学的印象主义者，他是把握社会现象的直接、第一印象的大师。因此，他对现实的描绘，就是由这类瞬间的印象所组成的。在许多方面，西美尔是社会学的“探路人”，努力勘测现代生活的碎片地块。他关于社会生活的“流动”画卷也影响他的表述方式。结果是，他的论证常常是假设性的和试探性的。没有一个社会学家或哲学家像西美尔那样频繁地使用“也许”。因此，他之被称作一个“也许-思想家”不是没有理由的。在此意义上，作为一种文学样式的小品文，和他那试图把握碎片世界的某些方面的努力，是很适合的。他也并不主张更多的东西。但是，他还有一种美学上的追求。他是语言大师。所以他的风格是难以摹仿的。他的思想若被转译为日常的散文，便会丧失掉一些重要的东西。西美尔体现了在诗意表达和社会学之间流畅自如的转换。无论在风格上还是在主题上，他都预示了后现代的经验。

第六节　爱弥尔·涂尔干——社会和社会凝聚力

生平　爱弥尔·涂尔干(Emile Durkheim，1858—1917)来自德国和法国的边界地区洛林。他的父亲是一个拉比，但是涂尔干对宗教问题持一种不可知论的态度。他在巴黎学习哲学和政治理论，在波尔多大学讲授教育学和社会科学，后来在巴黎大学成为教授，先是教育学的教授，后来是社会学的教授。他认为，他的任务是开始从事社会的一种新的科学，即社会学。他积极投入一些政治事业，比如著名的阿尔弗来德·德莱福斯(1859—1935)误判案、第一次世界大战期间反对德国军国主义的斗争。他最重要的著作包括《社会分工论》(1893)、《社会学方法的规则》(1895)、《自杀论》(1897)和

《宗教生活的基本形式》(1912)。

涂尔干的基本思想是，社会是建立在一些将人们联系起来的力量之上的。当社会的凝聚力削弱的时候，社会就出了毛病。我们必须发现正确的治疗方法来恢复这种对社会来说是至关重要的凝聚力。对涂尔干来说，社会学就是关于这种凝聚力的科学：它的基础是如何被削弱的，如何才能得到加强。涂尔干认为，当时的法国社会的凝聚力被削弱了，也就是说，它是一个病态的社会。

涂尔干反对这样一种观点，即认为社会学应当运用和社会成员用来理解他们的社会互动的那些同样的社会概念(参见第二十三章，温奇)。涂尔干认为，社会学必须发现更好的概念。他用自杀的概念来说明这一点。从日常语言和日常生活开始，涂尔干追求的是这样一个自杀观念，它是可以相对于不同的社会条件——也就是不同的非心理性质的变异——用统计方法来加以处理的。通过忽略自杀的各种情感的和个体的方面——这是每个受害者都感到和想到的——涂尔干作为一个社会学家，使自己与心理学拉开了距离。相关于性别、年龄、婚姻状况、宗教派别、民族、社会阶层等，他追溯了自杀频率的变化。这样的统计构成了涂尔干作为一个社会学家的工作的基础。(也就是说，他并没有止于统计。)在这些统计的基础上，他试图构造一种关于社会的理论，即关于社会凝聚力的理论，根据这种理论，高自杀率是一个弱化了的凝聚感的标志。

涂尔干的方法有时被称为是*实证主义的*。这个词模棱两可得很，总有必要来说明它的含义。说涂尔干是一个实证主义者，并非在逻辑实证主义的意义上，而是在他对*所与的东西*(所与的即“实证的”)感兴趣的意义上。他要观察的，是社会是如何运作的。他不想作出激进的改变或“否定”。涂尔干想如其本身所是的那样来理解事物，以期为不健康的社会分裂寻找一种补救或治疗(他认为，当时的社会变化主要是一种对社会的削弱)。

当他说社会学家应当把社会现象*看作事物*时，他所想的是用统计的材料和实践的概念来发展理论。这种进路代表了与那种纯粹建立在理解基础上的社会研究的决裂。但是，自然主义的还原——根据这种还原，社会现象被认为和自然对象具有相同的本体论地位——并不是这种统计论进路的必然组成部分。基于他关于自杀的统计资料的工作，涂尔干认为他能够说明社会的凝聚力，并确定社会凝聚力削弱的原因。他称这种弱化了的社会凝聚力为失范（希腊语：*anomia*，意为“没有法律/规范”），即无法律性，无规范性。简单来说，失范状态代表了人与人之间的纽带的削弱。当社会失范发展时，个体对压力和困难的抵抗力就减弱，自杀率就提高。

因此，涂尔干认为，他有统计方面的证据表明，结了婚的男人比起单身的男人，结婚生子的夫妻比起没有子女的夫妻，罗马天主教徒比起新教徒等，少一些失范（多一些社会凝聚力，低一些自杀率）。因此，婚姻、家庭和（作为一种社会生活方式的）宗教，特别是天主教，是社会中的黏合因素。

涂尔干认为没有必要为了拥有一个人性的社会而废除劳动分工；相反，彻底的劳动分工能使社会再次变得和谐：当劳动分工不发达的时候，人与人之间存在着平等，但很少个体性。如涂尔干所说的那样，占主导地位的是一种“机械凝聚力”。但是，随着劳动分工的增加，个体变得越来越相互依赖。结果是涂尔干所说的“有机凝聚力”：像一个有机体的各个部分那样，每人都依赖于他人。这样一种日益增加的分工导致了专业化和个体化。

但是，在涂尔干看来，基于分工的社会既可以是健康的，也可以是病态的。问题在于经济是否是按照正确的规范在运作。当这个条件不能满足时，就会出现失范（比如在剧烈的阶级斗争中）。涂尔干不是回顾，追求一个没有分工的社会，而是企盼，追求一个基于分工的和谐的社会。

涂尔干认为，强化社会-经济生活的规范——这对于克服失范而言是必要的——不能通过简单的道德化或仅仅通过国家权力就能实现。在国家当中必须要存在一些能够以和谐的方式来调节经济的建制。这就涉及了法团。涂尔干需要一个法团国家，也即这样一个国家，其中法团组织有效地、可靠地调节经济。

和黑格尔一样，涂尔干提供了一种“社会民主主义”的回答：他既反对纯粹自由主义毫无控制的扩张主义，也反对马克思主义的关于剧变的理论。涂尔干的观点主要针对的是自由主义、社会主义和马克思主义的共同之处，也就是说，针对它们从启蒙运动那里继承而来的共同政治遗产：发展、解放和进步的观念。这些其他理论家十分强调的观念，在涂尔干看来，是走向解体的危险趋势。社会应当稳定，尽管不是静止不变。涂尔干质疑像发展和进步这样的概念：当这些术语被运用于所有种类的变化时，它们实际上以一种无害的方式描述了恰恰是破坏性的失范。涂尔干认为，我们不应当把自己从一切事物中“解放”出来，而应当努力争取作为社会稳定和幸福之前提条件的社会凝聚力。

通常人们会区分两类社会理论：一些理论假定了一种基本的*冲突*，一些理论假定了一种基本的*和谐*。在这方面，涂尔干确实是一个关于和谐的理论家，而马克思是一个关于（共产主义的无阶级社会之前的历史的）冲突的理论家。历史地说，涂尔干的思想回到了前文艺复兴的政治理论，比如说，回到了强调整合和稳定的柏拉图和亚里士多德的政治理论。如今，在生态学的语境下，作为一种对关于生态平衡的社会学的贡献，他的理论也是饶有趣味的。

关于个体和共同体的关系，涂尔干强调了共同体和凝聚力。个体必须适应对于一个运作良好的社会来说必要的规范和规则。原则上说，另一种可能性就是无政府主义（失范），这对个体没有什么好处。在一个发挥功能的共同体中，个体性和开明性能否通过对独特的东西和普遍的东西的辩证中介——用黑格尔的术语来说——而得到确保，这仍然是一个问题。围绕个体和共同体之间的这种中介的问题，无论在理论上还是在实践上，都是难以解决的。但是，有些批评者还是认为，涂尔干没有充分地对待这个问题。

第七节　马克斯·韦伯——合理性和“英雄式的悲观主义”

科学哲学和理想类型

马克斯·韦伯（Max Weber，1864—1920）可能是对社会学这门学科的发展产生了最大影响的古典社会学家。我们首先来考察一下他的科学哲学和他关于“理想类型”的观点。

韦伯认为，在事实和价值、所是和所应当是之间，存在着一种根本的差别。作为科学家，我们只能评论事实，而不能评论价值。当然，我们可以研究人们实际上接受的价值。那是一个经验问题。我们也可以在政治上和道德上介入。但是，这种介入源于我们的公民的身份，而不是作为科学家的身份。因此，我们决不能混淆这两个领域，比如在科学的外衣下来做政治宣传。科学当然可以告诉我们一些有关达到某个目标的适当手段的一些情况。它也能告诉我们一些有关达到这一目标所需“成本”的情况。但是，一旦提出这些事实，行动者必须亲自作出一个选择。这就是韦伯关于科学的价值无涉的主张，也就是说，科学之为科学，只能对所是而不能对所应当是有所言说。在科学中，我们追求的是对任何人都有效的真理：“社会科学的一个前后一致地正确的科学证明，如果它要达到其目的，必须甚至被一个中国人也承认为正确的。这一点曾经是真的，现在还是真的。”[4]

韦伯的价值无涉的思想并不是说价值在科学中不起重要作用。总是有一基本的观点和视角会决定哪些主题会成为科学研究的对象。韦伯认为，所有关于文化和社会的知识都是受价值观念所制约的。像新康德主义哲学家海因里希·李凯尔特（1863—1936）一样，韦伯认为，在和“文化价值”的联系中，文化科学以独特的方式赋予了历史研究的主题以形式和地位。但是在一个关键点上，即在认为存在着客观的文化价值这一点上，韦伯不同意李凯尔特的观点。韦伯的观点接近于尼采，即认为存在着多种多样的主观价值，吸引着研究者的兴趣更倾向于某些主题而不是其他主题。因此，韦伯的科学哲学的第二个前提便是一种总体的价值多元论的思想。

韦伯主张，首先，世界和生活呈现为一种无限的多样性，一种由诸多事件和行动所构成的实际的混沌状态。如果我们想要“不用任何的价值预设”来描述世界，我们会发现无限数量的观察和意见，以及一种由相关的和不相关的事实所构成的混沌。韦伯在这一问题上的立场，和卡尔·波普尔对事实的朴素收集的批判，颇有共同之处。我们以这样一种方式来架构这个混沌，即只有一部分实在才是对我们重要的。一个像法国大革命这样的特定问题之所以对我们有意义，是因为它代表了一些具有文化价值的观念。我们正是根据这些文化价值——按照我们所看到的那样——来区分本质的和非本质的东西。这就是使得现象变得相关且赋予它们意义的东西。因此，对于文化科学和社会科学而言，价值观念是准先验的预设。

韦伯意识到，价值观念——它们实际上引起了一个研究者和一个研究共同体所研究的相关问题——会随着时间而变化。因此，社会科学中的变化，可以是自我理解中的一些深刻变化的结果，是根据一特定时代的价值观念而发生的变化的结果。韦伯描述这些变化的语言令人想起托马斯·库恩对科学革命的阐述（参见第二十三章），但是韦伯十分强调社会科学之外的文化变迁对于这些科学之内的问题的选择的影响。在这方面，一个核心的因素是一个时代或一个研究者的价值观念的变化：

> 但是气氛变化的时刻到来了。那些未反思地加以运用的观点的意义开始变得不确定了；道路迷失在暮色之中了。重大的文化问题的光芒开始照射进来。而科学也准备改变它的立场和分析工具，并从思想的高度来看待事件之流。它追随那些仅仅能够赋予它的劳作以意义和方向的星辰。[5]

根据威廉·狄尔泰和德国的精神传统（参见第十五章），韦伯主张社会科学必须运用“理解（*Verstehen*）的方法”。他的社会学巨著《经济和社会》的副标题是《一种理解的社会学的基础》，这不是偶然的。社会学不应当仅仅局限于发现支配社会行动的一般规则，它还应当试图去**理解**行动者的主观意向和动机。这些主观动机在下一个阶段可以被视为社会行动的原因，可以发展为一种因果性的社会学说明。这符合韦伯对社会学的定义。“社会学（这个高度含混的词在此意义上被使用），是这样一种科学，它试图对社会行动进行意义理解，以期由此达到一种关于它的过程和结果的因果说明。”[6]

关于这个定义，我们可以注意两点：出发点就是通常所谓的方法论的个人主义。这意味着，韦伯对社会学中的集体概念持怀疑的态度。如果时代精神和民族性格这样的概念不能追溯到社会行动，它们就有点“贪多嚼不烂”了，但如果社会学只限于行动者自己的理解，它的“胃口又太小了”。在韦伯的定义中，还隐含着行动和事件之间的区分。社会学关注的是有动机的行动，自然科学关注的无动机的事件（比如行星的运动）。人类行动的意义特征在自然界没有对应者。但是，这并不排除在社会学中进行预测的可能性。行动有一种特殊的性质，使得它比一个自然过程更具可计算性：行动具有一种可理解的动机。因此，行动比起事件是更少“非理性的”。

因此，韦伯认为，理解（*Verstehen*）并不排除说明（*Erklären*）。理解的（诠释学的）方法是对因果说明的方法的补充。对他人的直觉的“移情”是不充分的。一种对动机和目的理解性的解释必须由因果说明来补充或支配。韦伯认为，一旦行动的意义得到了阐明，描述人类行动过程的统计性的陈述（如自杀率），便首先可以说得到了充分的说明。因此，社会科学必须通过行动者的主观意向和视角而进步。

我们已经说过，研究主题是由价值观念构成的，科学应当是价值无涉的。对于韦伯来说，这里不存在矛盾。正是通过价值，某事物成了相关的研究主题，但是，我们作为科学家对这一主题所说的一切，必须以不作价值判断的方式说出。

在此，“理想类型”起着核心作用，正如它们在韦伯的科学哲学中所起的作用一样。理想类型可以理解为在科学中使用的基本概念。他们构成了实在的“模型”。对基本上是一个唯名论者的韦伯来说，理想类型的概念（比如“经济人”），不代表实在的特征。根据李凯尔特和新康德主义，韦伯认为，一个理想类型只是一种用来帮助我们安排多样的实在的形式工具。它培育了主题的特殊的方面，而没有规范的重要性（理想类型和规范意义上的“理想”没有任何关系）。比如说，“卡里斯玛王国”的理想类型，描述的是一种不会以纯粹形态在任何社会中被发现的王国。这同样适用于理性类型的构造物如“文艺复兴”、“新教伦理”、“资本主义精神”、“目标合理性的行动”等等。

韦伯的理想类型观可以根据康德的范畴来理解。正如康德的范畴是关于现实之可能的认识的条件，韦伯的社会学的理想类型是旨在把握无限多样的现实的某些部分的网。不同于康德的范畴，理想类型不是永恒不变的。它们是研究者所构造的，但是，相对于所与的事态，它们必须还是在逻辑上是一致的和“充分的”。[7]

行动类型和合法化模式

韦伯将他的社会学建立在4种“纯粹的”行动类型(理想类型)上：

1. 可以合理地导向一个给定目标的行动(目标合理性的行动)。
2. 可以合理地导向一个绝对价值的行动(价值合理性的行动)。
3. 可以被行动者的情感状态决定的行动(情感性的或情绪性的行动)。
4. 可以被传统和深植的习惯所决定的行动(传统取向的行动)。

在前两种类型的行动中，行动是*合理的*。“*合理的*”这个术语指的是将前两种行动和后两种行动区别开来的某些标准。第一种行动是合理的，因为它导向一个有意识地以及毫不含糊地制定的目标，并且在可用知识的基础上，采取能够导致这一目标之实现的手段。因此，目标合理性可以刻画为*手段-目的的合理性*。在第二次世界大战中，韦恩赫·冯·布劳恩(Wernher von Braun)试图研发能够发射到伦敦和其他大城市的导弹的工作，就是目标合理性行动的一个例子。一次成功的医学方案，是另外一个例子。

第二种行动类型是合理的，是因为它是由行动者的如下伦理的、宗教的信仰所决定的，即某种形式的行动具有独立于其结果的绝对价值。船长出于荣誉和职责而和船舰一同沉没，是根据价值合理性而行动。基于一种“道德义务的伦理学”的行动，在绝大多数的情况下，是价值合理的行动。各种各样的事例表明，对一个行动者是“合理的”，对另一个人则是“不合理的”。我们还可以注意到，“合理性”是根据*行动者的*目标、价值和知识来界定的，而不是根据社会科学家认为是相关的目标、价值和知识来界定的。

韦伯并不把第三种类型的行动刻画为合理的。它是行动者的情感状态的直接后果。一个精神失常的行动和对一种异常刺激的失控的反应，可以说是一种充满激情的行动。这样一个行动处于有意义的行动和无意义的行为的边界上。

第四种行动包括了我们根据并不意识到的习俗和习惯（或者规范）、几乎“无意识地”所做的一切。这种类型的行动也描述了常常超越了被认为是有意义的行动的行为。如果与深深地植根的东西的联系被有意识地挪用了，传统的行动便接近价值取向的行动。当我们有意识地倾向于传统时，我们的行动便是价值合理的。

对于韦伯来说，意义和合理性有密切的联系。有意义的行动与目标合理性和价值合理性有关联。传统的行动和激情的行动是临界个案。作为一种“理解的社会学”，韦伯的方案是建立在合理的行动的观念之上的。

这四种类型的行动，使得更准确地界定欧洲文化发展过程中的*合理化*和*现代化*的涵义成为可能。韦伯认为，西方合理化的过程可以描述为一个发展过程，其中，越来越多的行动领域被目标合理性行动所渗透。在经济、法律和行政管理等领域中的行动，接近于“目标合理性行动”这种理想类型。如果我们把目标合理性看作是一种基本的文化价值，那么，我们便可以谈论每一个这样领域中的“进步”，也就是说，是在一种日益增长的目标合理性的方向上的合理化和现代化。另一方面，如果我们把宗教的“博爱伦理”作为一种基本的文化价值，我们必定——也许是不情愿地——意识到，随着世界越来越世俗化，这种博爱伦理在越来越多的行动领域中逐渐地解体。在韦伯对现代性的诊断中，这类问题是核心的。

韦伯的行动理论也阐明了*科层化*这种现象：现代社会生活具有一种日益增长的科层化的倾向。这和如下事实相联系：一般来说，商业和社会要求越来越好的计划和组织。科学成为行政管理的一部分，因此进入了整个社会。这个过程使得行动变得更加趋于目标合理，因为这样的话，面对偶然的和不可预见的因素，我们安全感越来越大，而所受的损失越来越小。因此，我们同时拥有了科层化、科学化和日益增长的合理化。

韦伯认为，这个发展过程，既代表了异化，也代表了更高的目标合理性。他不相信在这个领域内有质的变化。更高的民主化同时也就是更高的科层化。在这里我们看到了韦伯和马克思之间的一种明显差异：韦伯不能想像社会结构的一种决定性的变化。社会主义似乎也不是一种质的改善。韦伯认为，取消市场经济事实上会加强科层化。

韦伯提出了国家权威的合法化的三种理想类型：传统型的权威，卡里斯玛型的权威和法理型的权威。伴随着科层化，国家的合法化也随着改变，或者反过来也一样，合法化形式的改变，导致了科层化：在相对静态的、传统的社会中，国家的权威从来没有真正地受到过质疑。国家的权威建立在传统之上。但是，随着传统的削弱(科学化和合理化)，这类权威也会变得更加薄弱。一种替代性的合法化是韦伯所说的卡里斯玛：卡里斯玛型的权威，是通过臣民与作为一个人的统治者情感上的联系而获得合法性的(参见激情的行动)。卡里斯玛型的领袖之被服从是因为他们的个人品质，而不是因为法律和传统："你们听见有吩咐古人的话……只是我告诉你们。"(《马太福音》5:21—22)相反，在现代社会，是科层制的合理化，给国家权威提供了合法性：所发生的事情是合理的，是根据法律和正义的。国家的行动是合理的和透明的。比方说，一个裁决，不是基于妄想作出的，而是基于固定的、普遍的法律作出的。因此，韦伯谈论的是法理型的权威。

国家权力的合法性的问题之所以重要，还因为韦伯把国家看作一个可以合法使用暴力的建制。换言之，这种国家观说的是现代国家事实上所拥有的手段，而不是国家应该或不应该具有的任务或功能。

四种行动类型和三种合法化形式，是韦伯的一般化的理想类型。从原则上说，不管时间和地点，它们都可以用来分析所有的社会形式。因此，一般化的理想类型，可以说沟通了制定法则的科学和描述特征的科学，即把握普遍法则的科学和描述特定事例的科学。其他的理想类型可以适用于特定的历史现象，如"新教伦理"、"文艺复兴"等。为了简化这个概念，我们要区分一般化的社会学的理想类型和个体化的历史的理想类型(参见下文)。

新教和资本主义

在韦伯的历史社会学的研究中，合理性和合理化是共同的线索。在他的广泛的经验工作中，韦伯试图说明西方特定的合理性的发展。核心的问题可以表述如下："一个现代欧洲文化世界的产儿，会不可避免地并且正确地从如下视角来处理普遍的历史问题：什么样的事件之链，导致了这样的结果，即在西方，而且只有在这里——如我们至少愿意想象的那样——产生了依然指向普遍的意义和有效性的文化现象。”[8]

因此，韦伯力求把握区别于其他文明的西方所特有的社会特征和文化特征。在他看来，只有在西方，才发展起了科学，即那种现在被认为对任何人都有效的科学。在其他文化，如印度、中国和波斯的文化中，我们也可以发现经验知识、哲学和神学的智慧。但是，在那些文化中，所获得的知识缺乏数学的基础和理性的证明，也不以科学的实验为基础。

在艺术中，情形类似：音乐的才能出现在所有民族之中，但是，只有西方发展了一种合理的和谐的音乐（多声部音乐与和声）、管弦乐队以及记谱法。在文艺复兴期间，随着线性和空间性的透视的引入，在艺术领域中发生了一个合理化的过程。只有在西方，“国家”被认作一个政治建制，具有一个合理的、形式的宪法和合理的、形式的法律。韦伯认为，科学专家和高级的技术官僚只有在西方文化中才会出现。[9]

这同样适用于韦伯所说的“我们现代生活中最致命的力量”，即资本主义。在所有的时代和世上所有的国家中，都可以看到对经济利益的追求。但是，只有在西方，出现了一种基于（形式上的）自由劳动力的理性的资本主义组织。现代西方资本主义依赖于如下事实，即所有经济因素都是可计算的。归根到底，这是由于合理的科学而成为可能的。现代资本主义还要求一个法律体系和一个政府的科层制，来创造一个可以预见的行动领域。只有西方才能够为商业提供这一点。

为什么这种合理化的过程在西方之外没有发展起来？为什么现代资本主义首先在欧洲得到发展？

韦伯认为，“公民”人格化了一种独特的行动类型，目标合理性行动。因此，关键的问题是：为什么这种行动类型在西方特别盛行？

我们已经看到，韦伯提到了资本主义在西方胜利的不少外在条件（科学、法学等）。但是，他对我们所说的内在原因也感兴趣。这和如下原因有关，这些原因与人之倾向于某些形式的“实践的-合理的生活方式”相联系。不同于弗洛伊德，韦伯强调，当这样一种生活方式受到宗教和意识形态的禁止的限制时，一种合理的资本主义商业生活的发展，也会遇到巨大的内在的对立。[10]这些问题在所有国家的工业化过程中都是广为人知的。在《新教伦理和资本主义精神》(1904)中，韦伯试图确定冲破这些禁止并使现代社会的兴起成为可能的，出现在*宗教改革*期间及之后的那些特定的因素。

在韦伯看来，宗教改革导致了传统伦理的义务观的根本变化，并且为使一种新的理性的生活方式具有合法性的伦理扫清了道路。因此，新教伦理为一种先前不为人所知的工作伦理和一种新的理性的生活态度做了辩护。这种工作伦理甚至是宗教所责成的。实际上，对于新教徒来说，生产性的工作获得了一种宗教的意义；它成为一种“天职”。商业的成功被解释为一种属于“选民”的标志。因此，利润，就其自身而言，不能是非道德的。对于“肉体”以及“感官”的快乐的消极态度，限制了消费，促进了资本的积累。新教主义就以这样的方式创造了韦伯所说的“世俗的禁欲主义”。这种世俗的禁欲主义重新架构了人格。在工作和井井有条的自我控制的方向上，出现了一个人格的*内在的*合理化的过程。在下一个阶段上，内在的合理化支持了经济生活的*外在的*合理化。

韦伯并没有说，路德和加尔文有意为资本主义的兴起确立精神条件。资本主义伦理的发展也没有以此为目标。韦伯认为，资本主义在西方的兴起，是在新教各派中发展起来的伦理-宗教态度的一种意想不到的结果。资产阶级的生活方式和资本主义精神，是从幕后涌现的。

韦伯的理论在整个20世纪得到了深入细致的讨论，它常常被看作是马克思主义的基础(经济)和上层建筑(意识形态和宗教)的关系的思想的一种替代物。在此，重要的是要意识到，韦伯*没有*说的是什么。他并没有说，新教伦理是资本主义兴起的必要的和充分的条件。韦伯反对单一因果的说明模式(基于一种原因的说明)。他强调，资本主义在西方的兴起有许多原因。因此，对于资本主义的兴起来说，新教伦理是一个必要的，但不是充分的条件。

韦伯对于他那个时代的病态的诊断："英雄式的悲观主义"

和尼采一样，韦伯在很多方面与启蒙运动对进步的信念相决裂。他对自己的时代和未来的看法受到了尼采对虚无主义的诊断的影响。商业生活的理性化创造了令人惊异的经济增长，但是，它也创造了韦伯所说的资本主义的"铁笼子"，以及一种以"势不可当的强制力"决定我们生活的机械力量。[11]现代科学的兴起提供了关于自然过程的新的洞见，但这种洞见还带来了一种决定性的"世界的去魅化"（*Entzauberung der Welt*）。当科学掏空了世界的宗教-形而上学的内容时，我们对意义的**生存论**需要增加了。韦伯强调，这种需要是科学不能满足的。

> 一个已经吃了智慧之树的时代的命运是，它必须知道，我们不能从它的分析结果——即使它一直是如此地完美——来了解世界的**意义**。相反，它必须要能够自己创造这种意义。它必须认识到，对于生活和世界的一般观点，永远不会是日益增长的经验知识的产物。[12]

科学的合理化导致了韦伯所说的意义的丧失以及我们的随之而来的内在需要。因此，在他对自己时代的疾病的诊断中，他直面了现代性的"无意义性"的问题。在缺乏一种令人信服的伦理的情况下，这是一个人人互相为战的状态。这一斗争的结果不能用理性的论证和标准来决定。和许多存在主义哲学家一样，韦伯认为，在这场斗争中，我们必须作出一种不是以理性为基础的**选择**。这就是韦伯的所谓"决定主义"，也被称为"诸神之间的战斗"，即不能以理性的方式调和的基本价值之间的斗争。

根据韦伯自己的预设，在伦理-政治问题上的非理性的决定主义，是不能很令人满意的。如我们看到的那样，他指出，某些根本的价值内在于一般的科学活动。**真理**和**有效性**对于所有的研究都是基本的。但是，在讨论伦理-政治问题时，类似的事情会发生么？当我们高举某些价值而反对其他价值时，我们不是预设了我们所说的是**正确的**和**有效的**吗？以后我们将看到，这些正是德国哲学家卡尔·奥托·阿佩尔和于尔根·哈贝马斯对"决定主义"和"伦理的相对主义/主观主义"所作出的反驳的对象。

我们已指出，韦伯认为日益增长的合理性和科层化是对我们的自由的一个威胁。他发现，对这一发展的惟一的政治替代方案，是卡里斯玛型的“领袖-民主”(*Führerdemokratie*)，即一种能够给社会以新的方向的卡里斯玛型的领袖领导的政府。第一次世界大战之后，悲观主义笼罩着他对未来的看法。韦伯认为，只有对生活采取一种英雄式的态度，现代人才能够学会够得上“这个世界，如它在其日常事务中实际所是的那样”。[13]韦伯认为，任何的乐观主义都是一种幻觉。“展现在我们眼前的不是夏日的鲜花，而是像冰雪一样黑暗和坚硬的极夜，不管哪一组在表面上会取得胜利。在一切皆无的地方，皇帝和无产者都丧失了他的权利。”[14]在道德气质上，韦伯和他的同时代人弗洛伊德有某种相似性：处于他们阴沉暗淡的道德视野的中心的，不是一个新的社会，而是一个新的个人，他既不对逝去的金色年代有什么怀旧之情，也没有对未来的千年天国有什么准备。他对于世界具有一种痛苦地获得的审慎看法，他能够以斯多葛派的方式来面对生活。

第八节　塔尔科特·帕森斯——行动和功能

美国人塔尔科特·帕森斯(Talcott Parsons，1902—1979)是古典社会学传统中最后一位重要学者。在20世纪30年代末，帕森斯试图提出一种一般理论来描述变动的社会情况。在很多方面，帕森斯的复杂的、多面的思想是古典社会学、弗洛伊德、现代系统理论的大综合。在后来的著作中，帕森斯试图复兴一种有关社会进化的普遍特征的理论。在此，合理化和分化的概念起着关键作用。

在其重要著作《社会行动的结构》(1937)中，帕森斯就已经认为，古典社会学的思想家，如涂尔干、韦伯和维尔弗雷多·帕累托，会聚在一个共同的理论立场上。帕森斯试图用一种行动理论来表述这个共同目标：行动首先预设了行动者必定根据手段和目的来引导自己，但行动只有根据超个体的规范和价值才会有方向。严格地说，正是价值的这个共同体使得互动和社会成为可能。因此，文化领域在帕森斯的社会学中就变得十分重要。

帕森斯的行动理论可以说代表了对功利主义的一种批判。功利主义并不依赖于对于不同个体视之为目的或他们用以达到目的之手段的规范性的限制，和功利主义相反，帕森斯认为，共同的价值和规范限制和协调了个体的行动。这一早期的行动理论后来被纳入了结构功能主义的框架之中。帕森斯的行动理论意味着，我们总是在不同的可能性之间进行选择。这些选择被表述为一系列的二元对立。因此，一个模式变量是一个二元对立，在二元对立中，一个个体必须选择其中的一个可能性，以使一个情景的意义得到确定。帕森斯引入了五个这样的二元对立。

情感-情感中立性

比如说，在其职业角色中，教师必须选择要求情感中立性的规范模式。他们一定不要在情感上和学生过于打成一片。这一点同样适用于不同的职业角色，如法官、心理学家等。另一方面，一个父亲或母亲的角色蕴涵了情感的投入。一个有趣的问题是，现代化——合理化和分化——是否会创造一种规范模式，其中，越来越多的关系以情感中立性为特征(参见滕尼斯关于共同体和社会之区分的理论)。绝大多数人的工作和职业生活是或者应当以情感中立性为特点(参见关于工作场所性骚扰问题的争论)，而私人领域则是情感性行动(眼泪、爱抚等)的所在。家庭通常具有这种宣泄的功能。然而，现如今，我们已看到了家庭的情感枯竭的情况。也许，这就是何以现代性的特点就是出现了一些专门为受压抑的情感提供出口的建制。

普遍主义-特殊主义

对实践行动的现象的判断的根据，到底应该是较为普遍的规则(如康德的绝对命令)，还是较为特殊的规则？比如说，在现代社会，在找工作时，我们强调的是职业能力和考试结果，而不是家庭关系、性别和种族背景等。在帕森斯看来，这就是根据一般规则来作评估。在此，也是这么一个问题，即现代化是否意味着越来越多的现象是根据普遍的规则而不是特殊的规则来加以评估的(参见“法律面前人人平等”)。

自我导向-集体导向

在此，需要进行的选择是顾及我们自己，还是顾及别人。这个规范模式允许行动者为了自己的利益而利用特定的情景吗？还是他们主要应该考虑集体？比如说，股票市场上的投机者，由于他们的角色，应当为他们自己的利益或者他们的公司的利益而行动，而医生和心理学家则主要应当关注病人的利益。根据涂尔干的社会学，我们也许可以说，在现代社会，自我导向只有在有机凝聚力的基础上才有可能。从这样一个视角来看，集体导向或者利他主义，成为一个建立在机械凝聚力基础上的社会的一个特点。问题还是，现代性是否蕴涵了一个主张自我导向优先于集体导向的规范模式。

归属-成绩

这个概念对子的基础，是确定社会地位的两种依据之间的区别：一种是所归属的资格，一种是所成就的资格。比方说，我们应当优先考虑像性别、年龄、团体关系这类资格，还是优先考虑业绩。我们常常认为，现代化的过程意味着(或者“应当”意味着)，通过努力而获得的资格是决定性的(“我们应当任人唯贤”)。比方说，有些职业不再只为贵族或一个特定阶层(“武士阶层”、“商人阶层”等)所垄断。

专门性和多面性

这个二元对立区分了相对于某一现象的一种特定的/狭隘的关系和多面的/发散的关系。在此，该规范模式规定了或者将关系限定在一个专门的方面(参见有关官员的个案工作的理论)，或者扩展关系以理解更多的方面。现代的分化过程似乎蕴涵了越来越多的特定关系。但是，也存在着另一个趋势，它表现在这样一个要求之中，即官员应当考虑各种“人性的因素”，或者，教师应当是一个社会工作者和一个心理学家。当然，多方面性是现代社会中的 *Gemeinschaft* 领域的特点，比如，父母和子女之间的关系。

这些概念对子代表了帕森斯试图结合古典社会学中的一些基本概念的努力。比如，滕尼斯的共同体和社会的概念，韦伯的行动类型，涂尔干对机械凝聚力和有机凝聚力的区分。这些基本概念告诉我们，有些社会角色“预先倾向于”选择某个二元对立中的一个特定方面。一个职业角色要求我们选择自我导向，另一个要求选择集体导向。比如，一个父亲在和他的孩子的关系中，必须选择情感、多面性、特殊主义、归属和集体导向。如果他是他的孩子的老师，他就必须相应地选择这些二元对立的另一方面。

在这些概念对子的帮助下，我们也可以描述一个社会的规范或价值结构的优先性。因此，帕森斯勾画了不少社会结构：比如说，普遍主义的成绩导向的模式是现代工业社会的特点。我们在前现代的社会中发现了其他的模式。因此，概念对子构成了合理化和分化理论的一个部分。

在许多方面，帕森斯试图表明，社会系统遇到了所谓系统问题（system problems）。在这里，基本概念是和生物学相联系的。在一个社会制度中，存在着一些机制，它们确保，当环境发生变化时，该系统保持平衡。在此，我们发现了功能主义的说明模式。某些机制的功能是在一个社会系统中创造一种平衡。比如说，在微观的层次上，角色分化必须被理解为一种试图解决“系统问题”的一种努力。在宏观的层次上，存在着一种相应的功能分化（文化、政治和经济被看作子系统）。因此，社会就以这些子系统，来处理与自然的关系上的适应问题，以及社会的、规范的整合问题等。如果社会只专注于工具性的问题，那么，价值共同体就会遭殃。在这里，文化对帕森斯具有重要意义，其形式是学校、大学和艺术流派，等等。

在其更为晚近的著作中，帕森斯试图复兴关于社会进化的普遍特征（“进化的共相”）的理论，这些特征体现在社会分层、书面语言、法律、科学、货币、科层制、民主等各种形式之中。一个社会中的这类建制（比如科学和民主）的发展，将决定性地影响到这个社会及其未来。帕森斯认为，正是日益增长的功能分化——比如一个社会发展了新的专家制度——造成了这些普遍的发展特征。从这一视角出发，他提出了一种发展理论，在这种理论看来，西方社会被看作是这一历史过程的最终成果。苏联的崩溃加强了这种理论：所有的社会发展似乎都是沿着现代西方社会以及它的普遍建制的方向进行的——其他都是死路。历史在这里已经（暂时）达到了它的结论。尽管帕森斯反对关于历史发展的目的论说明的思想，但他可以在某种意义上被看作是一个“现代化了的”和“社会学化了的”黑格尔。与黑格尔和启蒙运动时期的哲学家一样，帕森斯认为自己已经发现了创造一个现代社会的机制。

思考题

1. 讨论韦伯对新教主义和资本主义兴起之间的关系的看法。
2. 讨论古典社会学是如何看待“现代性的不满”的？在什么意义上，这种诊断是恰当的？
3. 在什么意义上古典社会学是“实证主义的”？这种实证主义如何同逻辑实证主义者的实证主义区别开来？

进一步阅读的建议

原始文献

Durkheim, E., *Suicide*, Glencoe, IL, 1951.

Parsons, T., *Social Systems and the Evolution of Action Theory*, New York, 1977.

Tocqueville, Alexis de, *Democracy in America*, London, 1994.

Weber, Max, *The Theory of Social and Economic Organization*, New York, 1966.

二手文献

Giddens, A., *Capitalism and Modern Social Theory—an Analysis of the Writings of Marx, Durkheim and Max Weber*, London, 1971.

原著选读

韦伯：“社会科学认识和社会政策认识中的‘客观性’”（1904）
（选自《社会科学方法论》，韩水法、莫茜译，中央编译出版社 2002 年版）

众所周知，我们的科学，诸如以人的文化制度和文化事件为对象的一切科学，或许政治史算是例外，在历史上都首先以实际的立场为出发点。对国家的某些经济政策的措施做出价值判断是其最切近的、几乎是惟一的目标。它是“技术”，这样说的意义与比如说医学科学的各临床学科也是技术的意义是相同的。现在已经知道，在未作出“存在的”和“应该存在的”知识之间的原则区别之前，这种地位是如何逐渐地变动的……

经验科学的任务决不可以是获取糅合在一起的规范和理想，以便能从中推演出可用于实践的处方。

但是，从这个命题所得出的结论是什么？它决不会是说，因为价值判断最终立足于某些理想，因而有其“主观的”源泉，所以它归根到底应从科学讨论中排除出去。的确，我们杂志的实践和目的会一再否定这样的命题。批判并不因价值判断而中止。问题毋宁是，对理想和价值判断的科学批判意味着什么，目的是什么？这个问题需要作稍为详细的考察。

一切关于人类有意义行动的基本成分的思考首先与“目的”和“手段”这两个范畴直接联系在一起。我们意欲某物，实际上或者是“为了它自身的价值”，或者它是有助于获取最终所欲的东西的手段。手段对于既定目的的适用性一开始就可以通过科学研究而无条件地获知。因为我们（在我们当时的知识界限之内）能够有效地确定，哪些手段适宜于或不适宜于达致先定的目的，这样，我们可以凭借这个方法权衡利用某些可支配的手段最终达到某一目的的可能性，因而我们又可以根据当时的历史状况间接地把目的的设立本身评判为实际上有意义的，或者相反评判为对于既定的各种情形而言是无意义的。当看来有一种达到一个先定目的的可能性时，我们能够进一步——自然，始终是在我们当时认识的界限内——规定这样一种结果：由于一切事件相互联系，除了可能达到所设定的目的之外，使用必需要的手段也会产生这类结果。我们随后给行动者提供相对于他的行动所意欲的结果来权衡这种并非所意欲的结果的可能性，并回答这个问题：以预定损失其他价值的形式达到所意欲的目的所“付出的代价”是什么？因为在绝大多数情况下，每一个所追求的目的在这个意义上都“付出”些代价或可能会“付出”些代价，所以任何有责任感的行动者的自我思考都不能忽略对于彼此对立的行动的目的和结果的权衡，而使这种权衡得以可能的则是我们到目前为止所考察的技术批判的最根本的功能。但是，从权衡本身进到决定，当然不再是科学力所能及的任务，而是有所欲的人的任务：他按照自己的良知和他个人的世界观在各种相关的价值之间进行斟酌和选择。科学帮助他意识到，所有的行动，自然也包括视情况而定的不行动，都意味着在结果中赞成某些价值，因而——今天人们特别不喜欢承认的——总是意味着反对另外一些价值。进行选择是他自己的事情……

但是，对价值判断的科学研究不仅可以进一步理解和神入所意欲的目的和作为其基础的理想，而且主要还可以教人批判地“评价”它们。这种批判自然只能具有辩证的性质，亦即它只能是一种对于历史上既有的关于先前材料的价值判断和观念的形式-逻辑的评价，一种依照所意欲的东西的内在无矛盾性的公设而对理念的检验。由于它给自己设立了这个目标，它便能够帮助有意欲者去自我反思那作为他意欲内容的基础的最终公理，反思他无意识地预先设定或——为了前后一贯——必须预先设定的最终的价值尺度。使人们意识到这种显示在具体的价值判断之中的最终价值尺度，当然是它不必踏入思辨的领域就能成就的最后工作。至于判断的主体是否应该拥护这些最终的价值尺度，完全是他个人的事情，是他的意欲和良知的问题，而非经验认识的问题。

经验科学无法向任何人说明他应该做什么，而只是说明他能做什么——和在某些情况下——他想要做什么。确实，在我们的科学领域内个人的世界观甚至习惯于不断地影响科学论证，并且根据结果减少或增加个人理想实现的机会，即意欲某一特定事物的可能性的情况不同，即使在查明简单因果联系的范围内也一再地抹煞科学论证的重要性，容许对之作出种种不同的评价。就这方面而言甚至我们杂志的编辑和撰稿人确实也会“认为人的本性概莫能外”。但是从有关人类弱点的这种认识出发需经一段漫长的道路才至于相信一门“伦理的”国民经济学科学，而国民经济学必须从它的材料中得出理想或通过把普遍的伦理绝对命令用于它的材料而制造出具体的规范。更确实无疑的是：正是“个人”的最内在的因素，规定我们的行动、赋予我们的生活以意义的最高和最终的价值判断，才是某种我们感到有“客观”价值的东西。我们之所以能赞成这些价值判断，只是在它们向我们表现为有效的，表现为出自最高的生活价值的时候，因此，也就是它们在与生活困难的斗争中显现出来的时候。的确，“个人”的尊严在于这样一个事实：对他来说存在着一种维系自己生活的价值，这种价值在个别的情况下甚至惟一地存在于自己独具的个性的范围之内；于是，“自我充分发展”在具有他可向其要求作为价值有效性的益处时，才是他用以指导自己的观念。无论如何，只有在有价值信仰的前提下，实际地赞成价值判断的努力才有意义。但是，评价这种价值的有效性，是信仰的事情，同时或许是一种根据生活和世界的意义对它们进行思辨的考察和解释的任务，但是就应在这里维护这种价值有效性这一层意义而言，这的确不是经验科学的课题……

注释

[1] 这里“积极的”一词与“实证的”在英语和法语中为同一个词，均为“positive”。——译者

[2] 但是，托克维尔还提到，在一个民主体制下，多数人常常保证被提供一个合理的生产份额，这样他们就不认为有什么东西需要通过革命去获得。因此，少数显然会从革命中得益的人，就会受到多数人的约束。

[3] Ferdinand Tönnies, *Community and Society*(《共同体和社会》), trans. and ed. by Charles P. Loomis, New York, 1957, pp. 64–5。

[4] Max Weber, *The Methodology of the Social Sciences*(《社会科学方法论》), trans. and ed. by Edward A. Shils and Henry A. Finch, New York, 1949, p. 58。

[5] 同上书，第112页。

[6] Max Weber, *The Theory of Social and Economic Organization*(《社会和经济的组织的理论》), trans. by A. M., Henderson and Talcott Parsons, New York, 1947, p. 88。

[7] 在这里，韦伯面临着一个严重的认识论问题。如我们前面已经看到的那样，对韦伯来说，经验现实具有一种几乎含混不清的特征(在此，他追随了尼采，以及在某种程度上，追随了新康德主义)。因此，难以看清我们如何能决定理想类型的概念相对于一个经验事态是否充分。对韦伯来说，在理想类型的唯名论领域(即韦伯拥有一个具有唯名论色彩的概念论)和无意义的经验世界的无限性之间，似乎不存在任何形式的中介。韦伯似乎没有意识到，在研究者开始工作之前，社会现实就已经被社会行动者作了诠释并赋予了意义。

[8] M. Weber, *Gesammelte Aufsätze zur Religionssoziologie*(《宗教社会学论集》), Vol. 1, Tübingen, 1963, p. 1。这篇“序”在很多方面是韦伯社会学的关键。

[9] 参见 M. Weber, *The Religion of China: Confucianism and Taoism*(《中国的宗教：儒教和道教》), New York/London, 1964, 以及 *The Religion of India: the Sociology of Hinduism and Buddhism*(《印度的宗教：印度教和佛教的社会学》), New Delhi, 1992。

[10] M. Weber, *The Protestant Ethic and the Spirit of Capitalism*(《新教伦理和资本主义精神》), London, 1956, pp. 17ff。

[11] 同上书，第181—182页。

[12] M. Weber, *The Methodology of the Social Sciences*(《社会科学方法论》), p. 57。

[13] M. Weber, "Politics as a Vocation"("政治作为一种职业"), 收入于 *From Max Weber: Essays in Sociology*(《马克斯·韦伯社会学文集》), with an introduction by H. H. Gerth and C. Wright Mills, London, 1970, p. 128。

[14] 同上。

第二十二章
自然科学的新进展

第一节　爱因斯坦和现代物理学

科研共同体在最近一段时期出现了一种爆炸式的增长。这一点既适用于活跃的研究者的数量，也适用于研究主题和研究进路的数量。这种膨胀适用于所有的研究分支，但特别适用于自然科学及其在技术发展中的分支。民用工业和军用工业都与许多这类活动有紧密关联。我们可以指出我们这个时代有三大科学技术革命：物理学革命、信息学革命、生物学革命。我们将对物理学的发展作一概述，并强调科学发展和技术的关系。但我们关于有必要进行跨学科讨论和公共讨论的结论性评述，也适用于信息技术和生物学的问题。

从“把自然看作技术”到“用技术来看待自然”

伽利略-牛顿物理学关于物质粒子和机械原因的基本概念引发了机械论的世界观。在文艺复兴时期的科学中，“自然之书”被认为是用数学语言写成的：几何学超越了那些可借助直接感知而获得的关于自然现象的知识，可以把握自然的内在结构。因而物理学和天文学的规律是用数学语言表述的。几何学成为技术的不可缺少的部分，也成为建筑和艺术的不可缺少的部分。几何学和技术有一种密切的关系：如果自然能够用几何学的术语来理解，那么，它同时也可以在技术上被控制。因为，在新的视角下，自然不仅仅被看作是物质粒子的机械运动，而且也被看作是依照几何设计——根据直线和角、平面、圆和球面，还根据按线性和圆周来运动的平衡轮和钟摆——形成的物质对象。这样，自然就被看作是一架庞大的机器。机械唯物主义的世界观的倡导者霍布斯，把社会比作钟表，而哈维则把心脏看作一只水泵。相应地，认识论在进行感知的主体和被感知的对象之间作了区分，人作为感知主体所追求的是把自然作为一个技术系统来感知。

从伽利略-牛顿的经典物理学向现代物理学的转换蕴涵了多种变化。许多基本概念，如质量和能量、空间和时间以及因果性，都得到了重新定义。焦点所在是爱因斯坦和相对论。同时，人们对自然的概念和认识论的概念也作了重新定义——简而言之，如果说自然从前被看作是技术的话，那么技术现在对研究自然来说成为必不可少的了。实验以及对实验现象的精确测量，渐渐变得完全依赖于先进的、综合的技术。[1]我们通过技术手段来进行“观看”。技术因而成为认识活动主体的一种延伸。这样，传统认识论的主体—客体模式就成问题了。现在让我们来讨论一下因果性和不确定性，以及基本粒子的本体论地位：观察在多大程度上是依赖于概念以及我们借以进行观察的技术的？

随着经典物理学向现代物理学的转变，我们可以发现一种认识论的转换。粗略地说，过去我们认为，研究者对自然过程(连同其数学性质)如其存在的那样借助其数学性质来认识，因此，自然可以用工艺原理——借助于平衡轮、下落的球等——来理解。现在，我们发现自然过程已成为由我们时代的技术和工艺所决定的实验、观察设备的产物。我们用数学模型来表达我们的观察条件允许我们把握的东西，而并不要求我们所观察的东西独立于我们用以测量和观察的概念和仪器。这样一来，“实在论的”认识论预设就成了问题。

“主观”因素对“客体”的不可避免的影响，甚至扩展到我们对概念的定义上。比如，在欧几里得几何学中，两点之间只可能有一条直线；但是当直线概念借助于光的测量而变成一种操作上的定义时，直线概念在定义上就依赖于光，依赖于出现在我们的一系列操作之中的光。由于光的“弯曲”，两点之间就不止有一条“直线”。这意味着，作为研究者的我们，由于借助于设备和操作上的定义，影响着我们所研究的对象的形式。

物理学概述

对原子的研究对于现代物理学来说具有关键的意义。1911 年，欧内斯特·卢瑟福(Ernest Rutherford，1871—1937)证明，原子是由原子核及围绕着它的电子构成的。卢瑟福的一个学生，丹麦物理学家尼尔斯·玻尔(Niels Bohr，1885—1963)，进一步发展了这一模型。不同的电子循特定的路径或轨道旋转，如果它们从远离原子核的轨道跃向离原子核较近的轨道，原子就会放出能量，如果与这一方向相反，能量就会被吸收。这样，我们就观察到放射能量的不连续量子的波动。经过进一步的理论研究和实验研究，人们发现，电子同时具有粒子和波的特性。有些物理学家把这一悖论归因于我们的概念和方法对客体的影响。电子在某种研究条件下显示为波，而在另外的研究条件下则显示为粒子。玻尔因此得出结论说，作为粒子的性质和作为波的性质是互补的。

20 世纪 20 年代在玻尔研究所工作的威尔纳·海森堡(Werner Heisenberg，1901—1976)强调了一个类似的认识论观点：在微观层次上，总是存在着研究条件对研究对象的影响，所以我们不能同时准确地测量粒子的动量和空间位置(能量和瞬间位置)。当我们能够准确地测量一个粒子在哪里时，我们就不能同时确定它的动量；而当我们准确地测量其动量时，我们就不能同时确定粒子在哪里。这个所谓的不确定性原理，加上不连续的量子跃迁，导致了一种对因果性的统计学观点，有时它被称作非决定论：我们不是为每一个特殊事件寻找原因，而只是为统计学意义上一定数量的事件寻找原因。

就像经典物理学导致了从经验主义者和理性主义者到康德的全面的哲学争论一样，现代物理学也引起了(关于基本粒子、物质和能量、时间和空间)的本体论问题的哲学讨论，以及(关于如何才能认识这一点)的认识论问题、方法论问题的哲学讨论。在第一次世界大战和第二次世界大战之间占主导地位的科学哲学学派逻辑实证主义，深受现代物理学的影响。不仅如此，许多一流的物理学家，比如海森伯、玻尔和爱因斯坦，本身就对哲学感兴趣。广泛地存在于许多国家之中的庞大的研究共同体，促进了现代物理学的发展。但把注意力集中在一个人身上，仍是令人感兴趣的，而爱因斯坦是当然的选择。

阿尔伯特·爱因斯坦(Albert Einstein，1879—1955)出生于德国的一个犹太家庭，在瑞士逗留了一段时间后，1914 年，他成为柏林凯泽-威廉姆研究所的教授和所长。他在那里一直工作到 1932 年为止，因纳粹的兴起而离开德国。他定居在美国普林斯顿大学。1921 年，他获得了诺贝尔物理学奖(但不是因为他的相对论)。1905 年，他发表了他的狭义相对论，1916 年，发表了广义相对论。爱因斯坦是一个和平主义者，他厌恶第一次世界大战期间德国的战争手段。他是个体自由与和平的国际合作(国际联盟)的一个倡导者。他把纳粹看作是必须加以打击的主要威胁，即使这意味着要动用核武器。第二次世界大战初期，他开始意识到制造核武器在理论上是可能的，就请求罗斯福总统(1882—1945)生产这种武器。爱因斯坦本人没有参加这项工作。战争结束后，他反对进一步发展核武器，并且敦促其他原子物理学家为解除核武器而工作。20 世纪 50 年代中期，爱因斯坦和英国哲学家伯特兰·罗素，建立了一个以帕格沃什运动闻名的国际组织，把东西方的科学家聚集在一起，来促进对国际冲突的和平解决。爱因斯坦还帮助筹划了耶路撒冷的希伯来大学，但他拒绝了定居在那里的邀请，就像 1952 年他拒绝接受以色列总统职务一样。爱因斯坦，由于其犹太背景，是一个有宗教信仰的人，但他不相信人格化的上帝。对爱因斯坦来说，神性是在物理学规律中发现的(类似于斯宾诺莎？)。

爱因斯坦的相对论代表了对时间概念和空间概念的一种崭新解释。狭义相对论处理的是直线上的匀速运动，它解释了为什么以这种方式相对运动的不同观察者会得出相同的不变的物理规律的公式。广义相对论处理的是加速运动，它把重力描述为四维的空间-时间连续体的一种性质。

我们的测量结果是依赖于我们的测量设备的。如果我们用橡皮筋测量，那么结果就会取决于我们可以把它拉长到什么程度。但即使是铁杆，其长度也随温度的变化而变化。爱因斯坦在工作中使用了诸如“长度收缩”和“时间膨胀”这样的概念：一个越过一根杆子的人对这根杆子的测量，比一个跟随这根杆子(因而对这根杆子保持相对静止)的人对它的测量，长度会显得短一些。当人们观察到两个事件相对于他们处于同一地点时，比起当他们发现，由于他们有所运动，所以事件相对于他们处在不同地点上的时候，两个事件之间的时间要显得短一些。换言之，在运动中，长度变短，时间变长！这一点，通过下述实验得到了确证。人们发现，不稳定的基本粒子在运动时(接近光速)，比起不在运动时，存在的时间要长一些。这一点在速度较低时不易觉察，但当速度接近光速时就比较明显。而且，我们不能以经典物理学的方式来增加速度。[2]

光速是不能超越的。20 世纪一位德国哲学家汉斯 · 布卢门贝格(Hans Blumenberg)从这条原理中看到了人类认知的一个基本局限：我们将永远无法检验我们关于宇宙的假说，因为宇宙的各个维度是如此之大，以至于“我们”要花上几十亿光年才能得到结果——而到那时，它对“我们”已不再是一个问题了！因此，在有关宇宙整体的问题上，我们将总是处于黑暗之中。[3]

现代物理学要求理论研究和实验研究的配合。如今，实验研究的许多重要方面，需要大量的设备和庞大的组织，比如欧洲原子核研究委员会的设施。成千上万的科学家、工程师、技师和工人参与了这些设备的建造和维护。其建造和维护的费用极其昂贵。因而，技术、经济和管理成为研究的不可缺少的部分。跨学科的合作以及学术-政治管理已经成为不可或缺的，但它们并非总是没有问题的。总起来说，我们早先习惯于把自然看作技术，而现在我们则利用技术观看自然。在科研过程中加大技术的使用，要求大量组织的、经济的努力。现代物理学在现代社会中扮演着重要的角色，现代社会在很大程度上为科学概念、科学产品和科学的解决办法所渗透。在很大程度上，我们用科学概念来思考，通过使用科学技术的革新，我们能够改变世上生活的条件。我们知道和掌握的东西从未像今天这样多。同时，我们也生活在无数威胁的阴影之中：从战争和生态危机的威胁，一直到实质的不公正、各种建制的腐败。在理论上和在实践上，我们应该如何提高对我们所造成的东西的理解和把握呢？

第二节　科学分叉和技术发展——科学的应用和跨学科的进路

工具理性的有用性和限度：以规范的决策理论为例

在现代，无论在科学上还是在技术上，人和自然的关系，越来越成为一种支配控制的关系。在此过程中，自然已被看作一个实现人类目标的不成问题的资源。我们并不认为我们应该为自己对自然的行为负责任。我们都有开发自然的自由，至少是只要我们邻居的财产权不因此受到损害的话。

作为这个态度之基础的是这样一个预设：自然是可无限更新的。但是，这一预设渐渐被证明是站不住脚的，在我们的时代，技术统治已导致了一些恒久的、复杂的危机。由于它们各自不同的、常常是尚未预见的对自然和社会的有害结果，这些危机变得特别触目惊心。这里核心的主题是能源危机和污染、社会冲突和地区冲突、动植物物种濒危。生物的生态条件是脆弱的，这一点已经变得越来越清楚。最后，我们已经意识到，与自然的更为谨慎的互动对于我们的生存是必不可少的。这种危机的体验不仅显示了自然的限度，而且显示了一种纯粹工具性的合理性和实践方式的内在限度。

我们将考察与这种工具性的科学化相联系的某些跨学科问题和实际问题。我们将首先在和现代技术的联系中来考察成本-收益分析的有用性，为此我们将集中讨论规范的决策理论，同时也考虑这种进路的某些局限。我们将强调的是这些问题的哲学的方面，而不是经验的方面，因为我们要讨论的问题是什么是合理的和道德的，而不是要考虑政治上、经济上的利益冲突，以及其他一些经验性问题。

规范的决策理论的出发点是一个给定的决策情境，我们在其中能够在不同的可替代方案中进行选择，每一种可替代方案都有不同的、多少是或然的后果。根据这个理论，当决策者所选择的可替代方案对于其被估计的后果来说拥有最高数值的概率和价值时，他们就是理性的。这个过程令人回想起功利主义（参见边沁的效用计算的建议）。所以，我们在经济计算中看到这类推理。因此，在规范的决策理论中，效用计算被嵌入一个数学模型之中：我们试图发现各种后果的概率和可欲性的数学表达，在此基础上，通过计算，我们决定选择哪一种可选方案。

我们将简要地说明规范的决策理论是如何覆盖效用道德、科学地确立起来的各种概率观以及数学计算之间的相互作用的。同时，我们将讨论工具合理性在此起了什么作用，讨论一些跨学科程序和公共讨论的必要性。比方说，我们会有如下的问题：在今后5年中我们如何获得足够的廉价的能源？然后我们必须考察各种不同的可能性和它们的后果，在此基础上达到一个合理选择。如果在这样一个问题上运用规范的决策理论，我们要采取如下步骤：

1. 阐述目标
2. 考察各种可选方案
3. 分析它们的后果
4. 进行评估
5. 作出我们的选择

1. 阐述目标是一项规范性任务。评价某个目标是否可欲和正义是一个处于所有科学之外的问题。但是，围绕着这个目标，存在着许多实际问题，而这些问题是可以作科学考察的。阐述目标常常被看作是决策者描述情境的方式的一部分。在标准的情形之下，我们假定，情境和目标都是被决策者清楚地和正确地认可的。在实际生活中，当然这并不总是如此的。
2. 有不同的可替代方案可供挑选。比如，它可以是这样一个问题：生产能源的不同方式——从水、石油、天然气、原子核、风等之中生产能源——和使用能源的不同方式——包括节约能源的不同方式——之间的关系的问题。决策者的作用的一部分就是要知晓这些可选项目。但是，这种知识的进一步阐述原则上需要科学的支持。正是科学帮助我们更清楚地看到我们拥有哪些可替代方案，什么样的手段(技术方案)是可能的。而且正是科学使新的工具性进路成为可能。

3. 同样，关于每种可替代方案的各种不同后果的知识，可以通过科学的努力而得到进一步发展：通过各种类型的科学研究，我们能够对于每种可替代方案的各种可能的后果的问题，以及这些不同后果的概率有多大的问题，作出较好的解答。
4. 在决策理论中，不同后果的或然性的程度被量化为数值。相应的，我们试图用正的和负的数值来表示各种后果对于所涉及的各方意味着什么。(参见与功利主义计算中的这种量化相关的问题。)
5. 一个后果被假定会拥有的数值(正的或负的)越大，在根据各自的后果来权衡各种可替代方案时，我们会给这种可能性的权重就越大。同时，比起那些概率较小的后果，我们会给那些概率较大的后果以更大的权重。为了说明这两种考虑，在规范的决策理论中，我们采用的是每种后果的或然性的数值和这种后果的可欲性的数值的数学乘积。每一种可替代方案因而是用这些乘积之和来评价的。根据规范的决策理论，合理的选择就是对那个具有最高乘积和(或者最低乘积和，如果和是负数的话)的可替代方案的选择。

下面这个图表，用给定的数值说明上述各点：

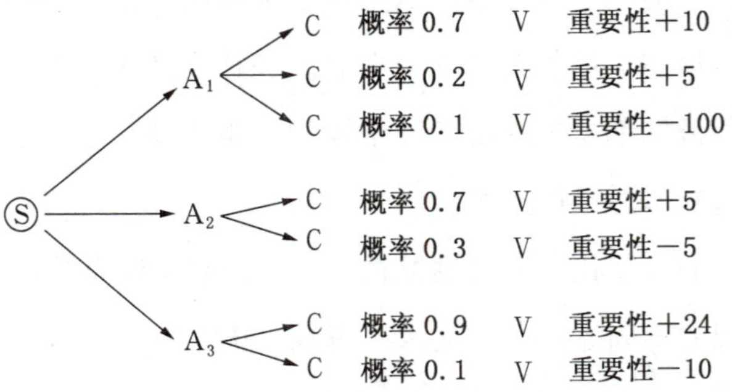

说明：S：选择情境，A：可替代方案，C：概率；V：重要性(量值，可欲性)

为了量化概率(C)，我们在此选择了从 0 到 1 的数值范围[4]。为“保险”起见，我们可以(悲观地)给予不想要的后果以较高数值的概率，而给想要的后果以较低的数值。为了量化重要性(V)，我们选择了使用在正负两个方向上从 0 到(近乎)无限的完整的数值范围。这样就可能使用“绝对值”。按此，人类的灭绝可以刻画为“无限的负”。

在我们的例子中，我们得到了如下的结果总数：

A_1：$0.7 \cdot 10 + 0.2 \cdot 5 + 0.1 \cdot (-100) = 7 + 1 - 10 = -2$

A_2：$0.7 \cdot 5 + 0.3 \cdot (-5) = 3.5 - 1.5 = +2$

A_3：$0.9 \cdot 24 + 0.1 \cdot (-10) = 21.6 - 1 = +20.6$

因此，在这个例子中，选择最后一种可替代方案(A_3)是合理的，而相对于第一种可能性(A_1)，应该选择第二种可能性(A_2)。

规范的决策理论的这样一个抽象的个案，看上去可能离我们实际所做的很远。它设法赋予不同种类的价值以数值，这也会招致异议。这种异议应当认真对待。同时，必须看到，规范的决策理论不仅在于能说明*实际的*行为，而且帮助我们决定一个合理的选择*应当是什么*。大多数人或许会同意，这样一个方案说明了我们关于合理的选择——比方说，当我们计划要造一座发电厂或一座桥的时候——的许多直觉。也许，在评估作为现代技术工程(从对医疗的选择到能源政策和国防政策)之基础的合理性的时候，它可能是相当精确的。我们来概述一下这个过程的某些积极的方面：

1. 用这种方式来展开不同的可替代方案，可以增强我们的现实感，因为它迫使我们以系统的、科学的方式来考察不同的可替代方案以及它们各自的后果。同时，它可以帮助我们发展我们的想象力，因为，它要求我们努力去发现可替代的解决方案。
2. 这一进路表明，我们应当集中研究那些重要性最大(不管是积极地讲还是消极地讲)的后果，相应的，在那些不太重要的后果上面少花一些精力。这为我们的工作提供了方向，区分什么是重要的，什么是不太重要的。

3. 这种区分不同类型的问题的方式，会帮助我们对它们的认识论地位有所认识。这个问题是规范性的呢，还是它和某门科学有关？如果是这样的话，是哪一门科学呢？这帮助我们更清楚地看到什么是我们所知道的，什么是我们所不知道的，什么是我们可以科学地发现的，什么是需要伦理讨论的。

跨学科分析的必要性

跨学科分析的价值需要作进一步说明。决策理论的格局揭示了我们为什么经常需要一种跨学科的进路。比方说，当我们计划建造一个核电厂时，关于不同的可替代方案以及它们的各自后果的问题，当然不是单单能够用不同形式的物理-技术专门知识来澄清的问题。在这里，我们也需要经济的、生态学的和社会科学的专门知识和专门人才。在所有这些层次上，都有成本和风险。如果我们要作出一个合理的决定，我们必须对这个计划的所有这些方面获得一种最实事求是的了解，这个任务要求利用所有相关的学科。许多项目的失败是不可避免的，因为它们的失败是由于过于专门化的专家顾问对于该项目所蕴含的某些方面视而不见所造成的。[5]在这些情况下，就要求采取一种跨学科的进路。要科学地展开不同的可替代方案及其可能后果，仅仅技术方面的专业知识是满足不了要求的。比如，在一个不发达国家的一个钻井项目，还需要了解经济、卫生保健、教育以及社会和文化方面的各种条件。一个项目的后果所涉及的范围越广，开发出一种尽可能好的咨询方法的重要性就越大。这些例子说明，特定的某组专家是会显得过于片面了。在这些情况下，一个合理的要求是，扩大在这个项目中派有代表的学科的数量。要获得对该项目有充分理解，这样做是必不可少的。

理想地说，我们应当包括所有相关的学科，并且在各个层次上进行彻底的研究。但是，在实践上，考虑到时间和金钱方面的成本，这个要求必须有所减弱。研究可以永远进行下去，但是，实际的解决方案却有时间的限制。在钻井项目的例子中，用卫生保健、教育、社会条件等方面的专业知识和专业人才来补充原有的技术方面的专业知识和专业人才，其必要性是相当明显的。但是，在其他场合，在“最理想”的意义上考虑到对不同类型的更多知识的客观要求，考虑到获得这种与它的实际效用相关的知识所需成本，确切地说什么是“足够的”（也就是“优化的”），并不是轻而易举的事情。

在某一阶段上，各群不同的专家必须合作，至少以这样的一种方式，即把不同学科打成“一个明白易懂的包”中提交给“雇主”。在那种意义上，不同学科的代表，如经济学家、生态学家，应当能够在学术层次上相互交流。这要求他们能够讨论自己的方法论预设和概念预设。这常常是困难的。

因此，常常存在着一个扩展科学专业知识的范围的客观需要，比方说，从一门自然科学的学科扩展到数门这样的学科，或者扩展到一组包括社会科学在内的学科。当涉及人的因素时，我们需要社会科学的专业知识。然而，在预见人的行为的可能的后果时，存在着一些特别的问题。在许多自然科学如气象学和躯体医学中，预见就可能是很困难的。而在许多社会背景和心理背景下，预见似乎是非常成问题的。[6]部分地，这也是一个逻辑问题：我们之所做，在某种程度上是为我们之所知决定的。研究给予我们新的洞见。这样，未来会有一些我们现在并不拥有的洞见形式，那会影响我们那时所做的事情。我们未来行动的那些方面，现在是不可能预见的。[7]因此，从原则上说，当牵涉到人的因素的时候，是难以用数值来表示概率的。

为保险起见，我们在作出具有高风险的决策的时候，必须更加小心。值得强调的是，这个策略和赌博相比，并没有“少一些理性”。我们毋宁说，小心谨慎比起大胆更为理性，特别当牵涉到他人福利的时候。更进一步说，那些在决策过程中通常只愿意把一小部分自然科学包括在内的人，因此就显然不是特别理性的了。相反，这样一个要求是合理的：在很多情况下，应该把（比方说）生态方面的学科和社会学方面的学科包括在内。这一点同样也适用于核电厂的风险因素，在那里，人的因素参与进来了——既作为有意行动（如恐怖主义），也作为无意行动（如蹩脚的安全工作）。

在对不同的可替代方案及其可能后果进行这种考察的过程中，将要作出决策的人会发现对整个情境有了崭新看法。比方说，结果可能是，该项目具有一些以前从未想到过或从未明确意识到的可能的消极后果——这些可能的消极的后果把最初的目标置于一个新的、批判的视角之下：这整个项目现在是否应该根据新的洞见、参照我们社会中更为重要的目标，来加以修正甚至抛弃？结果，该项目会变成某种不同于我们最初所设想的东西，而这就要求对它作全面的修正。这是一个关键问题。

扩展专业知识的范围这个合理要求会导致对整个项目的修正乃至改变，这表明我们已经超越了严格的决策理论的限度，而进入了一种自我批判的、反思的讨论。这并不意味着对基于决策理论的分析的抛弃，而是将它置于一个更广的“自由论辩的”分析的框架之中，在这个框架中，我们，处于共同体中的我们，试图结合不同的视角，在与其他目标和价值的联系中，评估所讨论的项目。

在涉及面更广的工业项目和军用项目中，可能的消极的后果常常是深层的、全球的和长期的。这些后果所持续的时间要长于政客的选举任期，长于商业计算的时间框架。在很多情况下(比如放射性污染)，这是一个牵涉到未来多少代人的问题。而且，后果常常跨越国家边界(比如当发生污染的时候)。在这些情况下，根据通常所要求的跨学科专业知识，客观上需要进行一种公开的、开明的、所有视角和有关各方原则上都可参与其中的公共讨论。理想地说，有必要就各种可替代方案及其后果进行一种持续而透彻的跨学科的交流，一种包括对该项目的可能的修正和放弃的批判性讨论。

到现在为止，我们还没有论及一些纯粹规范的问题，不管是就项目目标而言，还是就各种不同后果的重要性而言。我们将对这些规范性问题的某些方面作简要评论。首先，值得指出的是，对整个项目进行批判的反思可能相当于一个学习过程，在这个过程中我们对自己的概念和偏好同时既进行严格试验，也进行重新塑造。所讨论的问题中不仅包括经验问题，而且包括我们在不同学科中所使用的概念的充分性的问题。既然规范的问题总是在一个概念框架之内形成，那么改善概念性“把握”的努力就已经与规范性讨论相关了。这一点需要作一些说明：事实和价值之间的截然区分是有点不妥的，因为无论对于事实还是对于价值(或者规范)，概念都具有一种塑造性作用。因此，规范性争论常常是关于事情实际上是什么的讨论，即关于应该用什么概念来描述和说明实际情况的讨论。

决策理论的格局是为许多经济方面的决策量身定做的；是否投资一个新工厂就是一例。在这里，价值问题原则上说简单得很。这是一个钱的问题，是一个基于市场价的成本和利润的问题。但是，当这个方案被用于综合性项目时，比如核电厂和国防设施时，我们遇到的不仅是我们已经提到的所有复杂的跨学科的问题，而且是一些更为尖锐的价值问题，比如金钱和健康的关系问题，我们的成本和其他行为主体的成本之间的关系问题等等。

现代社会的科学化的一个特点，是这些综合性的问题已经变成常规问题了。其结果不仅是出现了一些认识论问题和规范性问题，而且是产生了政治治理的问题。治理的问题是多种多样的，它们也包括已经提及的对充分的概观和洞见的需要。在这里，答案似乎在于一种内在的、跨学科的合作和公开的公共讨论的这样一项西绪福斯式的任务。[8]

科学变得更为多样和更为复杂了，这一事实也可以用现代物理学来加以说明。伽利略时代的一个科学家能够观察晃动的钟摆和下落的球体，今天的科学家却在他们和他们的研究对象之间隔着一堵技术之墙。欧洲原子核研究委员会在瑞士的核研究中心有一台周长为27千米的粒子加速器，用它来“观察”自然。在今天，我们与自然打交道，要借助于一些需要长期训练才能使用和理解的复杂技术和复杂的理论预设。但就是在日常生活中，我们和自然的关系、我们相互之间的关系，也越来越以技术和科学为中介了：多数人写东西不再用笔和纸，而用文字处理器，而这种文字处理器所代表的就是横在书写者和所写的东西之间的一道屏障，一道由很少有人充分理解的精致理论和精致技术所筑起的屏障。这也适用于整个日常生活。在日常生活中，生活经验和用来诠释生活经验的代码，越来越经过(比方说)电视和收音机的中介。这样，科学化的过程，为我们和事物、我们和他人、我们和社会现象的关系，创造了技术的和理论的中介环节。因此，对于我们所做和我们所是来说至关重要的是，我们对科学和技术的把握不能有片面和迂腐这样的特点。

从生态危机来看，我们更加迫切地需要有更好的科学分析、更合理的长期偏好和长期态度。这里还必须合理地形成公共舆论，也就是说，对于改变我们的取向和项目的可能性，我们必须持开放态度。我们因此可以说，科学发展给了我们一种学科的多样性，一种使我们直面全新问题的工具类型的决策。是否有可能打破这种发展的循环？或者，只有沿着我们在本节提到的思路去推进我们的合理化进程，才是惟一负责的答案？我们将对这两种观点做一个考察，其代表分别是海德格尔和哈贝马斯（第二十四章）。

思考题

1. “以前我们把自然看作技术，现在我们用技术来看待自然。”试对这句话作出评论，讨论伽利略-牛顿的经典物理学和现代物理学（爱因斯坦）的认识论差异。
2. 讨论在规划像核电厂这样的复杂设施中应当被包括在内的各种专业知识。

进一步阅读的建议

原始文献

Einstein, A., *Relativity, the Special and the General Theory: A Popular Exposition*, London, 1954.

二手文献

Churchland, P. and Hooker, C. A. (eds), *Images of Science*, London, 1985.

Jonas, H., *The Imperative of Responsibility: In Search of an Ethics for the Techonological Age*, Chicago, 1984.

原著选读

爱因斯坦：“科学与社会”（1935年）

（选自《爱因斯坦文集》第三卷，许良英、张宣三编译，商务印书馆1979年版）

科学对于人类事务的影响有两种方式。第一种方式是大家都熟悉的：科学直接地、并且在更大程度上间接地生产出完全改变了人类生活的工具。第二种方式是教育性质的——它作用于心灵。尽管草率看来，这种方式好像不大明显，但至少同第一种方式一样锐利。

科学最突出的实际效果在于它使那些丰富生活的东西的方面成为可能，虽然这些东西同时也使生活复杂起来——比如蒸汽机、铁路、电力和电灯、电报、无线电、汽车、飞机、炸药等等的发明。此外，还必须加上生物学和医药在保护生命方面的成就，特别是镇痛药的生产和贮藏食物的防腐方法。所有这些发明给予人类的最大实际利益，我看是在于它们使人从极端繁重的体力劳动中解放出来，而这种体力劳动曾经还勉强维持最低生活所必需的。如果我们现在可以宣称已经废除了苦役，那末我们就应当把它归功于科学的实际效果。

另一方面，技术——或者应用科学——却已使人类面临着十分严重的问题。人类的继续生存有赖于这些问题的妥善解决。这是创立一种社会制度和社会传统的问题，要是没有这种制度和传统，新的工具就无可避免地要带来最不幸的灾难。

机械化的生产手段在无组织的经济制度中已产生这样的结果：相当大的一部分人对于商品生产已经不再是必需的，因而被排除在经济循环过程之外。其直接后果是购买力降低，劳动力因剧烈竞争而贬值，这就要引起了周期越来越短的商品生产严重瘫痪的危机。另一方面，生产资料的所有制问题带来了一种为我们政治制度传统的保卫者所无法与之抗衡的力量。人类为了适应这种新的环境而卷入了斗争——只要我们这一代显示出能够胜任这项任务，斗争就会带来真正的解放。

技术也使距离缩短了，并且创造出新的非常有效的破坏工具，这种工具掌握在要求无限制行动自由的国家的手里，就变成了对人类安全和生存的威胁。这种情况要求对我们这整个行星有一个惟一的司法和行政的权力机构，而这种中央政权的创立受到民族传统的拼命反对。这里我们也处在一种斗争之中，这种斗争的结局将决定我们大家的命运。

最后，通讯工具——印刷文字的复制过程和无线电——同现代化武器结合在一起时，已有可能使肉体和灵魂都置于中央政权的束缚之下——这是人类危险的第三个来源。现代的暴政及其破坏作用，清楚地说明了我们还远未能为人类利益而有组织地来利用这些成就。这里的情况也需要一种国际的解决办法，但这种解决办法的心理基础还没有奠定。

现在让我们转到科学对于理智所产生的影响。在科学出现以前的时代，单凭思考是不可能得到全人类都会认为是确定的和必然的结果的，更不用说要使人相信自然界所发生的一切都是受着确定不易的规律支配的。原始的观察者所看到的自然规律的片断性，正好引起他对鬼神的信仰。因此，即使在今天，原始人还是生活在经常的恐惧之中，害怕超自然的和专横的力量会干扰他的命运。

科学的不朽的荣誉，在于它通过对人类心灵的作用，克服了人们在自己面前和在自然界面前的不安全感。在创造初等数学时，希腊人最早作出了一种思想体系。它的结论是谁也回避不了的。然后文艺复兴时代的科学家把系统的实验同数学方法结合起来。这种结合，使得人们有可能如此精密地表述自然规律，并且有可能如此确定地用经验来检验它们，结果使得自然科学中不再有意见的根本分歧的余地。从那个时候起，每一代都增加了知识和理解的遗产，而丝毫没有碰到过危及整个结构的危险。

一般公众对科学研究细节的了解也许只能达到一定的程度，但这至少能标示出这样一个重大的收获：相信人类的思维是可靠的，自然规律是普天之下皆准的。

注释

[1] 比如欧洲原子核研究委员会的粒子加速器（欧洲粒子物理研究所）。

[2] 根据经典物理学，如果一个乘客在时速为 90 公里(u)的火车上以 10 公里/小时(v)的速度向前奔跑，那么，相对于地面，他向前奔跑的速度是 100/小时，即(10 + 90) 或者($v + u$)。 而在爱因斯坦的物理学中，乘客相对于地面的速度是：

$$\frac{v+u}{1+\frac{v+u}{c^2}} \text{或者} \frac{10+90}{1+\frac{10+90}{c^2}}$$

其中，c 是光速(300 000 公里/小时)。这与经典物理学相矛盾，在经典物理学中，速度是一个相加物理量。

甚至无限增大的力也不会使得一个物体超过光速，光速是自然界中的最高速度，也就是说，它是一个物理常量。当物体的速度增加时，它的质量就根据如下公式增加：

$$m = m_0 \gamma$$

其中，m_0 是静止质量，而伽马（γ）等于：

$$\frac{1}{\sqrt{1-\frac{v^2}{c^2}}}$$

因此，当速度接近 c(光速)时，质量就朝无穷大方向增加。这意味着光速是决不可能被超过的。当 v 接近 c 时，

$\frac{v^2}{c^2}$ 趋近于 1，而 $1-\frac{v^2}{c^2}$

接近于零；其结果是一个其分母接近于 0 而分子总是等于 1 的分数的平方根。因此，当 v 接近于 c 时，伽马(γ)和质量(m)就接近于无穷大。

[3] 爱因斯坦用以下公式来表示质量和能量的等价关系：

$$E = mc^2$$

根据这个公式，光具有质量和动量。由于它的质量，光会被具有质量的物体所吸引，它的轨迹会弯曲。如果我们把一条直线界定为光线的运动轨迹，在一个具有重心的空间中，在任何两点之间可以划出不止一条直线。这个“弯曲”的空间是用非欧几何来描述的。

因此，广义相对论认为，一个受到引力影响的质点的速度，可以看作是时-空连续体的一种几何性质。我们不能区分一个正在获得均匀加速度的物体和一个受到引力场影响的物体。在他的广义相对论中，爱因斯坦预测了一些可观察的现象和它们的大小。他的著名预测之一，在一次日蚀中，通过测量来自一个恒星的光的偏斜而得到了确证(1919)。其他的预测在 20 世纪 60 年代被用实验的方式确证了。

[4] 这里我们忽略了数值的差数，如 0．7 ±0．02。 利用这种高于或低于所选数值的差数，我们可以计算上限和下限(比如 0．72 和 0．68)。

[5] 稻谷生产中的所谓绿色革命就是一例。西方式的钻井项目又是一例。参见 Mette Jorstad 向挪威国际开发署(NORAD)递交的报告“A social scientist's view of strategies in order that water development programmes in Central and East Africa may attain their explicit and implicit goals”(《一个社会科学家对为使水的发展项目在中非和东非达到其明显目标和内隐目标的各种方案的看法》，1982 年 12 月 15 日)。该报告表明，项目的经营管理者专注于片面的技术专长，结果是该项目要正常运作的必要的社会条件被忽视了。

[6] 一个极端的例子是，谁知道英国政府在未来的 30 年中将如何处置其放射性废物?

[7] 参见波普尔对人类行为的完全可预见性思想的质疑(第二十三章)。

[8] 研究者之间公开的跨学科的争论是必要的，但不是充分的。客观、详细、完全的新闻信息也是必要的，但不是充分的。我们需要研究共同体和新闻记者之间自由的沟通。

第二十三章
当代哲学概观

在本章我们将对当代哲学作一简要概述，特别着重于实用主义、逻辑实证主义和分析哲学、现象学和存在主义。要牢记的是，所有伟大的哲学都活跃在当代哲学中。柏拉图主义、亚里士多德主义、托马斯主义、斯宾诺莎主义、康德主义等，都构成了当代哲学的组成部分。因此，只有熟悉哲学史，才能理解当下的各种争论。

第一节　实用主义——最好在共同体内部寻求知识

美国实用主义与查尔斯·桑德斯·皮尔士（Charles S. Peirce，1839—1914）、威廉·詹姆斯（William James，1842—1910）以及约翰·杜威（John Dewey，1859—1952）的名字紧密相联。尽管这些哲学家互不相同，却有一些相同的核心观点。整个实用主义传统拒绝这样的观点：即科学有一个绝对可靠的基础。实用主义传统阵营中的成员同时反对两种看法：一是认为某些概念是先天的，一是认为作为知识基础的感觉材料和经验是绝对确定的。原则上说，所有知识都是可错的，但可以改进。因此，科学既不是任性的，也不是相对的。科学是一种在由研究者组成的社会共同体内部展开的批判性活动。这个研究者共同体所能提供的，就是我们所能获得的最好的知识。

查尔斯·桑德斯·皮尔士可能是美国实用主义中最富原创力的思想家。他活跃在几个哲学学科中，并对现代符号学（符号理论）的创建有特殊贡献。尽管皮尔士非常多产，却没有出版任何重要的著作。很多作品在他生前没有发表，死后留下超过80 000页的手稿（未出版的书稿、文章等）。

对皮尔士来说，科学不只是理论和方法，而首先是一个开展讨论的社会共同体。从这个角度看，真理主要不是命题与实在的一致（真理的符合论），而是富有能力的研究者在自由公开的讨论中可能达成的同意。原则上说，这是一个无止境的过程。因此，一切研究结果都可以改进和进一步发展。需要时，原初的见解可以在新的讨论下被重新加以考虑。在皮尔士那里，对研究者共同体核心作用的设想，与关于人是可错性存在的观念联系在一起。研究者应当认识到，他（她）可能会犯错。在实用主义内部，这种观点被视为一种可错论的基本态度（即，某人认识到他可能会犯错）：作为人类，我们总是易犯错误的，但通过研究和讨论，我们能够加以改进。因此，我们还应当把思考和认识视为一种能动的社会过程。

实用主义的可错论以及认为知识的全部获取是无止境的看法，隐含了对某些哲学立场的批判，这些立场声称我们可以获得不可错的知识。在皮尔士看来，既不存在自明的理性原则（如笛卡儿的“我思故我在”），也不存在绝对可靠的材料和感觉印象（如逻辑实证主义）。泛言之，实用主义反对一切自称具有可靠基础的哲学（基础主义）。和它们不同，皮尔士认为，真理是一个理想的研究者共同体在无尽过程中不断趋近的结果。

杜威从皮尔士那里延续了实用主义的传统。对杜威来说，认知作为一种社会活动的思想，通过他对实用主义教育哲学的阐发变得尤为重要。在他看来，儿童应当通过行动来学习（“从做中学”）。学校要适应这样的事实：人类主要不是以理论态度对待世界。因此，重要的是，学校要教会孩子将理论知识与实践知识结合起来。杜威认为，教育的目标是创造具有多种能力的人。同时，学校应当具备这样一种形象：教导年轻人在民主共同体中共同生活和工作。这是杜威的名著《民主主义与教育》（1916）的核心思想。

因此，对美国实用主义来说，知识问题与行动问题（希腊语：*pragma*，意为“行动”）是紧密结合的。这样，美国实用主义就与马克思所强调的工作（和实践）是知识的基础（参见第十七章，包括原始文献）的思想存在着某种联系，也与海德格尔关于我们通过实践筹划来理解世界的观点有关。（“筹划”，参见第二十四章）

以理查德·罗蒂（参见第二十四章）为代表的晚近的美国实用主义，特别想解构哲学传统中的一些经典“二元论”，例如分析命题与综合命题、先天知识与后天知识、形式与内容的区分。这些问题在晚近的欧洲哲学中（维特根斯坦、海德格尔、哈贝马斯）也取得了核心地位。罗蒂和美国实用主义做了一项重要工作，即在现代分析哲学与所谓的大陆哲学（诠释学、后结构主义等）之间搭建起一座桥梁。

第二节　逻辑实证主义——逻辑与经验主义

在两次世界大战之间，出现了一些新的哲学创举。比如，以逻辑实证主义内部广泛的认识论讨论为中介，现代物理学施加其新的影响；不仅新兴的社会科学，而且像现象学和存在主义这样的哲学流派，都讨论人们在一个复杂的、以科学为基础的社会中的新的生存境遇。

逻辑实证主义，又称逻辑经验主义，可以视为英国经验主义（洛克、贝克莱、休谟）和启蒙哲学的后裔。同时，它又可视为对现代物理学（爱因斯坦）和新逻辑的新成就的哲学回应。最后，它还可视为对在20世纪20年代和20世纪30年代兴起的极权主义和非理性主义意识形态（特别是德国纳粹）的反动。

如今，很少有人会主张正统形式的逻辑实证主义。然而，通过对在哲学中乃至一般理智工作中清醒的论辩的程序的基本重要性的强调，通过对概念的含混和引诱性修辞的批判，这个学派起到了很重要的作用。以这样一种方式，逻辑实证主义具有一种重要的使人开化（civilizing）的效应，尽管其基本的哲学主张逐渐受到批评——这种批评甚至是它的倡导者们自己提出的。第二次世界大战之后，逻辑实证主义发展为各种形式的科学哲学，或者专注于逻辑和形式语言，或者专注于概念分析（参见维特根斯坦的相关理论和分析哲学讨论的相关内容）。

从洛克到休谟的英国古典经验主义主要从感觉出发。这种经验主义因此是以心理学作为基础的。与英国经验主义不同，逻辑经验主义的基础是语言学。它主要关注的是如下方法论问题：知识如何得到确证？我们关于实在的陈述该如何构造？当接受经验的检验时，各种主张如何得到加强或削弱？在这种意义上，我们可以说，古典经验主义与现代方法论和逻辑的综合，产生了一种逻辑的经验主义。因此，这种哲学诉诸语言的逻辑结构（句法学）和方法论的证实。其名称“逻辑经验主义”标识了它离开心理学而转向语言和方法论的这种变化。

新逻辑

从亚里士多德到19世纪，逻辑学都没有根本的变化。然而，由于戈特洛布·弗雷格（Gottlob Frege，1848—1925）[1]和稍后的伯特兰·罗素（Bertrand Russell，1872—1970）（以及与罗素合作的阿尔弗雷德·怀特海［Alfred N. Whitehead，1861—1947］）的先驱性工作，[2]逻辑学经历了一场根本性发展。他们的目标是想表明，数学是可以被视为逻辑的一个分支的——他们主张，数学的概念实际上是可以用一些来自逻辑学的概念来加以精确界定的。这个计划也导致了逻辑学这门学科本身的“数学化”，因为数学的符号和形式被用来表达逻辑关系。比如在数学语言中，我们可以用公式“a >b”表示“a 大于 b”。在此，符号“>”表示一种特定的关系。如果我们想在更为一般的意义上来表示 a 和 b 的某种关系，我们可以写作“aRb”，其中 R 代表任意一种关系。现代逻辑有不少分支。最基本的分支是命题逻辑（研究命题之间的逻辑关系）和量化理论（研究量词如“有些”、“所有”的逻辑力量）。集合论，或关于类的理论，起着重要作用，它被弗雷格和罗素视为逻辑和数学之间的过渡点，它依然还被用作建立（说明）其他各种逻辑学科的形式工具。另外一个重要的特殊学科是模态逻辑，它研究可能性和必然性这些观念的逻辑属性。此外，我们还有关于论辩和解释的各种理论。

在这里我们可以对命题逻辑的某些特征作一些讨论。试看下面两个句子："我的狗是绿色的"和"我的狗是大的"。这些是简单句，也就是说，它们不像复合句如"我的狗是绿色的并且我的狗是大的"那样，是建立在其他较简单的句子之上的。很容易看出，复合句(复合命题)的真值——即它是真还是假的问题——依赖于简单句的真值。如果"我的狗是绿色的"是真的，"我的狗是大的"也是真的，则用"并且"联结这两个句子而构成的复合句必定也是真的。如果分句之一是假的，或两个分句都是假的，则复合句必定为假。因此，以复合句中的简单句的真值的各种可能的结合为基础，我们可以构造一个能够用来计算复合句的真值的句子(命题)演算。对于"我的狗是大的并且是绿的"，我们有如下可能性：

p="我的狗是大的"

q="我的狗是绿的"

p · q(p 并且 q)= "我的狗是大的和绿的"（t=真，f=假）

p	q	p · q
t	t	t
t	f	f
f	t	f
f	f	f

对于"我的狗是大的或者绿的"（p v q)，我们有如下可能的真值表：

p	q	p v q
t	t	t
t	f	t
f	t	t
f	f	f

简单句(简单命题)的真值必须经验地加以决定：在这个例子中，我们必须确定句子"我的狗是绿的"所表达的命题是否是真的(如果狗确实是绿

的，这个句子就是真的）。这将产生一种关于思想（命题）如何与现实相联系的一般图景：仅当我们能够表明，任意一个句子，如果它是由诸简单句所构成的确定的复合句，而每一个简单句都能够经验地加以证实，这个句子才拥有清晰的意义。这种理路促成了一种被称为逻辑经验主义或逻辑实证主义的哲学：哲学的作用是分析的，也就是表明特定的句子（命题）是否以及如何按所要求的方式与现实相联系。

逻辑实证主义和逻辑原子主义

“逻辑实证主义”这个术语最初指的是20世纪20、30年代在维也纳的一群具有科学取向的哲学家——维也纳学派，包括莫里茨·石里克（Moritz Schlick，1882—1936）、奥托·纽拉特（Otto Neurath，1882—1945）和鲁道夫·卡尔纳普（Rudolf Carnap，1891—1970）。其他一些德语哲学家，如汉斯·赖辛巴赫（Hans Reichenbach，1891—1953）、卡尔·亨普尔（Carl Hempel，1905—1997），也属于同一学派。路德维希·维特根斯坦（Ludwig Wittgenstein，1889—1951）的早期工作是逻辑经验主义者的灵感的来源之一（参见他的《逻辑哲学论》[1921年]）。逻辑实证主义的共同点是远离思辨哲学。对他们来说，形而上学已经过时了！哲学的基础应该是逻辑（包括数学）和以物理学为范本的经验科学。在此之外，他们惟一尊重的哲学就是他们自己在从事的关于科学的分析哲学。

在当时的英国哲学中，我们可以看到对传统哲学的一种遥相呼应的攻击。这部分的是一种基于日常语言的概念批判，如在乔治·爱德华·摩尔（George Edward Moore，1873—1958）的分析哲学那里；部分的是一种较为形式化的批判，如在伯特兰·罗素的逻辑原子论那里。英国哲学中的逻辑实证主义的一位杰出辩护者是艾尔弗雷德·朱尔斯·艾耶尔（Alfred Jules Ayer，1910—1989）。[3]

罗素认为，在语言和实在之间有一种一一对应的关系：语言的一部分是指称原子事实的“原子”的语言表达，另一部分是这些语言表达之间的逻辑关系——这些逻辑关系相应于形式逻辑。比如，“猫”和“席子”这两个词被用在原子的语言表达中来指称原子事实，即这只猫和这张席子。“这只猫躺在席子上”这个句子，与如下事实有一一对应关系，即这只猫躺在这张席子上，因为简单的语言表达指称简单的事态。同时，句子的句法形式正确地表达了猫和席子之间的关系。这样，我们就得到如下主张：实在是由简单的、有明确边界的事实所构成的，同样，一种认知上有意义的语言包含了指称这些事实的简单的、有明确边界的表达，这些语言表达之间的正确的逻辑关系对应于给予的事实之间的关系。有意思的语言表达是这样一些句子，它们*主张*某事是这样的(something is the case)。这些陈述和实在之间有一种一一对应关系，因此在认知上是有意义的。其他的语言表达形式，如惊叹词、单词、命令、疑问、价值判断、抒情语式等不可能具备这样的功能，因此都落在意义的范围之外。这个主张是一种*原子主义*，即实在被认为是由简单的、有明确边界的事实构成的，语言是由简单的、有明确边界的表述所构成，两者之间有一种外在关系。

因此，逻辑原子主义反对辩证理性，在后者当中，不同的概念和事态被认为相互超越而指向其他概念和事态。辩证法有指向一些基于概念间内在关系的总体的倾向。当一个概念若没有这种与其他概念的关系便无法界定时，我们有一种*内在关系*。这个概念的完全定义依赖于其他概念(参见这样一种观点，即行动的概念必须在与意向、行动者、对象等概念的关系中得到界定)。在逻辑原子主义中，当一个概念独立于它和其他概念之间的关系而是其所是时——比如当一只猫被认为不管是否和席子有关而是其所是的时候，我们有一种*外在关系*。

在逻辑实证主义那里，一个陈述要能够表达知识，必须满足两个条件：

1. 该陈述必须是得到良好表述的，即它必须是语法上(逻辑上)正确的；

2. 该陈述必须是经验上可检验的，即可证实的。

不能满足这些条件的陈述不表达知识。它们在认知上(认识上)是没有意义的。因此，伦理的、宗教的和形而上学的陈述——“汝勿杀生”、“上帝就是爱”、“实体是一”——按照这些实证主义的认知意义标准，是没有认知意义的。这些陈述不表达知识。当然，这些陈述可以在情感上是有意义的这一点并没有被否定。比方说，价值陈述对于社会和个体经常有重大的意义。关键在于，根据这一主张，这些陈述不代表知识。

我们可以简要地对逻辑实证主义作如下小结：有认知意义的陈述只有两种，即分析陈述和得到良好表述的、*后验*综合的陈述。换言之，惟一在认识上是有意义的陈述，是那些形式科学（逻辑和数学）的陈述和可证实的经验陈述。简单地说，这是两次大战期间维也纳学派的逻辑实证主义的理论核心。

在这里，认知上有意义的陈述和认知上无意义的陈述以及真正的知识和伪知识之间的区别，被定义为可证实的陈述和不可证实的陈述之间的区别，而这一区别又被等同于科学和伪科学之间的区别。与其他形式的经验主义一样，逻辑实证主义是对唯理论的反动，也就是说，它反对那些旨在表达正确的洞见，却不能满足观察和假说-演绎研究的检验要求的陈述。因此，神学和古典形而上学（比如本体论）被斥为没有认知意义的。我们前面提到过，这种拒斥是有问题的，因为我们得追问，这个经验主义的主张本身是否也落入了它所宣称为没有认知意义的范畴中：这个主张本身能够被经验地检验吗？前面在论述休谟的时候我们曾提及这个反驳。

根据这个实证主义的立场，价值判断——伦理陈述和审美陈述——在认知上是无意义的。但是，这种情况下的拒斥不同于对神学和形而上学的拒斥。我们可以说，伦理陈述和审美陈述*在认知上*是无意义的，但是，这些陈述，与神学陈述和形而上学陈述不同，本来就不是要在认知上有意义的：它们旨在表达和传达那些不能以认知方式确立起来的态度和评价，但是，它们在我们的生活中依然起着重要作用。

维也纳学派对于政治问题绝不冷漠。在两次大战期间，他们坚决反对法西斯主义：经验主义的主张必然把法西斯主义作为认知上无意义的东西加以拒斥。因此，逻辑实证主义者是允许自己采取一个政治的和伦理的立场的。但显然，他们不认为他们能够把自己对一个规范立场的选择，置于理性论证的基础之上。最终，在伦理的-政治的问题上，我们必须依赖于非理性的决定：原则上，我们作出的决定是无法得到合理辩护的。不管逻辑实证主义是否能够揭示法西斯主义的无意义，根据经验主义者对无意义的定义（“在科学上不可证实的”），它还是不能拒斥法西斯主义的基本规范。换言之，逻辑实证主义者能够拒斥法西斯主义者的言论中的那些在经验上未被证实的或不能被证实的东西（比如反犹主义和第三帝国的千年天国景象）。但是，逻辑实证主义者明确地否认对基本的规范和原则进行论证的可能性：在这个领域中，论证不可能得到令人信服的结论。

第三节　卡尔·波普尔和“批判理性主义”

我们前面提到，通过归纳方法建立起来的一般陈述难以证实（参见第七章，方法之争）。我们永远不能证实“所有的天鹅都是白的”，因为，所有对白天鹅的新的观察，原则上只会增加*有限*数量的确证性的观察，而这个一般陈述则指称*无限*的事例（“*所有的*天鹅……”）。另一方面，一只黑天鹅就会证伪这个陈述。

这一类反思导致了关于科学上有意义陈述的标准的改变，从陈述必须是可证实的要求转向它必须是可证伪的要求：一陈述要成为科学的，它必须原则上是可证伪的。这是卡尔·波普尔（Karl Popper，1902—1994）的思想的核心观点。[4]

我们说的是*原则上*可证伪的陈述：在任何给定的时间，我们实际上能够证伪什么的问题，视技术的情况而定。要证伪一个关于月亮背面或者月亮的中心的温度的陈述，需要某种技术。今天，我们能够证伪关于月亮背面的温度的陈述；但是我们还是不能证伪关于月亮中心的温度的陈述，尽管原则上说，将来我们在拥有了更好的技术之后能够这样做。因此，陈述“月亮中心的温度是摄氏 70 度”是科学上有意义的，因为，它是*原则上*可证伪的。

但是，怎么看待“人类灭绝之后，地球表面的平均温度是摄氏 70 度”这个陈述呢？这个陈述是原则上不可证伪的，因为没有人会活着去证伪它（假定没有其他智慧生物取代人的话）。那么，这个陈述就是认知上没有意义的，不科学的吗？科学家们也许不太情愿得出这样的结论：他们很难设想，这样的陈述科学上是没有意义的。

这表明，把原则上可证伪的陈述与原则上不可证伪的陈述之间的区别等同于科学与非科学之间的区别，甚至等同于认知上有意义的陈述与认知上无意义的陈述之间的区别，是成问题的。

波普尔的《科学发现的逻辑》（*Logik der Forschung*，1934；英译本，1959）在科学哲学中是一本开创性的著作。它和逻辑实证主义有一种紧密的但是批判性的关系，它源自可追溯到洛克的那个经验传统。为了促进知识的增长，这种经验态度要求对各种主张做出清晰的表述和严格的检验。波普尔自己用*批判理性主义*这个术语来称谓自己的学说。他反对如下观点：存在着一种从特殊陈述向一般陈述的正当的推论的归纳方法。不管我们看到了多少白天鹅，我们都不能得出结论说，所有的天鹅都是白的（参见休谟论归纳）。而且，我们不能从对特殊事件的观察推论出用*理论符号来表述的假说*（比如 $F=ma$；即力等于质量乘以加速度。参见第七章）。

那么，我们如何为以假说或定律形式出现的一般陈述作辩护呢？波普尔认为，我们能用*演绎*的检验方法来达到这一点。这意味着假说在它们被提出之后首先是以经验的方法来检验的。因此，我们如何得出一个假说的问题应当与我们如何确证或检验这个假说的问题区别开来。我们如何得出一个假说的问题是一个心理学的问题——这是一个能够用经验研究来澄清的问题。如何为一个假说作辩护的问题，是一个逻辑的或方法论的问题，它不能用经验研究来解决，因为经验研究预设了经验研究的方法是正当的。这样，我们就得到了一个同经验研究相关的事实问题与只能用研究的逻辑来澄清的辩护或有效性问题之间的根本区别。

那么，我们如何来检验所提出的假说？经验检验是这样来进行的，先从假说中演绎出具体陈述，然后，根据这些陈述是否和观察陈述相适应来对它们进行证实或证伪。被演绎出来的陈述指出在给定条件下会发生什么。如果它所说的会发生的事情真的发生了，这个陈述就是真的。如果没有发生，该陈述就是假的。如果结果是肯定性的，那假说就通过了这一次检验。但这只是无限数量的可能的演绎和检验中的一次。因此，我们不知道该假说是否普遍地真。但是，如果结果是否定性的，那么，假说被证明为是错的。

因此，一方面是一个假说的经验上得到确证的意蕴，另一方面是同一个假说的经验上加以否证的意蕴，这两者之间有一种非对称关系。如果一个假说的演绎结果之一是真的，我们还是不知道该假说是否为真；但是，如果演绎结果之一是假的，我们就知道该假说是假的。因此，真正的检验在于证伪，而不在于证实，后者原则上是不可达到的。这意味着检验一个假说的最好办法，不是进行许多"容易的"测试，而是进行最难的测试。如果一个假说能够通过这样的检验，我们可以开始认为它是被确证了的——但是，这一结果永远是向以后的证伪开放的。而且，重要的是要清楚地、可通达地表达和陈述我们的结果，这样其他人就能够容易地觉察到弱点之所在。

逻辑实证主义者非常关心对科学和形而上学作出清楚的区别。他们把这个区别界定为可证实的东西和不可证实的东西之间的区别，后者又等同于认知上有意义的东西和认知上无意义的东西之间的区别。波普尔思想的一个关键是否认科学假说和理论是可证实的。在波普尔看来，**可证伪性**而不是可证实性是科学的标准。波普尔也对科学和形而上学的区分感兴趣，这个区分是由经验上可证伪的东西和经验上不可证伪的东西之间的区分来界定的：波普尔认为，一个理论在多大程度上是不可证伪的，它就在多大程度上是不科学的。但是，他并不主张，这个区分同时就是认知上有意义的东西和认知上无意义的东西之间的区分。在这一点上，波普尔不同意逻辑实证主义的观点。

但是，这个划界标准的逻辑地位是什么呢？我们如何知道这是真的呢？波普尔的回答是，他的标准说到底是某种约定俗成的东西，是我们决定要接受的东西，它超越了理性的论证。因此，波普尔主张某种形式的**抉择主义**：在这个层面上，一种具有约束性的理性的讨论是不可能的。在这里，我们必须在支持此还是彼之间作出决定。[5]但同时，波普尔补充说，他"相信，在对真理感兴趣并且乐意互相关注的各方之间，一种合理的讨论总是可能的"。[6]

波普尔用“批判理性主义”这个术语来称谓他自己的立场，这和他强调科学和实践活动中合理的讨论、理性有关。对于波普尔来说，这涉及的是要保持一种公开的试验，在这种试验中我们挑战那些能质疑我们主张的可能的反对者所提出的证伪。它代表了这样一种态度：我们之所以参加论辩并不是为了“赢”，而是为了学习。我们对这样一种可能性保持开放，即反对者可能是对的，而我们的立场则是错的。我们对双方都能借助的理性的共同使用充满信心。对波普尔来说，这就是理性主义，在公开的争论中依赖于对理性的运用。关键的方面是我们要设法证伪各种理论，就一种方法来说，如果我们能表明它不利于知识的增长，那么它就是出错了。这样，对一种哲学立场，即使我们无法证伪它，我们也能对他进行批判。

如果可证伪性是科学的定义性标准，那么，必须有一些能够作为证伪性推论之前提的特定陈述。演绎出来的特定陈述并不是直接用实在来检验的。我们将它们与主张情况是如此这般的观察陈述作比较。但是我们如何知道这些观察陈述是真的？当我们拥有某种直接经验并用一个特定的陈述来表达它——“这间房子现在是绿的”——除了用同类的另外一个特定陈述，看来没有其他的方式来检验这个陈述。关于事态的陈述是由新的观察所决定的，而这些新的观察也被表述为关于事态的陈述。那么，我们如何能确定这些新的陈述是没有错误的？

波普尔采取了实用的进路：如果很多人经验到同样的事情，如果同一事物被重复地经验，我们就拥有了我们所需要的客观的基础。对我们的感性经验的有效性的担保是主体间的检验。这意味着，只有可复制的、可在主体间传达的东西——有可能重复并且是共同的东西——才能以观察陈述的方式成为科学的内容。这也不是一个绝对的担保。在有关观察陈述的检验方面，存在着一种无穷的倒退，而在实践中，没有哪一种检验是能够无限继续下去的。然而，波普尔的观点不是所有的科学陈述都必须得到检验，而是它们都有可能被检验。

波普尔的方法论和认识论不仅相互之间是交织的，它们还和他的政治理论联系起来：为了发现错误，我们必须参与自由讨论；要参与自由讨论，我们必须拥有使这一点成为可能的制度和传统，也就是说，我们必须拥有一个按照科学的精神气质(*ethos*)形成的社会，对于波普尔来说，这就是开放的、自由的社会。本着他对知识和这个社会是如何形成的观点，在(比方说)他的《开放社会及其敌人》(1945)中，波普尔介入了政治争论。这本著作攻击柏拉图、黑格尔和马克思不关心开放的、逐步的知识的增长以及作为其前提的自由开明。波普尔认为，这些哲学家把他们的学说置于一个薄弱的基础之上。在根据脆弱的独断论的基础上，他们构造了一个有害于理性讨论和知识进步的社会理论。波普尔以这样的方式成为主张宽容和自由开明的斗士。

波普尔的《历史主义的贫困》(1957)的献词是“纪念受害于法西斯主义关于不可抗拒的历史命运规律的信仰的无数男女，不管他们属于什么信仰、民族和种族”。这本书抨击了他所谓的历史主义的主张，即我们能够对整个社会作出预测。波普尔在前言中勾勒了他的基本论证：

1. 人类的历史过程强烈地受到人类知识增长的影响。(这一前提的真理性必须得到承认，甚至那些认为我们的观念，包括我们的科学观念，只是某一种或另一种*物质*发展的副产品的人也不得不承认这一点。)
2. 不能用理性的或科学的方法来预测我们的科学知识的未来发展。(通过下面勾勒的一些理由，这一主张可以做逻辑的证明。)
3. 因此，我们不能预测人类历史未来的走向。
4. 这意味着我们必须拒斥一种*理论历史学*的可能性，也就是说，拒斥一种与*理论物理学*相应的历史的社会科学的可能性。不可能有关于历史预测的科学理论。
5. 历史主义方法的根本目标……因此是被误解了的；历史主义破产了。

这个论证没有驳斥每一种类的社会预测的可能性，相反，通过预测在某些条件下会出现某些发展，它与检验社会理论——比方说，经济理论——的可能性是完全协调的。它只是驳斥了预测历史发展的可能性——因为历史发展是会受到我们的知识的增长的影响的。

因此，波普尔并不否认我们能够对一些局部过程加以预测。相反，他认为，我们应当形成关于未来的假说，检验它们，并从结果中学习，调整假说，并进一步从结果中学习，等等。换言之，他把他的科学哲学的核心特征应用于他的政治哲学。结果是一种试探性的、点点滴滴的政治，一种科学的改良主义。

在这一进路是否将被用来最好地服务于社会中的一个特定群体这个问题上，它基本上是中立的；这是一个政治选择的问题。对波普尔来说，关键的是通过"零星的社会工程"，使政治成为科学的。波普尔所反对的是将社会作为一个整体、一个总体来计划的欲望。这是不可能的。我们不能同时改变一切。那些认为我们能够这样做的人，不仅是乌托邦的，而且是倾向于权威主义的，因为他们要求一切都按照他们的计划来运作。我们应该以一种有序的、逐步渐进的方式，科学地、公开地运作，也就是说，我们要考察结果是否如我们所预想的那样，并且在进行的过程中，我们是情愿调整我们的计划的。

波普尔认为，社会现象是不同于自然现象的；要是没有关于我们正在寻找的东西的先入之见，社会现象比自然现象更难以观察。波普尔认为，社会科学的对象，在很大程度上是理论的建构。在这方面，他提到了他认为是抽象概念的战争和军事，而许多被杀的人、士兵则是具体的。按此，波普尔提出了*方法论的个人主义*："社会理论的任务，是用描述的或唯名论的术语，也就是说，*根据个人*，根据他们的态度、期望、关系等等，来细致地构造和分析我们的社会学模型。"[7]

波普尔关于假说检验的观点受到了尖锐的批评。有些批评者认为，波普尔的模型是朴素的和简单化的。这种批评的核心——它的某些部分是由波普尔自己的学生提出来的——可以简要地表述如下：

"H"代表假说，"I"代表假说的蕴涵，即逻辑地从假说中推演出来的关于特殊状态的陈述之一。这个陈述(从假说中演绎出来的一个预测)可以用观察来检验。如果这个陈述得到了确证，我们就得到了

$$H \supset I$$
$$\underline{I\qquad\qquad}$$
$$H$$

换言之，“H 蕴涵 I，并且 I，因此 H”，但这不是一个有效的演绎推理。因此，H 没有被证实。如果关于被观察的情况的陈述被证明是不精确的，我们得到：

$$H \supset I$$
$$\underline{-I\qquad\qquad}$$
$$-H$$

换言之，“H 蕴涵 I，并且非 I，因此非 H”。这是一个有效的演绎推理。因此，有可能证伪 H。所以，普遍的陈述是可证伪的，但不是可证实的。

对这种观点的一种反驳可以表述如下：关于特定情形的陈述，是从假说加上附加条件（A）——比方说实验条件（比如设备）——而演绎得到的结果。因此，公式是：

$$(H + A) \supset I$$
$$\underline{-I\qquad\qquad\qquad\qquad}$$
$$-(H+A)，亦即 -H 或 -A$$

换言之，“H 和 A 蕴涵 I，非 I，因此，非 H 或者非 A”。这意味着，一种不精确的蕴涵结果（I）并不要求我们拒斥（修正）假说。但是它表明，假说或者其他的前提被拒斥（修正）了。如果我们有一个假说在其他情况下被证明是富有成效的——而且现在我们没有其他的假说可以用来取代我们最初的假说，那么拒斥（修正）该假说很难说是合理的。更合情合理的是我们试着来改变一个或几个其他的前提（A）。这也是库恩批判波普尔的证伪命题的一个要点。

第四节　托马斯·库恩——科学中的范式转换

托马斯·库恩（Thomas S.　Kuhn，1927—1996）从科学史出发，通过发展出一种关于科学活动的视角，对波普尔的证伪说提出了一种根本性的批评。他试图表明，他的理论十分精确地描述了科学家实际上在做什么。这就是他的关于*范式*以及*常规科学*和*科学革命*的关系的理论。正在接受检验的假说，构成了一整套预设的一部分，在很大程度上，这些预设是隐含的(默会的)。科学家在他们学习某学科的过程中获得的研究能力也包含在这些隐含的预设中。被教以某门学科不只是一个学习事实的问题，也是一个被社会化入一个感知和思想的共同体的问题——一个获取研究的概念和规范的问题。为了表明明确的和隐含的假说和猜想构成了更大一套预设的一部分，库恩引入了“范式”的概念来指这一整套的预设。

在研究过程中，我们会在不同程度上感到有必要对这一整套预设的某些方面加以反思，或许有所改变。在库恩看来，当这样的反思和检验开始时，我们就进入了一个革命阶段，而与常规科学的研究相对立，在常规科学阶段，我们在未受质疑的预设的基础上，对特定的假说(问题)进行工作。因为这一整套的预设也包括了重要的和正确的研究的标准，所以，库恩认为，当两个或更多的预设发生冲突的时候，就出现了一个以理性方式难以解决的问题。[8]基于同样的理由，不存在任何中立的立场，我们可以从这个立场出发对这样一个冲突作出评价、并且最终将结果刻画为进步。其他一些科学哲学家则主张，存在着某些有关科学研究和论证的能力和规范的普遍形式，它们是不可否定和拒绝的(不然的话，我们在否定和拒绝它们的时候也仍然预设了它们)，它们以这样那样的方式构成了所有范式的一部分(参见哈贝马斯，第二十四章)。

因为库恩认为在不同的范式之间存在着跳跃，所以我们不再可能在不间断的线性发展的意义上来谈论科学进步。我们可以在一个范式之内来谈论知识的增长，但在范式的过渡中，却难以轻易地这么做。

在两个范式的代表者之间营造一种相互理解也是一件困难的事情。代表者们从各自的预设(也就是他们的范式的角度)出发来看待讨论。相互沟通在一个范式之内是可能的，但在不同范式之间就不那么容易了。对这个观点的一个极端解释是，不存在中立的观察语言；所有的数据都被打上了有关范式的印记。也不存在任何中立于特定范式的方法。因此，所有相关性、客观性和真理的标准都依赖于特定的范式。不存在超越不同范式的标准，不存在为所有范式所共有的标准。

如果这意味着什么是真和有效的问题是相对于不同的范式的话，结果就是一个相对主义和怀疑主义的问题：真理是相对的。但这是一个成问题的立场。这样会出现一个自我指涉的问题：如果这个怀疑的主张旨在普遍地加以应用，它必须也应用于该主张本身——这样该主张就废弃了它自身。如果这个主张不旨在应用于其自身，那就必定存在着普遍的、独立于范式的洞见，也就是该主张本身所陈述的东西（参见本章开头，在对实证主义的极端解释中的相应的自我指涉问题）。

库恩本人不想走得如此之远[9]，但是，其他具有相同倾向的科学哲学家，如保罗·费伊阿本德（Paul Feyerabend，1924—1994）则显然行进在相对主义的方向上。费伊阿本德拒绝有关普遍的科学方法规则的观念（“什么都行”）。这样，科学和非科学的区分就变得是流动的了。

在库恩的科学哲学中，范式这个概念是决定性的。但对此却有不同的解释。然而值得强调的是，它既包括关于*存在什么*的基本理解（某种类型的本体论），也包括*好的研究的规范*（某种类型的方法论），此外，它还包括了一种*教育*，并得到科学实践中许多实例的支持。根据这最后一点，范式也包括一个科学家进入一个研究共同体的社会化过程，这也是一个获得一种能力来运用有关的基本概念（本体论）和方法（方法论）的问题。我们将看到，基于实践的“默会知识”概念，在维特根斯坦的后期工作中也起了根本性的作用。

第五节　路德维希·维特根斯坦——作为实践的分析哲学

原则上可证伪的陈述和原则上不可证伪的陈述之间的区别，看来是不能用来作为认知上有意义的和认知上无意义的之间的区别的充分标准的，就此而言，就产生了如下问题：我们应当如何来区别什么是有意义的和什么是无意义的？对这个问题的一种回答是由英美哲学的一个流派提出来的，这个学派受到了维特根斯坦后期著作的启发。这个学派，即分析哲学，始于对用法多样的日常语言的分析。也就是说，分析哲学超越了仅仅分析具有描述内容的陈述：语言表达式在其日常使用中，是有意义的；无意义性，应该被理解为是对日常的语言用法的违背。

简言之，我们可以说，分析哲学拒斥了如下学说，即语言和实在之间具有一一对应关系，并且因而存在着一种根本上正确的特定语言，那就是自然科学的语言。分析哲学主张，词和句子具有各种不同的功能。比方说，词组"5个红苹果"根据语境而具有不同的意义。比如，在水果店里说这些词，它们的作用是一个购货要求；在一堂数学课上由一个学生说出，这些词可以表达某项计算的正确答案。类似的，我们可以说，同一片木头可以是两片不同的木头，取决于它是用在象棋中(作为一个卒)，还是在跳棋中(作为一个跳棋子)。它到底是哪种类型的棋子的问题，只能参考使用该棋子的游戏才能回答。因此，同样的词在不同的语境下具有不同的意义。一个词具有什么意义的问题，只有参考具体使用该词的方式来回答。孤立地看，词和句子只具有潜在的意义。只有当它们被放在特定的语境中时，它们才拥有现实的意义。因此，我们可以说，用法界定意义。因为一个词或一个句子可以置于许多语境中，所以同一个词或句子具有许多意义。因此，语言和现实之间不存在一一对应关系。不存在单一的正确反映世界的实际情况的语言，即"科学语言"。[10]

有意义性和无意义性之间的截然区别，必须让位于如下问题：何种用法下的何种意义？在许多语境中，语言的功能不是描述。在诗歌和道德中，语言主要不是用来表明关于实际事态的某种东西的。因此，我们不应该把所有不符合经验科学语言的语言，斥为认知上无意义的。我们的任务是要发现主导着每个语境的独特的语言用法——比如诗歌、伦理交往，或者实践生活。

在日常生活中，语言用法通常是有意义的，不管是从这个角度还是那个角度来说。因此，重要的是要澄清在各种情况下我们的用法。因此，当日常语言起作用的时候，我们要按其实际发挥作用的那样来分析日常语言。因此，分析哲学是一种“日常语言哲学”。

根据维特根斯坦的传统，何谓无意义性呢？它是对有意义的日常语言的误用：经典的哲学问题常常就是由这样的误用而产生的。在某个语境下有意义的一些语词，我们也可以在另一个它们并不从属的语境下使用。[11]这好像是把象棋和跳棋混淆起来了。再举一个例子：如果有人问一个在等公共汽车的人，他是否知道汽车该什么时候到，他回答说“我对任何事物都无法确切地知道”，他就是在误用语言。在这种情况下，他所说的没有多少意义。在那个问题中，“知道”一词是被有意义地使用的，它适合于候车这个语境。但是回答者对该词的使用却预设了一个完全不同的语境，即认识论讨论的语境。因此，像维特根斯坦这样的“日常语言哲学家”会说，许多哲学争论，比如那些关于认识论和怀疑主义的争论，大体上是在理论语境下误用日常语词的例证，这些语词并不属于这些语境。这样就产生了复杂的哲学问题，这些问题实际上是源于对语言的误用的假问题。在这个语境下一个标准的看法是，传统本体论的定义，实际上是将语言的区分投射到事物上去的结果——比方说，亚里士多德在事物中发现的范畴说到底是*语言中的区分*，但是这些区分却幼稚地被认为是事物的属性。比如，在实体和属性之间的区分，就是语法中主语和谓语的语言区分投射到事物身上的结果。

按此描述，日常语言哲学就成了一种唯名论。但事情没有如此简单。如我们很快将看到的，维特根斯坦派的*语言游戏*——按这种说法语言基本上是表达在言语活动中的——的核心思想，是言语、任务和对象构成了一个整体，由此就克服了语言和实在之间的区分。坚持认为一方面是具有各种区分的语言，另一方面是事物，好像它们在认识论上是独立的，这种看法没有太大的意义。

分析哲学不仅积极去“诊断”，而且努力去“治愈”：它试图为由日常语言的误用而引起的语言的毛病提供“疗法”。对于像维特根斯坦这样的分析哲学家来说，这种治疗特别是针对传统的形而上学问题的。这种将哲学视为治疗的观点含有一种反形而上学的倾向。到此为止分析哲学家和逻辑经验主义者还是一致的。但是，当像维特根斯坦这样的分析哲学家把哲学看作是一种治疗的实践的时候，他们也认为哲学并不提供以命题和立场的形式出现的答案。把哲学作为疗法，意味着要把哲学理解为一种实践，一种解开语言(概念)之结的活动，而它自己不提出任何主张。这和苏格拉底方法有某种相似之处。

治疗学方法的目的是要表明在不同语境下，什么是可以说的，什么是不可以说的。一般来说，这个方法预设了那些生活在一个语言共同体中的人，对于那个共同体中有意义的语言实践的规则，拥有一种内隐的知识——没有这种知识，一个语言共同体是不可能的。在某种意义上，哲学的语言分析就试图将内隐的东西明确化，通过分析和论证，揭示语言使用的未明言的规则。因此，我们可以说，日常语言的基本规则的作用就像一个上诉法庭：语言表达只有符合现存的基本规则，才是有意义的。但是，当关于基本规则有意见分歧时，我们如何决定谁是正确的呢？要回答这个问题，只有再次指向用法：说“数字7是绿的”在日常生活中是没有意义的，因为它违反了不能用颜色来述谓数字的基本规则——我们在这种说法中体会到的无意义性，就指向了这种基本的规则。

在《哲学研究》(1953)中，维特根斯坦把语言当作某种与我们的各种活动有内在联系的东西而进行分析：语言嵌在语言游戏即具体的实践语境之中，其中语言和用法构成一个整体。在一个语言游戏中——比如在水果店里买5个红苹果，或者在一个建筑工地向人要一些横木和块木——并没有事物和语言之间的外在关系。存在于这种语言游戏之中的现象，只能用这种游戏中的概念才能得到令人满意的描述，而这些概念，是通过出现在该游戏中的现象才获得其意义的。

各种不同语言游戏通常是重叠的。语言游戏的规则对于某一个语言游戏来说，可能多多少少是独一无二的，或对于某些语言游戏是共同的。因此，一个语言表达式有可能对于若干不同的语言游戏具有共同意义。在这种情况下，我们可以谈论家族相似：尽管在不同的语言游戏之间不存在一个得到清晰地界定的共同的认同，但我们还是可以认出某些共同特征(就好像家庭成员中间的那些共同特征)来。

维特根斯坦认为，他能够表明语言是嵌在这种多重的活动之中的，而他自己却并不是在主张用一种高阶语言游戏来囊括所有其他的语言游戏。他拒绝一种高阶语言游戏的观念，这种语言游戏能够代表一个用来理解所有日常生活中的语言游戏(包括各门科学的语言游戏)的共同框架。

另一方面，维特根斯坦的一个追随者，彼得·温奇(Peter Winch)运用语言游戏理论作为一种出发点，提出了一种社会科学的哲学。[12]理解一个社会正如理解一套语言游戏。理解一个语言游戏，就是在它自己的概念和规则的基础上来理解该游戏。我们不能使用其他的概念和规则，比如一种对言语活动的因果说明。因此，温奇是一种基于*意义理解*而非因果说明的社会科学的倡导者。他提出了一种这样的语言游戏理论，其地位相对于各种语言游戏而言是一种高阶立场，或一种元理论。

在什么意义上，语言游戏的基本规则是可以省略的，在什么意义上又是不可或缺的？如果我们认为，存在着某些必然地构成*所有*语言游戏之一部分的基本规则——因此是不能避免的、不可或缺的，但我们在使用它们的同时可以对它们进行分析和讨论——那么，我们得到的就是一种先验的语言哲学。语言中存在着某些共同的不可避免的规则或原则——对于整个语言意义来说是必不可少的规则，它们构成了所有语言的意义的最终标准。如果这样的话，我们就有一些为整个语言意义所需要的共同的基本的条件。

其他一些分析哲学家，比如吉尔伯特·赖尔(Gilbert Ryle，1900—1976)，在某种更为建构性的意义上使用语言分析。[13]通过阐明我们的概念是如何以各种有意义方式相互联系的，我们可以更好地看清楚语言和现象究竟是什么。所用的是这种方法：通过分析性的思想实验来确定什么样的概念是内在地联系起来的，什么样的概念是不能内在联系起来的(如果把这样的概念连接在一起，结果就会是无意义性)。比方说，行动这个概念与行动者和意向这些概念有必然联系，而各种数量观念则不能与各种颜色谓语连接起来。

在有些分析哲学家(比如赖尔)那里，反形而上学的倾向不那么明显。分析成了对一些经典问题——比如何谓行动、何谓行动者、何谓人的问题——有深刻认识的手段。[14]

如果意义的条件和语言的使用相关联，那么，语言和使用者之间有什么关系呢？语言不是必然地和一个语言的使用者、一个主体相关吗？而且，语言不是蕴涵着某种主体间的和社会-历史的东西吗？语言不是使用者继承来的某种东西吗？不是使用者从别人那里以及通过别人而熟悉的东西吗？这些关于语言与言说的、认知的主体、与历史的、社会的共同体之间的关系的问题，超越了语义学的进路，把我们引向了言语活动分析以及现象学和存在主义。

第六节　日常语言哲学和言语行为理论——奥斯丁和塞尔

作为对逻辑实证主义的反动，日常语言哲学这个学派兴起于20世纪30年代的英国。逻辑实证主义者受到了形式逻辑和现代物理学的数学语言的启发，而日常语言哲学的倡导者们则强调对日常语言中的多种表达形式的分析。[15]在日常语言哲学内部，我们可以区分出不同的群体：

1. 常识哲学，主要代表是乔治·爱德华·摩尔。
2. 剑桥学派，包括维特根斯坦（后期）、约翰·威斯顿姆（John Wisdom）、诺曼·马尔康姆（Norman Malcom）。
3. 牛津学派，包括吉尔伯特·赖尔、斯图亚特·汉普舍尔（Stuart Hampshire）、彼得·F·斯特劳森（Peter F. Strawson）、斯蒂芬·图尔明（Stephen Toulmin）、约翰·L·奥斯丁（John L. Austin，1911—1960）。

这些群体的共同之处，在于把日常语言的分析作为出发点，来批评在以数学方式来表述的经验科学中使用的理想化语言，以及受到形式逻辑启发的哲学家所使用的理想化语言。日常语言哲学家为日常语言和常识作辩护（注意与现象学的类似之处）。

通过对日常语言的用法的细致分析，约翰·L·奥斯丁批评那些提出了在他看来自负而晦涩的主张的哲学家（参见洛克对语言的澄清）。通过诉诸在日常语言中发现的洞见，奥斯丁阐明了一种对形而上学和逻辑实证主义的怀疑论的批判，而同时也试图反驳哲学的（理论的）怀疑主义。奥斯丁区分了*描述的*陈述（记述的）以及我们可以称作*实行的*陈述（施为的）。“我在走路”这个陈述是一个*描述句*。它*陈述*了某种东西。“我许诺……”这个陈述同时也是一个*行动*。这个陈述*施行*了一个行动。[16]如果在一个官方典礼上，市长说“我命名这条街为国家大道”，他或她就不是在描述，而是*施行一个行动*，即为一条街命名（只要一切都按部就班地实行，也就是说，只要对于这样一种仪式来说，礼仪是正确的，这就能得到公认）。奥斯丁就以这样的方式聚焦于语言的使用者和语言表达式之间的关系，聚焦于语言的使用者在其中表达其想法的社会语境。语言使用者和语言表达式之间的关系可以用心理学方式加以考察。但对奥斯丁来说，这是一个哲学分析的问题。对语言使用者和语言表达式之间关系的研究常常被称作是“语用学”，而对语言结构的研究是“句法学”，对语言的意义内容的研究是“语义学”。基于这样的术语，奥斯丁关注的是哲学意义上的语用学。

因此，奥斯丁是向语言哲学（包括言语行为哲学）转换，即所谓的*语言学转向*（或者*语用学转向*）中的核心人物。为了更好地分析和理解不同的言语行为，他还提出了一个三分的概念框架：以言说事的（locutionary）、以言行事的（illocutionary）和以言成事的（perlocutionary）。一个言语行为的*以言成事的力量*和因果关系相联系。如果我说“你后面的手雷会在任何时候爆炸”，这句话会使其他人逃跑；通过说这句话，我“引起”了他们的行动。这样的言语行为就具有一种以言成事的力量。但是即使他们不逃跑，通过说这句话，我还是已经警告他们了。根据警告他人的惯例（因为这样就可以说，万一有谁受伤，我是无辜的），我的言语行为是成功的，即使他们忽视了我的信息。与一个言语行为的*以言行事的力量*有关的是惯例的履行，而不是因果关系（注意类似之处：当市长命名一条街的时候，他做这件事情根据惯例，而不是作为一个因果关系）。*以言说事*的方面根据的是我们所谓该主张的内容（我们所表达的东西）。同一个言语行为，能以不同的方式用所有这三个方面来加以刻画。[17]

言语行为理论在美国哲学家约翰·R·塞尔(John R. Searle, 1932—)[18]那里得到了进一步的发展。从言语行为具有以言行事的力量出发，塞尔试图揭示成功的言语行为的规则，也就是说，那些对于成功的言语行为来说是构成性的(而不仅仅是范导性的)规则。简单地说，象棋规则对于走棋来说是**构成性**的，因为，只有根据这些规则，游戏中的各个行动，即走棋的各个步骤，才是它们之所是。但是，禁令“不要在你的办公室里吸烟”所范导的只是已经存在的行为，它自己不是这些类型的行为存在的条件。塞尔试图揭示的言语行为的规则，是这样一些规则，它们(比方说)基于如下事实，即我们通常假定人们是真诚的，我们一般假定他们所谈论的事情是存在的，以及一般来说，根据角色和制度，假定他们的言语行为是有意义的。当我们听到市长说，“我命名这条街为国家大道”时，我们通常假定市长说的是他或她心中所想的，确实存在着一条要命名的街，以及市长确实是在实施一项公务。当言语行为在人际互动中是有意义的和成功的时候，原因正在于这些规则，它们是我们通常在言说和倾听中视若当然却通常不会思及的东西。因此，言语行为的这些内隐的规则，是语言互动中相互理解的构成性条件。在实践中，当然存在着阻碍我们相互理解的各种因素。其中的一条或几条规则当然经常会被有意或无意地违背。但是，正如真诚地言说先于撒谎(因为，为了撒谎，说谎者必须假定听者相信说谎者会说真话)，这些规则也先于对它们的违背。它们经常被违背这一点，是不容置疑的，也是不可否定的。与此相关，塞尔还引入了“建制性事实”这个术语，来指那些如若不置于某些建制性框架之中，便不会存在的社会条件(事实)，包括“构成”这些条件(事实)的那些言语行为的规则。[19]

第七节　现象学和存在主义——胡塞尔和萨特

现象学不是一个同质的学派。它的创始人埃德蒙德·胡塞尔(Edmund Husserl, 1859—1938)在他的学术生涯中提出了他的理论。在那些通常被认为是属于现象学派的人，比如马丁·海德格尔（Martin Heidegger，1889—1976）、让-保罗·萨特（Jean-Paul Sartre，1905—1980）、梅洛-庞蒂（Maurice Merleau-Ponty，1907—1961）之间，差异是巨大的。比如萨特也可称为是存在主义者。在此，我们将简单地讨论一下现象学的一些主要观点。

现象学（从字面上说，关于现象的理论）是一个试图如其所显现的那样来描述事件和行动的一个哲学流派。它批评那种只把自然科学所描述的东西视为真实的倾向。现象学旨在如其向我们显现的那样，来描述我们使用的日常物件：我现在用来写字的这支铅笔，在此语境下，被描述为如其所是的那样。现象学驳斥那种认为铅笔只不过是原子的集合的观点。在此意义上，我们可以说，这个学派旨在就其所有的多样性、全面性以及它所有的性质，来重构宇宙，反对那种以科学主义的哲学为基础的单向度的标准化。因此，这个学派反对那种认为只有自然科学的概念才能如其实际所是的那样来把握事物的观点。

在此，我们看到了一种与我们在日常语言哲学家那里发现的语言游戏概念的相似之处。在那里，人们拒斥那种认为自然科学的语言是惟一正确的语言的观点，主张要展现不同的语言情境的多样性——语言的意义是由语境来定义的。在现象学的描述中，占据中心位置的主要不是语言，而是现象。但是，在这里，我们也看到了对认为只有自然科学的概念才是有效的绝对主义观点的批判。同时，需要强调的是，无论是分析哲学还是现象学都不反对自然科学。被批评的是这样一种哲学理论，即认为只有自然科学的概念才能把握实在。

现象学经常描述简单的日常活动：磨谷子、铸马掌、写信函。我们经常使用胡塞尔派的术语**生活世界**（*Lebenswelt*）：我们生活于其中的世界，连同它的日常物件和思想（现象、行动者和语言表达），如其对使用者所显现的那样。因此，和语言的使用者一样，使用中的语言也构成了生活世界的一部分（参见与语言游戏相关的内容，后者不仅是语义学和句法学意义上的，而且是语用学意义上的）。

现象学并非用它的生活世界这个观念来替代各个科学观念。生活世界具有认识论上的优先性。科学不仅在历史上起源于生活世界，而且，生活世界是使科学活动成为可能的认识论的前提条件。因此，胡塞尔把现象学看作是欧洲历史上科学发展的延伸。不仅科学，而且哲学，都将合理性作为一个目的(*telos*)，现象学的任务是阐明和澄清科学的基本问题。因此，胡塞尔说，他自己的现象学是一门“严格科学”，是在“欧洲科学的危机”中能够提供支持的“先验现象学”。现象学对于科学的科学性的救赎性努力，表现在它将生活世界作为科学的意义构成的基础，以使得它们不要忽视了它们从何而来又要往哪里去的问题。

因此，现象学的任务是不仅要描述出现在不同语境之中的现象(工具、意向、同伴等)。它的更深层目标是要发现在生活世界中使得人类的行动(包括科学活动)成为可能的条件。目标是要发现人类行动和合理性的*构成意义*的条件。实现这个目标，就是要找到使得生活世界成为其所是的基本条件。(再来看一看我们的象棋例子：象棋的规则是一招招好棋或坏棋的具有构成意义作用的基础。没有这些规则，谈论象棋中走棋的各种步骤是没有意义的。)在此意义上，在这里，就如在研究言语行动的哲学家那里一样，存在着某种先验的哲学论证，但是，这是一种寻找语言实践的共同体的多少是有些变化的前提条件，而不是那种严格的康德意义上的先验哲学，即试图把握存在于每个人那里的不变的前提条件。

因此，阐明生活世界中的各种结构具有一种*认识论*的目的。重要的是，生活世界是实践的，包含了目的性的任务和由规范调节的行动。认识论的问题是根据*行动*(任务、劳动和互动)来讨论的，而不是像贝克莱那样，根据被动的感觉经验来讨论的。我们所具有的关于我们所作所为的洞见，被认为是根本性的。这种洞见不能化约为简单的感觉印象。比如，当我砍木头的时候，我本能地知道我在做什么。比方说，我关于我手臂之运动所知道的东西，不同于通过*观看*(look at)我的手臂(好像它是一个观察对象似的)而知道的东西。当然，当我砍木头的时候，我观看了我的手臂，但是，我对手臂的视觉是行动语境的一部分，其中，关于我的手臂在运动的观察，不同于当我把我的手臂仅仅作为一个外在对象来观看时的观察。

现象学的出发点是对我们的日常任务的认识论考察，而不是对被动的感觉印象或者纯粹的思想的考察，这意味着那些与主客体关系、事物的概念和个人同一性的概念相关的问题，在现象学中具有一种独特的微妙之处。作为行动的人，我们能直接通达这些活动；在主体和客体之间，是不存在绝对的二分的。现象在一个给定的情境下如其所是展现它们自己；行动者的意识，在行动的时间间隔中，为行动者担保了一种连续性和同一性。对于社会科学及其基本的争论来说，把行动作为出发点的现象学描述会引起人们的兴趣：以行动的概念以及相关的概念如意向、行动者、合作者、行动的对象等为基础，在对生活语境的现象学分析中，我们的目标是根据行动者所使用的那些范畴来把握行动领域。因此，现象学和社会研究的理解性进路有密切联系，而不同于说明性进路。这与温奇根据语言游戏模型对社会的分析是一致的。

但是，如我们前面提到过的，现象学的主要目标是发现构成意义的那些因素，而不仅仅是对情境的描述。因此，重要的是要在任何时候都意识到我们处在何种逻辑层次上。比如，当萨特在《存在与虚无》(1943)中讨论自由时，他认为自由具有一种构成性的意义。自由具有一种作为行动之必然条件的逻辑地位：说某人行动，就是说某人在这样或那样的意义上意向性地、有意识地行动。行动预设着我们看到了，某种情境可以和它实际所是的不同，在既定的情形之外还存在着一种可替代的情形，即某种通过我们一系列特定行动可以希望实现的可能的替代情形。换言之，根据另外一种事态，行动超越了既定情形——行动“否定”了既定情形。在此意义上，可能的东西被赋予相对于现实的东西的优先性；可能的东西就是尚未实现、但通过行动可以实现的东西。如果我们看不到，作为我们努力的结果，我们周围的情形是能以这种或那种方式有所不同的，我们就无法行动。这种对“既定情形”的可能的意向性的否定，意味着自由是行动的一个条件。自由因此构成了行动。在此意义上，正是因为自由，行动才成为可能。

然而，与此同时，萨特认为，人是有可能丧失自由的。如果自由是我们的一个基本的、构成性的因素，这又是如何可能的呢？答案是，我们总是潜在地拥有的那种基本自由会在特定情境中丧失，如果我们不把那情境看作是能够、并且应当改变的话，如果我们不把我们自己看作是能够并且应该实施这种改变的行动者的话。那样的话我们就是把自己看成了一种*物*，是没有行动的能力的。因此自由就没有实现。自由有可能就是这样丧失的。但是，作为人的一种根本属性，即使在这样的事例中，自由还是潜在地存在的。

到现在为止，我们主要是在与认识论和行动理论的联系中来讨论现象学。然而，在艺术和文学的领域中，现象学同样结出了累累硕果，因为它恢复了我们世界的各种性质：我们又能够正当地就其性质的丰富性来谈论现象了——不管它是奈瓦尔的一首诗还是凡·高的一幅画。在文学研究中，现象学和诠释学一样，其作用都是一种解释性的科学。

在其后期著作《辩证理性批判》(1960)(参见有关康德的内容)中，萨特讨论了他早先的存在主义现象学和马克思主义的关系：从个体的活动开始，利用辨证的进展，他试图达到一种关于社会-历史的总体性的理论。在这方面重要的是他关于人造结构——街道、房子、台阶、市场等等——如何界定我们的行动领域的理论。这些结构是人与人之间、人与共同体之间的物质媒介。在其他方面，群体的形成代表了这样的一种"中介"因素，*群体*表达了获得共同目标的某种自发的共同行动，而在萨特所说的*系列*中，特定的个体构成了没有交往和共同体的群集的一部分(像在一个候车的队列中)。为了逃避我们的异化处境，我们必须在群体中"激发"自己，超越那种个体行动之总和导致了意外结果的情境——比如，当各个农民的伐木这种明智行动却导致了不明智的砍伐森林和自然灾害时，就是这样。我们应当努力避免我们的特定行动的总和产生事与愿违的恶果；萨特在此讨论了反目的论。

萨特在《存在与虚无》中倡导一种个人主义的立场，后来试图发展一种马克思主义的哲学来合理地协调个体和共同体。他说，和克尔恺郭尔相比，黑格尔的总体性概念是正确的，和黑格尔相比，克尔恺郭尔的"独一无二的个体"是正确的——这两个概念通过萨特版本的马克思而得到协调。在此，萨特强调了家庭——儿童的社会化和个体化的主要媒介——是普遍者和特殊者之间的协调者。

萨特常常被认为是一个存在主义者。但是，存在主义不是一个严格意义上的哲学流派。这个术语被用于一些差异显著的思想家，如罗马天主教徒加布里埃尔·马塞尔(Gabriel Marcel)、无神论者让-保罗·萨特、女性主义者西蒙·德·波伏娃、自然神论者卡尔·雅斯贝斯(Karl Jaspers)、以及存在哲学家马丁·海德格尔。但是用维特根斯坦的话来说，某种家族相似是存在着的。这种思维方式的根源要追溯到克尔恺郭尔、帕斯卡尔、奥古斯丁和苏格拉底。家族相似表现在这些思想家对人的存在作内在化思考的方式——把它当作一种有限的、有死的个体，常常是悲剧性的和充满悖论的，处在一种未完成的人生当中，其中自我意识是根本的和不可动摇的。因此，生存哲学的一个基本特征是这样一种观点，即我们都必须对我们的生活进行沉思。在这种生存的思想中——在其中我们还对自己的死亡有切身理解——我们被唤醒了，实际上是带着一种更为深刻的意识而获得再生。对于陀思妥耶夫斯基所说的那些“该死的问题”——我们从哪里来？我们是谁？我们往哪里去？——如果我们无法找到一个回答，我们就仍然保持着对人的存在——这纯粹的生命之火——的独一无二性的意识。正如挪威哲学家阿尔内·嘉宝(Arne Garborg)所说，生活“全无动机，与理性截然相反，是一条空无但强劲、欲罢而不能的设定。这条设定是如此的卓越，以至于它不需要从别处获得合法地位；它是如此的权威，以至于即使在我们想要否定它的时候，我们的每一丝存在也都完全在它的法则或怪想的掌握之中”。[20]

在此我们要谈一谈萨特的一些特别具有生存论意义的观点，特别是《存在主义是一种人道主义》一书里的思想。萨特认为，对于人来说，“存在先于本质”。他的意思是，不存在什么规范，或者造物主所灌输的“神圣的思想”可以告诉我们该对我们的生命做些什么。因此，我们是在如下意义上是自由的：不存在客观的规范或规定。(比较一下这种以规范之缺乏为基础的自由概念，和《存在与虚无》中的作为行动之条件的自由概念。)我们可以用下面的例子来阐明萨特的观点：我们正像那些突然发现自己身处舞台上正在表演的演员，却没有剧本，不知道这台戏的名称，不知道他们扮演的是什么角色，不知道该做什么和说什么——不知道它到底是严肃的还是滑稽的。我们必须亲自做出决定，成为某种东西，还是其他——一个恶棍还是一个英雄，荒诞的还是悲剧的。要不我们也可以立刻退场。但这也是选择了一个角色——这个选择也是在我们不知道表演的内容的情况下做出的。

这就是我们被抛入存在的方式。我们存在着，我们在这里发现我们自己——我们发现自己是自由的，因为没有任何规定——我们必须为我们自己做出决定，把我们界定为我们将要成为的人。因此，本质(定义)是后于存在(我们已经活着这个事实)的。

在萨特的存在主义中，选择是重要的。这不是指根据一个标准来选择事物，而是“选择”那标准，选择作为一个人的我们自己。但是，萨特认为，对基本立场的这样一种选择，是不能用理性的方式来加以辩护的。与这种选择相反，所有为某一立场进行辩护的努力，都必定是从某物开始的，但在这里，选择恰恰就是出发点本身。因此，这种选择是有些武断的。这种根本的选择是我们独自做出的——即使我们向人征求建议，我们也已经选择了去征求建议，并选择如何来解释建议，选择接受还是不接受那种建议。在此意义上，选择是一种决定，是某种武断的东西。我们可以选择利他主义或利己主义，共产主义或法西斯主义。选择本身不可能是以理性为基础的(注意与波普尔的类似之处)。但同时，萨特认为——这真是很有意思——我们作为个体，还代表每个人进行选择。在此，我们看到了一个康德主义的观念：行动规范的普遍化。

但是，我们还是可以追问，我们真有这样高的自主性，以至于能以这种方式来界定我们的认同吗？我们与共同体之间，难道不是通过社会化、通过以后的生活阶段上的相互承认、通过具有客观性和必然性的劳动世界、通过语言而建立起须臾不能分离的关系吗？在萨特的存在主义中，对个人和共同体的关系的思考，似乎是有些问题的。

在存在主义中，具有核心意义的是认同(identity)问题：我到底是谁？萨特认为，在界定我们的认同这一点上，原则上我们是自由的。我们扮演的角色是没有任何脚本的！不存在什么“本质”可以告诉我们是谁、我们应当是什么。我们都是自由的，我们都承担着为这存在之谜寻找答案——编造答案——的责任。

萨特是从黑格尔那里继承了认同和承认的问题的。在黑格尔那里，认同的问题是一个人类主体之间关系的问题：当两个主体相遇时，就发生了一场为承认而战的斗争，一场决定他们相互之间如何看待他们自己以及如何看待对方的斗争。这是一场“精神的”斗争，因为它要争夺的主要不是物质的东西，而是相互间的承认。尽管如此，对于黑格尔来说，这仍然是一场生死之战。对他人而言我们是谁的问题，对于我们来说是至关重要的。而且，从黑格尔的视角来看，这是一个被承认为是优越者还是低下者的问题。这是一场决定谁是“主人”，谁是“奴隶”的斗争——黑格尔还将这些情况与物质条件联系起来：奴隶必须为主人劳动，违者处死。

因此，黑格尔把人的认同——我们的自我理解和我们对他人的理解——看作是一个持续的社会心理过程的一种脆弱的产物。认同不是某种我们拥有的东西，像头发的颜色或遗传的构造那样。它是某种我们通过紧张的主体间过程而获得的东西，是某种可以不断地一再加以挑战的东西。我们是脆弱的，不仅作为肉体的存在、面对着疾病和死亡是脆弱的，而且作为社会的存在、面对着他人对我们的定义和重新定义是脆弱的。

我们也可以伪称我们的认同只是自然的产物，但这样的话，我们会给我们自己和他人这样一种印象：这种社会界定的认同就和其他自然现象一样，是一成不变的。奴隶之为奴隶、主人之为主人，都是天生的，或者是出于神的恩典，而不是社会的权力游戏的结果，而这种权力游戏原则上总是可以按新的不同的方式来重新界定的。这样，贵族认为自己天生就是主人，认为奴隶也天生就是奴隶——把这些看作是某种永世不变的东西。因而贵族和仆人都不接受这样一种主张，即社会地位实际上是一种社会地界定的相互理解，是可以改变的。对黑格尔的观点我们可以作上述诠释，而萨特从黑格尔那里继承来的就是这样一些解释。萨特认为，这种自圆其说是“坏信仰”即自欺的一个例证：对我们自己的生活，对回答我们是谁的问题，不能承担起生存论的责任来。但是，不仅对黑格尔来说，而且对萨特来说，这实际上是一场斗争的组成部分：萨特认为，两个人相遇时，总能感觉到一场权力之争：掌握控制权的将是谁？界定他们关系的将是谁？

甚至在那些不平等的相互理解和认同当中，双方也都牵涉其中，双方也都接受了那种不平等。这是一个相互关系的问题。没有他人的认可，我们是不可能拥有我们想要的认同的。因此，恰恰因为我们依赖于他人怎么看待我们，斗争是不可避免的。关于社会认同的这些思想，反映了理论和实践之间的某种转换：这些思想表明，我们能以何种方式来理解社会关系中的不平等，因而我们能以何种方式来重新界定这些关系。这样理论就对政治行动产生了影响，并赋予其以合法的性质。

这些思想被那些认为自己受到压制的群体所采纳，如第二次世界大战之后，在反殖民斗争中的各原住民民族(比如弗朗茨 · 法农)。这些思想也激发了第二次世界大战之后兴起的妇女解放运动，西蒙 · 德 · 波伏娃是其最主要的代表之一。

第八节　认同和承认——西蒙·德·波伏娃与女性主义哲学

西蒙 · 德 · 波伏娃(Simone de Beauvoir，1908—1986)在法国的传统的中产阶级背景下长大。在法国，妇女直到1944年才获得普选权，那时她已接近40岁了。她还与萨特一起成为激进存在主义圈子的一个早期成员。在这个动荡的岁月里，德 · 波伏娃开始关注强加于作为社会中一个群体的妇女的那种不平等的社会角色：女人被界定为男人的*他者*。是男性的观点对男人和女人两者都进行了界定，并把女人界定为“第二性”。占主流地位的是男性的自我理解和男性对“他者”的理解。女人就这样被界定为第二等级，并被灌输接受这种关于她们自己的观点和关于男人的观点。结果是，女人获得了一种非本真的认同。

这种社会界定，被人们理解为某种自然的东西，并因此而获得其正当的地位。对于德 · 波伏娃这样的存在主义者来说，这是一种特别令人气愤的冒犯。因为对于存在主义者来说，人首先是由自由——亲自决定他们将成为什么样的人的自由——来界定的。作为一个群体，妇女拥有的塑造她们自己生活的自由更少，而自由被看作是人类生存的一个基本特征和基本价值。女性被界定为“第二性”，这种角色被认为是一劳永逸地由自然所指定的。

为了重新界定这种角色模型，我们必须使人们确信这是一个社会界定的问题，而不是一个自然的问题。然后，我们必须通过理论的和实践的努力，使得双方——女人和男人——都以一种新的、更加平等的方式，来理解他们自己和对方。德·波伏娃一生的工作就在于以理论和实践的方式，以哲学和文学的形式来处理这个问题。她的一生专注于用各种专著和哲学论文来澄清这个问题，用文学作品来充实这个问题。作为一个知识分子，她在政治上，特别是在发生了女性主义为被承认和认同而斗争的文化领域之中，也很活跃。但她也支持一些更为实际的事业，如争取女性摆脱不情愿的怀孕的权利、选择不要孩子的权利。这方面具有核心意义的是她对于女性堕胎权利的支持。人的生活得服从生物学的强制，而存在主义则强调我们的基本自由，这两方面之间有一种充满紧张的关系。与萨特一样，德·波伏娃不要孩子，以此来选择使这种“自然的强制”减小到最低程度。

在很多方面，德·波伏娃的目标是平等。男人和女人应当互相把对方看作是平等者。这并不意味着每个人是一样的，以至将不再有不同的个体生活。但是，对女性的普遍压迫是必须反对的。但另外有一种重新解释女性角色和认同的方式。我们会说，追求相互理解中的平等，既非可能的，也非可欲的。我们会说男人和女人*确实是*不同的，他们对自己的理解、对对方的理解，都是各不相同的。因此，相信他们有朝一日会承认彼此是相同的，这是一种幻觉。他们只会承认彼此是平等而又根本不同的。男人和女人互为“他者”。情况就是这样，也应该是这样。这种没有全面的相互理解的充满紧张的承认，会蜕化为拒绝和压迫。历来有关妇女所发生的情况，就是如此。这必须加以纠正。但是，目标不可能也不必是完全的相互理解和平等：法律上、社会上和物质上，是必须有平等的。但是，对于认同中的平等，对于两性的相互理解和承认，重要的是要意识到这是不可能完全达到的，也是不应该去尝试的。这是女性主义的现象学家卢斯·伊瑞格瑞（Luce Irigaray，1932—　）提出的主张。立足于语言哲学和心理分析，她主张男人和女人必然有差异，而我们能达到的最好的东西，也是我们应该努力争取的东西，是对基本差异的承认，是对这种“他者性”的承认。伊瑞格瑞讨厌那种把人类看作是一种类型的存在的平等观。存在着的并不是一种人类，而是两种人类——女人和男人。这是我们必须承认的。这是她对许多关于性别的哲学讨论的批评，包括德·波伏娃的在内。德·波伏娃是一位*平等女性主义者*，而伊瑞格瑞则是一位*差异女性主义者*。冲突在于，身体方面和性特征方面的差异应该如何解释。对于人的认同，对于我们的价值观、对于我们的理性观和正义观来说，这些差异在多大程度上是至关重要的或无关紧要的？这概括了存在于两类女性主义之间的差异。

承认对方是平等而又根本不同的，在现代(后现代)的讨论中渐渐成为一个核心主题。我们已经达到的局面，是对于差异——社会性别方面的差异，以及一般的种族的和文化方面的差异——进行一种社会的-批判的辩护。现在有一种“认同政治”，其中不同的群体所要求的是这种形式的承认，因为他们不想变得像主流群体那样。[21]对于北美少数群体文化的讨论，对同性恋的讨论，对一些女性主义群体中的“差异女性主义”的讨论，近来相当频繁。从这个角度来看，德·波伏娃看起来像一个老派的顺从主义者。现代主义的单一文化承受着压力，而后现代的文化多元性正阔步走向前台！

在“晚期现代”社会中，在多数问题上都有许多意见，包括在“人是什么？”这个问题上。关于人类生命的生物学视角和遗传学视角都有人进行认真考虑，而各种社会科学、心理科学和人文科学，都以各自方式对这个问题有话要说。如果我，作为一个哲学家，想对这场关于人性的争论有所贡献，我当然不可能在坚持自己观点的同时不遇到棘手的批评。但是，即使我无法毫不含糊地确立自己的立场，我还是可以提出有意思的视角，也许还能提出比反对者更好的主张来的。

认同——个体认同或集体认同——已成为我们社会的一个核心主题。不仅仅是自然再也不能恢复其自身。社会和存在的意义也变成一种稀缺的东西。甚至在所谓的强权政治的语境中，我们也不再仅仅谈论权力或金钱，而也谈论认同。出现了一种新的宗教狂热和民族主义。认同的问题是复杂的：我们是谁？我是谁？也许我是一个工人阶级的犹太母亲，六十岁，土生土长的法国人。从社会的角度来看，我，*实在地说*，是谁呢？法国人？中年人？无产阶级分子？犹太人？母亲？还是女人？在不同的程度上，是所有这一切，甚至还不止这些。在通常情况下，确定我要强调的是什么，一定程度上说都取决于我自己——或者取决于我的各种角色和各种建制。但有时，这不是一个个人选择的问题。在维希政权时期，犹太人的身份就可能是决定性的，因为它可以把我带进奥斯威辛集中营。

鉴于现代社会的（与认同有关的）文化多元性，有些哲学家认为有必要去发现*普遍有效的*东西，即那些能调节不同文化和价值之间的冲突的规范。在约翰·罗尔斯和于尔根·哈贝马斯那里，我们可以发现这样的思想。但这种发现（一般规则的而非具体的文化价值的）“薄”的普遍性的努力，带来了新的异议：一般规范的理想的普遍性还必须和具体的情境相联系。对一般规范的普遍辩护，反过来也要求有一种洞察力使我们能够将这些规范正确地应用到具体情境中去。

对此讨论有贡献的一位哲学家是塞拉·本哈比（Seyla Benhabib，1950— ），教授，嫁给德国人的土耳其犹太人，母亲，定居美国。她很具有我们的时代和我们的世界的特点。她1992年出版的著作的名称有重要意义：《把自我情境化：当代伦理学中的社会性别、共同体和后现代主义》。她试图将我们可在哈贝马斯那里发现的*普遍主义*立场与卡罗尔·吉利根（Carol Gilligan）和其他女性主义者的*情境主义*立场协调起来。[22]

本哈比同意哈贝马斯，认为在现代的多元主义的社会中，我们需要一种*形式的普遍性*的概念，不然的话，我们将陷于各种视角和价值之间的永恒的战争[23]，没有任何进行公正批评的基础。所有的公正的合理性，无论是理论的还是实践的，都将没有可能。但是，如果我们要提出批判性的评论，如果我们要能够说，某物比他物更好，某事相对于其他事情是公平的或正义的，就需要某种最低限度的合理性。

在本哈比看来，我们能够按照哈贝马斯的思路为这种最低限度的合理性提供论证。但另一方面，本哈比强调，我们总是*处于情境之中的*。我们是由特定的背景塑造而成的，我们生活在特定的语境中，我们和特定的人们相联系。因此，我们应该将我们的情境中的认同纳入哲学之中。不仅要考虑我们承认是人并且是潜在的讨论伙伴的“一般化的他者”，还必须考虑“具体的他者”。不仅正义的一般规范，而且和“亲密的”他者相关的具体的纽带和情感，都必须反映在我们的哲学中。如果德·波伏娃可以称作平等的女性主义者，伊瑞格瑞是一个差异的女性主义者，那么，本哈比也许可称为普遍主义的情境化的女性主义者！在本哈比的哲学讨论中，对于既成架构之规范性批判的哲学可能性是一个核心的主题，正如同它同样也是德·波伏娃和伊瑞格瑞的思想的预设。

思考题

1. 描述古典经验主义(洛克、休谟)和逻辑实证主义的关系，讨论从逻辑实证主义到分析哲学的发展(日常语言哲学和后期维特根斯坦的工作)。
2. 讨论在证伪和科学进步问题上波普尔和库恩的关系。库恩反对波普尔的证伪说的论据是什么？库恩最后采取了一种相对主义的立场吗？
3. 说明后期维特根斯坦的工作与日常语言哲学和现象学的关系。
4. 讨论萨特关于规范(和价值)的认识论地位的观点。
5. 讨论西蒙·德·波伏娃、卢斯·伊瑞格瑞和塞拉·本哈比在社会性别问题上的不同观点。

进一步阅读的建议

原始文献

Ayer, A.J., *Language, Truth and Logic*, London, 1936.

Beauvoir, S. de, *The Second Sex*, Harmondsworth, 1972.

Benhabib, S., *Situating the Self*, Oxford, 1992.

Irigaray, L., *An Essay on Sexual Difference*, London, 1993.

Kuhn, T., *The Structure of Scientific Revolutions*, Chicago, 1970.

Lakatos, P. and Musgrave, A. (eds), *Criticism and the Growth of Knowledge*, Cambridge, 1974.

Popper, Karl R., *The Logic of Scientific Discovery*, London, 1959.

Russell, B., *The Problems of Philosophy*, London, 1962.

Ryle, G., *The Concept of Mind*, London, 1963.

Sartre, J. -P., *Existentialism and Humanism*, London, 1948.

Searle, J. R., *Speech Acts*, Cambridge, 1972.

Wittgenstein, L., *Philosophical Investigations*, Oxford, 1963.

二手文献

Hospers, J., *An Introduction to Philosophical Analysis*, London, 1963.

Moi, T., *Simon de Beauvoir*, Oxford, 1994.

Urmson, J. O., *Philosophical Analysis, Its Development between the Two World Wars*, Oxford, 1960.

原著选读

卡尔纳普：《哲学和逻辑句法》

（选自《哲学和逻辑句法》，傅季重译，上海人民出版社 1962 年版）

通常所研究的哲学问题有很不同的种类。从我在这里所采取的观点来看，我们可以把传统哲学中的问题或学说主要地区分为三类。为了简便起见，我们把这些部分叫做形而上学、心理学和逻辑学。或者，不如说，这并不是三个界限分明的领域，而是在多数论题或问题中结合起来的三种要素：形而上学的、心理学的和逻辑学的要素。

我们在下面所要进行的考察属于第三个领域：即逻辑分析。逻辑分析的作用是分析所有的知识、分析科学和日常生活中的一切论断，以求弄清每一论断的意义和它们之间的关系。对于一个已知的命题，逻辑分析的一个主要任务就在于找出证实那个给定的命题的方法。问题是：能有什么样的理由来断定这个命题，或者说，我们如何能确知它的真或假？哲学家们把这个问题叫做认识论的问题；而认识论或关于知识的哲学立论不过是逻辑分析的一个特殊部分，它通常是与涉及认识过程的某些心理学问题结合起来的。

那末，什么是一个命题的证实方法呢？这里，我们必须区别两种证实：直接的和间接的。如果问题是一个对于当前知觉有所断定的命题，如："现在我看见一个蓝色底子上的一个红色方块"，那么，这个命题就能直接为我当前的知觉所检证。如果现在我的确看见一个红色方块在一个蓝色底子上，这个命题就直接为我的看见所证实；如果我没有看见，它就被否证。的确，还有一些重大的问题与直接的证实有关。然而我们在这里将不涉及那些问题，而是集中注意力于间接证实的问题，这对我们研究的目的是更重要的。一个不能直接被证实的命题 P，只能通过直接证实那从 P 演绎出来的命题以及其他已被证实的命题来证实。

我们以命题 P_1"这把钥匙是铁做的"为例。证实这个命题的方法很多。例如；我把钥匙放在一块磁铁的附近，那末我就看到钥匙被吸住了。这里，演绎是以下述方式进行的：

前提：P_1"这把钥匙是铁做的。"这是待检证的命题。

P_2"如果一个铁制的东西放在磁铁的附近，它就被吸住。"这是一个已经证实了的物理定律。

P_3"这个对象——一根棒——是磁铁。"这是已被证实的命题。

P_4"这把钥匙放在这根棒的附近。"这是现在直接为我们的观察所证实了的。

从这四个前提，我们可以演绎出这个结论：

P_5"这把钥匙现在要被这根棒吸住。"

这个命题是一个可以为观察所检证的推测。如果我们看一下，我们或者观察到它被吸引的情况，或者未明察到它被吸引的情况。在第一种情况里，我们找到了一个肯定的实例，即一个证实所考察的命题 P_1 的实例；在第二种情况里，我们就有了一个否定的实例，即一个否证 P_1 的实例。

在第一种情况里，命题 P_1 的检证并未完结。我们可以用一块磁铁重复地检证，这就是说，我们可以借助于像以前的相同的或相似的前提演绎出相似于 P_5 的其他命题。在用磁铁检证以后，我俩还可以用电气的、机械的、化学的或光学的等等的试验来作检证。如果在这些进一步的研究中，结果所有的实例都是肯定的，那么命题 P_1 的确实性就逐渐地增长。我们也就可以很快地达到一定程度的确实性，这对于一切实际的目的来都是已经足够了；但是我们绝不能达到**绝对**的确实性。借助于其他已被证实或可被直接证实的命题而可从命题 P_1 演绎出来的实例的数字是**无穷**的。因此，在将来发现一个否定实例的可能性总归是存在的，尽管这种可能性不大。因此，命题 P_1 是**永远不能完全地被证实的**。也正因为如此，它就叫做**假说**。

以上我们所研究的是关于一个单个事物的一个个别命题。如果我们研究一个关于不论何时何地的一切事物或事件的一般命题，一个所谓自然的**规律**，那末可检证的实例的数字是无穷的，因而这个命题是一个假说。这一点是更加清楚了。

在科学的广大范围内每一个断定 P 都有这种特性：它或者是对当前的知觉或者对其他的经验有所断定，因而可以为它们所证实；或者是可以从 P 以及其他已被证实的命题中演绎出一些关于未来知觉的命题。如果一位科学家竟要试作一个不能演绎出任何知觉命题来的断定，那末，我们该怎么说呢？假定他断言不仅有一个按照已知引力定律作用于物体上的引力场，而且还有一个**浮力场**。人们问他，依据他的理论这个浮力场有什么样的作用时，他回答没有可以被观察到的作用，换言之，他承认不能提出那种据之我们可以从他的断定演绎出知觉命题来的规则。在这种情况下，我们的回答是：你的断定根本不是什么断定，它没有说出什么东西，它无非是一串空洞的字眼，简直就是没有意义的。

诚然，他可能有同他所用的字眼联系起来的表象甚至情感。这个事实，在心理上可能有重要意义；但是在逻辑上，它是不相干的。赋予一个命题以理论涵义的不是伴随而来的表象和思想，而是从它演绎出知觉命题的可能性，换言之，即证实的可能性。要使一个命题有意义，光有表象是不够的，它甚至不是必要的。我们没有电磁场，甚至没有关于引力场的实际表象。然而，物理学家对于这些场所断定的命题仍然有一种完全的意义，因为从这些命题可以演绎出知觉命题来。我反对刚才提到的关于浮力场的命题，绝不是因为我们不知道怎样去想象或思议这样一种场。我对那个命题的惟一的异议是我们没有被告知如何去证实它。

卡尔纳普："价值与实际决定"

（选自《卡尔纳普思想自述》，陈晓山、涂敏译，上海译文出版社 1985 年版）

我们在维也纳小组的讨论中，对澄清价值陈述的逻辑性质问题非常关心。我们把绝对的或无条件的价值陈述(譬如，某个行为本身在道德上是善的)，与相对的或有条件的价值陈述(譬如，一个行为就其会导致某个目的来说是善的)，相互区别开来。后一种陈述显然是经验的，即使它们可能包含"善"这样的价值词语在内。而按照经验主义的意义标准，那些仅仅谈论应当做什么的绝对价值陈述，是没有任何认识意义的。它们中肯定具有一些非认识的意义成分，特别是情感的或者诱导的意义成分；它们在教育、劝导和政治呼吁等方面所起的作用，就是依据这些意义成分的。可是，既然它们不具有认识意义，那就不能把它们解释成为论断本身。因为它们往往不是以命令句(例如，“爱你的邻居”)这种最适当的形式、而是以直陈句(例如，“爱你的邻居是你的责任”)这种语法形式表现出来的。这个事实使得许多哲学家误把它们当作是一些论断性的和具有认识内容的语句。

从对价值陈述以及有关争论所作的逻辑分析的结果来看，它好像是一种纯学术性的工作，不涉及任何实际的利害关系。然而，我发现，由于人们没有把事实问题和纯价值问题区别开来，以致在讨论私人生活的道德问题或政治决定问题时出现了许多混乱和误解。而如果清楚地作出这种区别，这些讨论就会取得更多的成果。因为，人们就会对于这两类根本不同的问题采取对各自最为适合的研究方法；所以，对于事实问题就会提供由事实证明的论证，而对劝说、教育影响和呼吁等则使它们依据有关纯价值问题的决定。

在另一方面，我往往发现，某些哲学家在批评我们的观点时，把一种夸大的实际意义加之于价值陈述的逻辑性质这个问题上。按照这些批评者的看法，否认价值陈述具有科学论断的地位，以及能得到合理证明的可能性，必然会导致道德败坏和虚无主义的现象出现。在布拉格时，我从奥斯卡·克劳斯(他是弗朗兹·布伦塔诺哲学的主要代表)的身上，发现了一个坚持这种观点的典型例子。我从学生们那里得知，克劳斯在他的一个研究班上，把我关于价值陈述的性质的论点说成是会给年轻人的道德带来极大威胁的东西。他甚至认真地思考过是否有责任请求当局把我关进监狱。不过，他又说，他最后得出的结论是，这种做法是不妥的；因为，尽管我的主张十分错误，然而我本人事实上并不是一个坏人。不久，当我们之间有了私人交往之后，虽然我们在哲学观点上存在着分歧，但彼此有了深刻的了解。我非常尊重他在哲学讨论中表现出来的真诚和坦率的态度，而且，他的热情和忠厚对我也有很大的感染力。有许多主张所谓绝对价值的知识具有特殊来源的哲学家认为，任何人如要否认这种特殊来源，就根本不可能具有任何道德价值，一般说来，我倾向于认为，一个人对关于价值陈述的逻辑性质以及它们合理性的类别和来源的任一论点表示接受或拒绝，这对于他作出实际的决定不会有多大的影响。而且，人们在特定的环境中表现出来的行为和一般的为人态度，主要是取决于他们的个性，而很少——如果有的话——取决于他们所遵循的理论学说。

我认为，我们自己的论点的实际效果也会同样地受到限制；这种看法似乎得到下述事实的支持：甚至在那些持有共同的基本哲学观点的经验主义者中间，对这个问题也没有一致的认识。关于价值陈述具有非认识性质的论点，被大多数自认为是属于逻辑经验主义思潮的人们所接受，而却被大多数自认为是属于实用主义思潮或者至少受过杜威哲学强烈影响的经验主义者所拒绝。在我看来，这两派经验主义者在这个问题上的分歧意见，从理论上说是很有意义的，应当进行更透彻地讨论。但是，就其对实际生活的影响而言，却相对说来没有什么重要意义。在我个人的经验中，还未发现这样的情况：两派经验主义者由于在价值陈述性质上的哲学观点分歧而导致在道德问题上的意见分歧。

有人认为，承认价值陈述具有非认识内容的性质，会导致或表现出对道德问题或政治问题丧失兴趣。我的经验却似乎清楚地否定了这种看法。我本人坚持这个论点大概已有30年之久。可是，在我的一生中，从童年直到今天，我始终对道德问题怀有强烈的兴趣。不仅对与个人生活相关的道德问题有兴趣，而且自第一次世界大战以来还对与政治有关的道德问题感兴趣。我虽然没有积极地参加党派的政治活动，可是我一直对政治原则有兴趣，并且从来不回避表明自己的观点。在维也纳小组中，我们所有的人对我们国家的以及欧洲和全世界的政治事件都有着强烈的兴趣。这些问题一般都是在私下里谈论的，而不是在小组的讨论会上谈的。我们小组讨论的主要是理论问题。在我看来，我们这些人几乎都持有下列三个观点，而这三个观点事实上都是不需要讨论的。第一个观点是：人类没有什么超自然的保护者或者仇敌，因此人类的任务就是去做一切可以改善人类生活的事情；第二个观点是：我们相信人类有能力来这样改善他们的生活环境，即免除目前所受的许多痛苦，使个人的、团体的乃至整个人类的内部和外部的生活环境基本上都得到改善；第三个观点是：人们一切经过深思熟虑的行为都以有关世界的知识为前提，而科学的方法是获得知识的最好方法，因此，我们必须把科学看作改善人们生活的最有价值的工具。在维也纳的时候，我们还没有给这些观点命名；如果我们要在美国任人使用的术语中找一个简短的名称来概括上述三种观点，那么，最适当的名称看来就是“科学的人道主义”。

除了这些一般的原则之外，我现在试图更加具体地谈一谈我从如果不是更早些时候，至少从维也纳时期起直到目前，始终坚持的一些关于目的和手段的看法。维也纳学派的一些朋友也可能在主要之点上赞同我的这些看法，不过在细节上自然会有某些重大的分歧。我过去和现在一直相信，在目前这个时期中，在工业化的世纪里，经济组织和世界组织这样一些重要的问题，是不可能通过“各种力量的自由的相互作用”来解决的，而是需要合理的计划。所谓经济组织，是指某种形式的社会主义；所谓世界组织，是指逐步向世界政府发展的形式。但是，无论是社会主义还是世界政府都没有被我们看作是一种绝对的目的；按照我们目前的理解，它们不过是能使我们最有希望地实现人类最终目的的组织手段。这个最终的目的在于建立这样一种生活方式，在那里，最受人们重视的是个人的福利和发展，而不是国家的权力。而排除种种的障碍，即产生各种痛苦的根源，如战争、贫困和疾病等等，不过是这项任务的消极方面。它的积极方面在于改善和丰富个人的生活，以及个人在家庭、朋友、公职和团体中的相互关系。而要丰富生活，就需要使每个人都有可能发挥自己潜在的才能，并有机会参加文化活动和实践。如果我们从这个目的的角度来考察这个问题，那么，就会看出在国家权力的不断增长中蕴藏着种种危险；这种增长是必然的，因为各个民族国家必须联合成为更大的团体；必须接受许多经济职能。因此，注意使公民的自由和民主制度不仅要保存下来，而且还应不断地发展和完善，这便是一项头等重要的任务。这样一来，除了应当避免核战争这个十分迫切的问题之外，最主要问题之一，或许是最重要的以至最困难的问题，就是要寻找一些把整个社会组织起来的方式，这些方式能使个人在人身自由和文化自由同有效的国家组织和经济组织的发展相互协调起来。

注释

［1］对现代数理逻辑的建立起关键作用的是德国数学家和哲学家弗雷格（Gottlob Frege）。他

在语言哲学方面广为人知的著作包括 *On Sense and Reference*（*Über Sinn und Bedeutung*，《论意义和指称》）(1892)。受到现代逻辑激发的最具影响力的现代哲学家之一，是美国人奎因(Willard van Orman Quine，1908—2000)，他是 *Two Dogmas of Empiricism*(《经验主义的两个教条》)的作者，此文原载 *Philosophical Review* 60（1951），后来收入于 *From a Logical Point of View*(《从逻辑的观点看》，Cambridge，MA，1953)和 *Word and Object*(《词与物》，Cambridge，MA，1960)中。关于现代逻辑，可参见如，Benson Mates，*Elementary Logic*(《基础逻辑》，Oxford，1962 [2nd ed.，1972])，和 W. V. Quine，*Methods of Logic*(《逻辑方法》，New York，1950 [4th ed.，1972])。

[2] 他们是 *Pricipia Mathematica*(《数学原理》，1910)的合作者。

[3] 参见他的 *Language*，*Truth and Logic*(《语言、真理和逻辑》)，London，1936。

[4] "总起来说，一个理论的科学地位的标准在于其可证伪性或可反驳性或可检验性。" Karl Popper，"Science：Conjectures and Refutations"，in *Conjectures and Refutations*（《猜想与反驳》)，London，1972，p. 37。

[5] 哲学家阿佩尔反驳道，说我们可以选择成为(在对真理感兴趣的意义上)合理的，是没有意义的，因为在合理性和非合理性之间进行选择的行动本身就预设了我们是合理的。

[6] Karl Popper，*The Logic of Scientific Discovery*（《科学发现的逻辑》)，Ch. 14，note 5。

[7] *The Poverty of Historicism*（《历史主义的贫困》)，Ch. 29，p. 136。

[8] 参见 Paul Hoyningen-Huene，*Reconstructing Scientific Revolutions. Thomas S. Kuhn's Philosophy of Science*（《重构科学革命——托马斯·库恩的科学哲学》)，Chicago，1993。

[9] 同上。

[10] 这意味着维特根斯坦放弃了他在 Tractatus Logico-Philo so phicaus(《逻辑哲学论》)中的早期立场。

[11] 参见对阿基里斯和乌龟的二难困境的分析，载 G. Ryle，*Dillemas*（《困境》)，London，1964。

[12] P. Winch：*The Idea of a Social Science*（《一种社会科学的观念》)，London，1958。

[13] 参见 G. Ryle，*The Concept of Mind*（《心的概念》)(1949)，London，1990。

[14] 参见 Stuart Hampshire，*Thought and Action*（《思想和行动》)(1959)，London，1960；Peter E. Strawson，*Individuals*（1959)，New York，1963。

[15] 在此意义上，用数学的方式来表述的语言可以说是"理想化的"。

[16] 参见 J. L. Austin，*How to do Things with Words*（《如何以言行事》)，Oxford，1962。

[17] 哈贝马斯提出了一种关于以言行事的方面和以言成事的方面的区分，其目标是建立一门综合性的言语行为理论，在这种理论中，交往行动和策略性行动之间的区分是根本性的(参见第二十四章)。

[18] J. R. Searle，*Speech Acts*（《言语行为理论》)，Cambridge，1969。

[19] "原始事实"的概念，相对于建制性事实的概念，是由伊丽莎白·安斯康姆(Elizabeth Anscombe)提出来的。"On the Brute Facts"（"论原始事实")，收入于 *Analysis*，vol. 18，January 1958。

[20] Arne Garborg in *Tankar og utsyn*（translalted by R. W.）.

[21] 参见 Amy Gutmann 编 *Multiculturalism and "The Politics of Recognition"*（《多元文化主义和"承认的政治"》)，包括 Charles Taylor 的论文以及 Amy Gutmann，Steven C. Rockefeller，Michael Walzer 和 Susan Wolf 的评论，Princeton，NJ. 1992，p. 661。

[22] Carol Gilligan，*In a Different Voice*（《以一种不同的声音》)，Cambridge，1982. 另可参见 Lawrence Kohlberg，*Essays in Moral Development*（《道德发展论文集》)，San Francisco，CA，1984；Seyla Benhabib 和 Drucilla Cornell 编的 *Feminism as Critique*（《作为批判的女性主义》)，Minneapolis，MN，1987；Nacy Fraser，*Unruly Practices*（《不守规矩的实践》)，Cambridge，1989。

[23] 如马克斯·韦伯所说的"诸神之战"(即不同的根本价值之间的战争)。

第二十四章
现代性和危机

第一节　现代性之批判

在本书中，我们已经追溯了从古代经过中世纪一直到我们自己时代的西方思想。那么，在这个视角下，什么是“现代性”？什么是对现代性的批判？关于现代性的诸多问题内含于我们整个讨论之中，在不少地方还明确提及，比如在涉及文艺复兴、启蒙运动的哲学，还有康德和黑格尔的时候。从卢梭和柏克，经过马克思、弗洛伊德和尼采，一直到涂尔干和韦伯，在不同的情况下，我们还讨论了一些对现代性的批判性观点。现在，我们概述一种关于现代性的观点，作为讨论海德格尔、阿伦特和哈贝马斯、加达默尔和德里达以及福柯和罗蒂的背景。

文艺复兴以后，认知主体成了哲学的出发点。这一点不仅适用于唯理论者和康德，也适用于经验论者。在政治理论中（从洛克到密尔），个人是合理性的承担者，不管是在市场中，还是在政治或法律中。启蒙了的主体挺身对抗无知和偏见。进步就是科学和启蒙的增长、对自然的技术控制的增长，以及物质福利方面的增长。独立的行动主体和认知主体的观念，科学和启蒙的观念，以及进步和理性的观念等等，这些都是典型的现代性概念。

柏克和托克维尔，卢梭和赫尔德——这些人以及其他一些人都提出了批评：他们强调传统的力量，进步的模棱两可性质，以及由个体的自主性而来的种种破坏性倾向。这些是对“现代性方案”的保守主义批判的基本主题。

在我们自己的时代，科学化和技术发展有增无已。同时，社会整合和政治治理更趋复杂，也更成问题。我们的流动性和角色范围，就如同我们对自然与社会的控制，也更大更宽。这些就是“现时代”，工作和休闲中的“现时代”：更多的选择自由、更高的权力集中，连同短期的视角和长期的无政府状态。

这种对于理性和自由的乐观信念，受到了马克思、弗洛伊德和尼采的一连串的批判——马克思的意识形态批判，弗洛伊德的理性和自主性批判，尼采的道德批判：我们相信是对自由而道德的行为和态度的理性说明的那些东西，实质上是一些自圆其说，是对现实的无意识扭曲，是幻觉。自由的理性的个体的形象，被打得粉碎。留给我们的，是隐蔽的需要和欲望的幽幽大海。启蒙和知识只是一种外在的文饰，对它们的信念可能是一种危险的幻觉。这种关于现代性之不满的阴沉的弗洛伊德式观念与尼采的批判不谋而合：我们谈论真理的时候，潜台词却是生命意志！所有的陈述都有所过滤，而把其余东西留在阴影之中。它们揭示某物，其代价却是遮蔽了现象的其他方面。因此，真理与谎言携手并进，真理背后隐藏着的是生命力量和权力意志。在科学活动和政治生活中备受称赞的合理性，其实质却是隐蔽的权力。因此，种种价值，无论是神学的还是人文主义的，因而都被揭示为幻觉。可信之物不复存在。一切虚假的希望都烟消云散了。欧洲虚无主义终结了。只有通过艺术和崇高的行动，我们才有可能突破合理性的铁笼子。对于那些尚能倾听的人来说，哲学所剩下的只有诗意的话语。除此之外，我们还有另一形式的批判，那就是“解构”，去揭示语言和行动背后隐蔽的权力。

这是对现代性的绝对批判。单纯的进步理想，启蒙、政府以及对自然之开发方面的进步的理想，被作为腐朽和愚蠢、作为对生命力的压抑、作为对自然条件的愚蠢的破坏而加以拒斥。在两次世界大战期间，提出这种总体性批判的还有政治上的左派，比如受马克思主义启发的法兰克福学派，包括西奥多·阿多诺(Theodor W. Adorno, 1903—1969)、马克斯·霍克海默(Max Horkheimer, 1895—1973)以及后来的赫尔伯特·马尔库塞(Herbert Marcuse, 1898—1979)。他们不再相信将把我们引向美好社会的“革命主体”(无产阶级)。他们不再毫无保留地相信启蒙运动的精神气质，因为它看来是模棱两可的。但是，他们还是相信批判的持久价值以及美学的解放潜力。后来，福柯和德里达这样的后现代主义者延续了对现代社会极端的自我批判。我们将从两次大战期间的精神气氛下的危机体验出发，追溯马丁·海德格尔、汉娜·阿伦特(Hannah Arendt, 1906—1975)和于尔根·哈贝马斯(Jürgen Habermas, 1929—)对现代性的态度：海德格尔面对与现代性的距离犹豫不定，阿伦特复活了亚里士多德主义的政治概念，哈贝马斯在一个危机的世界中寻求一种“最低限度的理性”。我们也会简单地讨论一下加达默尔、德里达、福柯和罗蒂。

第二节　马丁·海德格尔——经由诗艺

对海德格尔来说，西方的历史决不是向着光明和幸福的一次胜利进军。相反，这历史弥漫着一种*根本性的衰落*，从前苏格拉底时期一直到我们的时代。人们越是强烈地想用理论概念和技术成就去把握各类本质，就越是会*遗忘根本的东西*。因此，历史就是一个命中注定的衰落过程，从根本的东西堕落到对非根本的东西——不管它是理论洞见、技术力量还是生活方式——的无力的探寻。

柏拉图标志着这个方向上的较早一步。他把这个世界上所有的存在都置于理念的套索之下。后来，哲学和理论科学，以日益增长的力量和扩张趋势，进一步发展了这个倾向，直到理念的套索把所有现象一网打尽。类似的，技术发展在实践上的发展和理论发展相平行。任何事物都要置于理性的控制之下：自然、社会甚至人。但是，谁控制谁呢？是思想还是缺乏思想？这些到底是明智行动，还是对新事物(但本质上还是旧东西)的阻挡不住、只顾眼前的追逐？

一方面，海德格尔是一个存在主义者(参见第二十三章)。他关注本真的和非本真的存在、关注我们独一无二的意识、我们的选择以及“非我莫属”的死亡。他可以说是一个现象学家，在他的著作《存在与时间》(1927)中，他对人的存在的基本特征作了描述：我们基于我们的“筹划”来理解世界。没有这种塑造性的筹划，我们是无法理解世界的，现象总是按照每个特定的筹划而显现为自身的。包含在这样一个筹划中的洞见，既可以用陈述来表达，也可以一直隐而不显，就像存在于我们对锤子和锯子的熟悉把握中的“默会知识”那样。

我们的理解是可以发展和深化的。这总是发生在某种我们自认为已经知道的东西的背景上。我们根据我们已经知道的东西来看待新事物。因此，我们从来不是没有预设的。但是对我们迄今为止所具有的那些预设，我们可以进行调和和重塑。因此，我们的洞见是会改变的。所以，在某种意义上，我们也在改变着我们自己——我们在自我塑造，因为我们(可以说)不仅遵循着明确的假设，而且遵循着那些“我们所是”的、我们常常并不意识到的基本的内在预设。这样，**诠释学**过程之发生的层次深深切入个人，比起那种把明确表达的假说付诸检验的假说-演绎研究来，要更深一层。但是，对于海德格尔来说，诠释学主要不是诸种方法当中的一种方法。诠释学是人类认知的最基本模式。我们在已知的和未知的、部分和整体之间来回摇摆，所以在我们的探索中我们会发现新的侧面，也许会认识得更好，更真切——但总是作为会犯错误的造物。

从文化-政治的视角(这并非他的视角)来看，海德格尔好像是一位物化和历史意识之丧失的批判者——与存在主义对大众社会的批判(克尔恺郭尔、雅斯贝斯、马塞尔)相一致。但是，在这背后的是海德格尔的全盘批判：那些人试图“照亮”这阴沉的发展，而海德格尔与他们这种虚幻的努力毫不妥协！生活在技术的统治之下，是我们的命运；如果采取肤浅的解决办法，我们只会跌回它的罗网。危机笼罩着整个欧洲历史，科学理性和技术是这种危机的主要例证。因此，必须在最深的层次上，在遮蔽着被遗忘的、根本的东西的地方，寻求一种转变。

那么，什么是根本的东西？它不是“本质”。它既不是一个神，也不是一条原则。根本的东西是靠我们很近，但我们却对之感到陌生。但是，我们可以回到柏拉图思想占优先地位之前的时代，通过那个时代的哲学家来重新发现根本的东西。海德格尔认为，它就是“在者之在”，一种对于现代人来说依然是谜一样的东西。我们必须学会倾听语言，这样，根本的东西就会对我们言说。语言是一种敞开，特别是诗性语言，它对难以传达的东西特别敏感。真正的艺术之所以重要，是出于同样的理由。语言就是言语。我们通过言语来传达我们自己。通过表达我们自己，我们传达我们的所是。因此，我们不仅谈论某物，而且通过言语，我们传达我们自己。通过言语我们表达我们的当下状态。我们的处境得到了传达。我们传达我们的情绪，作为对世界和对我们自己的一种揭示性关系。这就是它一直所采取的方式。但是，这种对我们是谁、我们如何存在以及对我们的情绪的传达，从科学语言到诗歌具有不同的形态。在诗歌中，我们所说的东西较不重要。关键是对一种特别的情绪的传达，作为对通向存在的某种在的方式的揭示。因此，诗歌在确立意义、开启世界方面是积极有为的。通过阅读一个民族的诗歌，我们可以了解他们的存在样式和心态。用这种方式，我们也可以更容易地发现我们自己。海德格尔很看重诗歌、语言。语言是人的居所。诗歌是我们的创造性地再创作和现实化。语言的贫乏化，通过空谈、陈词滥调、闲谈而出现的语言的贫乏化，是人的本质的贫乏化。对于海德格尔来说，是诗人，而不是科学家或政治家，才是先锋。诗人和诗性哲学家们是揭示人的被遮蔽本质的先锋。理性的讨论，不管发生在城邦中、课堂里还是在实验室内，在海德格尔的思想中都不占显著位置。这样的讨论，尽管它有不少成就，并不是真正根本性的东西。

海德格尔，这位诗性哲学家，不是一位普通的历史哲学家。在反思历史的时候，他看到的是泰初有言[道]。作为现代性及其根源的一位非政治批判者，他是一以贯之的“家居思想家”（*oikologist*）：对海德格尔来说，由乡村生活所代表的生活方式，农民和手艺人的日常生活，与异化和无根的都市生活相比，是不那么堕落而更为本真的。他是一位田园思想者，觉得田园生活比都市生活更有乐趣。以其非凡的“双重反思”方式，海德格尔是一个“家园思想家”：人类诗意地生活在大地上，他们以审慎的思想(*logos*)关切他们的家政(*oikos*)。在本土的、特产的东西中，他看到某种不失为本真——同时也普遍的东西。对这个观点，他并不进行论证——就论证这个词的通常意义而言。要论证的话，语言是(尚？)不充分的。但是，他试图诗意地传达根本的东西。他对现代性及其根源的批判，是经由诗艺而进行的。

第三节 汉娜·阿伦特——积极生活(*Vita Activa*)

汉娜·阿伦特是和马尔库塞、阿多诺和瓦尔特·本雅明(Walter Benjamin, 1892—1940)同辈的犹太知识分子。她于1906年出生在德国的汉诺威，在当时东普鲁士的柯尼斯堡(加里宁格勒)长大。20世纪20年代，她在海德格尔、胡塞尔和雅斯贝斯的指导下学习哲学。作为一个18岁的学生，她与海德格尔发展了一种亲密的关系，后者当时正在写他的巨著《存在与时间》。五年之后，阿伦特以一篇关于奥古斯丁的爱的概念的论文完成了她的博士学位。1933年希特勒上台之后，她因反纳粹行动而被逮捕。后来，阿伦特逃亡到巴黎，1940年移居美国，直到1975年去世，她一直生活在美国。

阿伦特是20世纪最重要的政治思想家之一。但是，很难在政治地貌中为她确定位置。像“左翼”、“右翼”、“激进的”或“保守的”等标签都不适合她的哲学。毕竟，阿伦特要当的是一个独立的思想家，而不是哲学中的某种“主义”的代表。

在阿伦特看来，不应该把政治归结为权力和暴力，或空洞的修辞或“交易”。真正意义上的政治也不是追逐政治权力或在权力走廊中获得影响的问题。政治的本质在于争论和讨论，亦即希腊人所谓的*praxis*(实践)。阿伦特的目标是要恢复一种常常受到压制和遗忘、但在历史过程中还是会经常性地露面的政治观：以希腊城邦(*polis*)为模型，政治就是参与到公共领域中去。阿伦特在美国独立战争(1776)、1871年的巴黎公社、第一次世界大战之后的社会主义委员会运动、1956年的匈牙利起义、20世纪60年代的美国民权运动、1968年巴黎的学生运动中看到了真正的政治生活的迹象。这些事例的共同点是，政治上被麻痹的行动者，发现了表达他们的个性的方式，通过创造新的政治自由的论坛，自发地把自己组织起来。阿伦特认为，这是生命活动的最高形式。因此，阿伦特对政党政治毫无兴趣。特殊利益的政治、议会民主和政治妥协对她毫无吸引力。

为了澄清阿伦特的目标，我们要更仔细地来考察一下她在其巨著《人的境况》(1958)对活动的三种基本形式的分析。在该书中，阿伦特区分了*劳动、生产*和*行动*。通过劳动，人成为 *animal laborans*，一种劳动的动物。劳动的人获取食物和其他生存必需品。这种维持生存的基本活动并不留下任何产品。它只确保生存。对于希腊人来说，劳动属于家政的领域(*oikos*)。在希腊世界，*oikos* 属于避开公共性的私人领域。通过 *oikos*，家长进行专制统治。希腊文“*despotēs*”的意思就是屋子的主人。在这里，盛行着必然性、强制和缺乏自由(参见其关于家政中奴隶的角色的讨论)。通过生产，人成为 *homo faber*，一种改造自身和环境的创造性的存在。对于阿伦特来说，生产对应于希腊人所理解的 *poiesis*，即生产一个“人为的”或人造的东西的世界。但是，人的主要特点是他们自发地和不可预测地行动的能力，以及在世界上创造出新事物的能力。在这个意义上，行动需要一个行动的领域，一个使参与和讨论成为可能的公共的领域。因此，可以说，行动不仅仅是劳动和生产。在此，阿伦特的模型是展现于城邦中平等公民之间的实践。

为什么劳动、生产和行动之间的区别对阿伦特如此重要？阿伦特的观点是，19世纪和20世纪的政治运动试图将行动化约为劳动和生产。在他们手中，政治似乎是政治技术或“社会工程”的一种形式。这样，行动的领域消解了。劳动和生产“殖民化”了政治生活。政治问题被化约为“社会问题”。阿伦特的批判击中了许多当代政治运动的核心，特别是纳粹主义。因此，劳动、生产和行动之间的成问题的关系在她的第一本主要著作《极权主义的起源》(1951)中起了重要作用。阿伦特是最早将“极权主义”一词同时用于纳粹主义的人之一。阿伦特认为，希特勒的德国的新颖之处，在于试图生产(produce)出一种新的人类和一种全新的政治秩序。和以往的专制统治不同，这种政权的基础是整体性的意识形态、对群众的大规模的动员、系统的操纵和灌输，以及一贯的专家治国论的政治观。卡里斯玛型的 Führer(元首)，要创造一种新人类和一个新社会，就好像手艺人从不定形的原材料中塑造出一个对象一样：人类和社会就像元首手中的油灰那样！在这些极权主义政权中，行动被化约为生产；*praxis* 被化约为 *poiesis*(技术)。同样的专家治国论心态也可以见之于那些反对假想敌的斗争中：纳粹对犹太人的灭绝(*Endlösung*)不同于传统的大屠杀，而是一种有周密计划的、科层制式的大规模处决。阿道夫·艾希曼要确保的是让那个目标——一个清洗掉了“外国人”的德国——能以最有效方式得以实现。

阿伦特的主要关切，是要揭示这一切是如何发生的。我们不拟深入探讨她对极权主义起源的历史分析，而只想概述一下两个基本观点：政治领袖能够将人当作可塑材料(当作适应于某个目的的手段)这一事实，体现了有关20世纪人类境况的一个基本真理。在极权主义条件下，人类被剥夺了行动的能力。极权主义政权把行动看作是一种威胁，追求公民生活中的可预见性行为，以求更容易地控制他们。这些政权竭尽所能地关闭“公共领域”，以孤立、原子化人民。阿伦特认为，极权主义的一个先决条件，是孤立的和原子化的个人的出现(自由社会的一个消极面)，他们没有本真地行动的能力或机会。因此，现代的“众人”，是新的独裁统治的对应物。阿伦特的分析的迷人之处，也是令人不安之处，在于现代性的分化和合理化带来了无根的或没有认同的个体，他们自觉多余，因此被那些能够为他们提供新目标和新认同的领袖所吸引。

极权主义的某些理智上的前提条件在古代就能发现。在她的分析中，阿伦特试图将进步的观念、现代性的观念与极权主义诱惑的观念联系起来。现代性顾名思义地超越了一切限制。现代人总是想走得更远，从来不愿接受他的存在的各种限度。他从来不会“走累了”并且去追求不朽。他试图超越他的尘世牵连，并已开始在外层空间中计划未来。对于阿伦特来说，这种进步观念是傲慢的一种形式。它表明，现代性是对人类固定限度的反叛。阿伦特认为，她能够将这种傲慢的历史起源追溯到文艺复兴以来愈演愈烈的权力观念和控制自然的观念。在 20 世纪，这种观念在所有的领域中都被接受了——自然、社会和人都成为控制和操纵的对象。从这个视角来看，极权主义只是这种心态的一种极端形式，这种心态同样也是民主和自由社会的特点。现代技术已具备了超自然的维度，并且已经成为一种用同样的标准来衡量一切的包罗万象体系。

阿伦特的批判所针对的不只是种种政治意识形态。对于现代哲学，她也有精确的、贴切的分析。和于尔根 · 哈贝马斯一样，她也批评马克思把实践化约为劳动。尽管马克思预见了许多阿伦特所关心的问题，但是，他的重点不在政治学，而在经济学。对马克思来说，人的劳动异化是自由和自我实现的最大障碍（参见第十七章，辩证法和异化）。社会主义革命的主要目标是要改变劳动和生产的条件，这样，人类就能通过他们的劳动来实现自己。在未来的共产主义社会，国家将“消亡”，政治将被代之以“对事物的管理”。因此，马克思令人瞩目地对实践、对行动的人的条件保持沉默。因此，不仅马克思主义缺少一个充分的政治理论，而且整个伦理-政治的维度也被化约为劳动和生产。我们知道，社会主义的“实验”的后果是灾难性的。

对于海德格尔也可以提出类似的批评。在《存在与时间》中，海德格尔对人的各种任务作出了富有启发意义的描述，但和马克思一样，他也将生命活动化约为劳动和生产。占中心位置的是农民和手艺人的生活。但是，海德格尔的手是用来捶打的，而不是用来抚爱的。在作坊和农活里，伦理-政治讨论是没有一席之地的。[1]这样，海德格尔发展了一种没有实践的实践哲学——一种实践学（*praxeology*）。他成了一个 *oikologist*（家居思想家），并且本质上是一个非政治的思想家。诚然，海德格尔在他的晚期认识到了阿伦特提出的许多问题。他敏锐地意识到技术发展的危险性，但是，他认为只有诗歌（“诗性的东西”）才是回应这一挑战的惟一答案，这个主张再一次表明，他缺乏恰当的政治概念。

我们已经强调指出，阿伦特的政治概念预设了自由平等的行动者之间的讨论。讨论的目标是澄清和检验我们的观点和意见。阿伦特认为，重要的是要区分真理和意见。她提到（比方说）在柏拉图和智者派的斗争中的真理（*aletheia*）与意见（*doxa*）之争。在这场冲突中，阿伦特捍卫政治的**意见**而反对哲学的**真理**，但又不取智者派的立场。她强调，我们并不“拥有”意见。我们拥有开明通达的意见，是在私人的观点和思想在那些持不同意见的人们之间的真诚交流中得到检验的时候。只有以这样的方式，我们才能学会从不同角度来看待一件事情，由此而形成合理的意见。通过这样的讨论，我们会根据更好的论证来修正我们的观念。和亚里士多德一样，阿伦特还强调，政治需要一种独特的智慧（*phronesis*，实践智慧），即实践的洞察力，一种我们总是在对特定的情景或事例的评估中运用的能力。因此，理论的洞见绝不可能替代政治的智慧。尽管哈贝马斯没有像阿伦特那样对理论话语和实践话语作出同样的区分，但两人都同意，政治讨论应当向理性的论证开放，而不能蜕化为智者派式的修辞。

阿伦特的政治哲学并非都是深思熟虑的、恰当中肯的。可以说，阿伦特倡导的是一种精英主义的参与性民主，其中，只有少数人才是政治上积极主动的。她对政治持一种轻度浪漫派观点：政治是公民追求荣誉和承认的交往的战场，它成了每一个人的自我实现的舞台。这种观念可以最好地被描述为**一种自我实现的民主**。政治在某种程度上被化约为表达性的行动。因此，对阿伦特来说，真正的政治和伟大的戏剧有相似之处。从这个视角出发，不仅日常政治的观念消失了，而且，政治家要面临最后期限、被迫作出妥协和策略性决定等等这些事实也消失了。什么是阿伦特所认为的政治主题或政治案例，这一点也并不总是很清楚的。在不同的语境下，她对“社会事务”和“政治事务”作了截然区别，并坚持认为社会问题与政治学无关：“没有什么……比试图通过政治的手段来将人类从贫困中解放出来更陈腐的事情了，没有什么比这更无益和更危险的了。”[2]对此我们可以反驳说，摆脱贫困是阿伦特意义上的政治参与的前提条件，因此，它也是一个政治问题。但是，对阿伦特来说，贫困和其他社会问题都不能用政治手段来加以解决。这些不属于城邦的事务。它们或者在家政的范围内解决，或者留待专家来解决。但这是一个成问题的立场：如果像阿伦特所建议的那样，所有的问题都从政治中排除出去，其后果将是，政治生活被挖空了实质性的内容。什么是讨论所要涉及的事情呢？阿伦特没有看到，什么是政治，什么不是政治，必须由参与者自己来决定，借助于政治的论据。政治哲学家是不能确定政治议程的。应当强调，阿伦特的长处在于她的诊断的眼光，而不是她所提出的政治纲领。

第四节　加达默尔——诠释学传统

我们可以区分出海德格尔以后的两个主要传统。第一个传统可以称作*诠释学传统*，其核心人物是汉斯-格奥尔格·加达默尔（Hans-Georg Gadamer, 1900—2002）。第二个传统可以称为*解构主义传统*，它具有好几个继承人；在本书中我们选择雅克·德里达、米歇尔·福柯和理查德·罗蒂加以讨论。第一个传统阐发来自海德格尔早期著作的一些思想，形成了一个关于理解和诠释的哲学。这个传统的根源可追溯到施莱尔马赫和狄尔泰（见第十五章）。

当海德格尔在他早期著作中阐发其关于理解和诠释的哲学的时候，他的注意中心是人的行动，而在加达默尔那里，注意力却主要转向了历史*文本*。对加达默尔来说，就像对施莱尔马赫和狄尔泰这样的早先的诠释学家来说，诠释学的范式可以在*文本理解*中找到。但是，早先的诠释学家们之所以研究文本，主要是为了获得历史洞见，加达默尔则把文学文本（以及宗教文本和法律文本）看作是形成一种诠释学哲学的基础。在这里，人性的问题对加达默尔具有中心意义——像海德格尔一样，加达默尔的兴趣也主要在于对人的理解；与作为智慧生物的人是什么这个人类学问题相比，对方法问题的兴趣是次要的。

第二个传统，也就是解构主义传统，发端于海德格尔对传统的哲学批判，也就是说，发端于海德格尔回答这样一些深刻问题的努力，这些问题涉及的是那些业已被预设但还没有被“看出”的力量，那些已经塑造了历史的力量。我们在那些传递下来的哲学文本中寻找种种紧张，目的是要“穿过文本的背后”，揭示文本作者可能忽视了的、但批判性诠释却可以使之显露出来的种种矛盾。这样，文本就被“解构”了。在这种意义上，解构是这样一种批判性活动，它设法表明传统文本实际上并非其自我认定的那样的东西，而是别的什么东西。因此，解构主义传统提供的是一种批判传统的激进纲领。我们将看到，对传统的这种理解在各位解构主义者那里有不同的意思。但是他们仍然有一些共同的特征，这些特征，再加上别的一些因素，使他们与加达默尔所代表的那个传统处于对立之中；在加达默尔所代表的传统中，对传统的敬重是根本性的。如果加达默尔的先驱是施莱尔马赫和狄尔泰这样的诠释学家，那么尼采和弗洛伊德则是解构主义传统的先驱。

尽管“激进的”诠释学和“保守的”诠释学纲领之间有这种明显的对立，事实却仍然是：两个传统都对现代性持批判态度。加达默尔延续人文主义的“教化”（*Bildung*）概念，尤其批判现代社会的文化颓废，而解构主义者们，则主要批判他们在现代社会当中和背后所找到的那种类型的理性主义，这种理性主义他们常常诠释为一种强加于学科同质化的隐蔽的压迫的力量。

在讨论解构主义之前我们将仔细考察一下加达默尔的哲学。

加达默尔在二十几岁的时候接触到海德格尔的思想，尤其受到海德格尔对哲学文本的诠释的启发。这里，系统的思考是通过对早先哲学家的阐释而出现的。海德格尔的思想通过对这些历史文本的创造性的诠释而得到发展。后来这成为加达默尔自己的方法。对他的诠释学哲学的主要表述，是在他的著作《真理和方法》（1960）之中。

作为一位诠释学家，加达默尔也受到施莱尔马赫和狄尔泰的启发。施莱尔马赫强调诠释学的意义理解必须穿透文本达到作者及其毕生工作。这样，对文本的特定部分，我们不仅应该根据作者的全书，而且应该根据作者的个人生活、精神生活和职业来加以理解。所谓诠释学循环因此不仅仅涉及一个文本中的部分与整体的关系。文本理解不仅仅是这样两方面之间的来来回回——一方面是基于作为一个整体的文本而诠释文本的部分，另一方面是基于其部分而诠释整体；文本理解也是在作者的生活、最好是作为一个重构的整体的作者的活动之中所划出的一个圆圈。但是这意味着文本诠释基本上成了一种心理学的（或历史学的）工作。在这点上，加达默尔持保留意见。

加达默尔当然并不否认有许多种心理的和历史的事实构成了一个文本的基础。但是他强调，一个文本还——直接地或间接地——主张或陈述了某些东西，并且我们必须重视这些内在于文本的命题，如果我们想要把这个文本作为一个文本来理解的话。理解一个文本因此是一个理解正在陈述的是什么的问题。理解一个文本的意义因此与理解该文本的真理性主张相联系。当然，文本所说的有可能是一个玩笑。因此重要的是去发现该文本所做的是什么主张。也可能那文本根本就没有任何意义——比方说，那作者可能是发疯了，在这种情况下，就有必要改变我们对待这个文本的方法，而寻找心理原因。但是，在加达默尔看来，这仍然不是文本诠释的一个标准例子。通常，我们设法理解文本在说什么，它在主张什么。

因此，沉浸到一个文本中去，并不是一个沉浸到另一个人的精神生活中去的问题，而是沉浸到该文本的意义中去的问题。而文本的意义是在该文本所做的“真理性主张”中找到的。要理解一个文本，我们必须积极地设法确定它的真理性主张是不是合理的。当然，这并不意味着我们必须同意该文本所说的，但完全的中立是不可能的。[3]

而且，一旦我们从事对一个文本的理解，我们就必须采纳这个基本观点：该文本是有意义的，在它所做的真理性主张方面它是没有矛盾的。在这里，加达默尔认为，作为对该文本的前理解，我们假定它是完美无缺的（*Vorgriff der Vollkommenheit*）。[4]其中包含着以下两种重要的语言哲学观点：

1. 语言的决定作用不仅是对于文本而言，而且是对于整个人类理解而言，因此是对于我们生活于其中的生活世界而言的。这里对语言并没有做“客观”的理解，将其理解为声音或者字母。也没有把语言理解为一个特定的民族语言。语言是被理解为我们在其中得到社会化、我们借以理解我们自己和世界的那个继承下来的意义“视域”。在此意义上，语言是把我们作为人类连接起来的东西、把我们与世界协调起来的东西。
2. 一个文本的意义并不作为一件有待寻找的对象而存在于那个文本之

中。文本的意义仅仅是就该文本放置其中的那个意义视域而言它所是的东西。我们永远是从我们自己的意义视域出发来看待文本的。因此，为理解一个文本的意义，我们要设法找到该文本可能是其回答的那个问题；那就是说，我们实际上是在寻找使得某类问题成为可能的那个意义视域。当我们找到了那些种类的似乎是向我们开启了文本的问题的时候，这意味着我们借助于我们的意义视域已经设法接近了该文本由以形成的那个意义视域。[5]

当一个文本和一个诠释者属于相同世界(意义视域)的时候，诠释的工作在原则上是不难对付的。当文本属于一个与诠释者不同的文化——不管这个与我们不同的文化是我们这个时代的还是过去时代的——的时候，这工作就变得非常困难了。恰恰是在这种情况下，诠释的工作成为一种思想挑战。

在这种情况下，文本也亲自向我们说话。要理解一个文本的意义，我们必须重视这个文本。作为这个文本的诠释者，我必须设法理解该文本正在回答的那些问题。那文本是从它自己的意义视域出发，而不是从我的意义视域出发而写成的。那文本是基于它自己的、作为其说话的出发点的“前见”而写成的。我拥有我自己的、作为我说话和诠释的出发点的“前见”。我在多大程度上设法理解一个异己文本，因此是取决于这两个意义视域能否彼此沟通、彼此重合。这就是加达默尔所说的“视域的融合”。但是这并不意味着两个视域简单地成为同一个东西。“此”视域是不同于“彼”视域的。所发生的是我的意义视域的一种转变。在这个意义上，我经历了一次深刻的教化，它之所以深刻，是因为它并不是一个从一个既定的背景中获得新知识的问题，而是一个改变我自己的“参照系”的问题。这种教化是如下意义上的学习过程：我以这种方式扩展了我的视域，并且以一种不同的方式比我先前理解了更多。与此同时，这表明对加达默尔来说，在诠释学和教育之间存在着密切联系。这个向着视域融合的教化过程，是对我们来说不期而遇的事情。我们是无法实现做计划、做俯视的(似乎我们要采取一种历史之外的立场似的)。我们永远处于过程之中；我们从未站在这个过程之外俯视着它。因此，我们虽然能够改进我们的洞见，因而进行学习——在年龄和智慧两方面变得更加成熟——但我们无法装作从一个历史之外的永恒立场出发拥有了“终极”真理。在这个意义上，我们永远走在途中。我们的理解永远是历史地决定的，诠释的过程永无止境。

这把我们带到了加达默尔哲学的核心所在。他所追求的是对人类作为“历史地理解的存在”的更好理解。他所要做到的首先并不是在人文科学的方法方面试图提供建议。他试图澄清一些使得人类理解成为可能的条件。这样来说的话，他的事业就变成一种认识论的事业，或更确切些说，一种先验哲学的事业。但加达默尔把自己区别于包括康德在内的认识论家之处，在于他从作为一种意义视域的语言出发，在于他把任何诠释都理解为一种寻求视域融合的教化过程。他把语言和诠释看作本质上历史性的现象。因此，在加达默尔的哲学中，显然有一些黑格尔主义的特征；但加达默尔是诠释文本，而黑格尔则构造体系。

加达默尔的思想构成了两种批判传统的根源。第一个批判传统问道：我们的历史情境化之为根本的程度，是否已经到了把真理作为某种普遍的东西来谈论是有疑问的地步。这是解构主义者所作的批判。第二种批判的传统则问：“真理性主张”是否应当根据一种普遍的言语行为理论和一种文化现代化理论而加以诠释。这是哈贝马斯所作的批判。

第五节　德里达、福柯和罗蒂——解构和批判

海德格尔要把形而上学带到了它的逻辑结论，雅克·德里达（Jacques Derrida，1930—2004）继续了这种努力。在这项批判性事业中，德里达也是尼采和弗洛伊德的后继者。就像在这些先驱那里一样，德里达对形而上学的批判，同时也是对整个西方思想的批判，包括对表现在理论和实践两个方面的科学化趋势的批判，这种趋势产生于西方历史，并成为现代文明的特点。德里达的批判是从内部出发、通过解构而进行的。也就是说，他用的是一种文本阅读方法，这种方法努力寻找内在于该文本之中的矛盾，从而将文本中的各个意义要素拆散开来。[6]

德里达将文本或书写这个概念扩大，从而把语言理解为“书写”，甚至任何东西说到底都是“书写”。之所以这样，是因为他把书写诠释为一种建立种种差异的活动，也就是进行定义和做出区别的活动。形而上学的基本错误是它总是要寻找一个基础，并在在场的东西之中(what is)寻找这种基础。但是，像海德格尔一样，德里达设法表明，寻找这样一种基础是徒劳无益的。在这种意义上，世界是没有任何基础的。在以“存在”形式而出现的“在场者”中寻找一个基础，是徒劳无益的。“书写”的特征是“区分”(*la différance*)。书写似乎是各种新的差异中的一种连续的竞争，是在场的东西和缺席的东西之间的竞争。在这种开放的竞争中，“他者”，差异者，将始终抵制定义，而不管用了多少努力以我们的概念来加以把握。德里达出生于阿尔及利亚，是一位具有犹太背景的法国哲学家。这样，用他自己的话来说，他永远是相对于主导文化来说的“他者”。德里达遇到的问题是著名的自我指涉问题。我们可以把这个问题粗略地表述如下。如果解构的意思是说哲学中所有古典概念——包括真理的概念——都被“消解”掉，那么德里达就必须说明他是否认为他关于这一点所说的话是否为真。如果他作肯定回答，那么他就是自我指涉地不一致的。如果他作否定回答，就难以看出他正在说的话是我们有必要认真对待的了。会不会有第三种答案呢?

米歇尔·福柯(Michel Foucault，1926—1984)因为其《词与物》(‘*Les Mots et les choses*’[1966])一书而名声大噪。在该书中他提出一种结构主义立场：人是一种社会的构造。实在基本上就是种种结构。像其他法国结构主义者一样，福柯也批评那些主张把人看作自主个体而不是优先考虑结构性条件的理论。福柯所要寻找的是他所谓的对人性的“考古学”，也就是说一个特定时代的基础性结构关联。这种规定性的结构也规定了一个特定时代中的思想和行动；福柯把这种结构称为知识型(*epistémé*)。福柯的工作既是哲学，也是思想史。他关于疯癫的历史(*Histoire de la folie*[1961])是这种工作的一个典范。福柯的“考古”分析的特点，是他的目的是实践性的(政治性的)，尽管其工作采取的是科学的形式。他的目的是揭露权力结构，表明有些东西看上去是合理的，实际上却起着暗中压制的作用，其形式常常是规训和灌输。福柯同情那些在社会中被边缘化的人们，比方说“精神病患者”、同性恋者和监狱囚徒。因为他对于传统的西方理性主义的批判，福柯成为解构主义者的盟友。像德里达一样，福柯也捍卫那些被定义为“他者”的人们，但福柯在政治上旗帜鲜明的程度和对哲学辩护的反感的程度，却致使在他的哲学上的怀疑论和实践上的明确立场之间造成一种明显的紧张关系。一个怀疑论怎么能知道有一些好的事业是值得为之奋斗的？说得简单一些，一个自洽的回答可能是：这是一件有关抉择的事情，这个抉择可以是倾向于弱者的，也完全可以是倾向于有权势者的、倾向于斯大林主义或希特勒主义的。但这当然不是福柯的观点。

理查德·罗蒂（Richard Rorty，1931—2007）受的是分析哲学的训练。[7]在他的《哲学与自然之镜》（1979）一书中，罗蒂对认识论中传统的（从洛克到康德的）主体—客体两分法，以及把真理看作是思想和事物之间、或命题和事态之间的一对一关系的观点，提出了激烈的批评。他批评真理的符合论。与真理的符合论相比，他更重视真理的有用性；因此，他朝实用主义方向靠拢。[8]与此同时，罗蒂强调思想总是“身处”在特殊的情境之中的。这样罗蒂也是一个情境主义者。他的实用主义和情境主义意味着，对他来说，政治传统的位置处于哲学之前。因此罗蒂是他的祖国即美国的自由民主传统的支持者。这是他的“情境”（情境主义）。这个情境就决定了什么是有用的，也就是说什么是有价值的，而用不着哲学论据的支持。罗蒂相信这样的哲学论辩是不可能的。这就是情境主义的关键：认为论据只有在一个特定情境之中才有意义。从经典的分析哲学转向某种形式的情境主义，并不是非同寻常的事情（在后期维特根斯坦那里也可以找到这种转向）。[9]罗蒂的情境主义的特点，是他强调他的国家的政治文化的重要性。[10]罗蒂的特点还在于，他作为先前的分析哲学家，不仅支持解构主义者的基本观点，而且支持他们的方法。罗蒂设法与伟大思想家们进行一场“对话”，不过其方式总是解构他们的哲学命题和观念（比方说真理的观念）。因此，对罗蒂来说，哲学文本与文学文本并无二致。阅读这些文本可以是有趣的、有教益的，它们也会向我们提供观点和启示，但它们并不是任何可能声称是真的、是有效的东西。最后，罗蒂的特点是在私人领域和公共领域之间做明确区分。一个私人可以通过阅读伟大经典而受到更好教育、变得更有涵养，但并不能把他们的话当作关于真理和有关我们应当如何组织社会的教条。社会应当如何组织的问题，是与私人领域相分离的公共领域的问题；在这个层次上，罗蒂支持自由社会。

作为一个私人，罗蒂阅读尼采和海德格尔，但与他们的主张保持一种反讽性的距离。作为一个政治思想家，他认为像尼采和海德格尔这样的哲学家是完全不可接受的，甚至是危险的。他支持一种开放的、开明的、自由的、摆脱哲学独裁的社会。[11]因此他批评法国解构主义者(比如德里达，尤其是福柯)把人生哲学与政治混淆起来。根据罗蒂，在政治中我们必须做自由主义者，不支持基于种种哲学事业的激进批判。对罗蒂来说，凡事都是从属于情境的、偶然的；严格地说没有任何命题或规范是普遍的或必然的。罗蒂的解构主义理路的特点在于他曾经是一位分析哲学家，对这个学派了如指掌，而这种了解使他有可能争论得相当仔细。他不满足于表明观念和论证是如何从属于特定的语境，而且设法表明我们如何能摆脱种种哲学区分(比如真理和谬误之间的区分)而照样应付自如。他的做法是表明这些区分一旦推向极端就土崩瓦解。比方说，在此意义上绝对真理的观念就是值得怀疑的。罗蒂对哲学的这种批判并不是说着玩玩的。他身体力行地放弃哲学这种职业，而转往一个大学文学系工作。随着一种怀疑论立场而来的种种自我指涉问题，罗蒂是相当清楚的。因此，他始终走得小心翼翼。他很少提出主张，而“建议”和“暗示”还有一些另类的话语。罗蒂对文本研究的许多方面产生了很大影响。但是那些在这些领域追随他的人们，却常常缺少他的哲学训练，他们的论辩远远比不上罗蒂那么精细，用像自我指涉的不自洽那样的论证来反驳他们的论辩，也要容易得多。但罗蒂能否使自己完全免于自我指涉的不自洽这样的问题，人们还将拭目以待。[12]而且，罗蒂的一个引人注目之处，是他努力消除概念区分的办法常常是关注并批判这些区分的极端形式。但是，对像真理这样的概念的极端形式的拒绝，并不是拒绝它们的较为温和的形式的理由。[13]最后，很难看出罗蒂怎么能前后一致地维持像私人领域和公共领域之间这样尖锐的区分——罗蒂专门从事消解这种尖锐区分的工作，因此这一点就尤其具有讽刺意味。[14]

第六节　于尔根·哈贝马斯——经由论辩

诠释学传统和批判性解构都始于将语言作为文本。因此，它们和比较文学研究、历史研究、神学和法学有紧密关系。于尔根·哈贝马斯一直对社会科学感兴趣，并从一开始就将语言理解为言语活动。在哈贝马斯那里，行动的概念（和建制的概念）优先于文本的概念。

哈贝马斯在法兰克福学派中受到了训练。但是，他摆脱了这个学派的早期代表（阿多诺和霍克海默尔）的那种全盘批判和悲观主义。这种摆脱与哈贝马斯对不同的所谓*认识旨趣*的划分有关。为了满足我们的生存需要，我们必须能够支配自然。与工具形式的劳动的扩展相关，我们发展了应用科学和控制自然的技术。这是*技术的认识旨趣*。同时我们依赖于共同的行动和社会的互动。互动和语言有内在的联系，交互理解在从人类学到历史学的诠释性科学中得到了进一步的发展。这是*实践的认识旨趣*。最后，正如在精神分析和意识形态批判中那样，我们需要通过批判的反思从意识形态的束缚中把我们自己解放出来。这是*解放的认识旨趣*。

对于自然，我们的合理性是控制性的。它必须如此的缘由即在于此，因为技术的认识旨趣是不可或缺的。哈贝马斯不认为这里有什么值得指责的。它本当如此；这种力量的所属范围即在此。但是，哈贝马斯认为，还有一种非控制性的知识和合理性。它的基础是实践的认识旨趣。在这里决定性的东西是，哈贝马斯不认为合理性只是压制性的和控制性的。在人际关系中，我们可以运用的*或者是*技术的认识旨趣，*或者是*实践的认识旨趣。我们所要的不是在控制性的合理性方面的一种命定论；我们的重要任务是要在技术的合理性和实践的合理性之间、在控制和理解之间寻求一种合理的平衡。

解放的认识旨趣同样也属于这个社会层次，并且在反对物化和反对内在压抑的斗争中有重要意义。

换言之，关于自然，只有一种认识旨趣是有关的。它是说明性的和控制性的认识旨趣。关于社会，通行着三种认识旨趣。因此，我们必须在三者之间，特别是在技术的认识旨趣为一方面，与实践的和解放的认识旨趣为另一方面之间，努力寻找正确的平衡。

从方法论上来说，这意味着哈贝马斯认为，关于自然，我们只能进行以因果说明为结果的假说-演绎的研究。关于社会现象，我们既能进行假说-演绎的研究，也能进行诠释学的研究（“理解的社会学”）。在一个更大的、历史-批判的视角下，这意味着哈贝马斯的目标是要表明，存在着一种类型的合理性，其本质不是控制性的，而是包含了相互理解的。我们拥有交往合理性和交往行动。

我们不拟讨论与这种关于三种认识旨趣和研究形式的划分相关的哲学问题，而只是想指出哈贝马斯的基本直觉的合理之处。如果一个人作出反社会的行为，我们会设法寻找他这样做的原因，或者是生理的原因，或者是心理的原因，而根据我们对各种因果关系的知识，我们会设法治愈他。这样，这个人对我们来说是*客观化了的*。利用这种洞见，我们可以控制这个客观化的人。*或者*，我们会认为这个人是心智健全的和通情达理的，因而是有责任能力的，既然我们试图发现这种行为的理由——也许有一些我们尚未认识到的很好的理由，或者，这个人干脆就是该受指责的，我们应该敦促他有所改进。

偶尔，像在对待神经病和酗酒时，我们可能同时运用*两种*进路。但是，在有些情况下，一个人的行为从常理来说显然是被因果地决定的，比如在药物成瘾的情况下；而在另外一些情况下，一个人从常理来说显然是心智健全的、有责任能力的，比如在考试中。在后一种情况下，老师感兴趣的不是导致考生写下那些答案的原因，而是为那些答案提供辩护的理由。

这是在决定一个人的反应时，*理由*和*原因*之间的区别。理由可以被理解、被扩展和被争议。为了理解爱因斯坦的相对论并对之加以检验，我们要问接受这种理论的有效性是否有很好的理由。当然爱因斯坦提出这个理论这个事实也是有一些决定的原因的。比如，我们也许对使他成为一个物理学家的心理原因有兴趣。在许多语境下，这些原因是饶有兴味的，但与这个理论是否有效的问题无关。即使爱因斯坦由于无意识的弗洛伊德式的强制而提出了他的理论，他的理论也可能是有效的！对它的有效性问题的回答，是通过进一步的研究，而不是通过了解爱因斯坦的童年和私人生活来确定的。

因此，我们应该相互之间（以及对我们自己）保持两种态度是正确的。也可以说，如果试图发现因果说明的趋势有些过分，我们的社会将是一个自由较少而限制较多的社会（治疗社会）。同样可以说，如果我们在本该寻找原因的地方却去寻找理由，我们就可能在比较适合求助于治疗的情况下却把事情给道德化了（比如在一个过于道德主义的社会中）。

哈贝马斯试图表明，现代化过程中的分化导致了两个领域——他所说的*系统*和*生活世界*——之间的根本性的紧张。[15]我们可以说，“系统”包括了经济领域和政治领域。在这里我们所拥有的进步，在于日益增长的科学的技术的统治。因此，存在着合理化的空间，也就是合理性——以何种手段导致何种目的的知识（手段-目标合理性）——方面进一步改进的空间。然而，哈贝马斯的主要观点是，这并不是问题的全部：当我们在经济领域和政治领域发展出一些建制（连同一些学习过程）的时候，我们也在生活世界之内发展了能力，其形式是一种更为发达的交往合理性。简言之，这种系统和生活世界之间的分化，意味着我们学会掌握了某些基本的区别：当我们不喜欢大海的行为时，我们也不再鞭打大海（如五世纪的波斯王薛西斯那样），因为我们学会了区分自然和社会，区分那些只有知道了因果关系才能对之有所影响的事物，和那些我们能够与之进行交往和辩驳的事物。我们已经学会了这一区别，因此，比起那些还没有学会的人，我们是处在更高的发展阶段上。那些今天还认真地“鞭打大海”的人，我们假定他们是有些精神紊乱的。

而且，那些心智健全的成年人，我们料想都已经学会了掌握真理和谬误之间的区别，以及懂得某事如此和不懂得某事如此之间的区别。当然，我们偶尔都会在这个区别上犯错误。当然，我们不是人人都同样善于*谈论*这种区别。但是，一旦我们到了一定年龄，我们就都能在实践中*运用*这个区别。我们也认为，不能区别现实和幻想是一种心理病态。此外，我们区分了正当和错误。一个不知道(哪怕是粗略地、含蓄地知道)不同情境中何为恰当得体的人，就是生活世界中的局外人。最后，我们能够作出关于我们所感所思的真诚表达与装腔作势之间的区别。

反思能力和交往能力方面的这种进步，将导致在有关什么是真的、什么是正当的等问题产生不确定性和意见分歧的时候，将这些问题提出并加以讨论的能力。我们不是在传统和经典中寻找答案，而是要学会论证。为了获得真理，我们必须依赖于不同形式的研究和讨论。在哈贝马斯看来，在规范性的问题上，问题也在于要在有关的各方之间寻求合理的共识。如果我们在一个公开的和信息充分的讨论基础上形成了自由的共识，答案便可以看作是规范上正确的答案。因此，哈贝马斯认为，我们文化中的成年人们原则上是能够通过那些有关的人们之间的论辩来对一些基本的规范问题作出决定的。这是如下观点的一种体现：规范性的问题是有普遍有效的答案的，而我们通过在商谈中运用理性，原则上是能够达到这样的答案的。

哈贝马斯认为，这一论证所针对的既是伦理相对主义，也是伦理独断论：演绎证明被排除了，因为这样的证明不是导致逻辑循环、无穷倒退，就是终止于一个任意选择的终点。他也不求助于自明的或神启的规范性真理，在这个领域中，我们长期来一直有一些相互冲突的不同的形而上学答案和神学答案。他也不认为，自由的和合理的主体能够单靠自己就推理出这样的结论。我们彼此需要对方，为的是懂得我们的视角只是诸多视角中的一个——并且意识到我们的无意识扭曲以便能够纠正这些扭曲。我们之所以需要其他人，是因为我们需要一种多元主义的理性，不仅是理论理性，而且是规范理性，以便对既定的概念框架进行讨论，以便在不同论证之间达到平衡。

这里我们面对的是一种主体间的、程序性的合理性：它是*主体间的*，因为讨论是关键之所在；它是*程序性的*，因为“最后的落脚点”并不是特定命题或立场，而是程序本身。这种程序我们是客观地、怀疑地遵循着的。我们在不同时间认为是真的或正确的特定观点，后来也许会证明是可疑的。这是我们——作为会犯错误的生物——惟一能够支配的进路，那就是承认我们的错误，然后前进。这种程序性的进路因而是根本性的。

在这方面，哈贝马斯像他的同事卡尔·奥托·阿佩尔（Karl-Otto Apel，1922— ）一样，强调存在着某些使我们的论辩成为可能的不可避免的条件。作为严肃论辩的参与者，我们必须能够倾听论证，以及情愿接受“更好论据的力量”。而且，我们必须互相把对方认作是合理的、可错的：合理的程度足以听得进论证，可错的表现在于我们能有所学习。一个全知的人能够提出建议，但是无法进行论辩。因为对这样一个人来说，没有什么东西是需要讨论的。在这种相互承认中有一种规范性的成分：平等。这意味着对自我主义的答案、种族中心主义的答案有一种限制。而且有一个普遍化的要求，因为有效的论据必须对所有人都有效。论据不是私人财产，如智商或齿形图。论据不是对有些人有效，而对其他人无效的。一个有效论据的概念意味着该论据是普遍有效的，也就是说，对同类的所有事例都是有效的。[16] 这种合理性观是大胆的，因为它主张包容基本的规范问题。但同时它也谨慎地强调，这涉及的是一个可错的过程，在这个过程中，我们可以通过研究和讨论来持续地改进我们的意见，但是在这个过程中我们永远得不到拥有终极真理的担保。

这个合理性观反对存在于像波普尔、韦伯和萨特等人思想中的那种决定主义。合理的人们之间的开明而公开的讨论就是哈贝马斯的回答。在他看来，这个可错的过程就是我们所拥有的一切。除此以外的替代方案，要么是诉诸基本的形而上学真理，但这种真理我们不再认为是可信的了，要么诉诸没有合理根据的决定。在很多方面，哈贝马斯的回答是谦和的，但也是有问题的，无论是在实践中的实现方面，还是在进一步的哲学讨论方面。但是它的理论力量在于它是难以避免的这一事实：如果我们不同意，我们就必须用论证来反驳它——但这样一来，我们就陷入了我们要反对的东西之中。如果我们不反对它，我们就还没有作出任何批评。如果我们确实反对它，我们就处于论辩的情境之中，这就内在地要求相关各方之间开明地讨论和相互地承认。那些不同意的人必须表明，他们比哈贝马斯拥有更好的论据。这就是论辩理性的“魔戒”。论辩理性代表了一种无法逃避的命运。并不是说我们应该一直进行讨论。但在许多不确定的、意见分歧的情况下，我们应该诉诸程序性的、反思性的合理性，作为终极的上诉法庭。哈贝马斯认为，这是现代性的基本特征。现代性的特点不仅在于分化和分离，而且在于以围绕着商谈合理性的统一；这种商谈合理性的特点不在于内容，而在于程序。哈贝马斯因此是启蒙运动的继承者，尽管他摆脱了其幼稚的乐观主义。

思考题

1. 讨论汉娜·阿伦特对现代社会中的政治的看法。阿伦特的观点和海德格尔的观点有什么关系？和哈贝马斯的观点有什么关系？
2. 讨论解构主义观点的优点和缺点(德里达、福柯和罗蒂)。
3. 在什么意义上，哈贝马斯认为，关于基本的规范问题的有效性主张是可以合理地决定的？

进一步阅读的建议

原始文献

Apel, K. -O., *Towards a Transformation of Philosophy*, London, 1980.

Arendt, H., *The Human Condition*, New York, 1958.

Derrida, J., *Of Grammatology*, Baltimore, MD, 1976.

Foucault, M., *Madness and Civilization: A History of Insanity in the Age of Reason*, New York, 1965.

Gadamer, H. -G., *Truth and Method*, New York, 1975.

Habermas, J., *Theory of Communicative Action*, 2 vols, Boston, MA, 1984, 1987.

Habermas. J., *The Philosophical Discourse of Modernity*, Cambridge, MA, 1987.

Habermas. J., *Between Facts and Norms*, Cambridge, MA, 1996.

Heidegger, M., *Being and Time*, New York, 1962.

Rorty, R., *Contingency, Irony and Solidarity*, Cambridge, MA, 1989.

二手文献

Bernstein, R. (ed.), *Habermas and Modernity*, Cambridge, 1985.

Bernstein, R., *The New Constellation*, Cambridge, 1991.

McCarthy, T., *Ideals and Illusions*, Cambridge, MA, 1991.

Skirbekk, G., *Rationality and Modernity*, Oslo/Oxford, 1993.

Habermas, J., "Conceptions of Modernity. A Look Back at Two Traditions". In Jürgen Habermas, *The Postnational Constellation*, Cambridge, 2001.

原著选读

哈贝马斯：“现代性：一项未完成的事业”

（选自 Juergen Habermas：“Modernity：An Unfinished Project”，published in *Habermas and the Unfinished Project of Modernity：Critical Essays on The Philosophical Discourse of Modernity*，ed. Maurizio Passerin d'Entreves and Seyla Benhabib，Cambridge 1996）

用极为简单的方式来说，我们可以在现代艺术的发展中追寻出一条逐步自主化的线索。一个仅仅以美加以分别的专门领域的出现，最早是在文艺复兴时期。然后，在18世纪，文学、造型艺术和音乐被建制化，成为区别于教会生活和宫廷生活的专门的活动领域。最后，在19世纪中叶左右，还出现了一种审美主义的艺术观，它要求艺术家们根据 l'art pour l'art（为艺术而艺术）的自觉观念而生产其作品。审美的自主性因此明确地被建构为一个事业。

因此，在这个过程的起初阶段，出现了一个新领域的若干认知结构，这个领域与科学和知识的复合体、与道德的复合体，颇为不同。随后对这些结构加以阐明的任务，落到哲学美学身上。康德尽力界定审美领域的特征。他在这里的出发点是对趣味判断的分析，这种判断当然是指向某种主观的东西的，也就是想象力的自由活动，但是它所表现的不仅仅是偏好，而取向于主体间的同意。

尽管审美对象既不属于借助于知性范畴所能认识的现象领域，也不属于实践理性所支配的自由活动领域，艺术作品（以及那些自然美的对象）却是有可能进行**客观的判断**的。在真实和道德这两个有效性领域之外，美构成了另一个有效性领域，而正是这个领域构成了**艺术和艺术批评实践之间联系**的基础。因为人们对美的谈论就像对事物的属性的谈论一样。

当然，美所涉及的仅仅是一物的表象，就好像趣味判断仅仅涉及一个对象的精神表象和愉快与不愉快的感受之间的关系一样。仅仅在**外表的中介**之中，一个对象才有可能被感受为一个审美的对象。仅仅是作为一个虚构的对象，它才可能触动我们的感性、将客观化思维和道德判断的概念特性无法把握的东西成功地呈现出来。通过表象机能的活动而产生出来、因而是以审美的方式而被激活的这种精神状态，康德将其描述为“**无关利害的**快乐”。一件作品的质量的确定，因此是完全独立于它可能与我们的实际生活关联所具有的任何联系的。

古典美学的那些业已提到的基本概念——也就是趣味和批评、美的表象、无关利害性、艺术作品的超越的自主性——的作用，主要是把审美领域与其他价值领域和生活实践领域区别开来，为产生出艺术作品所需要的**天才**的概念，则包含着一些积极的成分。康德把天才描绘为“运用其认知能力的主体的自然禀赋的典范的原创性”。如果我们把天才的概念从其浪漫主义的起源脱离，我们就可以将这个思想作以下意译：有天赋的艺术家，有能力将本真的表达赋予那些通过投入于一个摆脱了知识和行动限制的主体性而享受到的体验。

这种审美的东西的这种自主品格——也就是将一个自我体验的非中心化的主体性加以客观化，将日常生活的空间-时间结构加以排除，与那些附着在知觉和目的性活动的过程之上的常规发生决裂，震惊和启示之间的辩证关系——最初要能够作为一种独特的现代性意识而出现，只能是伴随着现代主义的种种姿态，只能是另外两个条件也一旦得到满足的时候。这些条件，首先是依赖于市场的艺术生产的建制化，以及以艺术批评为中介的非目的性的艺术鉴赏的建制化，其次是艺术家方面和批评家方面的审美主义的自我理解，他们把自己首先看作是来自艺术生产过程本身的诠释者，而不是广大公众的代表。在绘画和文学当中，我们首次发现了这样一场运动的开端，有些人在波德莱尔的审美批评中已经初见其端倪：色彩、线条、声音和运动不再主要服务于表象的目的；表象的中介，连同生产的艺术手段本身，上升成为具有自身价值的审美对象。这样，阿多诺才可能在其《审美理论》一书开篇就说："现在已经不言而喻的事情——至少就艺术而言是：任何东西，不管是在艺术本身之中，还是在艺术与整体的关系之中，就连艺术之存在的权利，都不再是不言而喻的了。"

注释

[1] 参见 Anne Granberg 在其博士论文"The Death of the Other. The Making of the Self and the Problem of the Ethical in Heidegger's 'Being and Time'"（《他人之死：海德格尔的〈存在与时间〉中自我的形成和伦理问题》，Oslo，1995）中对海德格尔的分析。

[2] H. Arendt，*On Revolution*（《论革命》），London，1990，p. 114。

[3] 加达默尔关于真理性主张是内在于文本的这个命题，可以与哈贝马斯关于所有言语活动都做出有效性主张的命题进行比较。但是值得注意的是，对哈贝马斯来说，这首先适用于作为人与人之间的互动的言语活动，而只是间接地适用于文本。

[4] 与这个观点相反，像德里达和福柯这样的解构主义者，则会主张我们相反应运用"怀疑的诠释学"并寻找文本中相互冲突的和矛盾的东西。

[5] 在此我们有一种对语言的"先验哲学"的观点，在这种观点中意义视域是作为一种先验的框架出现的，黑格尔把变化中的"时代精神"（和意识形态）视为类似的意义视域。

[6] J. Derrida，*De la grammaltologie* 和 *L'Écriture et la différence*（均出版于 1967 年）。文本"解构"这个观念在对各种文学样式和文学时期的文学研究中得到承认。"后现代主义"这个术语紧随"后结构主义"之后，参见 Jean-François Lyotard 的 *La condition postmoderne*（《后现代的条件》，1979）。

[7] 参见第二十四章，逻辑实证主义和路德维希·维特根斯坦。

[8] R. Rorty，*Consequences of Pragmatism*（《实用主义的种种后果》），Minneapolis，MN，1982. 关于实用主义，参见前面第二十三章。

[9] 亦请参见 K. Baynes，J. Bohmann 和 T. McCarthy 编的 *After Philosophy：End or Transformation?*（《哲学之后：终结还是转型?》，Cambridge，MA，1987）一书中对这个转折的讨论。

[10] R. Rorty，*Achieving Our Country*（《筑就我们的国家》），Cambridge，MA，1998。

[11] R. Rorty，*Contingency，Irony，and Solidarity*（《偶然性、反讽与团结》），Cambridge，1989。

[12] 参见 Richard Bernstein，*The New Constellation*（《新星座》），Cambridge，1991，pp. 258—292。

[13] 见 Thomas McCarthy 在 *Ideals and Illusions*（《理想和幻想》，Cambridge，MA，1991，第 11—42 页）中对 Rorty 的讨论（对 Foucault 的讨论，第 43—82 页；对 Derrida 的讨论，第 83—123 页）。

[14] 这里我们可以问：文学是不是偶尔也具有某种政治上的重要性，不管我们喜欢还是不喜欢?

[15] J. Habermas，*Theory of Communicative Acts*（《交往行动理论》），Boston，MA，1984 and 1987。

[16] 参见 G. Skirbekk，*Rationality and Modernity*（《合理性和现代性》），Oslo/Oxford，1993。

修订版译者后记

挪威哲学家奎纳尔·希尔贝克（Gunnar Skirbekk）和尼尔斯·吉列尔（Nils Gilje）撰写的 *Filosofihistorie*（《哲学史》）最初成书于1972年，以后屡次修订、充实。除了两个挪威语版本（尼诺斯克语和博克马尔语）、三个北欧其他语言的版本（瑞典语、丹麦语、冰岛语）之外，还相继被译成德语、俄语、英语、乌兹别克语、汉语、塔吉克语、土耳其语、阿塞拜疆语、法语、阿拉伯语，最近还推出了波斯语和阿尔巴尼亚语的版本。本书根据2001年劳特利奇出版社的英译本 *A History of Western Thought: From Ancient Greece to The Twentieth Century* 译出，并根据作者建议，把2000年挪威语版所收原著的中译附在各章末尾，以使读者能以尽可能简便的形式品尝西方哲学的原汁原味。

在中译本的本次修订时，译者在编辑的建议和协助下整理了众多读者的意见反馈，对有关译文做了全面修订，对涉及的人名、著作名、字体格式、编排格式、斜体外文字母和章后注释以及“进一步阅读的建议”中的外文，都进行了仔细比对和修改。

借着中译本本次修订的机会，作者希尔贝克对原书也进行了较大幅度的修订，调整和补充了有关章节，比如将原第十三章“启蒙运动——理性和进步”、第十四章“功利主义和自由主义”，以及原第二十六章“当代哲学概观”中的第八节“约翰·罗尔斯——作为‘公平’的正义”合并成了现在的第十三章“启蒙运动、自由主义和功利主义”；将原第二十章“达尔文——关于我们对人的看法的争论”、第二十一章“尼采和实用主义”中的第一至第五节，以及第二十三章“弗洛伊德和精神分析”合并成了现在的第十九章“关于我们对人的看法的争论”。在现在的第二十章“社会主义和法西斯主义”中，作者补充了“现代国家的意义——弗朗西斯·福山”和“政治化的宗教——作为传统和现代化之奇异结合的伊斯兰教”两节；在现在的第二十三章“当代哲学概观”中，作者也将原第二十一章“尼采和实用主义”中的第六节“真理即有用——美国实用主义”一节重写后移至此处，并改名为“实用主义——最好在共同体内部寻求知识”。

本书的读者对象不仅是哲学专业的大学生，而且是非哲学专业的大学生。世界各国中，所有大学生入学后第一学期必须上一系列哲学课程并通过哲学统考的，大概只有挪威和冰岛。本书就是挪威高校哲学史课程的主要教材。

与同类西方哲学教材相比，本书有这样几个特点。

第一，它既可以作为哲学史的教材，也可以作为哲学概论的教材，因为作者有意通过对哲学史的展开来显示哲学这门学科的一些特点（哲学问题的特点、哲学论辩的特点，等等），以及哲学史上一些与我们今天的生活仍有密切关系的哲学问题。这个特点在前面几章尤其明显，但在其余各章中也有所体现。

第二，在系统介绍西方哲学史的同时，作者特别注意介绍和分析政治哲学和科学哲学方面的内容。这不仅是因为这也是两位作者自己的主要研究领域，而且是因为（在作者以及许多挪威哲学家看来）哲学教育之所以重要，很大程度上就是因为哲学是一门运用和训练论证和讲理的学科，而这种论证和讲理对于现代民主政治和现代科学研究来说都是必不可少的。[1]

第三，作者这种哲学观背后的是一种深受法兰克福学派第二代主要人物于尔根·哈贝马斯影响的理性观，其特点之一是不把理性局限在自然科学或实证科学范围之内，因而在讨论科学的合理基础和方法的同时，在强调哲学与科学的密切联系的同时，扩大视野把社会科学和人文科学也包括进来。因此，在本书当中可以找到同类其他教材中不大讨论的这样一些内容："人文学科的兴起"（第十五章）、"社会科学的兴起"（第二十一章），以及其他一些有关章节。

第四，这种广义的理性观的另一个后果，是重视德国社会学家马克斯·韦伯的现代化就是合理化的命题，重视尼采以来的现代西方哲学对西方理性主义传统的批判，并重视从理性观的角度去考察西方现代性的危机。哲学与当代社会生活和当代人生存境遇之间的密切联系，在这里体现得最为清楚。

第五，从哲学派别或风格的角度来说，这种广义的理性观、挪威哲学在西方哲学版图上所处的中介性地位，以及本书作者的丰富的哲学教育和哲学研究经历，都使得本书具有这样一个鲜明的特点：超越但沟通当代西方哲学的两大传统——英美的分析哲学传统和欧洲大陆的现象学传统。也就是说，本书是一部对当代西方哲学不同派别和风格之间关系处理得比较平衡的西方哲学史著作。

本书作者之一奎纳尔·希尔贝克是挪威最著名的哲学家之一，50 年代在奥斯陆大学学医期间，年仅 21 岁的他发表《虚无主义？》（*Nihilisme?*, Oslo 1958, third ed. Oslo, Pax 1998, English ed. 1972）一书，引起当时挪威文化界的很大反响，也促使他下决心从医学转向哲学（但他对医学的兴趣和所受的训练与他后来从事科学哲学研究、创立卑尔根大学的"科学和人文学科理论研究中心"仍然有很大关系）。除了挪威的奥斯陆大学和卑尔根大学之外，他还曾在法国巴黎大学、德国图宾根大学求学。1966—1967

年，他去美国加州大学圣地亚哥分校担任法兰克福学派第一代主要代表之一马尔库塞的助教，成为他日后与法兰克福学派的思想传统的密切联系的重要起点。1970 年，希尔贝克在深受维特根斯坦后期哲学影响的挪威西部的卑尔根大学，以一篇讨论海德格尔真理观的论文获得哲学博士学位。从 1979 年起他担任该校教授，目前还担任挪威科学院院士、德国柏林大学客座教授、华东师范大学客座教授等职。除了自己的母语之外，希尔贝克还熟练地运用英语、德语和法语写作。在其撰写和主编的十余本著作中，特别重要的是《真理论》(*Wahrheitstheorien*, Frankfurt a. M. , 1977)、《合理性和现代性：语用哲学文集》(*Rationality and Modernity, Essays in Pragmatic Philosophy*, Oslo/Oxford, Scandinavian University Press/Oxford University Press, 1993)。他与本书译者之一童世骏等人编选的《跨越边界的哲学——挪威哲学文集》的中文版于 1999 年由浙江人民出版社出版。尼尔斯·吉列尔是挪威卑尔根大学荣休教授，著有《巫师与人文主义者》等书。

最后对本书的书名做一个说明。本书挪威文原著及几个主要译本所采用的名称译成中文都是《哲学史》或《西方哲学史》，但本书英译本因为出版者那时刚出了一本以《西方哲学史》为书名的著作，就使用了《西方思想史》的书名。但正如哈贝马斯最近对本书的评价所说的，本书作者“写的不是仅仅一部观念史，而是把每个观念都呈现为一系列相互交织的解题过程的产物”，中译本采用《西方哲学史》的书名显然是更加合适的。本书挪威语原著没有副标题，英译本加了一个副标题：“从古希腊到二十世纪”。考虑到本次中译本修订时作者增加的有些内容已是二十一世纪的，我们在征得原作者同意后，把副标题改为“从古希腊到当下”。

本书的导言、第一章、第二章、第五至第十七章由童世骏翻译，第二至第四章由刘进翻译，第十八章至二十四章由郁振华翻译。刘进查找并扫描、编辑了中文的绝大部分原著选读，若干选篇由童世骏从英文译出。童世骏校阅全书并对译文质量负责。本书此次修订由郁振华负责，感谢他和刘进一起做了大量具体工作，也感谢衷雅琴编辑为提高本书修订质量付出了辛苦劳动。

童世骏

2003 年 7 月 4 日初版

于苏州河畔清水湾

2015 年 6 月 14 日修订版

于无锡太湖畔

注释

[1] 参见 Dagfinn Føllesdal："Analytic Philosophy：What is it and why should one engage in it？" in *Ratio*, Vol. IX, No. 3, December 1996。

图书在版编目(CIP)数据

西方哲学史：从古希腊到当下/(挪威)希尔贝克，(挪威)吉列尔著；童世骏，郁振华，刘进译. 一修订本.
一上海：上海译文出版社，2016.3（2025.2 重印）
ISBN 978-7-5327-7016-8

Ⅰ.①西… Ⅱ.①希… ②吉… ③童… ④郁… ⑤刘… Ⅲ.①西方哲学一哲学史 Ⅳ.①B5

中国版本图书馆 CIP 数据核字(2015)第 148587 号

图字：09-2015-545 号

西方哲学史：从古希腊到当下（修订版）

［挪］奎纳尔·希尔贝克　尼尔斯·吉列尔　著　童世骏　郁振华　刘进　译
责任编辑/衷雅琴　封面设计/未氓设计工作室　版式设计/柴昊洲

上海译文出版社有限公司出版、发行
网址：www.yiwen.com.cn
201101　上海市闵行区号景路 159 弄 B 座
苏州市越洋印刷有限公司印刷

开本 720×1000　1/16　印张 43　插页 2　字数 583,000
2016 年 3 月第 1 版　2025 年 2 月第 13 次印刷
印数：41,001—44,000 册

ISBN 978-7-5327-7016-8
定价：148.00 元